国家级一流本科专业建设·经济法教学用书

中国经济法学

刘水林◎著

Chinese Economic Jurisprudence

上海财经大学出版社
SHANGHAI UNIVERSITY OF FINANCE & ECONOMICS PRESS

上海学术·经济学出版中心

图书在版编目(CIP)数据

中国经济法学 / 刘水林著. -- 上海：上海财经大学出版社，2025.8. -- (国家级一流本科专业建设·经济法教学用书). -- ISBN 978-7-5642-4664-8

Ⅰ. D922.290.1

中国国家版本馆 CIP 数据核字第 20252XG733 号

□ 责任编辑　台啸天
□ 封面设计　张克瑶

中国经济法学

刘水林　著

上海财经大学出版社出版发行
(上海市中山北一路 369 号　邮编 200083)
网　　址:http://www.sufep.com
电子邮箱:webmaster@sufep.com
全国新华书店经销
苏州市越洋印刷有限公司印刷装订
2025 年 8 月第 1 版　2025 年 8 月第 1 次印刷

787mm×1092mm　1/16　27 印张(插页:2)　657 千字
定价：89.00 元

序言（著述说明）
FOREWORD

在世界上，经济法作为独立的法律部门，或者说作为一类独特的法律制度，滥觞于19世纪末，是为应对科学技术高度发展及其在生产中的应用而产生的新型社会经济问题——"市场失灵"问题，亦即一个国家的现代市场经济持续稳定发展的良好秩序何以可能的问题。或者说，是需要国家规范经营者的社会化（公共性）经营行为，重塑现代市场经济秩序的产物。

在我国，经济法则产生于实行社会主义市场经济之后，是应对市场化改革，建设社会主义市场经济之需要，而对社会主义市场秩序具有影响的经营行为，以及国家干预市场经济和规制市场经营的行为予以规范的产物。就其产生和发展的历史看，不论是国外还是国内经济法的历史都不长，是新兴的法律部门。而就其所应对的问题看，经济法直面的是现代社会的公共性经济问题，这一问题的实质就是经营者经营行为的社会化产生的对市场运行秩序的公共性影响（特别是对市场经济秩序的公共性危害）。因此，经济法是新兴的、现代性法律。相应地，以经济法为研究对象，作为对经济法理论化总结的经济法学则是一门新兴的或年轻的、现代性的法学学科。

法律的稳定性使得任何社会除非发生巨大的社会变革或社会革命，在常态下其法律制度的创设和发展都必然存在着对此前法律制度的借鉴，法律制度的创新都是边际上创新，其表现就是对现有法律制度个别条款的修订，当法律制度的边际创新累积到一定程度，量变引起质变就会产生新的法律制度类型，这意味着，许多新型法律制度是许多既有法律制度边际创新累积的结果。即使是在社会经济发生巨大变革时而创设新型的法律制度，法律创制者也不可能不受既有法律思维的影响，以及对其他国家相关制度的借鉴。这意味着，任何新的法律制度中都存在着先前法律制度的烙印。因此，经济法作为新的部门法，其法律制度虽然是一种新型的法律制度体系，但在其发展过程中不可避免地存在着所有新型法律部门的法律制度及其运行都存在的两大问题：一是新旧两种法律制度范式并存。二是在法律适用中出现不同范式的冲突，以及由此导致的对相关法律理解或解释的冲突。相应地，经济法学作为新兴的年轻的法学学科，不可避免地存在着所有新兴学科都存在的两大类问题：一是思维方式的新旧交织引起的困惑。任何新学科在其创立的相当长时间内都存在着新旧两种不同思维方式而产生的两种不同理论范式,且秉持不同范式的学者往往是对立的。二是理论共识缺乏或共识不强引起的混乱。受此影响,目前中国经济法学可以说还处于形成之中,理论体系仍不成熟,一些基本概念范畴和基本理论仍有争议。同时,经济法学作为具有现代性的法学学科,现代性不仅意味着其解决问题本身的综合性、公共性和复杂性,同时还意味着,其解决问题本质属性与传统部门法的不同。因此,其理论的创设虽然可借鉴既有法学的理论范式,但更需以发散性思维创造新的理论范式。

中国现今的经济法及经济法学初创于20世纪80年代,其理论体系是应对经济体制改革,建立"有计划的商品经济体制"需要的产物。从1992年我国宣布实行市场经济后,为应对市场化改革,建立社会主义市场经济需要,我国制定了大量的经济法律、法规,经济法的子部门的法理论研究也得以长足发展,取得了丰硕的成果,我国的经济法界对经济法学的体系也相应地作了重构,初步形成了当前中国经济法学体系,其基本内容体现在20世纪90年代经济法学家所编写的经济法学教材中。直到今天,虽经济法历经近二十年的发展,但中国经济法学的基本框架和基本范畴、基本理论仍没有实质性变化。[①] 这一范式的实质就是以自由主义的个体主义观念为基础建立的理论体系,其"硬核"就是以个人权利为中心,并据此建构经济法律制度体系。近二十多年来,随着经济法的子部门法理论研究的深化,及其理论积淀,既有的经济法学范式形成的经济法理论不能很好地给部门经济法的实践提供说理依据已成为经济法界的共识,同时,在经济法学界有学者也开始对既有的研究范式予以反思,并探索新的研究范式,本书作者就是诸多经济法学新范式的探索者之一。适逢"上海财经大学教材建设项目"鼓励教材创新,作者以多年从整体主义范式研究经济法基本理论获得的认知为基础,对共同体主义范式下的经济法学的理论体系予以阐发。需要说明的是,这种新范式的经济法学并非是对个体主义范式的经济法学的否定和替代,而是试图弥补个体主义经济法学范式的不足。以期促成新旧两种范式互补的"二元范式结构"的经济法及经济法学体系的形成,使经济法及经济法学体系更为科学合理。

本书的创新有两方面:一是研究范式的转换,上述已经说明,这里不再赘述。二是体系构成和内容创新。本书分为五部分,第一部分绪论,主要就经济法及经济法学最为基本的三个问题,即经济法解决的社会问题与观念基础,经济法学研究的方法论,经济法及经济法学的体系予以研究。在此基础上,吸收经济法界公认的经济法学体系由"经济法一般理论、市场规制法和宏观调控法"三部分构成观点合理成分增加一部分内容,分四编编写。第一编是

---

① 中国经济法学的基本体系主要体现于杨紫烜、李昌麒、潘静成和刘文华、漆多俊、王保树教授各自主编的五大教材中。之所以被称为五大教材,不仅是因为这五种教材对经济法学教育影响最广,而且,他们提出的五种观点,是所有经济法教材在总论编撰中,只要提及中国经济法学说时都不可绕过的。即使最新的经济法教学中最具影响的"马克思主义理论研究和建设工程"教材《经济法学》(高等教育出版社2016年版),对经济法的一些理论虽具有创新,但就其体系和研究范式来说仍与这五本教材有许多共同之处。

经济法的一般理论,在第一编的编写中主要以共同体主义的观念为基础,以方法论的整体主义对经济法的基本理论问题进行系统阐述。第二编是市场规制法。在对市场规制法的理论构建上,不仅在理论范式或研究的方法论上与总论部分一脉相承,而且对市场规制法的内容体系予以重构,摒弃现有教材在对市场规制法基本理论叙说后,以市场规制法的具体法律制度(如消费者权益保护法、反不正当竞争法、反垄断法等)分章建立市场规制法的体系的编写习惯,采取以市场类型为章,把市场分为一般市场(竞争性的商品和服务市场)、特殊市场(指要数市场,主要是资本市场或者说金融市场),分别予以论述。第三编为本书所特有,即行业规制法(自然垄断和公用事业领域的规制法)。本书作者认为这类规制法介于特殊市场规制法与宏观调控法之间。第四编是宏观调控法。在宏观调控法中,主要把宏观调控法分成两大类,即政策法和手段法,并据此设计宏观调控法的内容体系。同时,作者认为,并非所有的财税法、金融法都是经济法,只有对具有调控功能的相关财税和金融活动的法律规范才是经济法中的宏观调控法,因此,在宏观调控法部分对经济法意义上的财税法、金融法做了范围限制,即只有财税调控法、金融调控法才属于经济法的宏观调控法。

本书写作的特色有两个,一是注重理论论述,对具体经济法律制度的描述和解释相对较轻,以形成与既有教材重视具体经济法制度的描述和解释的风格互补。二是对理论论证注重于对理论渊源的探究,因而,相比于一般教材来说,本书注重注释,且注释较多。这对于还在成长期的经济法来说,注释指出的理论渊源可为学生进一步研习经济法时阅读文献提供指引。

另外,需要特别说明的是,本书之所以称为《中国经济法学》,在"经济法学"前加"中国"二字有四个方面的原因:(1)本书的观念基础和方法论是与中国传统的文化观念以及当代的社会主义观念一脉相承的,即共同体主义的社会观念和方法论的整体主义。(2)本书虽也涉及国外经济法律制度,但主要以中国的经济法律制度为研究对象。(3)作者认为,本书以共同体观念和方法论的整体主义构建经济法范式体系,是中国经济法学者提出并逐渐得到中国经济法界越来越多学者所接受的一种经济法范式。(4)前述三点说明,此书是立足于中国观念,直面中国社会主义市场经济的经济法律问题,同时吸收了世界各国经济法理论优秀成果的产物。因此,本书的经济法知识体系是中国自主的经济法知识体系。

刘水林
2025 年 5 月

目 录
CONTENTS

1 | 绪论

第一编　经济法一般理论

第一章　经济法的历史发展
24　第一节　外国经济法发展史
29　第二节　经济法的本土化发展
32　第三节　经济法产生的基础条件
37　第四节　经济法学说史
43　第五节　经济法史的启示
46　思考题

第二章　经济法的概念和体系
48　第一节　经济法概念界定的一般理论和主要观点
54　第二节　经济法概念的界定及解释
58　第三节　经济法的体系
64　思考题

第三章　经济法的本位与基本原则
66　第一节　经济法本位的理论一般
69　第二节　经济法社会本位的内容解析
78　第三节　经济法原则确立的一般理论
82　第四节　经济法基本原则的内容
92　思考题

第四章　经济法规范的行为——公共性经济行为

- 94　第一节　反思经济法的行为理论
- 97　第二节　经济法规范的行为
- 101　第三节　公共性经济行为的特性
- 105　第四节　公共性经济行为的类型
- 111　思考题

第五章　经济法的本质与规范方式

- 113　第一节　经济法规范的基础：社会责任法
- 119　第二节　经济法社会责任的法律实证
- 125　第三节　经济法的规范路径
- 129　第四节　经济法规范的类型及其构成
- 133　思考题

第六章　经济法的法律关系

- 136　第一节　经济法律关系的基础和含义
- 141　第二节　经济法律关系的主体
- 149　第三节　经济法法律关系的客体
- 155　第四节　经济法律关系的内容
- 159　第五节　经济法律关系的特性
- 166　思考题

第七章　经济法的法律责任

- 168　第一节　经济法责任的一般理论
- 171　第二节　经济法责任的目的与性质
- 174　第三节　经济法责任体系
- 180　第四节　经济法经济性责任设计的原则
- 188　思考题

第八章　经济法的实施

- 190　第一节　经济法实施的价值定位与制度构成
- 199　第二节　经济法协商制执法
- 205　第三节　协商制下的私人诉讼

210　思考题

第二编　市场规制法

第九章　市场规制法的一般原理
214　第一节　市场规制法的理论基础：规制法的理论一般
223　第二节　市场规制法的含义和体系构成
226　第三节　市场规制法的宗旨和原则
229　第四节　市场规制法的两种制度范式
233　思考题

第十章　一般市场之竞争秩序规制法
235　第一节　竞争法的基本理论
243　第二节　反不正当竞争法
253　第三节　反垄断法
266　思考题

第十一章　一般市场之交易秩序规制法
269　第一节　市场交易规制法的基本理论
272　第二节　消费者权益保护法
283　第三节　产品质量法
289　第四节　广告法
294　思考题

第十二章　特殊市场规制法
296　第一节　特殊市场规制法的基本原理
299　第二节　金融市场规制法律制度
313　第三节　房地产市场规制
319　思考题

第三编　自然垄断和公用事业规制法

第十三章　自然垄断和公用事业规制法

324　第一节　自然垄断和公用事业规制法的概念
328　第二节　自然垄断和公用事业规制法的宗旨和原则
332　第三节　自然垄断和公用事业规制法的体系
340　第四节　自然垄断和公用事业规制法的性质和地位
344　思考题

第四编　宏观调控法

第十四章　宏观调控法基本理论

348　第一节　宏观调控法的理论基础和基本含义
354　第二节　宏观调控法的价值目标和原则
359　第三节　宏观调控法的调整方式和特征
364　第四节　宏观调控法的体系
368　思考题

第十五章　宏观调控结构与发展政策法

370　第一节　宏观调控基本政策法
374　第二节　产业政策法
381　第三节　区域经济政策法
391　思考题

第十六章　宏观调控政策工具法

393　第一节　财政调控法
398　第二节　调控税法（税收调控法）
409　第三节　金融调控法
422　思考题

绪　论

一、经济法的问题意识与观念基础

任何法律都是法学共同体针对当时社会需要解决某种重要社会问题,据当时社会的某种观念提出的解决办法,被立法者接受,并予以规范化的结果。部门法的不同主要取决于其所要解决的社会问题的类型不同,以及该部门法共同体所秉持的,且被当时立法者接受的社会观念的不同。可以说,社会问题的类型以及思考该类社会问题的社会观念,决定着该部门法的价值目标。从而决定着该部门法律制度设计的原则、规范的行为性质、规范的工具选择、规范的路径和实现的机制等基本制度的设计,以及决定着对这些基本法律制度的理性化思考而形成的基本理论体系。因而,厘清经济法解决的社会问题,以及影响经济法产生的社会观念是理解经济法和经济法学的关键,是确立经济法学研究范式的元理论。

(一)经济法的问题意识

经济法的问题意识,即作为经济法研究者的我们或者说作为经济法共同体的一员,要意识到经济法所要解决的是什么类型的社会经济问题。任何社会经济问题都产生于社会经济发展的历史之中,因此,经济法的问题意识只能从经济法产生和发展的历史中去提炼和寻找。

1. 经济法产生和发展的社会经济背景

我国经济法界对经济法于何时产生虽存有分歧,[①]但多数观点认为经济法作为一种新型的法律制度或新型法律规范产生于19世纪末至20世纪初,其制度性标志是1890年美国的《谢尔曼法》,以及1896年德国的《反不正当竞争法》,至今已有一百多年历史。而经济法学,即作为一种法学思想或新兴的法观念,其体系化理论的提出则是第一次世界大战之后的20世纪20年代左右。[②] 其蓬勃发展,则是应对1929—1933年大危机,以及第二次世界大战后恢复经济需要而促成。

19世纪末以来,特别是第二次世界大战后,由于第三次科技革命及其科学技术在生产和社会经济领域的广泛应用,使现代生产和经济活动的社会化高度发展。社会化导致的个别经营者规模巨大及分工细化,不仅使产业之间及人们之间的相互依赖增强,也使个体与社会整体的关系密切,个人福祉提高及利益的实现对其所处的社会经济体系高度的依赖。从而使社会从机械关系占主导的个体社会转向有机关系占主导的整体社会。[③] 就社会发展的趋势看,由于知识的累积,科学技术发展越来越快,且对社会经济的影响呈现一种加速发展

[①] 我国学术界对经济法产生的时限主要有两种观点,第一种认为经济法产生于古代社会。另一种认为经济法产生于垄断资本主义阶段,即19世纪末20世纪初。

[②] 在当今有关经济法史的研究著作,以及流行的经济法教材中基本都认为经济法产生于第一次世界大战后,即20世纪初。目前被广为采用的马工程教材也持此观点,对此可参见,张守文主编:《经济法学》,高等教育出版社2016年版,第2页。这也是国外经济法学者的一般看法,如日本金泽良雄认为经济法"应以资本主义高度发展为其历史背景",参见[日]金泽良雄:《经济法概论》,满达人,译,甘肃人民出版社1985年版,第2页。德国学者也有此观点,对此可参见[德]弗里茨·里特纳,迈因哈德·德雷埃尔:《欧洲与德国经济法》,张学哲,译,法律出版社2016年版,第4页。

[③] 有学者在把社会中人与人之间关系分为外在的随机关系与内在的有机关系的基础上,按两种社会关系在一定社会阶段中所占的权重,把社会分为机械的个体社会和有机的整体社会。参见刘水林:《反垄断法的观念基础和解释方法》,法律出版社2011年版,第3—13页。

的趋势。与之相应,一个国家的社会经济有机整体化程度也不断提高,从一定意义上可以说,经济法的发展过程是与社会从机械的个体社会向有机的整体社会加速发展的过程相伴随的。

在有机社会中,产业之间和区域之间,以及个人与社会之间的关系是相互依存的有机连带关系。这种关系决定了个人的生存和发展,以及个人获得的利益或享受的福祉,不仅与自己的努力有关,更重要的是与其所处的社会整体经济发展的状况有关。[①] 且随着社会的有机体化程度的提高,不仅使个人的利益结构发生了变化,即由几乎单一的以私人物品为基础的私人利益,转化为由私人利益和以公共物品为基础的公共利益共同构成,[②] 而且不同利益的权重也发生变化,即个人从公共物品分享的公共利益所占权重不断提高。[③] 因此,欲谋个人福利之增进,必以国家民族社会经济的兴盛为前提。

2. 经济法问题的经济学渊源

以法律为研究对象的法学,总是以其他学科对人行为的研究为基础,其他学科有关在该学科研究的社会经济领域人应有如何的行为对社会(或他人)及行为者个人都有益的认知成果,是该领域法律规范得以建立的基础。正是从这种意义上,可以说法学是最后的社会科学,甚至可以说是最后的科学。而经济法作为对一个国家社会经济整体运行予以规范的法学学科,其对社会经济问题的看法必然受经济学对社会经济问题看法的影响。

19世纪末以来,高科技及其在生产中的应用,使现代市场经济已成为有机整体的现代市场经济体系。在现代市场经济体系下,一个国家经济的兴盛,取决于国民经济运行能否具有持续、稳定、有效的良好秩序。而19世纪末以来,市场经济运行中出现被经济学界称为"市场失灵"问题说明,仅靠此前单一的市场机制的自发调节,并不能提供现代市场经济发展所需的良好秩序,良好社会经济秩序的形成需要国家干预经济,以及对经营者影响社会经济秩序的行为予以规制。而政府在干预经济和规制市场行为的过程中,由于干预行为多属于决策性行为,而规制行为多表现为规范性文件制定行为,二者多数为抽象行政行为。由于其行为面对的社会经济问题的复杂性和变动不居,加之决策者知识的有限性,决策所需信息不可完全获取性,以及决策者决策时受利益集团游说的影响,因此,产生经济学称之为"政府失灵"问题。正因此,经济法界普遍认为经济法是为克服"市场失灵"和"政府失灵"而产生的。但这只是经济法产生的背景问题,而不是经济法的问题本身。

3. 经济法的问题提炼

法的问题,就是把社会经济问题,进一步提炼为一定利益的公正分享问题,以及如何通过规范行为而实现利益的公正分享的问题。经济法所要解决的"市场失灵"和"政府失灵"社

---

① 对此国外有学者有近似的看法,指出"个体满足一方面和他们在自由市场上获得酬劳的个人能力相联系;另一方面,和参与社会合作相联系,这种参与的报酬是建立在效用方面相对牺牲平等的原则之上的"([法]马可·弗勒拜伊:《经济正义论》,肖江波等,译,中国人民大学出版社2016年版,第26页)。

② 现代社会任何个人的利益从归属或分享意义上讲都由两方面构成,其一是私人利益,具有排他性(即归一个人享有或所有就不能归其他人享有或所有)、竞争性(即一个人享有的越多,其他人享有的就越少,因而,就会为多分享竞争),这种利益的载体是私人物品。其二是公共利益,具有非排他性、非竞争性,其载体是公共物品。

③ 就连个人主义者也承认:"无论是比较富裕的人还是比较贫困的人,在与社会交换体系隔绝的情况下,都只能获得非常微薄的收入。个人的'自然天赋'与他置身于其中的社会交换体系密切相关。任何人享有的几乎全部收入都源于由社会互动产生的合作盈余。"([美]詹姆斯·M. 布坎南:《宪法秩序的经济学与伦理学》,朱泱等,译,商务印书馆2008年版,第268页。)

会经济问题,其在经济法上从保护利益的视角看,就是在现代市场经济条件下,良好的现代市场经济秩序——这种公共物品,以及体现于其上的社会整体经济利益——这种公共经济利益如何保护和分享的问题。从规范的行为类型看,如何通过规制市场经营者的市场经营行为,以及规范政府调控行为和政府的规制行为,以保障良好的市场秩序得以产生。由于这些行为直接影响的市场秩序属于公共物品,影响的利益是公共利益,因此,经济法的问题就是对政府和市场主体的公共性经济影响行为的规范问题。正因此,在20世纪初的德国就有学者提出:凡是以直接影响国民经济为目的的规范的总体就是经济法,因而,间接影响到国民经济的法律,如民法,则应排除于经济法之外。① 而到了20世纪80年代,日本有学者也指出:"经济法的规制,一般说来,是从国民经济整体的立场出发而实行的。"②可见,经济法所要解决的社会经济问题,是一个国家社会经济作为有机整体如何持续、稳定、有效发展所需的秩序问题。③ 由于社会经济秩序是一种公共物品,因此,经济法解决的就是如何公正地分担社会经济秩序这种公共物品的成本问题,而非个人的人身和财产——这些私人物品的公平界分问题。

(二) 经济法的观念基础

任何法观念都来源于特定社会的社会、经济、文化观念,经济法的观念也是如此。就特定社会的观念来讲,其产生固然与其所处历史时期的社会经济发展状况有关,但该社会的文化传统既是其观念的构成部分,又影响着甚至还决定着其他社会观念的生成和演变。因而,要了解经济法的观念基础,不仅要考虑思想观念史,还应结合经济法得以产生的国家思想观念。

1. 社会思想史视角下的经济法观念

任何国家和地区的社会观念都是随着社会经济的发展而不断演化的,这种演化不仅表现在该社会内不同观念内容本身的变化,还表现在各种不同观念在该社会中相对地位,或者说各种不同观念对社会影响程度的变化。从社会发展的历史来看,人们对有关社会的根本问题——社会、国家和人的本质,以及它们之间关系的理解或看法上——历来存有分歧,形成两种截然不同的社会观,即个体主义社会观与共同体主义社会观。这两种观念表现在西方现代社会——政治哲学上就是政治自由主义与反自由主义。④

个体主义社会观认为社会就是由完全独立的个人(即原子式的个人)组成的集合体或复合体,并无自身的不可还原的存在,社会行为或社会利益都可还原为个人行为或个人利益。在这一社会观看来,人是具有独立意志的、原子式的、孤立的和理性的个体。全部社会关系是具有自由意志的、独立的个人按自己的意志建立的,是随机的、可据主体意志控制的关系。国家是个人以社会契约建立的保护个人的组织,国家或其他组织只是满足人的需要的工具。

---

① 参见[日]金泽良雄:《经济法概论》,满达人,译,甘肃人民出版社1985年版,第6页。
② [日]金泽良雄:《经济法概论》,满达人,译,甘肃人民出版社1985年版,第51页。
③ 需要说明的是,经济法虽不以直接保护具体个人利益为目的,但这并不否定其间接对个人生活的保障,也不否定其终极意义上对个人利益的保护。
④ 西方社会——政治哲学的古典传统基本上在政治共同体主义(柏拉图——亚里士多德主义路向)与自由个体主义之间的竞争中行进并确立前者的主导地位。而现代传统则主要是在政治自由主义与反自由主义(主要包括社群主义、民族主义与社会主义)的冲突中,且现代西方社会——政治哲学的主导精神是自由主义。参见万俊人:《政治自由主义的现代建构——罗尔斯〈政治自由主义〉读解》,载[美]罗尔斯:《政治自由主义》,万俊人,译,译林出版社2000年版,第561页。

人与人之间的关系,主要是利益冲突关系。共同体主义社会观,是反自由主义哲学在社会观上的体现,认为社会并非个人之和,而是如同生物体一样是一个有机共同体。共同体的行为或公共利益不可还原为个人行为或个人利益。这种社会观认为,人是社会人,且是处于社会分工体系中,并据其在社会分工体系中习得的观念或价值共识而从事行动的、履行一定社会功能的人。人与人,以及人与社会之间的关系是历史地、由社会分工体系决定的有机的、功能互补的相互依存关系。处于社会分工体系中的人,以及构成社会的各部分之间的关系虽然也有冲突,但主要是功能互补的合作关系。

在西方观念史上,这两种社会观都源远流长,启蒙运动前在西方共同体主义社会观处于主流地位,但从启蒙运动开始直至目前,个体主义社会观在西方社会处于主流地位,并体现于其政治、经济和法律制度中。19世纪末期以来,共同体主义观念愈益被重视,且对社会科学各领域,以及政治、经济和法律实践产生影响。经济法的产生和发展过程与社会观念演化的历史说明,经济法的产生和发展与共同体主义观念在人文社会科学领域影响的增强过程是同步的,因而,经济法的社会观念不可能不受共同体主义观念的影响。

2. 国家间文化差异视角下的经济法观念

任何新的法律现象都是从个别国家出现而逐渐蔓延开来,而不可能在诸多国家同时出现。一种法律现象在某国的产生,虽主要取决于该国社会经济发展所产生的社会经济问题和时代的主流观念,但也与该国的特定文化观念有关。

从现象发生的角度分析,不论是从经济法律制度的产生,还是经济法思想的开端,学术界一般都公认经济法产生于19世纪末20世纪初的德国,发达于第二次世界大战后的日本,20世纪最后二十年以来繁荣于中国。而通过对这三个国家19世纪的社会、经济、文化等观念的分析,不难看出都有较强的共同体主义观念。[①] 其中这种观念在德国主要表现为历史——有机的思想路线。在日本主要体现在日本人的"集团意识"中,在这种意识支配下,日本人认为自己总是某个整体的一部分,这个整体是利益公共体,甚至是命运共同体,自己与这个整体息息相关,这也是日本人把公司称为"会社"——大家赖以生存的集团的意思——的原因所在。[②] 而中国不论是传统的儒家文化,还是现今信奉的社会主义思想都具有共同体主义观念,强调国家、社会、团体的价值优先于个人价值。

上述通过对经济法产生、发展影响最大的几个国家——德国、日本和中国的社会观念的分析说明,经济法产生于因社会历史的原因而具有共同体主义观念的,且在回应发达国家的挑战时,又接受或吸收了自由民主和法治观念的国家。因此,经济法产生的观念基础是共同体的整体主义观念和现代法治观念。

3. 观念交锋下的经济法观念

通过上述研究说明,经济法的观念基础是共同体主义的整体主义社会观。不过,需要说明的是共同体主义的整体主义观念并非一成不变的,其在与个体主义观念交锋中也吸收了个

[①] 有学者研究认为"德国具有强烈的整体主义情绪"(第115页),即使到了19世纪末20世纪初,个人主义已成为西欧的主流观念时,德国的观念"实际上是个体主义与整体主义的独特组合,根据情况其中一个原则优先于另一原则:在共同体,甚至国家方面,是整体主义起主导作用,在文化与创造方面是个体主义起主导作用"(第116页)。德国有人认为"整体主义,或者说建立在整体主义之上得到的观念,被认为是雅利安种族所特有的特点或垄断权"。(第127页)这里的三段引自[法]路易·迪蒙:《论个体主义——人类学视野中的现代意识形态》,桂裕芳,译,译林出版社2014年版。

[②] 参见杨波:"日本人的'集团意识'",《作家杂志》,2008年第3期。

体主义的合理因素。因此,经济法的共同体主义的整体主义并不是与个体主义完全对立的、互不相容的,而是吸收了自由主义的个人主义合理认识的整体主义,可以说是合理的整体主义。

这里的合理的整体主义是与极端的整体主义相对应的,其基本含义是指在坚持整体主义的内核,即把社会经济看作一个有机整体,有自己的目的和意志,整体被视为大于其单个部分的总和,所有的人都依赖并处于这个实体,所有的人都处于社会分工的体系中,履行一定社会功能,且功能互补、形塑着社会公同体。同时,承认作为构成社会基本要素的人具有相对的独立性及个体特性。社会虽然决定着个人的选择的方向和选择的偏好,但并不直接替代个人作出具体选择。因此,个人不是社会的一个被动的部件,而是具有能动性的不可取代的构成要素,其行为影响其所处的一定社会领域,从而影响社会整体的运行。正如海德尔所言:"社会不是按机械原则构成的,而是一个不断成长的有机体,它由各个不同的部分构成,每一个部分都有其个体特性,但彼此又相互依赖、不可或缺。社会由个体组成,但不可仅仅归结为个体;个人也不能仅仅被视为社会的一个被动的部件,因为个人有其独立的、不可还原的、不可取代的价值。这样,海德尔的有机论就不同于保守主义的有机论,后者反对个体原则并把社会有机体各部分的差异性归结为分配给不同社会群体的各种功能的差异性。不过,无论如何社会是个人的自然状态;从它一降生,他就生活于共同体之中,家庭、宗族、民族、国家,等等。"[①]

4. 人性视角下的经济法观念

人的自然属性和社会属性使人的本质属性具有二重性,这两种属性体现在社会活动中,产生了两种不同类型的社会关系。作为社会关系调整器的法,亦因其调整的社会关系类型不同而产生了两种不同类型的法律。对此,正如德国法学家祁克所指出:"与人的本质一样,在法律上也存在个人法与社会法的差别。这是因为,人作为个人在其是一种独立的存在体的同时,也是构成社会的成员。"因此"个人法是从主体的自由出发,规律个人相互平等对立的关系的法律;社会法将人视为拥有社会意志的成员,将人视为整体的一分子……所以,社会法是从对主体的拘束出发,规律有组织的全体成员的法律。"[②]由此可见,经济法作为社会经济有机化整体程度高度发展的现代社会新兴的部门法,其社会观念是建立在共同体主义观念基础上的合理的整体主义。

二、经济法学研究方法论

一门学科有没有充实完善的方法论,不仅是其成熟与否的重要标志,而且是它能否得以顺利发展的基本前提和必要条件。正因此,国外有法学者认为:"法学之成为科学,在于其能发展及应用其固有之方法。"[③]基于此,本文借其他学科以及法理学关方法论的成果,从以下几个方面对经济法学方法论予以阐述。

(一) 方法论一般与经济法学方法论

经济法学方法论显然不能脱离本学科、本部门的背景和范围,但也要遵从其他学科和法

[①] 于海:《西方社会思想史》,复旦大学出版社1993年版,第150页。

[②] 石田文次郎:《祁克》,三省堂1935年版,第76页。转引自何勤华:"历史法学派述评"许章润:《萨维尼与历史法学派》,广西师范大学出版社2004年版,第38页。要注意的是,祁克这里的社会法是与公法和私法相并列的第三法域意义上的社会法,而不是狭义的部门法意义上的社会法。

[③] 转引自梁慧星:《民法解释学》,中国政法大学出版社,1995年版,第80页。

学界的某些公认准则。因此,探讨经济法学方法论问题,必须从方法论的一般出发,在此基础上,根据法学和经济法学研究领域的特征,具体寻找与其适应的方法论。

1. 经济法学的方法论及方法

在经济法有关方法论的论述中,存在着把方法论和方法混用的现象。但其他学科以及近十多年法理学有关对方法论和方法的定义中,我们可以看到方法论与方法有着本质的区别。"方法论"一词是指对给定领域中进行探索的一般途径的研究。一般来说,它要涉及研究主体思考问题的角度选择(主要是基于一种哲学认识观的思维角度),研究对象范围的确定,研究途径的比较选择,研究手段的筛选和运用(主要是方法筛选运用),研究目的的限定等。而"方法"一词则指用于完成一个既定目标的具体技术、工具。这就决定了方法论的主要功能或目的"是要帮助科学发挥最好的效力,或者说是要引导如何从事科学研究,而不是指导平庸的科学如何工作。"[1]而"方法"的功能或目的,旨在提高研究效率,但不能给予人以指导。这意味着,"方法论"对研究者带有约束性甚至强制性的规定,它要明确地告诉人们应该做什么,不应该做什么,先做什么,后做什么;怎样才能事半功倍,取得最大的效益。这意味着,方法论的实质是特定世界观在特定对象上的具体应用。而方法不能告诉人们应该做什么,先做什么,只在前两个问题解决后,它只提供用什么做,即怎样做的问题。因此,不同的方法论者,可以使用同样的方法,只不过对一些方法有所偏重而已。

2. 经济法学方法论及其体系

据上述方法论的一般含义,我认为:"法学方法论指的就是在一定观念指引下,探索法学发展的一般途径的研究。"[2]相应地,本书的经济法学方法论指的就是在一定观念指引下,探索经济法学发展的一般途径的研究。但由于人们探究经济法学问题的性质(一般性和特殊性)、视角等不同,其观念基础的层次和内容也不同,由此形成不同层次和不同内容的方法论。这种不同层次、不同内容的方法论相互联系、相互补充构成经济法研究的方法论体系。

从层次性看,经济法或经济法学研究方法论包括三个层次:第一层次的方法论,是自然科学方法论及其经济法研究中的应用。之所以把其作为第一个层次,是因为直到19世纪中期,人文科学一直没有发展出一种自己的方法及方法论,它的方法及方法论都是从自然科学那里借用来的,19世纪中期发生了一场持久的方法论之争。一方为英国著名经济学家、政论家、逻辑学家约翰·斯图亚特·穆勒,另一方为德国著名哲学家、现代解释学之父的狄尔泰。穆勒不仅不承认精神科学有某种自身的逻辑,而且相反认为:"作为一切经验科学基础的归纳方法在精神科学这个领域内也是唯一有效的方法。在这里穆勒是依据一种英国式的传统,这个传统最有效的表述是休谟在其《人性论》导言中给出的。道德科学也在于认识齐一性、规则性和规律性,从而有可能预期个别的现象和过程"。[3] 而狄尔泰认为:"在自然世界中,一切都是机械动作,相反,人文世界是一个精神世界,它是由意识到自己目标的人创造的;它也是一个历史世界,因为它是随着人对世界的意识而改变的……对人文世界的研究,狄尔泰建议用'理解'代替自然科学的因果解说法。他说:自然界需要说明,而对人则必须

---

[1] [英]约翰·沃特金斯:《反对"常规科学"》,载伊姆雷·拉卡托斯,艾兰·马斯格雷夫编:《批判与知识的增长》,周寄中译,华夏出版社,1987年第1版,第32页。
[2] 刘水林:《法学研究方法论》,载《法学研究》2001年,第3期。
[3] [德]汉斯-格奥尔格·加达默尔:《真理与方法》(上卷),洪汉鼎,译,上海译文出版社1999年版,第4页。

去理解。理解是一种认识方法,它是人文科学的方法,同时也是人文科学方法论的基石。"① 虽然狄尔泰想要为精神科学方法上的独立性进行辩护,但他仍然深受自然科学模式的影响,这从他对精神科学方法的独立性说明中就可以看出。他认为:"自然科学方法,虽然也为人文科学所采用,且卓然有效,但自然科学的方法不能作为人文科学的基本方法,人文科学要求采用解释学来作方法论。"② 从这一方法论之争,不难得出这样一种结论:人文科学方法论固然有其特性,但自然科学方法论具有一般性,可用于人文社会科学研究。第二层次的方法论,是人文社会科学方法论在经济法研究中的应用。包括三个方面,一方面是从社会观和知识观视角下产生的、人文社会科学通用的两对方法论范畴,即个体主义与整体主义;实证分析与规范分析;第二个方面是从法和经济法研究所使用的社会科学知识类型划分而产生的,主要包括不同于建立在政治哲学和伦理学基础上的法经济学、法社会学、历史法学等;第三个方面是比较分析法。第三层次的方法论,是法学研究方法论在经济法研究中的应用产生的。实质上是社会科学研究方法论在法学研究中的细分化,分为教义法学与社科法学。

(二) 科学方法论

法学作为人文社会科学,固然受人文社会科学独特的方法论的影响,但"科学方法论有着超出自然科学范围的一般方法论意义"。③ 因此,要构建经济法学方法论,科学方法论是其必备的重要材料。现代科学方法论始自西方的逻辑实证主义,它是一种哲学,但实质和主体是科学方法论。而当代西方的科学方法论则是指 20 世纪 50 年代末崛起的批判的理性主义。在其发展过程中,波普尔、库恩和拉卡托斯做出的贡献最为显著,影响也最大。

1. 波普尔的"猜测——反驳"方法论

卡尔·波普尔是英籍奥地利哲学家,他打破了逻辑实证主义有关科学知识增长的累积观和科学知识产生的归纳主义,创立了其方法论的哲学基础—批判理性主义。其涵义是:"'通过批判其他人的理论或猜测以及——如果我们学会这样做的话——通过批判我们自己的理论或猜测'(后一点是非常需要的,但并非必不可少的,因为如果我们未能批判我们自己的理论,那么也会有人来替我们这样做)。"④是知识增长的源泉,亦是发现和消除错误的途径。但它不是一种证明的方法,即不是最终确定真理的方法,也不是一种保证意见永远一致的方法。它的价值在于,事实上使参加讨论的人在某种程度上改变他们的想法。可见,批判态度或批判精神是其批判理性主义的核心,亦是其科学方法论的核心。

在以上哲学观念支配下,波普尔认为科学理论不只是观察的结果,观察并不能产生理论,但他并不否定观察的重要性,因为在他看来,观察不仅在反驳中发挥作用,且能激发我们产生新理论。据此,他提出了以批判为科学发现的动力的证伪主义原则,按此原则,波普尔认为知识都是假说。这种批判的态度和证伪主义分界标准构成了他的方法论起点,以此为基点创立了猜想——反驳方法论。

波普尔从分析知识入手来探究科学方法论,但他突破了把知识看作静态的积累而加以分析的框架,把科学看作是知识增长的动态过程,并以他的证伪主义对此过程进行分析,通

---

①② [德] 汉斯—格奥尔格·加达默尔:《真理与方法》(上卷),洪汉鼎,译,上海译文出版社 1999 年版,第 114—115 页。
③ 周昌忠:《西方科学方法论史》,上海人民出版社,1986 年 7 月第 1 版序言,第 2—3 页。
④ [英] 卡尔·波普尔:《猜想与反驳》,傅季重、纪树立、周忠昌、蒋戈为,译,上海译文出版社,1986 年 8 月第 1 版,第 37 页。

过"理性重建",把知识增长途径描述为四段图式:$P_1 \rightarrow TT—EE—P_2$。式中 P_1 是起点问题,TT 是试探性学说或初步给出的假设性答案,EE 是对我们的猜测或假设所做的一个认真的批判性说明,P_2 是问题境况,即通过前面步骤产生的新的问题或重新解决问题的尝试。[①] 根据这一图式,他把科学发现分为猜想和反驳两大环节。就猜想环节(即一种试探性解释理论提出)而言,方法论原理有四点:(1)理论不是始于观察,观察中渗透着理论。(2)形而上学对科学理论尤其是对猜想有重要作用。(3)心理因素特别是理智的直觉和想象,在科学发现中有重要作用。(4)科学家面对问题应大胆猜想,但应遵循三个方法论要求,即理论应具备三个属性:简单性、可能性、可检验性,应在某些新预言上获得成功且不应很快被反驳;反驳环节的方法论原理主要有三点:一是批判(包括批判他人和自我批判),它既是反驳的重要环节,亦是科学方法的表征。二是排除错误,即找出理论的"毛病"。三是判决性实验。即通过检验来证伪、来确定错误。这两个环节的方法论结合起来就构成了其"猜测——反驳方法论"。

2. 库恩的范式理论

托马斯·库恩是美国一位出身物理学家的哲学家。他沿着科学史的路线,在批判地吸收波普尔及逻辑实证主义方法论的同时,把社会和心理两大因素引入科学方法论中,形成了其"历史学派"的独特的方法论。库恩的方法论以一种新的科学观为起点,这种科学观认为,科学是科学家集团出于自己的一套信念而进行的专业活动。为了使人们更透切地理解其科学观,他提出了"范式"和"科学共同体"两个独特范畴。

"范式"这一范畴在《科学革命的结构》一书中首次提出,其含义丰富而模糊,往往引起误解。为此他在《再论范式》一文中对此加以限定,认为"'范式'很接近于'科学共同体'。一种范式,也仅仅是一个科学共同体成员所共有的东西,反过来说,也正是由于他们掌握了共有的范式,才组成这个共同体"。[②] 总之,范式这个概念,集科学理论、方法和研究主体的心理特质于一身,作为科学网结,成为库恩方法论的起点和中心。他把科学看作是科学共同体按一定范式所进行的专业活动,是一个历史的动态的社会过程。

库恩认为从科学史把握科学发展,可以从常规科学和革命两个过程把握。所谓常规科学指的是在一定范式内所进行的解决范式内难题的活动,所以对于常规科学,范式不仅规定了其范围、方面,且它以范例指导共同体活动。常规科学发展到一定阶段,便会导致反常,即与常规科学预期相悖的新现象,或旧范式不能解释的现象。当这种现象被察觉时,往往引起范式调整和变化,这种变化随反常的积累而增长,终于出现范式危机,即旧范式趋于瓦解和新的替代范式渐显。当最终新范式替代了旧范式,就是科学革命或"非常科学"。科学革命就是范式的替代,是旧范式的被破坏和抛弃,而不是对旧范式的补充、发展或包容。那么,科学共同体根据什么来选择范式呢?判断科学进步的标准又是什么?库恩认为,范式的选择是根据信念,一种基于科学共同体寄予一种范式未来解题能力的希望和信心。而科学进步的判据,对于常规科学来说,其进步的标准是解决难题能力的增多。而科学革命的进步则表现为新范式比旧范式有更强的解题能力。

---

① 参见[英]卡尔·波普尔:《客观知识》,舒炜兴、卓如飞、周柏乔、曾聪明,译,上海译文出版社,1987年版,第175页。

② [英]托马斯·S.库恩:《必要的张力》,纪树立等,译,福建人民出版社,1981年版,第291页。

库恩在把方法论对象转向科学共同体的活动,用范式论历史地再现科学的基础上,提出了如下科学发展图式:前科学—常规科学—反常—危机—科学革命—新的常规科学……并由此发展出他的发散—收敛方法论。库恩的科学方法论原理是:科学在革命时期取决于科学家具有"发散式思维",但是"革命仅是科学进步的两个互相补充的方面之一,相反,常规研究,即使是最好的常规研究,也是一种高度收敛的活动"。[①] 即常规科学时期科学家的思维是"收敛式思维"。发散式思维,是一种不受某一学科意见制约,汲取不同学科的新知识并用于思考本学问题的思维方式。而收敛式思维则是从受教育中获得的,并在专业研究中得以加强的一致意见制约的思维。这两种矛盾思维贯穿于科学史各个阶段,整个科学史中始终存在两者并存产生的"张力",这种"张力"是科学前进的动力,即科学前进的"必要的张力"。[②]

3. 拉卡托斯的科学研究纲领方法论

拉卡托斯是英籍匈牙利人,他的整个科学研究纲领方法论,是对波普尔和库恩两人学说批判继承的结果。其科学研究纲领方法论建立的出发点是从对波普尔和库恩的方法论纲领批判开始,他在克服波普尔偏重"理性重建"及库恩偏重"历史再现的片面性"基础上,把"理性重建"和"历史再现"结合起来建立自己的方法论,即通过科学史的理性重建途径建立自己的方法论。

拉卡托斯把科学史区分为:"内部历史"和"外部历史"。"内部历史"指在科学发展史中决定科学前进的"规范的——内部的东西",而"外部历史"则指科学史中影响科学发展的一些"经验的(社会心理学的)——外部的东西"。在他看来内部史是主要的,而外部史是次要的。波普尔的方法论主要反映的是"内部历史",库恩则主要反映的是"外部历史",拉卡托斯的方法论是以波普尔的证伪主义为基础,用库恩的历史主义改造而建立的。

拉卡托斯把科学成就的客观化对象单位,不是看作假说或理论范式,而是研究纲领,他的研究纲领就实质来说是对库恩"范式"概念的一种客观的、"第三世界"的重建。其内容构成有"一个受到顽强保护的独特硬核,各有自己较为灵活的保护带,并且各有自己精心考虑的解题手段。"[③]其中,"硬核"就是一种理论的最根本的东西。"保护带"则是为了反驳相对立的纲领或使自己的纲领"硬核"不致遭到反驳而提出的一系列辅助性假说。他的解题机制是一种纲领内部自身演化的方法论——"启发法",启发法包括反面和正面两种:正面启发法告诉我们,应遵循哪些道路。反面启发法告诉我们,应避开哪些研究道路。

在对科学研究的纲领涵义做了上述规定的基础上,拉卡托斯认为科学史就是研究纲领变迁的历史,科学进步就是研究纲领的进步。而研究纲领在发展过程中内部是不断作修正的,每次修正也就是提出一个理论,因此,研究纲领包含一系列理论。科学革命就是一个进步的研究纲领取代退化的研究纲领。他的方法论内容包括三方面:(1)科学指一个研究纲领一个理论系列,而不是一个孤立理论,因此被评价为科学的或伪科学的只能是理论系列,这种理论系列的成员通常有一种显著的连续性联结起来,这种连续性犹如库恩的"常规科学",在科学史上起着极关重要作用。(2)仅当一个纲领已确认比它的前驱具有过量的经验内容,亦即仅当他导致发现新事实时,它才是进步的,才是科学的或"可接受的",科学家倾向

[①] [英]托马斯·S.库恩:《必要的张力》,纪树立等,译,福建人民出版社,1981年版,第224页。
[②] 参见周昌忠:《西方科学方法论史》,上海人民出版社,1986年版,第357页。
[③] 见[英]伊·拉卡托斯:《科学研究纲领方法论》,兰征,译,上海译文出版社,1986年版,第6页。

于参与进步的研究纲领。(3)科学的进步源于精致的证伪,精致证伪的"证伪"是建设性的,因为它除了排除旧研究纲领,还导致新纲领产生。且这种证伪不是事实对理论的简单反驳,而是由竞争的两种纲领(理论)和事实三方参与的、缓慢的历史过程,即不存在一次判决性实验而否定掉一种理论(一个研究纲领)。① 因此,拉卡托斯的方法论还被称为精致的证伪主义。精致证伪主义是从内史发生出来的方法论,除此之外,拉卡托斯认为:科学发现方法论还应包括从分析外史而总结出来的"发现心理学"。根据外史从属地补充内史的原则,他的科学理论方法论是兼具两种观点之合理因素的"多元权威体系"。

(三) 人文社会科学的一般方法论

法学是人文社会科学,人文社会科学的一般方法论对理解法和法学研究适用,当然对理解经济法和经济法学研究同样适用。在人文社会科学领域通常有两对最为常用的方法论范畴,即个体主义方法论与整体主义方法论,以及实证分析与规范分析。

1. 个人主义方法论与整体主义方法论

个人主义方法论与整体主义方法论又称为方法论的个人主义或整体主义,这种划分是以法和法学的社会观念基础,以及分析社会问题是以个人还是社会整体为逻辑起点为标准形成的一对方法论范畴,由于人文社会科学总是以一定的社会观念为基础,因此,它们是最为基本的一对方法论范畴。

个体主义方法论(方法论的个人主义)是指"社会现象包括集体,应按照个体及其活动与关系来加以分析"。② 在当代,个体主义方法论往往与自由主义关于社会的观念相联系,其社会理论根据的核心内容在于,把个人看作是分析和规范化的基础,社会则被认为是各个追求自身利益的总和,相应地,国家或社会便成为个人得以通过它而追求自身利益的一种机构。正如哈耶克所言:"我们在理解社会现象时,没有任何其他方法,只能通过对那些作用于其他人并且由其预期行为所引起的个人活动的理解来理解社会现象。"③ 构成方法论个人主义原理的内容有三项。其一,任何行为都是由一些个人做出来的。集体的作为或行动,总是由一个人的作为或行动表现出来的。一个行为的性质,取决于行为的个人和受该行为影响的其他各个人对这一行为所赋予的意义。其二,人是社会的动物,但社会过程却是由单个人相互作用的过程。个人行为的复杂和变动不居,决定了社会是无规律性的进展。除掉个人,就没有这个过程。除掉个人行为,也就没有社会基础。第三,集体或社会是无法具体化的,集体(整体)、社会被认识,总是由于那些行为的个人赋予它的意义。④

与方法论的个人主义相对立,方法论的整体主义认为"社会科学研究社会整体如集团、民族、阶级、社会和文明世界等的行为。这些社会整体被认为是经验对象,社会学用生物学研究动植物的那种方式来研究它们"。⑤ 并且认为最恰当最有效的社会科学认识来自对群体现象或过程的研究。从人文社会科学以及我们所关心的法学研究来看,构成整体主义方法

---

① 参见周昌忠:《西方科学方法论史》,上海人民出版社,1986年版,第375—384页。
② [英]卡尔·波普尔:《猜想与反驳》,傅季重、纪树立、周忠昌、蒋戈为,译,上海译文出版社,1986年版,第486—487页。
③ Martin staniland,"what is politioal Economy:A study of xocial Theoty and Underemplotment", Yale University Press,1985,P6.
④ 张宇燕:《经济发展与制度选择》,中国人民大学出版社,1992年10月版,第34—35页。
⑤ [英]卡尔·波普尔:《猜想与反驳》,傅季重、纪树立、周忠昌、蒋戈为,译,上海译文出版社,1986年版,第486页。

论的原理主要有下几点：第一,分析法学或认识法学的基本单位是整体(集体)而非个人;第二,社会是在历史发展中不断成长的有机体,由此决定,超越个人的社会利益,或位于个人利益之上的集体(社会)利益是存在的。第三,理解人的行为,必须从其所属的社会整体或其所属的集团考虑为好。

从表面看,个体主义方法论与整体主义方法论是处于对立的、不可调和的状态。其实两者的对立远不像想象的那样尖锐,亦即说,它们各有其合理性,不仅如此,辩证地来看它们之间还有一种相辅相成的关系。那么,在法学研究中,对这两种方法论是否应有所偏重？因为法学问题,根本上就是认识人以及人与人之间的关系问题。而如何能更好地理解人及人与人之间的关系,我借用加达默尔说的这样一段落话对此说明,即"世界史本身就是一个整体,只有借助这一整体,一切个别东西的意义才能得以完全理解,反之,也只有通过这些个别东西,整体才能得到完全理解"。① 但不同部门法应有所偏重,因为不同部门法着重调整的社会关系的性质不同,经济法应对的问题及调整的社会经济关系的公共性,决定经济法学应以整体主义方法论为其主导的方法论。

2. 实证分析与规范分析

实证分析与规范分析是人文社会科学研究通常使用的一对方法论范畴,这种划分是以知识观为标准,即根据分析所得知识性质或类型为标准划分而形成的一对方法论范畴。由于任何研究最终都形成一定的知识,而不同性质或类型的知识各有其不同优劣评判的标准。因此,它们是最为常用的一对方法论范畴。

实证分析大都是同事实相关的分析,而规范分析则和价值有关的分析。实证分析关注的问题为真实地描绘出自然界和社会现象"是什么",而规范分析要解决的问题在于分析者按自己的观念或偏好回答自然界和社会"应该怎样"或"怎样更好"。简单讲是"是"和"应该是"之间的区分、事实和价值判断之间的区分、思想中的关于世界的客观性论述和对世界的带有主观性的叙述之间的区分,这些内容共同组成了判别实证分析与规范分析的条件。据此,实证分析在经济法学研究中主要表现为三个方面：第一,对国内外经济法律、法规和规章是如何规定的客观描述。第二,对经济法司法或执法案件的事实是什么,以及案件是如何判决或裁决的客观描述。第三,对某一经济法问题学术界有几种观点,每种观点是什么的客观描述。而规范分析在经济法学研究中也主要表现为三方面：第一,研究者对不同国家或地区的经济法律、法规所做的价值性分析,即对哪个国家的法律规定更优或更合理的评价性分析。第二,研究者对相同的经济法案件,当存在不同的判决或裁决时,根据自己的法律观念和对相关法律、法规的不同理解而提出哪一种判决或裁决更好或更合理的分析。第三,对经济法的不同观点,据自己的法律观念而做出的哪种观点优劣的分析。这意味着,经济法的规范分析并非分析经济法的法律规范,对经济法的法律规范的分析并非都是规范分析。对经济法的案例分析并非都是实证分析,案例分析包括实证分析和规范分析两个方面。

在法学中虽然有些学者把有关对事实和价值的分析,即实证分析与规范分析相对立,有的只注重实证法的做法,有的注重规范的分析。但通过长期的交锋,对于这对方法论范畴在法学研究中的作用形成以下几点共识。第一,是与应是(实然与应然),或事实与价值(实证

---

① [德]汉斯-格奥尔格·加达默尔：《真理与方法》(上卷),洪汉鼎,译,上海译文出版社,1999年版,第230页。

与规范)是交织在一起的。因此,在法学分析中,把"实然"和"应然"人为割裂对立,只采其一的任何一种极端的态度都是不可取的。第二,从逻辑上看,对事实描述的实证,先于应是什么的价值(或规范)形成。尽管处于社会历史中的人,受社会历史意识影响,对是什么的描述总带了一些色彩,但对实证分析纯洁性的追求有利于纠正偏见,建立新的合理性的价值标准。可以说,没有来自规范分析的价值指引的实证分析是盲目的,没有实证分析而来的事实做基础的规范分析是空洞的。可见,实证分析与规范分析不仅不存在无法跨越的鸿沟,且它们相互关联补充,应然是以实然为基础,实然以应然为归宿。因为,社会规律不同于自然规律,社会发展既受规律性支配,亦受目的律支配。人类认识规律,了解"是什么",是为了利用它们给自己的行为提供手段以便实现自己的目标。因此,兼顾两种方法论的中庸倾向,不仅是法学研究中应采取的态度,亦符合经济法学研究应采取的态度。

但我认为经济法学作为法学毕竟是以经济法律、法规这些规范为其研究对象,因此,对规范研究则相对予以偏重,这也符合人文社会科学的特性。因为"人们从人文科学中所要获得的知识,是能指导他们立身处世,或为他们的行为提供借鉴的实践知识,他们关心的不仅是真,而且还有善和美"。① 这就决定了意识形态(价值判断)在社会科学中不可回避,亦正是意识形态(价值判断)为回答"是什么"和"应是什么"的问题提供了前见,它既包括评价,也包括描述和生成思想的认识体系。它为现行制度(包括法律)提供一种系统解释,也为思想和行为提供一种框架。正因此,有学者说"在任何时候,我们都是被关进自己理论框架……中的囚徒"。②

(四) 法学方法论

法和法学方法论在其发展过程中也形成了其自身固有的方法论,在我国主要包括两大方法面:一是教义法学和社科法学,另一是比较法学。

1. 社科法学与教义法学

社科法学与教义法学是我国法理学者苏力教授据我国法学知识演进的知识源泉为标准,对中国法学知识演进过程中形成的两种不同法学知识形态的概括。尽管有学者认为"社科法学"语词似是而非,③但此从苏力教授提出以后,经 2014 年 5 月底召开的"社科法学与法教义学对话会"之后,这种提法已被中国法学界所广泛接受,成为当下中国法学研究中不得不重视、不提及的一对方法论范畴。

社科法学实质上是一种主张从法的外部研究法和法学知识,即主张利用其他社会科学取得的知识成果来理解法现象,促进法和法学知识增长的思维路径。法律社会学、法律的经济分析、历史法学等都是利用社科中的不同学科知识研究法律而形成的法学流派。可以说,社科法学,就是利用社会科学各学科的理论知识研究法和法学的综合。它关注的是对法的运行和发展的一般规律以社科知识予以最合理的解释,以及面对新的社会问题类型如何形成新法律理论,并以新理论指导创设新的规范类型来解决。这意味着,其更重视新型法规范或新兴部门法理论的创设,较少涉及具体的法律条文的解释和适用,因此,社科法学往往被

---

① 转引自梁慧星:《民法解释学》,中国政法大学出版社,1995 年月第 1 版,第 127 页。
② [英]卡尔·波普尔:《常规科学及其危险》,载伊·拉卡托斯,艾兰·马斯格雷夫编:《批判与知识的增长》,周寄中译,华夏出版社,1987 年版,第 70 页。
③ 参见谢晖:《论法学研究的两种视角——兼评"法教义学和社科法学"逻辑之非》,载《法学评论》2022 年第 1 期。

认为是法和法学研究的方法论,是立法论的。如果把法学看作一门科学,这种研究路径,往往会促成新型法律部门或新的法学研究范式的产生,即往往引起法和法学革命,用库恩的观点看是"科学革命",且由于社会科学学科众多,因此,这种研究需要"发散性思维"。教义法学,实质上是一种主张从法的内部研究法现象,促进法和法学知识增长的思维路径。即主张以法或法学取得的共识或公理为教义,这些教义通常表现为法的一般原则,如"不能让违法者从违法中获得好处""同等情况相同对待"等,以及部门法的原则和一般条款,甚至被列举出的具体条款。并以这些教义指导对含义模糊的法律条纹的解释,使法律能得到最为恰切的适用,并且以此促进法和法学知识成长。可见,教义法学注重于法律适用,其不是对整体意义上法的考察,而是对个别的法律条文或者法律文本的合理性理解。因此,教义法学往往被看做是以解释法条、解决个案的疑难问题为归宿的法解释学,是法律适用的方法论。由于传统法律的适用是以司法为主导的,因而,教义法学往往被认为是司法论的。这种研究由于遵循的教义往往难以变化,因此,其研究结果通常是对教义理解的深化,是同质性知识的累积性增长,用库恩的观点看是法和法学的"常规科学",这种研究需要的是"收敛性思维"。[①]它是法和法学最为古老和最为常用的方法论。

社科法学与教义法学虽然是两种不同的有关法和法学知识如何进步和发展的观念。虽然在学术讨论上产生了社科法学与教义法学的争论,但它们并非两种对立的观念。总的来说,它们是共存的、相辅相成互相支持的关系。一般来讲,社科法学是教义法学的基础,教义法学需要从社科法学汲取知识营养。因为任何法教义不是凭空出现,也不是一夜间形成的,而是源于不同人文社会学科对人的行为在不同社会领域合理性长期探索而归纳的结果。同时,教义法学通过法律的实践(司法或执法中法律的适用)给社科法学提供研究的实证基础,以及为社科法学的创新提出新的需求,从而开出社科法学研究的新领域。但并非在任何法学科,以及法和法学发展的不同阶段它们的地位和作用都是相同的。

第一,就不同的法学科来说,在理论法学中社科法学占据主导地位,而在重应用的部门法研究中教义法学则占主导地位。这是因为理论法学与部门法学是不同的,理论法学(包括各部门法的一般理论)是对法的整体性、外部性和价值性研究,因而更多需要用社科法学。在部门法学中,特别是司法化程度较高的部门法,以及具体部门法的具体规范的应用研究中,教义法学研究必然占据主导地位,但同样并不排斥社科法学的研究。[②]

第二,就法和法学发展的不同阶段来说,当社会变革引起一种新兴部门法或法学科产生初期,有关法教义——核心的基本范畴和理论共识还没形成,这时用既有的法教义已不足以给现实法现象和新部门法的规范予以合理的解释,这就需要以社科法学研究为主导,寻求新的法教义,这是法和法学发展的科学"革命"。而在社会没有巨大变革的稳定发展时期,一些部门法经长期发展,已经成为比较成熟的法律部门和法学科,相关的法教义已经形成,这时的研究则以法教义学研究为主导,这是法和法学发展的"常规科学"。

经济法产生和发展的社会经济背景,以及它产生发展的历史说明,经济法和经济法学研究中,社科法学研究处于主导地位。

---

① 有关"常规科学"和"科学革命"及"收敛思维"和"发散思维"的意义及其关系可参见[美]托马斯·S. 库恩:《必要的张力》,纪树立,范岱年,罗慧生,等译,福建人民出版社,1981年版,第224页。
② 陈兴良:《法学知识的演进与分化——以社科法学与法教义学为视角》,载《中国法律评论》2021年第4期。

2. 比较法学和法律制度比较方法论

比较法是法和法学研究最为常用的一种方法,也是一种认识法和法学的方法论。之所以说它是一种方法论,是由于它的产生是基于这样一种法和法学观念,即人作为一种理性的存在,在处理同样的或类似的社会问题时,对于以何种规则处理此问题更为合理虽具有一定差异,但也会形成一定的共识。而且随着交通和通信技术的发展,世界各国社会经济交往越密切,思想文化交流越多,社会共同性问题越普遍,这种共识就越多。这反应在法和法学上就是法律制度和法学理论越来越趋同,这在现代市场经济国家有关市场规制的法律制度和法学理论中表现得尤为突出。因此,通过对不同国家或地区法律秩序的比较研究,找出研究对象的相同点和不同点,并比较分析其优劣,有利于法和法学知识的增长。由于这种方法论研究的比较充分,下面只作简单说明。

通常认为比较法可以分为三个不同的层次：第一个层次是叙述的比较法。它是实证分析在比较法中的体现,主要是有关外国法是什么的研究,是比较法研究的基础。第二个层次是评价的比较法。它是规范分析在比较法中的体现,是比较不同法律制度的异同,分析各自的优劣及其发展趋势。第三个层次是沿革的比较法。它建立在叙述的比较法和评价的比较法之上,以在历史上和现实中不同法律制度在法律移植和借鉴中所形成的实际关系为研究对象,研究不同法律制度历史的和现实的关系,是比较法研究的最高层次。

比较法以比较的对象为标准可分为不同的类型,其中最为主要的有两类,即规范的比较和功能的比较。第一,规范的比较。通常是对不同国家相同名称的法律制度、法律规则的比较。这种比较以法律规范为中心,只要挑选出不同国家或地区具有相同或类似名称的法律文件,把要进行比较的法律规范加以对照,比较它们的异同,分析它们的优劣,即可达到预期的目的。第二,功能比较。不是以规则为中心,而是以问题为中心,即只要被比较的国家或地区具有相同的或类似的问题,就可以就它们对该问题的不同解决办法进行比较。功能的比较摆脱了规范比较容易受到本国法律概念的限制,对执行同一功能的不同法律规范采取灵活的态度。规范的比较适用于对法律结果相同的法律制度进行比较,如同对同一法系、同样的社会制度的法律规则的比较;而功能的比较适用于对不同法系、不同社会制度处理同样问题的不同的法律手段进行比较。

法律制度比较方法论是本书作者提出的一种法学研究方法论,与比较法方法论主要以不同国家和地区相同的法律制度比较,如对不同国家合同法的比较、不同国家反垄断法比较不同。法律制度比较方法论则是指同一国家的不同部门法的类似法律制度的比较分析,如反垄断和环境法的执法机关设置的比较;证券法、环境法和消法等的公益诉讼制度的比较;行政合同与民事合同的比较等。这种方法论是基于这样一种法观念,即虽然法律部门不同,但不同部门法所规范的行为或调整的一些社会关系具有类似性,因此,可通过比较不同部门法律中具有类似性的法律制度,分析它们的异同优劣,相互借鉴,以促进部门法和部门法学发展。这种方法论对新兴部门法和法学的研究具有重要意义,因为新兴部门法的法律制度和学说往往是在汲取和改造既有部门法制度和法学理论的基础上建立起来的。

(五) 社科学科方法论

这主要是以研究法和法学所使用的社会科学的学科理念和方法为标准所作的划分。从对法和法学,特别是对经济法和经济法研究具有重要影响的角度看主要有三种,它们分别形成了三个法学流派,即法历史学派、法社会学派和法经济学学派。由于这三种方法论的论著非常丰富,且在法律思想史中有较详细的介绍,下面仅作简单概述。

1. 社会法学

社会法学又称社会学法学、法社会学等,是19世纪末20世纪初产生于欧美的以社会学的观念和方法研究法或法学而形成的一个法学流派。代表人物有涂尔干、德国的埃利希、韦伯、霍姆斯、庞德等。

社会法学派秉持这样一种法观念,即法律的产生、发展是一种社会现象。因此,要认识法,就必须把法律置于整个社会现象中,注重法律与社会的互动,及法律的社会目的、作用和效果。可见,它注重法律的实际运行和操作,即注重法律的实效,而不是法典中的条文或判例,它的目的在于改进、改革和完善法律以整合社会不同利益,推进社会发展。其方法上也借用社会学方法,如社会调查、社会统计等方法,正因它有特有的法观念,特定目的和方法,形成一种认识法的路径体系。对其内容的特征,庞德在把社会法学派与其他法学派别比较的基础上提出:社会法学家注重法的作用,而不是它的抽象内容;法律作为一种社会制度,是可以通过人的才智和努力加以改善的。社会学法学就已发现这种改善手段为己任;社会法学强调的是法律所促进的社会目的,而不在于制裁;法律规则是实现社会公正的指针,而不是永恒不变的模型。① 因此,它是法学研究的一种方法论,而不是一种方法。正如张乃根教授所言:"法社会学是通过对狭义实证法(立法性和准立法性法律)和广义实证法(所有非道德性的社会行为规范,尤其像是政策)的分析,认识一定的法与社会关系,并运用一定的价值尺度(理想的法)去评判实证法体系,提出实现理想法的途径,法社会学的方法论特征是十分明显的。"②

2. 法经济学

法经济学又称经济分析法学、法律的经济分析、法和经济学等,是20世纪中期产生于美国的法学和经济学流派,以现代西方经济学的观念和方法用于研究法律制度而形成的一个法学流派。通常认为,其创始人是现代制度经济学派的创始人罗纳德·科斯,代表人物为理查德·A.波斯纳(Richard · A. Posner.)。

法经济学派秉持这样一种法观念,即法律是为追求效率最大化而做的制度安排,正如波斯纳所说:"法律(尤其是普通法)也用等同于机会成本的代价引导人们促进效率最大化。"③ 这里的效率是指经济学上的效率,即改进的帕累托效率,也成了卡尔多——希克斯效率。需要提请注意的是,法律经济分析学派以效率作为法律的价值,并非像其他法学派所批评的那样就忽视了公平,只不过在他们看来效率和公平是统一的,是一枚硬币的两个方面,而不是两种相冲突的价值。正如波斯纳说:公平正义"最普通的含义——是效率"。④ 不仅如此,在法律经济分析学派看来,公平、信誉等这些属传统道德的东西,是人们从长期的重复博弈中,当事人谋求长期利益最大化的手段。⑤ 因此,法律制度的优劣评价,对解决社会问题可供选择的不同法律规则的选择标准就是效率。

---

① 参见徐爱国、李桂林:《西方法律思想史》(第三版)北京大学出版社2014年版,第229页。
② 张乃根:《法经济学的方法论》,载《天津社会科学》,1993年,第4期。
③ [美]理查德·A.波斯纳:《法律的经济分析》(下)蒋兆康,译,中国大百科全书出版社,1997年版,第677页。
④ [美]理查德·A.波斯纳:《法律的经济分析》(上)蒋兆康,译,中国大百科全书出版社,1997年版,第16页。
⑤ 参见张维迎:《经济学家看法律、文化与历史》,载张维迎:《产权、政府与信誉》生活·读书·新知三联书店,2001年版,第22—63页。

在上述价值观指引下,法经济学派坚持经济学的"经济人"或理性人假设,这里的"经济人"是指"新经济人",这种经济人理论认为:"自我利益最大化不应该与有意识的计算相混淆,经济学不是关于意识的理论,行为只要符合合理选择模式,不管选择者的思想状况如何,它就是合理的。"①并用经济学的成本——收益分析法评判、设计、选择法律制度,以及在具体案件的裁判中以效率评判某种行为是否违法。可见,法律经济分析具有明显的方法论特征。经济法作为促进整体经济发展的法律,以及经济法学研究依法促进整体经济发展的理论决定了,经济分析在经济法中的重要性。

3. 法的历史学派

法学中的历史学派产生于19世纪德国,其基本思想观念和思维方式是德国法学家建立起来的,在德国最著名的主要代表人物是萨维尼,英国也有一些著名的历史法学学者,但他们则是德国历史法学派思想的继承者和阐发者,著名代表是梅因和梅特兰。

作为一种法学流派其根本特性在于其历史主义方法论,即以历史的观点和历史的方法来解释法律和研究法学。其基本思想和内容框架体现于萨维尼的名著《论立法和法理学在当代的使命》一书中。其基本观念和内容至少包含了三个方面:(1)对超验世界和规范的否认与对此世构成性意义的强调。(2)对历史连续性的假设。(3)对历史的无意识的进化性的解释。这一历史主义的方法论直接决定了历史法学的基本立场,即拒斥任何有关超越于历史和此世的生活之外的纯粹的法律体系的观念,拒斥构建任何一种可以一劳永逸地解决所有问题的法律规范体系的企图,也正是在这一个意义上,萨维尼彻底否定了17世纪和18世纪观念中的法典存在的可能性。在萨维尼看来,法律是民族精神的体现,"法律随着民族的成长而成长,随着民族的壮大而壮大,最后,随着民族对于其民族性的丧失而消亡"。②而"民族精神"是在历史的进程中展开和呈现的,对"民族精神"的把握只有通过对特定民族法律历史素材的梳理方可实现。当文明发展到一定阶段,法学家阶层出现后,将在社会中存在的由习惯法加以表达的"民族精神"通过学识提炼并在法律中重新加以表达,使法律更为体系化和科学合理。萨维尼由此提出了他的"历史的—系统的"法学。法律只能是历史存在中的、在历史中展开的法律,人们可以依凭由习惯法展示的历史中的法律建立一个科学的法律体系,但这一法律体系必定要在实践中不断地验证自身的科学性,在这个意义上,任何科学的法律体系都是特定时空中的法律体系。③法律科学的目标不是对理想社会所需规范的理性建构,它是对先于法律科学而存在的某种因素的一种澄清,这种科学只能被置于社会发展的历史之中。

萨维尼的历史法学方法论是复杂的多重结构的组合,而在梅因那里进步时代的乐观精神——社会是不断进步的观念主宰了一切,因此,梅因相信社会的进化和法律的进化。这样梅因所传达的方法论预设就非常明显了,即在梅因看来现代思想观念都有着其远古时代的渊源,并且远古时代的这些思想观念是可以查明的,对于远古时代的思想观念的了解有助于深刻地理解现代思想,甚至现代的一些思想观念只不过是远古时代的某些思想观念的放

---

① Richard · A. Posner, "Economic Analysis of Law" Little Brown and Company, 1992, P3—4.
② [德]萨维尼:《论立法与法学的当代使命》,许章润,译,中国法制出版社2001年版,第9页。
③ 参见陈颐:《萨维尼历史法学方法论简释—以〈论立法与法学的当代使命〉为中心》,载《比较法研究》,2005年,第5期。

大。① 在其进化论的理论预设下,梅因主张,法律之研究必须以历史的研究为前提,而这一历史的研究必须以真切的材料作为基础,并且,这一历史的研究应当阐明法律制度的来源及其发展,揭示法律发展的规律,进而发现"可以促使法律改进的有利因素"。②

三、经济法学的两种范式

在前述自然科学方法论中,库恩的"范式"就是一种方法论。但从我国法学界对"范式"的使用来讲,其实质是指一种"理论范型",即"学术共同体"以某种方法论思考问题而产生的一种理论体系典范。在经济法和经济法学的发展过程中,先后产生了两种经济法律制度范式,相应地产生了两种经济法理论或者说经济法学研究范式,即个人权利保护范式和社会经济秩序保护范式。这两种范式主要是源于两种不同的社会观念,以及对经济法的价值目标的两种不同预设。了解这两种范式的基本内容及其适用范围和相互关系,是理解经济法和经济法学体系的关键。

(一)经济法和经济法学的两种范式

个人权利保护范式又称为受害者保护范式,是既有法律制度范式及其法学研究范式在经济法律制度创设和经济法学研究中的应用,可称为"旧范式"。这一范式实质上就是从启蒙时代以来,在西方人文社会科学中的主流政治和社会哲学观念——个体主义社会观念为基础,以个体主义方法论来审视现代市场经济问题,并据此设定经济法的价值目标、设计经济法的基点性规范、建立经济法律制度体系,以及通过借鉴和模仿民法和行政法形成的教义化的理念、范畴和理论体系,建立经济法的理念、范畴和理论体系。这种范式在经济法制度体系中的表现,就是借鉴民法和行政法制度形式建立经济法律制度。而在经济法学研究中,就是借用民法、行政法的教义解释经济法律、法规,借用民法和行政法的范畴建立经济法的基本范畴,以及模仿用民法学、行政法学的理论体系建构经济法学理论体系。此种经济法和经济法学范式基本内容如下。

(1)在经济法的价值目标的设定上。从保护的利益性质看是个人利益。虽然秉持这一范式的学者认为经济法保护公共利益,但由于基于个体主义社会观,把公共利益看作是个人利益之和,因此,通过保护个人权利来保护个人利益,间接保护公共利益;从保护的主体看是具体的个人(受害人);从保护的利益客体看,就是保护个人的财产或人身。体现在典型的经济法——反垄断法中就是反垄断法主要保护的是竞争者,亦即保护的是竞争者的经济性权利——竞争权。

(2)在保护个人及其利益的基点性规范或核心规范形式的选择上。把个人权利作为其本位的规范形式,以个人权利为中心建立经济法律制度。其典型特征就是把经济法的违法行为,只要对市场主体造成损害就认为是对市场主体的某种经济权利的侵害,即使这些权利在法律中没有规定,学者们和法官也会臆造出一种权利,如竞争权。

(3)在保护路径的选择上。主要是通过追究违法者的责任救济受害人,因此,主要是一种事后保护。

(4)在保护方式的选择上。主要是通过私人实施法律,即通过受害人提起民事或行政

---

① 参见陈颐:《梅因历史法学方法论简述——以〈古代法〉为中心》,载《华东政法大学学报》,2007年,第5期。
② 参见[英]梅因:《古代法》,沈景一,译,商务印书馆1959年版,第10—11页。

诉讼,寻求法律救济,即主要是一种事后的、消极的保护。这种范式在经济法的市场规制法中,特别是在市场规制法的司法和执法实践中表现得尤为明显。

社会经济秩序保护范式,在经济法的发展中产生了大量的新法律制度范式,如消法中的"冷却期"制度(即7天无理由退货制度)、缺陷产品召回制度、多倍赔偿制度;在反垄断法私人诉讼中的诉讼资格扩大制度、政府介入制度、专家证人制度等;以及所有部门经济法中都规定的"任何单位、个人和组织都有权举报违法行为"的制度规定。针对这些经济法的新制度范式,有一些学者以新的观念和方法论对其予以研究,形成新的经济法理论范式。这一范式实质上就是以共同体主义社会观念为基础,以整体主义方法论来审视现代市场经济问题,设定经济法的价值目标,并由此设计经济法的基点性规范,而形成的经济法律制度体系,这种范式在经济法制度体系中的表现,就是新型经济法律制度的产生。而经济法学研究中,就是用其它社会科学的理论,以共同体观念为基础,用整体主义方法论建构经济法学理论体系。[①] 这种经济法和经济法学范式的基本内容如下。

(1) 在经济法的价值目标设定上。从保护的利益性质看是公共利益或社会公共利益,一种并非个人利益之和的、独立存在的利益;从保护的利益客体看就社会经济秩序(属于公共物品),在现代市场经济下就是保护"可欲的市场经济秩序",从保护的主体看是犹如有机整体的、本体论意义上的"社会"。体现在典型的经济法——反垄断法中就是反垄断法保护的是竞争(即竞争秩序)而不是竞争者。

(2) 在保护的基点性规范或核心规范形式的选择上。把社会责任作为本位性规范,即以共同体一员的人对共同体负有的社会责任为中心建立经济法律制度。

(3) 在保护路径的选择上。主要是通过规制对社会经济秩序有害行为的禁止、限制,预防有害行为的发生,因此,主要是一种事前保护。

(4) 在保护方式的选择上。主要是通过公共实施法律,即通过依法设立的经济机关的执法,以及授予特定的主体诉权提起公益诉讼来实现。

(二) 两种范式的关系适用的范围及关系

这两种范式在经济法和经济法学中的地位和关系并非不变的,而是随着社会经济的发展,以及经济法和经济法学的发展而变化的。从时间的截面看,在任何时点经济法的制度的内容构成上,都同时存在着这两种经济法律制度范式,虽然在经济法实践中,对一些经济法律制度适用中的理解或解释存在不同范式的冲突,但总体上来说它们是互补的,共同实现经济法的目的。虽然在学术讨论上两种范式似乎是对立的,但在我看来它们其实是竞争的关系而非对立的关系。从历史演化看,在经济法和经济法学发展的早期,由于许多经济法律制度脱胎于民法和行政法,因此,个人权利保护范式处于主导地位,而社会经济秩序保护范式处于无意识的萌芽状态,因而处于辅助地位。但随着社会经济发展,现代市场经济因"市场失灵"失序,使得社会经济秩序保护问题的彰显,新的经济法律制度范式不断涌现,使得社会经济秩序保护范式的地位不断增强,且社会经济秩序的公共性、整体性,使得秩序保护范式成为主导范式。虽如此,在我看来,这两种范式并非对立的相互替代关系。这是由于在现代市场经济下,对社会经济秩序(市场经济秩序)的损害是多样性,对不同损害社会经济秩序的行为以不同的制度范式设计的制度予以规范更为合理。那么影响这两种范式选择的主要

---

① 对此种范式的系统论述可参见刘水林:《秩序理念下的经济法研究》,浙江大学出版社2021年版。

因素是什么？作者认为影响这两种范式选择的因素主要是被规范的行为对社会秩序的影响方式。

我们知道现代市场经济是"混合经济",市场秩序的形成是政府干预经济行为与市场主体行为互动的结果。政府与市场主体,以及市场主体间因其经济力量的差异、其行为方式和作用的对象不同,其行为对市场秩序的影响也不同,从行为对市场经济秩序影响的视角看,有直接影响和间接影响两种。直接影响市场的行为,是指行为者的行为直接指向市场秩序本身,而非指向具体的市场主体。经济法中有大量的规范就是防止直接损害市场秩序的行为的,如反垄断法中的经营者集中的垄断行为、反不正当竞争法中的虚假宣传行为、税法中对调控税的偷税漏税行为,以及市场规制和宏观调控主体的不符合法定程序的抽象行为等。这种行为一般没有直接的受害者,或者虽有具体受害者,但受害者个人损害不大,且难以证明自己的什么权利受到损害,损害的量是多少,且受害者可以搭其他受害者诉讼获胜的"便车"。从而,这种行为发生后往往没有受害者提起诉讼,使得按个人权利范式设计的法律制度难以遏制这种违法行为。对此,以社会秩序保护范式设计经济法制度,对实现社会经济秩序的保护为优。对此类经济法律制度的理解和学理研究应以秩序保护范式为优。

而一些行为则是通过损害市场主体而间接损害市场秩序,如反垄断法中的滥用市场支配地位的价格歧视行为、反不正当竞争法中的侵犯商业秘密行为,以及市场规制法中,规制机关具体执法中违法对市场主体的损害行为。间接直接影响市场秩序的行为,是指行为者的行为并不直接指向市场秩序本身,而是指向具体的市场主体,通过损害具体的市场主体,间接损害市场秩序的行为。经济法中也有大量的规范就是防止间接损害市场秩序的行为的,如反垄断法中的禁止滥用市场支配力中的价格歧视行为、反不正当竞争法中的侵犯商业秘密行为、税法中税收机关在调控税的执法中的错误处罚行为等,以及市场规制和宏观调控主体在执法中滥用权力损害经营者的行为。由于这种行为有直接的受害者,受害者个人损害一般较大,易于证明自己的权利受到损害,且受害者不能搭其他受害者诉讼的"便车"。因此,受害者能及时发现违法者的损害,且有极力维护自己的权利提及诉讼,从而可以及时遏制这种违法行为,间接保护市场经济秩序。对此,以个人权利保护范式设计经济法制度,更有利于实现社会经济秩序的保护。对此类经济法律制度的理解和学理研究应以个人权利保护范式为优。

第一编
经济法一般理论

第一章　经济法的历史发展
第二章　经济法的概念和体系
第三章　经济法的本位与基本原则
第四章　经济法规范的行为——公共性经济行为
第五章　经济法的本质与规范方式
第六章　经济法的法律关系
第七章　经济法的法律责任
第八章　经济法的实施

第一章 经济法的历史发展

全章提要

- 第一节 外国经济法发展史
- 第二节 经济法的本土化发展
- 第三节 经济法产生的基础条件
- 第四节 经济法学说史
- 第五节 经济法史的启示
- 思考题

任何法律制度都是应对社会问题的产物,因此,任何部门法及部门法学科的产生和成长都有其历史背景,如果不把历史背景明摆出来,不仅不能完整表述一门学科的状况,也不能深刻理解该部门法。基于此,本章拟从经济法产生和发展的社会经济条件、文化背景及形成的一般原因和规律入手,从国内外经济法制度的演变阐述经济法及其学说史。

第一节 外国经济法发展史

经济法作为国内法及其具有的经济性、政策性,使得经济法具有国别的差异性,因此,对经济法历史的研究就不能不考虑其在不同社会经济制度的不同国家的演变。

我们知道经济法从产生以来,就处于两种不同社会制度的国家中,因意识形态及经济体制的不同,经济法的发展经历了两条不同的路径,因此,讲经济法的历史就必须循着两条道路,即西方国家经济法的历史沿革与社会主义国家经济法的沿革。

一、西方资本主义国家经济法的沿革

(一) 西方国家经济法的历史起点

起点不仅是研究历史沿革的开端,且经济法起点的确定本身亦含有学者的经济法本质观念,因此,起点的确定对经济法的理论研究非常重要。

关于经济法的历史起点,我国经济法学界有两种基本观点:一种认为,经济法的历史与国家和法的历史相同,它是随国家和法的产生而产生的;另一种认为,经济法是历史的产物,它是在资本主义从自由竞争向垄断过度的过程中产生的。[1] 产生这种分歧的焦点是对经济法的不同理解,第一种观点基于经济法是国家干预经济的法律规范,且把国家干预广义地理解为国家参与的活动。因此,自从有了国家和法,就有国家干预经济的法律规范,因此就有了经济法。[2] 第二种观点基于经济法作为独立的法律部门,不仅是国家干预经济的法律规范,而且干预经济规范的目的是维护整体经济发展秩序,以及这些规范要发展到一定程度又被法学家抽象成一定学说并被社会所认可。[3] 可见,其分歧只不过是经济法作为"经济法律规范"的起点与经济法作为独立法律部门的起点的分歧。

我们认为不论是作为实质性的经济法,还是作为独立部门法的经济法,其历史起点都是19世纪末20世纪初,基本理由是:经济法界公认经济法是现代法,亦即现代社会的法。而"现代社会"的标志就是现代科技革命及其在生产中应用使社会生产方式进入现代化的大工业社会,大工业社会个别厂商生产规模的巨大化和社会分工的发展,由此导致"市场失灵",使得仅靠市场自发调节难以生成良好的社会经济运行秩序和良好的自然环境。从而引起国

---

[1] 有关这两种观点的详细论述及各自的代表人物,可参见杨紫烜主编:《经济法》,北京大学出版社、高等教育出版社1999年版,第5—7页。李昌麒主编:《经济法学》,中国政法大学出版社2002年修订版,第20—21页。
[2] 此观点主要以杨紫烜教授为代表,对此参见注①杨紫烜主编的《经济法》。
[3] 参见潘静成、刘文华主编:《经济法》,中国人民大学出版社1999年版,第25—27页。

家社会经济职能的扩张,国家从"夜警国家"变为"福利国家",或者说从"自由放任国家"变为"规制国家"。社会经济运行从单一依靠市场机制自发调节的较为纯粹的"市场经济",变为市场调节和国家自觉调控相结合的"混合经济"。国家从社会整体利益出发干预经济已成为现代国家市场经济的普遍做法。经济法就是应对此种社会经济整体运行需要而产生的,其本位为社会本位,对此经济法学界都不否认。而社会整体观念只是在生产高度社会化基础上才得以充分体现,且只有民主法治国家才能给社会整体利益的表达和实现提供制度(至少形式上)保障,才可能制定以社会为本位的法律。因此,虽说经济法是国家干预经济之法,但并不是任何时代国家干预经济的法规都可称为经济法,只有在分工高度发达、生产社会化高度发展的现代社会,在法治民主国家的国家干预经济之法,才能称得上经济法。

(二) 经济法在资本主义的沿革

经济法从问世至今,历经波折,据致其产生、兴盛的历史背景及原因,可把经济法在西方资本主义国家的发展分为三阶段——萌芽、蓬勃兴起与稳定发展。

1. 萌芽时期的经济法

这阶段大约从19世纪末到1919年(第一次世界大战结束),这是经济法的初创期。这时资本主义经济从自由竞争向垄断过度,私人垄断已达到相当程度。然而,由于各国的国际地位不同,垄断对各国经济的弊害各异,加上各国在社会利益观念上的差异,因而各国对垄断的规制也各不相同。下面以德国、日本和美国为例予以说明。

德国虽然在1871年才实现统一,但到19世纪末,其煤炭、钢铁、铁路等行业都被一两个垄断组织所控制,其中钢业联盟和铁业联盟到第一次世界大战前垄断了全国钢铁产量的98%。但因德国是后起资本主义国家,出于同英、法和美先进资本主义国家竞争之需要,加之当时垄断对其经济的弊害不大,于是在德国存有垄断(卡特尔)对经济有益而加以肯定的"卡特尔之友"这一观念。[①] 就连英国这样一个有自由主义传统的国家,当时的上议院也赞成签订在世界范围内不去进行竞争的盟约。[②] 因此,对当时在德国不仅不以立法禁止垄断(卡特尔),而且于1910年出台了扶持卡特尔的钾矿业法(这被认为是最初的经济法)就应当理解。但这并不意味着德国不重视市场竞争机制的作用,其实早在1896年德国就制定了世界上第一部《反不正当竞争法》。这说明在当时的德国,一般观念认为垄断对社会整体经济运行(特别是对市场机制)的弊害比不正当竞争还要小。

日本从明治维新(1868年)建立统一的国家,到走上资本主义道路起,作为后发资本主义国家,其发展过程一直就伴随着国家对经济的干预,其干预的主要形式就是国家对特定产业或行业的保护和促进,并对此以法律的形式予以规定。在经历1890年初次经济危机后的不长时间内,先后颁布了一系列对产业保护和促进的法律,如1896颁布了《造船奖励法》,1897年颁布了《生丝直接出口建立法》和《远洋渔业奖励法》,1909年颁布了《远洋航路补助法》等。[③] 这种对产业的保护和扶持,是日本经济法的特征,从法律的形式来说,就是在现今日本的经济法中也具有此现象,无疑这是和萌芽时期一脉相承的。

---

① [日]丹宗昭信、厚谷襄儿编:《现代经济法入门》,谢次昌,译,群众出版社1985年版,第22页。
② [美]肯尼斯·W.克拉克森、罗杰·勒鲁瓦·米勒:《产业组织:理论、证据和公共政策》,华东化工学院经济发展研究所,译,上海三联书店1989年版,第22页。
③ [日]金泽良雄:《经济法概论》,满达人,译,甘肃人民出版社1985年版,第83—84页。

在19世纪末的美国,出现了大垄断组织——托拉斯,每个部门的托拉斯几乎操纵了整个行业的产、供、销各环节,如"洛克菲勒美孚石油公司",当时几乎掌握了美国全部石油生产,美国制糖公司控制全美90%～95%的制糖业,美国钢铁公司控制了美国70%的炼钢设备,被它吞并的企业多达700多家,[①]致使中小企业纷纷倒闭,引起深刻的社会经济矛盾,且学者和政治家认为,垄断有悖于作为美国立国之本的自由主义理念。于是在1890年,美国通过了谢尔曼议员提出的《保护贸易和商业不受非法限制和垄断侵害法案》,即《谢尔曼法》,此法被认为是资本主义世界第一部反垄断法,而反垄断法在经济法的核心地位意味着我们把《谢尔曼法》称为资本主义世界的第一部经济法也不为过。另外,美国联邦政府1906年颁布了《肉类检查法》和《联邦食品和药物法》,这两个法律文件是清洁食品运动推动下制定的第一批保护消费者的经济法规。

但从以上法律的内容及当时的运行状况分析来看,这一时期的经济法有这样一些特点:第一,经济法的出现是应付当时国内社会经济矛盾的产物,因而,因国家的不同,规制的方向和重点也就不同。第二,那时的经济法都是以某一方面的经济法规表现出来,而不可能形成经济法规群,因此,虽然体现了经济法的一些特征,但经济法的本质还不能完全体现。第三,由于制定这些经济法律、法规时的针对性,加之规定得比较抽象,操作性较差,因而,当社会经济情形变迁、社会矛盾缓和后,这些法律、法规多被束之高阁,没有得到一贯执行。

2. 蓬勃发展时的经济法

这一时期是指两次世界大战之间,蓬勃发展的原因是战争与经济危机,据此,有学者将此时的经济法称为"战时经济法"与"危机对策经济法"。[②]

(1) 战时经济法

战时经济法在德国、日本这两个后起资本主义国家表现得最为发达。这是由当时世界市场对一国经济发展的重要性及其已被其他发达资本主义国家瓜分完毕的状况决定的。为争夺海外市场,德国挑起了第一次世界大战,应战争之需,德国建立了战时工业委员会和战时原料管理处,全面管理工业生产与原料分配。与此相应颁布了《关于限制契约最高价格的通知》(1915年)、《确保战时国民粮食措施》(1916年)、《战时经济复兴令》(1918年)等法规。这些立法经验使其认识到利用法律手段对促进社会经济发展的意义和作用,为随后于1919年制定的以"经济法"命名的《钾经济法》和《煤炭经济法》提供了实践基础。

在日本,从明治维新开始,经济发展就有强烈的军国主义色彩,为准备战争,不仅扶持了一批"政商"如三井、三菱、富士等财阀,而且以立法设立了日本银行、日本兴业银行等,并在第一次世界大战期间颁布了《有关战时工业原料出口取缔事宜》和《战时海上保险法补偿法》(1914年)、《染料医药制品奖励法》(1915年)、《炼钢行业奖励法》(1917年)、《对外交易令》(1917年)、《军需工业动员法》(1918年)等一系列管制经济的法。第二次世界大战中又制定了以1938年《国家总动员法》为核心的战时经济法。如《米谷配给统治法》(1939年)、《粮食管理法》(1942年)等,可以说日本的经济法从产生到第二次世界大战结束,都是绑在战车上的经济法。

[①] 参见吴炯主编:《维护公平竞争法》,中国人事出版社1991年版,第22页。
[②] 潘静成、刘文华及史际春教授把资本主义经济法分为:战时经济法、危机对策经济法和自觉维护经济协调发展的经济法三种形式及三阶段,有关此可参见潘静成、刘文华主编,《经济法》,中国人民大学出版社1999年版,第31—33页。

(2) 危机对策经济法

市场失灵的表现之一就是周期性地爆发经济危机,且危机程度随着社会化程度的提高而不断加深(具体表现为:危机持续时间长、范围广、破坏大),仅靠市场自身力量已难以应付危机的破坏和打击,这从1929—1933年资本主义世界大危机就可说明。这次危机不仅给经济造成了巨大破坏,致使生产衰退,财富巨大浪费(如1929—1933年大危机,以美国为例,全国工业生产下降了55.6%,退回到了1905—1906年水平;危机的五年中,全国倒闭企业13万家,农产品大批销毁),而且导致社会不稳定(如1929—1933年,美国罢工人数由90万人增加到156万人)。①

试想从长期看,一种存在这样大隐患的经济体系能有效率可言吗?亦正因此,西方国家采取各种政策措施,并把认为有效的政策措施以法律的形式确定下来,保证实践中执行。有关此,最典型的是美国为对付1929—1933年的大危机,当时美国总统罗斯福马上要求国会授予他以"紧急全权"推行"新政",制定了"新政法令",如《国家产业复兴法》(1933年)、《农业调整法》《1933年证券法》等。这批法令有70多个,涉及政府对工业、农业、贸易、财政信贷等多方面,这些经济及法律实践,被凯恩斯从经济理论上给以合理性论证,战后一度在欧美盛行,造就了20年资本主义的黄金时代(持续高效率运行)。

日本为对付危机也在各领域分别制定了法律。如农业方面的《丝价稳定信贷损失补偿法》(1929年)、《金钱债务临时调解法》(1932年)、《农村负债清理组合法》(1933年)等;重化工业保护方面的《制铁事业法》(1933年);在垄断促进方面的有《重要产业统治法》(1931年)、《工业组合法》(1932年)、《商业组合法》(1932年)等;另外在中小企业对外出口和汇兑的促进等方面都有具体的法律规定。②

上述两种情况下的经济法,主要是为应急而产生的,因而具有偶然性、临时性、针对性及国家直接控制性等特征,一般会随着战争或危机的结束而消逝,但这种立法为资本主义国家利用法律调控经济提供了经验。

3. 稳定发展时期

战争和危机以及一系列社会主义国家的建立,给资本主义世界带来了巨大的震撼,使资本主义社会的思想家及政治家认识到国家在社会经济发展中的意义和作用。这种背景使凯恩斯主张的国家干预的宏观经济理论一时间深入人心,并在经济理论界及经济政策中成为战后的主流理论。加之第二次世界大战后的政治民主、经济民主化浪潮的推动,资本主义各国在经济发展中纷纷进行经济立法,依法调控社会经济,以维护资本主义市场经济自由、有序、持续稳定的发展,从而使经济法成为社会经济发展中一种不可或缺的手段,经济法进入正常的稳定发展阶段。

在这一时期,主要资本主义国家先后在各个领域都制定了大量的经济法规。如在市场规制方面:英国有《垄断企业和限制性贸易惯例(调查和控制)法》(1948年)、《公平贸易法》(1973年)、《保护贸易利益法》(1980年)、《1987年消费者利益保护法》等。德国有《反对限制竞争法》(原联邦德国1957年颁布)等。日本有《关于禁止私人垄断和确保公平交易的法律》(1947年)、《经济力量过度集中排除法》(1947年)、《保护消费者基本法》(1968年)等;在

---

① 参见樊亢、宋则行:《外国经济史》,人民出版社1980年版,第46—50页。
② 参见[日]金泽良雄:《经济法概论》,甘肃人民出版社1985年版,第86—93页。

宏观调控方面：关于计划的有比利时1970年制定的《计划组织和经济分权法》，前联邦德国1967年制定的《经济稳定与增长促进法》，美国1976年制定的《充分就业和国民经济平稳增长法》，法国1982年制定的《计划化改革法》；关于产业发展的有日本1955年制定的《原子能基本法》，1961年的《农业基本法》，前联邦德国也颁布有《原子能法》与《农业法》；关于财政税收的，美国先后制定了《财政收入法》（1978年）、《税制改革法》（1986年）等法律。前联邦德国先后制定了《财政管理法》和《联邦预算法典》等法律。日本先后制定了《财政法》（1947年）、《所得税法》和《法人税法》（1965年）等法律。

20世纪80年代后，虽然新自由主义思想抬头，在资本主义国家出现了私有化浪潮和放松规制的现象，国家干预经济的范围有所缩小、干预的程度有所降低。与此相应的经济法作了一定程度的修改，但基本的经济法律框架并没有发生大的变化。

从上述经济立法的发展和其后的法律修改及执法状况的分析可以看出，这一时期的经济法发展，不仅表现在立法范围广（几乎所有发达资本主义国家都有大量经济立法）、领域宽（涉及社会经济生活的各领域），而且据以实现立法宗旨——社会公共利益的方式发生了变化，即主要由法律授权国家干预、管制市场主体的自由意志行为，转向尽可能创造充分、适度、公平的竞争环境，给市场主体提供良好的发展条件上来。这些主要体现在战后反垄断法的变化，及税法和有关促进科技发展的法律中。

二、苏联及东欧社会主义国家经济法的沿革

面对生产社会化出现的"市场失灵"问题，如何解决这一问题以保证社会经济的协调发展和人民福利的普遍提高？对此思想界和社会实践上有两大对立的观点和做法：资产阶级思想家认为，只要对资本主义进行改良，采取国家干预即可。而社会主义—马克思主义者认为，只有推翻资本主义制度，消灭私有制，建立社会主义制度，实行公有制，按计划组织经济才行，据此，社会主义者在一些国家取得社会主义革命胜利后，在其国家进行社会主义经济实践，且以法律形式保证公有制和计划经济的实施。

在社会主义实践中，关于如何实行公有制及计划经济，有两种不同模式，一种是苏联的经典计划经济模式；一种是前南斯拉夫的社会所有制模式。与此相应在经济法的发展上也有所不同，下面分别做简单介绍。

（一）苏联模式的经济法简史

十月革命后，列宁就很重视运用法律形式调整社会主义经济关系，先后于1918年和1920年颁布了关于大工业国有化法令和对小型工业实行国有化法令，以保障当时设想的"纯粹社会主义"实践的顺利进行。但事实证明，完全取消市场的纯计划经济难以有效运行，于是，从1920年开始实行"新经济政策"，有限地利用市场调节经济运行。为此，1922年制定了《苏俄民法典》，1927年制定了《国家工业托拉斯条例》。随着经济立法的产生，从20世纪20年代起，在苏联法学界就围绕着经济法是不是一个独立的法律部门展开了争论，形成了民法学派与经济法学派两种不同观点。但到了30年代，由于苏联推行"工业化运动"和"农业集体化运动"，确立了高度集权的计划经济模式，相应地以法律调整经济让位于以党和政府的规范性文件来组织管理经济，到20世纪60年代末70年代初，苏联进行有限的经济改革，经济立法也有所复兴，相继颁布了《森林法纲要》（1977年）、《苏联合作社法》（1988年）、新的《土地法》（1990年）等法律，与此同时经济法理论又重新兴起，

产生了不同的经济法学派。经多年争论后,最终形成了"民法——行政法学派"和"现代经济法学派"。

在苏联长达50多年的争论中,经济法学派的理论,虽然随苏联经济立法及社会经济条件的变化而变化,但不论是第二次世界大战前还是第二次世界大战后其基本观点都认为经济法有其独特的调整对象,是独立的法律部门。[①]

与苏联模式相同的捷克斯洛伐克、匈牙利及东德等社会主义国家也有大量的经济立法,如匈牙利先后颁布有《关于价格管理的法令》(1967年)、《国民经济计划法》(1973年),尤其是捷克于1964年颁布了《捷克斯洛伐克社会主义共和国经济法典》,从立法上对经济法独立法律部门的地位予以确认。

实行经典计划经济模式的苏联及东欧国家的经济法,都把计划法作为"龙头法",起着经济宪法的作用。

(二)前南斯拉夫的经济法简史

前南斯拉夫实行的是社会自治,试图把国有这种公有制转化为社会所有的公有制。为此,从20世纪50年代至70年代逐步建立起社会所有制和联合劳动的体制,制定了相应的宪法和《联合劳动法》(1976年),以此对联合劳动关系进行调整,促进真正的民主化实现。另外,还制定了一系列的单独的经济法律,如1950年的《工人委员会法》,1976年的《社会计划体制基础和社会计划法》、《资助经济欠发达共和国和自制省迅速发展的联合资金法》和《货币制度法》,1979年的《价格制度基础和社会对价格的监督法》等。需要指出的是,前南斯拉夫虽然在经济法体系中也有计划法,但计划法在经济法中的地位并非苏联及一些东欧国家那样是经济法的"龙头法",发挥着经济宪法的作用。

20世纪90年代以后,随着东欧剧变,政治、经济体制的转型,这些国家的经济法愈益呈现与西方资本主义国家趋同的相像。从此这些国家的经济法亦不能在前面冠以"社会主义"的限定。因而,不宜在社会主义经济法史中述及。

第二节 经济法的本土化发展

经济法不论是作为一个名词还是作为一个独立法律部门都可以说是"舶来品",从"舶来"角度看,早在德国经济法和日本经济法形成之初就对中国产生了影响,如1929年国民党立法院制定的《训政时期立法工作按年分配简表》中就有"经济立法规划"项,但是,为了使我们的学习更贴近现实,本节将把这个论题的重点放在新中国成立后特别是十一届三中全会以后。新中国成立后,我国社会经济发展大体经历了四个阶段,与此相应,我国经济法也经历了发展、削弱、取消和复兴的历程。[②]

[①] 第二次世界大战前主要以利·雅·根茨布尔格和叶·博·巴叔堪尼斯为代表,第二次世界大战后主要以拉普捷夫为代表。拉氏的观点可参见其《经济法:对象、方法、目的和原则》一文,应世昌译,载《现代外国哲学社会科学文摘》,1985年第1期。

[②] 参见李昌麒主编:《经济法学》(修订版),中国政法大学出版社2002年版,第27—29页。

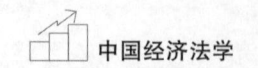

一、国民经济恢复及社会主义改造时期的经济法[①]

（一）国民经济恢复时期的经济法

中华人民共和国成立之初，国民经济处于百废待兴状态。我国用了三年时间，经济就基本恢复到国民党统治时的最佳年份的水平。在三年恢复时期，围绕着废除地主阶级的封建土地所有权制度；没收官僚资本主义财产；统一国家财政经济工作；巩固币值及金融稳定；打退资本家以囤积居奇等方式在经济领域的进攻等一系列亟待解决的经济问题，颁布了一系列经济法规。如1950年的《私营企业暂行条例》《矿业暂行条例》《全国税政实施要则》《公营企业缴纳工商业税暂行办法》《利息所得税暂行条例》《印花税暂行条例》和《货物税暂行条例》等法规。

（二）社会主义改造时期的经济法

社会主义恢复完成后，我国进入社会主义改造阶段，此期间（从1953年至1956年）国家颁布了关于社会主义工业化，促进对农业、手工业和资本主义工商业社会主义改造的经济法规。如1953年的《关于发放农业贷款的指示》、1954年的《公私合营工业企业暂行条例》等法规。另外还颁布了调整产品供应、商业、基本建设、工商管理、物资管理、交通运输、金融以及贸易等大量经济法规。如1955年的《基本建设工程设计任务书审查批准暂行办法》、1956年的《关于各地不得自动提高国家统购和收购的农副产品收购价格的指示》等法规，这些对社会主义改造的顺利完成和国民经济发展起到了有力的促进和保护作用。

二、社会主义建设时期的经济法

社会主义改造完成后，从1957年开始我国全面进行社会主义建设，直到1966年。在这10年中，国家在计划、工业企业、基本建设、自然资源、农村集体经济、商业、物资和物价等方面，制定了大量的经济法规。如1957年制定的《关于各部负责综合平衡和编制各该管生产、事业、基建和劳动计划的规定》《关于改进工业管理体制的规定》《关于改进商业管理体制的规定》，1958年制定的《关于工业企业下放的几项规定》《关于实行企业利润留成制度的几项规定》《关于改进计划管理体制的规定》《农业税条例》《关于物价管理权限和有关商业管理体制的几项规定》，1960年制定的《关于加强综合财政计划工作的决定》，1963年制定的《关于物价管理的试行规定》，1964年制定的《关于国营工商企业商品作价的规定》等法律法规。这些法规为促进社会主义建设事业的发展发挥了积极作用。

但在这10年中，由于受"左"的思想影响，因而社会主义法治受到削弱。一些行之有效的经济法规也被弃之不用，被行政管理手段所代替。

三、1966—1976年的经济法

1966—1976年，我国整个法制建设遭到巨大破坏，经济法也没能幸免，这一时期，国家不仅没有制定新的经济法规，而且新中国成立后17年来制定的行之有效的经济法规几乎完

---

① 这部分内容的资料来源参考刘水林：《中国经济法律发展史》，载《中国经济发展史》编写组：《中国经济发展史（1949—2019）》（第八卷），上海财经大学出版社，第5146—5395页。

全被废除。

以上三阶段,虽然从实质意义上来说有经济法,但因当时我国法学研究比较落后和封闭,因此还没有被法学家上升到理论高度,从而尚未产生经济法学科及经济法部门。

四、十一届三中全会以后的经济法

十一届三中全会以后,我国经济法经历了复兴与深入发展两个阶段。不论是从学科意义还是从部门法意义上来说,我国经济法是这一时期的产物。

(一) 经济法的复兴(1981年—1993年)

党的十一届三中全会以后,随着工作重心向经济建设的转移及全国法制的呼声不断加强,经济领域的法制建设愈益受到重视。为此1981年成立了"国务院经济法规研究中心"。1984年十二届三中全会《关于经济体制改革的决定》明确提出:"经济体制改革和国民经济发展,使越来越多的经济关系和经济活动准则需要用法律固定下来。"并在实践中加强了经济立法,在司法中也非常注重对经济行政纠纷的解决。这时期出台了大量的经济法律、法规,如在市场规制方面有1980年制定的《关于开展和保护社会主义竞争的暂行规定》,1983年制定的《城乡集市贸易管理办法》,1987年制定的《关于加强股票、债券管理的通知》;在宏观调控方面有1980年制定的《中外合资经营企业所得税法》《个人所得税法》,1982年制定的《物价管理暂行条例》,1983年制定的《金融管理条例》,1984年制定的《关于改进计划体制的若干暂行规定》《森林法》,1985年制定的《草原法》《国家金库条例》《经济特区外资银行、中外合资银行管理条例》《会计法》,1986年制定的《渔业法》《矿产资源法》《土地管理法》等。这些标志着经济法在我国的真正产生和兴起。但这时的经济法具有浓厚的计划经济色彩。

与此同时,法学界也开始注重经济法研究,1979年北京大学及湖北财经学院法律系相继开设了经济法讲座,1980年西南政法学院开设经济法课程,1983年中国的统编《经济法学》教材出版[①],经济法成为法学专业学生必修课之一。这些标志着经济法学在我国的真正产生和兴起。

(二) 经济法的深入发展(1993年以后)

随着改革的深入,我国于20世纪90年代初确立了建立社会主义市场经济体制的目标,随着学术界对市场经济研究的深化,"市场经济就是法治经济"这一命题逐渐被广为认同,理论界及决策机关都深感建立市场经济法律体系的重要性,随后10多年间,相继制定了大量经济法规,经济法规体系已经基本形成。这时期的经济立法,在市场规制方面的有:1993年先后制定的《反不正当竞争法》《产品质量法》和《消费者权益保护法》,1994年制定的《城市房地产管理法》《广告法》,1998年制定的《证券法》,1999年制定的《招标投标法》等;在宏观调控方面有1993年的《农业法》《国家货币出入境管理办法》,1994年制定的《90年代国家产业政策纲要》《审计法》《预算法》,1995年出台的《电力法》《中国人民银行法》和《商业银行法》等。

与此同时经济法的理论研究亦趋于深化与理性化,这主要体现在对经济法地位的定位上,不仅论证了经济法与其他部门法的区别,更强调其与其他部门法在整个法律体系中的互

---

① 肖江平:《中国经济法学史研究》,人民法院出版社2002年版,第119—120页。

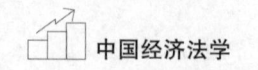

补性、协调性;另外对经济法体系的构造亦基本达成共识。

第三节 经济法产生的基础条件

经济法之所以产生,不是偶然的,而是有其深刻的社会经济背景,以及社会思潮和文化背景,这些背景亦即经济法产生的基础条件,概括起来主要有以下几方面。

一、经济法产生的社会经济条件

法是社会关系的调整器,因此法是因社会关系调整之需要而产生的,而社会关系又是随着社会物质条件的变化(特别是随着社会经济条件变化)而变化的,因而社会经济条件即社会的经济基础是决定法这种上层建筑得以产生的根本条件。经济法的产生和形成过程亦不例外。

从经济法产生的社会经济条件角度考察,可以认为它是市场经济及生产的社会化程度的高度发展,需要国家以社会的总代表身份,从整体上对社会经济加以组织协调,推动经济持续稳定发展,从而引起国家的社会经济职能强化的必然结果。当这一经济条件不具备时,经济法是不可能产生的。

经济法所调整的社会关系的特性之一就是经济性,这意味着经济法以调整社会经济关系为己任。但是,并非对任何经济关系的调整规范都是经济法,这从对经济关系的法律调整的历程就可看出。经验和常识告诉我们,人类最常见、最大量、最基本的社会活动是经济活动,这决定了经济关系就是社会关系中最常见、最大量、最基本的社会关系,因此,法从产生起对经济关系的调整就是它的基本任务。

然而,在自然经济、市场经济发展的低级阶段,由于生产的社会化程度不高,社会分工不发达,产业之间的依赖性不高。个别生产者的生产规模不大,且产品品种有限、构造简单,从而决定了在生产上不论是产业内部的协调还是产业之间的协调都相对简单,这种社会经济条件决定了社会经济的运行秩序仅靠市场的自发调节基本就可达成。同时,由于交通、通信不发达,交易的方位有限,不仅使市场具有地域性色彩,且交易具有较强的人格化色彩。这决定了交易者之间的认知能力基本相同,且对交易对象拥有对称信息。在此情况下,每个人是自己利益的最佳判断者。因此,只要人们之间自由、平等、自愿地缔结契约,国家只消极地对此予以保护,就足以保证社会经济的正常运转,国家没有必要积极介入经济生活,这样只需民法就足以对此条件下的经济关系予以调整,而没经济法——国家积极介入经济活动、干预经济活动之法产生的必要。

随着生产力的发展,生产的社会化程度不断提高(表现为生产的大规模化和分工的细化),加之科学技术在生产中的广泛应用,经济关系日趋复杂化,这主要表现在以下三个方面:其一,产业之间、人与人之间的相互依赖性增强,以至于任何产品都不能说是某一个人或某一厂商生产的,甚至不能说是某一国的厂商生产的。其二,产品种类繁多,构造复杂,加之交通、通讯的发展,使交易半径扩大,交易完全是非人格化的交易。这就使得交易者的身份固化为经营者和消费者,他们在交易中不仅经济实力不平等,且对交易标的信息的拥有处于不对称状态。其三,社会化导致了人们行为的外部性增强。在这种社会经济条件下,民商法难以胜任对所有经济关系的调整,就在客观上产生了对以国家干预为己任的经济法的需求,从而导致经济法的兴起。

二、经济法产生的社会思想及文化条件

法的产生除必须具备必要的经济条件外,还受思想及文化观念的影响。19世纪末20世纪初在社会思想领域自由主义的个体主义思想遭到社群主义、社会主义和民族主义等具有共同体观念的反自由主义思想的批判,德国、日本文化中的整体主义传统和社会主义国家的整体主义是经济法产生的思想和文化条件。

在社会科学领域关于社会的构成,历来存在两种社会观念,即共同体主义和个体主义。这两种思潮在不同时代因社会条件变化,在社会思想中的地位及对社会的影响亦处于变化中。就西方讲,文艺复兴以来,个体主义一直占据主流地位,在法学领域这种观念是目前有效处于主流地位的个人权利观的思想根源和理论基础[①]。但即使在个体主义盛行的自由资本主义阶段,整体主义并没有从社会思想领域及政策领域消逝,政治哲学领域中的空想社会主义及马克思的社会主义理论就是代表,在经济领域有德国的历史学派。在法学中,德国的历史学派及19世纪末兴起的社会法学派均持整体主义观,这些为以保护社会公共利益为法益,以社会为本位的经济法产生准备了社会思想条件,加之德国、日本历史文化中具有的整体主义传统,经济法得以从德国产生,在日本兴盛,并被以共产主义整体观作为指导思想的社会主义国家——前苏东国家所采纳就成为时代的必然。在这诸多的思想文化条件中,经济学和法学尤为重要。

(一) 经济法产生的经济学说基础

经济法是国家作为社会整体的代表,从社会经济整体——国民经济整体调整一国经济运行所制定的法律规范的总和,其最本质的特征是体现国家对社会经济生活的干预。那么,国家应干预什么?如何干预?就依一国社会经济发展的需要而定。然而一国社会经济发展的需要不仅取决于其当时的社会经济发展状况,还取决于当时广为人们所接受的经济学说。可以说一部经济法史,就是一部对主流经济学说演化而引起的经济政策演变进行法律化的历史。所以,每一个时期的经济法都有其经济学基础,不了解经济学说及其演变就不可能真正理解经济法及其演变的历史。

1. 李斯特的经济学理论及其对立法的影响

自由主义资本主义时期,影响最大的经济学家当属英国的亚当·斯密,他往往被视为现代经济学的创始人。他的经济思想对英国的经济发展乃至全世界资本主义的发展,有着重大的影响。其1776年出版的《国民财富的原因和性质的研究》(简称《国富论》),在很长一段时期内被西方主要资本主义国家的国会奉为经济方面的圣经。但他的思想不是经济法的思想来源。因为,他的经济学说的中心思想是"自由放任",也是他所主张的经济政策的基本原则。他反对政府干涉商业和商业事务、建议低关税和自由贸易。经济自由主义在19世纪取得了辉煌的胜利,对当时资本主义经济最为发达的英国法律产生了巨大影响,影响的标志就是对重商主义时代、作为保护主义产物的《谷物法》和《航海法》于1846年废止。英国的成功被多数资本主义国家模仿,开辟了经济自由主义和自由竞争资本主义的"黄金时代"。可见,亚当·斯密的经济思想不可能是现代经济法的思想来源。

---

① 参见龚祥瑞:《比较宪法与行政法》,法律出版社2003年版,第133页。

对于19世纪相对落后的德国来说,以亚当·斯密的学说制定经济政策和相关法律,能否使德国走向富强,德国经济学家李斯特对此进行了反思,提出了与亚当·斯密不同的观点。李斯特认为,在当时国际社会,若无保护,一个落后国家在自由竞争下,想要成为新兴的工业国家已没有可能。在当时的国际环境下,比较落后的国家,将不得不屈服于工商业与海军强国的优势之下。这样的现实决定了想要强大,后起之国对本国的"幼稚工业"就必须进行保护。但仅仅保护还不足以使一个国家强大,其根本还在于发展自身。而发展的核心在于提高国家的生产力,因此,他提出了"生产力理论"。认为"财富的生产力比之财富本身,不晓得要重要到多少倍;它不但可以使已有的和已经增加的财富获得保障,而且可以使已经消失的财富获得补偿。个人如此,拿整个国家来说,更加是如此"。① 可见,幼稚工业保护论只是其经济学理论的一个铺垫。他的最终落脚点是在于探寻创造财富的原因,以及强调在发展工业的过程中提高国家生产力。贸易保护只是使德国迅速成为工业强国的一种最为有效的手段。而当时,国家生产力的发展水平主要体现在国家工业进步的程度上,于是"工业进步"成为其国民经济学的又一核心范畴。据此,一个必然的逻辑结论就是:国家对经济的干预是一国社会经济发展所必要。同时,李斯特也意识到国家干预可能包含的负面作用,于是他认为,国家干预并不是"统死"私人经济。干预的原则是,"它对个人怎样运用他的生产力和资金这一点,并不发号施令……这是由个人自己决定的事情,它是绝不过问的……关于国民个人知道更清楚、更加擅长的那些事,它并没有越俎代庖"②,他提出:"国家在经济上越是发展,立法和行政方面干预的必不可少,就处处显得越加清楚。只要同社会利益无所抵触,一般来说,个人自由是好事;同样的道理,个人事业只有在与国家福利相一致的这个限度上,才能说行动上可以不受限制,但如果个人的企图或活动不能达到这种境地……私人事业在这个限度上就当然需要国家整个力量的帮助,为了他自己的利益,也应当服从法律的约束。"③

李斯特的理论对19世纪后半叶统一后的德国的迅速崛起起着巨大的作用。正是在其思想的指导之下,德国政府于1880年后,开始有意识地指导并制定法律、法规扶持重工业的发展,这些政策和法律措施使德国在30多年时间内一跃成为世界强国。

2. 凯恩斯主义及其以后的经济学与经济法

1929至1933年的大危机,美国罗斯福总统的"新政"实践,以及苏联社会主义计划经济取得的成就,给古典经济学(主要是市场经济学或称微观经济学)提出了挑战,亦为经济学提出了大量的研究素材,在此背景下产生或复兴了一系列国家干预的经济学理论,如英、美的凯恩斯主义,美国的制度学派,瑞典的斯德哥尔摩学派,德国的鲁亭巴赫国家干预思想和希特勒法西斯经济统治理论,法国的调节主义等。其中凯恩斯的"宏观经济理论"(国家干预主义理论)和政策主张,对其后的世界主要资本主义国家的经济政策和立法影响最大。特别是二战后的现代经济法,可以说就是以凯恩斯理论为基础的。

凯恩斯理论的核心是有效需求理论和其三大心理规律。该理论强调,在自由竞争的条件下,因"三大心理规律"的作用,必定产生有效需求不足,从而不能达到充分就业,进而导致

---

① [德]弗里德里希·李斯特:《政治经济学的国民体系》,陈万熙,译,商务印书馆,1981版,第118页。
② [德]弗里德里希·李斯特:《政治经济学的国民体系》,陈万熙,译,商务印书馆,1981版,第146—147页。
③ [德]弗里德里希·李斯特:《政治经济学的国民体系》,陈万熙,译,商务印书馆,1981版,150—151页。

产生经济危机。[①] 因而,只有国家干预,即主要采取以财政政策和货币政策为核心的需求管理,刺激有效需求,才能达到充分就业,避免资本主义世界的毁灭。

第二次世界大战后的几十年时间里,西方主要发达资本主义国家都以凯恩斯主义为制定本国经济政策的依据,并以法律的形式对这些经济政策予以确认,从而使经济法进入正常的稳定发展阶段。20世纪70年代到80年代中期,由于国家干预主义的深入,政府失灵导致经济发展中的"滞胀",经济自由主义卷土重来,应运而生的是被称为新保守主义的当代经济自由主义(代表人物有哈耶克和弗里德曼等),从而凯恩斯主义的统治地位在某种程度上被新经济自由主义所取代。但应注意的是,现代经济学不论是哪个学派,都不完全否定国家干预在社会经济运行中的意义,因此,国家干预不是需不需要的问题,而是需要的程度问题。

然而,这个程度的"度"的把握,不是理论问题而是实践问题,只能根据一个国家社会经济发展的需要。同样,一种经济理论及其政策主张,能否成为主流,被国家所采纳并法律化为经济法,也视一国社会经济发展之需要,正如一位外国经济学家所说:"社会经济在不断地发展变化,不同时期有不同的问题,因而就有不同的占主导地位的经济理论。不管这一理论如何'科学',它总是处于逐渐废弃的过程中。"[②] 同时,经济法规的实施结果也可以检验经济学说及其政策主张的正确性和适用性,从而推动了经济学说的完善、丰富与发展。所以,作为经济法学的经济学理论基础是变动的、发展的,这就决定了经济法学的发展必须从发展中的经济学中不断吸取营养,只有这样,经济法学才能与不断发展的社会经济需要相适应,才能给经济立法的完善提供理论支持。

(二) 经济法产生的法律基础

1. 法哲学基础

社会法学的兴起是经济法产生的法哲学基础,它是由以"社会化"为基调对法律现象进行新观察和理解的不同流派构成的,它的以下法律观念对经济法的产生影响颇巨。

(1) 社会观。法律是社会关系的调整器,因此,有关社会的观念就决定着人们对社会关系的看法,从而就决定着法的观念及法律制度设计。社会法学派摒弃了自文艺复兴渐被确立,17世纪和18世纪占主宰地位的个人主义的唯名论、原子主义社会观,转持唯实论社会观,把社会看作有机整体。正如斯宾塞所说,社会就是类似于人体的有机体,在功能上组成一体而且经历着成长过程。[③] 此种社会观虽然使其没有否定因生存竞争导致的社会中个体冲突的一面,但同时看到了个体利益一致与和谐的一面。这就是他把法律发展的最后一段看成是重构形式下的个人利益的一致性的原因所在。更重要的是这一社会观的转向,引起了人们思考法律问题的方法论转向(从个体主义到整体主义),和在法学中对社会与个人关系中的"社会"的重视,从而使法的本位从个人转向社会。

(2) 利益观。在17世纪到19世纪中期个体主义盛行的时代,社会利益虽也被人提起,但只有非常微弱的声音。那时法律的核心在于保护个人的权利或利益,并不认为可以为了社会利益而限制个人权利。19世纪末,这种情况发生了变化,法哲学,特别是社会法学派对社会利

---

① 徐毓枬:《〈就业利息和货币通论〉中译本前言》,载[英]凯恩斯:《就业利息和货币通论》徐毓枬译,商务印书馆1983年版,第 iv 页。
② [美]阿尔弗雷德·S.艾克纳主编:《经济学为什么还不是一门科学》,苏通,译,北京大学出版社1990年版,第143页。
③ [美]罗兰·斯特龙伯格:《现代西方思想史》,刘北成、赵国新,译,中央编译出版社2005年版,第334页。

益予以了系统的研究,形成了较完整的理论。在目的法学派的创始人耶林看来:"目的是全部法律的创造者"①而法律的目的是利益,是个人利益与社会利益的一种平衡关系。因而法律应当被视作是"个人与社会之间业已确立的合伙关系",在这一关系中,社会利益具有更重要的意义,②因此一个社会应"使个人的劳动——无论是体力的劳动还是脑力的劳动——尽可能地对他人有助益,从而也间接地对自己有助益……并根据这个问题来调整他的整个经济"③。庞德则对利益作了更深刻和系统的阐述,他把利益分为个人利益、公共利益和社会利益三种,认为不同时期有不同的应优先考虑的利益,而20世纪应更多考虑的利益是社会利益。

(3) 国家职能观。在个体主义盛行的时代,在法律观念中对国家的职能有严格的限制,特别是对国家对经济活动的介入几乎持完全否定态度,最经典的概括就是国家的职能犹如"守夜人"。这种观念到19世纪末20世纪初已发生了变化,扩大国家干预社会经济活动的观念已逐渐为法学界接受。正如20世纪初社会连带法学的创始人法国的狄冀所说:传统国家主权观念仅仅赋予国家的三种职能——对外防止侵略(国防)、对内维护社会秩序与安全(治安)、执行正义(司法)已经过时,国家的职能应大大扩充。就连与狄冀同时代的新托马斯主义法学家比利时的叶·达班也认为:"公共利益包含着全部人类价值。它要求,对个人和群体的合法活动以及为了帮助或实施私人创新努力的公共服务机构的合法活动进行保护,国家应该运用法律手段协调和调整相互冲突的经济活动,并抵制防止无法控制的竞争所造成的过分的放任活动和浪费。"④

2. 经济法产生的立法条件

19世纪末20世纪初,经济法产生的社会经济背景告诉我们,由于生产力的发展,生产社会化程度的提高,市场竞争日益激烈,市场经济的缺陷已开始凸现,其主要表现为:垄断、外部性、公共产品供应不足、分配不公、总量(总供给与总需求)失衡,经济危机周期性出现。这些经济问题的存在及日益严重,引起了社会矛盾激化,如失业大量存在、垄断财团操纵市场,恶化了竞争环境并致消费者利益受损及国际垄断资本在争夺世界市场时的冲突等一列社会问题。这些问题单靠市场力量显然是无法解决的。加之此时社会思潮中整体主义盛行,于是,资本主义国家一改自亚当·斯密以来的消极不干预政策,而积极参与到经济活动中去,不仅从宏观上对经济进行调控,而且在微观上对市场主体行为的反社会性进行规制。总之,国家以社会总代表的身份对社会经济进行广泛干预,以协调各方利益。

各国对经济生活的干预在法治国家又都是通过法的手段实施的,于是,这时的立法出现了大的转向,不仅在宪法里出现了对公民的经济社会方面权利的规定,而且制定了与传统私法、公法迥异的大量经济性法律法规。以德国为例,1919年制定了直接以"经济法"命名的《钾经济法》和《煤炭经济法》。这诸多的经济法律规范也就在事实上形成了作为独立的法部门的经济法,遂有法学家将其诠释为"经济法"。

---

① [德]耶林:《法律:作为实现目的的一种手段》,转引自[美]E. 博登海默:《法理学:法律哲学与法律方法》,邓正来,译,中国政法大学出版社1999年版,第109页。

② 耶林认为:个人生活的价值,必须根据社会能从个人的行为中获得的利益来衡量。参见[美]E. 博登海默:《法理学:法律哲学与法律方法》,邓正来,译,中国政法大学出版社1999年版,第112页注[26]。

③ [德]耶林:《法律:作为实现目的的一种手段》,转引自[美]E. 博登海默:《法理学:法律哲学与法律方法》,邓正来,译,中国政法大学出版社1999年版,第109页。

④ [美]E. 博登海默:《法理学:法律哲学与法律方法》,邓正来,译,中国政法大学出版社1999年版,第180页。

第四节　经济法学说史

我们虽然不能否定社会事实在思想形成中的重要意义,但仍要知道思想不是事实的简单"映像",且思想往往决定着一个人的命运或一个社会的历史走向。正因此,马克斯·韦伯说:"由思想所创造的世界观念经常像扳道工一样,决定着利益火车头所推动的行动轨道。"[①]而凯恩斯则直接说:思想的力量之大"往往出乎人们的意料。事实上统治世界者,就只是这些思想而已。"[②]因此,了解经济法的学说史,用经济法的思想来丰富我们法律学人的头脑,就能成为更合格、对社会更有益的法律学人。

一、外国经济法学说史

(一) 18 世纪中至 19 世纪末以前的唯理学说

在这一时期,由于社会生产力的发展,市场失灵初显端倪的,但还不足于影响社会经济的正常运行,因而,这时还没有一个国家从一国社会经济整体发展的角度对社会经济生活干预的立法出现,只有一些敏锐的思想家,根据自己对社会经济发展可能引起的法律需要的预测及自己的理论直觉提出的一些设想。

经济法既然是社会经济整体发展的法,其产生必与持整体主义理念的思潮或文化传统的国家有关,而在现代的西方思潮中,社会主义就是一种整体主义思潮,而就文化传统讲,在西方德国文化中具有整体主义传统。

1. 法国早期的经济法思想

(1) 空想社会主义者对经济法概念的提出和使用。法国空想社会主义者摩莱里(Morelly)在他 1775 年出版的《自然法典》一书中使用了"经济法"这个概念。在这部法典里,他先设计了一个符合"自然"和"理性"的制度,然后拟制了一个保障实现这个制度的"合乎自然意图的法制蓝本"。而在这个法律体系中,经济法又占着十分重要的地位。需要说明的是,摩莱里把经济法的调整范围只限于分配领域,其经济法指的就是"分配法"。之所以如此,是因为在他看来,资本主义运行的全部弊端,是由私有制以及与此相应的分配上的不公造成的。因此,解决资本主义社会经济运行的全部问题就是:实行公有制,并在国家对社会经济生活实行统一管理的基础上按人口数量实行平等分配。可见,其目的是解决国家介入社会经济活动,并从社会整体发展经济的法律问题。从此,我们"不难窥见摩莱里所称的经济法或分配法含有我们现在所称的经济法的最本质的特征"[③]因此,摩莱里是首位提出"经济法"概念的人,应当之无愧。

法国另一位空想社会主义者德萨米(Dezamy)在他 1843 年出版的《公有法典》一书中,

[①] 转引自[美]罗兰·斯特龙伯格:《现代西方思想史》,刘北成、赵国新,译,中央编译出版社 2005 年版,第 3 页。
[②] [英]凯恩斯:《就业利息和货币通论》徐毓枬译,商务印书馆 1983 年版,第 330 页。
[③] 李昌麒主编:《经济法学》,中国政法大学出版社 2002 年修订版,第 18 页。对此,有学者持有不同的观点,如史际春教授认为:从摩莱里的《自然法典》和德萨米的《共有法典》中所使用的"经济法"一词的情况看,"并不是指法律或法规,而是指社会运动的法则,用以描述他们设想的理想社会中公平分配财富的原则和方法。既然不是在法的概念和意义上使用'法'的措辞和表述,则不能认为是由这两位空想者首先提出了'经济法'"。见史际春、邓峰:《经济法总论》,法律出版社 1998 年版,第 69 页。

在继承摩莱里的经济法思想的基础上,发展了摩莱里的经济法思想,其主要表现在对公有制的组织形式——公社,平等分配的最好形式——按比例分配等法律问题予以了论述。

(2) 蒲鲁东的经济法思想。P. J. 蒲鲁东(P. J. Proudhon)是法国小资产阶级思想家,他在1865年出版的《论工人阶级的政治能力》一书中提出和使用了"经济法"这一概念,他把法律作为解决社会矛盾、改组社会的工具,认为构成新社会组织基础的就是"经济法"。"因为,公法(droit public)和私法(droit privé)都无助于实现这一目标:一个会造成政府过多地限制经济自由的危险,另一个则无法影响经济活动的全部结构。因此社会组织将建立在'作为政治法和民法之补充和必然结果的经济法'的基础上。"①

蒲鲁东对经济法的这种见解,就接近了现代一般学者对经济法的见解,因此,有学者认为"经济法"概念在法国的首创应属于蒲鲁东。②

2. 德国早期的经济法思想

(1) 官房学派的经济法思想。德国学者R. 皮彭布罗克研究证明,早在18世纪初,德国的官房学派学者尤斯图斯·克里斯托夫·蒂特马(Justus Christoph Dithman,1677—1737年)将法律作为经济学的基础,并将经济区分为田园经济与都市经济,使用过田园经济法等语。不过只是使用了"经济法"一词而已。其后另一学者菲希尔(1750—1797)在其所著的《官房与警察法统一学术概念》一书中使用了"经济法"的概念,他把经济法理解为是与田园经济法、都市经济法相区别的国家经济法。在菲希尔看来,官房法不仅有保持、增值、经济地利用全体国民财富的机能而且同时亦具有这种义务,这种行为称之为国家经济,在此中间的权利义务的总括即称为国家经济法。③ 从中我们可以看到他所提出的经济法思想已具有现代经济法的意蕴。

(2) 蒂博的经济法思想。在19世纪初,即1814—1815年在蒂博(Thibaut)与萨维尼(Savigny)关于德国是否需要编纂一部统一法典的论战中,蒂博在批评了法的民族特性理论后,也承认在一定的特殊情况下,的确需要产生特殊的法。但是,他认为这种特殊性往往只表现在有关经济和警察的法的领域。其中,蒂博多次提到"经济法"(leggi economiche)这样的范畴,并且将其与警察法(行政法)相并列,在划分上不属于民法。④ 由于蒂博与黑格尔(其社会观和历史观是整体主义的)的个人友谊,以及德国法律文化传统中的整体主义思想,其面对当时德国四分五裂的现实,在寻求国家统一、经济富强的路径时,不可能不考虑国家在社会经济整体发展中的作用。因此,他所论及的经济法具有现代经济法的意味。

(二) 现代经济法学说⑤

现代经济法源于德国,东传日本后得到进一步的发展,因此,这里主要就德国和日本的

---

① [法]阿莱克西·雅克曼,居伊·施朗斯:《经济法》,商务印书馆1997年版,第2页。
② 我国的史际春教授和邓峰教授、法国的阿莱克西·雅克曼,居伊·施朗斯等学者就持如此观点。参见史际春、邓峰:《经济法总论》,法律出版社1998年版,第69页。[法]阿莱克西·雅克曼,居伊·施朗斯:《经济法》,商务印书馆1997年版,第2页。
③ 参见张世明:《经济法理论演变研究》,中国民主法制出版社2002年版,第14页。
④ 参见薛军:《蒂博对萨维尼的论战及其历史遗产——围绕"德民"编纂而展开的学术论战述评》,载许章润主编:《萨维尼与历史法学派》,广西大学出版社2004年版,第186页。
⑤ 这部分主要参考[日]金泽良雄:《经济法概论》,甘肃人民出版社1985年版,第5—21页。较详细的论述可参考张世明:《经济法理论演变研究》,中国民主法制出版社2002年版,第68—142页,及吉永荣助:《经济法学的基础》,中央经济社,昭和49年。

经济法学说史作一简单回顾。

1. 德国经济法学说

德国经济法学初创前夕经济法多以"工业法"称之。1913年,海因里希·莱曼(Heinrich Lehmann)出版的《德国工业法纲要》一书,对工业化中企业内部的关系、企业外部的关系(即相对于自由竞争的关系秩序)及企业与整体社会的关系(主要探讨大企业发展导致的排除竞争以及滥用市场支配力的弊害的克服与补偿、公营事业及"卡特尔外部法")三方面的法律问题作了系统研究,从其内容看多为现代经济法研究的课题,因此,可以说是德国现代经济法的源起。此后,德国经济法界以一战期间及战后的经济立法为契机,从理论上对经济法进行了系统的探讨,形成了诸多不同的学说,择其要者有如下4种。

(1) 集成说。这一学说的代表人物是努兹巴姆(Nussbaum),该学说是把德国第一次世界大战期间及战后出现的有关经济的新法律现象,用"经济法"的综合概念来对待。在他看来,凡是以直接影响到国民经济为目的的法律规范的总体就是经济法。因而间接影响到国民经济的法,如民法和财政法就不属于经济法。这一学说被我国20世纪80年代的学者所接受,形成经济法诸论中的"综合经济法论"。

(2) 对象说。这一学说主张把经济法作为对象去研究,并作为法律的分支承认其独立性。其代表学说有两种。一是认为经济法是组织经济固有之法。代表人物是基尔德斯密特(Goldschmidt),其所谓"组织经济",是指以改进生产为目的而规制的交易经济和共同经济。这一见解,是以国民经济形态的交易经济(个体经济)和共同经济为线索,同时着眼于这种经济的组织化,从而构成了组织经济,并在国民经济中给予独立地位,而以此组织经济固有之法就是经济法。并把它作为独立的法律部门。二是认为经济法是有关经济性企业者的企业管理之法。其代表人物是卡斯凯尔(Kaskel),这一学说,在我看来与现今的经济法理念相距较远。

(3) 世界观说。这一学说的创始人是赫德曼(Hedemann)。他主张,以具有现代法特征,并渗透于现代法的经济精神为基调的法为经济法。他自称此说为"世界观说"。此说基于每一个时代都要有其基本的社会观念(世界观),正是时代的基本观念不同产生了与之相应的不同的法律。正如18世纪以"自然"为该时代的基调(基本观念)一样,在现代则以"经济性"作为时代基调,而以此经济性为特征的法为经济法。可见其理论不在于基于明确经济法的调整对象而确立其独立的法律部门地位,而是一种认识经济法的路径,具有方法论意义。

(4) 方法论说。这一学说不承认经济法是一个独立的法律部门,也未对经济法的含义予以界定,而是把经济法理解为社会经济生活的法律问题,适用法学研究的社会学方法而已。其代表人物有卡拉伊(Geiler)和威斯赫夫(Westhoff)。

(5) 机能说。这一学说着眼于法律的机能,并以经济统制作为经济法的核心概念。正如贝姆所说,作为经济法的中心概念,必须考虑到在国家统制经济和特有经济政策意义上的经济秩序以及有关的经济制度。而赫梅尔勒则直接说:国家统制经济特有的法律为经济法。70年代后期,林克则主张将经济法定义为统制、促进和限制营业活动的法律以及国家性决定的组织。

2. 日本经济法学说

(1) 第二次世界大战前的学说。第二次世界大战前,由于日本的法学对德国的依赖性强,加之两国的体制相近,由此造成的法律素材类似,特别是战争期间,协约国在政策观念上的共同性,使日本的经济法学深受德国的影响。这一时期日本的经济法理论虽可说众说纷纭,但择其要有三:第一,对象说。这一学说是以德国基尔德斯密特的对象说为根本,同时吸收了德国机能说的基础上形成的。它一方面着眼于高度发展的资本主义阶段的经济现象,并采纳了社会法的观点,另一方面法的适用对象规定了经济法的概念,承认了它作为独立的法域,但与此同时,为适应国家对经济统制的普遍化现象,也把经济法看作"统制经济固有的法"。第二,经济法否认说。有点类似德国的集成说,认为历来的法律领域,就没有特殊承认经济法本身的充分论据,经济法只不过是经济法令汇集综合的名称而已,因而否定了经济法的存在。第三,经济统制法说。这一学说基本上是基于"经济法否定说"的立场,其着眼点主要在于把现实中存在的统制经济的法汇集起来,名之以"经济统制法"并作为其研究对象。

(2) 第二次世界大战后的学说。第二次世界大战后,一方面,由于美军占领被战败的日本,使日本法学对于德国法学的依赖性减弱。另一方面,由于经济民主化,出现了大量的新的经济立法,使作为经济法学对象的经济法素材与第二次世界大战前已迥然不同。与此相应战后的经济法学说也发生了变化,主要有以下几种观点:第一,是与民法对比来理解经济法的见解。这主要是通过对经济法与民法的对比研究,从而揭示经济法的本质属性,以达到对经济法的认识。其基本观点认为,经济法是摆脱了现代法框框的、后现代法的"社会性所有之法",而民法是"现代性所有权"的现代法。第二,是将约束和统制列为经济法中心概念的见解。其有两种不同的观点。一种观点认为经济法是从国民经济整体立场来约束经济之法,其代表人物为高田。另一种观点的代表人物是丹宗昭信,认为经济法的中心概念是市场"统制"。并强调他们所说的"统制",不同于历来国家统制中的概念模糊、界限含混的"统制",而是指作为经济法对象的社会经济实质概念中的市场"统制"。其着眼点在于"国家对垄断和市场的统制政策"。第三,是"作为维持垄断阶段中资本主义经济体制的经济政策立法"的见解。代表人物是今村成和与宫板,认为经济法是以依靠政府的力量支持因垄断发展而失去自主性的资本主义经济体制为目的的法律之整体。第四,是关于《禁止垄断法》与经济法的关系的见解。鉴于《禁止垄断法》的出现及其在战后经济法中的重要地位,而围绕着反垄断法思考经济法概念的见解。在这一见解中公认《禁止垄断法》在经济法中的重要地位,但有的除此之外还试图结合法律思想史,从中探讨经济法的基本要素。有的则直接认为经济法就是反垄断法。如丹宗昭信就认为:经济法就是支配市场(限制竞争)的国家规制之法。第五,经济法是以"经济性从属关系"为前提的见解。这一见解,试图替历来的社会法观念来判断经济法。如正田彬、峰村光郎所认为:经济法的本质性前提是在垄断资本主义阶段固有的垄断体与非垄断体之间的从属关系的见解,就属于此。

二、我国的经济法学说

我国经济法学是伴随着经济体制改革的进行而产生和发展的,在其产生和发展的历程中,因经济体制发生了从计划经济向市场经济的转轨,与此相应经济法学说也可大体分为"旧诸论"和"新诸论"两个阶段。

(一) 1992 年前的"旧诸论"[①]

随着 1978 年底十一届三中全会的召开,我国工作重点向经济建设上的转移,1979 年经济体制改革拉开序幕,与此同时法制建设也全面启动。为了使改革中的各种经济行为有法可依,中国的经济立法得到了前所未有的加强。面对社会对经济立法的大规模需要和已经出现的大量经济法律、法规,法学界对经济法予以研究和关注就成为必然。仅从初创时的 1979 年到 1984 年就举行了 6 次较大规模的经济法研讨会[②]。正是形成于此期的经济法学科,为此后经济法学的蓬勃发展和诸论的形成奠定了基础。

1. 1979—1984 年的初创时的学说

初创时的经济法学说呈现百家争鸣状态,其时的理论可分为三大类和若干观点。

(1) "唯经济法论"。这一观点认为,经济法调整对象是所有的经济关系。如有学者提出的:经济法"调整社会经济关系"[③]就是如此。有的称此为"大经济法论"。

(2) "特定经济关系论"。这种观点认为,经济法只调整部分经济关系,即调整特定的经济关系。但在对"特定"的界定中存有分歧,主要有以下四种观点:一是"主体论"。这一观点是以主体的不同作为划分经济法调整对象的依据。认为经济法调整的是除公民之间财产关系之外的所有经济关系,包括国家机关、企业、事业单位和其他社会组织内部及其相互之间,以及它们与公民之间,在经济活动中所发生的社会关系。二是"特定经济领域论"。这一观点是从经济关系所发生的领域(生产、分配、交换、消费)来划分经济法的调整对象。认为经济法调整"国民经济中的商品生产在组织、计划、财产管理和商品流通方面发生的经济关系"。[④] 三是"所有制基础论"。这一观点是从经济关系的所有制基础角度划分经济关系,认为经济法"调整建立在生产资料公有制基础上的经济组织之间的经济关系"[⑤]。四是"经济关系性质论"。这一观点是从经济关系本身的性质上界定并划分作为经济法所调整的经济关系的性质。其中又分成"管理与协作经济关系论""纵横经济关系论""意志经济关系论"(这里的意志指在各主体间的经济关系中有国家意志为指导)、"管理关系论""计划关系论"。

(3) 否定论或"唯民法论"。这一观点的核心就是认为经济法只是由"多种法律部门的规范组成的经济法规,无论是单个的或是它们的总体,都不构成独立的法律部门,也没有它自己专有的调整对象"。[⑥] 这实则是对经济法的否定。

2. 1985—1992 年的过渡时期的学说

1985 年后经济法理论研究呈现蓬勃发展之势,但由于此时的经济体制处于从计划经济向市场经济的演变中,与这一社会经济现象相应的经济法理论具有过渡形态的特征。这一时期占主导地位的学说是"经济管理关系与经济协作关系论",与之并存的还有"经济管理关系论""经济关系和经济活动论"等。

---

① 对这一时期中国经济法学说的详细论述可参见以下两本书籍:(1)肖江平:《中国经济法学史研究》,人民法院出版社 2002 年版。(2)《中国经济法诸论》编写组:《中国经济法诸论》,法律出版社 1987 年版。
② 参见肖江平:《中国经济法学史研究》,人民法院出版社 2002 年版,第 96 页。
③ 关怀:《经济立法在实现四个现代化斗争中的作用》,载《西南政法学院学报》1979 年第 2 期。
④ 刘瑞复:《经济法概论》,长春市科学技术协会内部出版,1981 年,第 14 页。转引自肖江平:《中国经济法学史研究》,人民法院出版社 2002 年版,第 151 页。
⑤ 芮沐:《民法与经济法如何划分好》,载《法学研究》1979 年第 4 期。
⑥ 佟柔:《民法的对象及民法与经济法规的关系》,载北京政法学院经济法教研室:《经济法论文选集》,1980 年内部出版。转引自肖江平:《中国经济法学史研究》,人民法院出版社 2002 年版,第 155 页。

(1)"经济管理关系与经济协作关系论"。这一观点是当时的主流学说,主要人物有杨紫烜、李昌麒、徐学鹿、盛杰民、史际春等,其主要论点是:经济法调整的特定经济关系,应当是经济管理关系和部分经济协作关系。经济管理关系是指,在对社会主义生产总过程的经济活动进行计划、组织、指挥和协调过程中发生的物质利益关系。包括宏观经济管理关系(国民经济管理关系)和微观经济管理关系(经济组织内部的管理关系);经济协作关系是指在生产过程中和计划指导下进行协同劳动而发生的物质利益关系,包括宏观经济协作关系(经济组织外部的协作关系)和微观经济协作关系(经济组织内部的协作关系)。其立论的基础在于,我国当时的有计划的商品经济体制决定了这两种经济管理关系之间有密切关系,因此应由经济法统一调整。

(2)"经济管理关系论"。这一理论有两种不同的叙说:一种认为,经济法调整国家经济管理关系,另一种认为,经济法调整的是具有经济内容的管理关系。前种观点的代表人物是漆多俊教授,其国家经济管理关系是指,在国家对社会经济干预、组织、管理过程中发生的,以国家为一方主体与另一方主体的管理与被管理关系,因而经济法不调整横向经济关系和各种经济组织内部的经济关系。[①] 后一种观点的代表人物是梁慧星、王利明等,认为经济法调整的具有经济内容的经济关系,是在国家组织和管理国民经济的活动中与社会组织和公民之间形成的具有隶属特征的管理关系。[②]

(3)"经济关系和经济活动论"。这一理论认为,用以固定"经济关系和经济活动"的法就是经济法。此论有较强的政治色彩,源于中共中央《关于经济体制改革的决定》中提出的"经济体制改革和国民经济大发展,使越来越多的经济关系和经济活动准则需要用法律形式固定下来"的提法。[③]

(二) 1992年以后的"新诸论"[④]

随着社会主义市场经济体制在我国的确立,经济法的研究也发生了重大转折,通过经济法学人的努力,经济法理论日渐趋于成熟,形成了新的诸论。为避免与第二章的相关内容重复,这里就新诸论予以简要列举。

(1)"需要国家干预说"。该说认为,经济法是调整需要国家干预的具有全局性和社会公共性的经济关系的法律规范的总称。

(2)"国家协调说"。该说认为,经济法是调整在国家协调本国经济运行过程中发生的经济关系的法律规范的总称。

(3)"纵横统一说"。该说认为,经济法是调整经济管理关系、维护公平竞争关系、组织管理性的流转和协作关系的法。

(4)"社会公共性经济管理说"。该说认为,经济法是调整发生在政府、政府经济管理机关和经济组织、公民个人之间的以社会公共性为根本特征的经济管理关系的法律规范的总和。

(5)"国家调节说"。该说认为,经济法是调整在国家调节社会经济过程中发生的各种社会关系,以保障国家调节,促进社会经济协调、稳定和发展的法律规范的总称。

[①] 漆多俊:《经济法调整对象及其他》,载《法学评论》,1991年第2期。
[②] 梁慧星、王利明:《经济法的理论问题》,中国政法大学出版社1986年版,"前言"部分及第196、206页。
[③] 潘念之:《从经济体制改革谈经济法》,载《政治与法律》,1985年第4期。
[④] 对此可参阅目前主要流行的经济法教材,及李昌麒:《经济法——国家干预经济的基本法律形式》,四川人民出版社1999年版;肖江平:《中国经济法学史研究》,人民法院出版社2002年版等书籍。

（三）目前代表性的学说

随着社会主义市场经济的发展，大量经济法律、法规的出台，经济法实践的丰富，以及部门经济法理论研究的进展，经济法界有学者对经济法概念进行了反思，提出了一些有创造性的思想，主要有两方面。

1. 范式守成下的内容创新

这种对经济法的认知，虽然仍遵循以调整对象为核心界定经济法的概念的范式，但对经济法调整对象的认知与20世纪90年代初的观点已不相同。目前以这种范式界定经济法的最具有代表性的学说是张守文教授提出的"调制关系调整说"。[1] 该学说认为，要揭示经济法的概念首先需要界定经济法的调整对象，而界定调整对象需要有问题意识。在此思维指引下，通过对现代市场经济下社会经济运行中存在的社会经济问题分析，认为经济法所要解决的问题是"市场失灵"，包括宏观的结构失衡和微观的市场失序两个方面。这意味着解决"市场失灵"问题，就需国家对经济从宏观上予以调控和对市场予以规制。由此产生两类社会经济关系，即宏观调控关系和市场规制关系。于是，经济法的调整对象就宏观调控关系和市场规制关系，在把这两种关系分别简称为调控关系和规制关系，合并简称为"调制关系"。并据此把经济法的概念界定为："经济法是调整在现代国家进行宏观调控和市场规制的过程中发生的社会关系的法律规范的总称。简单地说，经济法就是调整调制关系的法律规范的总称。"[2] 除此之外，单飞跃教授提出"公共经济关系说"，认为"经济法是调整公共性经济关系的法律"。[3] 这种观点虽受王保树教授"社会公共性经济管理说"的影响，但对公共性经济关系的范围比王保树教授的要宽泛得多。

2. 新范式的尝试

有学者提出从"内涵和外延"综合揭示经济法概念的新范式。薛克鹏教授对此做了尝试，他认为：经济法是由内涵和外延构成的一个范畴，因此，界定经济法必须既要揭示内涵，又要揭示外延。内涵反映的是经济法规范的根本属性，而对本质的把握需要从不同方面综合考虑，根据法的特点需从规范的行为、维护的利益和规范的方法三方面揭示。据此，从内涵视角把经济法界定为：为维护社会公共利益，对经济行为进行规制的法律规范的总称。外延则是经济法所包含的内容范围，认为经济法的范围包括保护竞争、保护消费者、保护劳动者、保护环境资源和规制政府经济活动等法律制度。[4]

第五节　经济法史的启示

上述研究说明，经济法像任何部门法的产生一样，都有主客观两方面原因，即新法规的

---

[1] 此从上述五种学说对经济法概念的界定形成以后，直到2016年张守文教授主编的马工程教材《经济法学》出版前，中国再没有出版过影响广泛的经济法学教材。加之当前在中国法学教育中对经济法的学习普遍使用马工程教材，因此，该教材对经济法概念的界定最具有代表性。
[2] 《经济法学》编写组，主编张守文：《经济法学》，高等教育出版社2016年版，第16页。
[3] 单飞跃：《经济公法理论问题》，法律出版社2019年版，第65页。
[4] 薛克鹏：《经济法基本范畴研究》，北京大学出版社2013年版，第30—47页。这是中国经济法学早期五说形成以来，少数在专著中以一章内容专门对经济法概念所做的系统研究。

大量出现及法学家的理论概括被社会所接受。就客观原因讲,是社会在发展演进中出现了新的社会经济问题或产生的新型的社会经济关系,或新型的损害行为,而既有的法律部门按其制度及规范特征又对此难以调整、难以规范。但就统治者或立法者而言,法学家以新的法现象为研究对象,进行抽象、归类而形成一种理论,且他们的理论被统治者或社会所接受,并被用于完善和丰富实践中的立法和司法。这二者共同作用,导致新的部门法的产生。具体到经济法的产生来讲,可概括为以下几个方面。

一、生产的社会化与社会关系的复杂化

生产社会化程度的提高,意味着在社会经济生活中,不仅直接在生产过程中人们的相互依赖性增强,而且生产的各部门在经济运行的各环节中人们的相互依赖性也增强,从而使社会经济成为一个有机的整体。

作为有机整体,意味着生活于其中的每个经济主体,其活动虽有一定的独立性,但又都具有社会性,从属于或受制于社会经济体,这决定了其经济行为亦必然影响到整个社会。在这样的社会经济条件下,社会经济关系也变得复杂繁复,不仅有传统的横向的平等主体间的经济关系及管理中的纵向不平等主体间的经济关系(主要是直接关系),也有行为主体与作为其存在于其中的社会整体的关系及与其互依、互补交互作用构成经济整体的其他经济主体的关系(主要是间接关系)。

社会关系的这种变化,特别是单个行为主体与社会整体的关系及无直接关系但又同处于社会整体中的有机的互补、互依关系主体间的间接关系,使传统的以调整直接关系为目标的法律部门难以对这种新型社会关系进行调整,这就决定了需要新的法律部门——经济法对此进行调整。可见,生产的社会化与社会关系的复杂化,产生的对新社会经济关系调整的需要是经济法产生的根本原因之一。

二、生产社会化对统一权威协调者的需要

生产的社会化引起社会经济关系的日趋复杂化,不仅表现在经济关系层次的多样化,且因行为的外部性,导致各层次、各种形式的经济关系相互交错,形成社会经济关系网络,社会经济关系不能再以简单的"横向""纵向"来概括。在这种错综复杂的网络关系中,如何使单个主体之间及他们与社会整体之间的关系得以和谐,使整个社会经济持续稳定地发展,每个个体的利益得到较优实现,就需要一个统一的权威来协调。这一统一的权威不是任何个体或经济组织所能胜任的,而只能由社会最高组织——国家充当。

从现代国家的性质及职能来说,现代国家是一定区域内社会的总代表,担负着组织整个国民经济,为整个经济发展服务的责任。这是因为现代国家指称的是民主国家,其本意是主权在民。这些决定了其是行使一国社会权力,作为整体利益的最佳代表。可见,社会化生产要求一个统一、权威的机构或组织来协调,而现代国家作为社会整体代表介入经济的合法性,是经济法产生的客观原因之一。

三、市场失灵和政府失灵

社会化意味着生产的大规模与细致的分工,也意味着协调的必要。自从社会化产生后就存在两种协调经济运行的方式,即组织协调与市场协调。不过,在不同的历史时期,这两

种协调方式因各社会的生产力发展状况及社会经济制度、社会经济理念不同而受到不同程度的重视。

以社会经济发展到资本主义阶段以后来讲,世界上主要国家社会经济运行的调节机制经历了以市场调节为主,到相对偏重国家(社会的最高组织形式)调节,再到混合调节三个阶段,与此相应,经济法亦经历了从萌芽发展到发达的历程,我们只要追索这两种主要调节方式的各自缺陷,了解其融合的必然,就可从另一侧面说明经济法产生的客观原因。

市场经济发展的历程说明,在自由竞争资本主义阶段,由于生产力相对落后,社会化程度不高,生产关系也相对简单。在此条件下,仅靠市场就可较好地协调经济的发展,与此对应,亚当·斯密提出了以个人自由主义思想为基础的"最小国家"观念。在此经济状况与社会经济观念下,对经济关系的法律调整只依民法为主的私法即可。但随着市场经济的发展,社会关系日益复杂化,仅靠私法维护市场关系,市场自发调节社会经济关系的局限性日益凸显,其主要表现就是被称作"市场失灵"的公共物品供应不足、垄断产生、外部性不能内化、信息不对称、分配不公和经济周期性波动等现象日益严重。这客观地对外在于市场的力量干预经济提出了要求,而这个力量在现代最好及最具合法性的是国家,大危机时期资本主义国家干预、社会主义国家在经济发展中的成就及凯恩斯的理论的论证使国家干预在二战后得以盛行,对此的法律化使经济法在常态下得以勃兴。不过,由于起初对政府经济行为认识不足,经济法疏于预设约束政府经济行为的功能,对"政府失灵"显得无能。

然而,政府干预经济的历史说明,政府也存在失灵,其主要指政府运行效率低下、过度干预、公共产品供应不足及缺乏效率、政府难受产权约束、预算偏离社会需要、权力寻租。[①] 对政府失灵认识的深化及法治国家对政府干预经济的约束,使经济法从初创时只重克服"市场失灵"到对"市场失灵"与"政府失灵"克服的并重,从而完善了经济法的功能,彰显了经济法在现代法律体系中对经济调整的不可替代的作用。正是从这一意义上讲,经济法就是国家干预经济的基本法律形式。可见,市场失灵与政府失灵是经济法得以产生和完善的客观原因之一。

四、整体主义法理念及法治文化

如前所述,在19世纪末20世纪初整体主义观念在社会思想领域得以盛行,在法学中出现了从个体主义法理学到整体主义法理学的转变,或至少可以说是以整体主义法理学对个体主义法理学做了部分修正。[②] 与此相联,国家对个人权利的保护从政治权利及私权向经济、社会及文化权利转化,不仅注重对个人消极权利的保护,也重视对公民积极的基本权利——即公民的受益权的保护。

另外,随着社会的发展与文明的进步,法治观念也深入人心,在此法律文化背景下,政府的所有行为都被纳入了法治轨道,对经济的调节也不例外。如果没有法治,市场失灵虽需国家干预,而政府干预可能只用行政手段,像计划经济(统制经济)时代的苏联和中国,就不可能产生真正意义上的经济法。

---

① 有关"政府失灵"的论述可参见斯蒂格利茨:《政府为什么干预经济》,郑秉文、译,中国物资出版社1998年版,第79—90页。

② 参见龚祥瑞,《比较宪法与行政法》,法律出版社,2003年版,第36页。

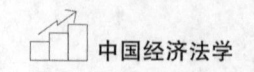

五、法和法学自身发展的逻辑

作为上层建筑的法与法学的发展,虽然最终要受经济基础的决定,但其又有自己相对的独立性。因此,对经济法的产生原因亦可从法和法学自身发展的逻辑或规律中去把握。

纵观法和法学发展历程,其发展大体经历了诸法合一、结构分化、以及在分化基础上的交叉与功能互补的高度整合三个阶段。

当社会发展到 19 世纪末 20 世纪初时,对社会关系的法律调整亦变得日益分化。但社会化所产生的协调性要求及整体性观念,使分化的各法律部门在调整社会关系时都不能无视与之紧密相关的一些异质性关系,这样不仅出现了传统法律调整对象的部分质变,即公法私法化及私法公法化现象,而且出现了新的法律现象,产生了新的法律部门——社会法。这一法律部门从 19 世纪劳动法的孕育开始,直到 20 世纪初经济法及现今的社会保障法、环境法等。这一阶段的法现象的特征就是在对社会关系调整中既有高度专业化分工,又存在交叉与功能互补,它们共同整合于统一的法律体系中,共同完成对社会关系的调整。

六、一定的经济法学说

以上五方面,前三个方面是经济法产生的社会经济条件,后两个方面是经济法得以产生的客观知识,它们共同构成经济法产生的客观原因。这些原因对经济法部门的产生固然重要,但仅此未必产生经济法部门,英美法系国家的现实就是例证。不过,这并不是说英美法系中没有实质意义上的经济法,而是没有我们以大陆法系的部门法划分意义上的经济法部门。

因此,法部门的形成还需法学家对新出现的法律现象进行抽象、归类,形成一定的学说并被社会及立法者认可,且用于指导立法、司法方可最终形成。而经济法学说在德国的出现及传播,且被日本、中国等许多国家所借鉴接受,并用于立法、司法实践的事实,足以标志着经济法部门的形成。这说明一定的经济法学说是经济法部门形成的主观原因。

思考题

1. 经济法为什么产生于 19 世纪末 20 世纪初?
2. 经济法要解决的社会经济问题是什么?
3. 经济法的社会观念基础是什么?
4. 经济法的经济学观念基础是什么?
5. 资本主义国家与社会主义国家的经济法产生有何异同?

本章知识要点

第二章
经济法的概念和体系

全章提要

- 第一节　经济法概念界定的一般理论和主要观点
- 第二节　经济法概念的界定及解释
- 第三节　经济法的体系
- 思考题

任何部门法的定义固然有其特点,但都必须遵循形式逻辑关于定义的一般规定性。按形式逻辑关于定义的一般规定性,可以说,经济法的定义就是对经济法本质特征或内涵和外延的确切表述,是对经济法内容的高度浓缩。这意味着,通过对经济法概念的界定,我们就可以了解经济法的特征,以及经济法的内容体系。因而,经济法的定义问题就成为经济法理论研究的最为基本的问题之一,是研究经济法的逻辑起点。本章在对经济法概念界定的基础上,就经济法的体系予以说明。

第一节　经济法概念界定的一般理论和主要观点

对经济法概念的界定,经济法学界近20年来很少有学者问津,成果极其有限。[①] 致使对经济法概念的界定在内容上虽有一些创新,但在界定方式上多数仍沿用的是20世纪90年代初形成的经济法定义范式。基于此,本节拟首先对影响经济法概念界定是否确切的要素和定义方式,以及国内外具有代表性的经济法定义方式予以探讨。其次,对中国经济法概念界定方式进行反思,为其后界定经济法的概念做理论准备。

一、经济法概念界定的一般理论

(一) 概念的构成要素及其是否确切的判断标准

概念即对事物所下的定义。形式逻辑认为,定义是认识主体使用判断或命题的语言逻辑形式,通过对认识对象的本质特征或内涵和外延所作的确切表述,确定一个认识对象或事物在有关事物的综合分类系统中的位置和界限,使这个认识对象或事物从有关事物的综合分类系统中彰显出来的认识行为。这意味着任何定义都有三个构成要素和两个评判标准。

构成定义的三个要素:第一,定义的核心要素,定义要反映被定义对象的本质特征。第二,对内涵确切的表述,即对被定义对象本质特性所做的抽象和概括性描述。第三,对外延确切的表述,即对被定义对象所包含的所有事物或内容形式的描述,表现在列举式定义上。

判断一个定义是否确切的两个标准:第一,能否确定一个认识对象或事物在有关事物的综合分类系统中的位置和界限,如经济法在法律体系中的位置和界限。第二,能否使认识对象或事物从有关事物的综合分类系统中得以彰显。即对内涵、外延,以及对被定义对象的特性和种类列举的描述是否有歧义、是否清晰(不模糊)。

[①] 从20世纪90年代初社会主义市场经济体制确立之时,中国经济法学界围绕着经济法的调整对象对经济法的定义展开了一场讨论,形成了区别于改革开放初期形成的诸种经济法观点,学术界简称"新诸论"。从此以后,很少有学者对"经济法的概念"展开研究,就作者拙见,近20年只有薛克鹏教授对这一问题在其《经济法的定义》(中国法制出版社2003年版)、《经济法的再定义——以规范对象为视角》(载《经济法论坛》第10卷,群众出版社2013版)和《经济法基本范畴研究》第一章"经济法"(北京大学出版社2013年版)对这一问题予以了系统研究。

（二）概念界定的方式

概念界定的方式也就是定义的方式。定义的方式虽较多，但最常用的定义的方式有两种：属加种差定义与发生定义。

（1）属加种差定义。它是一种常用的定义方法，又称真实定义、实质定义。定义项是由被定义概念的邻近的属和种差所组成的定义。它的公式是：被定义项＝种差＋邻近的属。这种定义方式也是我国部门法常用的定义方式，例如给民法下定义，首先，民法是一种"调整一定社会关系的法律规范"，"法律规范"是属概念，"民法"是种概念。和民法并列的部门法还有行政法、经济法、刑法、宪法，等等，它们各有特点，各有不同的社会功能和目的。民法和它们不同的特点就是"平等主体在社会经济活动中产生的财产关系和人身关系"，这就是种差。民法定义表述为"调整平等主体之间的财产关系和人身关系的法律规范的总称"。

（2）发生定义。这种定义方法实际上就是对被定义对象的发生过程的一种描述。当定义者受认知水平和范围的限制，难以用"属加种差"的方法定义认识对象时往往就会用到发生定义。比如蒲鲁东在其所著《论工人阶级的政治能力》一书中对经济法的定义，普氏认识到：公法和私法都无助于均衡思想的实现，前者会造成政府过多地限制经济自由的危险，而后者则无法影响经济活动的全部结构，必须将社会组织建立在"作为政治法和民法之补充和必然结果的经济法"之上，即经济法是补充民法和政治法（行政法）不足的法。他提出，法律应当通过普遍和解来解决社会生活矛盾，为此需要改组社会，由"经济法"来构成新社会组织的基础。这就是早期的关于"经济法"的发生定义。

二、经济法概念界定的范式和界定模式

目前，国内外有关经济法的专著和教科书中对经济法的概念的界定，因对概念的界定方式或视角不同而各不相同。从既有定义的方式看，一般都采取"属＋种差"的界定模式。但由于国内外学者的法律观念不同，对体现法的本质性差别理解不同，形成了两种不同的经济法概念的界定范式。

（一）外国经济法概念的界定范式

外国经济法概念的界定范式即外国经济法的定义范式，即以经济法规范的内容、功能或目的作为种差根本的定义范式。这种范式是以经济法内容、功能或目的的特殊规定性来定义经济法的。其定义主要有二种模式。

1. 以规范的内容特性界定的模式

以规范的内容特性界定的模式，其公式是"经济法是×××的法"。如被称为经济法母国的德国，早期机能主义学者赫梅尔勒（Heamerle）认为："国家统治经济特有的法律为经济法"[①]。当代德国经济法教授费肯杰的新经济法学说将经济法定义为，在被设定的经济宪法框架内，为了保障经济主体依照经济正义的标准开展经济活动，作为一般原则通过国家的特别行为（介入），规范经济交易的自由和经济财产的归属的各种重要法律规范的总称。[②] 当代德国学者弗里茨·里特纳和迈哈德·德雷埃尔认为："经济法将那些实现整体经济秩序的

[①] 转引自[日]金泽良雄：《经济法概论》，满达人，译，甘肃人民出版社1985年版，第8页。
[②] [德]沃尔冈夫·费肯杰：《经济法》第一卷，张世明等，译，中国民主法制出版社2010年版，第3页。

法律规范和法律制度整合在一起。"[1]在经济法研究曾最为发达的日本,今村成和认为,经济法是通过国家的力量来支撑由于垄断的产生和发展以至于失去自律性的资本主义体制的法之总和,是为维护垄断阶段的资本主义经济体制的经济政策立法。金泽良雄认为,经济法是以国家之手代替市场无形之手,以满足社会协调性要求而制定的法律,或者经济法是为填补因市民法的调节作用的局限所造成的法律空白状态而制定的法律。丹宗昭信和尹从宽认为:"经济法,是指在市场机制下建立的经济政策立法体系,它的核心是维持市场竞争秩序,即国家对'自由竞争的限制(市场支配)'和'阻碍公平竞争(不公平竞争)'行为进行规制的法律。"[2]比利时的E.谢雷克斯认为:"经济法是由国家据以对经济施加积极影响的全部法律规则组成的。但是,这并不意味着经济法是'经济法规'的同义词。它的定义不应取决于它的客体,而应取决于它的作用:它是政府当局以有效地实现其经济政策的工具之一。"[3]

2. 以规范的目的的差异界定的模式

以规范的目的的差异界定的模式,其公式是"经济法是以×××为目的的法"。如法国学者德让认为:经济法是以给予公共权力机关能够对经济采取积极行动为目的的法律规则的总称。[4] 再如德国学者努兹巴母(Nussbaum)的集成说认为:"凡是以直接影响国民经济为目的规范的总体就是经济法。"[5]日本的高田清源认为:"经济法是从整体国民经济的立场出发,来约束经济的法。"这一所谓"整体国民经济立场",即"是以维护整体国民经济利益为目的"的立场。[6] 韩国的权伍乘认为:"经济法是国家为了调整国民经济而规制经济的法律规范和法律制度的总称。"[7]

国外经济法的上述定义说明,国外多数学者是从经济法的功能、作用或内容所具有的特性作为种差来界定经济法的,其中,在这一界定中,一些定义暗含着"目的"因素,如德国费肯杰教授的新经济法定义。纯粹以目的作为种差界定则相对较少。而发生定义,只是在经济法发展的早期,有个别学者采用,除前述法国蒲鲁东的定义外,如德国早期经济法"集成说"的代表人物努斯鲍姆,他将第一次世界大战时期及战后出现的所有用于战争和危机对策的经济法律规范作为一个整体来界定经济法,认为:经济法是一系列法律规范的汇集综合,即凡以直接影响国民经济为目的的规范的总体就是经济法,间接影响国民经济的法如民法和财政法就不属于经济法。[8]

(二)中国经济法概念的界定范式

目前,中国学者对经济法的定义,由于受我国法理学有关部门法划分的标准是法律规范所调整的社会关系与法律规范的调整方法[9]这一理论的影响,是以经济法的调整对象为中心

---

[1] [德]弗里茨·里特纳,迈哈德·德雷埃尔:《欧洲与德国经济法》,张学哲,译,法律出版社2016年版,第27页。
[2] [日]丹宗昭信、尹从宽:《经济法总论》,吉田庆子译,中国法制出版社2010年版,第8页。
[3] 转引自[法]阿莱克西·雅克曼、居伊·施朗斯:《经济法》,宇泉,译,商务印书馆1997年版,第51页。
[4] 李昌麒主编:《经济法学》,中国政法大学出版社2002年修订版,第36—37页。
[5] 转引自[日]金泽良雄:《经济法概论》,满地人,译,甘肃人民出版社1985年版第6页。
[6] 对高田清源观点的详细介绍可参见张世明:《经济法学理论演变原论》,中国人民大学出版社2019年版,第135页。
[7] [韩]权伍乘:《韩国经济法》,崔吉子,译,北京大学出版社2009年版,第9页。
[8] 转引自王为农:《经济法学研究——法理与实践》,中国方正出版社2005年版,第4页。
[9] 参见张文显:《法理学》,高等教育出版社,北京大学出版社1999年版。因而,种差就主要以调整对象之差来体现,从而使部门定义的差别变成了调整对象的差别。

来定义经济法的。从既有的经济法概念看，包括二要素结构和三要素结构两种定义模式。①

1. 二要素模式

二要素模式，即定义包括经济法的调整对象（种差）和法律规范（属）两个要素。其公式是"经济法是调整×××经济关系的法律规范的总称"。

2. 三要素模式

三要素模式，即定义包括经济法的目的、调整对象和法律规范三个要素。一般都把作为属的"法律规范"放在最后，而对种差则用调整对象和目的两个要素界定，对于这两个要素，有的把目的前置，其公式是"目的＋调整对象＋法律规范的总称"，通常表述为"经济法是为了×××的目的，而对×××关系调整的法律规范的总称"；有的将目的后置，其公式是"调整对象＋法律规范的总称＋目的"，其表述通常为"经济法是调整×××关系的法律规范的总称，以实现×××的目的"。

上述两种模式基本可以概括目前中国经济法的所有定义，这也从代表中国经济法"新诸论"的几种主要教材的定义中就可看到。它们不仅不同程度地影响着当代经济法学人对经济法定义的理解，也影响着对经济法是什么的回答，以及影响着中国经济法学者对经济法体系的理解。

三、对中国经济法概念界定的反思

对经济法概念准确界定不可能凭空达成，不仅需要吸收其他学科和国外对经济法概念界定的成果，而且需要对本国经济法概念界定进行反思，了解其特性，明晰其得失。

（一）中国经济法概念界定的特点

尽管中国经济法新诸论对经济法的定义的具体表述存有差异，但对部门法种差的界定主要基于调整对象，因而，它们对经济法定义的思维范式是相同的，加之在经济法定义中所包含的要素差异不大，这就使中国经济法定义具有以下特点。

1. 以调整对象为根本种差的界定范式

中国经济法定义，采取的是属加种差式的定义。其中，对于经济法的属，即属于法律规范是不言而喻，学者们没有分歧，因而，对经济法界定的关键在于种差。亦即都以经济法调整对象的独特性，亦即把其调整的社会经济关系与其他部门法的不同，作为确定经济法在法律的综合分类系统中的位置和界限的根本要素，使经济法从法律的综合分类系统中彰显出来。可见，在中国经济法定义中都把调整对象作为界定种差的根本。

2. 以主体的性质为主要标准的调整对象分类方式

中国法属于大陆法系，受大陆法系公法与私法划分传统的影响，一般认为私法调整平等主体间的关系，通常被称为横向关系。而公法调整的社会关系为高权关系，通常称为纵向关

---

① 这里的定义模式是按定义所包含的内容要素的结构划分的，分为二要素模式和三要素模式。不同于有的学者以对经济法内容的描述，而对经济法定义方式所做的划分。有学者据经济法各种定义的内容把经济法定义总结归为十种："立法目的＋国家干预经济关系＋法律规范"的方法；"公共管理经济关系＋法律规范"的方法；"国家协调经济关系＋法律规范"的方法；"立法目的＋经济管理关系和市场运行关系＋法律规范"的方法；"国家调节经济关系＋立法目的＋法律规范"的方法；"多种经济关系＋法"的方法；"宏观调控和规制经济关系＋法律规范"的方法；"阶级意志＋综合方法＋综合经济关系＋法律规范"的方法；"行政权力＋法律规范"的方法；主张"学科经济法"的方法。（参见薛克鹏：《经济法的定义》，中国法制出版社2003年版，第63—64页。）

系。在这种关系中的主体必须有一方是执行公共管理事务的机关——行政机关,其为执行公共管理事务拥有向对方实施强制的权力或权利,因而,主体间的地位是不平等的。受这种公私法划分的影响,在经济法定义中有关调整对象的界定,也自觉不自觉地把社会经济关系分为纵向的关系和横向的关系这两类。① 并且一般认为经济法调整的社会经济关系既有纵向的经济管理关系,也有横向的交易和竞争关系,因此,经济法是公法与私法的混合几乎成为经济法学界的通说。

由于在经济法中代表公共利益干预经济的通常是经济管理机关,其属于行政机关,行政事务的特性决定了上下级行政机关,以及行政机关与相对人之间关系的不平等。因而,社会关系主体的性质,往往成为界定社会关系性质,或社会关系分类的主要标准。

(二) 对中国经济法概念的评析

中国的经济法概念,尽管受当时社会经济发展现状和社会经济体制,以及当时法学界对部门法定义界定的思维模式的限制而存在缺陷,但其毕竟是学者们理性地分析国内外社会经济运行的现实,以及国内外经济法理论,而对经济法的内涵和外延,以及本质特性所做的提炼,具有前瞻性,有其合理之处。因而,客观的评价不仅应指出其缺陷,也应说明其优点。中国经济法定义的优缺点都与其定义的特征有关,下面分述之。

1. 中国经济法定义的优点

对中国经济法概念的优点可以从两方面来看,一方面是从定义的范式来看。另一方面是从以主体的性质为主要标准的调整对象分类方式看。

第一,从定义的范式来看,以调整对象为根本种差的定义范式,对于经济法的研究和学习来说好处有二。其一,限缩了寻求经济法本质特征的范围,即把经济法定义中的种差限于调整对象,有利于集中精力从经济法与其他部门法调整对象的差异中发现和提炼经济法的特征。其二,与中国法理学关于部门法划分的标准相符,且与其他部门法的定义范式相同,因而,对于具有中国法学理论基础,以及其他部门法基本理论的人(特别是法学院学生)来说,可以通过与其他部门法的调整对象进行比较,认识经济法与其他部门法的不同,易于初学者理解和掌握经济法。

第二,从以主体的性质为主要标准的调整对象分类方式看。此种对调整对象的分类方式具有以下优点:(1)现有的法律理论一般认为社会关系的构成要素主要有三个,即主体、客体和内容。且是以主体的性质为主要标准,确定社会关系的性质或特质(社会关系的内涵),以客体来确定关系的内容范围(外延),是辅助说明调整对象种差的标准。如在民法调整的社会关系中,民事主体的性质(私人)决定这种关系中主体是平等的,从而决定了民事关系的特性——平权关系,而客体——人身、财产都属于私人物品,在传统部门法中是相同的,因而,对区分部门法的特性缺乏意义。因而,以主体性质为调整对象分类的主要标准,有其合理性。(2)以一种要素为根本,以其他要素为辅助来确定标准,使标准相对确定、明晰,有利于在调整对象上形成共识。也正因为如此,虽然在经济法定义及调整对象上,中国经济法存有分歧,但却形成了一些共识,其中,共识之一就是,在对主体的看法上,所有有关经济法的调整对象,即经济法所调整的社会经济关系中,都承认国家(或政府)因素的影响,即都把

---

① 如在经济法诸论中,有的定义中对调整的经济关系直接用纵横关系,有的虽有直接用纵向横向关系的词语,但在其后对调整对象的内容具体描述中主要是按公私关系分类的。

国家(或政府)作为关系的主体之一。① (3)在对经济法调整对象分析所考虑的要素中,突破了传统理论的三要素,注入了第四个要素——主体的行为。其表现就是经济法的"新诸论"都对国家或政府干预经济的行为予以重视,尽管各种学说所关注的国家或政府行为的方式和行为主要作用的领域有所不同。这是经济法的"新诸论"对法律调整对象理论的重大贡献之一,之所以这样说,在作者看来,既然社会关系是通过主体的行为建立起来的,行为的特性理所当然是决定社会关系特性的主要因素。一般来说,社会经济发展的程度与社会经济关系的复杂程度呈正相关,社会关系越简单,主体的功能越单一,主体的性质对其行为特性影响越大。这意味着,在简单的社会关系中,主体的性质可以决定其行为的性质,从而决定社会关系的特性。而在复杂的社会关系中,由于主体功能多元,其行为的影响就不能简单地依主体性质而定,而应以行为本身的内容特性而定。如干预行为,实则包括决策与执行两阶段,两类行为,决策行为主要是抽象行为,其影响的客体是经济秩序,属于公共物品,是公共利益的载体,因而影响的是社会公共利益,受影响的主体是不特定的。而执行行为多为具体行为,影响的客体是私人物品,是私人利益的载体,影响到的主体的特定的。(4)对调整对象内容特性的揭示从形式描述转向形式描述与实质揭示的统一。一般部门法对其调整的社会关系的内容的分析主要从客体的形式,如财产关系、人身关系、行政管理关系。而经济法对其调整的社会关系特性的分析和揭示,除从形式,如"国家干预"和"经济性"予以描述外,还从实质予以揭示,如经济法界一般认为,经济法调整的社会关系具有"全局性"或"社会公共性"。

2. 中国经济法定义的缺陷

与其优点相应,以调整对象为根本种差的定义范式,对于经济法的研究和认识来说也有两方面缺陷。

第一,概念界定的范式缺陷。由于其限缩了寻求经济法特征的范围,即把经济法定义中的种差限于调整对象,从而也限制了经济法研究的视野,使经济法思维成为一种收敛思维,而对于新学科来说,最需要的却是发散性思维。因而,这种界定范式阻碍了对经济法的本质的认知。另外,以调整对象的差异作为界定种差的根本,难免与其他部门法调整的社会关系发生冲突。

第二,以主体的性质为主要标准的调整对象分类方式的缺陷。这一分类标准的缺点有以下几个方面:(1)作者认为反映法律本质属性的影响要素或内容是多方面的,且有层次的。主要有三个要素或三方面的内容,从高到低、从抽象到具体。可以这样排列,即法的目的、法所规范的行为、法调整的社会关系(调整对象)。因为,任何法律都是某种社会问题严重到一定程度的产物,法所要解决的社会问题的内容决定了法律的目的,为实现此目的,就需对引发这种社会问题的行为予以规范,对社会关系的调整是对行为规范的后果。一般来说,这三个要素对法特征的反映与社会发展程度成正相关,即社会发展程度越低,法的特征越体现在低层次的要素或内容中,社会发展程度越高,法的特征越体现在高层次的要素或内容中。因而,对经济法这种解决社会经济整体如何发展的复杂问题,对其特征的关注更应在于其规范的行为和目的,而不是调整对象。但中国经济法诸论的定义中只有两论提及经济

---

① 首先,经济法所调整的社会经济具有"国家干预"和"经济"的特性,即具有"国家干预性"和"经济性"。其次,经济法所调整的社会经济关系具有"社会公共性"或"全局性"。有关经济法学界在调整对象问题上取得的共识,可参见肖江平:《中国经济法学史研究》,人民法院出版社2002年版,第177—180页。

法的目的,对于经济法规范的行为没有明确提及,只有隐含的体现。而在对调整对象的分类中,在现代法中关系的主体性质固然重要,但关系内容,特别是以行为和其他客体所体现的利益特性为纽带的内容更为重要。因为,法律关系的本质是利益关系。(2)我国学者从行为视角理解社会关系的研究还处于启蒙状态。虽然在经济法定义或调整对象中,经济法学者关注了行为的因素,但不仅主要局限于政府的经济行为,如"干预行为""协调行为"或"调制行为"等,而对经济法规范的市场主体行为与其他法律规范的市场主体行为有何不同,几乎没有深入研究。且在对行为的分析中注重对这种行为的现象描述,而轻实质揭示。没有从经济法规范的行为影响的主体、客体、利益,以及后果的角度对行为进行分类,并从中抽象出经济法规范的行为的共同特质。(3)对调整对象内容特性的实质揭示欠缺。经济法学界对经济法调整对象从实质的揭示也做了初步探讨,如认为经济法调整的社会关系具有"全局性"或"社会公共性"。但何谓"全局性"或"社会公共性"? 在对其论证中,由于对当代政治哲学和经济学最新观念吸收不够,其解释主要拘泥于法学理论,从而缺乏判断"社会公共性关系"的标准,[①]而用模糊的概念下定义在逻辑上是不妥当的。

第二节 经济法概念的界定及解释

较为恰切的经济法定义,除应遵守有关定义的逻辑范式外,还应结合法学和经济法的特点,下面在对本文定义范式选择说明的基础上,吸收国内外在经济法定义中取得的成就,给出本文的定义,并对之予以解释。

一、经济法概念的界定范式与基本内容

(一) 概念界定范式的选择

本书对经济法定义采取属加种差的范式,而对种差的提炼,则是在考虑到经济体制的基础上,综合经济法的目的、规范的行为和调整对象三方面的特性,也就是说,本文对经济法种差界定主要考虑四个因素。第一,不同的经济体制的差异。第二,国外以经济法的内容、功能或目的为种差根本的定义范式的简洁性。第三,中国经济法以调整对象为种差根本的定义范式的习惯。第四,考虑到经济法规范行为的特殊性。因而,本文的定义范式,可以说是综合范式,是在吸收中外经济法定义所取得的成就的基础上创造的综合结果。

(二) 经济法概念的界定

基于上述范式,作者以共同体主义观念为基础,对经济法做这样定义:经济法是国家作为一国社会共同体的代表,在由国民经济发展现状和时代的主流经济观念决定,并被宪法确定的经济体制下,从一国社会公共利益出发,为维护经济体制持续稳定和有效运行的社会经济秩序,通过对影响社会经济秩序的行为——公共性经济影响行为的规范,进而调整社会经济有机体内功能性经济个体间以交易秩序为客体而产生的交易关系,以及以经济结构(包括产业结构和区域结构)秩序为客体的良好的结构关系的法律规范的总称。

[①] 对"社会公共性"的论述可参见王保树、邱本:《经济法与社会公共性论纲》,载《法律科学》2000 年第 3 期;单飞跃:《公共经济法:经济法的本质解释》,载《政法论坛》2006 年第 3 期。

二、对经济法概念的说明

(一) 决定经济法规范特性的观念基础

作者认为,每一个部门法都有特定的政治哲学基础及与此相应的社会观和人性观。这些观念不仅决定了部门法对社会关系的认知,且决定了部门法规范的目的、规范的重心、力图调整的社会关系的内容和方法,以及制度设计。因此,在部门法的定义中,首先需要彰明或暗含部门法的政治哲学基础,以及与此相应的社会观和人性观。

因而,上述经济法的定义第一句话"经济法是国家作为一国社会共同体的代表"和第三句"从一国社会公共利益出发",实质上是对经济法的政治哲学,以及社会观和人性观的彰显,即经济法的政治哲学基础是共同体主义。这种社会观假设在个体的人之外存在一个先于个体存在的社会,社会是由处于不同领域具有不同功能的个体构成的相互依存的且成长的有机共同体。[1]国家是在历史演化中形成的代表社会执行社会公共职能的组织体。

人的本质属性的自然性和社会性(二重性)决定了以人为基础形成的社会关系的二重性,作为社会关系调整器的法亦就有与之对应的本质属性不同的两种。对此,正如祁克所指出的"与人的本质一样,在法律上也存在个人法与社会法的差别。这是因为,人作为个人在其是一种独立的存在体的同时,也是构成社会的成员"。因此"个人法是从主体的自由出发,规律个人相互平等对立的关系的法律;社会法将人视为拥有社会意志的成员,将人视为整体的一分子……所以,社会法是从对主体的拘束出发,规律有组织的全体成员的法律"。[2] 在此意义上我们可以把经济法作为社会法(指社会法域)。而目前建立在自由主义观念基础上的主要法律部门宪法、行政法、诉讼法和民法等则属于个人法。

(二) 决定经济法规范特性的社会经济基础

经济法产生和发展的历史说明,从发生学视角看经济法,经济法是一国社会经济整体发展之法,而不是个人如何生活之法。正因此,早在20世纪初,德国有学者指出:凡是已直接影响国民经济为目的的规范的总体就是经济法,因而,间接影响到国民经济的法律,如民法,则应排除于经济法之外。[3] 而20世纪80年代仍有日本学者指出:"经济法的规制,一般说来,是从国民经济整体的立场出发而实行的。"[4]

而社会经济整体如何发展是由一国社会经济发展现状,以及与此相关的主流社会经济观念决定的,其主要表现在一国的社会经济体制上。经济体制选择的不同,经济法的内容重心和内容体系也不同。如19世纪末20世纪初,面对从自由竞争向垄断过度时的资本主义经济出现的问题(现状),有两种经济观念:一种是马克思主义的社会主义观念,与此对应产

---

[1] 这里的社会是在涂尔干的意义使用的,他认为:"社会并不是由某些同质的和相似的要素复合而成的,它们是各种不同机构组成的系统,其中,每个机构都有自己特殊的职能,而且它们本身也都是由各种不同的部分组成的。社会各个要素不仅具有不同的性质,而且也具有不同的组合方式。它们并不像环节虫那样排列成行,相互搭嵌,而是相互协调,相互隶属,共同结合成为一个机构,并与有机体其它机构相互进行制约。"[法]埃米尔·涂尔干:《社会分工论》,渠东,译,生活·读书·新知三联书店2004年版,第142页)
[2] 转引自何勤华:《历史法学派述评》,载许章润主编:《萨维尼与历史法学派》,广西师范大学出版社2004年版,第38页。
[3] 参见[日]金泽良雄:《经济法概论》,满达人,译,甘肃人民出版社1985年版,第6页。
[4] [日]金泽良雄:《经济法概论》,满达人,译,甘肃人民出版社1985年版,第51页。

生了以公有制为基础的计划经济体制。另一是改良的自由市场观念,与此对应产生了以市场为资源配置基础,以国家干预为辅助的混合经济体制。正是经济体制选择的不同,产生了两种社会经济制度。社会主义经济制度的核心是计划,与此相关的计划法律成为社会主义经济法体系的根本,其他经济法律都是为实现计划而服务,因而,不能与计划法冲突,计划法成为社会主义经济法的根本法——经济宪法。而资本主义经济体系的核心则是市场竞争,与此相关的反垄断法成为其经济法体系的根本,因而,其他促进经济发展的法律不能与竞争冲突,反垄断法则成为资本主义经济法体系的根本——经济宪法。

由于经济体制既反映着一个国家的社会经济基础,又是一国经济的根本制度,往往被规定在宪法中。因而,对一国的经济法进行定义,必须考虑其宪法所确定的社会经济体制。正因此,本书在经济法定义的第二、三句写了"在由国家社会经济发展现状和时代的主流经济观念决定,[①]并被宪法确定的经济体制下",这实则是对经济法规范特性的社会经济基础的描述。

(三)经济法特性的表现

经济法的本质特性表现在三个方面,即经济法的目的、经济法规范的行为、经济法的调整对象。

1. 经济法的目的

"目的是全部法律的创造者。每条法律规则的产生都源于一种目的,即一种事实上的动机。"[②]这意味着,法的目的差异是部门法最为根本的差异之一,因而,以种差加属的定义范式界定经济法,必须说明经济法的目的。本文定义中"从社会公共利益出发,为维护经济体制持续稳定和有效运行的社会经济秩序",就是对经济法目的的说明。其中这里的社会公共利益是指经济意义的公共利益,一个国家社会经济持续稳定发展本身就是该国经济性公共利益的体现。而社会经济秩序是经济法的工具性目标,因为社会经济持续稳定发展依赖于良好的社会经济秩序,良好社会经济秩序是社会公共利益存在的载体或客体。

经济法产生的社会经济背景说明,在分工高度发达,社会经济已成为有机整体的现代社会经济体系里,公共利益在人的利益结构中的重要性的增强,而公共利益不仅不能自发的形成,且即使自发形成的公共利益或形成公共利益的机制,在现代市场经济条件下也遭遇被破坏的危险。而以个人权利为中心,以保护私益为归宿的主流法律理论建立的部门法对公共利益保护力有不逮。经济法就是为弥补这种不足而产生的,因而,其最终目的是人的公共利益。由于保护公共利益这一最终目的的实现,依赖于社会整体经济能持续稳定、有效地发展,亦即依赖于社会经济运行具有良好的秩序。因此,保护社会公共利益及其存在的客体——社会经济秩序,就成为经济法的目的。正是从目的意义上可以说经济法是社会经济秩序保护法,而非个人权利保护法。是公共利益保护法,而非私人利益保护法。当然,对此不能绝对化的理解。因为保护了经济秩序及体现于其上的公共利益,也就保护了所有人的

---

① 法律不仅是对社会经济现实需要的回应,也是对主流社会观念的回应,因此,英国法学家戴雪在《法律与公共舆论》中说:"在任何一个特定的时期,都存在着由各种各样的信仰、观念、情感、已经确立下来的原则、或者牢牢根植于人们心中的成见所组成的整体,上述的这些因素共同构成了一个特定时代的公共舆论,我们可以将之称为统治性的、或支配性的舆论潮流……这种统治性的舆论潮流……直接或间接地决定了立法的过程。"转引自[法]莱昂·狄骥:《公法的变迁 法律与国家》,郑戈、冷静,译,辽海出版社/春风文艺出版社1999年版,第72—73页。

② 此为德国法学家耶林之言,转引自[美]E.博登海默:《法理学:法律哲学与法律方法》,邓正来,译,中国政法大学出版社1999年版,第109页。

个人利益。同时,个人作为社会中的人,当其权益受到损害时,寻求权利救济,虽目的在于保护私人利益,但具有正外部性,亦即也反射保护公共利益。

2. 经济法规范的行为

法理学认为:"古往今来,一切法律的创设或约定,都是为了调整或规制人的行为。"[①]这决定了"法律不是以主体作为区分标准,而是以行为作为区分标准。"[②]也就是说,法的不同主要在于其所规范的行为的不同。因而,规范的行为的不同是部门法的根本差异,亦是其根本特性之一。然而,在法律上可从不同视角或标准对行为分类,但从法律总是以保护某种利益为归宿的角度讲,以行为损害利益的属性为主,辅之以行为主体性质的差异对行为进行分类是最为根本的。另外,法律目的的实现,虽可通过激励有益行为而为之,但主要还是通过防止有害行为而达成。据此,从行为损害利益的特性的视角,可把行为分为公害行为与私害行为。

私害行为是指行为损害的利益主要是人的私益。其损害的利益客体是以私人的财产、人身和特定行为等形式存在的私人物品。公害行为是指行为损害的利益主要是人的公益。其损害的利益客体是公共物品,在存在形式上就是社会经济关系系统(如市场秩序、国民经济的结构秩序)、人生存依赖的环境系统等。

从既有经济法的法律规范来看,经济法规范的是经济公害行为,包括市场主体(私人主体),主要是经营者的经济公害行为,也包括公共主体——行政机关的公害行为,主要表现为抽象的规制制定行为。由于公害行为属于公共性行为(包括公益行为和公害行为)的一个方面,因而本书经济法的概念中使用了"通过对影响该经济体制运行的社会公共性经济行为的规范"对经济法规范的行为特性予以界定。

3. 经济法的调整对象

以法的调整对象为核心对部门法下定义是中国法学的习惯,为顾及该习惯,本文在定义的最后从经济法调整对象的视角,对经济法的特性予以界定。从共同体主义的社会观念,以及方法论的整体主义看,经济法调整的社会经济关系是"社会经济有机体内功能性经济个体间以市场交易秩序为客体(为纽带)而产生的市场交易关系,以及以经济结构(包括产业结构和区域结构)秩序为纽带的良好的结构关系"。对此可从以下两方面理解。

(1) 从其所调整的社会关系的内容构成来理解。经济法调整的社会经济关系的内容包括两个方面:第一,社会经济有机体内功能性经济个体间以交易秩序为客体而产生的交易关系,这种关系主要体现在市场规制法中所规范的经营者之间,以及经营者与不特定交易对象发生的关系。这种关系,主要就是市场规制法中经营者之间、经营者和消费者之间,以及市场规制机关与经营者之间的关系。第二,调整社会经济有机体内功能性经济个体间以经济结构(包括产业结构和区域结构)秩序为纽带的良好的结构关系。这种关系就是宏观调控法调控的不同产业、不同区域中经营者之间功能互补的依存关系。

(2) 从其所调整的社会关系的本质属性质来理解。[③] 这两方面的社会经济关系都是处于社会经济有机整体内不同经济领域中的经济活动个体间的功能互补关系,这种关系的特性是有机连带性和社会公共性,因此,是一种有机的公共性经济关系。这是由于这种关系的

---

① 舒国滢:《法哲学沉思录》,北京大学出版社2010年版,第77页。
② 张文显:《法理学》,北京大学出版社、高等教育出版社1999年版,第47页。
③ 对经济法调整的社会经济关系特性的更详细的论述可参见刘水林:《经济法基本范畴的整体主义解释》,厦门大学出版社2006年版,第128—141页。

客体——主体行为作用的对象,或者说主体权利义务指向对象是社会经济秩序,包括市场交易秩序和结构秩序都是在社会经济发展中成长的公共物品。这种关系的主体因处于不同的产业、不同行业、不同区域,因此在整体经济发展中的功能不同。因而,这种关系是具有不同功能的、不特定的主体间的关系;有机的连带关系,意味着这种关系是在有机的经济体内历史成长的关系,这种关系先于任何具体主体而存在,任何具体主体虽依其意志参与这种关系,也可以影响这种关系,但只是影响这种关系的好坏,并不能影响这种关系的产生和消灭。如典型的竞争关系,不会因个别市场主体的意志而产生和消灭。而传统部门法调整的是私人性经济关系,即以人身、财产、行为等私人物品为客体的特定主体间的关系,这种关系是依特定主体的意志而建立的关系,主体可依其意志建立和消灭这种关系。如典型的契约关系,侵权关系。

第三节 经济法的体系

经济法体系反映着经济法所包含的内容范围,是经济法外延的体现。可见,对经济法体系的确立直接关系到对经济法概念的理解,以及对经济法本质属性的认识,因此,经济法体系是经济法的重要范畴,对其研究有利于进一步深化对经济法的认识。而研究经济法体系,首先必须弄清其概念,在此基础上才能构建相对合理的经济法体系。

一、经济法体系的概念

对经济法体系概念的界定既要体现法律有关法律体系界定的一般理论,又要结合经济法上述有关经济法概念和现有的被认为属于经济法律、法规的法内容构成。

(一) 经济法体系界定的理论基础

关于经济法体系的概念所指的内容,中国经济法学界有不同的认知。主要有以下观点:经济法体系即经济法律体系;经济法体系指经济法学体系;经济法体系是指经济法规体系和经济法学体系的总体;还有学者把经济立法体系和经济法学教材体系视为经济法体系。这些观点从各自论说的目的出发,也许有一定的合理性,但上述界定一般都没遵循法理学关于法律体系的一般理论。

法理学界一般认为,法律体系是指"由一国现行的全部法律规范按照不同的法律部门分类组合而形成的一个呈体系化的有机联系的统一体"。[①] 可见作为法律体系,其基本的构成要素是部门法,且部门法之间是呈体系化的有机联系的统一体。这意味着各部门法的功能是不同的,但确是互补的,共同实现对不同类型行为的规范,从而实现对整个社会关系的调整。

(二) 经济法体系的概念界定

根据上述法理学对法律体系界定的一般理论,我们可以把经济法体系界定为:由全部经济法律规范按照不同的经济法部门分类组合而形成的一个呈体系化的有机联系的统一

---

① 张文显主编:《法理学》,北京大学出版社、高等教育出版社2000年版,第78页。

体,是法律体系的一个子体系。

(三) 经济法体系的特点

从经济法体系的上述概念,我们不难看到,经济法体系有两个特点,这两个特点也是衡量对经济法体系界定是否合理的标准。

1. 经济法体系的构成要素是子部门经济法

作为一个法律体系,它的内部构件或者说它的构成要素是部门经济法,即经济法的子部门法,如市场规制法、产业规制法、宏观调控法等。并且这些子部门法不是杂乱地堆积在一起,而是按一定标准分类组合,呈现为一个体系化、系统化的相互联系的有机整体。

2. 经济法体系内各子部门法的内容及其关系

经济法体系的理想化要求是其所包含的部门经济法门类齐全、结构严密、内在协调。这就是说在基本经济法的价值目标和原则指引下,所有的归经济法调整的社会经济关系都有相应的经济部门法调整,且各经济部门法在功能上是互补的、无冲突的。

经济法体系的这一概念特征,决定了它与经济法规体系——由多层次、门类齐全的经济法规范组成的有机统一体不同;与"社会主义市场经济法律体系"——即我国现阶段市场经济条件下的整个法的体系不同;也不同于经济法学体系——指由多层次、门类齐全的经济法学分支学科组成的有机联系的统一体。即由经济部门法对应的分支学科和经济法学基本理论及经济法制史等学科组成的体系。[①]

二、经济法体系的基本构成

在世界范围内,由于不同时代、不同国家,以及不同学者们对经济法的概念和对经济法体系的界定不同,因此,对经济法体系构成的理解亦不同。就我国来说,在我国通过改革实行社会主义市场经济的初期,由于经济法律法规不健全,部门经济法学研究不发达,有关经济法体系的构成分歧较大,形成了三种有代表性的观点。现今,通过经济法界多年研究,对中国经济法体系的认识基本趋于统一,认为经济法体系由宏观调控法和市场规制法构成。下面通过对不同时期有关经济法体系构成观点的简单述评,提出本书有关经济法体系构成的观点。

(一) 市场经济建立初期的观点

我国社会市场经济发展初期,有关经济法体系的构成主要有三种观点:第一,"四分法"。

这种观点认为,经济法体系主要由四部分组成。持四分法的具体又有两种不同看法:其一,认为经济法体系由市场主体规制法、市场秩序规制法、宏观调控法、社会分配法构成。[②] 其二,认为经济法体系由经济组织管理法、市场管理法、宏观调控法和社会保障法构成。[③] 第二,"三分法"。这种观点认为,经济法体系由三部分构成。持此分法的具体也有三种不同看法:其一,认为经济法体系由经济组织法、经济管理法和经济活动法构成。[④] 其二,认为经济

[①] 参见杨紫烜主编:《经济法》,北京大学出版社、高等教育出版社1999年版,第53—55页。
[②] 此观点可参见李昌麒主编:《经济法学》,中国政法大学出版社2002年版。
[③] 此观点可参见杨紫烜主编:《经济法》,北京大学出版社、高等教育出版社1999年版,第56页。
[④] 此观点可参见潘静成、刘文华主编:《经济法》,中国人民大学出版社1999年版,第94页。

法体系由市场规制法、国家投资经营法和国家引导促进法构成①。其三,认为经济法体系由市场管理法、宏观经济管理法和对外经济法三部分构成。②

从上述经济法体系的概念和特性看,上述三种观点中前两种观点不具有合理性,其原因有两个。第一,我们知道构成经济法体系的要素是经济法的子部门法,而"四分法"和"三分法"中,作为经济法体系的构成要素中,不论是"四分法"中的四要素,还是"三分法"中的三要素,虽然观点不同,但在其体系构成中,都存在不是经济法的子部门法的要素存在。第二,不论是"四分法"和"三分法"中,其分类都缺乏统一的标准。只有"二分法"具有合理性。

(二) 当前趋于统一的观点

随着我国社会主义市场经济的发展,经济法律、法规的陆续出台,以及经济法及与之相关的其他部门法研究的进展,目前,我国经济法学界对经济法体系的构成基本形成共识,认为经济法的体系的构成取决于经济法调整的对象——特定的社会经济关系。在此基础上,据经济法调整的对象是宏观调控法和市场规制法两部分构成。这不仅体现在我国目前法学本科教育中被广泛使用的经济法教材,即以张守文教授为首席专家的《经济法学》编写组编写的"马克思主义理论研究工程重点教材"《经济法学》中,也体现在一些影响较大的经济法著作中。③ 虽如此,但由于对经济法调整对象社会经济关系内容结构的理解不同,在对经济法体系包括的两部分内容的表述上有所不同,以及对市场规制法和宏观调控法的两个子体系的认识不同,其中具有代表性的有两种表述。

一种认为,经济法体系由宏观调控法和市场规制法两大部分构成。这是因为,在作者看来,在国家进行宏观调控和市场规制的过程中,形成了传统部门法都不调整的两类社会关系,即宏观调控关系和市场规制关系,这两类社会关系都需要新兴的经济法调整,由此形成了两类经济法规范,即调整宏观调控关系的宏观调控法规范,以及调整市场规制关系的市场规制法规范,前者可以总称为宏观调控法,后者可以总称为市场规制法。其中,宏观调控法包括三个部门法,即财税调控法、金融调控法和计划调控法。可分别简称为财税法、金融法和计划法;市场规制法也包括三个部门法,即反垄断法、反不正当竞争法和消费者权益保护法。④

另一种认为,经济法体系是由市场规制法(又称微观规制法)和宏观经济法两大部分构成。在作者看来这是由经济法调整对象和调整手段的不同所决定的,因为宏观经济与微观经济是经济活动和经济运行的两个不同层次。在现代市场经济下,无论是微观或是宏观领域,仅仅依靠市场机制的自发调节都可能导致运行偏差,这亦即"市场失灵"。经济法的主要目的就是纠正这种偏差,即克服"市场失灵"。各国调解微观经济和宏观经济的立法分别采用了"规制"和"调控"的不同理念与手段。其中,市场规制法体系是由一般市场规制法、专项市场规制法与特别市场监管法三部分构成。而宏观调控法体系则由宏观调控基本法统率下的各种宏观调控专项法(包括财税调节、产业调节和区域协调发展法)构成。⑤

---

① 此观点可参见漆多俊:《经济法基础理论》(第三版),武汉大学出版社2000年版,第245页。
② 此可参见王保树主编:《经济法原理》,社会科学文献出版社1999年版,第96—97页。
③ 按出版先后主要有:吕忠梅、陈虹:《经济法原论》,法律出版社2007年版;刘大洪主编:《经济法学》,北京大学出版社2007年版;邱本:《经济法研究》(上卷:经济法原理研究),中国人民大学出版社2008年版;陈婉玲:《经济法原理》,北京大学出版社,2011年版;邢会强:《走向规则的经济法原理》,法律出版社2015年版。
④ 《经济法学》编写组,张守文主编:《经济法学》,高等教育出版社2016年版,第35页。
⑤ 参见陈婉玲:《经济法原理》,北京大学出版社2011年版,第197—221页。

(三) 秩序保护范式下的经济法体系基本构成

经济法体系的构成取决于对经济法本质的认知，由于我国经济法界多数学者都把经济法的调整对象作为界定经济法的本质要素，因此，多数都是以调整对象的内容构成分类来构筑经济法的体系。而本书基于社会经济秩序的内容构成，认为经济法体系从最基本层面上来说包括三部分：市场规制法、特殊行业规制法和宏观调控法。

据前述对经济法概念的界定说明，从经济法规范的行为和目的看，经济法是通过规范公共性经济影响行为，从而维护良好的社会经济秩序的法律规范的总称。而现代经济的运行在多数国家都实行的是市场经济，我国也不例外。而从经济运行机制来讲，现代市场经济是"混合经济"，即现代市场经济运行的良好市场秩序的形成，是市场自发调节和国家有意识调节公共作用的结果。或者说，没有国家对市场经济的调节，"市场失灵"不仅导致宏观上的产业结构不合理、区域发展不平衡，以及市场运行中的竞争失序、交易不公正。且在市场机制难以发挥作用的自然垄断和公用事业领域，也难以具有技术创新的动力和公正交易的意愿。可见，现代市场经济秩序主要是由两方面构成的，即由动态的公正市场交易秩序和相对静态的宏观结构秩序构成。相应地，以法律对市场行为予以规制，以防止个体行为对公正市场秩序损害，此方面的法律就是市场规制法。而以法律对各种经济手段，主要表现为财税和金融工具运用的改变，影响市场主体的资本投向，调控社会资本在不同产业和不同区域的投资量，从而间接影响产业结构和区域结构，以促成良好结构秩序的形成。由于产业结构和区域结构是从国民经济整体上、长远发展的思考，因此，是宏观经济发展问题。为实现此目的方面的法律就是宏观调控法。除此之外，一些特殊的行业，主要是自然垄断和公用事业，作为产业结构中的产业类型，其发展及对整体经济影响巨大，且对国民福利影响巨大。但由于其自然垄断的特色，其发展又几乎不受市场机制的影响。因此，对这些特殊行业各有专门的法律予以规制。此类法律就是特殊行业规制法。

三、经济法体系内容结构的说明

上述我们把经济法体系的基本层次分为市场规制法、特殊产业规制和宏观调控法三个子部门。作为经济法的子部门法，市场规制法、特殊行业规制法和宏观调控法还有着各自的层次结构或称自己的亚部门，正是这三个子部门和各自内部的亚部门法构成了多层次、各方面的经济法规范群，共同组成经济法体系整体。

（一）市场规制法体系

遵循前述以经济秩序的内容为分类标准，我们对市场秩序的构成予以分析，在此基础上按现有经济法律、法规在市场运行秩序中的功能分类，说明市场规制法的体系。不过在现代市场中，由于金融是国家重要的核心竞争力，是现代经济的核心，也是实体经济的血脉。可见金融市场是一个特殊的市场。加之，随着金融市场体量和规模的增长，中国金融市场所面对的金融风险敞口也不断加大，金融加速器效应和金融周期的顺周期性更放大了金融因素对实体经济的影响。这意味着，对金融市场需要特殊的规制。因此，市场规制法从市场构成角度看包括一般市场规制法和金融市场规制法。

1. 一般市场规制法

一般市场规制法就是对竞争性产品和服务市场交易活动规制的法律。由于一般市场经济活动包括两个方面,即竞争和交易。一般市场秩序是否良好关键在于竞争和交易是否公正,经济法作为保护经济秩序的法律,在市场运行秩序中就是维护公平竞争和公平交易。[①] 因此,市场规制法由公平竞争法和公平交易法构成。

(1) 公平竞争法。竞争是市场机制发挥作用的前提和基础,是市场机制的核心机制。竞争是否公正是影响竞争机制作用的关键。因此,要维护公平竞争,就需要法律对竞争行为规范。[②]

(2) 公平交易法。公正交易是以交易双方对交易标的物拥有对称的信息为基础的。而在现代市场经济条件下,由于分工和高科技在生产中的应用,使得交易双方对交易标的物拥有不对称的信息。一般来讲,影响交易双方信息是否对称的因素主要是交易的频繁程度,而影响交易的信息主要是价格、质量,以及传输信息的方式——广告。因此,市场规制法主要就是对由原交易的主要信息、信息的传输方式的规范。

2. 特别市场规制法(要素市场规制法)

要素市场的规制在现代法中归不同法的规制。如劳动市场归劳动法规制,技术市场主要归知识产权法规制,因此,归经济法特殊市场规制的主要是金融市场、房地产市场和新兴的数字市场。

(二) 自然垄断和公用事业规制法

这部分的法律就是指电力、电信、铁路、航空等自然垄断和公用事业的规制法。这些行业所处领域的市场具有自然垄断属性,且这些行业提供的产品和服务又是各行各业经营活动,以及人们日常生活不可或缺的。因此,在缺乏竞争的条件下,如何保障这些行业有动力进行技术创新和降低经营成本?如何保障定价公平?以及如何保障其按相同的价格和质量向不同地区、不同群体提供普遍服务?这三个问题是行业规制法面临的问题。这类规制法超越了对特殊市场的规制法,即对该领域垄断市场交易(主要是公平定价的规制)的规制,该类法是对该行业领域的生产经营全过程的规制。因此,不宜仅仅作为一种特殊市场的规制法。[③] 同时,这些行业虽然也属于一定的产业,对它们的规制虽也存在与整个国民经济发展相平衡的考虑,但规制目的主要不是基于产业结构合理化,因此,不能把其归于宏观调控法的产业结构调控法中。因此,作者认为它们属于经济法体系的第三部分。[④]

---

① 这里的公平交易是在狭义上使用的,仅指在交易过程中卖者和买着之间交易公正,通常指交易双方在对交易标的具有对称信息下的自愿交易。而广义的公平交易包括竞争公平,正因此,在日本、韩国把反垄断法称为公平交易法,把反垄断机关称为公平交易委员会。我国台湾地区把反不正当竞争和反垄断法统称为"公平交易法"。

② 现代市场经济不是封闭的,因此,一国市场竞争秩序必然受到他国经营者进入的影响。在国际经济交往中,他国经营者的倾销行为,以及他国对其经营者的补贴行为,都影响东道国市场的公正竞争。但这些法律属于国际经济法的范围,本书不予以讨论。

③ 在规制经济学中,以规制的社会经济后果为标准把规制分为两类,即经济规制和社会规制,社会规制则是指有关人的人身健康和安全的规制,如食药品安全、工作场所的卫生与安全等规制。而经济规制就是指自然垄断和公用事业的规制,作者曾打算把经济规制的相关法律称为经济规制法。但是,经济法中的市场的规制从社会经济后果看也是经济性的,可见,在经济法中把此类规制的法律称为经济规制法有欠妥当,加之,从其规制的内容讲也不宜把其作为市场规制法的一种类型。因此,称这类规制法为特殊行业规制法。

④ 在国内有关经济法体系的论述中,不论是早期的诸多观点,还是现今较统一的观点都没有把对自然垄断和公用事业领域规制的法律作为经济法体系的一部分。但在日本著名经济法学家丹宗昭信在把经济法体系分为一般经济法和特别经济法的基础上,把这部分归于特别经济法的一部分。参见[日]丹宗昭信、尹从宽:《经济法总论》,吉田庆子,译,中国法制出版社 2010 年版,第 559—599 页。

从建构现代经济发展秩序的视角看,市场规制法和宏观调控法主要是解决"市场失灵"问题,即市场本身具有公正竞争、公正交易的功能,且具有调节产业结构和区域协调发展的功能,只是这种功能在现代大工业社会以来,特别是当今的数字经济时代,因市场主体自利或者认知局限性而难以发挥。而自然垄断和公用事业规制法发挥作用于这部分经济法律制度建构的经济秩序,是现代经济秩序中市场完全不能发挥作用的领域,是作为市场经济秩序补充的经济秩序。这类规制法一般体现于电力法、电信法、铁路法和航空法等有关行业法中。

从上述经济法体系的内容构成看,经济法体系是有不同层次类型规范构成的层级结构系统。其中,第一层次体现的是经济法保护的整体经济秩序构成的三个方面,即宏观的结构秩序、市场运行的秩序和市场不能发挥作用的特殊产业或行业的发展和交易秩序。相应地需要三个经济法规范群保护,即宏观调控法、市场规制法、自然垄断和公用事业规制法。第二个层次是体现宏观调控法的两大方面,即经济结构调控法和宏观调控工具法。体现在市场规制法的则是,一般市场规制法和金融市场规制法两方面,以及体现在特殊行业规制法的则是诸多行业规制法。第三个层次,在宏观调控的经济结构调控法中包括,产业结构调控法和区域协调发展法,在调控工具法中,则包括计划调控法、财税调控法和金融调控法。在市场规制法中,一般市场调控法包括,公平竞争法和公正交易法。在金融市场规制法中则是银行、证券和保险的规制(监管)法。

需要说明的是,上述的经济法体系结构是从部门法而非从经济法的实定法律,或者说形式意义上的具体法律文件来理解的。在具体的实定经济法律或具体法律文件中,如在反垄断法、税法中不仅包括经济法规范且包括民法、行政法规范。这两种意义上的经济法区别,意味着经济法体系不同于经济法的规范性文件体系。

(三)宏观调控法的体系

我国宏观调控法的体系包括的内容十分庞大、结构复杂。从宏观调控所要保护的秩序来说,包括两大方面,即稳定的发展秩序,以及良好的产业结构秩序和区域发展秩序。但从宏观调控使用的主要经济手段看,主要有财税、金融。在法治社会中,这些手段相应通过经济立法在财税法和金融法中有所体现,形成以调控为目的的财税调控法、金融调控法。结合上述两方面,宏观调控法的体系由两方面构成,即宏观调控政策导向法(以下简称宏观政策法)和宏观调控工具法。

四、经济法体系内部三类规范的关系

经济法体系构成中的三类规范或者说三部法律规范并非孤立的,而是功能互补的,具有内在联系的三个方面,从而使经济法成为一个统一的法律部门。三者作为经济法的重要组成部分,它们之间的关系存在着区别和联系两大方面。

1. 三类规范的区别

经济法体系之所以包含三个方面,是基于整体经济发展需要良好的社会经济秩序,而良好社会经济秩序由三个方面构成,需要对三类影响社会经济秩序的行为予以规范。正是由于可以根据规范的目的、规范的行为类型等标准的不同,把它们分为三个不同的规范类型,或者三个不同方面的法律规范,这本身就意味着他们之间存在着区别。

简单来说,它们的目的、规范的行为、功能各不相同。其中,市场规制法就是规范经营者的市场行为主要包括竞争行为和交易行为的法律,目的在于使市场机制发挥作用,形成良好的市场交易秩序,即形成公正的竞争和交易秩序。其主要功能是防止和克服经营者的行为对市场机制的破坏;宏观调控法则是通过利用经济手段影响不同产业、不同区域投资收益,从而诱导经营者投资方向,亦即规范投资行为。目的在于改变不同产业、不同区域的资本投资量,影响产业结构和区域发展形成良好的产业结构和区域间的协调发展,即形成良好的结构秩序。其主要功能是防止个体的逐利行为受眼前利益影响,而向当下盈利高的产业和区域过度投资,致使产业结构不合理和区域发展失衡;特殊产业规制则是通过对市场机制不能发挥作用的关涉国计民生的自然垄断和公用事业领域的投资、生产经营和交易等经济行为的多种行为规范,目的在于给整个国民经济发展和人民生活提供基础保障。其主要功能是防止这些行业缺乏创新和提高经营管理水平的动力,以及防止其滥用垄断力量实施不公正交易行为。

2. 三类法律规范的联系

简单来说,它们都属于经济法的规范,是一种新式的现代法律规范。其现代性及其新的表现在于,其他部门法的规范都是通过赋予个人权利,通过权利人保护个人权利以实现对权利人个人利益保护的规范。而经济法则是通过规范社会经济公共参与者影响社会经济秩序的行为,通过对其行为的禁止或限制,防止行为对社会经济秩序产生不良影响。因此,经济法规范的行为都属于影响社会经济秩序的公共性影响行为,规范的目的都在形成某种社会经济秩序。正是,整体经济发展的秩序需要把经济法三类规范联系起来。

通过以上分析我们可以看出,三者在整体经济秩序维护中,在保护不同的经济秩序方面发挥着各自的作用,各有分工。只有这三类法律的共同作用,并与其他相关部门法加以协调,才能更大程度地发挥经济法克服市场失灵,以及弥补市场机制难以发挥作用的行业和领域,促进国民经济全面、协调与可持续发展。

思考题

1. 经济法概念界定的模式有哪些?
2. 中国经济法有关经济法的界定主要有哪些学说?
3. 经济法规范的本质属性是什么?
4. 经济法调整的社会经济关系的性质和特征是什么?
5. 什么是经济法体系?

本章知识要点

第三章
经济法的本位与基本原则

全章提要

- 第一节 经济法本位的理论一般
- 第二节 经济法社会本位的内容解析
- 第三节 经济法原则确立的一般理论
- 第四节 经济法基本原则的内容
- 思考题

任何部门法的基本原则都是该部门法学最根本的理论范畴,是任何部门法教材不可绕过的内容之一。由于"法律原则是规则和价值观念的汇合点。"①因此,在新兴的部门法中一般对该部门法基本原则的探讨总是与该部门法的理念、基本价值、立法目的或者法的宗旨的探讨相关联,经济法学界对经济法基本原则的揭示或提炼也是如此。而部门法的本位浓缩了该法的价值追求,体现着该法的宗旨或目的。因此,本章为总结和提炼经济法的原则,选择首先对经济法的本位探讨,其次,对经济法社会本位的内容予以解析。再次,对经济法界有关经济法基本原则的代表性学说予以评述,并结合法学理论及经济法界有作为经济法基本原则一般必须具备的特性或要素,对经济法基本原则予以界定。最后,就经济法基本原则的具体内容和意义进行阐释。

第一节　经济法本位的理论一般

部门法的本位不仅浓缩了该法的价值追求及特质,且反映了该法回应社会问题和对解决社会问题的根本性规范形式的选择。因此,对一个新兴的部门法,在对其基本原则探讨前,需要对该法的本位问题予以探讨,本节通过对法的本位,以及法本位的历史演化叙说的基础上,说明经济法的本位是社会本位。

一、法本位的基本含义

"法的本位"在法学界虽常被学者提及,但对其含义为何,却鲜有学者给予较严格的定义。就目前仅有的定义看有两种定义路径:一是从工具意义上的法律规范的内容形式选择来定义。认为法的本位是"关于在法这一规范化、制度化权利义务体系中,权利和义务何者为主导地位(起点、轴心、重点)的问题"。② 另一是法保护的利益属性,或者说从法保护的利益类型的角度来定义。认为法的本位就是法以何种利益为其保护的基点或重心。可见,法的本位往往与法的基本观念,与法的目的、价值作用紧密关联,因此,有学者认为:法的本位就是"法之基本目的,或基本作用,或基本任务"。③ 从现有的法本位的划分看,前一定义适于理解"权利本位""义务本位"的划分,但不适于理解"个人本位""社会本位"的划分。与之相反,后一定义适于理解"个人本位""社会本位"的划分,但不适于理解"权利本位""义务本位"的划分。据此,作者认为,"本位"一词,含有基点、核心、重心之意。"法的本位"就是法以何种利益为重心或基点,或者以何种形式的规范为核心予以保护的问题,是由社会观决定的价值选择与工具选择的统一。因此,要认识时代的法本位就必须从社会观念转化及法律制度变迁的历程切入。

---

① [英]麦考尼克,[奥]魏因贝格尔:《制度法论》,周叶谦,译,中国政法大学出版社1994年版,第89页。
② 张文显:《法哲学范畴研究》(修订版)中国政法大学出版社2001年版,第345页。
③ 梁慧星:《民法总论》,法律出版社1996年版,第35页。

二、法本位的历史演化

(一) 法本位演化过程的两种表述

社会的发展使人们的生存与发展、对社会的依赖方式及依赖程度亦发生着变化,由此决定,人们的社会观念及认识社会的方法论也发生了转换,即从团体主义到个体主义再到共同体的整体主义。与此相应,法的本位从保护的利益类型看,经历了由团体本位到个人本位再到社会本位。从法律保护所使用的核心规范形式看,法的本位经历了从义务本位到权利本位再到社会责任本位(即社会责任可以说既是权利又是义务,如几乎所有经济法的法律都规定:任何单位、个人或组织都有权向有关执法机关举报违法者。这里的"举报权"实则是一种义务,因为被举报违法行为,一般多属于没有具体受害者的公共性损害行为,而举报人的举报是要花费一定的代价的。这意味着举报人为了公共利益,比他人需花费更多代价,因此,举报实则是一种非强制性义务)。现今可以说,法的本位已由个人本位进入社会本位,或者说,法的本位已由权利本位进入社会责任本位。但不宜说法的本位已由权利本位进入社会本位。[①]

(二) 法本位演化的三个时期

1. 团体本位法或义务本位法时期

产业革命前,由于生产力发展水平低,个人力量的弱小,以及自然环境的恶劣,使得只有个人联合起来,形成合力才能生存。也就是说,个人的生存与发展对其所处的团体高度依赖,因此,"个人埋没于团体之内而营其生活,在观念上只见其有'我等意识',而不见其有'个我意识'",[②]团体主义显占优势。由此社会观念决定,这一时期的法就以团体的利益为基点或重心,通过对个人课以义务保证团体利益的实现,因此,法律规范体系就以义务性的规范为核心。即此时的法本位既可称"团体本位",也可称"义务本位"。

这一时期的法律,其目的是保护团体或统治集团的利益,整个法律制度体系是以义务性规范为重心(或基点、起点),或者说是以个人对团体义务为主导(为中心)建立起来的。

2. 个人本位法或权利本位法时期

随着社会生产力的发展,个人能力的增强,恶劣自然环境的改善。使人的生存与发展对其所处的团体依赖减弱,加之个人的知识渐渐充实及启蒙运动对人理性的开启,"于是产生个我的自觉,各人不甘局限于狭小的生活圈内,而欲扩大其生活行动范围,以追求自己之兴趣、利益与目的",[③]这时自由主义的个人主义观念得以产生。个人主义把社会看成是独立存在的个人所组成的共同体,就像原子所构成的物质一样。所以美国加利福尼亚大学的哲学教授 E. 沃尔加斯特(E. Wolgast)就把它叫做"社会原子主义"(Social Atomism)。公民共同体(Civil Community)或国家(Political State)就是这样构成的。个人主义假定社会中每个

[①] 法学界有学者认为:法律系由义务本位到权利本位,最后再到社会本位。对此,可参见郑玉波:《民法总则》,中国政法大学出版社 2003 年版,第 77 页。作者认为此说法不妥,其原因在于权利和义务这种以规范的内容形式为标准的本位划分与个人本位与社会本位这种基于保护的利益类型为标准的本位划分混用,即把以基于不同标准划分的法本位并列混用。

[②] 韩忠谟:《法学绪论》,中国政法大学出版社 2003 年版,第 153 页。

[③] 韩忠谟:《法学绪论》,中国政法大学出版社 2003 年版,第 15—154 页。

人都是彼此独立(independent from each other)和处境平等的(equally situated)。每个人和其他人并不存在任何依赖关系,人的动机永远是某种属于他自己所有的私利。① 需要说明的是,这一观念虽不否认个人以上之社会组织的存在,但认为一切"利益社会"均系维护个人利益之工具。这种观念从17、18世纪以来一直在西方思想界占主导地位。基于这一社会观念上的法,"认为个人系法律之出发点,亦系法律之归着点,故保护个人利益(尤其所有权)之私法乃法律之中心,公法仅为其附庸而已"。② 而保护个人利益的最有效手段就是赋予个人权利。由此决定,在法律规范体系中权利性规范处于核心。因此,此时的法本位既可称"个人本位",又可称"权利本位"。

这一时期的法律,其目的是保护个人的利益,整个法律制度体系是以个人权利重心(或基点、起点),或者说是以个人权利为主导(为中心)建立起来的。对个人权利的强调和保护也是西方资本主义法律制度建立以来法律的特征,正因此,法律被称为权利的科学。

3. 从个人本位向社会本位转化时期

这一时期也是从权利本位向社会责任转化时期。到了20世纪,特别是第二次世界大战后,随着第三次科技革命的发生,现代社会经济生活已高度社会化。社会化使分工愈益细化,这不仅使人们之间的相互依赖、相互联系的程度增强,也使个体之于社会整体休戚相关,至为密切,个人利益的实现对其所处的社会高度依赖。现代国际社会,在有多数国家并存、竞争激烈的条件下,国家衰亡,则个人生活地位亦随之沦落,欲谋个人福利之增进,必以国家民族兴盛为前提,就是对此的实证。于是社会整体主义观念得以勃兴。整体主义把社会看作有机体,它是由不同部分按一定的结构构成,且这一结构是随社会的发展而变化。个体或个人作为构成社会肌体的细胞,总是处于社会的某一行业或领域,各行业和领域作为社会的一部分发挥着不同的社会功能,各部分功能互补形成社会有机整体,个人通过部分与整体发生关系。在这一关系中,"整体"优于"部分",部分依整体而存在,其虽强调整体,但在整体中个体并没有被抹杀,而被保存着。基于此社会理念上的法,就以社会为法律之出发点与依归点,故社会整体利益成为法保护与促进的重心。为此,法就据个体(个人)及同类个体组成的群体的能力,以及由此决定的他们在社会中扮演的角色、具有的社会功能,而赋予各不相同,但与其履行社会功能需要的、相应的权利义务,即立法及权利义务趋于角色化、功能化。为社会整体利益,有的法规重于社会权利的赋予,以权利性规范为核心;有的法规重于社会义务的担当,以义务性规范为重点。但就此类法规总体体系看,权利义务是均衡的;就个体的某一具体角色看,其权利与义务不均衡(局部不均衡),即有的重于权利有的重于义务。但由于每一个体参与多种社会活动,其社会角色与功能具有多元性,其在一种角色中的权利多义务少,在另一种角色中则可能义务多权利少,但从总体看,其权利义务是均衡的。这意味着此时的法本位既可称"社会本位(整体或总体本位)"。

虽如此,但由于法的观念的转化有一个过程,加之社会的复杂性,使得社会问题既有共同体成员共同依赖的公共物品产生的公共性问题,又有个人间交往产生的个体性问题,而对于个体性问题的解决,以个人本位或者权利本位的法律来解决仍有其合理性。因此,这一时期的法律可以说是个人本位(权利本位)法与社会本位(社会责任本位)共存时期,但社会本

---

① 参见龚祥瑞:《比较宪法与行政法》(第二版),中国政法大学出版社2003年版,第132—133页。
② 郑玉波:《民法总则》,中国政法大学出版社2003年版,第10页。

位法律制度的发展快于个人本位法律制度的发展。

三、经济法是社会本位法

经济法作为一个新兴的法律部门,其历史在世界上不过百年,在我国则更加短暂。虽如此,但其产生的社会经济背景和价值追求,使经济法界在本位问题上一致认为:经济法是社会本位法[①]即经济法是以社会整体利益作为法保护的重心,其法律制度是以社会责任性规范为中心而建立。经济法之所以是以社会为本位,有两个方面原因。

第一,是由经济法所要解决的社会经济问题类型——公共新经济问题决定的。从前述绪论的论述我们知道,经济法产生于19世纪末,其所要解决的社会经济问题是现代市场经济出现的"市场失灵"。这一社会经济问题上升到法律问题,就是如何依法克服"市场失灵",以保护良好的现代市场经济秩序的持续生成。而良好市场经济秩序是一种公共物品,体现于其上的利益是一种公共利益。由此决定了经济法保护的利益是社会公共利益,以及核心规范形式是社会责任,即社会本位。

第二,是由所处时代的法观念与经济法的观念所决定的。经济法产生的社会经济关系特性的变化,以及由此发生的社会本质特性的转化。不仅引起了人文社会科学的观念变化,也引起了法观念的变化。这种观念就是共同体主义的整体主义观念愈益被人们接受。而经济法的产生正是反自由主义观念背景下共同体观念复苏的结果。共同体主义对公共利益价值的重视,以及对责任伦理的强调,决定了经济法是社会本位法位。

第二节　经济法社会本位的内容解析

上述有关法的本位及经济法的社会本位的论述说明,经济法的社会本位有两方面的内容:一是从经济法所保护的利益,或者说是从经济法的目的、宗旨或价值目标的视角说明其重心、基点。另一是从经济法律制度是以何种类型的规范形式为重心、为基点建立其制度体系,或者作为其制度运行的根本的。下面我们就从这两方面对经济法社会本位的内容予以解析。

一、保护对象视角的社会本位——公共利益本位

从经济法保护的对象或者说从其所保护的"法益"讲,经济法保护的是社会整体利益(或社会公共利益)。那么,经济法的社会整体利益意指为何?对此需要予以回答。

社会整体利益在我国现今的实定经济法中并没有明文规定,它是经济法学者据实定法中的"公共利益""社会利益""社会公共利益"等类似概念,结合经济法的特性,据经济法的观念提出的涵盖上述类似概念的更为妥切的替代概念。[②]但在法学中由于社会观念不同,对公

[①] 有关经济法是社会本位法的观点,是经济法界最为一致的看法,这不仅见于学者们对经济法本位的直接论述中,且在几乎所有关于经济法与民法或民商法的关系的论述中,都把经济法是社会本位而民法或民商法是个人本位,看作是这两个法律部门的根本区别。当然,也有少数学者对经济法的社会本位质疑,对此可参见甘强:《质疑经济法社会本位》,载《重庆广播电视大学学报》,2002年第4期。

[②] 参见李友根:《社会整体利益代表机制研究》,载《南京大学学报》(哲学·人文·社科版),2002年第2期。

共的理解存在着分歧,下面对经济法保护的公共利益以共同体观念下和方法论的整体主义给予解释。

(一) 公共利益含义的整体主义解释

共同体主义基于把社会看作一个有机整体,而非个人之和。因此,社会公共利益也就非自由主义的个体主义所认为的是个人利益之和。从而,对利益的划分就不能以主体的多少而需一个新标准,在此基础上对公共利益的含义予以新的界定。

1. 利益的意蕴和划分标准

弄清利益的含义及分类标准是对其进行类型化研究的前提,而划分标准的选择与学科研究的目的有关,下面在对利益含义介绍的基础上,结合法学研究目的厘定利益的划分标准。

(1) 利益的含义。利益最简单的解释就是"好处"或"功用",与"弊""害"相对立。自从利益法学产生后,利益就成为法学中一个常被提及的词语。按利益法学的主要代表赫克的观点,我们日常生活中所说的"利益"是指人们在生活中所产生的各种欲求。这种欲求不仅意味着人们"实际的需要,而且还包含着那些在受到刺激时,可能进一步向前发展的隐藏在人们心目中的潜在欲求。因此,利益不仅仅只意味着各种欲求,而且还包含着欲求的各种倾向。最后,它还包含着各种欲求得以产生的各种条件"。[1] 美国社会法学派的代表人物庞德对此也提出了自己的观点,他认为,利益是"人类个别地或在集团社会中谋求得到满足的一种欲望或要求"。[2] 日本宪法学家美浓部达吉则提出了一个较全面的概念,他认为:"所有满足人类价值感情的东西,可以称为'利益'。于这种意义上的利益,不用说不是含有单纯经济的利益(物质的利益),而又不是含有适于人类的福利的意味。总之,于各时代思想上,人类觉得对于她有价值的一切的东西,——无论其为外界的事物,或为人类内部的状态——都是属于此种意义的利益。"[3]

可见利益不外是具有一定效用的客体给主体所提供的满足,犹如经济学中的价值(交换价值)。正因此,在德国公法界一般认为,利益"存有价值判断(Werturteil)或价值评判(Wertschätzung)等等。故利益者也,实乃离不开主体对客体之间所存在'某种关系'的一种价值形成(Wertbildung),换言之,是被主体所获得或肯定的积极的价值(positive Wertung)。如此,利益即和价值(感觉)产生密切的关联。价值的被认为有无存在,可直接形成利益的感觉,这一切,又必须系乎利益者(Interessenträger,即主体)之有无兴趣的感觉(GefÜhlder Lust oder Unlust),所以,利益概念无异于价值概念(Wertbegriff)。而价值判断是人类所运用进行的精神行为(Geistestätigkeit),是主体对客体所作价值评判后所得到(积极的)结果(Gut)"。因此,利益的形成及利益量的认定,自然的必须是随着发展的及动态的国家社会情形而有所不同。而人所处于其中的社会、经济、政治及意识形态这些客观环境是变动不居的。由此决定,利益的内容是具有动态的不确定性。

以上分析了利益内容的动态不确定性,这在实定法将利益内容予以成文化中表现的尤

---

[1] Philipp Heck, "The Formation of Concepts and the Jursprudence of Itterests" select from "the Jursprudence of Itterests", Magdalena Schoch(translated and edited), Harvard University Press, 1948, P130. 转引自吕世伦主编:《现代西方法学流派》(上卷)中国大百科全书出版社 2000 年版,第 301 页。
[2] [美]罗·庞德《通过法律的社会控制法律的任务》,沈宗灵、董世忠,译,商务印书馆 1984 年版,第 35 页。
[3] [日]美浓部达吉,《宪法学原理》,欧宗祐,何作霖,译,中国政法大学出版社 2003 年版,第 23 页。

为突出。因为,法律的主要目的之一"就是通过把我们所称的法律权利赋予主张各种利益的人来保障这些利益的"。① 而哪些利益应被赋予权利予以保护,"是无法一以贯之而予以测定的,是弹性的、浮动的、受到一些判断利益的要素所决定,也是在人的社会中,与人们的好、恶感觉息息相关的价值决定要素所决定。正如 T. Läufer 氏所称的,利益这个概念,无一定之成型(Dasein,实体),如同价值概念,因此,简言之,利益是价值判断的结果,是人们以感觉肯定其存在之实益,也是民所好之的不定对象,由此可见利益之不确定性及多面性"。②

(2) 利益划分标准的抉择。从上述对利益含义的阐释,我们可以看到,研究利益必然涉及三个要素,即利益主体、利益客体和利益内容。这三个因素或单独、或组合亦成为划分利益的标准。目前,由于在利益研究中的主流观念是个体主义观念,以及政治学的分析范式。而这种观念认为社会(或公共)是个人之和,因而,从主体看,利益主体的性质只是由主体构成的地域范围、群体大小以及与此相关的人的数量差别所决定。从利益客体看,即使不完全是这样也主要是可分的在消费上具有排他性、竞争性的私人物品。因而,利益的量在一定时空下是确定的,在市场经济中相当于私人物品的交换价值,即价格。且利益的分享具有排他性、竞争性。由此决定,利益内容或性质的区别主要是体现在主体构成(个人、群体、社会)的差别。因而,目前的利益划分主要是以主体的性质,亦即以地域范围或群体属性界定的主体构成性质为标准的利益划分。

而从反自由主义者的共同体观念和经济学的公共物品理论看,社会(公共)作为共同体并非个人之和,社会(或公共)如从构成看是开放的由处于不同领域具有不同社会功能的不特定主体构成的。作为利益客体(利益载体的)物品既有私人物品也有公共物品。其中,公共物品具有不可分性,且在消费上具有非排他性、非竞争性。利益客体的特性决定了体现于其中的利益特性,即在分享上的整体性、不可分性,由此决定,所有主体分享的是同一公共物品上的利益,且在分享上具有非排他性、非竞争性。因此,从法律角度划分利益的标准,以利益客体的特性,以及由此决定的利益本身的特性为主导,结合利益主体特性更为合理。据此,利益可分为私人利益与公共利益。私人利益,就是寓于私人物品之中,能被特定主体排他、竞争地分享的利益。与之对应,公共利益则是寓于公共物品之中,能为社会公共开放的、不特定的人,非排他、非竞争地分享的利益。可见,公共利益对应的是私人利益,私人利益并非个人利益。国家利益、群体利益只是一定范围人群的公共利益。而个人利益则是由个人所拥有的私人物品给自己提供的私人利益与分享的公共利益两部分构成。

(二) 公共利益意蕴的新阐释

上述分析说明了两种不同观念及研究路径因利益划分标准不同在公共利益观上产生的分歧,但它们在论辩过程中也形成了一定的共识。这些共识是一种吸收了自由主义合理性成分的非自由主义的观点,③下面再对这些观点予以总结,并在吸收其合理因素的基础上对公共利益的意蕴予以新的阐释。

---

① [美]罗·庞德:《通过法律的社会控制法律的任务》,沈宗灵、董世忠,译,商务印书馆1984年版,第42页。
② 陈新民:《德国公法学基础理论》(上册)山东人民出版社,2001年版,第183页。
③ 外国有学者认为以公民共和主义研究公共利益是一种有吸引力的进路。有关此的详细论述可参见[英]迈克·费恩塔克:《规制中的公共利益》,戴昕,译,中国人民大学出版社2014年版,第249—260页。我国则有学者认为"公共利益是与共和联系在一起的……共和的目的指向公共事务或公共利益。"见郑永流:《中国公法中公共利益条款的文本描述和解释》,载郑永流,朱庆育等著:《中国法律中的公共利益》,北京大学出版社2014年版。

1. 公共利益研究中的共识

对公共利益的认识关键在于对"公共"一词的理解。对于公共的概念,由于自由主义的个人主义观念处于主流,因而许多学者认为公共就是社会中不确定的多数人。对此,有学者认为这种以过半数(多数人)的利益作为(可排斥私益的)公益之基础,也符合多数决定少数,少数服从多数的民主理念。因此,把多数视为公共,直到目前,仍是在一般情况下,广为被人承认的标准。[1]但如前所述,自由主义在与社群主义的辩论中也汲取了社群主义的一些观念,体现于对公共概念的理解,提出了"公共性原则","公共"也就是开放性,任何人可以接近之谓,不封闭也不专为某些个人所保留。这种解释为理解"公共"提供了新的思路。英国有政治哲学学者在论述公共利益时指出,"共同利益是一种如果被一个人消费仍然可以被其他人消费的利益……'公共益品'——清洁的空气、防御和国内和平,均是一些恰当的例子"。[2]英国有公法学者指出:公共利益是共同体成员"享有分散的所有人都根据无法区分亦无法分配的份额享有的"[3]。近期国内学者亦有近似观点,如有学者认为:公共利益及类似的表述尽管意思不尽相同,"但一般的理解指向社会成员中不特定多数人的共同利益"。[4]

从上述观点看,在对公共利益含义的界定中出现这样一种趋势,即共同体主义的观点越来越得到肯定和承认,且不论是有意还是无意,经济学的公共物品观念被引入用于解释公共利益,以及对利益主体不特定性、利益分享的非排他性等特性的承认。

2. 对公共利益的含义的界定

从上述公共利益界定中对"公共"的共识中我们不难看出,现今所有公共利益概念的界定都与"共同体、普遍福利、人性尊严以及维护支撑持续性社会秩序之条件之间的紧密联系"。[5]在尊重既有共识的基础上,结合法学作为社会关系(根本上是利益关系)调整器的特性,从社会关系必然涉及主体、客体和内容三个要素的视角,通过对公共利益在这三要素上的特质提炼来阐释界定公共利益。首先,公共利益的主体是"共同体"。这里的"共同体"的实质不是指由封闭的、抽象的、同质(功能和能力相同)的众多个人之和构成的复合体,而是由开放的、因分工处于不同领域的具有不同功能和能力的、不特定的诸多个体互动构成的、不断成长的有机整体。因而,从作为共同体构成要素的个人视角看公共利益的主体,从地域空间来讲,公共利益所在的地域空间向所有人开放,从时间上来讲,分享公共利益的人并非仅仅包括当下的人,而是包括未来的(自然人的出生和法人的设立)人。其次,公共利益的客体是公共物品,即在消费上具有非排他性和非竞争性的物品。其表现形式多样,既包括环境、国家安全、社会经济发展、竞争秩序[6]和经济结构等这些由自然界或共同体成员互动生成的、非物质性的、具有动态性的公共物品,也包括公园、道路、地铁等由公共投资创造的、物质性的公共物品,以及一些具有较强外部性的半公共、半私人物品——准公共物品,如私人园

---

[1] 参见陈新民:《德国公法学基础理论》(上册),山东人民出版社2001年版,第186页。
[2] [英]杰弗里·托马斯:《政治哲学导论》,顾肃、刘雪梅,译,中国人民大学出版社2006年版,第272页。
[3] [英]保罗·P.克雷格:《英国与美国的公法与民主》,毕洪海,译,中国人民大学出版社2008年版,第158页。
[4] 郑永流:《中国公法中公共利益条款的文本描述和解释》,载郑永流、朱庆育等著:《中国法律中的公共利益》,北京大学出版社2014年版。
[5] [英]迈克·费恩塔克:《规制中的公共利益》,戴昕,译,中国人民大学出版社2014年版,第50—51页。
[6] 如有学者说:"公共利益就是指包括产业利益在内的国民经济的健康发展,或指保护经济上的弱者",是指"以自由竞争为基础的经济秩序本身,妨碍这种经济秩序的事态,就是直接违反公共的利益。"[日]丹宗昭信、厚谷襄儿编:《现代经济法入门》,谢次昌,译,群众出版社1985年版,第91—92页。

林、私立学校、商业中心等。最后,公共利益的内容具有"公共性"。公共性本身意味着具有不可分性,且借用经济学公共物品的特性的观点,公共性还意味着在分享上具有非排他性(一个人的享有并不能排除其他人的享有)和非竞争性(一个人享有量的增加并不减少其他人的享有量)。法学中表述的普遍性[①]与之相近。

通过以上对公共利益三要素特性的分析,可把"公共利益"界定为:体现于公共物品之上(或寓于公共物品之中)的,能开放地为不特定的诸多共同体成员共时地或历时地、非排他和非竞争地分享的利益。[②]

(三) 公共利益的类型

上述困难问题的实质是对多样化的公共利益,特别是对"公共性"程度不同的、多样化的准公共利益是否可看作是"公共利益",并依法以对待纯公共利益的方式予以保护。对此,只有对公共利益作类型化研究才能找到答案。由于前述研究把公共利益界定为体现于公共物品上的利益,因而,公共物品类型决定了公共利益的类型。下面借用经济学对公共物品的类型划分对公共利益予以类型化。

1. 纯公共利益与准公共利益

以利益分享的特性或利益所依公共物品的类型为标准,公共利益可分为纯公共利益与准公共利益。纯公共利益,即体现在纯公共物品上,在分享上同时具有非排他性和非竞争性的利益。由于这种公共利益包含的范围较窄,也被称为狭义的公共利益,如体现在国防、治安、灯塔、环境和经济秩序等这些纯公共物品上的利益;准公共利益,即体现在准公共物品上,在分享上不同时具有非排他性和非竞争性,或者说在分享上只具备这两种属性之一的利益,包括在分享上具有排他性、非竞争性或非排他性、竞争性两种情形。通常讲的公共利益是广义的公共利益,包含纯公共利益和准公共利益。

2. 整体公共利益和局部公共利益

从分享利益所包含的社会成员范围讲,公共利益可分为整体公共利益和局部公共利益。对此可从利益分享主体所包含成员社会群体范围和地理范围两个方面来划分。从利益分享主体所包含的群体范围,可分为公众公共利益和群体公共利益。从利益分享主体所包含的地理范围,可分为全球性公共利益、全国性公共利益和地方性公共利益。就国内法来讲,整体性公共利益包括公众公共利益和全国性公共利益,局部性公共利益包括群体公共利益和地方公共利益。

(1) 公众公共利益与群体公共利益。公众公共利益是指能为不同群体的所有社会成员

---

① 我国有学者把社会利益和公共利益在相同意义上使用,认为"社会利益具有整体性和普遍性两大特点。换言之,社会利益在主体上是整体的而不局部的利益,在内容上是普遍的而不是特殊的利益"。(孙笑侠:《论法律与社会利益》,《中国法学》1995 年第 4 期)。实证法中的体现如欧盟竞争法确立的"利益普及原则",如罗马条约第五十八条第三项规定企业联合对产品之生产或分配之改善,或技术或经济进步之促进有贡献,须确保使用者能公平分享其所导致之利益,始能例外不受同条第一项之处罚。在对法国平面玻璃(Verreplat)案中,委员会所表示:"企业联合产生有利之效果,包括生产力提升,及成本降低,惟若欲适用第五十一条第二款,必须进一步探究该成果是否非为成员企业独占,而将其重要部分公平的与其顾客及整体经济社会分享。"(Avis 23 nov. 1957, Verreplat, J. O. DOC. ADM., 1960, N. 11, P218.)对此原则的详细论述可参见刘水林:《反垄断法的挑战——对反垄断法的整体主义解释》,载《法学家》2010 年第 1 期。

② 这种观点可参见刘水林:《经济法是什么——经济法的法哲学反思》,载《政治与法律》2014 年第 8 期。近期国内学者亦有近似观点,如有学者认为:公共利益及类似的表述尽管意思不尽相同,"但一般的理解指向社会成员中不特定多数人的共同利益"。见郑永流:《中国公法中公共利益条款的文本描述和解释》,载郑永流、朱庆育等著:《中国法律中的公共利益》,北京大学出版社 2014 年版。

分享的公共利益,这种利益存在于纯公共物品之上,如治安、社会经济的发展、环境。这意味着公众性公共利益及作为其载体的公共物品的提供或维护成本需要在所有社会成员或公众中公正分担;群体公共利益则是指仅供社会成员中某一群体成员分享的公共利益,这种利益存在于俱乐部物品之上。只有成为某一群体的成员,犹如进入了俱乐部,才可分享此类公共利益。这意味着,群体性公共利益及作为其载体的准公共物品的提供和维护成本需要该群体成员公正分担。

(2) 全国性公共利益和地方性公共利益。全国性公共利益是指存在于全国性公共物品——能满足全国范围内居民的公共需要的物品和服务上的利益,这种利益能为一国所有公民所分享,如存在于国防、全国性网络、产业结构等物品上的利益;地方性公共利益是相对于全国性公共利益而言的,是存在于地方性公共物品——只能满足某一特定区域(而非全国)范围内居民的公共需要的物品和服务上的利益,如存在于地方性治安、地方性交易秩序、地方性道路设施等地方性公共物品或服务上的利益,其受益范围具有地方局限性,即受益者主要是本辖区的居民。体现于全国性公共物品上的公共利益决定了其提供需要中央政府来提供。相应地,体现于地方性公共物品上的地方性公共利益,由于地方政府对当地公民需要的了解,以及分享利益的空间局限性,因而,需要地方政府来提供。

3. 自然公共利益和人为公共利益

以公共利益产生与共同体的关系为标准,公共利益可分为两类:自然公共利益和人为公共利益。这里的自然公共利益,是指存在于自然界产生的公共物品上的利益,如环境、自然资源等。而人为公共利益则是指存在于个人或共同体花费一定的成本创造出来的公共物品上的利益。如国防、道路、竞争秩序等。对此,可从三个关系的视角来分析。

上述三大类划分是基于不同视角的划分,它们往往是交织在一起的,把不同标准组合可以生成许多不同的类型,如全国性的人造纯公共利益与地方性的人造纯公共利益、自然生成的全国性纯公共利益与人造的全国性纯公共利益等。

(四) 公共利益的特征

从公共利益的上述定义不难看出,其界定遵循的是形式逻辑最为常用的定义模式——"属+种差",其中种差则主要从公共利益的主体、客体和分享方式三方面说明。但这些特性主要是从利益分类意义上对公共利益主体、客体和利益内容的描述,主要在于与私人利益区分。而要真正理解公共利益还需对公共利益的特性作进一步的解释。

1. 主体构成要素的流变性

作为公共利益主体的"共同体"就其构成来说最根本的要素是共同体的成员,但作为共同体构成要素的成员个体是流变的,即共同体的成员具有流变性。这种流变性包括两个方面:一方面是从具体成员的变化看,既有空间上的流动,也有时间上的生灭。另一方面,从成员的品格变化看,不同时代、不同社会共同体的成员具有不同品格。由于作为共同体成员的个体,并非抽象的自然存在,而是一种社会存在,具有时代发展所决定的智识和规范意识,亦即具有一定的社会品格。"具有品格就意味着认识如下一点,即我流动于一种自己既不能发起也不能掌握的历史之中,然而,它却决定着我的选择与行为后果。"[①]这意味着共同体形

---

① [美]迈克尔·桑德尔:《秩序共和国和无牵无挂的你我》,文柴宝,译,载应奇、刘训练编:《公民共和主义》,东方出版社2006年版,第346页。

塑着其成员的品格,但同时成员的品格也形塑着共同体的品格,使共同体更为康健。

2. 利益量的不确定性

公共利益量的不确定性是其主体构成的流变性和利益客体——公共物品的特性决定的。首先,从主体构成看,由于公共利益的主体是共同体,而从对利益的分享看只有具体个体成员才是终极的分享者。而共同体成员的构成是流变的,因而是不特定的。这意味着,即使每个成员个体分享的公共物品的主观评价相同,公共利益的量因分享的成员个体数量的流变而具有不确定性。其次,由于每个体所处的境遇不同,知识和品格不同,由此决定各自的偏好不同,个体间从同一公共物品上分享的公共利益量也不同的。如体现在环境等这种公共物品上的公共利益,因每个人体质、拥有的财富量、所从事的活动等不同,对环境给自己带来的满足的评价不同,每个人从相同的环境中获得的利益量不同,显然体质好、户外活动和作业多的人,以及富人获得的利益大。再次,由于分享的非排他性、非竞争性,这意味着,公共利益是随着分享人数的变化而动态变化的,而不是确定不变。同时,分享的非竞争性不仅意味着随着分享人数的增加每个分享者分享的利益不会减少,同时还意味着在一定条件下,随着分享人数的增加公共利益的总量增大,如用于网络服务的物品,使用的人越多,每个使用者从中获得的利益越多。再如道路在车辆达到"拥挤点"前,随着行驶车辆的增加,其体现的价值越大,亦即利益量越大。

3. 公共利益的不可分性

公共利益的不可分性是由公共利益客体——公共物品在消费上的不可分性决定的,利益客体不可分意味着"它具有不可分割性,即同样的数量由所有人同时享用"。[①] 由于对公共物品的消费就是公共物品效用对主体欲求的满足,也就是主体对公共利益的分享,因此,公共利益具有不可分性,即它不能分成一定份额让不同主体据需要和时间享有不同份额,而是所有主体对同一利益客体所承载的同一使用价值(利益的客观方面)的同时分享。公共利益的这一特性,使经济法学界一些学者在论及经济法保护的利益时使用"社会整体利益"这一范畴。[②]

4. 公共利益分享上具有非排他性和非竞争性

非排他性,即任何共同体成员都不能被排除对公共利益的分享。非竞争性,即增加任何一个共同体成员对公共利益的分享,都不会减少其他共同体成员对公共利益分享的量。

上述对公共利益含义及特征的论述是在抽象意义上针对体现于纯公共物品之上的纯公共利益而言的,如果对共同体主义和经济学的公共物品理论有所了解,对上述观点接受还是容易的。但这还远远不够,特别是在运用以上理论指导实践的时候,由于现实中大量存在的是介于公共物品与私人物品之间的物品——准公共物品,体现于其上的利益为"公共性"程度不同的多种多样的准公共利益,因此,当实践中需要以上述理论运用于判断多种多样公共性程度不同的准公共利益是否应看作"公共利益"并予以保护时,真正的困难就出现了。

---

① R. A. 马斯格雷夫,A. T. 皮考克:《〈财政理论史上的经典文献〉导论》,载理查德·A. 马斯格雷夫,艾伦·T. 皮考克主编:《财政理论史上的经典文献》,刘守刚等,译,上海财经大学出版社 2015 年版,第 7 页。
② 蒋悟真,李晟:《社会整体利益的法律维度——经济法基石范畴解读》,载《法律科学》2005 年,第 1 期;冯果,万江:《求经世之道 思济民之法——经济法之社会整体利益观诠释》,载《法学评论》,2004 年第 3 期。

二、基点性规则形式视角下的社会本位——社会责任[①]

法律对利益的保护是通过对行为的规范实现的,法律对人行为的规范主要有两种性质的规范形式,即权利性规范和义务性规范。这两种形式的行为规范对利益的保护何者为优?对此并不能抽象地予以回答,而是与这两种规范形式及法律所要保护的利益性质有关。一般来说,对私人物品及体现于其上的私人利益的保护以权利保护为优,而对公共物品及体现于其上的公共利益则以义务性规范保护为宜。对此,通过对权利和义务的含义,以及公共物品(公共利益)及私人物品(私人利益)的特性的分析就不难说明。

(一) 私人物品(私人利益)与权利

我们知道,私人物品及体现于其上私人利益具有排他性和竞争性,这意味着,如不对之以强力予以排他性保护,"理性人"[②]就没有创造和维护的激励。这是因为,没有保护,那么一些有力量优势的人就会以强力掠夺,这意味着,创造和维护的人未必能享有自己创造的物品的利益。

权利作为法律赋予权利人可以为一定行为或不为一定行为,以及要求他人为一定行为或不为一定行为的力量,意味着权利人获得了对其行为后果排他性支配的强制力。其本身虽并非利益,但它给人们运用自身力量获得利益的可能提供了保障。权利的这一特性决定了它是激励人创造和维护私人物品及体现于其上的私人利益的有效工具。因为,从经济分析的视角看,任何行为都意味着要耗费一定成本,且行为(体力和智力的耗费)本身就是成本的一部分。而行为的结果,总是引起利益的变化,即产生收益(包括正负)。因此,权利人作为"理性人",其为一定行为或要求他人为一定行为,意味着行为对其利大于弊,即收益大于成本。相反,其不为一定行为或要求他人不为一定行为,则意味着行为对其弊大于利,即成本大于收益。可见,权利的行使必然意味着行为人预期可以获得利益,而获益往往意味着行为创造出了新的利益,否则,权利人便不会行使权利。同时,权利"可要求他人为或不为一定应为",这本身意味着权利具有排他性。权利的排他性决定了权利只有赋予行为所创造的物品及利益是私人物品或私人利益,或者在技术上可使其为私人物品或私人利益[③]时才有意义,权利的功能也才有可能发挥。因为,只有私人物品及体现于其上的私人利益才有排除他人免费享有、归创造者独享的可能,且任何人也不可能免费分享受权利保护的他人的私人物品及私人利益。可见,在权利对私人物品及私人利益保护下,人们要最大化自己从私人物品上获得的私人利益,唯一的途径是努力创造并维护。

(二) 公共物品与社会责任

公共物品及体现于其上公共利益的特性——非排他性和非竞争性,决定了权利并非创

[①] 经济法有学者认为"社会责任本位是经济法理念的强制性要素"。见徐孟洲:《经济法如何适应中国社会主要矛盾之变》,载陈云良主编:《经济法论丛》,2018年第1期。社会科学文献出版社,第23页。

[②] 经济学的"理性人"或"经济人"假设,既是对社会科学研究成果的提炼,也被社会科学所接受,其基本意蕴是,人对利益的追求即使不是唯一的也是最主要的行为动机。对此,就连马克思也认为:"人类奋斗所争取的一切都与自己的利益有关。"(《马克思恩格斯全集》第1卷,人民出版社1956年版,第82页。)

[③] 一些物品虽是公共物品,但可通过法律或技术使其成为私人物品,如知识产品本属于公共物品,但通过知识产权法授予知识创造者垄断性使用权,从而使其成为私人物品。再如,道路具有公共物品属性,但通过设立关卡,并授予特定人的收费权利,从而使其成为具有私人物品属性的"准公共物品"。

造和维护公共物品及公共利益所可欲的工具。因为,公共物品及公共利益的非排他性意味着任何人都可以免费消费公共物品或分享公共利益,也就是说,一个人无论是否支付费用(成本)并不影响其所获利益的多寡。这意味着对公共物品的消费,亦即其分享的公共利益的多寡,与一个人投入公共物品创造和维护的成本无关。这决定了即使赋予个人对公共物品的权利,"理性人"的本性也往往使多数人放弃或怠于行使权利,现实社会中产生的"公地的悲剧",以及民主选举中出现的"理性的冷漠"[①]就说明了此。

社会责任,即每个共同体成员对所有共同体成员所依存的社会经济秩序所负有的责任,其实质是对公共物品的生产和保护的责任,也可称为"公共责任"。它包括两个方面:一是积极的保护责任,二是消极的不损害责任。消极的不损害,在法律制度中表现为法律义务,是必须履行的,因而是强制性社会责任。积极的保护责任,在法律中表现为一种请求权,即要求其他社会成员不损害共同体成员公共依存的社会经济秩序的权利,这种权利的来源是人作为社会成员的身份。由于权力对权利主体来讲既可行使也可放弃,因而,这种社会责任是任意性的社会责任。这种社会责任履行依自愿和激励。自愿其实是依一些社会成员具有保护公共利益的偏好,而激励则是制度设计,在经济法上就发展出了激励人履行这种社会责任的制度,如多倍赔偿责任制度、奖励举报的制度、税收减免、财政补贴等制度。可见,社会责任则是保护公共物品和公共利益的有效工具。[②]

(三) 经济法是以社会责任为本位的法

19世纪末以来,由于科学技术在生产中的广泛应用,生产社会化的高度发展,不仅使得"市场失灵",也使自然的再生和净化能力不能满足大工业对自然资源消耗及对可生存环境质量的维持。市场秩序、环境、道路,以及当今的网络等公共物品及体现于其上的公共利益的供给问题凸显,加之人的利益构成中公共利益所占的权重上升,这时的公共物品既体现于其上的公共利益保护问题成为法律的重要问题之一。且自由主义的个人主义观念缺陷的暴露,以及反自由主义的公共体观念的兴起,共同体主义对"责任伦理"的证成,[③]以及法律中新兴的权利、义务——社会经济权利和义务出现,使得人们认识到法律权利和义务源于公共理性对良好社会秩序需要人们承担社会责任的认知,因而,权利、义务都是为了使作为共同体成员的个体承担社会责任的规范性工具。其中的权利,要么是激励人们从事有益于公共物品及公共利益的生成的行为,如对投资有益于优化产业结构、有益于减少环境污染的赋予税收减免的权利。要么是对积极履行社会责任的行为提供可能,如赋予无直接利益关系者在公益诉讼中的诉权,这些权利行使旨在有利于良好社会经济秩序的生成,这种权利属于"共

---

① 理性冷漠(rational apathy)是公共选择理论对西方自由民主或选举民主研究得出的结论,认为对追求自我利益最大化的"理性人"来说,在集体行动当中除非有更大的激励或独立的激励,通常个人是不会采取行动以实现他们共同的或集团的利益。

② 法学界特别是经济法和商法学者对企业的社会责任作了研究,对此可参见关于社会责任的论述可参见卢代富:《企业社会责任的经济学与法学分析》,法律出版社2002年版;刘俊海:《公司的社会责任》,法律出版社1999年版。作者这里所研究的经济法主体的社会责任与之不尽相同。

③ 对此有学者指出:"坚持以权利作为王牌,在他们[共和主义]看来,无疑是认可我们作为公民的腐化;它还意味着一种非理性的自我毁灭形式。相反,我们必须认真对待我们的义务,不应该试图逃避任何超乎'社会生活最低限度要求'之外的事务,我们必须力求尽可能全心全意地履行我们的公共责任。"([英]昆廷·斯金纳《共和主义的自由理想》,刘训练,译,载应奇、刘训练编:《公民共和主义》,东方出版2006年版78页。)

和权利"。① 而现代新兴法中的义务及法律责任的承担，其实质则是设定及保障人们消极地履行社会责任。这种权利、义务都不是特定主体（你我）间的，而是共同体所有成员（我们）相互间的权利义务，因而，权利对义务并没有优先性，义务并不是为实现权利而创设，权利和义务都是源于履行社会责任的需要，二者都是作为社会成员的个人承担社会责任的工具。

第三节 经济法原则确立的一般理论

经济法作为一个年轻且内容复杂和广泛的法律领域，不仅在世界上还不具有一部真正意义上的经济法典，而且即使在学理上，其基本范畴、内容体系等基本问题仍没完全形成共识。由此导致对经济法的基本原则，既在成文法中没有明文规定，也在学理研究中没有统一认识。因此经济法基本原则的确立，必须首先厘清经济法原则的含义，其次，确定经济法基本原则的标准，再次，需吸收我国其他部门法，以及经济法界有关经济法基本原则研究的有益成果，最后，确定经济法的基本原则。

一、经济法基本原则的含义

经济法基本原则，作为法律原则的一种，无疑要具备法律原则的一般属性，但作为法律体系中的一个部门，经济法的基本原则又有它的具体内涵。据法律原则的一般属性，经济法学界在我国决定实行社会主义市场经济体制后，对经济法基本原则的含义持续进行了讨论，对经济法的基本原则的一般含义已形成共识，这里以2005年为界，分别举几种代表性观点。

（一）市场经济确立初期的代表性观点

市场经济确立至2005年前，为中国市场经济条件下经济法理论形成的初期，就以当时五种最具影响的经济法教材来说，其中，杨紫烜教授主编的《经济法》中没有论及经济法基本原则，因此，这里主要介绍四种观点，这四种观点也可以说反映了当时经济法界对经济法基本原则含义的认识：其一，"经济法的基本原则是指规定于或者寓义于经济法律、法规之中，对经济立法、经济执法、经济司法和经济守法具有指导意义和适用价值的根本指导思想或规则"。② 其二，"经济法的基本原则涵盖整个经济法部门，是该部门法所有法律规范从其制定到实施全过程都需要贯彻的"。③ 其三，"经济法的基本原则是在经济立法和具体适用中所应当遵循的准则。它是经济法精神和价值的反映，是经济法宗旨和本质的具体体现"。④ 其四，"经济法基本原则是法律原则的一种，它是对经济立法、司法、执法和守法具有统率意义和指

---

① 共和权利被共和主义认为是公民的第四种权利，它是"共和公民制止那些企图掠夺公共资产、公共财富的个人或集团的权利"（Luiz Carlos Bresser-Pereira, "Citizenship and Res Publica: The Emergence of Republican Rights," *Citizenship Studies*, Vol. 6 No. 2, 2002, p151.）。其实质是为保证公共物品的生成或防止公共物品被损害，从而保障公共物品持续供应而赋予的权利。

② 李昌麒主编《经济法学》，中国政法大学出版社1999年版，第73页。另李昌麒教授在其专著中有基本近似的表述，对此可参见李昌麒：《经济法——国家干预经济的基本法律形式》，四川人民出版社1999年版，第222页。

③ 漆多俊：《经济法基础理论》（第三版），武汉大学出版社2000年版，第168页。

④ 潘静成、刘文华主编：《经济法》，中国人民大学出版社1999年版，第73页。

导意义的根本准则"。①

可见,对于经济法的基本原则的一般含义,经济法界已形成共识,虽然表述有一些差异,但都认为:经济法的基本原则是寓于经济法所有子部门法的法律、法规中的,在经济立法、经济执法、经济司法和经济守法中都须遵守的根本规则,或者说对经济立法、经济执法、经济司法和经济守法具有指导意义和适用价值的根本指导思想或规则。②

(二) 对初期经济法原则反思形成的新观点

2005年以后,有关经济法基本原则的含义是对此前相关观点的共识提炼和完善,但其实质并没有大的变化。下面举几个有影响的观点:其一,在目前法学本科教育的通用教材中的观点:"经济法的基本原则,是集中体现经济法的特性,由经济法宗旨和根本价值所指引,对经济立法、经济执法、经济司法和经济守法活动具有全局性的指导意义和普遍适用价值的基本准则。"③其二,论文的观点:2005年以后,对经济法基本原则探讨的文章在核心期刊发表的为数不多,在少数的几篇文章中有的并不对经济法的基本原则的含义给予界定,只对经济法的基本原则是什么予以论证。④ 这里仅举两名学者的观点,一名学者认为:"经济法基本原则应具有法律原则的属性,应该是经济法基本精神和价值的承载,反映着经济法的理念,是经济法规则和具体原则的出发点,是隐藏于经济法具体原则背后的原则,贯穿于经济法运行始终,具有最高层次的效力。"⑤另一名学者认为:"经济法的基本原则是指规定或者寓意于经济法律、法规中,对经济立法、经济执法、经济司法和经济守法具有指导意义和适用价值的根本指导思想或准则,它是克服经济法自身局限性的重要工具。"⑥

(三) 经济法基本原则的一般含义

基于上述分析,我们可以对经济法基本原则给予这样的界定,即经济法基本原则是其效力贯穿于经济法始终的根本规则,是经济法价值(目的、宗旨)的集中表现,是对作为经济法主要调整的现代市场经济关系的本质和规律的集中反映,是克服经济法律具体规定局限性的工具。这就是经济法原则的一般含义,它既是经济法原则的内在规定,也是衡量某种规则能否作为经济法原则的标准。

二、确立经济法基本原则的标准

确立经济法的基本原则不仅要考虑作为经济法基本原则的本质规定性,同时,还要必须

---

① 王保树:《经济法原理》,社会科学文献出版社1999年版,第46页。
② 这一时期具有影响的论文(主要以法学类核心期刊和CSSCI期刊为选择标准)在对经济法基本含义的界定中也基本如此。按时间顺序有,钱玉林:《经济法基本原则之新探》,载《法学》,1995年第1期;邱本:《论经济法的基本原则》,载《法制与社会发展》,1995年第4期;刘水林:《经济法基本原则的经济学及法哲学解释》,载《法商研究》,1998年第5期;鲁篱:《经济法基本原则新论》,载《现代法学》,2000年第5期;张守文:《经济法基本原则的确立》,载《北京大学学报》(哲学社会科学版),2003年第2期;朱沛智、胡兰玲:《论经济法的基本原则》,载《兰州大学学报》(社会科学版),2004年第2期;江帆:《经济法的价值理念和基本原则》,载《现代法学》2005年第5期。
③ 《经济法学》编写组,张守文主编:《经济法学》,高等教育出版社1916年版,第67页。
④ 对此可参见顾功耘:《略论经济法的理念、基本原则与和谐社会的构建》,载《法学》,2007年第3期;冯辉:《紧张与调和:作为经济法基本原则的社会利益最大化和实质公平———基于相关法律文本和问题的分析》,载《政治与法律》,2016年第12期;刘大洪:《论经济法上的市场优先原则:内涵与适用》,载《法商研究》,2017年第2期。
⑤ 蒋悟真、詹国旗:《现代经济法基本原则的梳理与提炼》,载《江西财经大学学报》,2010年第4期。
⑥ 肖顺武:《论经济法的基本原则》,载《社会科学家》,2007年第2期。

注意经济法基本原则作为经济法具体规则和价值观念的汇合点,确定经济法基本原则还必须结合经济法的价值观念和经济法规范的所有主体的影响社会经济秩序行为的共同特性。据此,依上述经济法基本原则的含义中对经济法基本原则本质属性的揭示,以及对经济法学界有关经济法原则确立的标准的观点整合,①作者认为,作为经济法基本原则必须具备以下特性,这些特性也是判断确定经济法的基本原则必须遵循的准则。

第一,抽象性。这里的抽象性是从与具体法律规则相比较的意义上来说的。我们知道,经济法基本原则体现着经济法的基本价值,是联系经济法价值目标或法律目的与具体法律规则的桥梁。因此,基本原则具有比一般规则更高的抽象性。

第二,准则性。所谓准则性,是从基本原则在整个经济法律制度运行中的功能所说的。有三层含义:一是评价的准则,即它可以用来评价比它次要规则的价值或效力;二是选择的准则,即在实践中决定着立法者对可供选择的规则的选择;司法和执法者在面对具体案件,在可供使用的规则冲突时对所使用规则的选择。三是创造性司法和执法的准则,即当某一具体案件没有具体的法律规定可以适用时,可以据此创设新的规则来处理案件,或者据此处理案件。

第三,整体性。经济法基本原则的"整体性",有两层含义:一是对经济法的立法、执法、司法和守法都具有指导意义。二是对经济法的各子部门法都适用。

第四,普适性。经济法基本原则,对经济法各种主体的社会经济行为普遍使用,即对经济法的各种主体的影响社会经济秩序的行为都具有约束力。

第五,独特性。即经济法基本原则不同于其他部门法的基本原则和法律的一般原则,它是经济法特有的基本原则。

三、经济法基本原则的主要学说述评

中国经济法学界对经济法基本原则的研究可分为两个阶段,即 2005 年以前,可称为对中国社会主义市场经济下经济法基本原则的初步提炼阶段,分歧较大。第二个阶段是 2005 年以后,是对此前有关经济法原则的反思和有关经济法基本原则的共识形成时期。

(一)经济法基本原则的主要学说

1. 初步提炼时期的几种代表性观点

(1)"一原则说"。该说认为,经济法的基本原则只有一个,即"社会总体经济效益优先,兼顾社会各方利益公平。"②

(2)"二原则说"。二原则说的观点也不尽相同:有学者认为,经济法的基本原则主要有二,一是计划原则,二是反垄断原则;③有学者认为,经济法的基本原则主要有二,一是资源配置的帕累托有效原则,二是分配的交叉公平原则;④有的则认为经济法的两个基本原则是

---

① 这里对确立经济法基本原则的准则的提炼主要参考了以下文献:史际春、邓峰:《经济法的价值和基本原则刍论》,载《法商研究》1998 年第 6 期;张守文:《经济法基本原则的确立》,载《北京大学学报》(哲学社会科学版),2003 年第 2 期;单飞跃:《经济法的基本原则》,载李昌麒主编:《经济法论坛》(第 1 卷),群众出版社 2003 年版;肖顺武:《论经济法的基本原则》,载《社会科学家》,2007 年第 2 期。

② 参见漆多俊:《经济法基础理论》(第三版),武汉大学出版社 2000 年版,第 172—173 页。

③ 参见邱本:《经济法的基本原则》载《法制与社会发展》,1995 第 4 期。

④ 参见刘水林:《经济法基本原则的经济学及法哲学解释》,载《法商研究》1998 年第 5 期。

适当干预与合理竞争。①

（3）"三原则说"。三原则说也存在分歧，有学者认为，经济法的基本原则应当是平衡协调原则，维护公平竞争原则以及责、权、利相统一原则；②有的学者认为，经济法的基本原则应当是经济上的公平与公正，违法行为法定原则和经济管理权限和程序法定原则；③有学者认为，经济法的基本原则应当是调制法定、调制适度和调制绩效。④

（4）"七原则说"，按照该说，经济法的基本原则主要有七个原则，即资源优化配置原则、国家适度干预原则、社会本位原则、经济民主原则、经济公平原则、经济效益原则和可持续发展原则。⑤

2. 反思与共识形成时期的主要学说

（1）"二原则说"。二原则说存在不同观点，其中有学者认为，经济法学者多数都承认经济法有两个原则，即"社会利益最大化与实质公平"；⑥也有学者通过对经济法学界有代表性的有关经济法基本原则的研究，认为经济法学界有两个共识性基本原则，即适度干预原则与社会本位原则。⑦

（2）"三原则说"。三原则说观点也不统一，其中有学者认为经济法的基本原则有：适度干预、公共利益和合理竞争；⑧另有学者认为经济法的基本原则有：经济民主、经济公正和经济安全；⑨还有学者认为经济法的基本原则有：有效调制、社会利益本位和经济安全。⑩

（3）"四原则说"。四原则说也有分歧，有学者认为经济法的基本原则有：保障市场机制、经济宪治、社会公平和经济安全；⑪而有学者认为经济法的基本原则有：适度干预、经济民主、社会本位和实质公正。⑫

（二）对上述经济法基本原则观点的评析

综观上述两个不同阶段经济法学界有关经济法基本原则的内容，结合确立经济法基本原则的标准，以及参考不同时期经济法学者对经济法基本原则研究的述评，⑬不难看出在早期，因未能对构成经济法的基本原则所依据的标准形成共识，分歧较大。在2005年后虽在确立经济法基本原则的标准上基本取得了共识，但在对什么是经济法基本原则的提炼上，学

---

① 参见鲁篱：《经济法原则新论》载《现代法学》2000年第5期。
② 参见史际春，邓峰：《经济法的价值和基本原则刍论》，载《法商研究》1998年第6期。
③ 参见王保树主编：《经济法原理》，社会科学文献出版社1999年版，第49—51页。
④ 参见张守文：《经济法基本原则的确立》，载《北京大学学报》（哲学社会科学版），2003年第2期。
⑤ 李昌麒：《经济法——国家干预经济的基本法律形式》，四川人民出版社1999年版，第222—223页，及李昌麒主编：《经济法学》，中国政法大学出版社2002年修订版，第59—66页。
⑥ 冯辉：《紧张与调和：作为经济法基本原则的社会利益最大化和实质公平——基于相关法律文本和问题的分析》，载《政治与法律》，2016年第12期。
⑦ 参见蒋悟真、詹国旗：《现代经济法基本原则的梳理与提炼》，载《江西财经大学学报》，2010年第4期。
⑧ 参见江帆：《经济法基本原则/经济法的价值理念和基本原则》，载《现代法学》2005年第5期。
⑨ 参见顾功耘：《略论经济法的理念、基本原则与和谐社会的构建》，载《法学》，2007年第3期。
⑩ 参见《经济法学》编写组，张守文主编：《经济法学》，高等教育出版社1916年版，第70—80页。
⑪ 参见单飞跃：《经济法的基本原则》，载单飞跃：《经济公法理论问题——经济法的公共观念与宪治逻辑》，法律出版社2019年版，第81—96页。
⑫ 参见肖顺武：《论经济法的基本原则》，载《社会科学家》，2007年第2期。
⑬ 这里综合参考了李昌麒教授、鲁篱教授和蒋悟真教授的观点，具体见李昌麒主编：《经济法学》，中国政法大学出版社2002年修订版，第55—57页；鲁篱：《经济法原则新论》载《现代法学》2000年第5期；蒋悟真、詹国旗：《现代经济法基本原则的梳理与提炼》，载《江西财经大学学报》，2010年第4期。

者们并没有遵循这些标准,这从各种观点的论证过程中不难看出,其主要缺点如下。

第一,缺乏独特性。主要表现在三方面:首先,是将法律的一般性原则表述为经济法所特有的原则。如在早期的责、权、利相统一原则,这是对所有法都适应的准则。其次,是将现代新兴的法律领域普遍适用的一般性原则表述为经济法的基本原则,如2005年以后的社会公平、社会利益本位、实质公正这些在社会法(劳动法和社会保障法)和环境法中也可适用。再次,将其他部门法的原则作为经济法原则。如经济民主原则,这是对宪法所确认的民主集中制原则冠以"经济"二字在经济法中的应用。

其二,缺乏整体性。将经济法一些子部门法的原则错认为是经济法的基本原则。如早期的反垄断原则、维护公平竞争原则等,以及2005年以后合理竞争原则,都是把只适宜于经济法的子部门法——竞争法的原则,作为了经济法的原则。

第三,缺乏普适性。将只适用于规范一种类型经济法主体的基本原则,认为是对所有类型经济法主体都适用的原则。如早期的调制法定原则,2005年以后的适度干预原则、有效调制原则。这些只是对政府宏观调控机关和市场规制机关的宏观调控和市场规制行为适用的原则,显然不能作为评判市场主体,特别是经营者经营行为的准则。

第四,缺乏准则性。将经济法的本位和价值目标作为经济法的基本原则,法的本位或者法的价值目标,是法规范运行指向的结果,但其并非规范本身,而基本原则具有法规范的属性,能在司法、执法中作为评判行为是否合法的准则。把社会本位(社会利益本位)作为经济法基本原则既缺准则性,也缺乏独特性,因为,社会法、环境法也是社会本位法。另外,如社会本位可作为经济法的基本原则,据此逻辑,个人本位就应当是民商法的基本原则。而事实上,不论是民法还是商法都不存在把"个人本位"作为其基本原则。

不论是经济民主、经济安全、实质公平、社会经济效益(社会利益最大化)等目的性价值,还是保障市场机制原则、市场优先原则[①]中的保障市场机制和市场优先等工具性价值,都属于经济法的价值,虽然经济法基本原则是经济法价值、基本精神的承载,但经济法基本原则本身是经济法规范,而经济法的价值,则是立法者意欲经济法规范产生的有益社会经济后果。因此,作者赞成一些经济法学者的这样一种观点,即"将经济民主、经济安全、经济效益等价值作为经济法基本原则失之偏颇。"[②]

第四节 经济法基本原则的内容

基于经济法的目的性价值——保护社会整体经济利益,以及工具性价值——保护社会整体经济秩序,汲取经济法基本原则研究的经验教训,据确立经济法基本原则的标准上形成的共识,兼顾经济法规范的不同性质主体行为的特性,作者认为经济法的基本原则有三个,即公共经济活动合规性原则、公共性经济活动合理性原则和预防原则。

一、公共经济活动合规性原则

公共经济活动合规性原则,即公共经济活动要符合经济法律、法规和规制机关制定的规

[①] 参见刘大洪:《论经济法上的市场优先原则——内涵与适用》,载《法商研究》,2017年第2期。
[②] 蒋悟真、詹国旗:《现代经济法基本原则的梳理与提炼》,载《江西财经大学学报》,2010年第4期。

范性文件。由于任何经济活动都是经济行为的表现,因此,这一原则也可称为公共经济行为合法、合规性原则。由于在经济法中对行为的规范,不仅有法律、法规,还有相关政府经济机关制定的规范性文件(如反垄断法实施中,执法机关制定的各类"指南",这些规范性文件就是名词意义上的"规制")。规制作为规范性文件,是为实施特定的法律而由专门的规制机构据社会经济发展实际和特定领域的特性制定的,其效力显然没有它的上位法高,因此,合规制是最低要求,合规必然意味着要合法,这是不言而喻的,因此,简称为"合规性原则"。对这一原则的理解首先需要了解"规制"在现代市场经济社会的意义,在此基础上对这一原则的含义及要求予以述说。

(一) 规制及其合规的意义

高科技在社会经济活动中的广泛应用,以及生产社会化高度发展,使得在现代市场经济社会,仅靠市场自发的调节机制、自然的再生和修复能力,以及个体力量,不仅难以应对高科技潜在风险的爆发造成的巨大损害,且难以克服市场失灵和环境污染产生的系统性损害——公共性损害。因此,国家作为社会代表对具有潜在公共性损害行为规制(干预)[①]的范围和程度不断增强。另外,现代技术变革周期的缩短、公共性经济问题的复杂性,以及公共性经济行为多具有"双效性"。决定了对公共性经济行为的规范要做到更科学合理、且能与时俱进,就必须在国家以法律干预公共性经济行为时,通常依法设立具有专业性、独立性和权威性的专门机关,这种机关通常采取委员会的形式,并赋予其准立法、准司法和执法权。于是,不仅产生了基于法律而制定的具有法律性质的法规、规章,且为执法的便利、统一、科学,规制机关也制定了一些没有法律授权的规范性文件,这些规范性文件就是名词意义上的、狭义的"规制"。从而导致"规制在我们的生活中无处不在",以至于国外有学者称现代国家为"规制国"。[②] 与此相应,在现代法治国家,规制领域相关的新型法律、法规持续不断地涌现,可以说,现代法律制度的新发展,主要就是规制领域新的法律制度的产生和发展。而经济法是规制法发展的主要方面之一。这些法律主要采取准入标准、行为限制等预防公共性有害行为发生,以及以激励促进有益的公共性经济行为的发生,因而是一种事前的规制规则,而非事后的责任规则,即以行为发生后,依法追究行为者的责任,以间接防止有害行为的发生。[③] 可见,公共性经济行为都是受法律、法规和规范性文件限制的行为。

从规制的内容构成来说,不仅对市场主体参与市场经济的行为予以规制,也对社会组织、公共经济机关参与(规制)市场经济活动的行为予以规制(通常被称为"规制规制者")。从规制的规则产生看,主要通过程序性规定,在专业的规制机构组织下,确保规则是专家、利

---

① 有学者认为:"管制是由行政机构制定并执行的直接干预市场配置机制或间接改变企业和消费者的供需决策的一般规则或特殊行为"(丹尼尔·史普博:《管制与市场》,余晖等,译,上海:上海三联书店、上海人民出版社1999年版,第45页)。可见,其把规制和国家干预是在同一意义上使用的。

② 这从许多西方学者的论著中就可说明,如 G. 马佐尼:"规制国家在欧洲的兴起",载《西欧政治》,1994年,第17卷;M. 洛克林、C. 斯科特:"规制国家"载 P. 邓拉维等编:《英国政治的发展》(伦敦:麦克米兰),1997年,第5卷,以及美国著名公法学者凯斯·R. 桑斯坦:《权利革命之后:重塑规制国》(该书中文版由钟瑞华译,中国人民大学出版社2008年出版)。

③ 有学者认为这种基于整体主义的,事前以直接防止有害行为发生的规则,称为规制规则,把基于个体主义,在有害行为发生后,以追究行为者的责任,以警示违法者和潜在违法者未来不从事危害行为,即间接预防有害行为的规则称为责任规则。参见[美]斯蒂芬·夏维尔《损害赔偿抑或安全规制》,罗玥译,载[美]唐纳德·A. 威特曼等编:《法律经济学文献精编》,苏力等,译,法律出版社2006年版,第91—107页。

益相关者通过参与协商形成,以保障规则形成的公平、合理和相对科学性。可见,"规制规则"可以说是对最新社会经济发展经验的社会理性总结。因此,公共经济活动合规,不仅是对任何经济活动参与者的公共性经济行为的要求,也是判断行为是否合法的主要依据或标准。只有经济活动主体的社会经济行为合规,才可形成经济法意欲的良好现代市场经济秩序——"混合"的社会经济秩序,整体经济就会持续有效发展,社会整体经济效率就会较优,社会整体利益就会最大化。

(二) 合规性原则的基本含义和要求

公共性经济活动合规性原则,其基本含义是指社会经济活动参与者的社会公共性经济权利的获得、行使,以及社会公共性经济义务的设定、履行必须依据法律、法规和相关经济机关和公共性经济组织制定的规范性文件行为不得与相关法律、法规和规范性文件即广义的"规制"相抵触。这里的"规制"是包括法律、法规和规范性文件的规定。这一原则要求经济法主体实施的社会公共经济性行为不仅应遵循宪法、经济法律,还要遵循经济法规、地方性经济法规、自治条例和单行条例及规章等对有关社会经济活动的规定,即行为合法,且行为要遵循专门的经济执法机关或公共性经济组织为保障执法或规范行业行为的公正和科学合理性而制定的规范性文件,如反垄断执法机关制定的"经营者集中指南",一些行业协会制定的自律监管指引,如《上海证券交易所上市公司自律监管指南》,这种规范性文件不是立法机关或法律授权的机关制定的法律、法规和规章,即不是法律,它们就是名词意义上讲的、狭义的"规制",它们对相关经营者的经营行为具有约束力,也往往被作为司法和执法机关判定经营者相关行为是否合法的依据。行为符合规制的要求可称其为合规制性。另外,合规范性包括既要符合实体性规范,又要符合程序性规范。

公共性经济行为合规性原则的具体要求包括以下两个方面:第一,任何社会经济活动参与者的权利作为一种社会经济权利,都是法律基于市场参与者所处的产业、区域、经济力量等因素,以及由此决定的其在社会经济总体运行中的社会经济功能发挥需要而赋予的,其实质是促使其积极履行社会责任的工具。这种权利的性质决定了其获得不仅需要符合一定要件,且权利的范围、行使方式都有限度,因此,只有获得法律或准法律——相关经济机关和组织制定的规范性文件的授予才能存在。任何参与社会经济活动的主体都不得超越按自己的社会经济角色,为积极履行社会责任需要所获得的社会经济权行使的范围、权利的行使方式而行事。同时,任何社会经济活动参与者的义务作为一种社会经济义务,都是法律基于市场参与者所处的产业、区域、经济力量等,以及由此决定的其从社会经济总体运行中获取的利益而相应设定的,其实质是强制其履行社会责任的工具,亦即是一种促使其消极履行社会责任的工具。这种义务的性质决定了其义务的设定不仅符合一定要件,而且义务的内容、义务的履行方式或程序都有特别要求,因此,经济法中的义务只有法律或规范性文件的设定才能存在。第二,任何社会经济活动参与者的公共性经济活动,亦即任何社会经济活动参与者行使权利和履行义务的社会公共性经济行为都应依据法律和规范性文件的规定、遵守法律和规范性文件的规定,不得与法律和规范性文件的规定相抵触。不仅要遵守实体法律和规范新文件的规定,而且要遵守程序法律和规范性文件的规定。

根据公共经济活动合规性原则的要求,任何违法、违反规制规则的公共经济行为都必须予以追究,违法主体及其工作人员应承担相应的法律责任。

二、公共经济活动合理性原则

公共经济活动合理性原则,即公共经济活动要符合社会经济理性原则,由于任何活动都是经济行为的表现,因此,这一原则也可称为公共经济行为合理性原则,简称为"合理性原则"。对其理解首先需要了解理性、社会经济理性的意义,在此基础上对这一原则的含义及要求予以述说。

(一) 理性与社会经济理性

在哲学上理性是相对于感性的概念,是指人类具有依据其掌握的信息、知识和法则进行各种活动的意志和能力。它是从人类的认识思维和实践活动中发展出来的,又主宰人类认识、思维和实践活动的主体事物。简单讲,理性就是人类具有利用理智的能力。它是人类特有的能力,是人与动物区别的标志。正因为如此,人被称为是理性的动物。从社会学角度讲,理性是指社会活动中人具有能够为了一定目的而识别、判断和评估各种实现目的的方式、手段和途径的优劣,并选择最好的方式、手段和途径使人的行为符合特定目的等方面的智能。从人的行为看,理性是与激情相对的概念。理性行为,意味着人的行为是基于理性而非情感(特别是激情)做出的行为,其行为的理由是基于人掌握信息、知识和掌握的法则,并经过逻辑推理而做出的。可见,理性行为就是人在其掌握的信息、知识和法则等约束下最能有效实现其目的的行为。正因此,经济学在把经济活动中的人假定为"经济人"时,亦称为"理性人",经济人理论从英国古典经济学创立以来历经变化,[①]现今经济人理论或理性人理论包括三个方面内容:第一,人是自利的,即追求经济利益虽不能说是人行为的唯一动机,但可以说是人行为的根本动机。第二,人是理性的,理性意味着人总是在给定条件约束下追求利益最大化的。第三,"激励相溶",认为只要有好的法律和制度保证,即具有合理性的规范约束,"经济人"追求个人利益最大化的自由行动会最有成效地促进社会利益。[②] 可见,从经济角度讲行为是否合乎理性,或者说行为是否合理,就在于行为预期带来的好处(收益)是否大于行为产生的不利后果(成本)。

同时,理性的概念意味着人的理性在质和量上因社会的复杂程度、由技术所决定的信息获取的途径和能力、人拥有的知识等社会存在的差异性而不同。从人类发展史看,社会生产力的发展程度越低,社会问题简单,加之社会处于相对静态化状态,理性的个人性越强,人的行为的理性越完全,人的理性接近完全理性。而社会越发展,社会越复杂,社会变化越快,社会分工越发达,人的知识越专业化,个人处理信息的能力与日益以几何数字增长的信息相比显得更加不足,人的理性显得更为有限,即人只有有限理性,[③]而非完全理性。且人的理性受社会影响越强,即理性的社会性越强,有学者称这种情况下人的理性是相互间的"相关理性"。相关理性可描述为:(1)环境依赖理性。这是由于人总是生存于特定的环境之中,人文和自然环境必然对行为理性的形成和实施起着至关重要的作用,其策略的形成、选择和变

---

① "经济人"理论的演化,经历了古典经济人、新古典经济人及现代经济人三个阶段。其中,古典经济人理论阐发了"经济人"的社会价值,认为正是人的自利不仅带来了经济繁荣,且起着维护社会秩序和推动社会制度变革的作用(详细论述可参见杨春学:《经济人与社会秩序分析》,上海三联书店,上海人民出版社,1998年版)。

② 参见田国强、张帆:《大众市场经济学》,上海人民出版社,智慧出版有限公司,1993年版,第99页。

③ 有限理性是西蒙提出的,但西蒙的有限理性指人受制于自己的信息处理能力,因此,人的决策或由此决定的人的行为虽意欲合理,但只能有限做到。[美]赫伯特·西蒙:《现代决策的理论基石》,北京经济学院出版社,

化也对环境的依赖和反应,人们从适应和利用环境中获取利益是建立在行为对环境合理反应的基础之上的,主要表现为局中人之间的相互依赖和局中人对外部环境的依赖。(2)自励理性。相关理性对利益主体的基本经济行为特征及其含义的描述有了根本性的转变,强调了每一行为人实现利益最大化的双重性,即每一个人在实现自己利益最大化的同时,也必须努力使自己实现利益最大化的能力得以最大限度的提高。毋庸置疑,人不可能是完全理性的,理论坐标系的意义是在不断学习中使自身得以提高和完善。这是由博弈学习行为的本质特征,或者说是学习理性所决定的。(3)社会理性或共同理性。强调个体理性与社会整体或集体理性的统一,这是因为每一局中人在形成自己对未来的判断和预期的同时,也能够预见他人的判断和预期,而且也知道所有的人都在这样做,因此所达成的博弈均衡结果是所有局中人共同的理性预期。(4)过程理性。强调过程决定结果,明确认为理性在一系列动态博弈过程中才能够逐步实现,使理性由过去的注重结果转向注重过程,突出过程与结果之间的必然联系。(5)贝叶斯理性。外部世界不确定性的主要特征表现为不完全信息,局中人能够对此形成主观概率判断,并在此基础上按概率原则进行决策。这使得对不确定世界中经济行为的描述更加规范可行。(6)发展理性。相关理性是对完全理性的发展和完善,是对传统理性观念的扬弃,强调对理性概念的认识是在不断变化、丰富和完善之中的。[①]

上述的叙说说明,完全理性人假设是个体主义的,较适宜于对简单、静态社会下人的经济行为的理性的性质和程度的假设,其核心是个人利益最大化或个体效用最大化。相关理性假设则是共同体主义或整体主义的,适宜于复杂、有机社会对人的经济行为的假设,其核心是社会整体或群体的利益最大化,或社会整体或相关群体的效用最大化。一般来讲,一定社会的习惯、道德和法律等制度,就是该社会的人们在长期反复博弈中形成的对所有人都有利的规范,这意味着,它们就是社会理性的形式化表现。作为社会的理性化的形式,它们并非社会经验的镜像式的简单呈现。它们最初是社会精英,特别是思想精英对社会经验的理性提炼,往往总是以一定的理论出现,且具有一定的超前性,而后经社会传播被大众和统治者逐渐接受并制度化为社会规范。正因此,庞德说"在我们的法律中记录着为理性所发展了的经验和被经验所考验过的理性这样一种传统。"[②]这意味着,法律以及各种规范化的制度就是社会理性的形式化,或者说是形式化了的社会理性。然而,制度一旦形式化,就具有相对的稳定性,而社会总是变化的。一旦社会条件发生变化,制度就逐渐丧失其合理性,甚至成为反理性的存在,这时符合这些制度规范的行为就不具有实质的合理性。社会理性与个人理性一样,由于受时代的社会认知所限,以及受决策所需的信息的不完全所限,总是不可能达到最优。因此,从经济角度讲,社会理性的最低要求就是社会经济行为给社会带来的好处大于该行为给整个社会带来的弊端。

(二) 合理性原则的基本含义和要求

公共性经济活动合理性原则,其基本含义是指社会经济活动参与者的社会公共性经济活动或行为应当具有社会经济合理性,或者社会经济活动参与者的社会公共性经济活动或行为应当符合社会经济理性,禁止社会经济活动主体仅据个人理性而专横和随意而为。最低限度的社会经济理性,是社会公共性经济行为应当具有一个有正常理智的社会经济活动

[①] 参见朱鸣雄:《整体利益论——关于国家为主体的利益关系研究》,复旦大学出版社2006年版,第60页。
[②] [美]罗斯科·庞德:《通过法律的社会控制》,沈宗灵,译,商务印书馆1984年版,第24—25页。

者所能达到的合理与适当,并且能够符合社会经济活动的经济公理、社会经济习惯和一般的经济道德。这一原则主要用于法律对社会经济发展新情况下出现的新型公共性经济行为是否违法、违规没有明确规定的情况下。规范的公共经济行为合理性表现为以下两个方面。

1. 整体经济公平、公正原则

公平、公正最一般的意义就是同等情况同等对待,不同情况不同对待。我们知道在有机整体的社会经济关系中,参与社会经济活动的人的行为,总是因具有的知识、能力和资本等资源禀赋的差异,而处于社会经济中的特定的行业或区域,且因其规模(经营者的规模)或法律授权(规制机关或调控机关)具有不同的社会经济力量。这些差异决定了他们在社会经济运行中扮演着不同角色,具有不同的社会经济功能和不同的社会经济影响。这意味着,任何社会经济活动者的经济活动或经济行为不仅对社会经济秩序的影响不同,而且对处于社会经济活动中的其他不同角色的社会经济活动参与者的影响也不相同。就经营者的活动或经营行为来说,以其定价行为为例,这种行为同时影响到与其具有竞争关系的所有竞争者,也影响到作为交易对象的所有购买者(消费者),而消费者和竞争者属于经营者同一行为产生的两类不同社会关系中两类不同性质或两种社会经济角色的关系人。因此,公平公正要求对同质性的关系对象(即同等情况),如对所有购买者(广义消费者)不偏私,不歧视(即同等对待)。但对社会经济关系中的不同角色的社会经济活动参与者,如对消费者与对竞争者可区别对待(不同情况不同对待)。再以税收调控机关的调控行为来说,公正要求对同一区域、同一产业、经营规模相同的经营者课以相同的纳税义务,且对相同的案件执法、司法必须做相同的处理。但不同产业、不同区域、不同行业和不同规模的经营者,可据整体经济发展对产业结构、区域结构调整的需要而对不同产业、不同区域、不同规模的经营者区别对待,课以不同的纳税义务。

以个体主义思考公平、公正,一般由于假定一种行为对待的是同质性的对象,因此,公平要求行为者对行为对象同等对待、不歧视即可。而整体主义的视角,由于把人看作是社会人,从整体经济运行看,社会人意味着,任何社会经济活动的参与者——人在社会经济中具有不同的社会经济角色,履行不同社会功能。这意味着,社会经济活动或行为影响的人不是同质的。因此对整体公平的理解的关键和难点在于,如何从社会经济运行的总体需要划分社会经济活动参与者的角色,并据其角色不同而不同对待。而在社会经济关系中,不同情况主要就是指经济活动参与者在整体中的角色的不同。这种角色不同或差异从宏观的社会经济结构关系看,主要基于行业、区域的不同而产生。因为从国民经济整体发展所需要的区域协调发展和产业结构合理的视角看,这种结构关系是一个动态变化的过程,每种产业或区域发展情况决定着整体经济发展的意义,从而决定着这些产业和区域的社会经济活动参与者的行为对整体经济发展的意义,从而决定着他们的权利和义务的差异,以及由此引发的对他们行为是否公正的判断存在差异。[①] 从市场关系看,市场主体在整体经济中角色的不同主要基于在市场交易中的"经济身份"和经济力量。就竞争关系看主要取决于资本力量强弱而产生的经济力量差异,就交易关系看,主要是处于卖方的经营者的信息优势产生的力量。因

---

① 整体公平从结构看有产业公平、区域公平(空间维度),从经济运行看有准入公平,竞争公平和交易公平等(经济运行过程维度)。同时,整体公平还可从历史维度看。它是形式公平与实质公平的统一。对此的详细论述,可参见刘水林:《经济法基本范畴的整体主义解释》,厦门大学出版社,2006年版,第72—83页。

此,反垄断法往往对具有市场力量的经营者和没有市场力量的经营者区别对待。消费者权益保护法(以下简称消法)、广告法、产品质量法,则主要是对作为卖方的行为规范,而对买方的行为一般不予规范。

2. 整体效率原则

整体经济效率的基本含义是指经济活动参与者的公共性经济行为的方式,或者公共经济活动采取的措施和手段应当是必要、适当的。应当避免采用损害社会经济运行秩序或损害他人权益的方式,如果为达致正常社会经济活动目的必须对社会经济秩序或其他人的经济权益形成不利影响,那么这种不利影响应当被限制在尽可能小的范围和限度内。其不利影响的范围和限度是:行为给社会带来的利益要大于给社会或他人利益造成的损害,且行为者获得的利益不能独享,而必须惠及处以社会经济体系中的其他人。这一原则的含义与行政法的"比例原则"类似,但我觉得用"效率原则"更为恰当。

效率是一个经济学范畴,在现代经济学中,对一种行为或规则是否有效率,经济学家一般多采用两种效率概念,即"帕累托效率"和改进后的帕累托效率,改进后的帕累托效率,亦即"卡尔多——希克斯效率"。帕累托效率又称帕累托有效或帕累托最优。其意指当据一定规则或行为使得"群体中一个或更多成员的处境被改善而没有一个成员的处境被恶化时,社会福利就被增进了。在这种情况下就发生了帕累托改进"。"根据这一标准,在不降低一个或更多个人效用的前提下,如果一旦已无法提高一个或更多个人的效用水平,那么社会福利就处于最优状态。这样,当没有(进一步的)帕累托改进可以实现时,社会福利就被看作是达到了帕累托最优。"[①]由于在社会经济活动中每种行为的做出或规则的变化,都会引起资源配置的改变,都会使一些人的效用或利益增进的同时引起其他人效用或利益的下降。在这种情况下,一种社会经济行为或法律的变化引起的资源配置或利益的变动,究竟是好是坏,是否促进了社会总福利或社会总利益,依帕累托标准不能给出决定性的回答。因此,依帕累托标准评价一种行为或"以帕累托标准寻求变革法律和政策,在现实社会中很难实行"。[②] 为摆脱以上困境,卡尔多和希克斯1939年几乎同时提出了一个相对宽松的效率概念,即"卡尔多—希克斯定理"。在此基础上后来发展为"补偿原则论",又称新帕累托标准。其含义是"如果一个特定的改变使得受益者的福利增进很大,以至于在完全补偿了受损者的福利损失后,尚有剩余,那么基于帕累托标准,这一改变就是一个潜在的社会福利改进。"[③]这一效率标准是现今经济学常用的标准,这一效率概念意味着:思考效率必须是以共同体主义的有机整体观念来思考。因为现代社会已成为有机整体,每个人不论是否愿意都必然处于社会的某一领域或某部分,各部分之间是功能互补的、相互依赖的。正是相互依赖决定了任何人的行为或社会规则的变化都引起人们之间的利益或福利的变化,总伴随着一些人的利益或福利增加而另一些人的利益减少,但只要行为或规则变化使获益者获得的利益总量大于利益受损者利益减少的总量,这种行为或规则就具有整体效率。如果通过法律使得受害者通过其他途径间接获得补偿,那么这种行为就具有社会经济合理性。

---

① [荷]汉斯·范登·德尔、平·范·韦尔瑟芬:《民主与福利经济学》,中国社会科学出版社1989年版,第33—34页。

② [美]理查德·A.波斯纳:《法律的经济分析》(上),中国大百科全书出版社1997年版,第16页。

③ [荷]汉斯·范登·德尔、平·范·韦尔瑟芬:《民主与福利经济学》,中国社会科学出版社1989年版,第34—35页。

对整体效率的把握要从经济运行的过程、社会经济的结构和社会经济发展的历史三方面进行,这三方面决定了经济法的总体效率观必须包括经济运行的过程、空间、经济成长的历史三方面:[①]第一,效率的过程维度——市场有效运行的效率。在现代市场经济下,经济运行的过程就是指市场运行的过程。这一过程从资源(包括生产要素)配置开始,经过生产过程,到分配(包括交易的取得及分配)结束(即经济运行的一个循环过程)。因此,从经济运行过程讲效率,效率就是资源配置有效、生产有效、分配有效三方面有机结合的结果。第二,效率的空间维度——区域协调发展的效率。任何国家都存在于一定的地理空间,各地由于资源禀赋、自然条件等差异发展并不平衡。如果不同区域发展差距过大,不仅不利于统一市场的形成,落后地区的发展还会制约发达地区的发展,这已被世界发展的历史证明,也为经济学理论承认。因此,区域协调发展对一个国家的整体经济效率具有重要影响。国家越大,区域协调发展对整体经济效率的意义越大。对我国来讲,有两种区域经济发展不协调问题:一是地理区域,即东部、中部和西部发展的不协调问题。二是经济形态区域,即以工商业为主的城市和以农业为主的农村发展不协调问题。第三,效率的历史维度——经济持续稳定发展的效率。从经济发展的一个长期历史过程看,在市场经济条件下,对效率的最大破坏最突出地表现在社会财富的浪费和经济发展的不稳定——历史上表现为周期性的经济危机。经济法的产生及兴起,与经济危机有很强的关联性,因而,维持经济持续稳定,以追求长期持续稳定带来的效率是经济法的应有目的。在市场经济运行过程中,对社会财富的浪费亦即是对效率的减损,主要有以下三种情形。一是供求失衡。二是竞争不足或过度竞争。第三是经济周期波动或经济危机。就供求失衡来讲,一般主要是供给过剩,有效需求不足[①]。从凯恩斯理论产生直到现在,所有市场经济国家的宏观经济政策,以及相应的宏观调控法,都通过对总供给与总需求的调控,使之达到平衡,以免造成社会财富浪费。而对于过度竞争或竞争不足造成的浪费或效率减损,则主要通过竞争法及反垄断法予以消弭。

总之,经济法的合理性原则下的效率原则除具有效率的一般意蕴外,其整体主义方法论及其经济秉性决定了经济法与其他法律部门效率观的差异性,即经济法所追求的效率不是个人的或某一方面的效率,而是整体效率,即把经济活动参与者或者说公共经济行为者置于一定的区域、产业的经济结构关系中,以及置于具体的市场运行中,据其本身的经济力量对市场运行秩序的影响,分析其经济活动,或分析其行为对整体经济带来的利弊,来决定其行为是否具有社会经济合理性,并据此判断该行为是否违法。

3. 公正原则与效率原则的关系

上述论证说明,公平有两方面基本含义,即同等情况同等对待,不同情况不同对待。按此原则,我们从整体效率的三个方面分析公平与效率的关系。第一,从宏观的资源在空间的配置来讲,公正、公平要求资源配置向落后地区倾斜。这样的资源配置有利于促进落后地区的发展,从而有利于实现区域协调发展,形成统一的大市场。以及公平要求把资源配置到最有利于社会经济发展的产业,亦即最有利于促进产业结构合理化的产业。这两方面的结果就是整体经济效率的实现。第二,从市场运行过程看。在市场运行的初始资源配置阶段,公平要求在机会均等的条件下,按市场配置,即通过公平竞争,其结果就是把资源配置给效率

[①] 对整体效率的详细论述可参见刘水林:《经济法基本范畴的整体主义解释》,厦门大学出版社,2006年版,第86—91页。

最好的经营者,从而实现生产的有效性。当然社会资源的使用者要对其使用的资源支付合理的对价。在此基础上,每个人据自己的权利获得与自己的能力、贡献相应的收入,这就是所谓的"获得正义"。再从交易角度讲,交易者之间人格是平等的,但由于个人偏好不同,每个人是自己最佳利益判断者,因此公平要求平等对待。即公平竞争,这即所谓的"交易正义"。一般来讲,只要生产中公平,生产就有效率,交易公正,则交易有效率,正因此,波斯纳说:公平正义"最普通的含义是效率"。① 因此,我认为,尽管公平与效率在短期的、个别的看存在一定冲突,但从社会经济整体看,公平是实现效率的前提,而效率是公平的反映或说是最重要的反映,它们是一枚硬币的两面。

不过,在法学界不论是我国,还是国外多数学者一般都认为公平与效率是冲突的。许多学者之所以持这种观点,我认为主要由三个原因所致。

第一,持"冲突论"的学者所讲的"公平""正义"多指分配正义,甚至是一定程度的经济平等。因此,他们大多在论证公平与效率冲突时,实指平等与效率的冲突,甚至是效率与收入均等化的冲突。持"冲突"论者常以做"馅饼"和分"馅饼"为例;认为假定一群人来分配一张饼,如果每人分得均等,就是平等,如果为了制作一张较大的饼,即要提高做饼效率,就要给能力较强、贡献较大的人分配较大份额的话,就应当采取不平等的分配办法,这样就产生了公平的标准与效益的标准发生冲突。这种无差别的平等式的公平正义观,是一种抽象的、超验的公平观,其在现实中根本不可能存在。即使在理论上不但与上述的垂直公平观念不符,而且与现今已被人们广泛接受的机会平等的平等观念格格不入。

第二,持"冲突论"的学者往往把参与分配的主体理解为非能动的生产要素,而非能动的人。一般举例说,一个经营者把企业创造的利润如果给员工分配得多,分配较公正,而第二年的投资量就少,生产出来的产品就少,获得的利润就会相对低,效率就低。如果分配给员工少,分配则相对不公平,但第二年投资量增加,生产规模扩大,创造的利润增加,则相对有效率。这种看法忽视了人是能动的因素,认为员工不论从企业获得多少,其劳动过程中的积极性和创造性不变,但实质上并非如此。资本主义企业管理理论从科学管理到"行为科学",再到社会系统学派,决策理论学派、系统管理学派等的演变,②说明在管理中对人的因素的注重,这意味着,不论在经济的分配,还是在处理管理者与被管理者的关系中,人越来越受到相对公平或平等的对待。因为管理者明白一定的经济公平可以给人提供激励,且公平感是人积极性和创造性发挥的重要条件,这样就可以提高经济效率。

第三,持"冲突论"的学者,往往是从静态的或短期的角度来看效率与公平的关系。不可否认,在短期内经济公平(分配的平等式公平)与经济效率存在冲突,但是从动态的或长期来看,分配公平,即使是一定程度的经济平等与经济效率也是统一的而不是冲突的。这从两点可以说明,首先,我们知道分配的公平(或一定的平等)有利于社会的稳定,很清楚,起码的社会稳定对效率是不可缺少的,很难指望一个社会在混乱、不安定以及经济波动中取得效率,资本主义发展史上的周期性危机及发展中国家的社会不稳定(大多是因贫富悬殊造成)导致的经济效率低下的经济史实就是证明。其次,从分配制度(主要从社会保障制度)嬗变看,它

---

① [美]理查德·A.波斯纳:《法律的经济分析》(上),蒋兆康,译,中国大百科全书出版社,1997年版,第16页。
② 参见马洪:《〈国外经济管理名著丛书〉前言》,载[法]H.法约尔《工业管理与一般管理》,周安华等,译,中国社会科学出版社,1982年版,第2—12页。

不仅有利于社会稳定,更重要的是,它为所有人接受基本教育从而给每个人的潜能发挥提供了基本物质基础,它不仅仅有利于实现社会公平、稳定,更有利于未来经济效率的提高。也许正因此,经济学从博弈论角度,认为公平、信誉等这些属于传统道德的东西,是人们从长期的重复博弈中,当事人谋求长期利益最大化的手段。① 这意味着,没有脱离公平而存在的持久效率,正如一些学者分析我国现状时所说:"在当今中国,社会的公正与效率是统一的,不能借口效率来损害公正"。② 当然也没有不体现出效率的超验公正或平等。

三、预防原则

预防原则也称提前预防或提早预防原则,经济法上的预防原则是指在一个国家整体发展中,对可能对整体经济运行产生不良影响,或者会累积形成系统性经济风险(表现为危机)的行业、技术、区域的公共性经济行为(或活动),应当事前采取禁止、限制、矫正措施,以避免、消除、降低由此可能带来的公共性经济损害或系统性经济风险。这一原则的产生,是由于公共性损害或者公共性经济行为累积导致系统性经济风险一旦发生,其造成的损害具有扩散性、巨大性等特性。损害是由累积行为造成,则导致的难以追究行为人责任,损害的巨大性,往往导致责任人没有能力承担责任。因此,对这种损害应以直接预防为主,而不宜以追究行为人的责任而间接预防这类型损害行为法的发生。

这一原则最早体现于经济法是在美国的司法实践中,即 1962 年美国最高法院在"布朗鞋业案"提出了"早期预防原则",力图在正在形成的早期阶段遏制"具有可能损害竞争趋势"的企业合并,因此,在有的案例中参与合并的各企业合计占有市场份额甚至不超过 10%,也遭到禁止。另外,我们就经济法内容来说,从宏观调控及其宏观调控法产生的历史看,其目的或者说其价值目标就是克服市场失灵,促进产业结构合理、区域协调发展,经济持续稳定增长,最终实现整体经济持续稳定有效发展,其预防功能不言而喻。在就市场规制法看,前述研究说明,规制规则的运行主要依规制机关依职权执法(包括抽象和具体执法),执法的目的在于预防损害行为的发生,这决定了其规则设计的原则在于事前预防,而非事后惩罚违法者,也就是说预防原则是规制法的重要原则之一。③

预防原则包含两个层次的含义:一是运用已有的经济学和经济法知识及经验,对整体经济发展所需的经济秩序存在可能的损害或可能导致经济系统风险的公共性经济行为,据行为损害的可能性、损害的程度等予以禁止、限制,如市场规制法中被限制、禁止的各种对市场秩序存在不利影响的经营行为,以及宏观调控法中对整体经济发展所需的结构秩序具有

---

① 参见张维迎:《经济学家看法律、文化与历史》,载张维迎:《产权、政府与信誉》生活・读书・新知三联书店,2001年版,第 22—63 页。
② 秦晖:《土地、公平、效率》,载秦晖:《问题与主义》,长春出版社,1999 年版,第 24—27 页。
③ 此原则早在 1990 年联合国欧洲经济委员会通过的部长宣言就被提出,在 1998 年一次环保主义者会议上通过温斯普瑞德(Wingspread)宣言上,得到进一步主张,"当一种行为威胁到人类健康和环境时,就应当采取预防措施,尽管其中一些因果关系还不能在科学上得到验证。在这种情况下该行为的支持者,而不是公众,应当承担举证责任。"(Rethinking Risk and the Precautionary Principle 3,Julian Morris, ed. (Oxford: Butterworth-Heinemann,2000)转引自凯斯・R.孙斯坦:《风险与理性——安全、法律及环境》,师帅译,中国政法大学出版社,2005 年,第 126 页)。依预防原则"在因果关系上或统计及经验上的关联性尚未认识或证明,或尚未受充分认知与证明的情况下,即可要求采取降低风险的措施"(Di Fabio, NuR 1991, S. 353(357). 转引自施密特・阿斯曼:《秩序理念下的行政法体系建构》,林明锵等,译,北京大学出版社,2012 年,第 111 页。)

不良影响的产业、区域的经济活动予以限制,对整体经济法所需的结构秩序具有有益影响的产业、区域的经济行为予以激励。以防止一些经济行为对良好经济秩序破坏而产生的系统性风险,给整体经济发展造成损害。二是在新兴的产业和经济领域,如高新技术产业,数字经济领域,对于一些技术或经济行为存在的利弊,基于该技术或行业领域发展的状况,按当下的知识或技术仍不能明确确定其是利弊时,要召集有关技术和经济领域的专家、从业者对该行业或领域的行为的影响进行分析和评价,做出合理预测,对该新技术使用或新经营模式应作相对宽松的规制,在避免不可挽回的巨大损害发生的同时,给技术和经营方式创新提供足够的空间。

在对上述含义的理解中,"对社会经济秩序存在可能的损害",一般是指运用现有的经济活动常识或经济学知识,就足以判断该类行为对处于相关经济秩序中的其他经济活动参与者,或者对一定社会经济秩序等存在具体危害的可能性的状态,市场规制法一般针对的主要就是这种危害。而"经济系统风险",由于是整个经济运行中所有经济参与者的经济活动综合作用的结果,因而,"经济系统风险"则是指运用现有的经济学和经济法知识可以得知放任某类经济活动会导致风险,但又无法肯定针对该类经济行为存在的风险所采取的措施对该危险是否能够避免,以及对危险避免的程度。宏观调控法应对的则主要是经济运行的系统性风险。当然,市场秩序被破坏也可能产生系统性风险。

思考题

1. 经济法的本位是什么?
2. 什么是经济法上的公共利益?
3. 经济法为什么要强调经济活动参与者的社会责任?
4. 经济法基本原则的一般含义是什么?
5. 经济法几个基本原则的内容是什么?

本章知识要点

第四章
经济法规范的行为——公共性经济行为

全章提要

- 第一节 反思经济法的行为理论
- 第二节 经济法规范的行为
- 第三节 公共性经济行为的特性
- 第四节 公共性经济行为的类型
- 思考题

任何法律作为行为规范,都旨在通过规范人的行为而实现对社会关系的调整,进而形成意欲的社会秩序,以实现对特定利益的保护。正是在此意义上,马克思说:"对于法律来说,除了我的行为以外,我是根本不存在的,我根本不是法律的对象。"[1]而我国有学者进一步强调说,"法律不是以主体作为区分标准,而是以行为作为区分标准。"[2]这意味着,法律部门或法的领域的划分既可以从其调整对象的独特性(目前我国对部门法划分的主流理论就是以调整对象为标准,这种划分在部门法的定义上也有体现,主要表现在以调整对象的特性作为部门法本质)、保护利益的特性为标准来划分(目前,公法与私法的划分主要就是以法保护的利益特性为标准),也可以按其规范行为性质的不同为标准而划分。而从法律演化的历史来看,任何法律领域的形成或新部门法的产生都在于有特别的或新兴的行为类型需要规范,也就是说,任何法律领域或法律部门都是以特定类型的行为作为其规范对象的。正因此,有学者说:"古往今来,一切法律的创设或约定,都是为了调整或规制人的行为。"[3]由此决定,对行为的研究历来是法学研究的重心,行为理论也是各部门法学最为重要的理论,经济法也不例外,基于此,本章在对我国实行市场经济以来经济法学界有关经济法行为的研究进行反思的基础上,把经济法规范的行为定位为经济公共性影响行为,接着对这种行为的性质和类型予以研究,最后引申提出对这种行为的规范范式。

第一节　反思经济法的行为理论

综观我国经济法对行为研究的历程,20世纪90年代初以前,由于我国经济体制处于转化之中,这时经济法理论研究处于多变和不确定之中,因而,本节仅限于对1992年社会主义市场经济体制在我国确立以来经济法有关行为的理论研究的反思。这一时期经济法有关行为的理论研究大致可分为两个阶段,即借鉴和模仿阶段,以及反思与创新阶段。

一、经济法对行为研究的阶段

就以20世纪90年代初社会主义市场经济确立后的研究来看,与所有新兴部门法理论研究一样都经历了从模仿借鉴到反思创新的过程。

(一)借鉴和模仿阶段

模仿借鉴阶段,即20世纪90年代初至21世纪初期的研究阶段,这一阶段主要是对民商法和行政法有关行为理论的借鉴和模仿。其实这种研究有其合理性,因为与所有法律制度的发展演化一样,法律制度对稳定性的追求,造就法律制度的演化和发展具有保守品格,新的法律制度自觉不自觉地都打上了既存法律制度的烙印。另外,在经济法律制度产生和发展的历史上,经济法的法律制度多是脱胎于民商法与行政法,经济法的实践(执法和司法)

---

[1] 马克思,恩格斯:《马克思恩格斯全集》(第一卷),人民出版社1986年版,第16—17页。
[2] 张文显:《法理学》,北京大学出版社、高等教育出版社1999年版,第47页。
[3] 舒国滢:《法哲学沉思录》,北京大学出版社2010年版,第77页。

或实施机制也与民商法和行政法的实施机制紧密勾连,因而,经济法与民商法和行政法存在着千丝万缕的联系。加之,当今中国经济法学者接受的主要是公法与私法(民商法和行政法)的法律思维训练,受此思维影响,借鉴民事行为理论和行政行为理论来建构经济法行为理论就成为必然。这时研究内容主要包括三方面:第一,对经济法行为含义的描述。① 第二,对经济法行为内容(类型)的概括。② 第三,对经济法行为构成要素的分析。③ 这些研究虽非完美无缺,但正是这一时期研究的积淀,加之经济法内部子部门法,如反垄断法等相关立法和司法实践的发展,以及相关研究的积淀,引起了经济法学界近十多年来对此前研究的反思,为此后十多年来经济法的行为理论研究提供了理论准备。

(二) 反思与创新阶段

随着经济立法的发展,大量经济法出台,以及司法、执法中大量经济法案件的出现,此前,有关经济法行为理论已不能给经济法实践提供理论支撑,于是,近十多年来经济法学界有学者开始重新思考经济法的行为理论。近十多年来经济法的行为理论研究主要包括两个方面,即反思证成与创新开拓。反思证成倾向于去民法化和去行政法化,以及证成经济法行为的特殊性,④而创新开拓则是指出思考研究经济法行为应遵循的思维路径,并以此为据提出新的经济法行为理论。⑤

---

① 这一时期许多研究都对经济法行为予以界定,一般认为经济法行为是指由经济法律、法规规定的,能够引起经济法律关系产生、变更和消灭的,人的有意识的作为或不作为。(参见王保树主编:《经济法原理》,社会科学文献出版社2004年第2版,第83页;符启林主编:《经济法学》,中国政法大学出版社2009年版,第70页)。有的则使用经济法律行为的概念,提出"经济法律行为是能够引起经济法上效果的人们发自意思所表现出来的一种法律事实"(吕忠梅:《论经济法律行为》,《福建政法管理干部学院学报》2000年第1期,第4页)。

② 对行为类型的概括相对多样,如漆多俊教授把经济法行为分为两大类,即社会各组织和公民所从事的基本经济行为与国家的经济调节管理行为[参见漆多俊主编:《经济法学》,武汉大学出版社1998年版,第106页]。张守文教授认为经济法上的行为就是"调制行为"[参见张守文:《略论经济法上的调制行为》,《北京大学学报》(哲学社会科学版)2000年第5期]。

③ 如徐孟洲、杨晖认为:"经济法行为是对意思表示要素的改造来体现经济法行为的特色,实现经济法的价值目标,发挥经济法的作用。"(徐孟洲、杨晖:《法律行为与经济法行为的关系——经济法行为的正当性》,载李昌麒主编《经济法论坛》群众出版社2008年第3期)。这种探究直到现在也有一定影响,如靳文辉认为:"经济法行为是一个意志系统,亦是一个行为系统,或者说是意志凭借权力,依据客观条件,通过相应的行动进而实现自身目的的过程,此乃经济法行为的逻辑结构。"(靳文辉:《经济法行为理论研究》,中国政法大学出版社2013年版,第56页)。

④ 这一方面旨在证明经济法行为的特殊性,其研究包括两方面内容:第一,主要是从部门法的法律行为划分理据进行反思,其中刘少军教授认为,法行为是一种混合行为,受到多个部门法的调整。因此,无法实现对其完全的区隔,因此主张:"研究经济法和经济法行为的关键是找到一个合理边际均衡点,以指导行为主体的具体经济法行为。"(刘少军:《经济法行为性质论》,《天津师范大学学报》(社会科学版)2009年第1期)。而薛克鹏教授认为,应先从经济学的意义上对经济行为进行界定,再从法学上对各部门法加诸其本身上的调整进行的区别划分,这样就可恰当地划分传统部门法与经济法在行为上的界域。并提出经济法所规范的经济行为包含两方面,即市场主体行为和政府经济行为。[参见薛克鹏:《经济法基本范畴研究》,北京大学出版社2013年版,第74—112页]。第二,直接分析经济法中行为现象的特殊性。如有学者认为,经济法律关系客体中的行为不再是抽象且高度形式化的"法律行为",而是更细化的具体的行为。根据主体的不同,可以分为经济管理行为、社会团体及其成员的自治行为、竞争和协作行为、给付行为、各种程序行为等。(参见史际春主编:《经济法》,中国人民大学出版社2010年第2版,第92页)。

⑤ 这方面的研究,旨在寻求研究经济法行为的新思维路径,并据此提炼出经济法的行为类型,大致形成四种思维路径:第一,类型化研究方法,有学者认为经济法行为可以通过类型化实现形而下到形而上的研究突破[参见彭飞荣、王全兴:《经济法行为类型化初探》,李昌麒主编《经济法论坛》(第五卷),群众出版社2008年版]。第二,行为结果方法,即主张从行为结果研究经济法行为。如有学者从宏观调控行为入手,发现其调控行为引起的法律效果的双重性(参见冯果,武俊桥:《超越局部与个体的经济法行为——以中央银行宏观调控行为为视角而展开》,《法学杂志》2003年第3期)。第三,目的论探讨。认为从实现经济法的目的需要建构经济法的法律行为理论,据此,提出"干预行为"是经济法的法律行为。(参见高寒,刘水林:《干预行为——经济法中的"法律行为"》,《上海财经大学学报》2008年第1期)。有学者进一步提出,经济法中的行为研究应当考虑其目的、价值等内容(参见余发勤:《经济法律行为范畴研究》,中国检察出版社2011年版,第48—49、68—95页)。第四,"主体—行为"研究方法。有学者认为经济法行为范畴的提炼基础是经济法的社会整体利益观,而提炼的范式应当是"主体——行为"范式结构(张继恒:《经济法行为范畴之建构》,《安徽大学法律评论》2012年第2辑)。

二、对既有研究反思

既有研究虽意欲从早期对民法与行政法行为研究的模仿借鉴走向独立建构,且已经取得了一些建设性的成果。但就目前的研究看主要存在三个方面的不足。

(一) 缺乏价值指引

就目前经济法对行为研究来看,多数研究缺乏法律的目的或价值目标指引。研究主要关注从经济法律规范的主体特性提炼经济法行为的特性,这从前述的行为分类不难看出。研究的目标自觉不自觉地定位于从法律主体的性质寻求经济法行为与民法和行政法行为的差异,忽视了从经济法的价值目标或法律目的寻求经济法所规范行为的特性,并从这种行为特性说明经济法需要不同于民法、行政法的特殊的规范方式。

(二) 对传统部门法行为研究的路径依赖

主要体现对民法和行政法有关行为研究的路径依赖。虽然经济法学者在研究中试图尽量摆脱民法和行政法的影响,但在潜意识上存在着对民法与行政法研究路径的依赖,自觉不自觉地沿用民法与行政法研究的路径。其主要表现在对行为类型的划分及对行为性质的提炼上,仍是以行为主体的性质或名称为标准,而非从经济法的目的本身出发,从行为本身,即从行为作用的对象(客体和主体)的特性,以及由此决定的行为后果的特性(行为影响的利益特性)相结合对行为定性。由于行政法与民法产生的社会经济背景及其观念基础,认为所有行为作用的对象及后果是同质的,即行为作用或影响主体是具体的个人。行为作用的客体是人身、财产等,都属于私人物品,即在消费上具有排他性、竞争性的物品。行为后果是对私人利益产生影响。可见,民法与行政法规范的行为差别主要是因行为主体性质的差别而产生,因而,它们各自把其规范的行为特性以行为主体的属性来反映,从而把其规范的行为称为民事行为、行政行为。而经济法学者在行为理论研究中也主要沿袭以行为主体的性质为标准对行为进行分类和命名,如有的在把经济法主体按大类分为政府和市场主体的基础上,提出经济法的行为包括政府经济行为、市场主体行为。而对国家经济机关,学者们因在名称上的称谓不同,具有不同的表述,有协调机关、干预机关、调节机关、管理机关、调制机关等称谓,据此,把经济法中规范的国家机关的行为称为协调行为、干预行为、调节行为、管理行为和调制行为等。同样,把市场主体据其性质称为经营者和消费者,相应地把其行为分为经营行为、消费行为。这种研究形成的行为理论,既不能解释在经济法中规范的政府行为与行政法规范的行政行为有何不同,即不能回答行政法学者提出的经济行政行为的诘难,也不能说明市场主体如经营者的行为与民事行为有何不同,更不能解释经济法制度中缺乏对消费行为规范的尴尬。因而,这些研究对经济法律制度的建构缺乏指导意义。

(三) 研究的行为指涉不明

在对经济法中法人行为的研究上,因研究的行为指涉不明,导致研究对象混乱,即作为学者们研究对象的经济法行为所指涉的内容不尽相同。这从前述研究者所用的概念就可看出,在学者们的研究中分别使用"经济法行为""经济法上的行为""经济法律行为"这三个不同的概念。

基于以上认知,本章的研究以经济法的价值目标为指引,把研究的行为定位于作为经济法规范对象的行为,并把行为置于社会经济关系中,采取与传统部门法研究的行为的比较分析方法,主要从行为本身,即从行为作用的对象(即行为影响的主体、客体)及行为的社会经济后果(利益特性),结合行为主体的属性,对经济法规范的行为的性质予以界定,在此基础上,对经济法所规范的行为的特性、类型及其规范结构和规范方式予以阐述。

第二节 经济法规范的行为

任何法都有其特定的目的,亦即都有其保护的特定利益。正是由于其目的不同,决定了其规范的行为不同。这意味着,任何法律所规范的行为就是对其目的实现起着决定性影响的行为,而不是该法所涉及的所有主体的行为。[①] 因而,对任何法律所规范的行为的探究必须从其目的出发。

一、部门法行为分类标准

部门法规范的行为的不同都是基于不同行为分类标准而产生的,因而,弄清法学的行为分类标准,以及选择恰切的分类标准,是界定经济法规范行为的前提。

(一) 行为分类标准

人不论是作为基因载体的生物属性(自然属性)[②],还是作为"社会动物"的社会属性,都决定了人行为的根本动机都是为了一定利益。对此,作为近现代西方主流政治哲学和经济学前提基础的"理性人"或"经济人"假设[③]自不必说,就连马克思也认为:"人们奋斗所争取的一切都与他们的利益有关。"[④]这意味着,人的行为目的或动机,以及行为的结果都是为了一定的利益,即行为的出发点和归宿都是利益。可见,人的行为的本质就是追求某种利益的有意识的活动,利益的内容和属性不仅决定着行为的内容和属性,也决定着人们行为的方式。正因此,任何法律都是通过对人的某种行为的规范而实现其对特定利益保护的目的。由此决定,从法律目的实现的视角对不同法律部门所规范的行为予以分类界定,其最为根本的标准是行为影响的利益的性质。而利益总是以一定形式的客体为载体的,且总是被一定主体以一定的方式所分享。因而,利益的性质及分类往往与其客体性质和主体对利益分享方式

[①] 这从现有部门法的研究中不难看出,如刑法虽然受害人也是刑事法律关系中的主体,但刑法规范的行为,亦即刑法研究的行为只是犯罪行为,因为在刑法中,犯罪行为是影响刑法保护法益目的的实现的决定性行为。行政法中相对人是行政法律关系中的主体,但在这种法律关系中,行政主体是行政关系的决定者,行政行为是决定行政法目的实现主要行为,因而,行政法规范的行为,以及行政法学研究的行为主要就是行政行为。而民法目的实现的最大障碍就是民事主体行为能否真正体现其自由意志,即意志是否自由,因而,德国法创立了法律行为(即我国民法的民事法律行为),其实质就是赋予民事主体的行为具有法律效力,即法律行为就是意思效果行为,以保障其行为意思效果的实现。

[②] 英国生物学家道金斯认为:"我们以及其他一切动物都是各自基因所创造的机器。……成功基因的一个突出特性就是其无情的自私性。这种基因的自私性通常会导致个体行为的自私性。"([英]理查德·道金斯:《自私的基因》,卢允中等,译,中信出版社2012年版,第3页。)

[③] 理性人假设的核心是说:人们从事的所有经济活动,甚至说所有社会活动都是在既定条件约束下追求效用最大化。对此,政治活动中的人与市场中的人本质没有区别,"有证据表明,麦迪逊本人曾经假定,人们在其私人行为与集体行为中都一样地遵循着效用最大化政策,他之渴望限制多数派与少数派两者的权力,至少在某种程度上就是以对这种动因的认识为基础的"([美]詹姆斯·M.布坎南,戈登·塔洛克:《同意的计算——立宪主义的逻辑基础》,陈光金,译,中国社会科学出版社,2000年版,第27页)。

[④] 《马克思恩格斯全集》(第一卷),人民出版社1956年版,第82页。

的特性有关。由此决定了在法律上影响利益性质及分类标准的要素主要包括三个方面,即主体、客体和内容特征(主要体现在利益分享方式上的特性)。这三个因素可单独或相互结合构成利益类型划分的标准。

就目前法学对利益分类看,主要有以下几种标准的分类。第一,以主体为标准,主要是以主体构成或职能的属性来界定利益,据此,利益被分为个人利益、群体利益、国家利益和社会利益。从这些利益的名称就反映了利益归属主体构成的性质,这种构成的性质主要是以人数的范围和数量来体现的。第二,以客体为标准,即以客体的属性为标准,包括以客体的自然属性(客体的存在形式)和社会经济属性为标准的划分。据客体的自然属性的标准,利益可分为物质利益、精神利益;据客体的社会经济属性标准,如据客体属于公共物品和私人物品的属性,把利益分为私人利益和公共利益。第三,以利益本身属性为标准,包括以利益的内容属性和利益分享的属性两方面。以利益的内容属性为标准,利益可分为经济利益、政治利益、文化利益,或经济利益、社会利益(如社会秩序、环境)等。以利益分享的特性为标准,利益可分为私人利益和公共利益。私人利益是指在分享上具有排他性和竞争性的利益,公共利益是指在分享上具有非排他性非竞争性的利益。

(二) 分类标准的评析与经济法的选择

上述三种分类中,第一类是法学中最为常见的、也是最为具有部门法建构意义的分类。这是因为,目前的主流法律观念是以自由主义的个人主义观念为根基的,加之近现代社会中人的利益构成中私人利益的重要意义,以及公共利益的意义隐而不彰的现实,这就使主流法律理论在把个人利益等同于私人利益,以及把社会利益等同于公共利益的基础上,形成这样一种利益观念,即"个人利益是唯一现实的利益""社会利益只是一种抽象,它不过是个人利益的总和。"[1]这意味着,主流法律理论持有这样的利益假说,[2]即所有的利益都是具有可分性、竞争性、排他性的利益,其性质是相同的,都是私人利益。可见,目前的主流法律理论,实质上不承认以利益客体的属性及由此决定的利益本身的属性就可界定其特质,利益的不同主要是其归属主体的不同,且这种主体的差异,又主要是在一定静态的时空中主体构成的人数差异。第二类中的物质利益和精神利益的分类,在法学研究和现有的法律、法规的表述中虽经常出现,但主要用于司法实践以及与司法实践相关的研究中,目的在于确定利益损害的构成以及损害量,以实现对受害人的充分救济。这种划分的实质是以利益客体的客观表现形式,而非以利益客体的社会经济本质为标准的分类。而法律作为社会关系调整器,其规范建构意义需从社会经济特性去发掘,因而,这种利益划分的部门法建构意义不大。第二类中的以客体的社会经济属性——公共物品和私人物品,以及第三类中以利益分享特性为标准的分类在法学中目前还不多见。[3]但作者认为对于建构新的法律领域或新的法律部门,最为基本的标准是利益本身的属性,特别是由利益客体,以及分享方式的特性所决定的属性。这

---

[1] 转引自孙笑侠:《论法律与社会利益》,《中国法学》1995年第4期,第53页注释②。

[2] 假说的基本含义是根据已知的事实和原理,对所研究的自然和社会现象及其规律性提出的一个暂时性但可以被接受的解释(或推测和说明)。社会是由具有目的的人类行为互动形成的复杂现象,这就使社会科学的一些假说往往与人的认知和信念有关,从而使其一些假说难以被科学方法所证明,也难以证伪,但其却能够产生深远的影响,如西方近现代政治哲学和法学中的"人生而平等"、"社会契约"等就是假说。

[3] 在法学研究中以利益的客体和利益分享的特性为标准,把利益分为公共利益和私人利益的是作者的尝试,对其较详细的论述可参见刘水林:《经济法是什么——经济法的法哲学反思》,载《政治与法律》2014年第8期。

是因为,从利益的角度看,人与人之间的关系主要是利益分享中的关系,法律的产生主要是为了解决利益分享中的冲突的。正是现代社会人的利益构成的变化,导致行为影响的利益类型的变化而产生的这种新的行为类型,决定对此新类型的行为予以与传统法不同的规范方式。正因此,本文选择主要从利益本身性质的视角,即行为影响的利益属性对行为予以界定和分类。

二、利益视角的行为分类

以行为影响的利益属性为标准,行为可分为私人性行为和公共性行为。由于利益的属性与行为影响的利益主体和客体的特性有关,因此,利益视角的行为划分及分析必须从行为影响的对象(包括主体、客体)和影响后果展开。

(一) 影响的主体

私人性行为指向的主体,即受该行为影响的主体具有有限性、封闭性、即时呈现性。其中有限性也可说是确定性,是指该行为受影响的主体即使人数众多,但数量是确定的、可清楚统计的,因而是有限的;封闭性是指随着该行为的结束受影响主体就可确定,不再发生增减变化;即时呈现性,即没有潜在的受影响主体,行为一发生,受影响的所有主体就浮现了出来。因而,受影响的主体是特定的。

而公共性行为的受影响主体具有开放性、历时性、无限性和不确定性。开放性是指受该行为影响的主体数量不因损害行为的结束而停止,在一定时间内还会增加;历时性是指行为虽然结束,但行为的影响在一定时间内持续存在,并随时间推移而逐渐呈现。其原因有二,其一,因一些行为影响具有潜在性,在实际损害发生时这些影响不大,往往并不容易察觉,只能随着时间的推移损害的加重才能呈现或发现。例如一些可能损害竞争的合并行为、损害税收调控的偷税漏税行为等对社会经济秩序会造成潜在的损害。再如产品质量问题、药品副作用对人体的损害等,通常则是通过较长时间的累积给经济秩序造成损害。[1] 无限性是指,受影响的主体是跨时空的,因而数量是无限的、不可准确统计的;另一方面,因有的影响具有扩散性,受影响者在影响发生后的一段时间内持续出现,因而,受影响主体是不特定的、众多的。

(二) 影响的客体

私人性行为作用的客体是私人物品,其在存在形式上是以私人的财产、人身和特定行为等形式存在的,是相对静态的。正因此,私人性影响的后果,即行为对私人物品价值——私人利益的影响一般是静态的,不随着时间的推移而变化。因而,受影响的客体是可恢复、可替换或可补偿的。

而公共性行为影响的利益客体是公共物品,其在存在形式上是以社会经济关系系统(如市场秩序、国民经济的结构秩序)、人生存依赖的环境系统,以及对关系到国计民生的自然垄断和公用事业的合理发展状态等,是相对动态的市场关系体系、产业结构,以及经济发展状

---

[1] 对此,正如美国海洋生物学家雷切尔·卡逊,在其引起环境保护革命的著作《寂静的春天》中所说:"化学物质在改变世界以及生活的本来面貌的过程中是一个邪恶的并不易为人发觉的帮凶。"Rachel Carson, *Silent Spring*. Boston: Houghton Mifflin,1962,P6.(可参见中文版,[美]雷切尔·卡逊:《寂静的春天》,吕瑞兰、李长生,译,吉林人民出版社1997年版,第4页。)

态。因而,受影响的客体是难以恢复、不可替代或难以补偿的。

(三) 影响后果

私人性行为影响的利益客体的静态性,决定其影响的利益具有确定性、有限性,意味着对行为的影响后果是可以通过修复(或治疗)、重做(替换)或赔偿等方式使受害者恢复到行为发生以前的状态。

而公共性行为影响的主体的开放性、无限性、不确定性,以及影响客体的动态性,影响程度不确定性,决定了对公益的损害是不确定的。正因此,国外有学者指出"公益不是静态的、既定的数目,公益随着程序的进行逐渐发展"。[①] 这意味着,影响后果,即影响的利益是难以恢复或难以补偿的。

三、法演化视角的经济法规范的行为

行为的类型并非一成不变的,而是随着社会经济发展变化而变化的,因而,从社会经济变迁与行为演化视角了解新的行为类型,是理解新法律产生的一条途径。

(一) 行为类型的变化

19世纪末,特别是20世纪中叶以来,随着社会的经济化及生产社会化程度提高,人的利益构成及各种利益对人价值发生了变化,即人的利益由传统社会主要由私益的单一构成转化为由私益和公益的二元构成,且公益对人价值日益彰显。加之反自由主义观念影响的不断增强,以及公共性行为的不当行使导致的严重的,甚至是灾难性损害后果的呈现(有害的公共性行为以下简称"公害行为"),使公益保护愈益为法律所重视。为应对社会经济变化,20世纪中叶以来,法律沿着两条路径发展,一条是法律发展的"常规"路径,即通过所谓的私法公法化、公法私法化,以及通过对传统私法、公法的扩张性解释实现对公害的防治。之所以会遵循"常规"路径,是因为虽然社会是变动不居的,社会发展会不断带来新的问题,但人的观念以及由此产生的解决问题的制度对策(包括法律)具有一定的稳定性。加之法治精神的内在要求,致使人在依法解决问题时必然借助既有的法律制度,依赖既有的法律思维惯性寻求问题的解决。另一条是法律发展的"革命"路径,[②]即通过创制新型的法律防止公害,表现在出现了大量的第三法域的法律。

(二) 行为类型与新兴法律

第三法域的法律,这些法律制度从传统的以规范的行为主体的性质为标准看,似乎既规范私人主体(非行政机关)的行为,也规范公法主体(行政机关)的行为,因而,按传统公法私法二分理论,这些制度通常被看作是公法与私法的融合。但从规范行为影响的利益特性看,

---

① [德]施密特·阿斯曼:《秩序理念下的行政法体系建构》,林明锵等,译,北京大学出版社2012年版,第143页。

② 这段话中的"常规"和"革命"是在美国科学哲学家库恩的意义上使用的。库恩通过对科学发展的历史再现,提出从科学史把握科学发展,可以从常规科学和革命两个过程把握。所谓常规科学指的是在一定范式内所进行的解决范式内难题的活动,亦可说是一种范式的创立、发展和完善的活动,所以对于常规科学,范式不仅规定了其范围、方面,且它以范例指导共同体活动。常规科学发展到一定阶段,便会导致反常—即与常规科学预期相悖的新现象,或旧范式不能解释的现象。当这种现象被察觉时,往往引起范式调整和变化,这种变化随反常的积累而增长,终于出现范式危机—即旧范式趋于瓦解,新的替代范式渐显。当最终新范式替代了旧范式,就是科学革命。可见,科学革命就是范式的替代。革命和常规研究是科学进步的两个互补的方面。(参见[英]托马斯·S.库恩:《必要的张力》,纪树立等,译,福建人民出版社1981年版,第224页。)

实则是对公共性行为的规范。由于公共性行为主要是对人的生存和发展所依赖的现代经济体系(市场经济体系)、环境的影响,以及公众的健康所依存的大量人造物质要素的影响。因而公共性行为主要包括经济领域的公共性行为、环境领域的公共性行为和社会领域公共性行为,与此相应,规范公共性行为的法主要表现为经济法、环境法和社会法。

正是据行为影响利益的性质为标准,可把现代法与传统法区别开来,即传统法规范的行为一般属于私人性或者具有较强私人性的行为,而作为现代法的经济法、社会法和环境法则规范的是公共性或具有较强公共性的行为。其中,社会法和环境法则规范的是非经济领域的公共性行为,而经济法则是规范经济领域公共性行为(以下简称公共性经济行为)的法,[①]即经济法规范的行为就是公共性经济行为。

第三节 公共性经济行为的特性

公共性经济行为作为公共性行为的一种,行为作用的对象(主体和客体)和结果决定了该类行为的特性,主要表现为三方面,即抽象性、双效性和持续性,据这些特性,该行为可以说是抽象行为、双效行为和持续行为。

一、抽象性

在法学领域,只有行政法从行政行为影响的主体数量的特性对行政行为作了区分,按此标准行政行为被分为抽象行政行为和具体行政行为。抽象行政行为是指国家机关制定法律法规、规章和有普遍约束力的决定、命令等行政规则的行为。这种行为有两个主要特征,即行为针对的主体是不特定的,行为是可反复适用的。与此对应,具体行政行为是指具有国家行政职权的机关和组织及其工作人员在实施行政管理活动、行使行政职权中就特定事项对特定的公民、法人和其他组织的权利、义务作出的单方行政职权行为。这种行为有两个主要特征,即行为针对的主体是特定的,以及由行为针对事项的特定性而决定的行为不可反复适用性。据这两种行为的特性,我们观照公共性经济行为,不难发现公共性经济行为就是抽象行为。对此,国家经济机关为调控或规制经济运行而实施的抽象行为自不待言,就连一些执法行为,如行政裁决,在现代法治社会由于行政自我拘束原则的作用也具有抽象行为的特性,[②]因此,可称为准抽象行政行为。从此种行为分类意义上讲,传统行政法主要规范的是具体行政行为,目的在于防范行政机关对私人利益(一般把私人利益等同于个人利益)的损害。而被行政法界学者认为是行政法新发展现代规制法(在行政法学界往往被称为行政规制法)主要规范的是抽象和准抽象行政行为,其中有关经济领域的抽象和准抽象行政行为属于经

[①] 正因此,日本有学者在把经济法看作主要是反垄断法的基础上提出经济法是规制"限制自由竞争和妨碍公平竞争"行为的法律([日]丹宗昭信,伊从宽:《经济法总论》,吉田庆子,译,中国法制出版社 2010 年版,第 8—9 页)。而限制竞争和妨碍公共竞争行为是影响竞争秩序这种公共物品的,具有经济领域公共性影响的行为。

[②] 这是因为在现代法治社会,公平原则是所有法律都必须遵守的原则,而公平原则最为基本的要求就是同等情况同等对待,其在行政执法中的延伸就是"行政自我约束原则"。该原则是指行政机关在作出行政裁量决定时,若无正当理由,应受行政惯例或者行政先例的拘束,对于相同或同一性质的事件作出相同的处理。这意味着,具体的行政执法作出的裁决,具有类似英美法系"先例"的作用。

济法规范的行为,这是经济法与传统行政法在规范经济行政机关行为时的分界,当然这种分界在实践中并非清晰、一目了然的。

同时,作者认为,在现代市场经济社会,生产的社会化导致的个别生产的大规模化,使市场主体的经营行为也有具体行为和抽象行为之分。借鉴行政法对抽象行为与具体行为的分类标准,即以行为影响的主体数量及适用特性为标准,经营者的经营行为也可分为具体经营行为和抽象经营行为。其中,经营者为经营而与特定主体签订契约、或者在经营中内部股东间的利润分配、权利义务分配等行为,属于具体经营行为。而经营者的定价行为、广告行为、生产决策行为(如关于生产中使用的技术、生产标准、原材料等影响产品质量和成本等的决策行为就是抽象经营行为)等,这些行为针对的市场主体具有不特定性,可以反复适用,因而是抽象经营行为。从此种意义上来讲,经济法(主要体现在市场规制法)对市场主体——经营者行为的规范,实质上是对其抽象经营行为的规范,而不是对其全部经营行为的规范,而民商法规范的是经营者的具体经营行为。

现代社会是经济化的社会,[1]也是高度复杂性的社会。社会的经济化使经济职能成为国家的主要职能,而社会经济的复杂性,以及市场自发调节机制的局限性,使得国家(政府)的经济决策对一个国家社会经济发展的重要性不言而喻。在当今法治社会,国家的经济决策往往是以专门政府经济机关制定规范性文件的形式表现的,这意味着,对专门政府经济机关抽象行为予以规范是保障专门政府经济机关的经济决策科学合理的关键。可见,传统的通过控制行政权滥用,防止行政行为对具体人的权利损害的行政法范式,不宜用于对抽象行政行为规范,对此需要引入新的范式。正因此,美国有行政法学者指出:传统行政法模式"一直力图协调政府权力和私人自主权之间相互冲突的主张,所采用的方式是禁止政府对私人自由或财产的侵犯"。[2]"一个日益增长的趋势是,行政法的功能不再是保障私人自主权,而是代之以提供一个政治过程,从而确保在行政程序中广大受影响的利益得到公平的代表。"[3]同时,在生产社会化高度发展的现代社会,经营者的经营行为愈益抽象化,或者说经营者的抽象经营行为在经营活动中占的权重越来越高,这种经营行为不仅对经营者的发展具有举足轻重影响,也影响着社会经济的发展。因而如何促进有益于社会经济发展的抽象经营行为(简称经济公益行为),以及防止有害于社会经济发展的抽象经营行为(简称经济公害行为)对一个国家整体经济发展意义重大,而这些行为特性依靠传统民商法规范具体经营行为的法律范式难以实现,因而需要新的法律范式。对经济领域以上两方面抽象行为进行规范需要不同于传统行政法和民商法的新的法律规范类型,这种新的法律规范类型,亦即新的法范式就是经济法。

二、双效性

在目前主流法学研究中,基于行为作用结果的性质(利弊)构成而对行为进行的分类并不存在,这是由于传统法律主要规范的是私人性影响行为,而私人性影响行为作用的客体是

---

[1] 社会经济化是指在现今社会中政治问题、社会问题等都与经济有关,可以说它们是镶嵌在经济问题之中,它们常常是因经济问题而起,其解决也取决于经济问题的解决。对此,有学者说指出:"社会其他方面的自主性要通过经济方面的行为体现。"([法]马克·弗勒拜伊:《经济正义论》,肖江波等,译,中国人民大学出版社,2016年版,第7页。)
[2] [美]理查德·B. 斯图尔特:《美国行政法的重构》,沈岿,译,商务印书馆2002年版,第1页。
[3] [美]理查德·B. 斯图尔特:《美国行政法的重构》,沈岿,译,商务印书馆2002年版,第2页。

相对静态性私人物品——人身和财产，这决定了行为的后果取决于该行为本身的性质和行为方式，这意味着，据行为性质和行为方式就可确定其后果。也就是说，行为后果具有确定性，这种确定性包括受影响主体的确定性、行为与结果因果关系的确定性、受影响结果性质（即利弊、有益或有害）的确定性和量（受害程度大小、多寡）的确定性。其中行为结果性质的确定性，是指这种行为效果一般只有一种情况，即要么有益，要么有害，也就是说，该行为结果的性质是单效行为。且由于这种行为效果多数都体现于对客观事物的影响上，因而行为的利弊是客观的，人们仅仅据常识或一些较客观的标准就可以判断行为的利弊及利弊大小。由于主流法律理论认为，法律作为人们的行为规范，目的就是通过把有害行为规定为违法行为，并通过对违法行为的制裁防止有害行为的发生，以实现对他人人身和财产利益的保护。这意味着，单效行为中被认为是违法行为的通常都是除对行为人以外的其他人有害的行为，通常为损人利己的行为，因而是对社会无益的行为，①属于自然违法行为。② 对这种违法行为，理性健全的人依一般普适性的正义观念或道德准则就可以作出判断。这意味着，行为人能认知其行为的违法性，且行为人对其行为的危害及其后果能有准确的预期，并能以自己的意志控制其行为，这种违法行为通常是违法主体故意实施的行为。对这种行为是否违法，法律往往可据行为是否符合一定要件（即违法或犯罪的构成要件），就可判定其是否违法或犯罪。这些要件反映着行为本身的性质和行为方式，因而，可以说对这种行为据其行为性质和行为方式就可判定其是否违法。

而经济法所规范的公共性经济行为，由于其作用的对象是特殊的公共物品——动态的社会经济秩序，这种秩序是通过不同类型经济主体依当时的法律、惯例，以及经济文化等约束下，经济行为的互动形成的关系状态，这决定了行为的效果不仅仅取决于该行为本身，也取决于行为所作用的社会经济体系中其他主体的行为。因而，只据单个主体的行为本身并不能确定其后果。其行为后果要据该行为主体所处的社会经济体系中其他相关主体的行为而具体分析。也就是说，这种行为作用的客体是诸多行为互动形成的社会经济关系之网——社会经济秩序，行为影响到的主体不仅不特定，且因不同类型主体在社会经济关系中功能不同，如经营者与消费者在消费品交易关系中的功能、处于相关市场的生产经营者之间因市场力量差异在竞争关系中的功能不同，利益也不尽相同。这种行为的影响通常同时兼具利弊两方面，即行为效果是双效的，因而是双效行为。对此种行为，圣·托马斯·阿奎那在《神学大全》中提出"双效原则"，主张在某些特定条件下，为取得更大的利益同时遭受一定

---

① 从经济分析的视角看，如果我们假定社会是个人之和，社会财富或社会利益是个人财富或个人利益之和，单效的违法行为，实则是既有财富或利益在不同主体间的转移，在转移过程中不仅不增加社会财富量，而且可能造成财富或利益损害，即使没有直接损害，把本应可用于创造财富或利益的行为，用于损害他人财富或利益本身就是损失。因而这种行为从对社会财富总量或社会总福利的影响来说是有害的。

② 这里的"自然违法"的"违法"是广义上的违法包括违法和犯罪，其"自然"则是比照刑法上的"自然犯罪"的"自然"而言的，是指在人类社会中依人性自然而然形成的、被普遍接受的正义或道德观念，即自然的正义或道德观念。因而，自然违法就是指那些违反在人类社会自然的正义或道德观念、具有反社会性的行为。这种行为，由于从根本上说违反了人的本性，所以无论在任何社会，任何政治制度之下，自然违法都被认为是违法行为。例如杀人、盗窃、伤害等犯罪行为，以及为自己利益而损害他人人身和财产、不信守承诺等行为。与此相对应的概念是法定违法，就是指行为本身并不一定违反自然的正义或道德观念，只是因为法律上规定这种行为应受到一定的处罚，因而成为违法。这种行为往往由于社会经济的发展的需要而被规定为违法。因此，这类违法通常没有固定的标准，而是依照社会经济形势的变动而变更，或者依照国家社会经济政策的变更而改变。例如一些政治性的犯罪，以及反垄断法中对有关协议、经营者集中、具有市场支配力的经营者滥用市场支配力限制竞争行为违法的规定。

的损害是被允许的,其中的条件之一就是:利大于弊(类似于经济学中改进的帕累托效率原则)。按阿奎那的说法就是:善果之可取,必须弥补恶果之恶。① 同时,这种行为的利弊不纯粹是客观的,而是与主流经济学认知有关。② 这意味着,双效行为中被认为是违法行为的通常都是法定违法。对这种违法行为,就不能仅依理性健全的人的自然正义或道德准则就可以作出判断,而必须结合社会经济发展状况,主流经济学的观念,利益相关者和相关专家的观点(如有关互联网产业的竞争中互联网专家的观点或看法),在不同主体利益分歧时通过沟通、协商形成的共识来做出判断。因而对这种行为是否有害,从而是否构成违法主要是采取专业分析和经济方析,通过比较行为的利弊确定其是否具有合理性,利大于弊则合理,从而不违法;弊大于利则不合理,则规定其为违法,法律禁止之。③

三、持续性

在目前法学研究中,只有少数学者在研究侵权行为的诉讼时效时,据行为或行为结果是否持续对行为进行分类。据此标准,行为被分为一次性侵权行为和持续性侵权行为。一次性侵权行为是行为人实施一次即结束,且损害结果即时呈现的侵权行为,如事故、侵占、人身伤害和盗窃等。这种损害行为一般针对的客体是相对静态的私人物品,因而损害随着行为的结束而停止,没有持续性,且损害结果是清晰确定的。相应地,持续性侵权行为是指对同一权利客体持续、不间断地进行侵害的行为,或者侵权行为虽已结束但其行为后果却不间断地对权利人造成损害。④ 这意味着,持续性侵权行为有两种形式:第一,行为持续性侵权,也是真正意义上的持续性侵权行为,即行为人在一定时间内,对同一权利客体持续、不间断地进行侵害的行为,如持续的噪声或振动、长时间排放污染物、侵害商标权等。持续性侵权行为给权利人造成的侵害是延续的,权利人所受的侵害随着侵权行为的持续而不断增加。第二,损害持续型侵权行为,即侵权行为虽然结束,但损害继续进行的侵权行为,如环境污染侵

---

① 参见托马斯·卡斯卡特:《电车难题——该不该把胖子推下桥》,朱沉之,译,北京大学出版社2014年版,第92页。

② 对此抛开计划经济和市场经济这种对经济体制优劣根本性认知的分歧而造成的对政府与市场在现代经济中的作用的不同认知不谈,仅以市场经济下对市场竞争的认知看,由于对竞争的认识经历了从哈佛学派到芝加哥学派再到后芝加哥学派的转化,因而对于一种行为是否构成限制竞争,即该行为是否有害的认知也发生变化,如按结构主义观念,企业具有市场支配地位实施的行为肯定就限制竞争,其给出的药方就是肢解大企业。而按行为主义,据有市场支配地位本身并不意味着其行为必然限制竞争,只有其实施了限制竞争行为其行为才有害。与此相应,不仅引起反垄断立法模式发生变化,且在反垄断法实践中对一定行为是否有构成违法的看法也发生了变化。这种变化,表现在对协议限制竞争行为是否违法的判断原则上,合理性原则运用的范围愈益扩大,本身违法原则适用的范围愈益收缩,以及反垄断豁免的范围愈益萎缩。

③ 市场规制法对经营者行为是否违法的判定就是遵循此原则,对此,反垄断法判定协议行为是否违法的"合理领原则"自不必言,从法律经济分析视角对消法、产品质量法和广告法的研究也说明了此。就以国家干预经济来说,在美国,1981年里根政府发布了第12291号行政令,该行政令声明,"除非监管对社会的潜在收益超过对社会的潜在成本,否则监管行为不应被采取"[参见马克·艾伦·艾斯纳:《规制政治的转轨(第二版)》,第205—208页]。受美国影响,"到2000年底,在28个OECD国家中,有14个国家采用了普遍的事前规制影响分析(RIA)计划,另有6个国家至少在一部分监管中运用了RIA。还有,RIA越来越多地被用于基本立法中"(经济合作与发展组织编:《OECD国家的监管政策——从干预主义到监管治理》,陈伟译,法律出版社2006年版,第42页)。可见,在发达国家,对于规制优劣的评判标准,"有一种处于不断强化的认识,即所有的政府政策行动(包括监管)都涉及资源在不同用途之间的权衡,同时政策行动的基本目标——最大化社会福利——得到了越来越明确的表述,被越来越多的人接受"(经济合作与发展组织编:《OECD国家的监管政策——从干预主义到监管治理》,第40页)。

④ 参见李豪:《论侵权行为持续下的诉讼时效适用规则》,载《民营科技》2012年第7期。

权,污染行为虽结束但污染的后果可能在一定时期内持续损害受害人的健康权;或者损害处于潜伏孕育之中,直到经过一段时间后,才显现出某种后果来的侵权行为,如医药、农药的副作用致人损害引发的疾病等,都有一定的潜伏期。

由于侵权法规范的是对特定人的私人物品的侵害行为,因而侵权行为有一次性与持续性之别,且持续性行为主要是从行为对特定主体的权利客体的损害结果的角度来说。而经济法规范的是公共性经济行为,行为影响的对象是经济秩序这一公共物品,加之经济公共性影响行为主要是抽象行为,这决定了公共性经济行为主要是持续性影响行为。其持续性表现在相互联系的三个方面,即行为的持续性、行为影响后果的持续性、受影响主体的持续性,且这三个方面是统一的。第一,行为持续型行为,即行为人在一定时间内,对某类经济秩序持续、不间断地进行影响的行为,如经营者的抽象经营行为(定价行为、提供金融衍生产品行为、投资行为)、偷税漏税行为等。持续性影响行为给经济秩序造成的影响是延续的,经济秩序所受的影响随着这些行为的持续而不断变化,这些行为合法、合理则有利于良好经济秩序的生成,反之,则损害经济秩序。第二,影响持续型行为,即行为虽然结束,但影响继续进行的行为,如在第一点提到的抽象经营行为,如竞争行为,即使行为结束,行为对经济秩序的影响还在持续。另如,经济机关的抽象经济行为,行为结束,形成的经济法规、规章或规范文件对市场主体的行为影响、从而对经济结构和市场秩序的影响仍在继续。或者损害处于潜伏孕育之中,直到经过一段时间后,才显现出某种后果来的行为,如宏观调控法规范的市场主体的行为,其单个行为对产业结构等经济秩序的影响当下并不能显示,只有众多行为长期累积才导致产业结构的变化,或经营者单个为法或守法对市场秩序的影响并不显现,但众多经营者行为长期累积就会对市场秩序造成影响等。第三,受影响主体的持续流变型行为,由前两方面决定,受公共性经济行为影响的主体是开放的、流变的,即受这种行为影响的主体是延续不断的。

上述分析说明,公共性经济行为所具有的三种属性中,抽象性和持续性这两种性质决定了对其不能采取主流的民商法和行政法的规范范式,即以个人权利为中心,以保护个人利益(等同于私人利益)为圭臬,以受害者事后提起权利救济为主要实施途径的规范范式,而应以新的经济法范式予以规范。而其双效性决定了对这种行为是否违法的判断不应遵循主流法律理论的以抽象的自然正义或道德判断,即以自然正义或道德对行为预设的条件——违法、犯罪的构成要件来判断,而应从行为结果的利弊比较分析来判断。对此,下文将从经济法主体的视角,对经济公共性影响行为分类,并详述对之规范的方式。

第四节 公共性经济行为的类型

部门法研究行为的最终目的就在于对其规范的行为予以类型化,并找到相应的最优规范形式。公共性经济行为可根据不同标准来分类,但从对其规范需要的意义讲主要有两个标准,即以行为主体为标准和以行为作用的领域为标准。据此,经济法规范的经济公共性影响行为可分为三类,即公的公共性经济行为、私的公共性经济行为、社会公共性经济行为。

一、以行为主体为标准的行为划分

经济法的主体在社会经济运行的角色不同,其行为对整体经济运行的影响,亦即对社会经济秩序和社会公共利益的影响也不同。按行为主体及其行为在公共利益保护中的作用,公共性影响行为分为三种:公共经济机关的经济干预行为(简称干预行为)、经营者的抽象经营行为(简称抽象经营行为)、社会成员的社会经济秩序(或公共利益)保护行为(简称公益保护行为)。

(一) 经济干预行为

公的公共性经济行为,即公共机关(政府经济机关)从事的公共性经济行为,这种行为通常被称为"经济干预行为"。这里的"经济干预"与广义的经济规制的意思相同,是指法律授权行使国家宏观经济调控权或市场规制权的机关,[1]依规则间接改变企业和消费者的供需决策,以实现对产业和区域结构调控和总供给与总需求调控(宏观调控),以及以规则直接规范经营者经营活动,以实现对公正和自由交易的市场秩序(市场规制)和特殊产业的发展秩序(产业规制)的维护。这三种国家经济机关实施的行为实质就是经济学中的国家干预经济的行为。由于这些行为在现代法治国家,都是依经济法律、法规进行,亦即是依规则对市场主体行为的控制(包括直接控制和间接控制),因而,从法学意义上称其为经济规制更为合适。需注意的是,这里的经济规制是广义的经济规制,[2]与此相应,这里的经济规制行为是广义的经济规制行为。但为防止与狭义规制混淆,以及遵循经济学的习惯称谓,本文仍用干预行为。同时,由于现代经济运行的复杂性、专业性和多变性,为了使规则更合理且顺应社会经济现实的变化,以及为维护法律的稳定性,经济法律、法规往往规定得比较抽象或模糊。为克服法律规定模糊带来的司法、执法困难,经济法的法律中往往授予经济干预机关准立法权、准司法权和执法权,因而,这些经济干预机关的行为主要就是制定法规、规章和规范性文件的行为,以及据法律、法规、规章及规范行为文件实施法律,以规范经营者的行为,也就是说,其行为方式主要就是制定和实施规则。如前所述,由于在现代法治国家,公正要求在行政遵循"自我拘束原则",从而使得规制经济行为中的具体行为都具有抽象行为的属性,可以说是准抽象行为。可见,经济干预行为主要是抽象行为或准抽象行为。从经济秩序建构的角度看,经济干预行为是经济秩序建构行为,其作用的对象是社会经济秩序的某一方面,由于经济法意欲建构的秩序包括宏观的结构秩序、公正的市场秩序、特殊产业发展和公正服务秩序三方面,相应的经济干预行为包括宏观调控行为、市场规制行为和产业规制行为。

---

[1] 如中国人民银行、财政部、发改委等,或依法设立的经济规制机关,如美国联邦贸易委员会法专门设立的反垄断法执法机关——联邦贸易委员会,日本反垄断法设立的公平交易委员会等。经济法界常把这些机关分为两类,称为宏观调控机关和市场规制机关,并分别把这两种机关的行为称为宏观调控行为与市场规制行为,张守文教授把二者简称为"调制"主体,并据此把这类行为简称为调制行为。参见《经济法学》编写组:《经济法学》,高等教育出版社2016年版,第89页。

[2] 在西方有学者认为:规制"是由行政机构制定并执行的直接干预市场配置机制或间接改变企业和消费者的供需决策的一般规则或特殊行为"(丹尼尔·史普博:《管制与市场》,余晖等,译,上海:上海三联书店、上海人民出版社1999年版,第45页)。可见,其把规制和国家干预是在同一意义上使用的。另外,在西方规之经济学中,把规制分为经济规制和社会规制,其中经济规制是狭义的,是指对自然垄断和公用事业的规制。社会规制是指对与人体健康与安全有关的行业或行为的规制。

1. 宏观调控行为

宏观调控行为是依法设立或获得法律授权的宏观调控机关,[①]行使宏观调控权而从事的宏观经济决策行为,其实质是建构宏观经济秩序的行为。这种行为一般是基于主流经济学观点,结合国家社会经济发展现状对良好产业结构和区域结构的认知而作出的,通过对不同产业或区域实行不同的财政、税收和金融政策,以经济手段间接引导市场主体投资的产业和区域选择,并把这些宏观经济政策及为实施产业政策所需的相关经济手段以法律、法规或规范性文件的形式表现出来,以便给市场主体提供稳定的预期,从而引导市场主体的投资方向,达到改变产业结构和区域结构,从而实现良好的宏观经济秩序。可见,调控行为作用的客体是宏观经济秩序,由于宏观经济秩序由相对静态的产业结构和区域结构构成,且对一个国家来说,什么样的产业结构和区域结构为好,不仅取决于一个国家在国际经济分工体系中的地位,还与一个国家的经济资源、发展程度,以及经济政策制定者基于对国内外经济发展状况和条件认知而对国家未来经济战略的定位有关。因而,宏观调控行为所意欲实现的秩序主要是一种理性建构秩序,是直接指向宏观经济秩序本身,所以它是直接的、纯粹的经济公共影响性行为。

2. 市场规制行为

市场规制行为,就是依法专设或授权的市场规制机关[②]行使法定权利(包括准立法权、准司法权和执法权)的行为,主要包括为使与市场秩序有关的法律得到有效执行而为市场主体制定行为规则的行为(抽象行为),以及通过制裁违法、违规的市场主体来保障法律、规则得以实施的行为(准抽象行为)。这种行为是基于主流经济学和经济法学对良好市场秩序的认知而作出的对经营者的影响市场秩序行为直接予以规范,以实现良好的市场秩序。由于市场秩序就是交易秩序,且什么样的市场秩序为好,经济学已形成共识,即公正自由的竞争和交易秩序。而良好市场秩序的形成主要靠市场机制的自发作用,但由于市场会出现"失灵",市场本身对此难以及时矫正。因此,又需政府从市场秩序保护需要,也是公共利益需要人为予以矫正。其中,这种秩序的维护既靠市场主体遵法守规,以便市场机制的自发作用,又要通过对具体违规者制裁予以保障,以恢复或重塑良好的市场秩序。因而,这种行为既包括直接指向市场秩序的抽象的规则制定行为,也包括对具体违法者制裁。执法行为对违法行为的制止具有累积效应、示范效应,可以间接维护市场秩序,因而是准抽象行为。

3. 产业规制行为

这里的产业规制,就是规制经济学中与社会规制相对应的经济规制,是指对自然垄断和公用事业的规制。与把经济规制等同于国家经济干预这种广义的经济规制相比是狭义的经

[①] 如中国人民银行就是依《中华人民共和国中国人民银行法》专门设立的执行宏观调控职能的专门机关之一。这从该法第一条的规定"为了确立中国人民银行的地位,明确其职责,保证国家货币政策的正确制定和执行,建立和完善中央银行宏观调控体系,维护金融稳定,制定本法"就可看出。

[②] 以反垄断执法为例,美国为实施谢尔曼反托拉斯法,于1914年通过《联邦贸易委员会法》设立了联邦贸易委员会,对联邦贸易委员会组织机构、职责作了明确规定。而我国《反垄断法》第九条规定:"国务院设立反垄断委员会,负责组织、协调、指导反垄断工作,履行下列职责:(一)研究拟订有关竞争政策;(二)组织调查、评估市场总体竞争状况,发布评估报告;(三)制定、发布反垄断指南;(四)协调反垄断行政执法工作;"第十条规定:"国务院规定的承担反垄断执法职责的机构(以下统称国务院反垄断执法机构)依照本法规定,负责反垄断执法工作。"具体执法则据实际情况分别授予国家工商总局、商务部以及国家发改委分别负责。国家工商总局负责垄断协议、滥用市场支配地位,商务部负责审查经营者集中,而国家发改委负责查处价格垄断行为。

济规制,由于这部分的规制主要是对自然垄断和公用事业这些特定产业的规制,因而,本章称其为产业规制。与此相应,由于每一产业都有其特殊性,针对每一规制产业国家都制定有相应的专门法律、法规,如电力行业有电力法(我国1996年4月颁布《电力法》)、电信行业有电信法(我国2000年9月发布《电信条例》)、铁路行业有铁路法(我国1990年制定,2015年修订《铁路法》)、航空业有航空法(我国1995年10月制定《航空法》)等。且对各行业的经营活动都依法设立了专门的规制(监管)机关,如我国电力行业的国家电力监管委员、电信行业的国家信息产业部电信管理局、铁路行业的国务院铁路主管部门、航空业的国务院民用航空主管部门(中国民用航空局)等,这些专门的规制机关行使权力(包括准立法权、准司法权和执法权)对自然垄断和公用事业领域经营活动依法予以规制的行为,就是产业规制行为。

自然垄断和公用事业领域的经营行为既关涉公众的基本需要,又是关涉国民经济发展的基础性产业,但同时是一个市场机制(竞争机制)难以发挥作用的特殊市场领域。如何在没有竞争压力下保证产业的技术创新和发展,以及如何使经营者不利用市场的垄断力量掠夺交易方的利益,即建立自然垄断和公用事业领域的行业发展和公正交易秩序,成为该规制领域的规制行为所要解决的问题。此类规制行为主要就是通过制定规则,以保障经营者具备相关的经营能力,以及约束经营者的定价、质量、技术进步,从而实现被规制产业的持续发展和公正服务。因而,该规制行为从属性上讲主要是抽象行为,也有一些属于准抽象行为。

(二) 抽象经营行为

私的公共性经济行为就是指私人主体从事的公共性经济行为,在经济法中主要就是经营者的经营行为。前述有关经营者行为的分类和含义告诉我们,抽象经营行为是经营者所实施的公共性经济行为。据经营者行为所影响的秩序领域,我们可以把抽象经营行为分为一般市场的抽象经营行为和规制产业的抽象经营行为。

1. 一般市场的抽象经营行为

一般市场的抽象经营行为,是指在一般市场领域,即竞争性市场领域中的经营者所做出的抽象经营行为。这种行为作为公共性经济行为,除具有其他公共性影响行为所具有的双效性、抽象性、持续性外,还具有对策性,就此意义上一般市场主体的抽象经营行为是对策行为,[①]且是不完全信息动态对策行为。[②] 这种抽象经营行为据其对市场秩序或公共利益影响来讲可分为两种,即纯抽象经营行为和准抽象经营行为。

(1) 准抽象经营行为。准抽象经营行为,是指经营者实施的一些具体经营行为具有具体性和抽象性两个方面的属性,这种行为一方面都有具体受害的经营者或消费者,因而,是一种具体的违法经营行为,且从短期、孤立或一次性地看这种经营行为,它们对竞争秩序或消费秩序虽有影响,但影响不大。这种行为的损害,最初通常表现为对具体竞争者,或者虽

[①] 对策行为即博弈行为,所谓博弈是指在相互依赖性(策略环境)的社会里,任何人的选择必须考虑其他人的选择,任何人选择的结果(博弈论称之为支付,pay off),不仅取决于其自身的行动选择(博弈论称之为策略选择),同时取决于他人的策略选择,这群人构成一个博弈(game)。其实市场主体的经营活动就是如此,可见市场经营者的经营行为是一种对策行为。而我们传统法律,往往把行为人所处的外在环境和他人的行为看作是给定的,因而,行为结果是由行为人单方意志决定的,我称此类行为为意志行为。

[②] 不完全信息动态博弈行为,在不完全信息动态博弈一开始,某一参与人根据其他参与人的不同类型及其所属类型的概率分布,建立自己的初步判断。当博弈开始后,该参与人就可以根据他所观察到的其他参与人的实际行动,来修正自己的初步判断。并根据这种不断变化的判断,选择自己的策略。

人数众多,但数量可以确定的具体的交易对方(主要是消费者)的损害,民法研究中往往将此看作为侵权或大规模侵权的一种。[1] 但从长期看,如不依法规范这种行为,其他经营者就会竞相模仿该行为,随着众多经营者模仿这种行为,诸多同种行为的累积效应,就可形成对交易秩序、竞争秩序或经济结构秩序的影响。如市场规制法中的消费者权益保护法、广告法、产品质量法,特别是反不正当竞争法所规范的行为,就单个经营者短期内实施这种行为来说,本身并不会对市场秩序产生决定性影响,但多个经营者或个别经营者长期实施这种行为,即实施这种行为者人数的累积或因时间持续形成的行为本身持续累积,通过市场机制或媒体的传导就形成对竞争或交易秩序的影响。[2] 另外,作为经营者的纳税人、金融企业违反有关调控经济的税法或金融法的规定,从具体经营者的违法行为看,并不会对产业结构和经济秩序造成影响,但这种行为累积就使国家对产业结构调控的目的落空,造成结构不合理或经济秩序紊乱。可见,这些经营行为具有一定的抽象性。

(2) 纯抽象经营行为。纯抽象经营行为,是指由处于竞争领域的具有市场支配力的经营者、或者具有信息优势的处于生产和卖方的经营者的抽象经营行为。如产品生产中的质量决策行为,交易中的定价行为。这种行为并不直接指向具体的对象,而是直接指向市场秩序本身,即本身影响的是市场秩序及体现于其上的公共利益,是公共性影响行为。这种行为所影响的市场秩序虽然是自由交易和竞争的结果,但就这种行为本身单独就对市场秩序具有决定性影响。如市场规制法中的反垄断法所规范的垄断(限制竞争)行为、反不正当竞争法中的虚假宣传行为、产品质量法中的伪劣产品的生产经营行为。

2. 规制产业的抽象经营行为

规制产业的抽象经营行为,是指自然垄断和公用事业领域的经营者实施的抽象经营行为。由于这些行业经营者往往是独家垄断经营,因而,该经营者的经营行为直接决定着其所处产业的发展和交易秩序,影响的是该特殊市场秩序和发展,以及体现于其上的公共利益,是纯公共性经济行为,亦即纯抽象经营行为。

(三) 社会的公益保护行为

社会公共性经济行为是指社会组织和社会成员从事的公共性经济行为,通常主要是保护公共利益的行为,这里简称为社会的公益保护行为。经济法虽然对公共性经济行为予以规范,且通过专门的经济行政机关的执法,在一定程度上可以防止有害公共性经济行为的发生。但执法机关受人力、物力和财力,亦即自身经济利益的限制,并不必然具有发现违法者的优势,也没有积极惩处违法者的动力。因此,充分利用社会成员了解违法者的信息,以及一些社会成员具有的公益心,对更好地实现对社会经济秩序(公共利益)的保护有其必要性。同时,良好的社会经济秩序是公益品,所有社会成员都能从良好社会经济秩序的保护中获

---

[1] 有关此国外的研究可参见[德]克里斯蒂安·冯·巴尔:《大规模侵权损害责任法的改革》,贺栩栩,译,中国法制出版社 2010 年版。国内的主要研究可参见朱岩:《从大规模侵权看侵权责任法的变迁》,载《中国人民大学学报》2009 年第 3 期;王成:《大规模侵权事故综合救济体系的构建》,载《社会科学战线》2010 年第 9 期;陈年冰:《大规模侵权与惩罚性赔偿——以风险社会为背景》,载《西北大学学报》2010 年第 5 期;张新宝:《设立大规模侵权损害救济(赔偿)基金的制度构想》,载《法商研究》2010 年第 6 期;张俊岩:《风险社会与侵权损害救济途径多元化》,载《法学家》2011 年第 2 期;张红:《大规模侵权救济问题研究》,载《大规模侵权对策国际研讨会会议资料》,2011 年 4 月;杨立新:《〈侵权责任法〉应对大规模侵权的举措》,载《法学家》2011 年第 4 期。

[2] 如我国三鹿奶粉事件,对我国奶制品市场的损害,导致所有的国产奶粉价格远远低于外国奶制品的价格,不仅使所有奶制品产业中的企业受损,我国消费者也因消费洋奶制品不得不支付更高的代价而受损。

益,因此,任何社会成员和组织都具有维护社会经济秩序的社会责任。可见,动员社会成员独自或组织起来保护社会经济秩序有其合理性和合法性。在经济法中,社会组织和社会成员维护社会经济秩序(公共利益)的行为,主要表现为对有害公共性经济行为,亦即违反经济法行为的遏制。从行为的目的看,一些行为虽是行为者为了私人利益做出的,但因其遏制的是违法的或者说是有害的公共性经济行为,具有保护社会经济秩序的功能,可称此为准维护社会经济秩序的行为。一些行为不仅行为目的,且结果都是保护社会经济秩序,此类行为属于纯保护社会经济秩序的行为。

1. 准公益保护行为

这种行为最为常见的就是经济法中的私人诉讼行为,这在市场规制法的所有子部门法的法律中都有规定,且通常被称为民事诉讼行为。主要适用于对具有具体受害人的准公共性经济有害行为的遏制,这种行为是由具体受害者行使诉讼权的行为。因此,法律对行为的主体资格、行为方式、程序等都有限制。另外,还有被规制者,或者宏观调控领域的相对人,对执法机关提起的行政复议和行政诉讼。因为经济行政机关不论是作为调控者还是规制者,其行为都有公共经济性或准公共经济性,因此,受害的相对人对经济行政机关的违法调控或规制行为的遏制都具有间接维护社会经济秩序的功能。

2. 纯公益保护行为

这种行为一般发生在对没有具体受害者的纯公共性经济损害行为的遏制。这种行为主要有三种:一是社会成员对有害的公共性经济行为的告发行为。二是公益诉讼行为。这两种行为,也是行使法律赋予的社会性经济权利的行为。三是参与经济法规、规范性文件的制定行为。

(1) 告发行为。经济法以及环境法等现代法律制度中,虽不能说全部,但至少可以说在很多法律中都规定:任何单位、组织和个人,都有权检举违法者。为保护社会经济秩序(公共利益),这种行为是一种行使具有普遍性的公民社会经济权利的行为。这种权利主要是利用一些公民具有的保护公共利益之偏好,以及发挥公民数之广泛,对一些损害公共利益的行为比较敏感的优势,这种行为在经济法中不论从行为者目的,还是客观效果都是为了遏制损害社会经济秩序的行为,亦即纯社会经济秩序保护行为。

(2) 公益诉讼行为。这种行为在国外有居民诉讼,在我国主要市场规制法中的一些法律中如消费者权益保护法、反不正当竞争法等中有规定。这种诉讼权一般是赋予特定的社会组织。所以是特定社会组织行使诉讼权维护社会经济秩序的行为。

(3) 参与经济法规、规范性文件的制定行为。在现代法治社会,为了使经济法律、法规,以及国家经济机关干预经济科学合理化,即为保障其抽象性行为,防止不合理的法律法规对社会经济秩序造成公共性损害,不论在立法、行政规则制定法等一般都要求专家、利益相关者参与协商制定规则。这种依法参与制定经济法律、法规和规范性文件的行为,实质上也是维护社会经济秩序(公共利益)的行为。

这里讲的维护社会经济秩序(公共利益)的行为,从严格意义上讲,都不具有经济性,因此都不属于公共性经济行为,只不过具有维护社会经济秩序(公共利益)的后果,只是间接具有公共性经济行为的属性。因此,虽在经济法中有所规范,但不是经济法主要规范的行为,或者说,是经济法辅助规范的行为。

二、以行为后果的性质为标准的行为划分

以公共性经济行为对公共经济利益有害还是有益的后果为标准,公共性经济行为可分为两类,即经济公益行为与经济公害行为。

(一) 经济公益行为

经济公益行为是指社会经济活动参与者的经济行为如果有利于形成或维护良好的社会经济秩序,意味着这种行为创造和形成了有益的社会经济秩序,是一种公益经济品,可以增加社会公共经济利益。对此类行为可进一步分为一般的经济公益行为和特别的公益行为。

1. 一般的公益行为

是经济法中对所有经济法主体最一般的行为要求,即从事社会经济活动的行为者遵守经济法的行为,主要是经营者的抽象行为和政府干预机关的干预行为,只要经济法主体遵守经济法,即依法而为,或者说行为不违反经济法的规定,行为就自然而然有利于公共经济利益的生成。

2. 特别公益行为

是经济法中对特别行业、特别区域中经营者的特别要求,以及对社会成员的特别要求。而这种行为又不是所有经济法主体都能做的行为。在经济法中对这种行为往往采用倡导性,特别是激励性规范。一般来讲,对经济法规范激励的行为都是特别公益行为。

(二) 经济公害行为

经济公害行为是指社会经济活动参与者的经济行为对既有的社会经济秩序造成损害,这意味着损害的是一种公益经济品,造成了公共经济利益的减少。在经济法上,违反经济法强制性(禁止性和命令性)规范的行为,即违法行为都是经济公害行为。

思考题

1. 反思法律对行为分类的标准。
2. 经济法应以什么为标准确立自身规范的行为?
3. 经济法规范的公共性经济行为是什么?
4. 经济法规范的公共性经济行为的特征有哪些?
5. 经济法规范的公共性经济行为类型有哪些?

本章知识要点

第五章 经济法的本质与规范方式

全章提要

- 第一节　经济法规范的基础：社会责任法
- 第二节　经济法社会责任的法律实证
- 第三节　经济法的规范路径
- 第四节　经济法规范的类型及其构成
- 思考题

部门法的核心规范和规范方式,与其解决的社会问题以及由此决定的其所要保护的利益有关。经济法产生和发展的历程,以及经济法所解决的社会经济问题决定了经济法保护的是体现于社会经济秩序——这种公共物品上的公共利益。而公共利益的特性,决定了对其保护需要共同体成员履行社会责任,从这种意义上来说,经济法的本质,亦即经济法规范的基础是社会责任。而社会责任的履行需对人的行为予以规范。任何法律对行为的规范方式都包括相互联系的三个方面,即规范的目的、规范的路径及规范的方法或法律工具。下面在对经济法的社会责任的意蕴及内容构成分析的基础上,对经济法规范方式的三个方面分别予以探讨。

第一节 经济法规范的基础:社会责任法

经济法产生和发展的历程,以及经济法所解决的社会经济问题,以及由此决定的经济法保护的社会和公共利益都需要社会成员承担社会责任。这意味着,经济法是以社会责任为中心而建构其制度的,是社会责任在经济领域的制度化,正是在此意义上可以说经济法是社会责任法,这也是经济法规范的基础。下面对经济法的社会责任的含义予以说明。

一、社会责任的意蕴

社会责任是由"社会"和"责任"两个词构成的复合词,对其意蕴的分析首先从"社会"和"责任"的词义切入。对于社会是什么?不同作者因思维方式和研究角度的不同而作的界定也不同。这里不可能、也不想给"社会"做出一个令所有人满意的界定和回答,只是申明秩序理念下经济法的社会观念是"共同体主义"的,研究的视角是法学的,并据此给出"社会"的意指。

(一) 社会的意蕴

以共同体主义观念的整体主义思维方式看,社会看作有机整体,是由流变着的、处于不同领域的、扮演不同角色、具有不同知识和不同功能的个体互动构成的有机整体,整体中的个体之间以及个体与整体之间的关系是有机依存关系,社会不是闭锁的定在个体的简单相加,而是开放的流变的个体不断参与同构而生成的独立存在的个人之和。

依这种社会观和方法论,从法学的视角看社会,可从三个方面理解。第一,从主体方面理解。社会是由具有不同社会经济功能的、不特定的、多数人构成的开放的有机整体。这里的"不特定"是指在"共时性"的当下,因作为经济活动主体的人的流动性产生的人数的不确定性。而"开放"则是指在"历时性"的过程中,因经济主体的进入和退出活动的变化,以及因职业或经营方向转化产生的不确定性。这里社会本身作为独立的存在就是一种法律主体,是"共同体"的另一称谓,在民族国家存在的当下国际社会,国际法上往往是以国家这种法人为代表的,国家可以说是一定领土范围内社会的组织化形式。在国内法上往往以国家机关为代表的,在国家履行社会经济事务中,国家机关往往作为社会的代表执行某一领域的社会事务。第二,从客体方面的理解。社会作为一种客观存在,是指自觉或不自觉地受一定价值指引,并遵循一定规范(在现代法治社会主要是法律规范)的人们互动形成的关系状态,是一种有序的社会经济关系形态或社会经济秩序形态,属于经济学从消费视角对物品所做的分类中的公共物品。这种物品的公共性,决定了体现于其上的社会公共利益。因而,经济法中有学者把对社会经济秩序的保护称为保护社会公共利益,如反垄断法中的竞争、[1]税法对不同产业或区域的税收优惠而形成的"产业结构"和"区域结构"、自然垄断和公用事业规制产生的"产业发展"和"公正交易"等。第三,从法律保护对象的属性方面的理解。社会作为秩序状态是一种法益(法保护的难以上升为权利的利益)载体,而不宜作为权利的客体或载体。秩序之所以不宜作为权利的客体或载体,是因为,体现于其上的利益是具有非排他性和非竞争性的公共利益,而权利是具有排他性和竞争性的,因而,权利作为一种利益界分的工具,适于对以私人物品为载体的私人利益的界分。正因此,在现代社会法、经济法中,行为违法与否、承担什么责任,大多不是侵犯了什么权利,即与侵权无关。[2]

(二) 责任的意蕴

"责任"一词在很多意义上被使用,由于语境不确定,"责任"的文字有可能不代表一种相同的实践和概念。本文从一个独特的法学角度来阐述责任。其独特在于本文是从整体主义方法论的视角进行分析的,这一视角意味着对责任的思考,是从社会的、功能的、时间连绵性的视角来思考的。法学的角度则意味着本章的基本关注点所在乃是一个与受到制裁的观念紧密相关,但又有所区别的责任概念,如实定法律中规定于非"法律责任"部分的"责任"。[3]

就一般语义来讲,"责任"一词有两个相互联系的基本含义:[4]一是处于社会关系中、具有一定社会角色的主体分内(或按其功能预设)应做的事,往往与人的(角色)职务和功能有关,如"岗位责任""领导责任"等,这种责任实际上是一种角色义务。每个人在社会中都扮演一定的角色,即有一定的职务或功能,相应地,也就应当而且必须承担与其角色或功能相应的

---

[1] 如日本有学者指出:在日本"多数学者认为独占禁止法保护的公共利益是竞争自体"。[日]松下满雄:《经济法概说》,东京大学出版会1986年版,第58页。

[2] 对此有民法学者在研究反垄断法保护的竞争秩序时指出,在大多数情况下,法保护的秩序属于法益而非权利。所以,违反反垄断法同时又构成民法上的侵权行为的场合极少。参见曾世雄:《违反公平交易法制损害赔偿》,载《政大法学评论》第44期。

[3] 在实定法中有关责任的规定有两种:第一种,在非"法律责任"部分的规定。实质上是真正的法赋予主体的责任,有三种情况。(1)是一种与一定身份相应的"责任",如我国《宪法》第55条第1款规定:"保卫祖国、抵抗侵略是中华人民共和国每一个公民的神圣职责。"(2)具有道德宣示意义的"责任",如1972年《人类环境宣言》规定:"人类负有特殊的责任保护和妥善管理由于各种不利因素而现在受到严重危害的野生生物后嗣及其产地。"(3)与义务搭配使用。第二种,是"法律责任"部分的规定。即法学界通常所说的法律责任,实质上是对违法而承担的具体法律责任形式的规定,如赔偿、恢复原状、吊销营业执照、罚款等。

[4] 法理界一般认为:"责任"有三个基本语义,即(1)分内应做的事。(2)特定的人对特定的事项的发生、发展、变化及其成果负有积极助长的义务。(3)因没有做好分内之事(没有履行脚色义务)或没有履行助长义务而应承担的不利后果或强制性义务。(张文显:《法哲学范畴研究(修订版)》,中国政法大学出版社,2001版,第118页)。葛洪义教授认为:"法律责任至少可分为肯定性法律责任、义务化法律责任、否定性法律责任。肯定行法律责任是指由于法律的规定,主体承担了对一定的物、一定的人或一定人的行为负责的责任。这类责任不仅包括通常所说的职责,更主要是指每个个体在特定社会关系中所处位置的责任,即个体的社会化所要求的负责态度经法律确认后形成的法律责任;义务化法律责任是指在法律规定下,个体必须通过自己的行为表明自己确实承担了肯定行法律责任……这类法律责任在法律关系中体现为法律义务;否定性法律责任则比较接近消极法律后果意义上的法律责任,但又有所不同。它是指因某种违反法律义务的行为发生或某种损害结果出现后应该承担的法律责任。该类法律责任的设置目的主要是保证前两类法律责任的实现并进而推动法律所肯定的法律关系主体的权利实现。"(葛洪义:《法理学导论——探索与对话》,法律出版社1996年版,第265—267页。)

义务,作者称之为第一责任。二是因没有做好分内之事(没有履行角色义务)或没有履行助长义务而应承担一定形式的不利后果或强制性义务,即法律课责,实质是法律责任的类型或形式,如民事责任中的"违约责任""侵权责任",行政责任的罚款、吊销营业执照等,作者称之为第二责任。

目前,我国法学界不论是法理上对法责任含义的理解,还是部门法对法责任问题的研究,通常着重于在第二责任意义上使用的,即通常所说的法律责任,且研究中往往注重对法律责任具体形式的研究。可见,其并非法责任的全部,只是法责任的一部分——法律课责,即以责任为基础的制裁,比如赔偿、归还、监禁或缴纳罚款,是具体的法律责任形式。它是对指控或控诉作出回应,这些指控或控诉一旦成立,就会产生承担惩罚、谴责或其他不利后果的课责,制裁是这种责任的核心。① 这种责任是向后看的,是一种对过去的行为或事件后果的担当,即是"过去责任",它主要关注对坏的结果的承担,目的在于对执法和司法中争端或冲突的解决提供工具,并通过责任的承担对违法行为予以惩罚、对受害者予以补偿,恢复被破坏了的法律秩序,并在一定程度上预防不法行为对既有秩序的破坏。它忽视了一个事实,即法律不仅在我们没有履行我们的责任的时候判定我们有责任并制裁我们,同时还告诉我们对什么负有责任,并激励我们积极负责的行为。

这种现象的产生,部分是因为法学作为应用之学,因而,在研究中更注重适用法律和执行法律的机构的行为而不是立法机构的行为,更注重争议和冲突的解决而不是防止争议和促进合作与建设性的行为。然而,法律发展史说明,法律不仅仅是消极被动地防止纷争,维护既有秩序的工具,法律还承担着积极促成理想秩序实现的使命,即承担着能动地建构理想社会(秩序状态)的使命②。这意味着,现代法律责任实践的主要目的更主要的应是打消人们实施造成将来损害的行为动机。为此,我们就有理由把所有那些可能实施损害行为的人,而不仅仅将那些已造成损害结果的行为人纳入责任人这一范围。

当然,作者并不是要否认既有的法律责任(法律课责)向后看的定位。换言之,我不是说第二责任不重要。但是在社会化高度发展、市场主体日益庞大、其行为的影响日益巨大的现代社会,在许多情况下事前的预防和治理比事后的"亡羊补牢"式的补救更有效。因而,使人们知道对什么负责,并激励其承担预设法律责任而不是一味地在损害结果发生后再惩罚或修复。正是在此意义上,有学者指出:"在一个运作良好且成功的法律制度里,不遵守预期责任并且因而施加过去责任的机会被降低到最低点。过去责任只有在未完成预期责任时才能找到他的角色和意义,在这个意义上它是从属的和寄生的。当然施加过去责任有助于最大限度地遵守预期责任。"③因此理解法律中规定的法律责任,不仅仅是理解我们负有责任的含义,同时也要理解我们的过去责任、我们的预期责任是什么,以及如何使有责者承担责任。

所以,作者的观点是,法律规定的法责任的两个方面的意义同等重要,即第一责任与第二责任的理念对于理解法责任同样重要。它们是相辅相成的,第一责任对第二责任的设立和执行具有指导作用,第二责任的执行,加强和支撑第一责任。第二责任本身不是一个目的,而仅仅是法律通过创造和赋予第一责任来寻求促进各种目的的一个方式。

---

① 参见[澳]皮特·凯恩:《法律与道德中的责任》,罗李华,译,商务印书馆2008年版,第46—48页。
② 参见[美]欧文·费斯:《如法所能》,师帅,译,中国政法大学出版社2008年版,第20—60页。
③ [澳]皮特·凯恩:《法律与道德中的责任》,罗李华,译,商务印书馆2008年版,第55页。

(三) 社会责任

综合上述"社会"和"责任"的观念,可以说社会责任就是现代性法律(社会法、环境法和经济法)中规定的个体对社会整体(共同体)承担的责任。经济法的社会责任,具体到责任的承担者来说,是一种角色责任,即经济法主体在整体经济发展中的角色,是由其所在的社会经济领域或区域对整体发展经济的意义,以及本身的经济力量对其所在行业的影响决定的,其在社会经济体系中的角色不同,其社会责任也不同。

二、社会责任的内容和特性

对事物或社会现象认知的关键在于对其性质的分析及对其特性的提炼。因此,要对社会责任有深刻的认识和掌握,就必须分析其性质。而对社会责任性质的分析有三方面是不可回避的,即责任的内容、责任的主体和责任的对象。

(一) 社会责任是以第一责任为主的责任

对此可以从时间、履行方式和功能三个维度来讲。第一,从责任发生的时间维度看,责任有"事前责任"和"事后责任"两种。"事前责任"又称"前瞻性的责任"或"预设责任",是面向未来的,是基于社会经济秩序运行的需要,据各主体在社会经济体系中扮演的社会经济角色,基于未来社会经济秩序的建构对主体社会经济其功能发挥的需要而赋予的,这种责任类似于由他人或自我赋予的"职责",[①]一个承担某项职责(或义务)的人对于履行此职责具有预设责任。[②] 由于这种责任是为预防主体行为失范对社会经济秩序造成不良影响而设的,即责任先于或预设于有害行为或有害事件发生之前;"事后责任"又称"追溯性的责任"或"过去责任",是面向过去的,是基于已发生的行为或事件对社会经济秩序造成损害后果之后,要求行为人对其行为或由其引发的事故所造成的损害后果承担的责任。其中,"事前责任"属于第一责任,"事后责任"属于第二责任。经济法作为社会经济秩序保护法,其所规范的行为一旦损害社会经济秩序,其损害具有扩散性、持续性、不确定性和不可恢复性等特性。[③] 这决定了在经济法的社会责任构成中,"事前责任"处于主导地位而"事后责任"处于辅助地位,即经济法的社会责任主要是以"事前责任"为主的责任。

第二,从责任履行方式的维度看,责任有"积极责任"和"消极责任"两种。"积极责任"要求行为人以作为的方式,采取积极行动,促成有利于社会(不特定多数人)后果的产生或防止有害结果的产生,多为第一责任;"消极责任",要求行为人对其行为产生的社会有害后果予以补救,属于第二责任。负消极责任的行为往往并不直接减少社会财富,这种社会责任的履行具有强制性,即往往是通过强制实现。正是强制履行的威慑,使其具有间接减少社会财富损害的功能。而对"积极责任"的履行,既有依主体的责任意识而自觉履行,也有基于违法制裁的威慑,或基于激励、倡导(如执法中的举报奖励,法律责任形式的惩罚性赔偿金,以及私法中激励个体利用司法维护整体利益,美国公益诉讼中的个人告发诉讼等,都是激励人们履

---

① 参见[德]底特·本巴赫尔:《责任的哲学基础》,载《齐鲁学刊》2005年第4期。
② 参见[澳]皮特·凯恩:《法律与道德中的责任》,罗李华,译,商务印书馆2008年版,第49页。不过书中把"份内应做之事"这种面向未来的责任被译为"预期责任",作者称之为"预设责任"。
③ 经济法规范的行为是公共性影响行为,有关公共性影响行为产生损害,其损害具有扩散性、持续性、不确定性、不可恢复性的较详细论述可参见刘水林:《风险社会大规模损害责任法的范式重构》,《法学研究》2014年第3期。

行社会责任的机制)而履行。之所以建立激励履行社会责任的机制,是因为履行一些积极的社会责任,虽增加了公共物品或公共财富,或防止了公共物品的损害,促进了或维护了社会公共利益,且所增建的公共利益超过行为者要承担特别负担或风险所造成的损失,但如没激励机制,行为者履行社会责任的代价并不能得到补偿,行为者就没有履行社会责任的动力。因而,这种激励履行社会责任的机制是一种实现帕累托效率的机制。经济法作为社会经济秩序保护法,对秩序损害的特性,决定了在经济法的社会责任构成中,"积极责任"处于主导地位而"消极责任"处于辅助地位,即经济法的社会责任是以"积极责任"为主的责任。

第三,从责任的功能看,第一责任主要功能有三点,即产生好的结果、预防坏的结果和避免坏的结果,相应地产生三种社会责任,即"建设性责任""预防性责任"和"保护性责任"。[①] 建设性责任,往往与实体法中规定的激励性规则有关,一般来讲依激励性规则而为,就是履行了建设性的社会责任,如向高新技术产业或特定区域的投资获得税收优惠;预防性责任,往往就是履行法定义务,不做法律禁止的行为;而保护性责任往往就是告发、起诉违法者,实质上是对某些社会权的行使。而第二责任的功能也有三点,即惩罚性、威慑性和修复性(或"矫正性的"),相应的责任也有三种,即"惩罚性责任""威慑性责任"和"修复性责任";惩罚性责任与威慑性功能往往是密切相连的,它们注重负有责任的人,主要包括监禁和罚款。而修复性的责任同时考虑赋予责任后所要造福的那些人的利益,修复性责任包括支付补偿金和恢复原状、采取其他类型的行为以及剥夺一个文件或决定的法律效力。当然,第二责任也有一定的预防功能,但相对于第一责任而言这种功能只是其惩罚与威慑功能的附属产物,并不是主要功能。经济法保护秩序的目的决定了其责任功能主要在于建设社会经济秩序、保护社会经济和避免社会经济秩序受害,因而,经济法社会责任是以第一责任为主的责任。

(二) 社会责任是每个社会成员都承担的责任

经济法保护社会公共利益及其客体的特性,势必要求每个人都对其所处的社会秩序负有维护的责任,即人人承担维护社会经济秩序的责任。可见,经济法的社会责任的责任主体是所有社会经济活动的参与者,亦即人人都是责任主体,都对维护社会经济秩序、预防社会经济秩序受害及保护社会经济秩序负有责任。正因此,罗斯科·庞德说:"在社会中,每个人都有自己要履行的某种职能。不能容许他不去履行这种职能,因为如果他不去履行,就会产生对社会的危害。"[②]

这种责任对主体的要求包括两个方面:第一,人人都是参与社会经济秩序建构的主体和预防自身对经济秩序损害的主体。即作为经济法主体负有扮演好自身角色,发挥自身功能的促进社会经济秩序完善的责任,以及不损害社会经济秩序的责任。第二,人人都具有防止他人侵害社会经济秩序的责任。这意味着社会责任是人人(包括各类组织和个人)作为社会一员都有权通过告发或诉讼追究损害社会经济秩序者的责任。这是因为,社会责任的实现固然有依赖于各类主体自觉地履行,但由于人的理性存在固有的缺陷,往往导致社会责任难以有效履行。为了保证社会责任的实现,经济法设计了两种实施机制,即公共实施机制和

---

① 参见[澳]皮特·凯恩:《法律与道德中的责任》,罗李华,译,商务印书馆2008年版,第50—51页。
② [美]罗·庞德:《通过法律的社会控制法律的任务》,沈宗灵、董世忠,译,商务印书馆1984年版,第49页。

私人实施机制,并通过授予所有主体的告发权,以及通过"扩大原告"范围,给诸多主体授予诉权,使各种主体在不同实现机制中发挥其智识和信息优势,促使风险规制法的良性运行,这就使社会责任成为社会成员人人都可追究有责者履行的责任。但由于社会经济秩序是一种公共物品,对其的保护所获得的利益并不能归保护者排他性地所独享,因而,在履行社会责任上存在着"搭便车"现象,这意味着,扩大诉讼资格或赋予告发权,权利者也没有积极性行使其权利,为此,在经济法对违法者的责任形式中,往往规定有惩罚性赔偿责任。其中,赔偿额超过原告损害的部分实质上就是让其对社会损害承担责任,而原告获得的超过其损害的部分,实质上是对其履行社会责任的一种激励。

(三) 社会责任是对社会(共同体)承担的责任

社会责任是所有社会成员,即每个人对社会(共同体)承担的责任,可见,责任对象是社会(共同体)。前述社会的含义告诉我们,以整体主义观念和从法学视角看社会,社会是既可视为法律关系的主体(共同体),也可视为法律关系的客体。因而,对作为责任对象的社会也可从主体和客体两方面理解。

第一,从作为责任对象的主体看,社会责任所要回答的问题是对谁承担责任?从社会的含义看,社会责任是对共同体的责任。由于这种对社会共同体负责所产生的利益,作为社会共同体构成的社会成员人人都可以分享,因而,社会责任可以说是对每个共同体成员的责任。这里的所有社会成员具有公共的意味,即不是指一定时空中具体的个人,而是指开放的、不特定的、功能各异的所有参与社会经济活动中的人,或者说是所有处于社会经济秩序中的人。

第二,从作为责任对象的客体看,社会责任所要回答的问题是对什么承担责任?前述社会的含义告诉我们,在经济法中社会责任的客体是社会经济秩序本身。以整体主义观念看,社会先于具体的个人而存在,每个个体都是被"抛入"一定的社会中的,每个个体在被社会化的同时又参与着社会秩序的建构,个体与社会整体之间的关系是有机依存关系。从主客体关系的角度来讲,社会秩序就像财产、身体、行为等传统法律中的客体一样,是所有人获取其生存、发展以及利益的基础。作为一种新型的客体,社会秩序是由流变着的、扮演不同社会角色、具有不同功能无数主体,在一定价值共识下遵循一定的社会规范互动形成的一种结构性网络关系状态,简称网状结构关系体。其是历史地生成的,而不是当下的人在一夜之间建立的。其是否对处于其中的所有主体有益,即对其价值评价,既与一定社会的社会观念、文化传统有关,又与其社会发展状况、政治经济体制和人们的认识水平有关。其所承载的是社会公共利益。可见,作为经济法保护客体的社会,作为一种社会经济秩序状态,既不是单个行为的结果,也不是同一类型或相同角色(具有相同功能)的主体双边行为的结果,而是处于一定社会结构中具有不同功能的各类主体性行为互动的结果。其优劣在一定程度上又可依该社会行为规范的合理性对人的行为予以约束而人为地建构和变化。因而,任何人不仅都负有不损害其所处的良好关系状态的消极责任,也负有利用自己的智识促进社会规范的科学与合理并遵循之,以建构更优的社会经济关系状态的积极责任。

这意味着,有效良好经济秩序建构的核心就是经济主体行为规范的建构,以及被各类主体有效地遵守。因而,各类主体在经济秩序建构中的责任就是监督、遵守和完善经济法行为规范的责任。

第二节　经济法社会责任的法律实证

实证分析所要回答的是"是什么"问题,是对事实的描述。在法律研究中包括两个方面,一是对实定法的法律规定的描述,即说明对某种社会问题法律是如何规定的。二是对案件裁判结果的描述。本节主要以中国几个主要的经济法[①]的有关规定,从责任主体和责任对象的角度分析说明经济法是社会责任法。

一、责任主体的视角

责任主体的视角分析在于回答谁是社会责任的承担者?社会责任的特性决定,经济法中社会责任的承担者是所有参与社会经济运行活动的主体,具体来讲包括经营者、政府经济机关、社会团体和社会成员。

(一) 经营者的社会责任

1. 生产经营者的第一社会责任

经营者从事经营活动需要遵循根本的和一般的法律规定,因而,宪法和一般法律规定的社会责任经营者必须遵守。我国《宪法》第五十六条:中华人民共和国公民有依照法律纳税的义务,《公司法》第五条规定"公司从事经营活动,必须遵守法律、行政法规,遵守社会公德、商业道德,诚实守信,接受政府和社会公众的监督,承担社会责任",这些都构成经营者承担社会责任的法律依据。

而在经济法中,一些法律、法规直接规定了经营者的社会责任,如《消费者权益保护法》总则第六条规定"保护消费者的合法权益是全社会的共同责任"。有的经济法中虽没直接宣示经营者的社会责任,但从其规定的性质看则属于社会责任,如《企业所得税法》第一条规定"在中华人民共和国境内,企业和其他取得收入的组织(以下统称企业)为企业所得税的纳税人,依照本法的规定缴纳企业所得税",《反垄断法》总则中体现在第六条、第七条,[②]以及第二章"垄断协议"中第十三条规定的禁止限制竞争的横向协议,第十四条规定的禁止限制竞争的纵向协议,第三章"滥用市场支配地位"第十七条规定的禁止滥用市场支配地位限制竞争,第四章"经营者集中"第二十一条规定的经营者集中必须申报,不经批准不得集中的规定。《消费者权益保护法》(以下简称《消法》)第三章"经营者的义务"(十六条至二十九条)的全部规定,以及第三十三条第二款[③]要求经营者对于缺陷产品"停止销售、警示、召回、无害化处理、销毁、停止生产或者服务"的规定。这些限制性或义务性规定基本都是经营者的第一社会责任。《产品质量法》第三章"生产者、销售者的产品质量责任和义务"(第二十六至三十九

---

① 这里几个主要的经济法是指一般被经济法学界所公认的属于经济法的法律、法规,如属于市场规制法的反垄断法、反不正当竞争法、消费者权益保护法、产品质量法。属于宏观调控法的税法、中央银行法。

② 我国《反垄断法》第六条"具有市场支配地位的经营者,不得滥用市场支配地位,排除、限制竞争"。第七条第二款"前款规定行业的经营者应当依法经营,诚实守信,严格自律,接受社会公众的监督,不得利用其控制地位或者专营专卖地位损害消费者利益"。这里的前款规定的经营者在我国主要就是自然垄断和公用事业行业经营者。

③ 我国《消法》第三十三条第二款规定:"有关行政部门发现并认定经营者提供的商品或者服务存在缺陷,有危及人身、财产安全危险的,应当立即责令经营者采取停止销售、警示、召回、无害化处理、销毁、停止生产或者服务等措施。"

条)。这是因为,上述税法、消法、产品质量法和反垄断法对经营者的有关禁止性和义务性规定,虽没明确说是社会责任,但就责任对象讲,不言而喻其保护客体对象社会经济秩序(包括市场交易秩序和宏观的结构秩序),其受益的主体对象是不特定人(在场的和潜在的,现实的和未来的)经营者和消费者;从功能讲,它们都主要是面对未来的、重在积极预防。

2. 生产经营者的第二社会责任

这种责任主要体现在各种经济法律、法规中"法律责任"这一部分的有关责任形式的规定。其从制裁方式看,责任分为财产、行为、能力以及人身自由四种形式的责任。财产责任主要包括罚金(虽然在经济法的法律法规中没明确规定,但一般规定的刑事责任理应包括罚金刑,这从《消法》第五十七条、五十八条的规定就可看出①)、罚款、没收财产(如用于违法生产经营的工具、设备、原料等物品)、没收违法所得、多倍赔偿(《消法》第 55 条);行为责任主要包括停止违法行为(如《反垄断法》第四十六条"经营者违反本法规定,达成并实施垄断协议的,由反垄断执法机构责令停止违法行为"。《反不正当竞争法》第二十三条"公用企业或者其他依法具有独占地位的经营者,限定他人购买其指定的经营者的商品,以排挤其他经营者的公平竞争的,省级或者设区的、市的监督检查部门应当责令停止违法行为")、责令改正;能力责任主要是资格剥夺(如相关法律规定的吊销许可证、吊销营业执照)和信誉减值等(如《消法》第六十条最后一款的规定)②;人身自由责任仅在特别严重危害社会行为发生后承担刑事责任时发生。

这些责任之所以是社会责任,可以从两方面说明:一方面从责任发生的根据——违法行为的判定标准看,这些责任是行为人没有遵守有关产品质量标准、行为规范要求等有关经济法规定的义务等——第一社会责任(如标识明确、产品召回、合并申报、信息披露真实等),因而对不特定的人存在潜在损害的可能。而不是违反约定义务或侵权的结果,因此,这里的责任的发生,不以对特定人利益的损害为前提。另一方面从责任功能看,这些责任虽也具有惩罚功能,但主要是通过惩罚达到预防。因而,惩罚是手段性功能,而预防是目的性功能。而传统公法责任范式③的主要功能在于惩罚,预防只是一种反射性或附带性结果或功能。

(二) 政府经济机关的社会责任

1. 政府经济机关的第一社会责任

这种责任在所有经济法的总则中都有规定。如《反垄断法》总则中有两条规定,以及第九条和第十条有关国务院反垄断委员会和反垄断执法机关职责的规定。《反不正当竞争法》

---

① 我国《消法》第五十七条规定:"经营者违反本法规定提供商品或者服务,侵害消费者合法权益,构成犯罪的,依法追究刑事责任。"第五十八条规定:"经营者违反本法规定,应当承担民事赔偿责任和缴纳罚款、罚金,其财产不足以同时支付的,先承担民事赔偿责任。"

② 《消法》第六十条最后一款规定:"经营者有前款规定情形的,除依照法律、法规规定予以处罚外,处罚机关应当记入信用档案,向社会公布。"这不仅降低了经营者的经营能力,也相应地降低了其损害能力。

③ 私法责任范式,是以受害人为中心建立的,其主要功能补救受害人,使受害人恢复到损害行为没有发生以前的状态,即在于修复,因而,在其后的责任追究中受害人具有重要的关键作用。公法范式中的刑事责任,主要是以行为人为中心建立起来的,其主要功能在于惩罚违法行为,因而,在事后责任追究中受害人的作用并不重要。而行政责任,是以行政行为的作出者——行政机关为中心建立起来的,主要功能在于惩罚,以防止权力滥用给公民造成损害。其事后责任追究,主要以行政机关为主,受害的行政行为相对人起辅助作用。而社会责任范式,同时考虑到行为人和受害人,其功能不仅注重事先预防,也关注事后补救,因而,惩罚、补偿等救济手段并用。其事后责任的追究,就在既发挥公共执法机关执法的专业优势的同时也利用私人易于发现违法行为的信息优势。

总则第三条对各级人民政府制止不正当竞争行为的要求。《消法》总则第五条规定国家保护消费者的合法权益不受侵害。《产品质量法》第七、八、九、十条对相关政府和职能部门职责的规定。《中国人民银行法》总则除第一条和第二条的第一款外的其余七条多都是政府相关金融机关和中央银行的责任。《税收征管法》总则第三条、第五条、第七条,以及第八条规定的"税务机关应当依法为纳税人、扣缴义务人的情况保密。"这些都是政府经济机关所负的第一社会责任的基本规定。

除总则的基本规定外,各种经济法的法律、法规还在具体章节中对政府的第一社会责任做了具体规定。如《反垄断法》第三十条、三十一条的规定,①以及第五章"滥用行政权力排除、限制竞争"的规定和第六章"对涉嫌垄断行为的调查"中第四十四条规定的"反垄断执法机构对涉嫌垄断行为调查核实后,认为构成垄断行为的,应当依法作出处理决定,并可以向社会公布"。《消费者权益保护法》第四章"国家对消费者合法权益的保护"的六条规定(第三十条至三十五条)。《产品质量法》第二章"产品质量的监督"中第十五条第一款有关实行以抽查为主要方式的监督检查制度的规定。《中国人民银行法》第四章"业务"以及第五章"金融监督管理"的规定,以及第四十一条的规定。②《税收征管法》第三章"税款征收"中第二十八条的规定,③以及第三十七、三十八、四十条有关税务机关可采取税收保全措施的规定。

政府的相关经济机关作为公共组织,其设立的目的决定了这种责任不是对特定个体的责任,而是对所有社会成员的责任,因此,这些实则是对政府机关社会责任的规定。

与其他形式的私人主体相比政府经济机关积极的预设性社会责任,既有产生好结果的"建设性责任",也有致力于避免坏结果的"保护性责任",④而私主体的预设性社会责任主要是"保护性责任"。之所以在监管机关的社会责任中预设这一功能,是由于随着科学技术在生产中的广泛应用及生产社会化程度的不断提高,人的理性缺陷和局限导致的有害后果愈益严重,理性的缺陷使人们往往在社会经济活动中为了自身利益而疏于顾及对他人的损害,甚至故意损害他人。而理性的局限使人们即使想预防自身的有害行为的发生,但由于智识所限而难以做到。因而,依法设立专门性的政府经济组织,或授权一些公共经济组织履行特定职能,利用组织中各种专业人才的智识,制定特定的行为规范和标准,指引、监督、约束人们的行为促成好结果的发生和避免坏后果的发生在现代社会尤为必要,也是现代社会法、经济法的普遍做法。

2. 政府经济机关第二社会责任

这种责任主要体现在各种经济法律、法规"法律责任"中有关政府机关违法责任的规定。如《反垄断法》第七章"法律责任"中的第五十一条和五十五条的规定。《反不正当竞争法》第

---

① 我国《反垄断法》第三十条规定:"国务院反垄断执法机构应当将禁止经营者集中的决定或者对经营者集中附加限制性条件的决定,及时向社会公布。"第三十一条规定:"对外资并购境内企业或者以其他方式参与经营者集中中,涉及国家安全的,除依照本法规定进行经营者集中审查外,还应当按照国家有关规定进行国家安全审查。"

② 《中国人民银行法》第四十一条"中国人民银行应当于每一会计年度结束后的三个月内,编制资产负债表、损益表和相关的财务会计报表,并编制年度报告,按照国家有关规定予以公布。"

③ 我国《税收征管法》第二十八条:"税务机关依照法律、行政法规的规定征收税款,不得违反法律、行政法规的规定开征、停征、多征、少征、提前征收、延缓征收或者摊派税款。"

④ 参见[澳]皮特·凯恩:《法律与道德中的责任》,罗李华,译,商务印书馆2008年版,第50页。不过作者认为对凯恩的观点有必要稍作修改,即"保护性责任"与"预防性责任"虽都在于避免坏的后果的发生,但"保护性责任"在于行为者积极采取行动,防止他人的致害行为,而"预防性责任"则是积极采取行动防止自身有害行为的发生。

四章"法律责任"中第三十至三十二条的规定。我国《消法》第七章"法律责任"中第六十一条的规定。《产品质量法》第五章"罚则"第五十七条、第六十五条、第六十六条、第六十七条和第六十八条的规定。《中国人民银行法》第七章"法律责任"中第四十八至五十一条的规定。《税收征管法》第五章"法律责任"中第七十六条、第七十九至八十五条的规定。这些规定的责任形式从制裁方式看,主要是精神与能力责任,包括给予警告、行政处分(记大过、降级、开除、撤职)、引咎辞职、资格剥夺(如《产品质量法》第六十七条规定的撤销该检验机构的检验资格);另外,还有财产责任(如《中国人民银行法》第四十九条规定的"造成损失的,应当承担部分或者全部赔偿责任。")和人身自由责任,仅在特别严重危害社会行为发生后承担刑事责任时发生。

这些责任与传统的行政责任相似,但不是行政责任而是社会责任,对此可以从两方面说明:一方面从责任发生的根据看,这些责任并不是因行政行为对相对人造成了损害,而是行为人违反积极的社会责任,在经济法的法律、法规中就是没履行法定监管职责或者滥用职权(如检验机构、检验人员出具虚假检验报告),这种不履行法定监管或者滥用职权的行为并不直接对具体行政相对人造成损害,其行为本身也不产生安全隐患或产品损害,只是没能防止他人——生产经营者造成的安全隐患或损害的发生。另一方面从责任功能看,这种责任具有惩罚功能,但目的在于促使责任人履行监管职责,从而防止有安全隐患的产品进入市场,保护社会成员的人身安全与健康。可见其真正的责任对象是所有的社会成员,而不是特定的人。

(三) 社会团体的社会责任

1. 社会团体的第一社会责任

这种责任主要体现在经济法的市场规制中,其在几个主要的市场规制的法律、法规的总则性规定中都有,如《反垄断法》第十一条规定:"行业协会应当加强行业自律,引导本行业的经营者依法竞争,维护市场竞争秩序。"《反不正当竞争法》第四条规定:"国家鼓励、支持和保护一切组织和个人对不正当竞争行为进行社会监督。"《消法》第六条第二款规定:"国家鼓励、支持一切组织和个人对损害消费者合法权益的行为进行社会监督。"

另外,还专门制定具体条款落实总则中有关责任的规定,如《反垄断法》第二章"垄断协议"中第十六条规定:"行业协会不得组织本行业的经营者从事本章禁止的垄断行为。"《消法》专设第五章"消费者组织",共三条,其中第三十七、三十八条就是对其社会责任的规定。[①]另外《消法》第四十五条第三款规定:"社会团体或者其他组织、个人在关系消费者生命健康商品或者服务的虚假广告或者其他虚假宣传中向消费者推荐商品或者服务,造成消费者损

[①] 我国《消费者权益保护法》第三十七条规定:"消费者协会履行下列公益性职责:(一)向消费者提供消费信息和咨询服务,提高消费者维护自身合法权益的能力,引导文明、健康、节约资源和保护环境的消费方式;(二)参与制定有关消费者权益的法律、法规、规章和强制性标准;(三)参与有关行政部门对商品和服务的监督、检查;(四)就有关消费者合法权益的问题,向有关部门反映、查询、提出建议;(五)受理消费者的投诉,并对投诉事项进行调查、调解;(六)投诉事项涉及商品和服务质量问题的,可以委托具备资格的鉴定人鉴定,鉴定人应当告知鉴定意见;(七)就损害消费者合法权益的行为,支持受损害的消费者提起诉讼或者依照本法提起诉讼;(八)对损害消费者合法权益的行为,通过大众传播媒介予以揭露、批评。各级人民政府对消费者协会履行职责应当予以必要的经费等支持。消费者协会应当认真履行保护消费者合法权益的职责,听取消费者的意见和建议,接受社会监督。依法成立的其他消费者组织依照法律、法规及其章程的规定,开展保护消费者合法权益的活动。"第三十八条规定:"消费者组织不得从事商品经营和营利性服务,不得以收取费用或者其他牟取利益的方式向消费者推荐商品和服务。"

害的,应当与提供该商品或者服务的经营者承担连带责任。"《食品安全法》第54条第2款:"食品安全监督管理部门或者承担食品检验职责的机构、食品行业协会、消费者协会不得以广告或者其他形式向消费者推荐食品。"与第55条:"社会团体或者其他组织、个人在虚假广告中向消费者推荐食品,使消费者的合法权益受到损害的,与食品生产经营者承担连带责任。"

这种社会责任是向前预期责任中的保护性责任,这种责任的根据不仅在于这些主体利用了消费者对其权威的信赖而促成了交易,并直接从生产经营者处获得了利益,更在于其作为具有一定公共性的专业组织,并从社会上获得了一定资源,其职责在于维护公共安全,因而,按得失平衡的正义原则,其理应承担这一社会责任。

2. 社会团体的第二社会责任

这种责任主要体现在各种经济法的"法律责任"的相关条款中。如《反垄断法》第四十六条第三款规定:"行业协会违反本法规定,组织本行业的经营者达成垄断协议的,反垄断执法机构可以处五十万元以下的罚款;情节严重的,社会团体登记管理机关可以依法撤销登记。"其责任形式从制裁方式看,主要是精神与能力责任,包括给行政处分(撤职登记)和财产责任(赔偿损失)。这种责任不仅在于对众多食品消费者造成了损害,更在于滥用了社会公众的信赖。

(四) 社会成员的社会责任

这种责任体现在一些经济法律、法规中,一般有一条这样的宣示性规定:"任何组织或者个人有权举报×××违反本法的行为"。如《产品质量法》第十条规定:"任何单位和个人有权对违反本法规定的行为,向产品质量监督部门或者其他有关部门检举。"有的法律法规中则规定为:"国家鼓励、支持和保护一切组织和个人对×××违法行为进行社会监督。"如上述提及的《反不正当竞争法》第四条和《消法》第六条第二款的规定。这一规定既是权利,又是责任。作为权利,是因为任何组织和个人都是构成社会的成员,这些法律保护的社会经济秩序最终都直接或间接关系到任何组织和个人的利益,因而,任何人都有权利维护自身利益不受侵犯。之所以说又是责任,是因为这条规定针对的是没有直接受到违法损害的主体,举报生产经营者的违法行为,直接维护的主要是社会整体利益而不是自己的利益。因而,这种举报以及提出意见和建议与其说是权利,还不如说更是一种社会责任。

另外,《税收征管法》第十三条规定:"任何单位和个人都有权检举违反税收法律、行政法规的行为。收到检举的机关和负责查处的机关应当为检举人保密。税务机关应当按照规定对检举人给予奖励。"第五条第三款规定:"各有关部门和单位应当支持、协助税务机关依法执行职务。税务机关依法执行职务,任何单位和个人不得阻挠。"《反垄断法》第三十九条第二款第二项规定的:反垄断执法机关在执法时有权"询问被调查的经营者、利害关系人或者其他有关单位或者个人,要求其说明有关情况"本身就意味着是一种社会责任。

这里的社会责任基于主体的社会成员身份所享有的社会性权利,是权利性社会责任,即使没有履行,也不造成社会损害。加之对生产经营者的违法行为的发现及对相关监管提出意见和建议具有一定的或然性,人们是否履行这一责任难以判断,因而,也就不会产生具有制裁性的第二社会责任。而前两类主体的社会责任,或基于其行为的社会性所具有的潜在的社会损害性,或基于作为公共部门的职责。其不履行会给社会造成损害,因而,当第一责任没履行时,要承担第二责任。

在经济法的法律、法规中,以上四类主体包括了社会上所有参与社会和经济活动的人

（自然人和法人），因而，社会责任从第一责任讲，意味着是人人对人人的责任，可以说现代法治社会是人人责任①的社会，或者说是一个责任社会。

二、责任对象视角

按对经济法社会责任的规范性分析，所有责任主体在经济法秩序建构中的责任对象可从两方面说明：一是对什么承担责任？即责任的客体是什么？二是对谁承担责任？即作为责任对象的主体是谁？

（一）经济法社会责任指向的客体

经济法社会责任指向的客体实质上与经济法保护的利益客体相同，即社会经济秩序。具体体现在现行的经济法律、法规中主要有两方面：一是法律的宗旨或目的性条款，二是具体责任设置的目的。

1. 体现于法律宗旨中的客体对象

《反垄断法》第一条规定："为了预防和制止垄断行为，保护市场公平竞争，提高经济运行效率，维护消费者利益和社会公共利益，促进社会主义市场经济健康发展，制定本法。"《反不正当竞争法》第一条规定："为保障社会主义市场经济健康发展，鼓励和保护公平竞争，制止不正当竞争行为，保护经营者和消费者的合法权益，制定本法。"《消法》第一条规定："为保护消费者的合法权益，维护社会经济秩序，促进社会主义市场经济健康发展，制定本法。"《产品质量法》第一条规定："为了加强对产品质量的监督管理，提高产品质量水平，明确产品质量责任，保护消费者的合法权益，维护社会经济秩序，制定本法。"《广告法》第一条规定："为了规范广告活动，保护消费者的合法权益，促进广告业的健康发展，维护社会经济秩序，制定本法。"从这五部被经济法学界认为属于市场规制法的宗旨看，它们都把"保护消费者的合法权益，维护社会经济秩序"作为其根本。由于这些法中的"消费者"可以说是现实中所有的人，主要是从保护的主体来界定保护对象的。②

《中国人民银行法》第一条规定："为了确立中国人民银行的地位，明确其职责，保证国家货币政策的正确制定和执行，建立和完善中央银行宏观调控体系，维护金融稳定，制定本法。"《税收征管法》第一条规定："为了加强税收征收管理，规范税收征收和缴纳行为，保障国家税收收入，保护纳税人的合法权益，促进经济和社会发展，制定本法。"其中，中央银行法规定的"保证国家货币政策的正确制定和执行，建立和完善中央银行宏观调控体系，维护金融稳定"本身就属于宏观经济秩序的一部分，而《税收征管法》规定的"促进经济和社会发展"则是建立在宏观经济秩序良好的基础上。所以，从保护的客体看它们保护的客体也是社会经济秩序中的宏观社会经济结构秩序。

2. 体现于具体责任中保护的客体

从上述实证分析的责任主体承担的社会责任的形式看，这些责任的实质是要求各类主体按其在秩序结构中的角色相应的行为规范或标准做分内之事，因为社会经济秩序的形成，

---

① 以整体主义看现代法治社会，不论是政府权力，还是个人权利，都是缘于社会生活的需要而授予和赋予的。因而，不仅政府作为公共部门，其权力（职权）负有社会责任不得滥用，政府是责任政府；个人作为社会成员，其权利也负有社会责任而不能滥用，个人也是责任个人。

② 从终极意义上所有的人要生存和发展都必须消费，所有的人必然地被卷入一定的消费关系中，因而，所有的人都是消费者。

最基本、最重要的是政府经济机关依法制定合理的规则，并据规则执行经济法律法规，以及生产经营者按经济法律、法规的要求从事经营活动。而社会组织和成员的社会责任主要是辅助性的，如参与相关经济规制机关制定规则或监督执法，以保障规则的合理性和执法的合法性，或通过告发、起诉政府经济机关或经营者的违法行为，遏制违法行为，间接实现对社会经济秩序的维护，从结果或目的看，却旨在消极防御既有社会经济秩序被破坏。因而，其主要指向既有社会经济秩序。

（二）经济法社会责任指向的主体

经济法社会责任指向的主体，与经济法保护的利益客体相关，是处于社会经济秩序中的人。具体体现在现行的经济法律、法规中主要有两方面：一是法律的宗旨或目的性条款，二是具体实施制度中的起诉资格或告发权。

1. 体现于法律宗旨中的主体对象

从前述对经济法主要法律的目的性条款的描述看，在市场规制法中，《反垄断法》规定"维护消费者利益和社会公共利益"，《反不正当竞争法》规定"保护经营者和消费者的合法权益"，另外三个法律（《消法》《产品质量法》《广告法》）则都只规定"保护消费者的合法权益"。由于竞争关系是一种经营者之间争夺消费者的三方关系，因而，对竞争的损害，受害的主体是与其有竞争关系的众多经营者和消费者（即主体视角的公共，指开放的、不特定的多数人），这两者可以说包括了市场经济中参与经济活动的所有成员。而纯从交易的角度看，交易中的消费者可以说是社会中所有的成员。因而，经济法市场规制法中的责任的主体对象可以说是所有的人。

宏观调控法的规定中虽然不能直接反映出其保护的主体，但由于其保护的客体是经济结构，而经济结构是公共物品，任何人都能从中获益，因而，受保护的主体事实上是所有社会成员。

2. 体现于实施中被保护的主体

据经济法的法律规定，对于违法行为的遏制主要有两方面，即执法和司法。在执法中体现的参与协商，如抽象执法（规则制定）中的专家、利益相关者参与制定规则，以及具体执法中的执法和解，以及启动中可以依执法机关行使执法权而主动启动，也可依一切组织和个人对违法行为的检举而启动。[①] 这意味着任何组织和个人都是违法者所承担的社会责任的主体对象。

第三节　经济法的规范路径

经济法保护的社会经济利益的公共性，需要经济法主体履行社会责任，决定了其对利益的保护方式，也决定了其对行为规范的路径。这两方面的差别，影响着不同部门法的核心规范选择和规范结构也不同。

一、经济法保护利益的方式

在法律发展过程中形成了两种保护利益的方法，即积极的增益和消极的妨害。积极的

[①] 参见《产品质量法》第十条、《反不正当竞争法》第四条和《消法》第六条第二款的规定。

增益,就是通过对有益行为的允许或激励促进利益的增加。消极的妨害,就是通过对有害行为的禁止或制裁,防止利益的减少。从法律发展史看法律对利益的保护方式,我们不难发现,近现代法律对利益的保护虽一直存在着积极的增益和消极的妨害两种方式。① 但这两种保护利益的方式并不是同时产生,且它们在不同部门法中的地位和作用也不尽相同。

(一) 法律保护利益的方式及其结构的历史演化

从历史发展分析,影响两种利益保护方式的最为重要的因素是法律保护利益的属性。在20世纪中叶以前,即在近代社会及现代社会发展的早期,社会的纷争主要是以私人物品为客体的私人利益的纷争,社会的主要问题就是此类纷争引发的问题。而作为现代社会问题发源的西方,其主流社会观念即是自由主义的个人主义,法律的主流观念也是如此。以此为基础建立的法律制度,以保护个人利益为归宿,其保护的最有效的工具是个人权利。这意味着,个人利益的增加主要以自己行使权利而获取,个人利益受害依个人行使请求权得到保护。法律除要求人不侵害他人的权利外,虽不禁止,但并不强制、也不激励人们作有益于其他个人利益而行为。因此,这一时期的法律制度中,虽也有一些个别的法律规范激励人从事有益于社会的行为,但数量极其有限,这时的法律主要目的和功能是防范有害行为。这意味着,这一时期法律对利益保护的方式主要是消极的妨害。

而19世纪末以来,特别是20世纪中叶以来,随着经济法、环境法、风险规制法等保护公共利益的法律制度的不断发展。加之,在这些保护公共利益的部门法律制度早期的发展中,受既有法律思维的影响,对公共利益的保护仍主要采取消极妨害的保护方式难以实现这些新兴法律部门的法律的目的,于是在这些新兴部门法中,不仅规范构成中强制性的义务规范处于主导地位,且逐渐产生了积极的增益的保护方式,相应为增进公共利益而产生了倡导性规范,其中包括激励有益公共利益行为的激励性规范。可以说,在新兴的保护公共利益的现代部门法中,其对利益的保护已从传统法单一的消极妨害路径,转向二元的消极妨害和积极增益相结合的保护方式。

(二) 传统法律选择防害式保护的合理性

这里的传统法律部门,指19世纪中叶前已经存在的法律部门,与其相对应的是指,19世纪末以来形成的新兴法律部门,包括经济法、环境法和社会规制法。我们知道,19世纪末以前,在个人的利益构成中私人利益处于举足轻重的地位,因此,传统部门法保护的利益基本都是私人利益。其保护的方式一般都采取单一的消极妨害方式。这是因为,每个人的境遇不同、偏好不同,因而每个人的利益诉求千差万别,因此,任何人不可能知晓他人对私人利益的诉求,每个人是自己私人利益的最佳判断者。且每个人有积极保护自己私人利益的激励或动力。因此,法律只要求人不损害权利人的权利,以及不损害体现于个人权利上的私人利

---

① 这在经济法中对经济行政机关行为的规范中也有体现。行政法的新进展主要体现在"行政规制法",传统行政在分权的政治体制中主要是执行行政,以具体行政行为为主。行政法法主要是通过控权,防止行政权力滥用对相对人造成损害,同时,通过受害人提起行政诉讼维护自己权利。而经济法中的行政带有很强的经济决策性,其中专门的规制机关(行政机关)被授予准立法权、准司法权就是如此,这些行政行为是公共性影响行为,而在这些权利的行使中往往依靠利益相关者、相关专家参与,促使其行为(决策)科学和理性,以促进社会利益的增加。由此可见,传统行政法主要是控权防害行政法。而经济法等现代行政规制领域,对规制机关规制行政行为的规范主要在于利用利益相关者、专家的专业知识和信息优势,协助行政机关,使其规制科学合理化,以有利于公共利益的增加。可见,规制行政法主要是协助行政权行使增进公共利益的行政法,简称"助权增益"行政法。

益,仅仅靠相关私人物品的私人权利制度,界定清私人物品权利的获取和归属,通过权利人行使其权利就可以实现对私人利益有效保护。而法律对人行为的激励通常以利益为其导向,需要耗费公共资源,这意味着,法律激励人从事有利于特定人的私人利益的行为,就是用公共资源为特定个人利益服务,有违法律的公正和合理性。因此,法律不能激励行为人从事有益于他人私人物品及私人利益增进的行为。

我们知道,在近现代早期,社会经济发展水平不高,经营者因规模所限,其行为主要是私人性影响行为,虽然也存在一些抽象的具有公共性影响行为,但影响的地域相对狭小、人数相对有限,因而,即使有害(公害),其许多公害也是地方性或局部性公害。这意味着,此时的经营者有能力承担其损害,且有能力恢复或弥补其行为所造成的损害。因而,当经营者的违法行为造成损害时,对其予以惩处,不仅可以遏制其违法行为,且可以使其造成的损害得到补救。这决定了,早期的经济法受传统部门法保护私人利益的方式影响较大,对利益的保护主要是依事后的具体执法和司法,即依规制机关对违法行为的惩罚(主要使违法者承担行政责任),以及依受害者提起民事诉讼使其承担民事责任(主要是赔偿责任)。由于这两种遏制方式都启动于违规之后,危害已经发生,因而,其实质是一种事后的被动实施行为,主要采取的手段是惩罚,目的在于让违法者承担违法行为造成的损害,使违法者造成的社会成本再化为私人成本,从而使违法者不能从违法行为中获益,甚至使其得不偿失,以遏制违法者今后再实施违法行为,或警示潜在违法者不得从事违法行为。这也是在近代社会以及现代社会早期,在以保护个人的私人利益为主的传统部门法中,长期都是采取单一消极妨害的方式保护利益的原因。

(三)经济法选择二元保护方式的合理性

随着社会经济的发展,到19世纪末,特别是第二次世界大战后高度发展的现代社会,公共物品的范围和公共性程度都有了巨大发展,以至于对公共物品的损害造成的对公共利益的损害可能带来灾难性后果。加之,法律对于以公共物品为客体的公共利益保护,采取单一的消极妨害方式本身所具有的缺陷已充分呈现。其原因有以下几点。第一,对公共物品的保护,一般是通过建立专门的执法机关或者授权行政执法机关通过执法实现的。而执法机关的人力、物力有限,加之,行政机关缺乏执法的激励。第二,个人没有保护公共利益的激励。虽然,对有的公共利益的损害伴随着有具体受害人,通过赋予受害人诉讼权,利用受害人通过维权可反射保护公共利益,但对于纯粹性公共利益的损害(没有具体受害人的公共利益损害)则多数人缺乏维护的激励,只有个别具有公共利益偏好的人具有保护公共利益的动力,因此,即使授予社会成员有权防止损害公共利益的行为,也很少或者说只有极少的人行使此类权利维护公共利益。因此,虽然每个人都享受公共利益,理应承担保护公共利益的社会责任。但行使权利需要耗费成本,加之,个人可以"搭乘"他人保护公共利益的便车。从行为经济学来讲,通常在要求人们对公共利益贡献时,如果一种制度能够"保证其他人都能同样做的话,他们就愿意作出贡献。如果他们作出贡献而别人不做,他们就会觉得他们是受害者。"[1]可见,赋予个人权利,以个人行使权利的方式使人承担社会责任不是一种有效的方式。另外,对于损害公共利益的行为,也不是所有的社会成员都具有同样的认知和了解,且每个人保护公共利益的能力不同。因此,法律不可能强制所有的人履行社会责任。为此,在现代

---

[1] [美]孙斯坦:《自由市场与社会正义》,金朝武等,译,中国政法大学出版社2001年版,第18页。

法律中为促使人履行社会责任,往往采取激励方式,即以利益诱导,以激发具有增进社会公共利益能力和优势的人,从事有益于社会公共利益的行为,保护和增进公共利益。可见,积极增益是勃兴于保护公共利益的现代法律制度的新的保护利益方式。

经济法保护的社会整体经济利益的公共性,决定着在经济法的发展过程中对行为的控制不仅要防止公共性经济有害行为的发生,而且要主动地以激励方式促成有益于社会的公共性经济影响行为的发生。这种对公共利益的保护方式的转化从法的制度变迁视角来看,就是产生了许多政府或社会机构对经营者经营行为提供服务、指导或激励等规范,以实现经济法对公共利益的保护。另外,在保护公共利益上,以激励性的规范增进公共利益也具有公平合理性。因为,从事公益行为生产的是公共物品或者改善的是公共物品,而公共物品理应由公共提供,但不一定要政府生产,政府可以向社会购买。激励从经济学视角看,实质上可以看作是政府向社会成员购买其生产的公共物品。从公法理论看,人们从事公益行为实质是为了提供公共物品或公共利益而付出了特别代价,对这种特别代价应支付对价。激励就是公共机关对个人为公共利益所特别花费而支付的对价。

二、经济法规范有害行为的路径

在法律发展过程中对有害行为的控制,发展出两种规范行为的路径,即事前规制和事后责任。这两种不同利益的保护方法,以及对有害行为规制的不同路径,分别适用于对不同性质利益的保护。虽然在经济法制度的发展过程中,对公共经济利益的保护方式发生了变化,产生了大量的积极的增益性保护制度,但从总的制度构成来说,消极防害,亦即通过规范控制有害行为,防止公共损害的发生仍是经济法保护公共经济利益的重要方式,而法律在控制有害行为的发展过程中形成了两种不同的路径,即事后责任和事前规制。这两种路径是基于两种不同的观念而产生的,它们各自有适于其发挥作用的条件或因素。

(一) 防止有害行为的两条路径及其性质

事后责任是间接的预防,其典型就是侵权责任,是个人主义的、私人性质的。其规则的运作依赖受害人在损害行为发生后寻求救济,主要是提起损害赔偿之诉,通过让加害人承担损害赔偿责任所产生的威慑来遏制有害行为的发生。承担责任就是让加害人对其有害行为花费代价,从而使行为人对从事某种行为的预期收益与预期成本(取决于惩罚的概率与责任的大小)予以权衡,决定是否从事该行为。正因此,在法律责任的设定上形成这样一个原则,即不能让违法者从违法中获得好处。这一原则实质上是基于理性人,以及人有能力对自己行为负责的假设。而安全规制则是直接的预防,是共同体主义的、具有公共性,[①]其运作主要是依赖公共机关于有害行为发生前颁布标准、禁令以及其他形式的安全规制等,从而较为直接地修改人们的行为,以防止有害行为的发生。这类法一般都遵循预防原则,这一原则是基于人只具有相关理性,以及由于公共性损害行为造成的损害巨大,行为人一般难以具有对自己行为负责的能力的假设。

(二) 决定规范路径选择的影响因素

在对有害行为的遏制上,上述两种路径哪个更优?对这一问题不能抽象地予以回答,而

[①] 对事后责任的私人性和事前规制的公共性观点的论述,可参见[美]史蒂文·夏维尔:《损害赔偿责任抑或安全规制》,罗玥译,载[美]唐纳德·A.威特曼编:《法律经济学文献精选》,苏力等,译,法律出版社2006年版,第92页。

应根据被规范行为可能造成损害的特性来决定。影响选择何种路径控制有害行为的因素主要有四个：第一个因素，是行为主体与规制机关在对损害行为认识上的差异，主要表现为对行为的收益、降低行为损害的费用、损害发生的概率以及损害的大小等信息了解的差异。一般来说，当行为人对这些行为信息拥有更完备的认识时，他们就能够更好地作出有关损害防范的决策，这意味着使用责任规则防范损害发生是较优的选择。倘若规制机关对某种行为有害性及防控信心的掌握比行为人更为完备，则使用安全规制比责任规则为优。第二个因素，是行为主体是否具备承担其行为造成的全部损害赔偿的能力。据经济学和法学理论，当行为人造成的损害远远超过其承担责任的能力（主要体现其拥有的资产）时，如按责任规则控制行为人的损害行为，由于行为人只以自己的财产承担有限责任，这时行为人就没有预防损害行为发生的激励，这意味着，不宜以责任规则预防这种有害行为，而选择安全规制规则防止则为较优的选择。第三个因素，是行为人对自己的有害行为承担责任的概率。这个因素主要取决于损害行为是否会被受害人提起损害赔偿诉讼，以及能否胜诉。一般来讲有三种损害行为不会被提起诉讼。一是虽然损害分布很广或受害人很多，但每个人所受损害的损失却不大，这意味着，单个人提起诉讼，即使胜诉获得赔偿也难以补偿诉讼所花费的，亦即诉讼得不偿失，理性人就不会从事诉讼。二是损害行为发生与损害后果的呈现具有较长时间的时滞，由此导致损害发生时被害人提起诉讼的举证困难，或因加害人停止经营（注销法人）而使加害人消失，从而使原告失去被告人。三是在损害是由多种原因造成时，难以将损害归因于那些在事实上对损害负有责任的行为人。第四个因素，在运用侵权体系或直接规制的时候，私人主体（加害人和受害人）或公共机关所耗费的公共费用（包括规制机关执法费用和法院审判费用）。① 一般来说，应选择行政费用低的规范方式选择规制规则还是责任规则。

（三）经济法规范路径的选择

上述两种规则的性质及其分别适应规范的行为特性，我们再关照经济法等新兴部门法规范的行为——公共性行为——影响公共物品的行为。由于经济法规范是公共性经济行为，这种行为从影响后果看可能对公共经济有益，也可能有害。可见公共性经济行为包括公益行为和公害行为。这意味着，从遏制有害行为的视角看，经济法律制度要控制的有害行为就是经济公害行为，而经济公害行为的特性决定，应选择规制路径防止损害发生。就现代社会经济运行看，具有实施公共性经济行为的主体，都是具有巨大经济力量的经营者，或者政府经济机关。加之，这种损害的客体是社会经济秩序，而社会经济秩序是一个有机系统体系，因此，这种有害行为造成的损害具有扩散性、巨大性、难以计量性，且行为与损害后果的因果关系难以说明。这意味着，这类行为的损害具备选择规制规则的四个要素。正因此，新的法范式实质上就是以规制规则为主导的，因而，经济法可称为规制型法。

第四节 经济法规范的类型及其构成

以法律规范的效力强度或对人行为影响的程度为标准，存在三种不同性质的规范类型，

---

① 以上影响规制或责任规则选择的四个因素的详细论述可参见：[美]史蒂文·夏维尔：《损害赔偿责任抑或安全规制》，罗玥译，载[美]唐纳德·A. 威特曼编：《法律经济学文献精选》，苏力等，译，法律出版社2006年版，第93—98页。

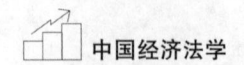

即强制性规范(义务性规范)、任意性规范(授权性规范)和倡导性规范。它们不仅产生于法律发展的不同阶段,具有不同的功能。且它们各有其使用的条件,因此,它们在不同时代,不同部门法中各自所占的地位及其功能也不相同。下面对三种类型规范的基本含义和产生的过程分析,说明经济法的规范构成。

一、三种性质的规范类型

从现代法对人的行为规范来讲存在着三种性质的规范类型,即强制性规范(义务性规范)、任意性规范(授权性规范)和倡导性规范。

(一)强制性规范(义务性规范)

强制性规范是指行为人必须依照法律对行为的要求而作为、不能以其个人意志而作为的规范。强制性规范在法律上的表现通常就是义务性规范,即要求人们必须为一定行为或不为一定行为的规范,包括命令性规范和禁止性规范两种。其中,命令性规范要求人(包括自然人和法人)必须做一定的行为,即"人必须为一定行为",其在法律条文中,多以"应当""应该""应""必须""义务"等词语来表达。这类规范目的的实现需要行为人积极作为;禁止性规范要求人(包括自然人和法人)不许做一定行为,即"人不得为一定行为",属于"禁止人采用特定模式的强行性规范",这类规范目的的实现不需要行为人积极作为,只需消极的不作为。禁止性规范又包含"取缔规范"和"效力规范"。其在法律条文中,多以"不得""不许""严禁""禁止"等词语来表达。可见,义务性规范具有强制性,属于强制性规范。

(二)授权性规范(任意性规范)

任意性规范是指法律允许行为人根据自己的意志选择作为还是不作为。其在法律上通常表现为授权性规范,是指授予公民、公职人员、社会团体和国家机关可以自行抉择做或不做某种行为的法律规范,即"人可以为一定行为或不为一定行为"。其在法律条文中,多以"可以""有权""享有""具有"等词语来表达。由于做或不做某种行为由当事人自己选择,因此,属于任意性规范。

(三)倡导性规范

倡导性规范又称鼓励性规范、引导性规范、提倡性规范。有学者提出提倡性规范是指在一定条件下鼓励、提倡人们为或不为一定行为的规范。[①] 包括一般提倡性规范和激励性规范。一般提倡性规范,法律规定只是提倡、鼓励人们为一定行为,并不对为该行为者予以相应的权益。在法律中通常使用"鼓励""提倡"等词语来表达。这类规范是现代法律制度的产物。这里的现代法律制度包括两方面,一是传统部门法的现代化,通常表现在传统部门在进入现代社会以来,通过修订而产生的新规范。如在现代宪法、民商法和行政法中产生的新规范。二是为应对现代社会的新问题而产生的新的法律部门,如经济法、环境法、社会法等现代法律制度;激励性法律规范,可以说是一种强倡导性法律规范,它以一定的权益激励人为或不为一定行为。这种法律规范旨在促使人从事社会共同体意欲的行为,为此而赋予从事该行为者获得特定权益,即"人做或不做某行为就可获得某种权益"。被激励的行为通常是

---

① 参见漆多俊:《论经济法的调整方法》,载《法律科学》1995年第5期。

有益于社会公共利益的行为,其在法律条文中多以先规定的一些拟激励的行为内容,然后规定如行为人作了法律规定的行为就可以获得"税收减免""财政补贴""奖励"或可请求"多倍赔偿"等,其实质是一种附条件的授权行为,是有限制的选择性规范或者说是"准选择性规范"。

二、影响规范类型选择及其规范结构的因素

一个部门法选择什么样的规范类型或规范结构受两方面的影响,一是受时代所决定的法律的行为规范类型影响,二是受部门法的价值目标,以及由此决定的该部门法规范的行为类型影响。

(一) 影响规范类型及其结构选择的历史分析

在法律的发展演化过程中,强制性规范、任意性规范和激励性规范并非伴随着法律的产生而同时产生。从法律发展史看,强制性(义务性)规范、任意性(授权性)规范产生的早,它们是随着法律的产生而产生的,并在法律制度发展很长时期内,或者说直到现代社会前,法律制度的主要规范类型是强制性规范和任意性规范,几乎没有激励性规范。倡导性规范可以是现代社会法律发展的产物,而其中的激励性规范则是为解决现代性问题而产生的新兴部门法(经济法、环境法和风险规制法)的产物。但直到现今,虽然在现代法律,以及现代新兴部门法律制度中,大量出现了倡导性,特别是激励性规范,但在法学理论上并没从对人行为影响的强度上把此类规范作为一种与强制性规范和任意性规范相并列的规范类型,理论法学在论及法律的规范类型时,仍然只提到前两种规范类型,而没有倡导性,特别是激励性规范。[①] 只是在部门法中,如在商法、经济法中,有学者提倡导性规范,并认为传统部门法并没有这一概念,但民商法学者所提的倡导性规范中并不包含激励性规范。[②] 可见,倡导性规范是现代法律制度的产物,而其中的激励性规范则是现代新兴部门法中新产生的一种规范类型。

就三种规范在不同时期法律制度中的地位和结构来讲,它们在法律中的地位和构成是随着时代的变化而变化的。在近现代以前,社会生产力发展水平和社会文明程度较低,以及身份制社会,使得强制性规范在法律中处于主导地位,选择性规范则处于辅助地位。这时期的法律规范主要是义务性规范,即以义务性规范为主导,或者说以义务性规范为基点,这一时期的法律被称为义务本位法。启蒙运动至 19 世纪末,随着社会生产力的发展,民主政治和法治社会的建立,这时期的法律注重对个人的自由和财产的保护,法律也转向主要以选择性的规范为主导,法律中授权性规范虽然由授权性规范和义务性规范构成,但授权性规范处

---

① 如有学者按法律规则的内容把法律规则分为"授权性规则、义务性规则和权义复合性规则"。其中权义复合性规则兼具授予权利、设定义务两种性质的规则,这种规则大多是有关国家机关组织和活动的规则。参见张文显主编:《法理学》,高等教育出版社,2018 年第 5 版,第 117—118 页。有学者认为,"依照法律规范所表明的行为要求程度的不同,法律规范可分为强行性规范(或强制性规范)与任意性规范"。葛洪义主编:《法理学》,中国政法大学出版社 2002 年版,第 225 页。

② 这一概念的提出最早可参见漆多俊:《论经济法的调整方法》,载《法律科学》1995 年第 5 期。也可参见漆多俊:《经济法基础理论》,武汉大学出版社,2000 年 1 月第 3 版,第 181 页。但这类规范是现代法的规范,而非经济法独有的新型规范类型。民商法学者王轶分别对合同法、公司法中的倡导性规范予以论述。对此可参见王轶:《论倡导性规范——以合同法为背景的分析》,载《清华法学》,2007 年第 1 期;王轶:《民法典的规范类型及其配置关系》,载《清华法学》,2014 年第 6 期。

于主导地位,是这一时期法律制度的规范重心,或基点规范,而义务性规范则处于辅助地位。这一时期的法律被称为权利本位法。19世纪末以来,由于社会生产力的高度发展,生产社会化提高,人的生存和发展对自然和社会经济环境依赖性增强,以及对个人权利过度强调带来不良社会后果的反思,现代法律制度逐渐强调人的社会责任。于是对人的具有公害性的行为的禁止,以及对人的具有公益性行为的倡导新规范,特别是在新兴的以保护社会公共利益为主旨的部门法中激励性规范逐渐兴起。且在授权性规范中,对一些权利的行使条件、行使方式予以了一定限制,这一时期的法律,即现代法被称为社会本位法。

(二) 影响规范类型及其结构选择的价值分析

法律规范从一定意义上讲,是实现法律目的的工具。作为工具,对实现法的目的来说何种法律规范类型为优?对此,不能简单回答,法律类型及其结构的选择与法律的目的或法律保护的利益有关。因此,法的目的或价值目标是影响法的规范类型、积极规范结构的主要因素之一。部门法对规范类型及规范结构的选择与部门法的目的,或者说与部门法保护的利益有关。

一般来讲,对于私人利益,即体现于私人物品之上的,在享有上具有排他性、竞争性的利益。宜于以任意性的权利性规范来保护,这里的保护有两层含义,即通过创造增加利益和通过保护防止利益受损害而减少。这是由私人利益在享有上具有排他性和竞争性的特性所决定的,这两个特性意味着,人通过对其私人利益的保护能独享该利益。我们知道,人作为理性的存在,其行为总是追求利益最大化。而从事某种行为本身就要花费代价(成本),因此,只要行为的收益大于行为本身所花费的代价人们就有从事该行为的动力。因此,只要界分清私人物品的权利,理性的个人就有积极性通过行使权利或不行使权利使自己的利益最大化,即最优地保护其利益。可见,权利这种任意性规范是保护私人利益的最佳工具。而强制性的义务性规范只是要求人不侵害他人的权利利益,因而只是辅助性、消极地保护私人利益。可见,对私人利益保护的法律是以任意性规范为主,以强制性规范为辅的规范结构。

而对于公共利益的保护,则不宜用任意性(授权性)规范,而宜用强制性(义务性)和倡导性中的激励性规范来保护,这是由公共利益在享有上具有非排他性和非竞争性的特性决定的。公共利益的两个特性意味着,行为人行使权利保护的利益不仅不能归其独享,而且其他人可以"搭乘"行为人保护公共利益的便车,即在对公共利益的分享上,其保护公共利益的人并不比其他不保护的人具有优越性,而行为人的保护行为是要花费一定代价的。因此,理性人就不具备从事保护公共利益行为的动力。因此,即使授予人保护公共利益的权利,多数人也不会行使该权利。这意味着,以权利这种任意性规范保护公共利益,其目的往往难以实现。同样,既然公共利益在分享上具有非排他性、非竞争性。公正要求凡是分享的人都必须为公共利益的创造和维护支付对价,否则,公共利益就难以得到保护。在法律上就应以强制性的义务性规范,要求人为或不为一定行为。但在现实社会中,由于公共利益的多样性,特别是大量部分性公共利益(包括区域性公共利益、群体性公共利益)①的存在,加之,每个人因

---

① 部分性公共利益是与整体性公共利益对应的概念,包括地区性公共利益与群体公共利益两方面。地区性公共利益,是与全国性公共利益对应的概念,全国性公共利益是存在于全国性公共物品上的利益,如国防给全国人提供的安全利益。地方公共利益则是体现在地方性公共物品上的利益,如地方治安给在该地方从事经济活动和生活的人提供的安全利益。群体公共利益是与全民性公共利益相对应的概念,全民性公共利益是存在于一定范围的所有民众都可消费的公共物品上的利益,如良好的环境给人提供的利益。群体性公共利益是存在于只能归特定群体消费的公共物品上的利益,如社保只是给符合条件的弱势群体带来利益。

对公共物品消费程度差异,使得对公共利益的创造和保护,不是所有的人都具有同样的能力或保护的优势,为了使在保护某种公共利益上有能力或优势的人利用其能力、发挥其优势,法律利用激励性规范,激励人们从事保护公共利益的行为。而行为人保护公共利益的行为,需要花费代价,这种代价与一般不做此类行为的人比,是一种特别花费,因此,对行为人的激励措施实质是社会(公共)对行为人保护公共利益的行为所付出的特别花费支付对价。同时,在社会中总是存在一些具有保护公共利益偏好的人存在,因此,利用任意性规范和倡导性对公共利益的保护仍能发挥一定的作用。因此,对公共利益的保护的法律是以强制性规范和激励性规范为主,以任意性规范为辅的规范结构。

三、经济法规范类型选择及其规范结构

经济法选择什么规范类型作为其主导规范,以及选择什么样的规范结构是由其所产生的时代法律所发展出来的法律规范类型,以及其目的所决定的要保护的利益特性决定的。

(一) 经济法产生的时代背景及其规范结构

从前述有关经济法产生和发展的时代背景的论述我们知道,经济法产生于19世纪末,社会生产高度发展的现代市场经济社会,其解决的是现代混合经济条件下,经济持续稳定发展所需要的良好社会经济秩序问题。因此,经济法是现代法。这一时期法律的性质发生着变化,即从个人本位(权利本位)向社会本位转化,法律更强调人的社会责任。这种转化体现在法律规范类型及法律制度的规范结构的变化上,就是新的法律规范类型——倡导性规范,特别是激励性规范的产生,以及在新兴部门法律制度的规范结构中,以强制性的命令、禁止性规范为主,以倡导性规范为辅,以任意性规范为补充。

经济法产生和发展所处的时代,与现代法律制度的产生和发展同步,其本身就属于现代法律制度。因此,其核心规范的选择和经济法律制度的规范结构与其他新兴部门法相同。

(二) 经济法保护的利益及其规范结构

前述有关经济法的问题意识,我们知道经济法解决的是在现代市场经济下,一个国家整体经济发展问题。而整体经济的发展依赖于良好的社会经济秩序,因此,该问题表现在经济法上就是社会经济秩序的保护问题。社会经济秩序是公共物品,体现于其上的利益是社会公共利益。公共利益的特性决定了对其保护的核心规范应是强制性的义务性规范,以及倡导性,特别是激励性规范为主。而任意性规范虽仍有一定意义,但毕竟作用有限,因此,只能起到补充作用。

上述两方面说明,经济法规范的核心类型是强制性的义务性规范,经济法律制度的规范结构是以强制性的规范为核心,以倡导性规范,特别是激励性规范为辅助,以任意性规范为补充的三元规范结构。

思考题

1. 经济法规范有害行为的路径及其关系是什么?

2. 经济法的核心规范形式是什么?
3. 经济法的激励性规范有哪些?
4. 经济法的规范类型的结构特性是什么?

本章知识要点

第六章
经济法的法律关系

全章提要

- 第一节 经济法律关系的基础和含义
- 第二节 经济法律关系的主体
- 第三节 经济法法律关系的客体
- 第四节 经济法律关系的内容
- 第五节 经济法律关系的特性
- 思考题

法律关系是法学基本范畴之一,其他法律概念大多都直接或间接地与这一概念相关联。正因此,德国学者比尔林认为"一切法律规范都表述为法律关系(即被授权人和受约束人之关系)的内容"。① 而我国台湾民法学者郑玉波先生则更进一步,认为"法书万卷,法典千典,头绪纷繁,莫可究诘,然一言以蔽之,其所研究或规定之对象,要不外法律关系而已"。② 可见,任何部门法是其法律关系的研究不可回避的理论问题之一。基于此,本章拟在吸收经济法界对此问题研究的有益成果的基础上,以共同体观念和方法论的整体主义,对经济法律关系的涵义、主体、客体和内容特予以阐述。

第一节 经济法律关系的基础和含义

经济法律关系是法律关系体系中的一种,因此,法律关系的有关理论就成为研究经济法律关系的逻辑起点。对法律关系,大家已耳熟能详,其意指社会关系经法律调整而形成的人们之间的权利义务关系。易言之,法律关系就是法律支配之社会关系。可见,要理解经济法律关系,必须了解作为经济法调整对象的社会经济关系,以及作为经济法律关系基础的社会经济关系,在此基础上通过对经济法律关系的内容和构成要素的特性予以分析,厘清经济法律关系的含义。

一、经济法律关系基础的社会经济关系

社会经济关系就是人为了一定的经济目的,采取一定的经济行为,作用于一定的客体而产生的关系。社会经济关系复杂多样,对社会关系的划分不仅与社会关系本身有关,而且与研究者对社会的看法,即与研究者的社会观念有关。下面在对社会经济关系划分的基础上,着重以共同体的整体主义视角对社会经济关系进行类型化,在此基础上指出经济法调整的社会经济关系类型。

(一) 两类社会关系类型

从人类社会发展史看,任何社会不论发展程度如何,作为人与人之间关系的总和,以个人意志对社会关系产生影响,以及作为关系媒介的客体特性看,社会关系不外乎两类:个体间的机械连带关系和整体内的有机连带关系。③

1. 个体间的机械连带关系

机械连带关系是以个体主义观念,对个体之间以私人物品为纽带而产生的关系的描述。这类关系是指个体在日常活动中以自己的自由意志,随机采取一定行为作用于特定的人的

---

① 转引自张文显:《法理学》,高等教育出版社,北京大学出版社 1999 年版,第 110 页。
② 郑玉波:《民法总则》,中国政法大学出版社 2003 年版,第 93 页。
③ 法国著名公法学家狄骥,受社会学家涂尔干把社会关系分为有机连带和机械连带的影响,认为有社会,就意味着有连带关系。连带关系是社会中人们之间相互作用、相互依赖的关系。这是由于"人们有共同需要,这种共同需要只能通过共同的生活来获得满足。人们为实现他们的共同需要而作出了一种相互的援助,而这种共同需要的实现是通过共同事业而贡献自己同样的能力来完成的"[(法)狄骥:《宪法论》(第一卷),商务印书馆 1959 年版,第 3 页]。

财产或人身(私人物品),而产生的与他人之间的关系。这种关系有以下特点。

(1) 主体意志的可决定性。即这种关系的产生或消灭可以由主体的意志决定。这种关系假定关系主体间没有共同依存的外在社会关系体系,是独立的个体为生存和发展之需要而据自己的自由意志做出的行为,作用于他人的私人物品而与他人产生的关系。因而,行为人(主体)与谁发生关系、是否发生关系,以及发生什么样的关系可以由行为人的意志控制。正因为任何行为人都是具有自由意志的独立的个体,且关系是否发生可以由一方主体意志所控制,这种关系犹如自然界的两个物体碰撞的关系一样,因而,是随机性的、机械性的。这意味着,具体个体的行为是具体社会关系产生的前提,个体及其行为先于社会关系而存在。

(2) 主体的相对性和确定性。受行为人(主体)意志及行为作用的客体特性(特定人的人身或财产的私人物品)影响,行为人之间的关系一旦发生,关系两边的主体就是相对的、确定的,即关系一旦发生,关系的主体就具有相对性和确定性。

(3) 线性与直接性。即不论这种关系是单边行为还是双边行为的结果,行为人(主体)的行为都是作用于特定的他人的人身和财产(私人物品),而他人的人身和财产权是明晰的,因而,主体间的关系是一种直接的、一一对应的,以权利和义务界分的利益关系。关系的一一对应性,决定了这种关系是线性的,而非网状的。

(4) 利益冲突关系。这种关系都是为了一定的私人物品上的私人利益的归属或分配而发生的。由于体现在私人物品上的私人利益的竞争性、排他性,主体间的利益关系多是此消彼长的,由此决定这种关系主要是利益冲突的。从博弈论讲,主体间的博弈是零和博弈或负和博弈关系。

2. 整体内的有机连带关系

有机连带关系是秉持共同体主义的整体主义观念,对个体之间以公共物品为纽带而产生的关系的描述。这种关系是指由于个体共存于某一环境体系,如自然环境、社会环境,特别是现代市场经济社会体系,因分工导致市场主体的功能分化与功能互补形成的社会经济环境(如现代市场体系中的营商环境),从而使市场主体间形成的相互依存的、内在的必然联系。这种关系有以下特点。

(1) 关系的非个人意志性和内在必然性。即这种关系是社会发展过程中自发产生的,并且是成长变化的。社会关系的存在不受个别主体的意志控制,个体只是参与到既存的社会关系体系并适应和影响既存的社会关系。如在现代市场经济社会,拟从事社会经济活动的经营者,在其未依法注册成为经营者之前(法人成立前),市场经济体系就存在,产业之间的结构、区域结构,以及市场竞争等关系就存在,这些社会经济环境是法人发起者成立法人考虑的条件,法人一旦成立,就受其所处的整体经济的产业结构关系、竞争关系和供需关系等的制约,其行为可以影响这种关系,但不能消灭这些关系。这意味着,某种社会关系先于具体个体及其行为而存在,具体个体只是参与到这种社会关系之中,他只是利用该关系,且在利用中逐渐影响该关系。

(2) 关系主体的开放性与不确定性。受内在必然性影响,这种关系的主体是不确定的,这是因为整体社会关系体系是有机成长的、开放的。由于营业(包括择业)自由,所以所有行业向主体是开放的,加之,经济发展是成长变化的,不仅各主体所处的行业有生灭,且各行业中不断地有新主体进入与退出,因而,关系中的具体个体是变化的、不确定的。

(3) 关系的网络性与间接性。这种关系是历史性生成的,不仅当下的参与者影响着这种关系的变化,已退出者的活动结果仍影响着这种关系,可以说是众多个体互动形成的关系网络。处于其中的任何个体的行为都会通过影响关系网络而间接影响体系中的所有个体。即使存在一些对直接作用与其他对象(个体)的行为,但这种行为因在有机社会经济体系中的传导作用,具有很强的外部性,而影响到整个社会经济体系,从而间接影响到所有的人。

(4) 依存性关系。这种关系主体往往是处于整体关系中的某一方面,在整体中扮演着不同的角色,具有不同的功能,其功能具有互补性。这决定了它们的相互依存性,以及利益休戚相关性,因而关系虽存在冲突,但关系的主流是和谐的。从博弈论讲,在这种关系中,主体间的博弈多是合作博弈,是正和博弈。

(二) 两类社会关系的法学意义

这两类社会关系构成了社会关系的两个方面,它们交织共存于所有社会中,是不能截然分开的。不过它们在不同社会和社会发展的不同历史时期中,在总的社会关系中的权重及其对生活于其中的个人的意义是不同的。

从人类社会发展的历史看,在生产力发展水平不高、生产的社会化程度和文明程度较低的社会,个体间的机械连带关系所占的权重较高,对人的生存和发展的影响较大。与此相反,一个社会的社会生产力发展水平越高、生产的社会化程度和文明程度越高,内在的有机连带关系所占的权重就越高,对人的生存和发展的影响则越大。这在近现代社会的发展中表现得尤为明显,从一定意义上可以说,现代社会历史发展的进程,就是从个体间的机械连带关系为主导的社会向以整体内的有机连带关系为主导的社会的演变过程。正因此,19 世纪末以来,以有机整体观念思考社会关系的研究得以兴起,并影响到法律制度的变革和法学研究范式的变化。①

(三) 经济法调整的社会经济关系的内容

据前述各种理论,结合上述对社会关系的分类,我们不难得出经济法调整的社会经济关系是有机连带的社会经济关系,这种经济关系是一种社会公共性经济关系。从整体主义视角来理解这种社会经济关系,可分别从相对静态的经济结构关系与动态的经济运行(市场运行)关系两方面理解。

从相对静态的结构关系看,社会经济就是一个结构组合关系,结构关系基本分成产业结构关系、地域结构(由发达地区与不发达地区构成)关系、市场结构(由产品市场、劳动力市场、资本市场、房地产市场等构成)关系。这种结构关系虽然从长期看是发展变化的,但从短时期看,有一定的稳定性。这些关系具有不同的性质,各成系统,每一个关系系统发挥不同的功能。各个关系系统虽各有独特的运作方式和功能,但却又相互支持影响,构成一个整体系统,使整体经济得以有序运行。

从动态的经济运行看,不同的社会经济形态和经济运行体制,其运行过程中的关系不同,但就市场经济而言,其运行过程中不外乎包括两方面,即竞争关系和交易关系。竞争关系显然是众多经营者之间争夺购买者而形成的关系体系或市场运行状态,这种关系不仅涉及具有竞争关系的诸多竞争者,且涉及众多不特定的购买者(消费者)。这种竞争关系,亦即

---

① 研究表明在 1890—1914 年整个社会科学总体上广泛地借用了生物学隐喻。(参见[英]杰弗里·M. 霍奇逊:《演化与制度——论演化经济学和经济学的演化》,任荣华等,译,中国人民大学出版社 2007 年版,第 87—121 页。)对法律制度的影响就是,现代法律制度的兴起,对法学的显著影响就是社会法学派的诞生。

竞争状态本身就是公共物品。因而,竞争关系看作是一种公共性经济关系。而交易关系,则是众多买者和卖者反复交易形成的,而不是个别人之间的一次性交易关系。可见,市场交易关系也是一种公共性经济关系。

上述两方面的关系并非固定不变的,而是成长的不断完善的,其系统内部也不断分化,变得日益复杂。易言之,社会从经济结构看,就是不同产业、不同区域、不同的要素市场,构成的经济结构关系的组合。它们发挥着不同的功能,扮演着特殊的角色;使各系统间相互配合,功能互补,最终促使整体经济发展。[1]就市场经济的交易和竞争关系而言,也是随着产业结构的发展、市场类型的变化、交易规则(包括法律和交易习惯)的变迁而变化的。但它们之间共同作用形成良好的竞争和交易关系,亦即形成良好的市场秩序。

可见,社会整体经济关系,特别是公共性经济关系相当复杂多样,不过为研究的分析需要,从整体主义看社会公共经济关系的内容主要有三个层次(或三个方面),亦是三类的关系:市场运行关系(处于同一体系中的个体——经济活动参与者之间互动形成的关系),亦即市场运行中的关系、整体经济的结构关系(指在成长中的结构性经济体中,其各构成部分或体系之间的关系即结构性关系)及混合经济关系,这是包括结构关系与交易关系两方面的关系,主要体现在自然垄断与公用事业领域发展中产生的经济关系。这些行业既是整体经济的一个产业部门,其发展要与其他产业发展相均衡,同时,这些部门又是特别的垄断性市场,又有垄断市场的交易关系。

二、经济法律关系的构成要素和内容

经济法律关系作为法律关系的一种,其构成要素与一般法律关系具有共同性,即法律关系的主体、客体和内容(权利义务)。但经济法的主体、客体和内容具有其特殊的规定性,据上述经济法调整的社会关系的公共性特性,以及经济法律关系的含义,可以发现经济法律关系构成要素具有以下特殊的规定性。

第一,任何法律关系都是对一定社会关系调整的结果。而任何社会关系都是利益关系,由此决定任何法律关系实质上都是对特定利益的分配或对利益关系的调整。而利益总是存在于一定的客体之上的,利益的性质和内容因其依存的客体性质和内容的不同而不同,由此,引起界分不同性质利益的主要法律工具(权利和义务)的选择也就不同。因此,法律关系的客体是任何法律关系的因素之一。法律关系的客体的性质或内容的不同是体现部门法的法律关系特性的因素之一。经济法作为现代法,与传统法相比,其客体的特性主要是由其物品的经济属性所造成的性质的不同所决定,即传统部门法以私人物品为客体,而经济法的客体是公共物品。而经济法与其他现代部门法相比,如与环境法、安全规制法相比,其客体的特性主要在于其内容,即经济法的客体主要是社会经济秩序这种经济性公共物品,而环境法的客体是自然环境,安全规制法的客体是高科技物品隐含的"社会或公共风险"(风险是一种公害品)。

第二,社会关系从根本来讲就是人与人之间的关系,而作为对社会关系调整结果的法律

---

[1] 此看法源于社会学中的整体主义对社会的观点,只不过在此我把社会予以缩小,仅指经济社会。对此的社会学论证,可参见功能主义大师帕森斯的一些论著,如 Parsons, T. (1971) The System of Mocieties, Englewood Cliffs: Prentice—Hall;(1951)The Social System, New York: Free Press. 另可参见[美]乔纳森·特纳:《社会学理论的结构》,邱泽奇,译,华夏出版社 2001 年版,第 8—79 页。

关系当然就以"人"为根本,是对人与人关系的调整。由此决定,以法律关系为基础的法律秩序就以"人"为中心而发展。[①] 因此,人是法律关系之当然主体,是法律关系的基本要素。但各部门法因调整的社会关系的性质不同,个人的行为在社会关系形成的作用不同,因此,不同部门法对主体的性质、主体的类型等的看法也就不同。经济法调整的社会经济关系的公共性,决定作为现代法的经济法主体是社会人,即由具有一定社会观念的且社会分工体系决定的、总是处于一定行业、区域的从事社会经济活动的人。这意味着,其在整体社会经济运行中扮演着一定社会经济角色、具有一定社会经济功能的人。这决定了其任何行为都会对社会经济秩序具有一定影响,都是具有一定程度社会公共性的经济行为。但在社会经济体系中,因不同主体在整体经济运行中的功能不同、经济力量不同,其行为对整体经济秩序的影响就不同。因此,从对整体经济秩序影响的效果看,经济法律关系的主体包括两类,即主动主体和被动主体。主动主体是经济法规范的主体,其在社会经济活动的行为是公共性经济行为,且其行为决定着社会经济关系优劣,如消费者权益保护法中的经营者(在行政法中的主动主体是行政机关、刑法中的犯罪人)。被动主体意指这类主体虽是社会经济关系参与者,但其只不过是受他人行为影响的对象,其对社会关系的优劣没有影响(就像行政法律关系中的相对人、刑法中的受害人)。

第三,社会关系实质都是人与人之间的利益关系,任何法律对社会关系的调整其实质就是对现存利益分配的改变,亦即对利益关系的调整。而法律分配利益是通过规范人的行为而实现的,规范行为的工具就是权利和义务,权利意味着法律对获利行为的认可与保障,一般意味着人可以通过行为(作为或不作为)获得利益。而义务则是负担,一般意味着人必须通过行为(作为或不作为)付出一定代价,即利益的损失。[②] 因此,权利义务关系就是法律关系的内容。在经济法调整社会经济利益关系中,由于作为经济法主体都自觉或不自觉从其所处的社会经济秩序中获得利益,因此,经济法对主体利益分配主要是通过分配负担影响主体间的利益关系,即主要是如何公正分担维护社会经济秩序的代价的关系。

三、经济法律关系的含义及特性

据上述经济法调整的社会经济关系的性质和内容,以及经济法律关系的构成要素和特征分析,我们可以对经济法律关系作这样的界定:经济法律关系是对整体经济发展中社会公共性经济关系经由经济法调整而产生的经济有机体整体(通常以国家的各种机关为代表)与功能个体(通常指在市场经济中生产经营活动的个人或法人组织),及功能个体相互间作为社会角色的权利(职权)义务(职责)关系。对经济法律关系的含义可以从以下几方面来

---

① 这种"人类中心主义"在法学界为通说,此说认为法律调整的社会关系只是人与人之间的关系,法律不调整人与物之间的关系,即法律关系只能是人与人之间的关系。有关此可参见周永坤:《法理学——全球视野》,法律出版社2000年版,第122—123页。然而也有学者认为,法律关系不只是人与人之间的关系,也包括人与物之间的关系,此观点存在于对物权性质的看法中,可参见史尚宽:《物权法论》,中国政法大学出版社2000年版,第7页。及人与自然的关系,此观点为一些环境法学者所持有,可参见蔡守秋:《调整论——对主流法理学的反思与补充》,高等教育出版社2003年版,第152页。

② "可以把权利解释为规定或隐含在法律规范中、实现于法律关系中的、主体以相对自由的作为或不作为的方式获得利益的一种手段;可以把义务解释为设定或隐含在法律规范中、实现于法律关系中的、主体以相对受动的作为或不作为的方式保障权利主体获得利益的一种约束手段。"张文显主编:《法理学》,北京大学出版社、高等教育出版社1999年版,第86页。

理解。

第一,一个国家整体经济发展中的社会公共经济关系极为复杂,且是一种持续性的存在。但何时、何种公共经济关系需要国家以经济法依法干预,亦即需要经济法调整则需根据一个国的社会经济发展状况及所处的世界经济环境而定,颇乏固定界限。[①] 也就是说,经济法也不能对全部的公共性经济关系进行调整,到底应对哪些关系进行调整,没有恒定标准,而是据当时经济状况,以及其国家的主流经济理念和有关经济公平的观念而定。而一旦据当时的主流经济理念认为,一些公共性经济关系不经法律调整,就会阻碍整体经济发展。法律就按主流观念意欲的社会经济秩序维护之需要对公共性经济关系予以调整。社会公共性经济关系一经经济法调整,即成为经济法律关系。

第二,经济法律关系以国家整体经济发展的需要调整的公共性经济关系为基础,因之,它的性质也以社会需要国家干预(调整)的公共性经济关系的种类和范围的变化而变化。现代社会经济是一个复杂的有机体,国家作为有机体的代表,政府经济机关作为国家的代表,在经济运行中与构成有机整体的个体之间的关系,以及整体内的产业之间、区域之间的关系,以及在现代市场经济中产业内经营者之间的竞争关系、不同经济环节市场主体间的交易关系就是有机连带及功能互补的公共性经济关系。这就决定了经济法律关系因主体性质、主体公共经济行为所处的关系层次和领域的不同而不同,即经济法主体的权利义务具有社会角色性,即主体的权利义务是据主体在整体经济中的角色而赋予的,具有多元性和多层次性。

第三,经济法律关系主体因社会分工不同,在整体经济运行中的角色不同,其行为对整体经济的影响和意义不同,为使其更好地履行社会责任而赋予他们的权利和义务也各不相同,使它们之间的权利义务及职权职责,具有自身与其在整体经济中的角色相对应的特性,即具有由其在整体经济发展中扮演的角色,具有的社会经济功能而决定的社会经济身份相应的"身份性",因此,经济法律关系是整体经济发展中不同社会经济角色的主体,为承担其社会责任而行使其角色性权利与履行角色义务而产生的权利与义务关系。

以上三个方面,在经济法关系的要素和内容中都有体现,对此后面将予以详述,这里暂且略过。但即就是如此,也可说明经济法律关系在法律关系体系中的独特性及其独立性,因此,它是与民事法律关系、行政法律关系、刑事法律关系相并列的一种法律关系,是经济法的特有范畴。

第二节　经济法律关系的主体

任何部门法因其解决的社会问题不同,秉持的社会观念不同,不仅对作为其法律关系主

[①] 由此可见李昌麒教授的"需要干预说"把经济法的调整对象界定为"需要国家干预的经济关系",不仅说明了经济法调整对象——社会经济关系的特质——国家干预(这里我想说明的是国家协调、国家调节、国家管理只是干预的表现形式或方式,因此,"诸论"在对经济法调整的社会经济关系的特质界定上并没原则性的分歧),而且对经济法调整对象的范围作了限定,这一界定不是着眼于静态的结构(既把管理关系或协调关系又划分为相互联系的几种),而且是着眼于动态的经济运行过程的需要。从而从两方面显现经济法调整的社会经济关系的独特性,因而涵盖力更强。有关"需要干预说"的详细内容可参见以下论著:李昌麒主编:《经济法学》修订版,中国政法大学出版社2002年版,第41—54页。

体——人的基本属性具有不同的认知和假设,且对其法律主体的类型化标准不同,对其主体预设的社会功能不同,并相应地赋予不同的权利和义务。因此,部门法对其法律关系主体的研究必须研究其对主体的本质属性的假设,在此基础上,研究其主体的类型和构成。

一、经济法中的人:社会人

在近现代法律发展的过程中,由于影响人们生存和发展的重要社会问题的变化,法律制度及其法律观念也在变化,相应地,法律对人的本质属性的理解或者说法律对人性的假设也发生变化。其中有两种基本的对人属性的认知,或者说有两种对人本质属性的基本假设,即理性的个人和社会的角色。其中,传统同部门法,受其解决问题和秉持的观念影响,其对人的基本看法,或者说其对人属性的基本假设是,每个人是独立的、理性的个体。而经济法解决问题的公共性,以及所秉持的共同体主义观念,决定了经济法把人看作社会人,对社会人我们可以从以下几点来理解。

(一)群体的一员,而非孤立的个人

经济法的社会人是处于一定社会经济关系中的人,其总是处于社会分工体系中的特定产业、部门或领域,而社会经济中的产业、部门和领域则是由同质性的诸多个体构成的,因此,经济法的社会人是群体人,而非孤立的个体人。

这种对人的看法是由共同体主义的社会观决定。我们知道,公同体主义以生物学研究动植物的方法研究社会问题,他们把社会看作是一个有机整体,社会先于个体而存在。以此看待一个国家的整体经济,整体经济中的不同产业、部门或领域犹如生物的器官,具有不同的社会经济功能,且不同的功能是互补的。个人(包括法人)犹如构成器官的细胞,是构成产业、部门或领域的基本要素。虽然所有器官都是由细胞构成,且整体是由具有不同功能的器官构成,但有机体作为器官和细胞的总和,在性质上并不由这些器官或细胞的性质来规定。这意味着,由诸多个体联合形成的产业、部门或领域,以及由具有不同功能的部门在功能互补的基础上形成的社会整体不同于各产业、部门或领域的加总,不仅如此,整体作为一种特殊的实体以外在的形式作用于处于其内的个体,并在个体身上形成一种完全内在的存在。

同时,社会经济作为有机整体,总是先于具体的个体经济活动者而产生。这意味着,作为社会经济活动参与者,特别是作为社会经济活动最主要的主体——经营者的人,总是处于由时代的社会分工所决定的某一产业、部门或领域,而产业、部门或领域之间是有机联系和功能互补的关系。这决定了人总是处于一定的社会经济关系之中,并依赖于这种社会经济关系而生存和发展。因此,经济法对主体的界定,以及对主体行为的规范都是与一定的社会关系相关的,正如施瓦茨在描述美国20世纪的法律状况时所说:"以人与人之间的各种关系来考察社会中的人,人们最有意义的法律行为都与这些关系有关。"[①]如反垄断法中的竞争者,只有在相关市场,才有竞争关系,才能判断行为者是否属于反垄断法规范的经营者。再如,消费者权益保护法(简称消法)中只有在生活消费品交易关系中,才能决定经营者是不是消法规范的经营者,购买者是不是消法保护的消费者。

---

① [美]伯纳德·施瓦茨:《美国法律史》,王军,译,法律出版社2007年版,第212页。

（二）具体的人，而非抽象的人

经济法的社会人是"具体的、社会化的人"，[①]而非同质性的、抽象的人。更确切地说经济法中的社会人是在社会经济中扮演一定经济角色，具有一定社会经济功能的人或者说是履行一定社会经济职能的人。

从现实的社会经济活动看，人作为社会经济活动的参与者，特别是从事公共性经济行为的经济活动参与者来说，他们都必然依其所处社会经济环境及其自身的条件选择一定经济部门或产业领域从事社会经济活动。这意味着，社会经济发展的程度，以及各产业、各部门的获利状况决定了人的选择范围和可能。而不同的经济部门或产业领域在整体经济发展中的角色和功能是不同的，加之在同一部门或产业领域的人，因个体能力或经济力量不同，他们在该产业发展中的角色和地位也就不同。这决定了不同经济活动参与者的行为对整体经济发展的意义和影响就不同，以及不同类型的主体在整体经济发展中扮演的角色不同，功能不同，即使同一类型主体，因其能力差异，其经济行为对社会经济的影响也不同。正是他们之间的角色不同功能差异，才能功能互补，他们才得以对整体经济发展做出自己特有的贡献。正是在此意义上，有学者所说："社会人是对社会整体做出贡献的人……社会人是能够自觉地认识到自己在社会上的地位的人，更确切地说，社会人是履行着一定社会职责的人。"[②]因此，为了整体经济持续有效发展，社会经济有序运行，就必须对处于不同产业或领域，具有不同社会经济功能的主体，以及同一产业内对具有巨大经济力量差异的不同经济主体赋予不同的权利和义务。可见，经济法法律关系主体，是依主体所处的社会关系领域、社会关系的类型，以及主体的经济力量对其予以类型化，并据该类型在整体经济发展中扮演的角色，以及其在整体经济发展中的功能而予以具体化的人。

（三）情境理性人，而非完全理性人

经济法的社会人是具有时代和社会赋予的一定经济知识和观念、并自觉或不自觉地受其知识和观念，以及其所处行业或领域行为规范的约束而从事其经济行为的人。不仅如此，其行为还受其体力和智力所限，以及受其有限的信息收集和处理能力的限制。而人的大脑的意识并不是处于白板状态的机器，也不具有像计算机一样的信息收集和处理能力。因此，作为个体的经济行为人，面对复杂的社会经济问题，对自己行为的社会经济后果的认识，只有相关理性，而非具有完全理性。因此，经济法的社会人是相关理性人（有限理性只是相关理性的一种），而非完全理性人。对完全理性和相关理性在经济法的合理性原则中亦有论述，这里不再赘述。

有学者通过对国外法学家有关对法律主体——人的属性的研究，认为私法与社会法对人的本性的认知或者说对人的假设是不同的：私法把人看作是具有完全理性的人，即理性智慧之人，个个都是"老谋深算、机警灵活"，而社会法（包括经济法）被认为是与公法、私法并列的第三法域的社会法的法则假定人有些是理性智慧之人，有些则是感性愚蠢之人，后者"肠柔心软、愚拙憨脑和慵懒随意"。[③] 对此我认为，经济法和社会法是解决现代性引发的社

[①] [德]拉德布鲁赫：《法哲学》，王朴译著，法律出版社2005年版，第133页。
[②] [日]桥本文雄：《社会法と市民法》，转因此赵红梅：《私法与社会法》，中国政法大学出版社2009年版，第105页。
[③] 关于私法和社会法这两种不同的人性假设可参见赵红梅：《私法与社会法》，中国政法大学出版社2009年版，第131—143页。

会公共性问题的法律,而现代性产生的公共性问题是科技发展引发的,因而其具有的专业性、复杂性、快速变动性以及系统性。正是这些特性,致使行为人认知自己行为需要复杂的专业知识,以及其决策所需的相关信息的难度几何性增长,从而,人因知识和自身收集信息和处理信息的能力有限而造成理性有限是一种必然。加之在有机的、处于发展变化中的整体经济体系中,人行为的经济后果不仅取决于其行为,还取决于其行为所在的社会经济关系体系,及该体系的发展变化。因此,人只有相关理性,而非人本身的蠢笨。同样,私法面对的个体性问题,在早期,人们面对的简单商品交易问题,和人身损害问题,针对此类简单、重复的日常生活问题,人们决策只需常识,并不需复杂的专业知识,且决策所需的信息量有限,针对这样的行为决策问题,人的知识和收集信息的能力完全可最优地给出应对。因此,人应对这种问题具有较完全的理性,而并非私法中的人都机警聪明。正因此,当现代私法面对复杂问题时,也逐渐放弃完全理性人假设。[①]

二、经济法律关系中主体的类型和构成

部门法的法律关系的主体类型与构成与该部门法所解决的社会问题,以及由此决定的法律关系的特性有关,因此,对经济法律关系主体的类型与结构的探讨就必须从经济法解决的问题,以及由此决定的需调整的社会经济关系的特性出发。

(一) 经济法主体构成的"二元结构性"的含义

经济法解决的问题是现代性经济问题,亦即整体经济发展所需的良好经济秩序问题。这一问题的产生,是生产高度社会化,导致人的活动愈益社会化及专业化的结果。且专业化越发展,人的知识和能力相应地就越专业化,人在不同产业或领域的转化成本就越高,从而使人的专业固化,这意味着,人只有与他人彼此配合才可能使各种功能发挥出来,因此,人与人之间的关系,便变成功能上互相依靠,彼此之间,成了一个相互依存的,相辅相成的统一的有机体。[②] 正因此,有学者指出发达的社会分工,再一次建立另一种整体意识,在这种功能互补的有机整体中,人们关系的整合除了有机的整合外,更是功能的整合。[③] 在社会经济这一有机整体运动中,存在着两层社会经济关系,一是共存于有机体中的功能个体之间的功能互补、相互协调关系。另一是功能个体与有机整体的关系。这一关系通常表现为,作为整体的某一代表的经济主管机关,在整合某一经济体系内的功能个体之间的社会经济关系时,与个体所发生的关系。

虽然在有机整体性的经济关系中,经济法主体的角色具有多元性,以及不同角色对整体经济关系影响差异性。但总的来讲,经济法律关系的主体呈现出二元性结构。对经济法律关系主体二元结构的理解,关键在于理解"二元结构",[④]从"二元结构"的通常用法看,二元结

[①] [日]星野英一:《私法中的人》,王闯,译,中国法制出版社 2004 年版,第 91 页。
[②] 参见莫家豪:《社会学与社会分析》,中国社会科学出版社 2000 年版,第 34 页。
[③] [法]埃米尔·涂尔干:《社会分工论》,渠东,译,生活·读书·新知三联书店 2000 年版,第 73—92 页。
[④] 在社会学中,我国学者据我国社会中城乡在发展状况、国家政策、农民与市民的待遇等方面存在的巨大差异,称我国为二元结构社会。在经济学中,一般把一国或世界经济中同时存在的发达与不发达状况,称为二元经济结构。如在对发展中国家或地区贫困及其发展落后的经济学分析中,有的经济学家运用"二元经济"理论做出解释。这一理论的始作俑者是美国经济学家,1979 年诺贝尔经济学奖获得者 W. 阿瑟·刘易斯。另一位研究发展中国家经济发展的瑞典经济学家,1974 年诺贝尔经济学奖得主冈纳·缪尔达尔,提出了"地理二元经济结构论"。

构应从四方面理解。(1)"二元"总是意味着一个统一体由两种要素或两方面构成,也就是说,"二元"总是属于一个整体,是基于整体主义思考的结果。因此,"二元"具有同构性。(2)"二元"所指的对象在性质、功能及在整体中的地位有很大的差异,即"二元"之间有差异性。(3)"二元"之间有相互依存性。这种依存既可能是互补的依存,也可能是冲突的依存。(4)"二元"之间关系的持续性,即它们之间的关系处于较稳定,不易变动的连续不断的状态。据此,可以说经济法律关系主体的二元结构性特性,就是指经济法律关系的主体是由两类具有同构性、异质性、依存性及有持续稳定关系的主体构成。这种二元结构性主要包括两方面,即整体与个体的二元结构,以及主与从的二元结构。

(二) 公私二元构成

在有机整体与个体的经济法律关系中,由于在法律上现代社会作为一个国家社会整体的法人组织是国家,但国家职能的复杂性,使得为了更好地履行国家的社会经济职能,国家把其权力赋予不同的法人组织来行使。其中在经济法中包括宏观调控机关、市场规制机关和专门规制机关。它们从法律性质上都是公法人,因而可称为公主体。与此相应,在现代经济下社会经济活动主要是市场主体的私人经济活动互动的结果,因此,市场主体(包括经营者和个体购买者)理所当然是经济法的主体,它们的法律性质属于私人,可称为私主体。可见,经济法主体是公私二元构成的"二元结构体系"。

1. 公主体及其特性

社会经济是一个有机体,包括结构和历史两个相互联系的方面,可以说是结构整体与历史整体的统一。虽然从结构看,社会经济是由不同的经济系统或经济结构组成的结构组合,但其基本要素还是个体,在现代市场经济中的个体,就是参加经济活动的个人或企业。而从历史看,每一个个体都有其成长的过程,其成长与其历史整体不可分割,个人如此,企业亦如此。就个人说,他是不能与作为一个整体的社会经济体系分割的,他通过社会经济文化从人类整体中吸收生命的养料,正如美国社会学家库利所言:"他们不能脱离人类整体,遗传因素和教育已经构成了他的生命"[1];就企业来说,企业发展史说明,不仅现今的企业组织形式(治理结构)、管理方式,大多是历史积淀的结果,而且这些有益的组织形式(治理结构)、管理方法的被继承、创新与教育及经验的交流密不可分。正是个体的成长性及整体与个体的相互依赖性,决定了整体的成长性。

社会经济作为有机整体是由具有不同功能的产业或经济部门构成,以及产业和经济部门由能动的个体构成的这一特性,决定了有机整体作为具有目的的主体,其意志的表达,不仅要体现当代全体人的意志,而且要体现包括未来人的整体的人类意志。正如美浓部达吉所说:"全体为目的之主体。其目的虽为构成团体的个人之全体的目的,然非个人的目的之合计,全体具有和个人的目的相异之综合目的,其全体为单一体而存立。其目的又必非独为现在的个人打算,而为连亘过去和将来而存续之目的。"[2]然而,即使在民主的社会,因个人数量众多,当代全体人的共同意志的体现,都不可能由全体成员共同在场,通过共同交往讨论而达成;其权利行使也不可能由所有成员共同来执行。何况作为整体的社会还具有历史的一面,作为人还有自利的一面,民主还不健全。因此,整体意志的表达及执行,就必须赋予一

---

[1] [美]查尔斯·霍顿·库利:《人类本性与社会秩序》,包凡一、王源,译,华夏出版社1999年版,第26—27页。
[2] [日]美浓部达吉:《宪法学原理》,欧宗祐、何作霖,译,北京:中国政法大学出版社2003年版,第99页。

个无私的、有永续性的存在体,拥有此秉性的存在体只能是超越个体的组织体,这一组织体是在人类长期博弈中产生和发展,并随人们的继续博弈而完善的,就是说它也在成长,这一组织体在现代就只能是国家。① 现在民主国家运作机制本身也说明,国家是社会唯一的合法代表。德国公法学者汉斯·沃尔夫说"为了实现公共利益,人民赋予国家以公共利益代表的身份",②其意就是如此。有机经济整体的这些社会特性决定了作为法律主体具有以下特征。

第一,代表性。现代国家的本质决定了其是一国社会的合法代表,因此,一国的社会经济整体的机能表现为国家的经济职能,而国家职能是由各种机关以这些机关自己的名义来实现的。如其意思由直接表达公意的经济宪法(宪法中的经济性规定)及作为表意的立法机关制定的经济法规表现,其公意的执行由各种经济主管机关实现,这些机关有的是据社会调整经济之需要而新设,如有的国家为使是反垄断法而专门设立的公平交易委员会,有的往往是给既有的一些机关赋予新的经济职能。因此,"国家机关并非行使自己的权利,而是行使国家的权利",③如从此意义上,经济机关不是权利的主体,只是代国家行使权利,即是国家的代表。

第二,专业性及法定性。作为经济整体的主体代表的经济机关,执行着国家在特定经济领域的职能。现代经济的复杂性,需要执行特定经济领域职能的机关成员必须具备相关专业知识,因此,经济机关往往有很强的专业性。④ 这就对经济法律关系主体的整体的代表——经济机关提出了高度的专业性及技术性要求。这就必然引起国家经济机关的职能分工,每一个机关只具有特定职能。如财政部、中央银行、工商管理局(公平交易委员会)、税务总署和国务院价格主管部门等都有其特定职能。不仅如此,为使作为整体代表的主管机关的行为能真正依整体的意志而为,经济法直接对这些组织的组织机构、人员的任职资格权限进行了详细规定,这在各国的反垄断法、中央银行法中有充分体现。另外,作为经济法主体的经济机关,与传统的行政机关不同的是,它往往集准立法权、准司法权及行政权于一身。

第三,资格的职能限定性。我们知道经济机关是因实现特定社会经济目的而设,其执行

---

① 作为有机整体的社会,其表意及意志之实现,是由国家代表,也只能由国家代表。这是由现代国家的性质所决定的,"现在的国家,乃是过去几代的思考与活动的结果,又为发生将来几代的前提,非单为现代的国民各个人的集合体。约言之,国家为有永续的存在之一团体,其自身为目的之主体"。(日)美浓部达吉,《宪法学原理》,欧宗祐,何作霖译,中国政法大学出版社2003年版,第310—311页。

② [德]汉斯·沃尔夫等:《行政法》(第1卷),高家伟,译,北京:商务印书馆2002年版,第333页。

③ [日]美浓部达吉:《宪法学原理》,欧宗祐,何作霖,译,北京:中国政法大学出版社2003年版,第229页。

④ 有关经济机关的专业性在经济法的各个部门法中都有体现,如在反垄断法中,大多数国家在对反垄断执法人员的资格要求上都有较高的专业条件规定,一般要求主要人员必须具备相当水平的经济学和法学知识。如日本《独占禁止法》第二十九条第二款明文规定:"委员会及委员由内阁总理大臣经两院同意,从年满35周岁,具有法律或经济学识经验的人当中任命。"在实践中,反垄断法机关亦是由经济学专家、法律专家(律师)等构成,这些专家对确定那些案件需要指控及案件的审决结果,以至于对反垄断法的演变都产生了影响,对此可参见[日]今村成和:《独占禁止法(新版)》,有斐阁昭和56年3月25日,P238—239。而美国的两个反托拉斯机构—联邦贸易委员会和司法部反托拉斯司就雇请了许多有名的经济学家和律师。当代著名经济学家、新制度学派重要代表之一——奥利弗·E.威廉姆森就曾受雇于司法部反托拉斯司,他据自己的经历,对经济学家及经济学理论对反托拉斯法的影响曾有详细论述,有关此,可参见其《经济学家在审判前的作用:使用"动机逻辑"甄别掠夺行为》及《反托拉斯实施:来自何方去向何处》两文,载(美)奥利弗·E.威廉姆森:《反托拉斯经济学》,张群群、黄涛译经济科学出版社,1999年版,第346—370、392—401页;这在税法中也有体现,对此,日本学者田中二郎曾说:"租税法律关系を规制する法律は、きわめて专门の、技术的であり.しかも複雑であって、これを正しく理解するためには、专门.技术的な知識を必要とすること。"田中二郎:《租税法(新版)》,有斐阁昭和56年8月30日新版初版,第318页。

的是社会的某一方面的经济职能,即不同机关有职能分工。因此,其行动就有一定的范围,仅于其职能范围内,才有经济法上的作为整体代表的主体地位,其行为才构成整体的干预(或调控规制)行为。机关作为代表而可以为社会经济活动的范围,就是其权利能力,简称"机关权能",又可简称为"职权""权限"。[①] 这意味着,经济机关不能依自己所欲,随便行动,而须仅依适合于社会经济之目的的方法,以行使其职权。经济机关的这种性质及行为方式,决定了其作为法律主体有两点特性:其一,权利能力之范围受经济法规定的职权范围限制,而职权范围及性质受制于其经济职能,因此,因分工产生的经济职能分化,使各经济主管机关具有不同的权利能力。其二,行为能力受公主体的特性影响。由于公共机关,是在特定领域代表整体从事经济活动,这意味着,其行为是以代表的方式而非代理的方式为之,所以,其行为能力产生于经济机关的设立,消灭于经济机关灭亡,且权利能力与行为能力共始终。

2. 私主体及其属性

处于有机的社会经济体中的经济个体,虽不否认其有一定的独立性,但其作为构成经济有机体的要素,又不能脱离有机整体。因此,作为经济法主体的个体具有以下特性。

第一,功能性。在现代市场经济体系中的各个经济活动参与者——市场主体在市场经济的发展中发挥着不同的社会经济功能,正是他们的功能各异且互补互动,既成就了市场经济体系成长和运行,又诠释了各自存在的理由和意义。因此,它们只有相对独立性,是功能个体。正因此,基于有机整体角度对功能个体的经济关系调整的经济法,就旨在对功能个体的角色予以界定,并保护其功能发挥所需条件的存在或生成。[②] 这在竞争法、中小企业促进法、金融法、以及税法中对弱质产业、新兴产业等的鼓励保护中就得以充分体现和说明。

第二,资格的二重性。这里的资格与人格及权利能力同,意指权利主体享有权利的范围。据权利能力享有的主体范围不同,权利能力有一般权利能力和特殊权利能力之分。作为功能个体的经济法主体的权利能力都有二重性,即一般权利能力和角色权利能力。前者又称为基本的权利能力,是所有参与经济活动的经济个体都有的权利能力,是每个经济个体从事经济活动取得经济法律资格的基本条件,不能被任意剥夺或解除。如经济活动的自由参与权,其意指所有公民或法人都具有依法定条件自由选择从事各种经济活动的资格(也可称权利),这一权能的意义旨在保护每个个体在社会经济的众多角色中选择到与自己能力相应的角色,从而为社会发挥最佳功能;后者是经济个体因扮演不同的角色,作为其功能发挥的条件而取得的法律资格。这种资格或权能因各个体的角色不同而各异。如消费者权益保护法中的经营者与消费者,反垄断法中的有市场优势的大企业与小企业,有关产业法规中的农业企业与非农企业等。因它们各自在整个社会经济运行中的功能不同,对整个经济机体

[①] 权限、职权与权利有别,前二者之拥有者,只是为他人而在法律上发生作用,由此所生之法律效果,归属于他人,如代理人有代理权限(通常称代理权),其以本人名义所为之法律活动,直接对本人发生效力。同理,经济主管机关所具有的职权也是一种权限,而非权利,其行使职权,权利主体是社会或国家,而非主管机关。对此的详细论述可参见,韩忠谟:《法学绪论》,中国政法大学出版社2002年版,第177页。另可参见,(日)美浓部达吉:《宪法学原理》,欧宗祐、何作霖,译,中国政法大学出版社2003年版,第229页。

[②] 持整体主义的学者一般都把个体看作功能体,即使在民法领域,对所谓的"私权"也给予不同于以个体主义为基础的主流民法解释,如"原来孔德(Auguste Comte)曾主张'人只有尽义务之权利',Duguit 则谓人在社会应尽一职,并无自由之权,唯有社会的行动之义务。即如所有权非为所有者之权利,不过为财货保持者之社会的权能而已。故法律不复保持所有者之权,惟担保财货保持人以行使社会机能之可能性而已"。见史尚宽:《民法总论》,中国政法大学出版社2000年版,第20页。因此,注重从总体上发展经济的经济法,把每个经济个体看作功能体就理所当然。

的意义各异,其权能或权利就不同。

第三,行为能力与权利能力的共时性。作为经济法主体的功能个体有两类,就是自然人与法人,这与其他部门法没有什么不同。但经济法主体的权利能力与行为能力是同时存在的,法人组织自不必言(其他部门法也如此),就是自然人作为经济法主体亦是如此,即从参与经济活动起到退出经济活动终。因为,参与社会经济活动的人是理性健全的人,其活动或行为是理性选择活动或行为,参加什么样的社会经济活动本身就是理性选择的结果。因此,参与者当然对自己行为后果有足够的认知和预期,即是以自己的意思为法律行为,而未成年人或智力有缺陷的人并非经济法的主体。这是自然人作为经济法主体与作为其他部门主体的不同所在。

(三) 主动与被动二元结构

主动主体是指在法律关系中该主体的意志行为决定着法律关系客体(质和量)的变化,从而决定着法律关系的产生、发展和变化。正因此,它是被法律规范的行为主体。而被动的主体本质上是主动主体行为作用的客体的所有者或使用者群体中的各个个体,其意志行为对法律关系的客体(质和量)变化的影响微乎其微,从这种意义上讲,被动主体是主动主体行为间接施加于其上的不同群体中的单个个体,是关系的被动接受者。[①] 是为了生存和发展而被卷入社会经济体系中的,如消费品交易关系中的消费者、竞争法律关系中被损害的竞争者和购买者。

在有机整体与个体的经济法律关系中,由于共同体内个体之间的关系,都是通过作为共同体成员的个体的公共性经济行为作用于社会经济秩序而间接作用于其他不特定社会成员群体及个体,如竞争法中的经营者的损害竞争行为(垄断或不正当竞争行为)通过作用于竞争秩序,与竞争者(群体)和消费者(购买者群体)产生关系。再如在宏观调控法中,假如经营者违反调控型税法,没有依法纳税,就会影响良好的产业结构关系的形成,而产业结构不合理则影响整体经济发展。这意味着,其没有依法纳税行为就不是简单的没有履行公共债务,侵害了公共债权。而是损害了该税法意欲调控的产业结构或区域经济结构这种公共性经济物品的形成,损害的是所有共同体成员经济利益。同理,政府经济机关的宏观调控和市场规制行为,也是直接作用于经济秩序,影响的不是具体个人的利益,而是通过影响经济秩序与不特定主体产生经济关系,间接影响众多群体利益,以及不特定个体的利益。可见,从事公共经济行为者的行为,决定社会整体经济秩序优劣,其他相对的受公共性经济行为影响的群体本质上是行为施加于其上的对象,正因此,经济法对经济关系的调整主要是通过规范公共性影响行为而实现的,可见,经济法规范的主体——公共性影响行为者是经济法的主动主体。经济法规范是关于这类主体的行为规范,即这种法律关系是公共性经济行为者对共同体内所有成员权利和义务,且主要是义务,它的基本义务就是遵守经济法,不损害社会经济秩序,以及有权从事有益于社会经济秩序的活动。有关该类主体是经济法主体理论研究的重心,就像刑法以犯罪人为其主体理论的研究重心一样。

[①] 这与政治性法律关系中的主体构成类似,正如有学者在研究在政治性法律时所说:"单个个体本质上是权力施加于其上的对象,至多是一个被动主体。各种政治契约更多讲个体的义务而非他的权利,而他的基本义务就是遵纪守法。发号施令的权力,在与之构成相互关系的另一端,对应着政治义务。"[意]诺伯特·博比奥:《权利的时代》,沙志利,译,西北大学出版社2016年版,第53页。

第三节　经济法法律关系的客体

法律关系的客体是权利义务指向的对象,但由于法律关系在本质上是一种利益关系,而利益是客体对主体带来的满足或好处,因此,利益总是存在于一定的客体上的,人们之间的利益关系,总是基于人的行为作用于一定的利益客体而发生,或者说人的利益关系总是以一定的利益客体为结点而产生。可见,产生利益纷争结点的客体也是法律关系的客体。前述我们知道,经济法的利益客体是社会经济秩序。下面就其内容、性质和种类予以说明。

一、社会经济秩序的含义

社会经济秩序是社会秩序的一种,我们在对社会秩序的一般含义分析的基础上,对社会经济秩序予以界定。

(一) 秩序和社会秩序

通过学术界对秩序概念的不同界定的分析不难看出,不同观点之间虽然存有分歧,但不同的秩序观存有许多共同之处,概括地讲主要以下几点。[①]

第一,不同的秩序观都旨在通过对秩序的一般界定而寻求对社会秩序的界定。而社会秩序不论从哪方面来说,其基本的意蕴都指向人们在社会活动中的行为结构或行为模式,即社会秩序就是人们的行为秩序。

第二,社会秩序的形成,是人们的社会行为受一定的规则规范的结果。这些规则是基于不同观念产生的,如有的依普遍意志、共同观念而产生,有的依相互利益、共同习惯所产生。其中一些是为实现公共目的而人为建构的产物,一些是社会演化进化的结果。也就是说,社会秩序有互利互惠的、非依特权而自生自发的秩序,也有依权威意志而人为设计的等级秩序。但需要强调的是,这两种依不同规则而产生的秩序并非对立的,互不相容的,它们在形构社会总秩序中的功能是各不相同的、有时是互补的,在当今复杂的、共同体社会中,所有的社会秩序总是由这两种不同秩序交织混合而成的。

第三,正是人们的行为符合社会规则(在现代法治社会特别是法律)生成了秩序,从而使行为在互动中产生的行为格局或关系的变动具有一定的连续性、一致性和确定性,从而使人的社会行为具有可预测性。也正因此,"不管是激进派还是保守派,人们都普遍看重秩序。至少其中部分答案就在于,他们希望人类行为都追求基本或主要目标,从而具有较大的可预见性。"[②]这既是社会秩序的体现,又是社会秩序的价值或意义所在。

(二) 经济法意欲的社会经济秩序

如果接受我对社会秩序涵义一般的上述理解,就不难认同我对经济法秩序持有的如下看法,即经济法秩序就是一定经济体系中的经济活动参与者,为了追求基本的或普遍的社会

[①] 对秩序概念及其共性总结的详细论述可参见刘水林:《秩序理念下的经济法研究》,浙江大学出版社2021年版,第75—81页。

[②] [英]赫德利·布尔:《无政府社会—世界政治秩序研究》(第二版),张小明,译,世界知识出版社2003年版,第6页。

经济生活目标,在参与经济活动过程中由于其行为遵守经济法律、法规而产生的经济活动的格局或布局或形成的社会经济关系的结构状态。处于这种经济格局或布局,或者说处于这种社会经济关系的结构状态中的人类行为,通常表现为符合一定可识别的行为模式,从而使人们对未来的行为模式及行为后果能有合理的预见。

社会经济秩序的形成有两条途径,从而产生两种秩序:即自发秩序与人为设计秩序。当经济活动主体自愿地服从经济共同体内存在的正式的一般规则(市场经济中主要是指有关产权和经营自由的法律)或非正式的行为规则或制度(主要指商业道德和惯例),就产生了自发的经济秩序,其就市场经济来说,就是在遵循一定的私有财产权和经营自由权(市场经济的基本法律规则)下,由市场机制自发作用形成的市场经济秩序;而公共经济机关在授权范围内,通过对有关经济活动主体的社会经济行为的方式以强制性规范予以限制,且要求经济主体必须严格遵守法律规则的规定,由此产生的秩序就是人为建构秩序,其在市场经济中的具体表现就是经济主管部门依法律授权,依其决策时的主流认知和社会经济发展的现实,就国家一定时期的理想秩序制定具有可操作性的规则,如依产业发展制定有关产业政策法、竞争法等的实施细则,据此法律、法规及实施细则的被遵守而形成的经济秩序,就是理性建构秩序,或人为建构的秩序。这两种秩序形成的路径各有优劣,因此,良好社会经济秩序的形成必须二者结合,因此,经济法的总秩序就是由这两种秩序混合而成的混合秩序。[①]

社会经济秩序作为经济法律关系的客体,其公共物品的属性是体现于其上的利益,是公共利益,这意味着,它是共同体所有成员都可分享的利益。而社会经济秩序,又是共同体成员按照一定的社会规范从事经济行为长期相互作用的结果,因此,他可以被看作是行为的结果,不过这种行为结果是诸多经济活动者行为交互作用的结果,而非具体个人行为的结果。另外,社会经济秩序(营商环境的重要构成部分)作为一种关系状态,受社会文化,特别是各种社会经济规范影响而形成,它又是无形的,它对于共同体成员犹如商誉、经营秘密等无形财产对经营者,因此,它可被看作是一种无形财产,一种无形的公共财产。可见,这种客体兼具行为和无形财产两种属性。

二、经济法秩序的内容构成

社会经济秩序作为经济法律关系的客体是不同部分相互配合而达成的。从总的来看社会经济秩序包括三个方面:一是市场运行秩序,主要包括公平竞争秩序与自由公正交易秩序简称市场秩序。二是经济规制秩序,是指公用事业和自然垄断行业的公平服务和良性发展秩序。三是宏观结构秩序,包括宏观的产业结构和区域结构秩序。

(一)市场运行秩序

市场运行秩序(以下简称市场秩序)是市场经济秩序最为基本的经济秩序,这意味着,市场秩序是现代市场经济国家最为基本的经济秩序。对市场秩序可从以下几个方面理解。

1. 市场秩序的含义和本质

市场秩序有广义和狭义两种。狭义的市场秩序,是指市场主体的市场经营行为(包括合法经营行为与违法经营行为)互动而形成的市场运行状态,是市场经营行为互动的客观后果。广义的市场秩序是所有类型市场主体的行为——市场干预主体(国家机关)的干预行

[①] 参见刘水林:《秩序理念下的经济法研究》,浙江大学出版社2021年版,第93—100页。

为、市场经营主体的经营行为、市场消费主体的消费品购买行为及其客观后果的总和。

市场秩序的本质,是市场内在的规定性。市场经济是商品经济高度发展的产物,具有商品经济的一般属性,其基本特征有三点:一是生产的社会化分工。二是交易者平等及自由交换。三是公平竞争。其中自由交换和公平竞争在市场运行中的实现,必然依存于先在形成的、并被多数市场主体认知或默会(包括可意会不可言传)的一系列的行为规则(规范),市场主体遵循这些行为规则就形成市场秩序。

市场运行的内在秩序一旦形成,为节约交易费用,其赖以形成的规则就必然不同程度地上升为法律、法规等形式,使市场运行的内在要求或秩序以法律使之制度化或规范化,即转换为市场运行的法律规范。可见,市场秩序具有两重性质:一是市场运行内在的客观规定性。二是这些市场运行内在规定性的法律规范表现形式或实现形式。我们通常所说的市场秩序,指的就是市场运行的内在规定性在法律上的形式表现。

2. 市场秩序的内容

从市场经济的运行来看,市场秩序的内容主要包括三个方面,与之相关的法律制度主要有三个方面。

(1) 市场准入和退出秩序。市场准入和退出秩序主要依赖于市场准入与退出规则而形成,是市场主体遵循市场准入和退出规则而进出市场的行为结果。市场准入规则,即一定的人(自然人或法人)要进入特定市场,成为该市场中的经营者所必须具备的经济条件,即获得在特定市场从事经营活动的资格。同时,退出市场也必须遵循一定的规则。这些规则通过对准入和退出资格进行限定的方式对主体能力设立门槛,进而使其成为防止和减少损害市场秩序的前提和基础。

(2) 市场竞争秩序。市场运行最为基本的是竞争机制,而一些竞争者为了自我利益会采取不正当竞争手段或限制竞争以谋求竞争优势,不正当竞争会损害竞争,而垄断会消灭竞争,从而使公平的竞争秩序受到损害,使市场的竞争机制难以有效发挥作用。因而,必须防止使用不正当手段损害竞争,以及禁止垄断,即限制竞争。

(3) 公平自由的市场交易秩序。市场是交易的场所,而交易天生需要平等和自由,正因此,马克思说:"商品是天生的平等派。"[①]交易行为应以诚信为本、自由交易、公平交易。不许用欺诈手段进行交易,不能强买强卖,严禁以假冒、伪劣商品扰乱市场。只有如此,通过交易才能是交易双方从交易中获益,有利于整体经济发展。

(二) 经济规制秩序

在市场经济的背景下,虽然市场在社会资源配置中起基础作用,但市场并非万能的,在一些社会领域市场机制难以发挥作用,其中自然垄断和公用事业领域就是典型。而这些领域不仅关系国计民生,且是国民经济整体发展所不可或缺的一部分,因而,此领域的经济秩序是经济法意欲维护的社会经济秩序的重要部分。

1. 经济规制秩序的含义

要了解经济规制秩序,首先必须对经济规制的含义有所了解。经济规制是规制的一种类型,从国内外论著对"规制"一词的使用来看,尽管其含义五花八门,但可归为名词和动词

---

① 马克思:《资本论》(第一卷),中共中央马克思、恩格斯、列宁、斯大林著作编译局,译,人民出版社1975年版,第102页。

两种用法,也是两种不同的分析视角,即法律规范的视角和治理方式的视角。①

(1) 法律规范的视角。这一视角是把规制(regulation)作为名词使用,是对一类法律规范的称谓。其内容包括相互联系的两个层次:第一层次是依法设立的规制机构,依法律授权所制定具有法律效力的行政法规、规章、实施细则。第二层次是规制机关制定的、不具有法律效力但却对其自身和被规制者具有普遍指导意义的指导办法、标准、指南等规范性文件。

(2) 治理方式的视角。这一视角是把规制(regulate)作为动词使用,是从对特定行业或领域的治理方式,或者从消费者、企业和规制机关互相结盟并讨价还价(博弈)过程的意义上使用的,内容包括相互联系的两方面:既包括共同参与协商制定法规、规则、政策等规范文件的抽象行为,也包括依据规范进行合作治理的具体行为。

(3) 这里的视角选择。这里是在治理方式视角上使用规制的,把以规则治理的领域称为规制领域。规制领域按其内容可分为社会规制和经济规制。② 社会规制"是以保障劳动者和消费者安全、健康、卫生、环境保护、防止灾害为目的的,对物品和服务的质量和伴随着它们而产生的各种活动制定一定标准并禁止、限制特定行为的规制"。③ 一般都认为社会规制主要包括三个方面,即安全与健康、环境保护、消费者保护等。经济规制是指影响公共经济领域的规制,主要适于对具有自然垄断、公用事业的规制法,如电力、电信、燃气、自来水、铁路和航空等事业的规制。本文经济规制就是在此意义上使用的,因而,经济规制秩序就是指这一领域的运行秩序。

对此,按此前有关秩序的观念,经济规制秩序就是规制领域的主体行为——规制机关的规制行为、被规制经营者的经营行为、用户的购买行为,以及规制领域交换客体的数量与质量作用于这一特别市场的客观后果的总和。经济规制秩序具有五个方面的要素:一是经济规制机关的规制行为。二是被规制行业经营者的经营行为。三是行为规范(包括经济规制机关行为的规范和被规制经营者行为的规范)。四是规制行业经营客体,即商品和服务。五是规制行为和经营行为及消费行为交织作用于客体的结果,即各类行为者互动而形成的市场关系状态。

2. 经济规制秩序的本质

首先,经济规制秩序体现的是规制行业运行的内在规定性。经济规制行业运行的基本特征有三点:一是行业的自然垄断或共用事业特性。这意味着,在这些行业缺乏竞争。二是被规制行业的经营者与用户交易力量的非对称性。三是对被规制行业提供的产品或服务需求的必须性和普遍性。这三方面决定了,经济规制领域的公正交易和规制行业有效发展的实现,必然形成一系列的特定规则和规范,经济规制行业的经营者遵循这些规范就形成经济规制秩序。

其次,经济规制行业运行的内在秩序一旦形成,就必然不同程度地上升为法律或规范性文件形式,使经济规制行业运行的内在要求或秩序法制化,转换为经济规制运行的法律规

---

① 正如安东尼·奥格斯所言:"规制,我们所使用的这一词汇,包含了各种各样的产业或非产业的活动,同样也包括了各种各样的法律形式。"([英]安东尼·奥格斯:《规制——法律形式与经济学理论》,骆梅英,译,中国人民大学出版社2008年版,第5页。)

② 参见杨建文:《〈政府规制:21世纪理论研究潮流〉序言》,学林出版社2007年版,第4页。

③ [日]植草益:《微观规制经济学》,朱绍文、胡欣欣等,校译,中国发展出版社1992年版,第1页。

范。因此,经济规制秩序具有两重性质:其一是经济规制行业经营内在的客观规定性。其二是这些内在规定性的法律表现或实现形式。通常所说的经济规制秩序,就是指经济规制行业运行的内在规定性的法律形式。

3. 经济规制秩序的内容

经济规制秩序的主要内容,以及与之相关的法律制度有三个方面。(1)受规制行业的准入和退出秩序。准入秩序主要依赖于受规制行业的准入规则而形成,是主体遵循准入规则而进出该行业的行为结果。规制准入规则,即进入该领域的经济主体必须具备一定的经济条件才有进入的资格,在此基础上据招投标规则,胜出者才最终成为该行业的经营者。退出秩序主要依赖于受规制行业的退出规则而形成的,在经济规制领域退出除遵守有关法律的规定外,往往由规制机关与经营者以规制合同形式对退出予以约定。这些规则通过对准入和退出资格进行限定的方式对主体能力设立门槛,进而使其成为防止和减少损害市场秩序的前提和基础。(2)经营行为规制。秩序意义上的经营行为规则,主要是经营者抽象经营行为的规则,如定价行为、生产中采用的技术和使用原材料的决策行为、质量和标准等,这种行为影响的是所有的用户,而不是针对特定用户。(3)经济规制机关的规制建构秩序。即经济规制机关所意欲建构的经济规制行业的秩序,这一秩序的形成主要依赖前两点规则的合理性,而要实现此目的,就必须规范经济规制者制定规则的行为,主要以这样集中制度约束规则的制定:规制必要性的说明制、对规则草案的听证程序、制订规则的协商制、规则的影响分析制、落日条款等。[①] 通过这一系列制度的设立保障经济的建构秩序是合理良好的经济规制秩序。

(三) 宏观的结构秩序

市场经济是商品经济高度发展的产物,因而,作为商品经济重要组成要素的社会分工和专业化生产也理应成为市场经济的重要组成要素,商品经济的特性自由和平等也是市场经济的根本属性。而社会分工和专业化生产,意味着整个经济就是由不同产业、不同区域按一定结构构成的整体,且这一整体经济结构中的产业构成和结构关系,以及区域间的结构关系并非一成不变的,而是随着社会经济发展而发展变化的。在现代市场经济条件下,这种结构本身就是遵循市场法则或经济政策而形成的经济秩序。[②] 由于此经济秩序是从一个国家国民经济总体的结构产业和区域来讲的,且在形成过程中,国家的宏观经济政策手段起着重要作用,因而,这一经济秩序被称为宏观结构秩序,它关系到一国整体经济的发展,因而,是经济法意欲维护的社会经济秩序的重要部分。

1. 宏观的结构秩序的含义

按此前有关秩序的观念,宏观的结构秩序就是宏观经济运行中的各类主体,在遵循市场法则和宏观调控规则下的行为——宏观调控机关的调控行为、不同产业和区域经营者的经营行为互动,作用于宏观经济客体——不同产业或不同区域的经济部门而产生的客观后果的总和。

宏观结构秩序具有四个方面的要素:一是宏观调控机关的调控行为。二是不同产业和

---

① 参见:王林生,张汉林等:《发达国家规制改革与绩效》,上海财经大学出版社2006年版,第150—181页。
② 社会学学者通常认为:"结构也是一种秩序,而且是一种相对稳定的内在秩序。"(宋林飞:《西方社会学理论》,南京大学出版社1997年版,第5页。)

不同区域经营者的经营行为。三是不同产业和区域经济发展状况。指不同产业的规模和发展程度,以及由资源和地缘决定的不同区域经济发展的状况。四是行为规范(包括宏观调控机关行为的规范和不同产业或区域经营者行为的规范),这种规范主要是社会责任性规范,既包括强制性的社会责任,一般以义务表现出来,如调控税中的纳税义务,也包括任意性的社会责任,如以经济利益激励诱导经济主体把资本投向国家意欲发展的产业(如高新技术产业、主导产业)或区域(如落后地区)。这种经营者依规则互动而形成的产业结构和区域结构的结构关系状态就是宏观的结构秩序。

2. 宏观结构秩序的本质

首先,宏观结构秩序体现的是一个国家整体经济运行的内在规定性。宏观经济结构的基本特征有三点:一是不同产业之间的结构合理性,这是由产业之间相互联系的、内在的本质规定性所决定的。二是区域经济结构的协调性,这对于大国经济来说尤为重要。由于大国幅员辽阔,不同区域的自然资源和社会经济条件存在差异,加之,市场具有"回流效应",①因而经济发展不平衡是不可避免的。但这种不平衡不仅不利于统一市场的形成,而且也难以实现区域协调发展,并最终制约了一国经济整体发展水平。三是结构的变动性,以及结构形成的缓慢性和改变的艰难性。这里的变化性就产业结构而言不仅包括不同产业在整体经济结构中比例的变化,也包括产业结构成内容的变化(新产业的兴起和旧产业的衰亡)。而区域结构的变化,不仅包括区域间发展程度的变化,也包括区域间经济分工的变化。这三方面决定了,良好宏观经济结构秩序的实现,必然遵守一系列的特定规则和规范,通过经济领域的经营者遵循这些规范的方式进而形成良好的宏观结构秩序。

其次,宏观经济结构运行的内在秩序一旦形成,就必然不同程度地上升为法律或规范性文件形式,使不同产业和不同区域对经营者行为内在要求法制化,转换为宏观经济运行的法律规范。因此,宏观结构秩序具有两重性质:其一是宏观经济运行对不同产业和区域经济发展规模内在的客观规定性。其二是这些内在规定性的法律表现或实现形式。通常所说的宏观经济结构秩序,就是指宏观调控法运行的内在规定性的法律形式。

3. 宏观结构秩序的内容

宏观结构秩序的主要内容,以及与之相关的法律制度有两个方面:(1)产业结构秩序。产业结构秩序主要依赖于对幼稚产业的保护、新兴产业的激励、核心产业的优惠、落后产业的改造和有序退出等法律保护而实现的,其主要体现在一些专门法律规定,如农业法、XXX促进法、特别产业振兴法,以及税法、财政法、金融法中对特定产业的优惠性规定中。是主体遵循这些法律规则而向特定产业投资经营的结果。(2)区域结构秩序。区域结构秩序主要依赖于对落后地区开发、特定地区发展、区域间经济协作而实现的,是主体遵循这些法律规则而向落后地区投资经营的结果。体现在规则上其主要体现在对特定区域的开发法,如日

---

① "回流效应"是瑞典经济学家缪尔达尔在研究发展中国家发展问题时提出的一个概念,主要是对当今主流的自由主义经济学过分注重市场的作用,在发展中主要关注市场的"扩散效应"的回应。所谓"扩散效应"是指所有位于经济扩张中心的周围地区,都会随着与扩张中心地区的基础设施的改善等情况,从中心地区获得资本、人才等,并被刺激促进本地区的发展,逐步赶上中心地区。对此,其指出市场也有缺陷,其在区域经济发展中一定时期具有"回流效应",即资本、劳动力和企业家往往一起流向收益较高的地区,贸易也给发达地区带来利益。发达地区也会将污染严重项目转移给不发达的地区,其结果是发达地区发展更快。而在落后地区由于增长要素的流出而发展更慢。参见洪银兴:《西部大开发》,2002年第 5 期。

本的《离岛开发法》、美国的《田纳西流域开发法》等;特别区域的发展法,如我国设立的自贸区,以及税法、财政法、金融法中落后地区、特定区域的优惠性规定中。

(四) 经济法秩序构成的引申

经济法作为秩序维护法,其秩序的内容构成,决定了经济法的内容体系,即经济法律体系由市场规制法、经济规制法和宏观调控法三部分构成。

目前,经济法界主流观念认为经济法体系包括两个方面,[①]即宏观调控法和市场规制法。这意味着,把影响国民经济整体发展的经济规制领域排除在经济法规范以外。虽然,经济法界研究反垄断法的学者在研究中触及这一领域,但一般多是从竞争法的角度,在边缘上涉及。而研究规制的法学学者多是行政法界学者,他们一般主要研究内容是社会风险规制,如药品安全、危险品等,致使经济规制成为法学研究的飞地。[②]

其实,这部分的核心内容是如何防止被规制的自然垄断及公用事业对不特定众多用户的损害,犹如反垄断法规范的垄断行为造成的损害,这种损害是经济公害,难以沿袭民法的私害救济范式对其予以保护,因而,这部分理应属于经济法研究的内容。希望今后有更多的经济法学者,投入对这一领域的研究,以推进这一领域法律制度的建设与完善。

第四节 经济法律关系的内容

任何法律关系的内容都是权利义务关系,但不同部门法因解决的社会问题及其所反映的社会关系的类型不同,以及该部门法观念基础不同。不同部门法对权利和义务的本质、来源,以及权利和义务的关系,以及它们在法律关系中地位的理解也不同。

一、经济法权利的来源和性质

在法律关系中权利和义务是一对对应的概念,且近现代以来的法律主要是以权利为本位的法律,义务只是相对应于权利而存在的,在法律关系中权利处于主导的地位。因此,法学界一般主要探讨权利的性质和来源,下面我们就经济法的权利性质和来源予以探讨。

(一) 经济法主体的权利来源

对权利来源的不同回答,对于部门法确定权利的性质、内容,以及其在该部门法律规范中的地位有着重要的意义。正因此,有学者说:"权利来自哪里?这个问题的答案之所以如此重要,是因为权利的来源决定了权利的地位与内容。"[③]对于权利的来源自古就有两种不同的解答:第一种解答认为,权利来自法律之外,例如自然、造物主、人类本能或其他客观现实。这种理论(或者更精确地说是一套理论)一般称之为自然法——自然的法则与上帝的法则。第二种解答认为,权利在法律之内——权利是法律本身所授予的。这种说法一般称之

[①] 这从目前最新的,最具代表性的经济法教材——张守文主编:《经济法学》,高等教育出版社,2016年版——的内容体系就可说明。

[②] 对此内容,作者曾作过提纲挈领的研究,可参见刘水林:《经济规制法——经济法"飞地"的经济法》,陈云良主编:《经济法论丛》,社会科学文献出版社2018年第1期。

[③] [美]艾伦·德肖维茨:《你的权利从哪里来?》,黄煜文,译,北京大学出版社2014年版,第1页。

为实定法。[①]

我倾向于认定权利的主要来源是社会需要而非自然。但从社会需要来讲,不同的社会因解决的社会问题的性质不同,社会观念,以及由此决定的对人的本性认知的观念不同,对社会需要的看法也存在差异。在以机械连带关系为主导的机械的个体主义社会里,社会问题主要是特定主体间因私人物品上的私人利益而产生的机械性连带关系。在这种社会关系中,由于社会问题的简单性、纷争主体对纷争的利益客体的信息了解的基本对称性、人行为动机对利益的追求的共性,以及个人偏好的不同。这意味着,影响社会利益的根本就是私人物品上的私人利益的创造和维护问题。而激发私人物品创造和维护的关键,是人的自由和把创造物归创造者,这恰好符合人本性中的经济理性——自利性。因此,法律在针对这种社会问题时,基于社会需要的法律授权,与基于人性的需要赋予权利相融合。因此,近代以来直到现代社会初,个人的权利主要是私人权利。这也是近现代以来,第一代人权有关人的基本权利主要是个人的人身自由和财产权的原因所在。加之,从启蒙以来,个人主义观念是西方的主流观念。因此,这一时期法学的主流观念,通常就把权利看作是源于人作为人就应该具有,而不是基于社会需要。[②] 但实质上只不过是个体主义社会观认为的社会需要,因为这种观念认为社会是个人之和,这意味着,只要满足了所有个人的需要也就是满足了社会需要,因此,归根结底仍是社会需要;在以有机连带关系为主导的有机的整体主义社会里,社会问题主要是不特定主体因私公共物品上的公共利益而产生的有机性连带关系。在这种社会关系中,由于社会问题的复杂性、纷争主体对纷争的利益客体的信息了解的非对称性、人追求的利益对公共物品的共同依赖性。这意味着,影响社会利益的根本就是公共物品上的公共利益的创造和维护问题。而公共物品的特性决定了其创造和维护的关键,需要每个人承担社会责任,这恰好与人性的个体经济理性不完全符合。因此,法律在针对这种社会问题时,基于社会需要的法律授权,与基于人性的需要赋予权利并不重合。这也是现代高度发展以来,反自由主义的社会观念——共同体观念勃兴,出现了人的权力的扩张,人的社会性、经济性权利不断涌现的原因所在。

(二) 经济法主体权利的性质

对于权利的性质,通过对权利的历史发展的分析就不难看出。从权利发展的历史地看,现代诸多类型的权利并不是同时产生的,权利的性质和内容是随着社会的发展而发展的。就近现代来说,在近代和现代社会初期,由于社会生产力不发达,社会关系主要是机械性连带关系的机械的个体社会里,与之相应的主流社会观念是个人主义,这时对权利的主流看法就是:人的权利主要是有关人作为有理性的生物如何更好地生存和发展而赋予的,因而,似乎权利源于人作为人的自然本性。而现代化发展到较高程度的现代化大工业时代,高度发达的社会分工,个别厂商巨大的生产力,高科技运用产生的巨大风险,个体间,以及个体与共同体以来增强。使得社会有机连带关系成为社会的主导性关系,社会成为有机整体。在这样的社会,人要更好地生存发展与整个社会发展有关,整个社会发展需要良好的社会秩序,

---

[①] 对此详细的论述可参见[美]艾伦·德肖维茨:《你的权利从哪里来?》,黄煜文,译,北京大学出版社2014年版,第5页。

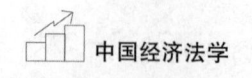

[②] 有学者指出:人权"它们与'社会'的个人主义观念一起,出现在现代历史的开端。"[意]诺伯特·博比奥:《权利的时代》,沙志利,译,西北大学出版社2016年版,第4页。

良好社会秩序需要国家干预。与此相应,社会观念中反自由主义的共同体主义观念影响日隆。这种观念认为:权利是社会赋予个人履行社会责任的工具之一种,因此,权利就是人未尽其作为社会成员的社会责任,请求国家干涉其他人损害社会秩序的资格,或者干涉具有公共危害性行为的资格。因此,法律衍生出第二代权利——社会权,现今还出现第三代权利,它们还太模糊混杂,如在无污染的环境下生活的权利(环境权)。[①] 或者在良好的市场秩序下公正参与社会经济活动的权利(竞争权、公正交易权等)。

可见,权利起源于解决人与人相互关系的社会需要,权利的性质和内容随着社会的发展、社会关系的性质和结构的变化而发展。而经济法产生的时代背景,以及经济法所解决社会经济问题的公共性,决定了经济法的权利属于第二代权利——社会性权利和第三代权利——共和权利。按共和主义的观点,共和权利是公民的第四种权利,它是"共和公民制止那些企图掠夺公共资产、公共财富的个人或集团的权利。"[②]之所以经济法的权利是共和权利,是因为社会经济秩序作为公共物品,对所有经济活动参与者来说也可以说是一种公共财富(无形公共财富)。对这类公共财富的掠夺,意味着过度使用,就是使该资源质量下降,亦即使社会经济秩序损害。制止他人掠夺或过度使用的权利,其实质是为保证公共物品的生成或防止公共物品被损害,从而保障公共物品持续供应而赋予的权利。

二、经济法主体的义务

在传统的以自由主义观念为基础,以个人权利为中心建立起来的法律理论中,义务是与权利相对应的概念,而权利只能属于个人。这类法被称为权利本位法,其法律关系中义务是相对于具体个人权利的。但经济法作为现代法,义务的来源和性质与传统法律是不相同的。义务并非对应于他人的个人权利,并不是基于保护他人个人权利的需要而产生,且义务在经济法律关系中处于主导的地位。下面,就经济法上义务的源泉与性质,以及义务与权利的关系予以说明。

(一)经济法主体的义务来源

对义务的来源法学界并没有专门的论述,不过从有关法律的本位理论(权利本位还是义务本位)以及有关权利和义务关系的论述看,由于时代的社会问题不同,以及社会观念不同,对于义务的来源存在着两种不同的看法:一种看法是以个人主义观念为基础,认为义务是因权利而产生,是保障个人权利实现的工具。其对应于这样一种格言:"有义务,必有对应的权利。"另一种看法是基于共同体主义观念,这种观念在法律理论上表现为义务论。义务论认为义务产生于人作为社会共同体成员维护公共体公共利益的需要,因此,义务并非必然是实现个人权利的工具。正如有学者说:"主张义务论的各种理论并不必然是以权利为基础的理论(rights-based theorise)。义务论能够主张义务的存在,而无需同时承认这些义务的受益人拥有权利。"[③]例如不得损害环境、不得限制竞争、不得破坏社会经济秩序等义务就不存在对应的权利。这种情形下所保护的利益是公共道德方面的一种一般的社会利益,法律制

---

① 参见[意]诺伯特·博比奥:《权利的时代》,沙志利,译,西北大学出版社2016年版,第9页。
② Luiz Carlos Bresser-Pereira,"Citizenship and Res Publica:The Emergence of Republican Rights," *Citizenship Studies*,Vol. 6 No. 2,2002,P151.
③ [美]阿隆·哈勒尔(Alon harel):《权利理论》,朱振,译,载朱振、刘小平、瞿郑龙等编译:《权利理论》,上海三联书店2020年版,第118页。

度对它的保护并不通过授予任何人权利,而是通过施加一种对动物的人道的绝对义务来实现,并借助于处罚措施或刑事控诉来保障。

前一种观念对义务的看法,在法律学者看来义务用于指称与这样的法律权利,即霍菲尔德意义上的权利的第二种含义——请求权相关的一种状态。后一种观念对义务的看法,正如庞德所言:"它还用于指称奥斯丁(Austin)所说的'绝对义务',这种义务为了社会利益而施加于个人。"① 这种义务的履行在现今法律中往往是以国家公共机关强制力保障,似乎义务与国家机关具有的权利相对应,"我们经常在这种意义上说国家'权利(right)',但是,这一'权利'实际上是生搬硬套"。② 经济法产生的社会经济背景和观念基础界定,对于经济法而言,我倾向于认定经济法律关系中义务的主要来源是社会需要,准确地说是个人履行社会责任的需要,是保护社会公共利益的需要而非仅仅是保障个人权利实现的需要。

(二) 经济法主体的义务性质

对于义务的性质,通过对法律发展的历史分析就不难看出。社会发展的历史说明,社会发展必然需要秩序,而有秩序就必须有义务约束。可以说,义务是与社会秩序相伴产生的。在人类出现国家、出现成文法典以前的很长时间,习惯规则是产生社会秩序的保障,是法律的源头。而习惯规则多是对人们行为的约束,即主要是义务性规范。在国家产生以后,法律发展史告诉我们,在近代社会以前,"许多古代国家的成文法典也是以义务性规范占绝对主导地位,从公元前18世纪古巴比伦王国的《汉穆拉比法典》,到公元5世纪至6世纪法兰克福王国的《撒利克法典》为代表的欧洲各蛮族国家的法典,都表现了同样的特征。即使在'权利本位主义'的提倡者极为欣赏的罗马法,在其早期也是以义务性规范为主要内容。从罗马《十二铜表法》残片的内容中可见,其第六表至第十二表的条文基本上都是禁令性义务和应为性义务的规定"。③ 到了近现代社会,特别是17世纪和18世纪古典自然法学派在抨击封建专制、等级和特权制度的斗争中高扬"自由平等"大旗以来,近代法律中就产生了许多权利性规范。这些权利性规范实质是对封建时代法律中不合理义务性规范的否定,当然,这里的"不合理"只是以17、18世纪的社会观来说的。可见,最初法律中权利性是义务的产物,准确地说法律的权利性规范是时代发展需要对既往社会法律中不合理义务性规范否定的产物。

可见,与权利的起源相同,义务起源于解决人与人相互关系的社会需要,义务的性质和内容随着社会的发展、社会关系的性质和结构的变化而发展。而经济法产生的时代背景,以及经济法所解决社会经济问题的公共性,决定了经济法的义务属于社会性义务,即作为共同体一员的个人对其所处社会承担的义务,以及对其所处社会的所有成员承担的义务,是一种绝对义务,而不是对应于具体个人权利的义务。套用共和主义有关"共和权"的观点,这种义务也可称为共和义务,它是共和公民不能过度掠夺或过度使用公共资产、公共财富的义务。这里的"过度使用"意味着其实用超越了社会的自发机制或自然的再生公共资源和公共财富创造的能力。可见,"过度使用"就是使公共资源或公共财富质或量的下降,亦即使社会经济秩序的损害。

---

①② [美]罗斯科·庞德:《论法律权利》,于子亮,译,载朱振、刘小平、瞿郑龙等编译,《权利理论》,上海三联书店2020年版,第223页。

③ 张恒山:《义务先定论》,上东人民出版社1999年版,第3—4页。

（三）经济法主体权利和义务的关系

经济法主体的权利义务是并列的,都对应于社会,或者说对应于不特定的所有社会成员而并不是两个不同主体间的权利义务对应关系。这种关系是一种一对全体社会成员的关系,因社会成员在整体经济体系中的角色不同,这种关系又是由经由社会经济体系连接起来的、直接和间接关系混合成的复杂关系体系。如竞争关系,是经营者与购买者的直接的市场交易关系,通过市场体系争夺购买者而形成相关市场中经营者间的竞争关系,竞争关系是一种间接关系。

第五节　经济法律关系的特性

经济法律关系的显著特性是二元结构及二重性。二元结构是指经济法律关系是由两种性质完全不同的权利义务体系构成：其一,作为社会经济整体代表的经济机关在经济法律活动中形成的权利义务体系。其二,作为经济功能个体的权利义务体系。其二重性是指经济法主体的同一行为,因其角色二重性,同时处于两重法律关系中,有两重不同的权利义务。正是经济法律关系的二元结构及二重性的这一特性,及"二元结构"与"二重性"的相互交织作用,使经济法律关系衍生出其他特征,下面就此展开论证。[①]

一、经济法律关系的二元性

从整体主义看,作为有机整体的社会经济,是由众多功能不同但又互补的经济个体互动形成的经济关系网络。这意味着处于网络中的每一个体的经济行为（活动）,一方面不仅直接与其他经济个体发生关系,也因其行为的外部性,或联系的有机性,通过有机体间接地与其他个体发生关系：如在滥用市场支配地位限制竞争行为中,强制用户、消费者购买其提供的不必要的商品的行为,不仅直接侵害了消费者的自由选择权,给消费者造成损害,也使与其提供的不必要商品有市场关联性的其他经营者因而失去公平竞争的机会,间接受到损害。另一方面,每一个体作为构成有机体的基本要素,都与作为有机体的经济整体发生关系。这决定了,要使社会经济整体良性运行,经济法不仅要调整功能个体之间的直接关系,而且必须调整他们之间的间接关系。与此相应,经济法有两种调整方法：一是通过对有直接经济关系的经济个体之间相互权利义务的设定,或对个体赋予某种权利,对他们的直接关系进行调整。这点与传统的法律部门相同。二是通过对经济个体与社会经济有机体关系的调整,达到间接对经济个体之间关系的调整,即对经济个体之间的间接关系进行调整。这是经济法特有的,也是其主要的调整方式。这种方式,在经济法规中往往表现为对经济个体的社会义务的设定：如反垄断法中,对拥有市场支配地位的企业种种行为的限制,目的在于保护竞争秩序,而不是保护某一企业,所以实质就是有市场支配力的企业对社会的一种义务,通过此达到了对与其有竞争关系的经营者之间关系的调整;再如在税法中,通过对不同功能经济个体的不同税率、税种的设定,使他们对社会承担不同

---

① 这部分内容主要参考了我以前论述的观点,对此可参见,刘水林:《经济法基本范畴的整体主义解释》,厦门大学出版社,2006年版,第203—224页。

的义务,即通过对个体与有机体关系的直接调整,达到对个体之间功能互补协调关系的调整。社会经济关系经过经济法的上述两种方式调整,形成了两种性质不同的经济法律关系。

(一) 功能个体间的准私法性的经济法律关系

这种性质的经济法律关系产生于具有同质性(是私的主体)的功能个体之间,是一种直接的功能互补及功能协调关系:如消费者权益保护法中的经营者与消费者之间的关系就是功能互补关系,而反不正当竞争法中的经营者之间的竞争关系则是功能协调关系。这一法律关系中主体法律地位的平等性,及对这种关系调整方式与传统私法的相似性,使这种法律关系有很强的私法性。因此,它们起初都属侵权法领域,这从消费者权益保护法、反不正当竞争法的历史发展中不难说明。

然而,作为功能个体,他们毕竟在经济有机体中的功能不同,各自功能发挥所需的条件也不同,为使各自的功能得以充分发挥,且在发挥各自的功能时,使其行为的负外部性达到最低限度,除尊重其个体理性,自由从事经济活动外,还须公共理性,对其经济行为给予适当干预限定。因此,他们之间关系的建立又没有完全的意志自由性。据此,可说他们之间的经济法律关系只有准私法性。

(二) 经济机关为一方主体的准公法性的经济法律关系

这种性质的经济法律关系,主要产生于功能个体与有机经济整体之间,具体表现为,功能个体与各种代表经济整体的国家经济机关之间的直接关系:如反垄断法中的反垄断主管机关在执法中与一些企业间产生的法律关系;税务机关与纳税人之间的法律关系。

在这种法律关系中,由于经济机关是代表有机整体,而有机整体作为现实中的持续存在,从其产生起,就超越了其构成要素——个体,并先于现实中的每一个个体而存在,且成为个体得以存在的基础。这意味着,个体一经生成就受益于其所处之整体,整体就有权要求个体为维护整体存在与发展而承担一定的义务,对此个体必须承担。可见,这种经济法律关系有很强的公法性。

然而,个体毕竟是一独立的存在,有机体也不能脱离所有个体而自存。何况在当今民主社会,作为有机整体的经济社会的意志亦代表了个体的意志,因此,现代在作为整体代表的经济机关与个体的法律关系中,亦对个体意志自由以尊重,使其具有一些私法性。正如此,可说其有准公法性,是准公法性质的经济法律关系。

二、经济法主体的权利义务的二重性

(一) 经济机关的权利义务的二重性

经济机关作为社会经济整体的代表,在经济活动中同时与其所代表的整体(通常指国家)及经济个体间产生法律关系,由于其在面对整体与个体时的角色、地位不同,因而具有不同的权利和义务,即其权利和义务有二重性。

1. 在与社会经济有机体(或国家)关系中的权利和义务

经济机关一般是依国家组织法(如财政部,商务部等)或经济法(如美国的联邦贸易委员会),为实现一定经济目的而设立的,因此,是社会经济有机体的法定代表。它与经济有机体的关系是一种代表与被代表的关系,在这一关系中,作为人格者,其所拥有的经济法上的权利仅为行使社会经济有机体赋予其经济职权的权利;①其义务仅为履行社会经济有机体赋予其经济职责的义务。

2. 在与经济个体关系中的权利和义务

社会经济的复杂性、多样性,使得要实现社会经济的目的,必须设立众多经济机关。因此,在这一关系中,作为依国家组织法或经济法的规定而在机关之地位者,其所行使之权利是有机整体的部分权利,即行使的权利有范围限定,这一范围由其执行的社会经济职能而定。因此,通常被称为"经济职权"或"经济权限"。这种权利,从内容看,总是表现为整体的某种经济权力:如立法权、决策权、命令权、禁止权、许可权、批准权、撤销权、审核权、免除权、确认权、协调权以及监督权。② 整体权力内容的这种广泛性及复杂性,使代为行使的经济机关呈现出多样性,不仅有经济行政机关,权力机关也可作为职权主体:如在计划法律关系中,社会经济发展计划的审批、执行时的监督都有权力机关介入,权力机关显然处于一方主体之地位。③ 经济机关的多样性及设立目的的特定性,决定了经济职权的以下特征。④

(1) 经济职权是基于法律规定而生的一种资格权。经济职权虽亦名为"权",但与其他权利不同,盖其他权利皆以利益为依归,而经济职权对于经济机关并无利益可言(效果直接归于社会经济有机体),故经济职权仅为一种资格或地位,其发生基于法律规定。

(2) 经济职权是一种专属的职务权限,即通常所说的权利的有限性。具体经济机关受职能所限,只能行使整体的某一方面权力,相应地有机整体的某一方面的权力,只能由特定机关或特定机关的特定个人行使。

(3) 经济职权具有通常所说的公权性质——命令与服从性质。经济职权源于社会整体(或国家)的权力,社会的权力不论从形而上的"社会契约论",还是从现代民主国家的运行事实,其合法性都是基于每一个体的承认,其目的是每一个体的利益。因此,个体的服从,其实是对自己允诺的遵守,于此又与私法无异。

(4) 经济职权是一种权力与义务或责任相统一的权限。经济职权的性质决定,它不同于个人、团体的私权,不能由掌握它的经济机关随意处分,如不能放弃、转让等,该行使时必须行使,不该行使时就不能行使,否则,对其所代表的社会就是失职,对其行为作用的经济个体,就可能造成非法侵害,如税务机关高于法定税率而征税。这意味着经济职权,对拥有它的经济机关来说,又是一种义务或责任,即经济职权是权力与责任的统一体。经济职权的上述特性说明,从义务角度看经济职权就是经济职责,它们只不过是从两种不同观察视角得出的结论,即从可为或要求他人为某种行为角度讲,是权利或职权;从必为、不可抛弃角度讲,是义务或职责。这决定了经济职责有法定的范围性及专属性的特征,这两点与经济职权的特征相同。

---

① 这通常被称作经济权限,经济权限的概念是由苏联经济法学界提出的,(见[苏]B. B. 拉普捷夫 主编《经济法》,群众出版社 1987 年版,第 39 页。)是比照于行政法"权限"的产物。
② 参见李昌麒:《经济法——国家干预经济的基本法律形式》,成都:四川人民出版社 1999 年版,第 467—468 页。
③ 参见李昌麒:《经济法——国家干预经济的基本法律形式》,成都:四川人民出版社 1999 年版,第 464 页。
④ 对经济职权的特征经济法界有不同的观点,但其实质不外我在此所总结的四点。有关此,可参见李昌麒:《经济法——国家干预经济的基本法律形式》,成都:四川人民出版社 1999 年版,第 469—470 页;杨紫烜主编:《经济法》,北京:北京大学出版社、高等教育出版社 1999 年版,第 103 页。

(二) 功能个体权利义务的二重性

每一经济个体在社会经济活动中同时扮演着两种角色,具有不同的功能,这就使其在经济活动中同时与其所依存的经济整体(通常指国家)及功能互补的经济个体间产生法律关系,由于其在面对整体与个体时地位不同,因而具有不同的权利和义务,这就是说,其权利和义务具有二重性。

1. 功能个体的社会权利与义务

作为功能个体的经济法主体,由其与经济有机整体的互为依存关系决定,其面对经济有机体有两种权利义务:一般的社会经济权利义务及特定角色的社会权利义务。

前者又称基本的权利义务,是所有参与经济活动的经济个体都有的权利义务。这种权利是每个经济个体从事经济活动发挥自己功能的基本条件,不能被任意剥夺或解除。如经济活动的自由参与权,简称自由参与权,其意指所有公民或法人都具有依法定条件自由选择从事各种经济活动的权利,这一权利的意义旨在保护每个个体在社会经济的众多角色中选择到与自己能力相应的角色,从而为社会发挥最佳功能;这种义务是每个经济个体作为整个经济有机体的构成要素(细胞)所不可抛弃的、必为的。如纳税义务等,这种义务旨在维护包括义务者本身所依以存在的经济有机体,从而为所有个体的生存、发展创造良好的条件。这种权利义务是抽象的,对所有的经济个体是同一的。

后者是经济个体因扮演不同的角色,作为其功能发挥的条件而取得的权利义务。这种权利义务因各个体的角色不同而各异。如税法中不同的税率、税种对不同性质、不同规模企业的不同对待;反垄断法中的合并控制规制,对有市场优势的大企业与小企业的不同对待;有关产业法规中的对农业企业与中小企业的优惠待遇等,这些都是因它们在整个社会经济运行中的功能不同,对整个经济机体的意义各异,其权利义务就有不同的体现。这种权利义务是具体的,与每一个体的角色相对应的,我称此为角色权利义务。

2. 功能个体之间的权利与义务

作为共存于同一有机体中的不同个体,他们的功能既有类同,也有差异。由此导致他们之间的关系有两种,由此决定,权利义务有两方面。

(1) 在功能同构、协调互补关系中的权利与义务。这是指生产同类产品的企业,处于同一产业中共同构成某一经济系统(或经济体系),他们功能类似,存在竞争,但仍有某些差异(如花色品种、质量等)。因此,他们只有协调共处,才能在竞争的压力下最优发挥各自功能,满足社会的各种偏好,在实现社会福利最大化的同时实现各自利益最大化。此种关系就是协调的互补关系。在这一关系中,各个经济个体的权利义务,就一般意义或抽象意义上讲,是相同的、绝对的。如每个个体都有公平竞争的权利,同时又负有不能以任何方式损害别人的竞争力及限制别人竞争的义务;就具体而言,又因各经济个体的实力地位、规模不同而各异,因而是相对的。如处于竞争中的有市场支配地位的大企业与小企业之间的权利义务就不同。这是与上述个体的抽象社会权利义务及个体作为特定角色的社会权利义务相关联的,有时可以说,在某些方面,各个体对社会经济有机整体的权利义务,同时也是对各个体的权利义务。

(2) 在功能互补的协调关系中的权利与义务。这是指处于同一体系中功能各异的经济个体之间,由于存在功能互补而需协调的关系。在这一关系中,各个经济个体的权利义务是与其功能、性质、地位相关联的,因此,权利义务有显著的角色性、功能性以及与实力的平衡性。如经营者与消费者,作为交易体系中相互依存的功能互补个体,因各自在体系中的功能不同,实力地位不同,为保证交易的持续公平进行,就给实力弱的消费者以相对强的权利,以法力弥补实力,使各自在交易体系中力量达到均衡。非如此,交易难以持续,受害者非只处于弱势的消费者,也会及于处于强势的经营者。又如处于生产体系中的上下游企业间的关系,由于各自的市场支配力不同,强者就可能滥用支配力损害弱者,最终导致交易的中断,使双方受损。可见,处于有机整体中的互相依赖的个体,强者不强,弱者不弱。

(三) 整体与功能个体权利义务的相对性及隐蔽的对等性

通过以上分析,我们不难看出,在有机整体与功能个体的有机关系中,双方的利益是共通的、相溶的。"即当某一方享有某一种权利而对负有与之相对应的义务时,那所谓权利亦不是只为着权利者的利益而存在,而是同时又为着保护对方的利益而存在的。因此,若以为权利的观念含有'以某主体之利益为目的而成立的'的要素;反之,义务的观念以'因对方之利益而受的意思拘束'为要素的话",[①]那么,经济法中有机整体与功能个体之间的权利义务,在某种程度内是带有相对性的,是相溶的,即"权利中含有义务性;而义务中含有权利性"。[②] 具体地说,在这一经济法律关系中,社会有机整体的权利就不单为整体的利益而存在,同时亦是为每一个体利益而存在;相应地功能个体的权利,也不单为着权利拥有者本身的个体利益而存在,而是同时为整体的利益发挥功能。这就是这种经济法律关系中权利义务和私法关系的权利义务的不同之处。

从有机整体与功能个体的权利义务,在上述意义上的相对性,可引申出他们之间的权利义务也有对等性,只不过这种对等性是隐蔽的。对此,我以税收法律关系中的税务机关与纳税人之间的权利义务关系予以说明。

在法学界,不论是经济法学者还是行政法学者,一般认为在(作为整体代表的国家)经济机关与纳税人(功能个体)间的法律关系中,主体双方的权利义务是不对等的。[③] 如从个体主义或从机械整体主义看,这种观点是正确的,但从有机整体主义看,其实并非如此。如前所述,从有机的整体主义观点看,社会一旦形成,就超越于其赖以形成的要素——个人或个体,并先于每一个具体的个体而存在,成为每一个体得以产生和存在的基础。就社会经济来说,每个功能个体从事经济活动取得的经济成就,不仅受其所处的社会经济环境影响,就是决定其成就所需的经济要素的品性,都是一定社会经济在长期发展中,社会资本积淀凝聚的

[①②] [日]美浓部达吉:《公法与私法》,黄冯明,译,中国政法大学出版社2003年版,第106—107页。

[③] 在我国法学界,一般人为在公法关系中,公共机关与个人之间的权利义务是不对等的。正因此,在行政法学界,当把税收法律关系作为传统的行政法律关系研究时,一般认为税务机关与纳税人(行政相对人)的权利义务是对应的,但不是对等的。并强调这种不对等从质上看是各自的权利义务性质不同,从量上看,权利义务无法等量衡量,也不是一种等价交换。对此可参见:罗豪才,方世荣:《论发展变化中的中国行政法律关系》,载《法学评论》1998年4期;王成栋:《行政法律关系问题研究》,载《政法论坛(中国政法大学学报)》2001年6期。在经济法界与此观点基本相同,一般也认为,经济主管机关与一般市场主体间的权利义务是不对等的。如史际春、邓峰两先生认为"由于公私法融合的性质所决定,经济法律关系当事人间的权(力)利义务可能不对等,也可能是对等的"。见史际春、邓峰《经济法总论》,法律出版社1998年版,第186页。具体在税法中,有学者认为,在税收征纳法律关系中,其实体性的税收关系主体是国家与纳税人,程序性的税收关系的主体是税收机关与纳税人。在实体性的国家与纳税人之间的法律关系中,国家与纳税人的法律地位是不平等的,其表现为,国家只单方面享有税收债权而不负债务,国民只承担单方面的债务而不享有债权。见翟继光:《税收法律关系研究》载经济法网(www.cel.net.cn)。

结果,如劳动力的素质、资本(包括物质和货币)的丰裕程度及品质、管理的知识等。正如萨缪尔森所说:"如果没有资本设备,没有丰富的资源,没有其他人的劳动,而更重要的,没有一代一代积累的技术知识,他个人能生产出多少东西?很显然,我们所有的人都从我们从来没有建造的经济世界中取得利益。正如 L.T.霍布豪斯所说:某些企业家的老板认为,他们由于'自我奋斗'获得成功并且'创造'了自己的企业,而在事实上,是整个社会向他们提供了技术工人、机器、市场、安定和秩序——这些范围广泛的条件和社会环境是千百万人经过许多代人的努力创造出来的。如果把这些社会因素统统去掉,那么,我们只不过是一个赤身裸体的野蛮人,靠采野果打野兽为生。"[1]这意味着每个个体的经济成就,虽与个体的因素和努力密不可分,但都与社会有关。每一个体只要从事经济活动,就不可避免地从社会获得了利益,因此,理应为此付出对价,其表现就是承担法律赋予自己的义务,纳税义务就是其中的一种。这一对价也是个体所允诺接受的,因为在民主社会,法律是公意(包括每一个体的意志)的体现。所以,在税法上,履行纳税义务就如履行同契约法的合同义务一样,是对自己从社会已经获得的、并正在获得及将来必然获得的利益而给付的对价。[2] 只不过社会提供给个体的是一种特殊的公共物品,这一公共物品不仅在消费上具有不可排他性,且在供应上有持续无限性及范围的整个社会性。因此,就像空气一样,任何人都可时时享用却浑然不觉,这就使社会的给付被遮蔽,个体与整体(或其机关)的对等性被隐蔽。

但是,这种对等性,还是可从税制的设计中折射出来。在现代社会,科学技术的高度发展及在生产领域中等的应用,使生产的社会化程度愈益高度化,这就使每一个个体都因自己的能力差异而处于不同的领域,或在同一领域以不同的方式或规模从事经济活动,取得不同的收益。收益差距的造成固然与个体的因素有关,但也不能否定社会因素的重要性(我想比尔·盖茨能创"微软"于美国,但如从小置其于非洲,他绝不可能在非洲创立"微软")。一般而言,不同的经济活动及不同的经营方式或规模,总是意味着对社会资源的利用程度不同,从社会摄取的利益也不同。可以说,个体收益越多,从社会获取的就越多。按照公平原则,向社会支付的对价就越高。据此,如果我们把个体的"纳税义务",看作个体为其从社会的获得而支付的对价,或把税收看作社会出售公共物品的价格,我们至少可以部分说明,为什么所有的税制都对不同行业科以不同的税种及高低不同的税率,及对同一行业或从事同一经济活动的不同个体,因其规模不同或收益不同,又有形式不同的税率,如比例税率、累进税率。即为什么每一个体因所处行业不同或因规模收益不同,其各承担的税负轻重就不同。简单讲,就是因各自所享有的公共物品的数量不同,因而价格不同。这就从侧面折射出,在税收关系中,税务机关与纳税人之间的权利义务并非不对等。这在其他经济机关与经济个体的权利义务关系中同样如此。

以上两点是经济法律关系的最主要特性,除此之外还有以下特性。

---

[1] [美]保罗·A.萨缪尔森,威廉·D.诺德豪斯:《经济学》(第十二版)下,高鸿业,译,中国发展出版社1992年版,第689—690页。

[2] 这一观点在国外关于税的根据的论争中就有,其中的利益说或对价说就是如此。这种学说把税视为是市民对从国家那里所得到的利益的对价。据此,税负担之轻重要按各人从国家那里所得利益的程度大小进行分配,其结果势必同比例税率结合起来。此说在有英美传统的国家和地区较为流行,霍姆斯法官的"税是文明的对价"是此观点的体现。参见[日]金子宏:《日本税法》,战宪斌等,译,法律出版社2004年版,第15页。

三、经济法律关系设定的灵活性与及时性

经济法律关系的社会经济关系基础,是在国家干预经济中形成的社会经济关系。在现代社会,高科技及全球化,引致了经济日新月异,加剧了国际竞争。在此条件下,国家对经济干预领域也因社会经济发展及国家间的竞争需要而不断变化。这就要求经济法对经济的调整应当灵活与及时,因而形成具体经济法律关系的灵活性与及时变动性特征。这不仅是对于具有相对稳定性和长久性的民事法律关系而言,就是与变化较快的行政法律关系相比,经济法律关系的设定亦更具灵活性与及时性或变动性。

这种变动的灵活性与及时性,可以从经济法的如下表现中体现出来。第一,经济法没有统一的法典(前捷克斯洛伐克除外),这是从经济法产生以来,各国立法实践的事实。不仅如此,它设定的方式亦灵活多样,即层次不同,既有立法机关制定的法律,又有立法机关授权经济主管机关制定的法规、规章、条例。第二,由于社会经济变动快,立法程序相对复杂,因此,为调整社会经济,往往以经济政策为先导,对经济活动作原则性指引,然后为保证经济政策实施,结合实践再把一些行之有效的政策及执行政策的方式、手段上升为法律,因此,经济法往往有很强的政策性。亦正因此,日本经济法学者对许多经济法都冠以"……政策法",如竞争政策法、不景气政策法、消费者政策法等。[①]

四、经济法律关系的持续性

整体主义把社会经济看作一个有机体,不仅意味着它是历史的成长的,而且意味着其运行是生生不息的。这种运动的不息性,决定了有机体中的各方面经济关系,是处于连续不断的过程中。因此,由支配此经济关系而形成的经济法律关系,就有持续不断的特性。这一特性表现在两方面。

第一,某种有机的经济关系,国家一旦认为需要干预,并以经济法予以调整而形成经济法律关系后,那么,这种经济法律关系就处于持续不断的存在中,直至关系一方消灭。如市场中同类企业之间的竞争关系,经竞争法调整而形成的竞争法律关系,从企业设立成为市场主体起,直到终止都始终与相关企业处于这一法律关系中。再如,企业一旦设立,就受税法调整与税务机关产生税收征纳等法律关系,这一法律关系直至企业变更或终止,否则持续存在。

第二,经济法律关系一旦形成,就以某经济法规的存续为始终。即在法律关系双方主体存续期间(现代市场经济活动的参与者主要是企业或其他组织,作为有目的的组织体,它们长期持续从事同一经济活动,其存续是一较长期间),他们之间产生的法律关系只随经济法的废、修、改而变化。如经产业结构调整法或中小企业促进法的调整,在一些弱质产业、需要扶持的产业中的企业或中小企业与税务机关、银行等经济调控机关由于税收减免、优惠,利率、信贷优惠而产生的经济法律关系。

---

① [日]金泽良雄:《经济法概论》,满达人,译,甘肃人民出版社 1985 年版。目录第 2—4 页。

思考题

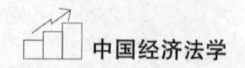

1. 经济法律关系的性质和特征是什么？
2. 如何理解经济法律关系中的人？
3. 经济法律关系的客体是什么？
4. 经济法律关系中的权利和义务的性质是什么？
5. 经济法律关系中权利和义务的内容是什么？

本章知识要点

第七章
经济法的法律责任

全章提要

- 第一节　经济法责任的一般理论
- 第二节　经济法责任的目的与性质
- 第三节　经济法责任体系
- 第四节　经济法经济性责任设计的原则
- 思考题

法律秩序的形成,固然离不开指引人们行为方向的权利义务规范的设定,但这种规范是否为人们所遵守,是关系到预期法秩序是否得以成为现实的关键。何以保证法律被遵守？法必须是良法,能为社会所接受固然最为重要,然而,在人性缺陷仍然存在的现实社会,仅此还显不足。为此,法律通过设立责任制度,并通过制裁违法行为以保证法律得以遵守,正因此"一些有关法律的定义和理论认为,通过制裁可以增进强制力,而且制裁的作用远比其他促使人们有效遵守与执行法律命令的手段大得多。其中的一些定义和理论几乎把强制性制裁规定视为法律得以存在和得以有效的基本条件……例如埃德温·W.帕特森(Edwin W. Patterson)认为:'每一种法律在某一种意义上都具有一种制裁形式',而且'制裁是每一种法律体系和每一项法律规定的必要特征'"。① 虽然在现代法中,如在经济法中出现了大量激励性规范,但正就整体而言,强制力仍是法律制度的"一个必要的不可分割的部分"。②

可见,法律责任制度,无论何时都是一种法律制度实现其在社会中维护秩序和正义的基本功能得以发挥的不可或缺的构成部分。正因此,各部门法学者都非常重视对本部门法律责任制度的研究,经济法也不例外,近年来在经济法作为独立法律部门基本得到认同后,经济法律责任制度曾经成为经济法学界关注的焦点之一。③

然而,就目前有关对经济法律责任制度的研究进向看,学者们虽提出了许多有益的见解,但多聚焦于说明经济法律责任的独立性。④ 而在论证经济法律责任是否具有独立性时,多数又实则论证的是经济法有无独立的责任形式,从而引起了混乱,产生了分歧。对此,本章拟从法学有关法律责任的理论出发,就经济法的法律责任的含义予以界定。在此基础上,针对经济法违法行为损害的特点,在吸收经济法学者既有的研究成果基础上,用整体主义方法论,着重就经济法律责任的性质与设立目的、设立原则与归责原则,以及经济法责任的结构、特征予以初步探讨。

第一节　经济法责任的一般理论

探讨经济法的法律责任,不能脱离法律责任的一般理论。本节在对法律责任的含义、本质及结构探讨的基础上,对经济法律责任的含义,以及经济法责任理论应探讨的重要问题予

---

① [美]E.博登海默:《法理学 法律哲学与法律方法》,邓正来,译,北京:中国政法大学出版社1999年版,第341—342页。

② Towards a Realistic Jurisprudence(Copenhagen,1946),p.112.转引自[美]E.博登海默:《法理学 法律哲学与法律方法》,邓正来,译,北京:中国政法大学出版社1999年版,第344页。

③ 这从2003年经济法年会就可说明,为了发挥群体智能使经济法研究取得较好成果,经济法学会以改过去没有中心议题的习惯,把2003年的论题主要集中于三个方面,即反垄断法、弱势群体保护的法律问及经济法律责任制度。其中前两个问题,一个是立法热点,一个是社会热点,只有经济法律责任制度问题,才是基础理论问题,由此可见其在经济法基本理论中的重要性。

④ 2003年经济法年会递交的有关经济法律责任的论文共14篇,其中直接以"论经济法律责任的独立性"为题的有2篇,论文题目含有"经济法律责任、独立性"这两个词的有7篇,其余还有3篇以经济法律责任的独立性为论证目的。对这些论证的意义我毫不怀疑,但过于偏重于"独立性"的论证,势必难免重复论证,也影响对经济法律责任的其他方面问题的论证。

以说明。

一、法律责任的涵义、本质及结构

综观法律制度发展的历程,法律责任制度因社会经济条件的变化及法本位的转化,在法律制度体系中的价值表现形式也有所变化,在立法中的体现就是,从早期的"责任中心"到近现代的权利、义务与责任并举的立法格局的出现。但责任制度始终在法体系及立法格局中占有重要地位,所以,在整个法律思想中,法律责任的观点和理论非常丰富,简要地回顾一些主要观点,对我们理解法律责任的涵义、本质及结构,从而对进一步分析经济法律责任的涵义、本质及特征,建构经济法律责任理论体系是很有必要的。

(一) 法律责任的涵义

在法学界,对法律责任的涵义有广义与狭义之分,通常所说的法律责任是从狭义来说的,就此仍有不同的看法,择其要有五种观点:(1)处罚论。认为法律责任就是对违反法定义务的"处罚"或"惩罚"。(2)后果论。把法律责任看作为一个人必须承受他的行为给自己带来的不利后果。(3)责任论。认为法律责任专指违法者实施违法行为所必须承担的责任。(4)义务论。分为新旧二论,旧义务论把法律责任解释为某一特殊义务。新义务论又称为第二性义务论,把义务看作是由于违反第一性法定义务而招致的第二性义务。① (5)手段论。认为法律责任是对违反法律上的义务关系或侵犯法定权利的违法行为所作的否定性评价和谴责,是依法强制违法者承担法定不利后果,恢复被破坏的社会关系及社会秩序的手段。②

(二) 法律责任的本质特性

从上述法律责任定义我们可以看出,法律责任不同于其他社会责任,其有以下特性:第一,法律责任承担的依据是法律。第二,法律责任是违法行为引起的不利后果。即没有违法行为的发生就没有法律责任的出现。而法律责任的承担,总是意味着责任承担者的某方面利益的损失。第三,法律责任具有国家强制性。即法律责任的认定与归结由国家授权的专门机关作出,履行有国家强制力保证,不过这种强制力有时(如义务人主动履行义务时)隐而不发。这就是说,法律责任不仅有应为性,且有当为或必为性。第四,目的的复合性。法律责任的目的不是单一的,而是多方面的。具体地说,就是通过给违法者以惩罚,对被害者以救济,从而给对违法者及其他社会成员以教育,实现法律所保护的利益,减少违法行为,建立良好的社会秩序。由此可见,法律责任的实质是作为社会组织体的国家,"对违反法定义务、超越法定权利界限或滥用权利的违法行为所作的法律上的否定性评价和谴责,是国家强制违法者作出一定行为或禁止其作出一定行为,从而补救受到侵害的合法权利,恢复被破坏的法律关系(社会关系)和法律秩序(社会秩序)的手段"。③

法律责任的本质及目的决定了,作为一种通过惩罚、补救,以期达到减少违法行为,保护法所确认的利益,恢复被破坏的法律关系和法律秩序的纠错机制,其设置不论是内容还是由内容所决定的形式,都必须考虑违法行为的动机、影响、后果等因素。而这些却是随行为者

---

① 对这四论的详细论述,可参考张文显:《法哲学范畴研究(修订版)》,中国政法大学出版社,2001 版,第 119—122 页。
② 参见赵振江,付子堂:《现代法理学》:北京大学出版社 1999 版,第 481 页。
③ 张文显:《法哲学范畴研究(修订版)》,中国政法大学出版社 2001 版,第 127 页。

所处时代的变化而变化,又因行为者所处社会关系领域的不同而不同的;就是同一社会关系(法律关系)领域,由于社会关系的复杂性,违法行为的动机、影响、后果也是不同的。这就意味着法律责任的内容及形式是随时代发展而发展,因违法行为侵害的社会关系领域不同而不同,就是对同一社会关系领域的违法行为,也有不同的具体责任形式。可见,对任何社会关系领域违法行为的遏制、矫正,即任何部门法调整目的的实现,都不可能由某一种具体的责任形式,而是由不同的责任形式构成的责任体系来完成。因此,具体的法律责任形式,作为实现法目的的手段或工具,虽产生于某一部门法,并非只能归其所独有,其他法律部门也可以使用,正如某种工具在某一部门发明使用后并不排斥别的部门使用一样。所以,部门法的法律责任的区别,重要的不在于某一具体责任形式的不同,而在于因目的不同所采取不同的责任形式组合的不同,即责任体系的结构不同。

(三) 法律责任体系的构成

法律责任体系服务于法律责任设置的目的,而对违法者施以惩罚及对受害者以补偿救济,是实现法律责任的两种基本手段,因此,法律责任体系的构建必须从惩罚与补救两方面来思考。首先,从惩罚角度看,法律责任总是与对违法者一定利益的剥夺有关。而人的利益不外乎源于财产与非财产两个方面,所以从惩罚角度讲,其内容就是财产责任与非财产责任。其次,从补救角度看,法律责任与侵害对象的性质及侵害程度有关。就对象来说就只有公主体与私主体两种,这两者因性质、结构不同各自的利益呈现形式也不同,由此决定其受侵害程度的衡量标准及救济的途径不同。因此,从救济角度讲,其性质就是公法责任与私法责任。在当今出现公法私法化、私法公法化趋势,且存在具有公私兼容性的社会法、经济法的条件下,任何部门法的责任制度,都是由各种不同形式,具有公私属性的财产责任及非财产责任构成的责任体系,只不过不同性质、不同形式的责任在不同部门法律责任体系中的地位不同即体系的结构不同而已。

三、经济法的法律责任的涵义、特性及独立性

(一) 经济法的法律责任的涵义

在对上述法律责任的一般理论了解的基础上,我们可以说经济法的法律责任(简称经济法责任),[①]就是由于违反了经济法规定义务或侵犯法定权利而引起的、由国家或法律授权的专门机关认定并归结于经济法律关系的有责主体的、带有强制性的义务。在此意义上可以说,"经济法责任是由于违反经济法义务而引起的经济法规定的不利后果"。[②] 同时,它也是依法强制违法者承担法定不利后果,恢复或建构被破坏的社会经济秩序的手段。

(二) 经济法责任的特性及独立性

这一定义说明,经济法责任既有一般法律责任的共性,又有不同于其法律责任的个性。

[①] 这里之所以简称为"经济法责任",是因为有学者在对 2005 年以前(其后,经济法学界研究经济法律责任的论文很少)研究经济法的法律责任的文章进行梳理后,认为在"经济法责任""经济法律责任""经济法主体的责任""违反经济法的法律责任"等诸多用语中,经济法责任这一表述已为多数经济法学者接受。参见吕忠梅、陈虹:《经济法原论》,法律出版社 2007 年版,第 222—223 页。

[②] 杨紫烜:"建立有中国特色的法律责任体系论纲——兼论经济法责任的独立性",《中国法学会经济法学研究会 2003 年年会暨第十一届全国经济法理论研讨会论文集》(上),北京大学法学院、中国人民大学法学院,2003.12.15—17 页。或杨紫烜:"论建立有中国特色的法律责任体系",载《经济法学家》,北京大学出版社 2005 年版,第 41—42 页。

其个性表现有二：其一,经济法责任是由违反了经济法规定的义务或超越了经济法对经济权利(力)行使所规定的界限而产生的,而不是违反其他法定义务产生的。其二,经济法责任的认定或归结,是由经济法规定的、由国家或社会的专门机关认定并归结于经济法律关系的有责主体的。

经济法责任制度作为整个法律责任体系的一个子体系,虽然从现行有关经济法的法律规定看,包括的责任形式有：刑事责任、行政责任和民事责任。但这只不过是立法者出于经济法责任在司法实践中易于落实的权宜之计,其实质是由一系列具体的财产责任形式与非财产责任形式构成的责任体系。因此,依作者见,经济法责任的独立性,实应指经济法责任体系的独立性,不仅仅是经济法有无独立的责任形式,即有无源于经济法独特的责任形式,虽然源于某一部门法的独特责任形式往往在其法律责任体系中占有重要地位,是与其他部门法的责任体系区别的重要标志。其他部门法的法律责任的独立性也是如此。否则,既无法说明在民法、刑法、行政法、经济法和劳动法等实定部门法的责任制度中,有一些责任形式在所有部门法中都有规定,又无法说明只靠——源于民法、刑法、行政法、或宪法的所谓民事责任、刑事责任、行政责任和违宪责任——这四种责任,何以能实现矫正、遏制各式各样的违法行为的目的。如违反诉讼法课以何种法律责任。

据以上分析,作者认为,在对经济法责任的探讨中,发掘提炼出经济法特有的一些责任形式,如缺陷产品召回责任、信用降级等固然重要,[①]但更重要的是探讨其责任体系的特性,只有此,才能不断完善经济法责任制度,实现设置责任制度的目的。

第二节　经济法责任的目的与性质

经济法的法律责任既然是违反经济法的义务的不利后果,其责任的目的和责任的性质就与经济法违法行为造成的损害的性质和特征有关。本节在说明经济法违法行为损害的性质和特征的基础上,说明经济法的法律责任的性质与经济法责任的设立目的。

一、经济法违法行为损害的性质和特征

任何法律责任的确立都与损害有关,损害的性质、特征及损害的内容决定着责任的性质、责任的目的和责任的形式。因此,要说明经济法责任的性质和特征就必须了解经济法违法行为损害的性质和特征。

(一) 两种性质的违法损害：公害和私害

法律上损害的性质往往与违法行为损害的客体、利益,以及损害的主体的性质有关。据违法行为损害的客体、利益和主体的特性,可把损害分为私人性损害和公共性损害两种。

私人性损害是指违法者的行为对特定个人的人身和财产上利益的损害或违约行为造成

---

① 这种责任形式在许多经济法律中都有规定,如我国反垄断法第六十四条规定:"经营者因违反本法规定受到行政处罚的,按照国家有关规定记入信用记录,并向社会公示。"我国反不正当竞争法第二十六条、我国广告法第六十七条的规定与之类似。这种责任形式是经济法中非财产责任的一种,由于经营者的信誉对经营者获取利润具有重要影,因此,信誉降等或信誉罚在经济法的非财产责任形式中尤为重要。

的损害,这种利益通常在法律上可上升为个人权利,因此,这种违法行为通常被称为侵权行为或违约行为,其损害通常被认为是侵权或违约造成的损害。从对私人性损害的这一界定中不难推出这种损害具有四个特性:第一,主体的特定性。不论是侵权或违约,违法行为都是指向特定的人,因而,受害主体是特定的、确定的。第二,损害的可计量性。受害客体是私人物品,违法行为造成的损害往往引起客体价值的降低或减少,且价值降低或减少是可计量的。第三,补偿的可能性。由于损害是确定的,受损害的量是可以计量的,因此,补偿是可能的。第四,加害者的收益≤受害人的损失。由于对私人物品的侵害,不论是私人物品的灭失,还是私人物品被违法者侵占,其价值量变化不大,加之,违法者违法行为本身需要代价,因此,加害者的收益≤受害人的损失。私人性损害的上述特征,决定了违法者可以预期其行为的损害后果。因此,即使其对受害者承担补偿责任,违法者也得不偿失。

公共性损害是指违法者的行为对众多的、不特定人的生存和发展共同依赖的公共物品上的公共利益的损害,这种利益通常在法律上难以上升为个人权利,因此,此种损害不能看作为侵权损害。从对公共性损害的这一界定中不难推出其具有四个特性:第一,受害主体众多、非特定,且有潜在受害者。第二,损害的难以计量和确定性。由于公共物品难以市场定价,且每个人因偏好不同对同样的公共物品的评价也不同,加之,使用(消费)公共物品的人不特定,以及还有对潜在受害者的损害。因此,对公共物品的损害的量难以计量和确定。第三,补偿的不可能性。这主要是由两方面原因所致:一是因损害量难以确定。二是对公共物品的损害,往往因关涉众多人的利益,即使对每个损害的量不大,但对社会的总损害量却非常大,往往超出加害者承担责任的能力(主要表现为其拥有的财产和获取收益的能力)。这意味着,对多数公共性损害加害者都没有补偿能力。第四,违法者的收益>具体追责受害人的损失。这是因为,不同受害者的偏好不同,对公共物品评价,以及对公共物品的使用或消费程度不同,因此,不同受害者所受的损害量就不同,往往存在许多人受损害很少的情形。而受害人提起诉讼追责是需要花费成本的,受害量不大的受害者就不会提起诉讼追究让违法者承担责任。这意味着,具体追责的受害人远远少于实际受害者。另外,即使受害量大的人,从胜诉获得的赔偿大于诉讼成本,但由于胜诉保护的是公共物品,理性的受害者都想"搭他人胜诉的便车",而不提起诉讼。因此,公共性损害,特别是损害的人很多,且每个人损失不大的公共性损害,违法人往往难于被追究责任。这意味着,违法人从公共性损害中获得的收益往往远远大于具体追责受害者的损失。正是公共性损害的上述特征,使违法者即使对个别提起诉讼的损害者承担了损害赔偿责任,甚至是"多倍赔偿责任",违法者仍能从其违法行为中获得收益,这意味着对违法者并不具有惩罚性。[①]

(二) 经济法的违法行为的损害是公私混合性损害

上述理论分析说明,公共性损害与私人性损害是两种完全不同性质的损害。但在现实

---

① 《中华人民共和国消费者权益保护法》第五十五条第一款规定:"经营者提供商品或者服务有欺诈行为的,应当按照消费者的要求增加赔偿其受到的损失,增加赔偿的金额为消费者购买商品的价款或者接受服务的费用的三倍。"第二款规定:"经营者明知商品或者服务存在缺陷,仍然向消费者提供,造成消费者或者其他受害人死亡或者健康严重损害的,受害人有权要求经营者依照本法第四十九条、第五十一条等法律规定赔偿损失,并有权要求所受损失二倍以下的惩罚性赔偿";《中华人民共和国食品安全法》第一百四十八条第二款规定:"生产不符合食品安全标准的食品或者经营明知是不符合食品安全标准的食品,消费者除要求赔偿损失外,还可以向生产者或者经营者要求支付价款十倍或者损失三倍的赔偿金;增加赔偿的金额不足一千元的,为一千元。但是,食品的标签、说明书存在不影响食品安全且不会对消费者造成误导的瑕疵的除外。"这种责任,被学者称为"惩罚性赔偿",作者认为称为"多陪赔偿责任"更为恰当。

社会中,特别是在当今有机整体的社会经济中,经济法的违法行为造成的损害并非公私泾渭分明。因为,在社会经济运行中存在的公共物品不仅包括纯公共物品,还包括准公共物品。且在高度社会化的现代社会,即使是私人性的财物和行为都有一定的公共性。因此,虽然经济法的价值目标是社会整体利益,亦即社会公共利益。但以公共体观念的整体主义观点看,经济法的违法行为对公共利益的损害有两种方式:纯公共利益损害和准公共利益损害,也可以说是直接损害和间接损害。

纯公共利益损害是指经济法的违法行为直接指向或作用于纯公共经济物品——社会经济秩序,如不正当竞争行为中的虚假宣传行为、垄断行为中的不经申报而集中的行为和滥用市场支配地位中的掠夺性定价行为,宏观调控法和市场规制法中,经济机关没有按照法定程序做出的行为等。这些违法行为没有具体的受害者,直接损害的是社会经济秩序(纯公共物品),因此,这种损害是直接性公共损害。其损害的是纯粹性公共利益,简称纯公共损害。这种违法行为虽没有直接对具体个人造成经济损害,但是间接损害共同体所有人(成员)的经济利益。

准公共利益损害也是间接性公共利益损害。是指违法行为直接损害经营者的权益,但由于受害的经营者是社会人,是处于整体经济体系中的人,其经营中的权益不受损害是形成良好社会经济秩序的基础,具有准公共性。因此,对其损害具有很强的负外部性,从而间接损害社会经济秩序。如不正当竞争行为中的混淆行为、侵犯商业秘密的行为,垄断行为的滥用市场支配地位中的价格歧视行为,宏观调控法和市场规制法中,经济机关执法中对具体经营者处罚不当的行为等。这种行为有具体的受害者,但是这种行为在损害经营者的同时,具有负外部性,间接损害不特定的人。这种负外部性累积会间接损害社会经济秩序。

上述分析说明,所有的经济法违法行为的损害,从一定意义上讲都具有私人性损害和公共性损害的两重性,但主要是公共性损害,可以说是以公共性损害为主附有私人性损害的混合性损害。正因此,公共性损害是经济法关注的重心。①

二、经济法责任设立的目的与性质

部门法的法律责任设立的目的与该部门法规范的行为违法的危害性,以及由其行为危害性所决定法的价值目标紧密相关。从一定意义上讲,法律责任就是实现法律所保护的价值目标的工具。因此,对经济法责任的设立目的与性质的确定,需要结合上述对经济法违法行为损害特性的分析。

(一) 两种不同损害责任的目的与性质

上述分析说明,经济法的违法行为的损害具有公私二重性,且是以公共性损害为主附随私人损害的混合性损害。就私人损害而言,其损害具有的四个特性,即主体的特定性、损害量的可计量性、补偿的可能性,以及加害者的收益<受害人的损失。加之,受害者对其私人性损害具有敏感性,可以及时感知和发现,且一旦请求保护成功,就能独享获得的赔偿,因

---

① 经济法违法行为的两种方式,产生的两种不同的损害公共利益形式,在经济法中产生了两种保护公共利益的方式。在经济法学界产生了两种经济法范式之争,即经济法是保护经济活动参与者的个人权利还是保护社会经济秩序。这两种范式之争体现在竞争法中,就是竞争法是保护竞争者还是保护竞争;体现在调控税法中,就是保护纳税人权利还是保护税法意欲调控的经济秩序。

而,具有诉讼维权的激励。这意味着,对私人性损害的加害者,除非损害轻微,逃脱承担损害赔偿责任的概率较小。正因此,法律对于私人性损害采取不诉不理的原则,且法律责任的设立目的在于救济受害者。这种责任目的,决定了责任的性质是补偿性的。

而上述公共性损害具有的四个特征,即受害主体的不特定性、损害的巨大性、加害者承担责任的不可能性、以及加害人获得的收益远远大于个别受害人所受的损害。加之,有的公共性损害没有具体受害者,即使在存在具体受害者的公共性损害中,由于违法者只对提起损害赔偿之诉者承担赔偿责任,而起诉的受害者只是众多受害者的少数,且不会100%胜诉,因此,即使以提起诉讼的具体受害者所受损害量的倍数确定的"多倍赔偿责任",只要惩罚的倍数小于胜诉概率的倒数,违法者就可从损害中获益。这意味着,即使对个别提起诉讼的受害者多倍赔偿也难以遏制该种损害行为。所以,在现代法律中,对这种违法行为不仅在司法中增加了对受害者承担"惩罚性赔偿责任",以及允许公益组织、特定国家机关(如检察院)提起公益诉讼外,更主要是依执法机关对违法行为课以没收违法所得和处以罚款等惩罚性责任来遏制该种损害行为。因此,对公共性损害责任设立的目的主要在于遏制违法行为的发生。这种责任目的决定了责任的性质是惩罚性的。

(二) 经济法责任的目的与性质

经济法违法行为的损害虽具有私人与公共二重性,但由于存在大量的纯公共性损害,且从整体主义观念,经济法之所以关注一些私人性损害的行为,是由于这种行为间接影响社会经济秩序。因此,经济法责任设立的目的,主要在于遏制违法行为,而不是救济受害者。这决定了,把经济法损害责任的性质定性为惩罚性,[①]并据此确定经济法的违法行为损害责任形式和责任量才能实现对经济法违法行为的遏制。

第三节 经济法责任体系

经济法责任既然是经济法律关系主体由于违反经济法的法定义务,或者说是违反经济法的行为引起的不利后果,那么,对经济法律关系主体的性质、结构及行为的影响进行探讨,就成为探讨经济违法行为的特性的关键,进一步说也是探讨经济法责任体系的特性的关键。

一、经济法违法损害的结构

(一) 经济违法行为主体的二元结构

法律责任的性质与违法行为主体的性质有关,一般来说,在有一方是公主体[②]基于社会整体利益而参与的经济法律关系中,任何一方违法,都要承担公法或准公法上的责任,即责任具有公法性,其特征就是往往具有惩罚性。而在无公主体参与的经济法律关系中,由于从整体主义看,每一个体共存于同一社会经济机体中,他们存在着功能互补,互相依存的有机

[①] 经济法学界公认经济法责任具有惩罚性。对此可参见《经济法学》编写组:《经济法学》,高等教育出版社,2016年版,第117页;薛克鹏:《经济法基本范畴研究》,北京大学出版社2013年版,第293页。

[②] 这里的公主体是指代表社会整体,为整体的公共利益而参与经济法律关系的组织或机关。因此,他不同于公法主体。在现实中往往表现为各种国家的或社会的享有干预(协调、管理等)经济活动权限的组织。

关系,所以,任何个体的行为及个体之间的关系都可能对整个社会经济机体产生不良后果。因此,现代法律都出于对社会公共利益保护而对个体的经济行为作了适当限定,此种违法所承担的责任,就与传统的私法责任——其特征是注重补偿性不同,有了一定的公法性,即责任只具有准公法性。可见,弄清违法行为主体的性质对确立法律责任尤为重要,而违法行为主体都是一定法律关系中的主体,且只有在法律关系中主体的性质才能得以彰显。因此,我们还必须对经济法律关系主体作简单考察。

在经济法界,虽然对经济法的调整对象即调整的社会经济关系仍存分歧,但对经济法是以社会为本位,经济法的价值目标是社会公共利益,其调整的社会经济关系是社会公共性关系,因此,作为社会利益代表的国家通常介入这种关系,即这种关系中具有国家干预[①]的特性——这些基本问题却基本已成共识,很少有人否定。这意味着,在经济法律关系的主体中,除各具一定独立性的、有不同功能的经济个体外,作为社会经济整体代表的国家始终都是经济法主体中重要的不可或缺的一种。这就是说,经济法律关系的主体只有国家及具有一定经济功能的个体(这种主体包括市场主体和社会组织两类)两种。

这两种主体不仅法律性质不同,且在法律关系中的地位也不同,由此决定他们的权利义务也不同。但作为有机体的整体与其构成要素——个体之间又处于相互依存的有机关系中,[②]我把经济法律关系主体的这一构成即由两种既相互依存、又存在质及地位的巨大差异性的主体构成的状态,称为经济法律关系主体的二元结构。它们都可能违法,因此,经济法的违法行为主体亦具有二元结构性。这意味着,经济法对这两种主体的违法行为的构成要件的规定也不完全相同,承担违法责任的性质、形式、内容等也就不同。

(二)经济违法行为后果的二重性

前述说明,从一定角度讲经济法责任就是违犯经济法的行为即经济违法行为引起的不利后果。因此,经济违法行为后果的性质,即经济违法行为所侵害的权利属性(公权力或私权利)或利益属性(公共利益或私人利益)、违法行为后果的程度,就决定着其责任性质及具体责任形式的分担。而违法行为的后果,亦即违法行为的影响,不仅与行为人所处的法律关系领域及其在法律关系中的地位有关,且与人们思考社会关系的观念和方法论有关。

就人们认识社会现象的基点来讲,主要有两种社会观念和两种方法论,即以自由主义观念为基础的个体主义与以共同体观念为基础的整体主义(或个人主义与总体主义),个体主义在分析社会经济现象时,一般认为一个人的行为只对与他直接交往的人产生影响,对第三人则影响很小,可以忽略不计。因此,当我们考虑一个人的行为(如侵权行为),或两个人之间的交互行为(如交易行为)时,我们无需考虑所有的其他人。这是当今建立在个人主义观念基础上的主流法律理论在思考人与人之间关系及人的行为的基本观点;而整体主义在分析社会现象时,则认为处于社会有机整体中的人,任何一个人的行为或两个人之间的交互行为(交易行为)不仅影响其行为作用的对方,还因有机连带关系必然会影响到处于社会经济

---

① 作者认为干预是一个可以涵盖协调、管理的概念,从经济运行角度看,可以说协调、管理只是干预的一种表现形式。因此,虽然在经济法调整对象的定义上存有诸论,但在论述到所调整的社会关系的具体范围或内容时,几乎又没有什么差别。

② 有机关系总是意味着,个体是整体不可分割的一部分,不能脱离整体而存在;同时整体也在某种程度上依赖每一个个体,因为每个个体都给整体贡献了不可替代的一部分。对此的详细论述可参见,[美]查尔斯·霍顿·库利:《人类本性与社会秩序》,包凡一、王源,译,华夏出版社1999版,第26—27页。

体中所有的人,如果我们不对这一影响加以考虑并认真分析,我们就会漏掉重要的因素,导致错误的结论。[①]

经济法解决的社会问题、观念基础,以及由此决定的社会本位和对整体经济利益的价值追求,就决定了其必须从整体主义审视社会经济关系及人的行为影响。按整体主义的这种对人的行为及人与人关系的看法,参与社会经济活动的每一主体的每一种行为,都同时产生两种行为后果。一方面,对其行为的直接作用对象产生影响。另一方面,因其处于社会经济有机体中的主体间的社会有机连带关系,任何人的行为都对不特定的其他经济主体或社会有机体产生间接影响。同样,如其行为直接损害社会经济秩序,也必然损害处于其中的所有社会成员(人)的利益。按这种对经济法主体行为影响的认知,参与经济活动的任何主体的任何一种经济违法行为,都是对经济整体及处于整体中的个体直接或间接地造成损害,即同时损害了社会整体利益与个体的经济利益。这就是经济违法行为后果的二重性。

二重性是经济违法行为最主要的特性,除此之外,经济违法行为的后果还有两个特性:其一,直接与间接两面性。往往表现为对一类主体是直接损害而对另一类主体就是间接损害。如侵犯商业秘密的行为、搭售或附加其他不合理条件的行为,一方面直接侵害了商业秘密所有人、交易对象的利益,另一方面间接侵害了竞争秩序这一社会公共利益。又如经济主管机关的滥用职权阻止外地商品进入本地市场的行为(又称地区封锁行为),直接损害的是代表整体的国家的声誉及竞争秩序,间接损害外地商品经营者及本地消费者的利益。其二,难以计量性。这主要表现在间接损害及对社会公共利益的损害上。如上述政府机关的地区封锁行为,不仅其破坏竞争秩序造成的直接损失难以计量,其对外地经营者及本地消费者造成的间接损害也难以计量。

经济违法主体的二元结构,及经济违法行为后果的二重性和特性就决定着经济法责任体系的二元结构及二重性和其他特性。

二、经济法责任体系的构成

经济法责任体系的二元结构是由违法行为主体的二元结构决定的,是指经济法责任体系由两种性质不同的责任主体承担的两种不同性质的子责任体系构成,即由作为社会有机整体代表的国家或国家经济机关的经济法责任体系与功能个体的经济法责任体系构成。同样,由经济法违法行为后果的二重性决定,每一种主体的经济法责任又有二重性,即同时承担对公共利益损害的责任——公共责任及对个体利益损害的私人责任。这两种性质不同的责任又因具体违法行为的性质及程度不同而有不同的责任形式,下面分别对此说明。

(一) 经济机关的经济法责任体系

社会的发展与国家职能的演化,特别在现代国家职能的重心已从政治统治转移到社会经济治理的背景下,由于国家实则已是"法律上组织起来并且人格化的社会"。[②] 因此,在经济法责任体系中,作为主体的社会有机整体的经济法责任就应为国家的经济法责任。而在现实的经济运行及由此产生的法律关系中,由于国家的权力及义务委托给各种经济主管机

---

① 参见盛洪:《治大国若烹小鲜》,上海三联书店 2003 版,第 177—196 页。另见盛洪:"市场交易、公共选择与无形规范——兼评汪丁丁的《从"交易费用"到博弈均衡》",《经济研究》,1997 年第 2 期。
② [英]戴维·M. 沃克:《牛津法律大辞典》,光明日报出版社 1989 版,第 851 页。

关代为行使与履行,所以,由此所生之经济法责任往往表现为由经济主管机关承担。

虽然,经济机关是国家为一定社会经济目的而设的代表,但经济机关毕竟与社会经济有机整体不同,不仅它只是整体的一部分,其行事受权限及其视域所限。且由于一切业务悉赖自然人为之推展,因而出现理论上国家赋予的权限由机关推展,实际上则由垫底之自然人执事。而人是理性的,人性又不完满,因此,难免机关或其执事人不超越权限或滥用职权。所以,经济机关的经济法责任就代为国家承担责任为主,又有其自身的责任。即经济机关因同时具有两种身份,同一违法行为可能同时损害功能个体(市场主体)与其代表的社会有机整体(表现为国家),就负有对个体与整体的二重责任。

1. 对个体(私人受害者)承担的私人性责任[①]

按有机的整体和谐主义观念,市场主体作为功能个体与社会经济有机整体的关系,是互为依存的有机关系。这意味着个体功能的发挥是社会有机体存续与发展的基础,而个体功能的发挥,不仅需要社会提供必要的条件,还需社会对个体间的功能进行整合。因而,在法治社会,社会拥有要求个体发挥功能给社会作出贡献的权利,同时社会对个体负有提供其功能发挥所需条件及消除个体功能冲突并整合之义务。个体有要求社会提供产权保护、公平对待及从事经济活动的基本条件的权利,同时又负有向社会纳税、不侵害社会经济秩序等义务。即相互为权利义务主体。据此,当社会的委托人或代表——经济机关在行使职权时侵害了个体的权利或没履行对个体所负义务都应承担法律责任。这就是代表整体的经济机关向个体承担的社会责任。

经济机关对个体的私责任源于三个方面。第一,经济机关及其工作人员违法行使职权,以至于给个体造成经济损害,对此经济机关向个体承担责任。如在竞争执法或税收征收执法中,违法吊销许可证和营业执照、责令停产停业。第二,经济机关或其工作人员依"法定原则"[②]负有积极作为之义务而不作为,对个体经济活动造成损害所承担的责任。如公民申请营业执照,工商管理机关对此置之不理,既是怠于履行义务,又是对公民经济活动的自由参与权的侵害。再如竞争执法机关,对某一经营者提请查处同业竞争者的不正当竞争的请求置之不理,而致其遭受不正当竞争者的侵害,就是没履行维护市场秩序、保护竞争者权益的义务。这两种情况下的损害,虽后一种是直接由不正当竞争者所为,但都与经济机关怠于执行职务有关,此时即构成经济机关及其工作人员对个体的责任。其三,国家经济机关或机关工作人员在执行职务中,为达到社会经济目的,使某一个体为公共利益而特别牺牲利益时,所承担的补偿责任。需注意的是,这一侵害是基于合法目的,且为了达到社会公共利益。但在法治国家的比例原则、公平原则等约束下,基于当事人对公权力的信赖,就应该形成"信赖保护",必须予以补偿。如我国《土地管理法》第47条以下有关土地征收与补偿的规定。

这种责任是整体的代表对个体私益侵犯的结果,责任的真正主体是社会(国家)而不是经济机关。其性质,虽因承担责任的主体是公共性的机关,但责任目的旨在对受害者予以救济,使其恢复到侵害发生前或犹如侵害未发生的状态,是公主体因公行为而承担的私责任。

[①] 这里的责任在实定法中就是国家责任,就赔偿讲就是国家赔偿责任。而我不用国家责任(主要是国家赔偿责任)是因为,在我看来从终极意义上讲,国家的一切财富皆源于国民,因此,国家责任最终要落到每一个纳税公民或经济个体的头上。所以,国家责任实质就是社会整体对其代表对受害者造成的损害承担的责任。

[②] 这一原则源于行政法,意指行政机关工作人员的公务行为,不论作为或不作为之行为,皆受法令的限制。参见陈新民:《中国行政法学原理》,中国政法大学出版社2002年版,第258页。

因此,既不同于纯私法责任,又不同于纯公法责任,[①]是一种准私法责任或兼具公法与私法属性的经济法责任。

这种责任的形式多种多样,是由不同性质、不同内容的责任形式构成的复杂体系。概括地说有六种。(1)具体行为主要证据不足、适用法律法规错误、违反法定程序、超越职权或滥用职权的行为,应当予以撤销。(2)不履行或拖延履行法定职责的,应当限期履行。(3)显失公正的,应当予以变更。(4)返还财产,恢复原状。(5)赔偿损失。(6)赔礼道歉,恢复名誉等。[②]

2. 对整体承担公共性责任

在法治国家原则下,经济机关作为整体的部分,受整体委托代表整体从事活动,其所能行使的整体权利(权力)及行使的方式都有实体法与程序法的严格规定,其越权或滥用权利(权力)的行为,不仅对相对人造成损害,也对其所代表的社会整体造成损害。因此,经济机关对此违法行为而向其代表的整体承担公共性责任。

这种责任因违法主体及侵犯的利益都具有公共性,加之,机关及工作人员与整体(国家)之间又是部分与整体的关系,因此,又有内部性,所以这种责任是传统公法责任。

作为这种责任起因的违法行为,有的是机关所为,有的是机关的工作人员所为,因此,在现实的经济法律、法规中,这种责任就被笼统地表述为:工作人员滥用职权、玩忽职守、徇私舞弊,构成犯罪的,依法追究刑事责任;尚不构成犯罪的,依法给予行政处分。[③] 具体的形式就表现为各种行政责任(如降级,撤职,给予"行政处分"等)与刑事责任,这些具体责任形式可参见行政法及刑法的相关规定,这里无需一一表述。

(二) 功能个体的经济法责任体系

整体主义把社会经济看作由具有不同功能的个体构成的有机体,在经济有机整体的运行中,不仅各个体间功能互补,互为依存,而且每一个体与整体也是互为依存的有机关系。这意味着处于有机关系中的任何个体的行为都有外部性。因此,个体的经济行为后果不仅影响到其直接作用的对象,且因外部性而间接作用于其他不特定主体,或者说作用于社会整体。据此,个体的任何违犯经济法的行为,都同时侵害两种主体(某一个或某一些功能个体与社会整体)的权益,与此相应就同时承担对别的个体损害的私人性责任与对社会损害的公共性责任。即其经济法责任有二重性。

---

① 这里的私责任与公责任和私法责任与公法责任有一定的联系,但又有不同。私责任源于私法,不过我特指因对私权利的侵害而承担的责任。这种责任一般因所受损害明显、具体直观,因此,易于计量或衡量,可通过赔偿损失、返还财产、恢复原状、赔礼道歉、恢复名誉责任形式,达到恢复法秩序的目的;公责任则源于公法,特指对公共权力或利益侵害而向作为整体的公共承担的责任。这种责任一般因社会所受侵害比较隐蔽,难以计量或衡量,因此,往往不能以公共利益所受损害的量来对应地设定责任,而是以违法人的违法所得为参照结合违法行为造成的损害后果给予制裁,目的是通过剥夺违法人实施违法的手段或使违法人从违法中无利可图而消除违法激励(动机),以保障法秩序的建立,所以相对于违法所得来讲,责任似乎较重,常被认为具有惩罚性,但我认为相对于其造成的损害来讲却是公平的,并不为重。

② 在立法上,因各种经济机关通常与行政机关是同一的,因此,这些责任往往规定于各种行政法规中。对此,可参见《中华人民共和国行政诉讼法》第五十五条和《国家赔偿法》、《行政处罚法》等相关规定。

③ 与之相近的表述可见《中华人民共和国反不正当竞争法》第三十一和三十二条;《中华人民共和国产品质量法》第六十八条;《中华人民共和国证券法》第二百零五条;《国有资产评估管理办法》第三十四和三十五条;《中华人民共和国土地管理法》第八十四条;《中华人民共和国森林法》第四十六条;《中华人民共和国政府采购法》第八十条;《中华人民共和国税收征收管理法》第八十一至八十四条;《中华人民共和国中国人民银行法》第五十条。

1. 市场主体间的责任

这种责任主要存在于市场规制法中,①其性质有较强的私法性。其产生于两方面:其一是侵权。这种因侵权而产生的责任,其中一些源于民法的侵权法,如反不正当竞争法及消费者权益保护法中的一些行为责任。但与民法侵权行为相比,从侵犯的权利特性讲,一般都是特别的无形权利,如商标权、商誉权、名称权、知情权等。从侵权的后果讲,损害的是权利人的利益及不特定多数人的利益。如假冒商标的行为,不仅损害了商标权所有人的利益,且损害了不特定消费者的利益,再如经营者提供的商品不符合商品说明表明的质量状况,损害的就是所有消费此商品的消费者。因此,这种被侵犯的权利就具有一定的公共性。其二是违反法定义务。按整体主义观念,共存于社会有机体中的每一个体都以"群"的形式存在于某一行业或整体经济的某一部门,每个行业或部门有不同的社会经济功能,②且功能互补,互为依存,这意味着任何个体的行为都会通过对其所在的部分的影响,而对整体经济秩序产生影响。为避免个体行为对整体经济秩序的有害后果,经济法就给个体的经济行为以一定的限定,即使每一个体互相负有不影响其他个体功能发挥,以及不损害社会经济秩序之义务。违反这一义务当给个体造成损害时,所承担的责任就是如此。如在世界各国的反垄断法中,反不正当竞争法,以及消法等法律中,都对市场主体的经营行为予以限定,当经营者违反这些限定,给竞争对手、消费者造成损害时,一般承担赔偿责任。这种责任从表面上看与传统私法责任相同,但作为其产生的基础,即所违反的义务讲又有以下特性。(1)是法定义务而不是约定义务。(2)是机体内处于同一系统中的功能个体相互间的义务,而不是特定个体之间的义务,是多对多的义务,而不是一对一的义务。(3)这种义务是持续性义务,而不是间隔性、时限性义务。因此,这种义务具有一定的公共性。

这种责任承担的基础基于以下几点假设。(1)个体利益的实现依赖于同一经济系统,如竞争者处于同一相关市场,市场是他们利益实现所依赖的系统。经营者和消费者公同依赖于消费品市场的交易系统,这种交易系统作为有机体系是开放的、归处于系统中的所有成员共有的公共产品,任何处于系统中的成员既不应排除潜在成员的进入,也不应排除其他成员对系统的合理使用。(2)系统作为对个体有价值的存在,只要处于其中的个体之间能化解冲突和谐共处,其本身是成长的,其价值也随其成长而增大,但在一定时期它又是相对稳定的、不变的。这意味着处于系统中的每一个体都因系统价值的增加而获益,个体之间利益具有和谐与互利的一面,但又因系统价值的相对稳定性、不变性,使个体之间的利益又存有冲突。因此,每一个体为能从系统的成长中获益,就应相互负有义务,可以说这种义务是基于内在联系而产生的义务。这就与传统法把个体看作独立自在,义务基于外在的联系而产生了区别,即义务产生的关系基础发生了变化。这种义务产生的基础的内生性及公共性,就使得因不履行该义务引起的法律责任具有公私兼容性。

这种责任的形式多种多样,是由不同内容(财产责任与非财产责任)的责任形式构成的

---

① 这里的市场规制法主要包括:反垄断法、反不正当竞争法、消费者权益保护法、产品质量法、广告法、特别市场规制法(包括证券市场监管、银行业监管法、保险业监管法、期货市场监管、房地产管理)。

② 理解"功能",必须从有机体的整体与部分(或系统与其构成要素)的关系中来理解,功能是指在整体的生存和运作过程中,整体的各部分对于保持现有的整体作出的贡献。正如美国学者威尔逊所说:"'功能'概念是指属于总体活动一部分的某种活动对总体活动所作的贡献。一种活动之所以持续下来,是因为它对整体的生存是必要的。"参见(美)丁·威尔逊:"功能分析介绍",罗述勇,译,载《国外社会科学》,1996年第10期,第61页。

复杂体系。主要有以下形式：停止侵害，消除影响，赔礼道歉，赔偿损失，修理、重做、更换、退货，退还货款和服务费用等。

2. 对社会整体（共同体）承担的责任

按整体主义的观念，虽然社会有机体的存在与发展以个体的存在及每一个体功能的发挥为基础，但个体的存在及功能的发挥又都依社会的存在为条件，特别在科学技术及社会化高度发展的现代经济条件下，个体所处社会的经济发展的状况对其取得的经济成就尤为重要。不仅如此，就每一个体来讲，社会总是先于个体而存在。因此，个体一旦进入社会，成为社会一员，参与社会过程，就自觉不自觉地从社会既存的社会经济秩序中获取利益。既如此，每一个体，不仅负有消极的不侵害其依存的社会经济秩序的义务，同时，对社会经济秩序负有积极的合理行使权利，充分发挥其功能的义务。可以说，每一个体的所有权利都负有社会义务。因此，从整体主义讲，处于社会有机体中的功能个体的权利，与其说是持有者之权利，不如说是权利保持者之履行社会责任的资格。这样不论个体不当地行使权利，还是不履行对社会的义务，都给社会整体造成损害，对此个体必须向社会整体——共同体承担责任。由这种责任承担对象的社会整体性决定，其责任性质具有公共性，这种责任在传统法律中往往由一定的公共机关代表整个社会向违法者追究，被称为公法责任。

这种责任的产生有以下两种情况。(1)个体不履行对社会整体的直接义务，或直接侵害社会经济秩序，造成对整体利益直接的有形的损害。如纳税人在规定期限内不缴或少缴应纳税款，就是不履行对社会整体的义务，侵犯了公共债权，而在公共工程的招标中，招标人与投标人勾结，则是对社会整体利益的直接侵犯。一般地说这些行为还间接地破坏了社会经济秩序，给整体造成间接损害。(2)个体对与其处于整体中同一系统的其他个体的损害，使其他个体的功能不能发挥，致使系统难以运行，从而间接地使整体运行的秩序遭受破坏，利益受损。如各种不正当竞争行为、垄断行为。这种责任，一般由受害者向违法者追究，类似于私法责任。但由于责任类型和性质的惩罚性，因此，是兼具公法责任与私法责任两种性质的责任。可称为准公法责任或准私法责任。

这种责任承担依据的个体违法行为都直接或间接地破坏社会经济秩序，侵犯了社会整体利益。而社会整体利益的公共性、损害的难以计量性及难以恢复性，就使得为实现责任设立之目的——遏制违法行为，对此损害应承担何种形式的法律责任，不仅要看违法对社会经济秩序造成的不利影响的后果，还要考虑违法者的违法收益及试图以违法实现利益最大化的违法动机。这就决定了这种责任形式的复合性及惩罚性，具体来说，有以下形式：警告，责令改正，没收非法所得，罚款，信誉减值等，责令停业整顿，吊销营业执照，给予行政处罚及依法追究刑事责任等。

第四节　经济法经济性责任设计的原则

我们知道，现代社会是经济社会，一切社会活动或人的行为都在一定程度上打上了经济烙印。因此，经济性法律责任（简称经济责任）[①]是现代法律责任中最为重要的责任形式。而

---

① 在实定法中包括刑事责任、行政责任和民事责任三种类型，以及包括罚金、罚款、没收违法所得、赔偿损失等主要以货币为计量单位的责任形式。

经济法作为遏制损害社会经济秩序的法律,在其规范的损害社会经济秩序的行为中最大量、最常见的就是市场经营者的经营行为。而市场经营者从事经济活动的主要行为动机是追求经济利益最大化。因此,在经济法律责任研究中,确定合理的经济责任量,是决定经济法责任的目的能否实现的关键因素。而合理的经济责任量的确定不仅需考虑经济法责任的目的和性质,并由此确定经济责任设计应遵循的原则,同时,还应据经济法违法行为损害的特点确定经济责任的基础责任与惩罚系数。

一、经济法经济责任的确立原则

遏制违法行为的责任目的与责任性质的惩罚性,决定了确立经济法的经济责任必须遵循以下三个原则。

(一)上限原则

上限原则又称上线原则。这一原则要求,违法者承担各种经济责任量之和不超过对社会造成的经济损害总量,即经济违法行为造成的社会损害是责任量的上限。这意味着在经济法的执法中,如在反不正当竞争法的执法中,违法者若只承担罚款责任,其罚款不能超过损害竞争造成的经济损失总量;若违法者既被执法机关没收违法所得和处以罚款,又承担对受害者的赔偿,则三者之和不能超过损害竞争造成的经济损失总量。

在现代法律制度中,公正和对自己行为负责是法律的一般原则,体现在法律责任大小的确定上就要求遵循责任和损害相当(或相平衡)原则。[①] 在相关经济法规定的经济责任量的确定上就是要遵循"过罚相当"原则。既要防止责任量较轻,导致威慑不足,但更要防止责任过重,导致威慑过度,使经营者丧失继续经营的能力,这意味着消灭了经营者,势必影响社会经济的发展。正因此,在最为典型的经济法——反垄断法中,世界各国及欧盟相关反垄断法律规范都对最高罚款额做了限制,往往是以违法者停止违法行为(通常为执法机关作出处罚时)的上一年度营业额的一定百分比(一般为10%—30%)为限。[②]

(二)底线原则

底线原则是指对违法行为承担的经济责任的最低限度要求的原则。这一原则要求,违法经营者承担各种经济责任量之和必须不低于违法所得,即经营者的违法所得是责任量的底线。这里之所以把经济责任限于经营者的违法,是由于规制机关及宏观调控机关的违法行为,特别是损害公共利益的行为并不承担经济责任。而在市场规制法中违法行为承担经济责任的主要是经营者,情形有两种:一是因受害者提起私人诉讼而承担赔偿责任(包括惩

---

① 这一原则在刑法上表现为"刑罚相当原则",在行政法上表现为"过罚相当原则"。其核心就是违法行为承担的法律责任轻重与该行为造成的损害大小相当或相平衡。一般来讲,责任量与损害大小成正相关关系,损害大则责任重,损害小则责任轻。

② 如欧盟1/2003号条例第二十三条第2款(a)规定,委员会有权对故意或者过失违反《欧洲共同体条约》第八十一和八十二条规定的违法经营者进行罚款,同时还设定了行政罚款的封顶上限,即对每一企业或企业集团,罚款数额不应超过前一营业年度总营业额的10%。波兰《关于确定罚款的指南》第5条最高罚款额规定:"罚款不得超过做出决定前一年企业营业收入的10%。"意大利2014年据其反垄断法定的《行政罚款方法指南》第十一条规定:"根据违法行为的严重程度确定销售价值的百分比,该百分比不得超过销售价值的30%。"第二十九条规定:"当前款所述的最终罚款金额超过《第287/90好法律》第十五条第1款所指的法定最高罚款限额时,应降低至该最高罚款金额。"美国民主党参议员Amy Klobuchar和Richard Blumenthal提出的"垄断阻止法案"将允许司法部和联邦贸易委员会根据现有的美国反垄断法对反竞争行为寻求民事处罚,根据该法案,处罚可能高达公司美国总收入的15%或受影响市场收入的30%。

罚性赔偿)。另一是执法机关对违法行为处以没收违法所得和罚款。现实中经营者从事违法行为,要么因私人诉讼承担损害赔偿责任,要么因被执法机关查处而承担罚款,或没收违法所得并处以罚款。从实践来看,多数行为只是因诉讼或执法中的一种情形而承担责任,即要么承担民事赔偿,要么承担行政责任(罚款或没收违法所得并处以罚款)。虽如此,但从理论来讲,并不排除承担两种责任的情形同时发生,从而并不排除同时承担三种责任的可能。除单独承担赔偿责任外,只要承担罚款或者罚款与没收违法所得责任,违法者承担责任的量就不得少于违法所得。这一原则是"不能让违法者从违法中获得好处"这一法律原则要求,也是经济法的责任重在威慑,经济法责任的性质应具有惩罚性在经济责任量确定中的体现,[①]只有如此,经济责任才具有惩罚和威慑经济法违法行为的功能。

(三) 可行性原则

可行性原则要求违法者承担的经济责任在经济上具有可实现性,且具有惩罚功能。否则经济法的经济责任不仅会落空,其惩罚功能也难以发挥。之所以要提这一原则,是由于垄断损害是一种公共性损害,有的损害远远大于垄断者的垄断收益,甚至大于经营者承担责任的经济能力。因此,如果按经济法的违法损害确定责任,违法者承担的经济责任不仅可能远远超过经营者承担责任的经济能力,使经济责任难以落实,且会造成经营者的经营难以为继。因此,可行性原则对责任量的确定有两个方面的要求。第一,责任量的大小不能远远超过违法者的经济能力,如果责任量远远超过违法者承担责任的经济能力,不仅责任难以落实,而且违法者不具有履行责任的激励,常言所说的"虱多不痒,债多不愁",说的就是此理。这意味着,远远高于垄断经营者承担责任能力的经济责任,反而会失去对违法行为的威慑。第二,责任量的大小使违法者承担责任后仍有正常的经营能力,仍可继续从事经营活动。否则责任过重,经营者失去经营能力,这意味着消灭了经营者,这使得责任制度的运行与经济法保护社会经济秩序,促进整体经济持续稳定发展的价值目标冲突。

二、经济责任的类型、功能及其关系

从目前我国经济法的规定看,经济法的经济责任包括罚款、没收违法所得、赔偿损失(包括多倍赔偿)三种。从法律规定看,经济违法者似乎可同时承担三种责任。[②]那么,这三种责任有何功能,以及它们间的关系如何?是经济法的经济责任必须研究的问题。

(一) 经济法三种经济责任的性质与功能

我们知道法律责任是针对违法行为造成的损害而课处的不利后果,因此,在实定法中经济责任通常都与违法行为造成的损害相关,经济法的经济责任也是如此。一般来讲,损害赔偿责任由于是民事责任,往往是对受害者所受损害的弥补,因而,与受害者所受损害相同,其数量由起诉者举证证明的受害数额决定。而在经济法中,为激励受害人提起诉讼,实现对

[①] 在一些国家的反垄断罚款责任中就是这样,如意大利2014年局其反垄断法定的《行政罚款方法指南》第八条规定:"为了实现有效的威慑,最终的罚款金额不得少于企业从违法中获得的利益。"

[②] 对此可从反垄断法有关经济责任的规定可以看出,我国反垄断法第五十七条规定:"经营者违反本法规定,滥用市场支配地位的,由反垄断执法机构责令停止违法行为,没收违法所得,并处上一年度销售额百分之一以上百分之十以下的罚款。"第六十条规定:"经营者实施垄断行为,给他人造成损失的,依法承担民事责任。经营者实施垄断行为,损害社会公共利益的,设区的市级以上人民检察院可以依法向人民法院提起民事公益诉讼。"而民事责任的主要形式是损害赔偿。

经济法违法行为的间接遏制,往往设立了多倍赔偿。因此,私法中的赔偿责任的主要功能在于补偿受害者。而经济法中的赔偿责任,特别是多倍赔偿责任其主要功能在于激励受害者提起诉讼。没收违法所得和罚款,以及罚金,属于公法责任,其主要功能在于遏制违法行为。在传统法律中,由于许多公共性损害量难以计量,且在现代经济社会违法者的违法行为具有一定的经济性,对此,行政法中设立了没收违法所得和罚款责任,刑法中设有罚金责任。其中,没收违法所得责任使违法者不能从违法中获得好处,加之,违法本身要花费一定的代价。因此,没收违法所得虽惩罚性不强,但仍有一定的惩罚性,适于对恶意不强的公共损害行为的惩罚。而罚款一般是在以损害为基础,然后加上以损害乘以惩罚的系数得出的惩罚额,其数额一般高出违法所得较多,因此,惩罚性较强,一般适于恶意或者严重损害公共利益的违法行为。罚金在我国经济法的法律责任中几乎没有出现,因此,这里不予讨论。

(二) 三种经济责任的关系

从前述研究我们知道,经济法的公共性损害有两种,即纯公共性经济损害和混合性公共损害(准公共性损害)。两种损害承担的经济责任构成并不相同,各种经济责任关系也就不同,下面分别予以说明。

1. 纯公共性损害的经济责任构成及其关系

对于纯公共性损害而言,由于追究违法责任的途径,即行政执法和公益诉讼,而公益诉讼又包括法定的具备一定社会条件的社会团体提起的公益诉讼和检察院提起的公益诉讼。对于纯公益损害,按照一事不二罚的原则,分四种情况处理:第一,如果对违法行为执法机关已作了处罚,就不可再提起或者可免于各种形式的公益诉讼赔偿。相反,如已经提起任意一种公益诉讼,且司法机关已对违法行为予以处罚,则不能再提起另一种共有诉讼,也不得以执法予以处罚。第二,如只有行政执法处罚该行为,可单独处以没收违法所得或罚款,这种情况下的罚款可以是以违法所得作为罚款依据,再加罚款依据与罚款系数的乘积,即罚款额=违法所得+(违法所得×罚款系数);也可同时除以罚款和没收违法所得,但这种情况下的罚款只能是违法所得的罚款系数的乘积,即罚款=违法所得×罚款系数。第三,如只有公益诉讼,如果损害可计量,赔偿金额则以损害量或损害量与赔偿的倍数而定。如损害难以计算,则以违法所得为计算依据。其数量是违法所得或违法所得与赔偿倍数的乘积,即赔偿额=违法所得×多倍赔偿的倍数。第四,如执法与公益诉讼同时被启动,为激励社会组织维护公益的积极性,以社会组织提起的公益诉讼优先,其次,考虑到检察院通过司法途径处理案件的特性和执法性质,以检察院提起的公益诉讼次之,最后为执法。即给公益组织承担赔偿责任优先,其次是对监察机关承担公益赔偿责任,最后是向执法机关承担责任。

2. 混合性损害的责任构成及其关系

对于混合性损害的责任而言,由于追究违法责任有两条途径,即执法和司法。其中与纯公共性损害中的司法相比,这里的司法中的诉讼形式又包括公益诉讼和准公益诉讼两种。这里的执法与公益诉讼和上述纯公共性损害,相关责任的关系与上述相同。因此,这里仅就受害者提起的私人诉讼中,违法者对私人受害者承担的损害赔偿责任与罚款和公益诉讼中的赔偿责任的关系予以阐述。

这里由受害者提起起的诉讼在经济法的许多法律规定中通常被称为民事诉讼,[①]一般被认为是私益诉讼。其实,对这种诉讼及其产生的责任的性质可分两种情形看待。第一,当私人诉讼发生在执法机关处罚或者公益诉讼之后,这种私人诉讼就是私益诉讼,与一般的民事损害赔偿诉讼没有区别。其赔偿责任也是纯民事责任。第二,当私人诉讼发生在机关执法或者公益诉讼之前,这种情形下的私人诉讼就可看作准公益诉讼。之所以称为准公益诉讼,主要是基于共同体主义的整体主义的立场,以整体主义的视角看,这种私人诉讼有利于及时遏制违法行为,从而及时防治违法行为对社会经济秩序的损害。因此,这种诉讼从结果看具有很强的保护公共利益的属性。相应地,这种赔偿责任的性质,具有了经济法的属性,亦即具有一定的公共性。亦正因此,经济法为保护公共利益,仍保持利用这种诉讼形式。不仅如此,还在一些情形下,为激励受害人提起诉讼,而给予受害者多倍赔偿。下面分两种情形,就私人赔偿责任与罚款(罚款和没收违法所得),以及其与公益赔偿的关系予以说明。

在第一种情形下,受害者可据行政机关对违法者的裁决附随诉讼,只需证明其受损害,而无需证明被告违法。由于这种情形下的诉讼不具有及时发现违法者,从而不具有及早遏制违法的功能,可见,几乎是纯私益诉讼,责任亦是纯私人民事。因此,我认为受害者的赔偿责任只应具有补偿性,在此情形下,受害者不可请求多倍赔偿。在这种情况下,国家应从相关法律规定的罚款中按一定比例提取资金,建立赔偿基金。并在执法结束后予以公告,要求相关受害者在一定时间诉讼,对法定时间内后续诉讼者以基金赔偿,以免产生无休止的后续诉讼。在第二种情形下,这种诉讼具有及时发现违法并予以及时阻止的功能,且诉讼中需要举证证明违法者违法,因而,诉讼不仅具有很强的公益性,而且诉讼的花费较大,因此,只有在这种情况下才可请求多倍赔偿。对私人诉讼承担赔偿责任并不排除其后执法机关的处罚和具有公益诉讼资格的主体提起公益诉讼而承担的公共性经济责任。

前述研究是建立在违法者有能力承担公私两种经济责任的基础上的,假如,违法者承担责任的能力有限,一般来说应优先承担对个人的赔偿责任。其次,是公益组织提起的公益诉讼所请求的公益赔偿。最后,是执法机关的经济处罚或检察机关提起的公益诉讼赔偿责任。经济法的许多法律责任规定亦是如此规定的。[②] 对于公共性经济责任来说,因最终都归缴国库,因此,没有优先顺序之别。

三、罚款的确定

经济法保护利益的公共性,决定经济法执法机关对违法者的处罚是防止经济违法行为的主要方式,而在执法处罚的经济性责任中,由于违法损害通常难以计量,加之,处罚的目的在于遏制违法行为,因此,在罚款的计量中,违法所得通常成为确定罚款量的依据。可见,罚款是最为主要的经济责任形式,也是最难确定的经济责任形式。

---

① 如前述我国反垄断法第六十条的规定;我国反不正当竞争法第十七条第一款规定"经营者违反本法规定,给他人造成损害的,应当依法承担民事责任";我国消费者权益保护法第四十八条第一款规定"经营者提供商品或者服务有下列情形之一的,除本法另有规定外,应当依照其他有关法律、法规的规定,承担民事责任";我国广告法第五十六条规定"违反本法规定,发布虚假广告,欺骗、误导消费者,使购买商品或者接受服务的消费者的合法权益受到损害的,由广告主依法承担民事责任"。

② 如我国反不正当竞争法第二十七条规定:"经营者违反本法规定,应当承担民事责任、行政责任和刑事责任,其财产不足以支付的,优先用于承担民事责任。"再如我国广告法第六十四条规定:"违反本法规定,应当承担民事赔偿责任和缴纳罚款、罚金,其财产不足以同时支付时,先承担民事赔偿责任。"

受上述框架性原则指导,世界各国对经济违法罚款制度的规定虽不尽相同,但大多数国家都包括两个方面的制度,一是封顶制度,另一是计算制度。计算制度包括基础罚款的确定、从重或从轻,以及减轻或免除,即计算的三个步骤。但就具体规定以及执法实践看,分歧较大的主要有两个方面的问题,一是封顶的方式和依据。二是罚款起点或基础罚款的确定。

(一) 封顶的方式与依据

从经济法罚款制度有关对罚款封顶的规定看,反垄断罚款封顶的不仅有封顶方式的不同,也由计算罚款封顶的依据不同。比较分析不同的封顶方式和计算依据的优劣有益于确立合理的封顶制度。

1. 罚款封顶的方式

从世界各国对有关经济违法罚款的封顶条款规定的历史演化看,先后产生过三种封顶方式,即数额(数字)封顶、比率封顶和混合式封顶。第一,数额封顶式,也叫数字封顶式,就是法律直接规定具体的货币数额作为罚款的最高限额,这种方式在经济法发展的早期被少数国家所采用。如美国谢尔曼法规定,如违反《谢尔曼法》的刑事指控成立,公司被告可被处以最高5 000美元的罚金,后经修订规定"公司被告可被处以最高1亿美金的罚金"。[①] 第二,倍率封顶式,准确地说是比率封顶式,即以违法者被处罚时的上一年度的营业额(销售额)的一定百分比率确定罚款最高限额。典型如欧盟,规定的罚款的最终数额不得超过上一营业年度总销售额的10%,现今,这种封顶方式已被越来越多的国家所接受。[②] 最后,二元选择封顶方式,即同时规定两种不同封顶方式,以供执法机关在执法时据具体情况选择其中一种方式。

从上述反垄断罚款封顶方式的演化看,数字式封顶方式,其优点在于规定具有确定性,因而,实践中易于操作,对于处罚小的经营者违法,以及实施时间短,造成损害不大的经济违法行为具有简便易行,且不失威慑性。其缺点在于,具体的数量封顶,难以及时反映通货膨胀引起的垄断损害量的变化,以及对因科技发展而在短时间内兴起的巨型公司实施的违法行为造成的巨大损害威慑不足。而比率式封顶方式,由于封顶的罚款量是以违法经营者上一年度的销售额与一定百分比的乘积。因而,封顶的罚款量会随着通货膨胀,以及与经营者经济力量变化密切相关的"上一年度的销售量"的变化而变化。因而,只要比率得当,封顶罚款就必然具备威慑性。不过这种封顶方式,对于小的经营者的违法行为,以及实施时间短、损害不大的经济违法行为来说,操作比较麻烦。正因此,21世纪以来新制定的相关经济法的罚款制度的封顶方式,都是比率式封顶,而采取数额封顶方式的国家在修订罚款制度时,也引入了比率罚款式封顶。可见,比率式封顶方式是经济法罚款封顶方式的主流方式,采取这种封顶方式也是经济法罚款制度发展的潮流。

2. 封顶的依据与比率

经济违法损害的性质及特征要求经济法的罚款具有威慑性,按理说对经济违法行为的

---

① [美]赫伯特·霍温坎普:《联邦反托拉斯政策——竞争法律及其实践》(第3版),许光耀等,译,法律出版社2009年版。第649页。

② 直接采用欧盟比例封顶规定的有英国、法国、奥地利、意大利等欧盟成员国,以及新加坡、南非等亚非国家。参见王健:《论我国反垄断罚款的结构化改革——从一元构造体系走向二元构造体系》,载《交大法学》,2021年第4期。

罚款越多威慑越大,就不应对经济违法的罚款封顶。但作为实现法律价值或目的的重要责任形式,罚款不可能不顾及经济法保护的是社会经济秩序这一价值目标或法律目的的实现,以及不得不考虑有效威慑能否实现。从保护经济秩序需要讲,有效经济秩序存在的前提是一个诸多经营者的存在。而过高的罚款可能使违法的经营者丧失继续经营的能力,就可能退出经营领域。从有效威慑讲,最优威慑在于是使被惩罚者承担的责任量超过但又不能远远超过其当下承担责任的经济能力。超过但又不能远远超过意味着,虽然被惩罚者当下不具备承担责任的经济能力,但通过一段不长时间努力就具有承担责任的经济能力。而远远超过意味着,被惩罚者即使通过一段时间努力也没能力承担责任,这样被惩罚者就失去了承担责任的激励,责任就失去了威慑效果。

既然对罚款封顶的目的在于既不损经营者的经营能力,又要威慑违法者。这就需要违法者承担责任后仍有继续经营的能力。而经营者的经营能否持续进行,主要取决于其每一年度的销售收益足以弥补上一年度耗费的成本。由于通常社会经济的平均利润在10%左右,这意味着,成本占销售额的90%左右。因此,超过10%的罚款,将会使其经营成本难以弥补,势必影响经营者继续经营的能力。同时,企业对罚款的敏感度及威慑性取决于罚款量在其总收益中的比重。正因此,把经济法罚款的封顶定在经营者上一年度营业额的10%较为合理。①

(二) 基础罚款的确定

经济法对违法罚款的计算首先要确定基础罚款,它是计算罚款的起点,也称罚款的起点金额。对于基础罚款或起点罚款的金额确定世界各国的法律规定虽不尽相同,但都规定须由两个要素决定,即罚款的依据和罚款的比率,是二者相乘之积。

1. 罚款的依据

经济法规定的罚款是针对经济违法行为造成的公共性损害而课处的责任形式之一,因而,罚款的依据就是违法造成的公共性损害。对垄断造成的公共性损害可从两种不同的视角考察,一种是社会所受损害的视角,表现为社会财富的价值量减少。一种是违法者受益视角,即把违法者因违法所增加的收益看作是对社会的损害。这两种方式计算的违法损害在现实中有一定差异,且一般来说违法的损害大于垄断者的受益。但考虑到罚款的威慑性,罚款可以大于损害,以及考虑到罚款的可行性和执法成本,在经济法的实践中对违法造成的公共损害往往以其给垄断违法者增加的收益来衡量,而违法者增加的收益主要表现在违法者营业额(销售额)的增加。

但对于何为相关营业额,目前世界上有三种不同模式的规定。第一种模式是,违法增加的销售额模式。以整个违法期间因违法获得的销售额为罚款依据,实质就是以违法实施期间经营者因违法行为而增加的销售额为罚款依据。第二种模式是,相关销售总额模式。以违法实施期间的总销售额为罚款依据,总的销售额以最后一年度的产品销售额乘以违法的年数获得。第三种模式是,年度相关销售额模式。这种模式中违法时间的长短只是影响损害轻重的因素,其对罚款依据的影响显然没有前两种模式大。上述确定罚款依据的三种模式各有利弊,第一种模式,从经济分析的视角看,较为精准,更具科学合理性。这是由于经济

---

① 如世界各国反垄断法往往把罚款封顶的依据定位经营者上一年度的全部营业额(销售总额),并把比率定在经营者全部营业额的10%。

违法的目的就在于通过增加自己的销售额,以获得更多的利润。因此,以"违法行为获得的营业额"作为依据计算违法行为造成的公共性损害则较为精准,以此作为罚款依据更符合"过罚相当"原则的要求。但这种模式往往导致威慑不足,因为,违法者的受益通常小于对社会的损害。且从实践看,需要执法者获得经营者在违法期间每年度的营业额中哪些是违法获得营业额的证据,而这些证据的获得比较困难,从而增加了执法的难度。第二种模式,以违法行为结束时的上一会计年度的营业额乘以违法年数所得的总营业额为罚款依据,其合理性在于,违法行为的违法所得(亦即损害)在整个违法期间的每一年都存在,因此,从经济分析的立场看,作为计算与损害相应的罚款就应以每年的损害总和为依据。从实践看,违法行为一旦实施,违法行为持续期间,经营者的生产有稳定性,因此,以违法行为结束的上一年度的销售额为每年的销售额具有合理性,且违法行为结束之时,亦即执法机关作出处罚之时,上一年度的总销售额的证据易于获得,因而,操作较为方便易行。但因销售额并非全部是违法所得,因此,违法所得占销售额的比例如控制不当往往会使罚款量巨大,经营者难以承受,罚款责任的实现将会落空。第三种模式中,一元制度规定,仅以违法行为结束的上一年度的相关销售额为依据。从实践看,以此为依据往往导致对违法时间较长的垄断行为的罚款相对较轻,而对违法时间短的违法者处罚则较重。

综上分析,在计算罚款依据上,不论是从年度相关销售额的数据的易于获取,从而便于执法,有利于及时执法遏制违法行为,还是从衡量损害的精确性、公正性,以及在惩罚性的体现上,以违法实施期间的总销售额为罚款依据,且总的销售额以最后一年度的产品销售额乘以违法的年数之积来确定是一种较优的选择。

2. 罚款系数

从各国法律的规定看,罚款系数,即罚款比率的确定取决于违法两个因素,即违法事实的严重性和损害的严重性。经济法违法的严重性通常从违法行为的性质、违法者的经济力量(经营规模)、违法行为的地域范围、故意或过失的程度、以前是否违法,以及违法行为是否已经实施等方面判断。损害的严重性主要取决于两个因素,即违法者所处的行业利润与违法时间的长短。就二者对罚款比率的影响来说,损害的严重性是决定罚款比率根本,它决定着罚款比率的限定性框架,而违法事实的严重性只影响在罚款比例框架下具体的比例确定。由于罚款系数,总是表现为一定罚款依据的百分比。下面我们结合不同罚款依据分析罚款系数,以寻求确定合理罚款系数的方式。

从世界各国有关经济违法罚款比率的规定看,罚款率(罚款系数)的确定采取比率区间限定下的任意性二元罚款比率制度较为合理。最高比率的限制,如以违法期间总的相关销售额为罚款依据(上一年度的相关销售额与违法时间的乘积),则罚款率根据违法者所在行业的利润为罚款率,一般罚款率规定为10%以下,特别行业的,即利润高的行业作为依据行业利润限制在30%以下;如以"上一年度的相关销售额"为罚款依据,只是把违法时间长短作为考虑损害严重性的因素,则把一般的最高罚款率限制在30%以下(相当于3年度的相关受益的10%),而对于损害特别严重的罚款率则可高于30%。

思考题

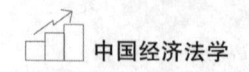

1. 经济法违法行为损害的性质与特征有哪些？
2. 经济法违法责任的性质与构成。
3. 经济法罚款设计的原则是什么？
4. 经济法罚款设计考虑的因素有哪些？
5. 经济法中多倍赔偿的性质是什么？

本章知识要点

第八章 经济法的实施

全章提要

- 第一节 经济法实施的价值定位与制度构成
- 第二节 经济法协商制执法
- 第三节 协商制下的私人诉讼
- 思考题

任何法律制度的建立都有其意欲实现的价值目标,法律价值目标的实现,有赖于法律的实施,如果法律不能得到有效的实施,制定得再好也近乎是一纸空文,正是在此意义上说,法律的生命在于实施。虽然,法律的实施包括司法、执法和守法。但守法与国民法律意识的提高有关,有赖于长期的法治文化发展和人们的法律信仰的建立。因此,从法律制度建设的视角看,法律的实施主要包括司法和执法两个方面。正因此,在我国社会主义市场经济建立和发展过程中,每当一种新的经济法律出台,其实施问题就会成为该部门经济法的热点问题。[1] 目前,对经济法实施制度的研究主要集中于两方面,一是对国外相关经济法律规定的实施制度的译介,包括对国外反垄断法[2]、消法、税法等实施制度的译介。二是借鉴国外实施经验,结合我国现有的行政执法和民事诉讼制度,建构我国经济法实施的基本制度,也有少数学者就经济法的司法、执法中的特别制度作专门研究。[3] 这些研究对克服我国现行《反垄断法》《反不正当竞争法》《消法》等经济法律制度因有关实施制度规定过于原则而难以操作之不足,[4]满足《反垄断法》《反不正当竞争法》《消法》等经济法律的实施对具体制度的急迫需要具有重大价值。然而,随着《反垄断法》《反不正当竞争法》《消法》等经济法律实施的进一步深化,目前,以传统行政执法和司法(民事诉讼)为基础建构的实施制度,因其价值目标是救济受害者,其制度的运作机制是对抗制。致使经济法的实施制度不利于《反垄断法》《反不正当竞争法》《消法》等经济法律的有效实施,也不利于理解和吸收国外反垄断法、消法等经济法律实施所体现出的协商合作新理念和多元主体参与协商的新制度。可见,吸收和借鉴域部门经济法实施的新理念和新制度,用以完善我国经济法的实施制度,是今后一段时间内我国经济法的重要课题之一。

基于此,本章在对经济法实施制度的价值予以重新定位,对经济法实施制度的构成和运行机制选择确立的基础上,分别用协商制对经济法的执法和司法制度予以重构。

第一节　经济法实施的价值定位与制度构成

任何法律制度的建立都受一定的价值观念所指导,因此,对经济法实施的价值定位,直接关涉经济法实施制度的制度结构和制度的运行模式选择。本节在对经济法实施予以价值

---

[1] 以作为经济法典型的《中华人民共和国反垄断法》(以下简称《反垄断法》)为例,在《反垄断法》实施的前五年多时间参加的有关反垄断法研讨会来讲,几乎都是有关《反垄断法》实施的研讨会,近年来有关反垄断法研讨会,几乎都涉及《反垄断法》实施的内容。

[2] 以反垄断法为例,当前译介性著作有刘宁元主编:《中外反垄断法实施体制研究》,北京大学出版社 2005 年版;李国海:《反垄断法实施机制研究》,中国方正出版社 2006 年版;王健:《反垄断法的私人执行》,法律出版社 2008 年版;文学国等:《反垄断法执行制度研究》,中国社会科学出版社 2011 年版等。除此之外,几乎所有的有关反垄断法实施机制和制度的文章都涉及对相关国家制度的比较、评析和借鉴。所有部门经济法实施制度的研究莫不如是。

[3] 如王炳:《反垄断法非强制性执法制度与实践研究》,法律出版社 2010 年版;殷继国:《反垄断法执法和解制度》,中国法制出版社 2013 年版。

[4] 我国《反垄断法》就公共实施虽规定了多元执法机关,但对各机关的职权的内容、机关间职权划分和执法程序缺乏明确规定,对私人依司法方式实施方面仅有第 50 条"经营者实施垄断行为,给他人造成损失的,依法承担民事责任"的笼统规定。

定位的基础上,就经济法实施的制度设计的两大问题,即经济法实施的制度构成与制度的运行机制予以论述。

一、经济法实施的制度模式与价值定位

经济法实施的价值不仅与经济法的价值取向有关,也与其实施模式选择有关。目前,从实施的价值取向角度讲,经济法的实施有两种不同模式,即争议解决模式和秩序建构模式。通过对这两种模式的分析并表明经济法实施模式的应当选择,就可说是对经济法实施的价值定位。

(一) 实施的制度模式

目前,从法律实施制度的价值取向角度讲,有两种不同模式,即争议解决模式和秩序建构模式。通过对这两种模式的分析并表明经济法实施模式的应当选择。

1. 对错裁断模式

这种实施模式是和个体权利法范式相联系的,在以个人权利为中心的法范式中,个体的利益都上升为一定的法律上的权利。因而,利益纷争就是权利冲突,一般都表现为一方做了侵犯他人权利的行为,或者没履行自己的义务。最典型的实施形式就是私法中的诉讼。在私人诉讼这种实施制度中,两个主体同时主张对于同一财产的所有权,可以说这种裁判形式的经典形式就与两个人同时主张对于同一财产所有权的要求联系在一起。在这种裁判形式中,"主张权利的两方僵持不下,从而只有诉诸第三方陌生人去解决这一争议。法院在这里被视为无相关利益的第三方,行使司法权力作出裁决"。[①] 裁判的目的和价值,就在于分清权利的归属,判定行为对错,解决权益争议。在行政诉讼中,则主要是有第三方——法院居中裁断,行政机关在行政过程中是否越权或者滥用权力(即是否有错)对私人的权利造成损害;而在行政执法中,主要就是执法机关裁断相对人是否履行了其法定义务,没履行法定义务则为有错,相应地承担法律责任。这种实施模式可从以下两方面来把握。

第一,对错裁断模式的价值追求是最有效地解决争端。这一价值目标根植于个人主义人性观。这种观念认为,由于每个人的偏好不同,每个人是自己利益的最佳判断者。这意味着,从诉讼看,法官只要作为双方争端的仲裁者或观察者而存在,并依赖纷争双方在法律和事实方面的努力表述和对于可能救济的主张,宣布各方的对错即可。因而,从司法看,不必顾及公共价值,只要能够实现争端最小化或双方对裁决满意程度的最大化。法官可以采用任何可能的方法解决纠纷。[②] 从执法看,执法人员是法律的执行者,并据法律的规定裁断对人是否违法。

第二,对错裁断模式的目的是使受害者恢复到如同法律得到遵守时的状况。这一目的根植个人主义的自然法观念,认为在自然法的作用下,即使没有法院或是其他公共机构的干预,社会在多数情况下将存在于和谐的自然状态之中。"争议"这一概念本身就暗示着,其是对既存的良好社会关系秩序的扰乱而出现的一种反常现象。因而,裁决的目的和作用只是对被破坏了的事物或秩序的恢复。

第三,这一模式的价值追求和目的要求司法、执法相隔离,即法院、执法机关应该是独

---

① [美]欧文·费斯:《如法所能》,师帅,译,中国政法大学出版社2008年版,第64页。
② 参见[美]欧文·费斯:《如法所能》,师帅,译,中国政法大学出版社2008年版,第66页。

立的。

2. 秩序建构模式

这种模式是和社会规制法范式相联系的,在社会规制法范式中,由于社会公共利益在人利益结构中的权重大于私人利益,因而,社会规制法以保护社会公共利益为中心。社会公共利益都体现在一定的行为互动形成的动态关系结构体系——在经济法中体现在社会经济秩序这类特殊的公共物品上。这种实施模式,是基于这样一种认识,即科学技术在社会经济活动中的广泛应用,以及大规模组织的运作,深刻地影响着我们社会生活的质量。它同时预设了如此的确信:除非对于这些特定领域的行为或大规模组织的现有结构进行规制,否则我们的基本社会价值便无法获得保障。秩序建构性实施就是当法官、执法者面对拥有特殊力量能影响良好的社会秩序,从而可能带来较大社会风险的行为者超越规制法的标准时,通过对这种行为的矫正重构社会秩序。对这一诉讼模式可从以下四个方面来把握。

(1) 秩序建构模式需多方当事人共同参与。这种构造根植于整体主义社会观,在有机的、网络式的结构关系中行为的风险所可能导致的多元损害性。因而,在这种诉讼模式中,参与诉讼的不是两方,而是多方当事人。这种多方当事人往往表现在争讼双方是由众多的个体构成的群体(如反垄断诉讼中的原告群体包括竞争者、消费者、代表公共利益的反垄断执法机关)或是组织(如反垄断法中的被告中的行业协会、协议限制竞争的众多协议参加者、合并的各个参与者),这些群体和组织内部的各主体是可能就诉讼事项存在分歧的当事方。这样,这种实施中的纷争主体不是二元的。在这种实施制度中,我们发现大量的利益纠纷和围绕实施的对立观点盘根错节,而决定机构从形式上虽说最终只有法院或执法机关,但依法专门成立的代表公益的规制机关对利益纠纷解决的观点,对法院的裁决具有重要影响,有时甚至可以说具有决定性影响。[①]

(2) 秩序建构模式的价值追求是宣示公共价值与社会责任。这一价值目标根植于整体主义社会观和人性观。在有机的整体社会状态中,因分工个人具有不同的社会角色和功能,同时,社会的复杂性和变动不居,以及信息的不完全性使人的理性有限。因而,任何人都不可能完全预知自身行为后果。这意味着专业执法者及专业法官对行为的社会后果,即行为对社会秩序的影响的了解有一定的优势。可见,秩序建构实施中法官和执法者绝非冷漠无情,更非忽视公共价值。相反,秩序建构实施是在相对比较抽象和原则化的规制法规范中展开司法或执法的,必须顾及当下社会主流观念对有关行为风险、良好竞争秩序的观点,即司法、执法必须顾及公共价值,法官和执法者所作的任何裁断,都要与规制法对此领域已取得的有关良好秩序的价值相符合。须知,当代规制法的秩序建构实施的社会作用不在于解决争议,而是在整体社会关系或行为结构中,对具有公共性影响行为以一定的标准或条件予以规制,并要求行为人遵守,即在秩序中赋予行为社会责任以具体的含义。

[①] 在现代规制法中一般都有专设的执法机关,这些机关往往具有准立法、司法和执法功能,由于其专业性,其作出的行政司法裁决愈益受到法院裁判的尊重。如反垄断执法机关对一种行为是否违反反垄断法所做出的裁决在不同国家的司法实践中都不同程度地承认其对法院裁判的拘束力。在日本,私人能否对一种侵害行为提起反垄断民事赔偿诉讼,取决于日本公正交易委员会是否裁决此行为违反反垄断法,只有公平交易委员会裁决认为违反反垄断法的行为,私人才可以提起反垄断私人赔偿之诉,否则,就不能提起,这在反垄断诉讼中被学者们称为"行政程序前置"制度。在美国,相关反垄断法虽没有行政程序前置规定,但规定联邦贸易委员或司法部反托拉斯局作出的违法裁决,可以直接作为违法证据用于私人提起的反垄断的三倍赔偿之诉。

（3）秩序建构模式的目的在于建构有效和谐的社会经济秩序。这一目的根植于整体主义的社会法制观念。认为法是社会控制的工具,源于社会公共经济生活的需要。而社会是具有一定观念和智识的人互动形成的动态关系体系,是复杂的、变化的,因而,社会需要不是显而易见的,而是需要人以其理性对经验总结来发现的。这意味着,建立相关的公共机构对人类取得的建构和谐社会秩序的规范性共识予以宣示,并要求人们遵守,是建构和谐社会的必要条件。同时意味着,没有法院或是其他公共机构的干预,社会就会失序。"建构"这一概念表达了对于现状是否公正的质疑,本身就暗示着,不仅既有的秩序并非完美,而且秩序一旦被破坏也不可能恢复到先前的状态。因而,秩序存在着不断完善的可能,这意味着,实施的目的和作用不是对旧秩序的恢复,而是创造新秩序。

（4）这一模式的价值追求和结构构造要求立法、司法与行政相互配合。这一模式并不否定法院（司法）是独立的,在法的实施上不属于政府的部分,但同时认为,法是社会需要的产物,并没有脱离社会自治的价值,因而,司法作为实现法的价值和目的的手段并不能脱离社会,而在现代社会,立法、司法和行政都是基于社会需要而设立的实现社会公共价值的机关,因而,存在功能互补性。

（二）实施的价值定位

上述分析说明,经济法作为规范公共性经济行为的现代规制型法,其价值目标是维护体现于社会经济秩序上的社会公共利益（或社会整体利益）。这决定了经济法实施的价值目标主要在于建构社会经济秩序,而非解决争议。这种实施模式的选择基于两种认识：第一,它建立在深刻意识到对现代市场经济最大的威胁并非来自经营者对具体个人经济利益的侵害,而是来自大规模经济组织的影响社会经济秩序行为,以及现代国家的相关政府职能部门的不当干预行为（滥用行政权力）对社会经济秩序的破坏而引发的对不特定主体的社会性侵害。第二,选择这一新兴实施模式的另一认识基础在于——经济公共性影响行为的风险产生于对社会经济秩序的破坏,因而,除非消解经济公共性影响行为中的经济公害行为,对社会经济秩序重构,否则经济公害行为存在的风险的威胁永远不会消失。面对这种新的秩序重构诉求,传统的执法罚款,以及司法救济,损害赔偿、罚款或是刑事追诉都无法充分解决问题,因而,需要新式的综合救济。

这种作者称为"秩序建构"的新型实施形式标志着现代规制法是对于现代社会的司法裁判和执法裁决作用的认知上的重要发展。然而这一新的实施模式还存在很多问题,概括起来有两大问题。(1)观念问题。即合法性问题,秩序建构实施明显是与已有的主流实施观念,以及以此为基础的实施理论所主张的司法应中立、适度保守的观念冲突的,加之法官知识有限,因而经济秩序的建构对于法院而言是不是一个合适的使命,这是我们不得不思考的。但正因是观念问题,就不可能做出确定的回答,因而,在本书讨论意义不大。(2)工具主义。简单地说,此处是关于如何进行社会经济秩序建构,特别是如何通过构造经济法实施制度促使经济法的有效实施,从而落实社会经济秩序建构,这是其后所要探讨的问题。

二、经济法实施的制度结构及关系

经济法的实施制度主要包括执法和司法两个方面,其中执法包括抽象执法和具体执法,司法,即诉讼包括私益诉讼和公益诉讼。这些制度不仅主要功能不同,而且发挥作用的条件和运作方式也不同。它们在经济法实施中的地位及相互关系如何,不仅体现了经济法特点,也是经济法律价值实现的需要,以及经济法实施制度价值的体现。下面就这些制度在经济法实施中的地位和关系予以说明。

(一) 执法及其在经济法实施中的地位

对执法在经济法实施体系中地位的认识包括两方面的问题。一是执法的性质及其在整个经济法实施的制度体系中的地位,主要执法的外部,即从执法与司法的关系谈其地位。二是就执法内部不同执法制度间的关系,谈不同执法制度在执法制度体系中的关系。

1. 执法在经济法实施制度体系中的地位

任何法律实施制度在一种法律实施的制度体系中的地位,都与其要实施法律的价值目标和由此决定的该实施制度的性质,以及该实施制度的运行方式有关。我们知道,执法作为一种法律实施制度,是由法定的或法律授权的特定执法机关,针对损害公共利益的违法行为依职权而主动发起,并通过法定程序对违法者的行为予以裁决和处罚而实施的。由于其程序的发起机关是公共机关,执法目的在于处罚损害公共利益的违法行为,已实现对公共利益的保护,因此,这种实施方式通常被称为公共实施。可见,其性质是公共性的,主要适于保护公共利益的情形。亦正因此,在经济法的竞争法学者中,多数把竞争执法与公共实施等同起来。[1]

而在经济法的违法行为中,许多违法行为是一种纯粹的公共性损害行为,没有具体的受害者。如违法宏观调控法的经营者或宏观调控机关的违法行为没有具体受害者;市场规制法中也存在没有具体受害者的违法行为,即使在一些市场规制法的违法行为中也有具体的受害者,但存在大量受害者分布广泛,单个受害者受害不大的现象。对这种违法行为依靠受害者提起诉讼来遏制显然不具有可行性。因此,主要靠专门的机关执法来防止。可见,经济法的价值目标——保护的社会整体利益的公共性,以及执法这种实施制度的特性,以及这种制度运行的条件和特性,决定了执法相对于司法在经济法实施制度体系处于主导地位。

2. 执法制度内部不同执法制度的关系

经济法的执法不同于传统的执法,传统的行政执法是狭义的执法,仅仅指执行法律,要求相对人履行法律义务,并对具体违法者予以处罚,这种执法行为是具体行政行为,可称为具体执法。而经济法的执法是广义的执法,除具体执法外,还包括为执法而制定规范性文件,或者审查一些行政机关的规范性文件是否违法。前者被称为准立法权,如各种相关经济机关为实施相关法律而制定的"指南"、实施细则等,后者如"反垄断审查制度"。而在经济法的执法制度体系中,虽然具体执法目前处于主导地位,但抽象执法的重要性随着经济现象的复杂性和专业性的不断增强而不断上升。同时,在数字经济时代,由于信息传播的瞬时性、广泛性,加之,公平要求对同样的行为同样对待,使得具体执法类似于"先例",也具有了很强的抽象性。

---

[1] 对此可参见反垄断法通过以来许多研究反垄断法实施的论文及专著就可说明。其实,在2013年消法修改,以及其后的反不正当法和反垄断法修改后,对这些法律中的违法行为赋予检察院提起公益诉讼权后,这种公益诉讼,在我看来也属于公共实施。甚至相关经济法律中规定的具有诉权的社会组织提起的公益诉讼,这是由于不论从原告——社会组织的法律性质(具有公共性),还是从诉讼目的来讲也具有公共实施的属性。

(二) 司法及其在经济法实施中的地位

司法作为法律事实之诉的一种,其制度形式就是诉讼。对司法在经济法实施体系中的地位的认识包括两方面的问题。一是司法诉讼的性质及其在整个经济法实施的制度体系中的地位,主要是从司法的外部,即从司法与执法的关系谈其地位。二是就司法内部不同诉讼制度间的关系,谈不同诉讼制度在司法制度体系中的关系。

1. 司法在经济法实施制度体系中的地位

司法是法律实施制度的一种,其主要形式就是诉讼。从诉讼制度发展的历史看,诉讼主要是受害者对受害的权益请求司法予以救济的制度,起诉主体主要是受害的私人或受害者群体的代表——组织(如美国的集团诉讼、我国的代表人诉讼中的组织),这种实施主体实施法律的目的在于获得救济,使自己的利益恢复到损害发生前的状态。正是由于这种实施制度通常被是由受害人为维护自己的私人利益而启动司法程序,因此,这种由私人诉讼实施经济法的方式通常被称为私人实施。虽然,在经济法产生了监察机关和法律授权的社会组织提起公益诉讼的资格,具有很强的公共实施特性,但在司法实践中,如果被告不是行政机关(官)而是私人性主体,对该类损害行为提起的诉讼都成为民事诉讼。而一般民事诉讼又被想当然地认为是私人实施。因此,经济法界在市场规制法的研究中,许多学者通常错误地把私人实施等同于司法。[①]

前述研究说明,经济法的价值目标是保护公共利益。但在经济法中许多违法行为具有双重损害,特别是市场规制法中,虽有大量的纯粹的公共性损害,当然这种行为也间接损害个人利益,但也存在许多违法行为是通过损害具体的市场主体间接损害市场经济秩序的。而对第二种违法行为,相对于执法机关来说,受害者具有发现及时、举证优势,以及具有诉讼的激励。因此,利用私人诉讼,通过给予私人诉讼者激励(多倍赔偿)的惩罚作用,更有利于以较低的社会代价,及时防止公共损害。因此,私人诉讼仍是经济法实施方式中的一种,这类诉讼,虽然与传统的民事诉讼和行政诉讼形式相同,且在法律中被称为民事诉讼或行政诉讼,但在诉讼目的上是防止公共损害行为的发生,而非救济受害者,这也是通过多倍责任,使受害者通过诉讼获得的利益大于其损害,以激励受害者诉讼的原因。私人诉讼主要发生于市场规制法领域,且主要是对市场主体提起的,受这种实施方式发挥作用的范围限制,这种实施方式在经济法实施中处于辅助地位。

2. 司法制度内部不同诉讼制度的关系

经济法的司法制度包括两种性质四种诉讼制度。对于诉讼的性质有两种不同的分类。一种是按违法行为主体的法律性质分类,即以被告的法律性质为标准的分类:分为行政诉讼和民事诉讼。其中对经济行政机关违法损害的诉讼是行政诉讼,对市场主体违法造成损害的诉讼为民事诉讼。另一种是按诉讼的目的分类,即以原告提起诉讼保护的利益属性为标准的分类:分为私益诉讼和公益诉讼。需要说明的是,在国外现代诉讼法律制度发展中,以利益为标准的诉讼除这两种之外还有兼具公私两种性质的诉讼形式,可以称其为准公益

---

① 由于这类损害是私人造成的公共损害,也就是说被告的法律性质不属于公共(行政)机关。而在传统的公法私法二分的司法实践中,通常把这类不是以"官"为被告的诉讼的案件归于民事法庭审理,而民事被想当然地理解为私人之事,因此,不论学术界还是实务界都把这类公益诉讼称为民事公益诉讼。于是乎这种实施也认为属于私人实施,但在正如前面研究所言,这类实施方式不论是从实施主体的性质还是诉讼的目的都是公共性的,因此,其实质是公共实施或准公共实施。

诉讼,如代表人诉讼、示范诉讼等。由于诉讼多发生于对市场主体的违法行为造成损害领域,因此,在经济法实施的司法制度中,与行政诉讼相比民事诉讼发挥的作用更大。就民事诉讼来讲,由于经济法保护的是社会公共利益,因此,从经济法法律发展的趋势看,公益诉讼、准公益诉讼发挥的作用越来越强。

(三)经济法的公共实施和私人实施

经济法的实施包括公共实施和私人实施,经济法界没有异议,但对什么是公共实施和私人实施据上述对有关经济法实施的研究,一般认为应从启动实施制度者的法律性质来定。但对实施主体的法律性质如何确定,我认为不能仅从主体是不是公共经济机关而定。政府经济机关虽然是公共机关,经济法律授权的,在损害没发生前就存在的具有诉讼资格的公益组织,在诉讼中也属于公共性,属于公共实施主体而非私人实施主体。而像美国集团诉讼和我国的代表人诉讼中的组织,是在违法发生后,为节约诉讼成本而为受害者群体利益保护而建立的组织则因公共性不强,可以视为私人实施。

基于上述认知,经济法的公共实施包括两方面,即执法,以及由检察院和法律授权的公益组织提起的公益诉讼。私人实施包括受害者个人提起的诉讼和准公益诉讼。由于经济法实施的价值决定,经济法实施的制度体系是以公共实施为主导,以私人实施为辅助的。

三、经济法实施的制度机制

制度的内在机制对制度功能的发挥至关重要,在法律实施制度的历史演变中,产生了不同性质的制度机制,不同的制度机制的运行都有其相对可欲的条件或因素。机制选择取决于其意欲实施的法律是否具备某种实施的制度机制运行所需要的条件或因素。

(一)对抗制与协商制

目前的法律实施制度,以其性质和假设的不同可分为两种:对抗性实施的制度机制(以下简称对抗制)与协商性实施的制度机制(以下简称协商制)。它们代表了两种不同的解决法律纷争、实现法律价值目标的法律实施的制度机制。

对抗制是个人主义性质的,个人主义认为,任何个人都是独立、平等和自由的理性存在。因而,所有引发纷争的行为因利益而发生的理性行为,人与人的利益是此消彼长的"零和博弈"关系。这意味着,在既有法律对利益的归属确定的条件下,所有的纷争都是一方行为对另一方利益的损害而发生。可见,对抗制通常把纠纷看作是双方利益的冲突,这种冲突的产生是一方的违法行为对他人权利侵害,因而,是可以通过双方相互反驳、据理力争而明辨对错,并通过让有错(违法)者承担损害责任所产生的威慑作用来运作。可见,其是一种面向过去的、消极的、重在纠正已发生的错误行为,以及对受害者予以救济的制度,这是一种具有悠久传统的法律实施制度。

相较对抗制而言,协商制是共同体主义性质的,认为人是社会人,人与人共同依赖于社会经济体系,人与人之间具有相互依赖的利益,因此,人与人之间的利益存在"零和、负和"博弈关系,但也存在与正和博弈关系。这种社会观决定了,人的行为是策略性行为,行为后果是不同主体行为互动的结果,一种行为的影响(损害)不仅与该行为有关,更与该行为作用的"场域"——社会经济体系有关,因而,行为的利弊(对错)是混合的、相对不分明的,行为的影响(损害)是不确定的。正因此,协商制通常把纠纷看作是主体间就某种行为对公共利益影响认知不同的结果,并通过利益相关者协商形成共识,以主体拥有相关理性能自觉遵循共识,以及主体间相互监督合作来运作。它是一种新的程序主义。它不仅是通过立法对执法和司法制度的形式及其内容构造的改变,更是一种观念的变革。这种新的程序主义强调通过理性对话(沟通)来实现纠纷解决中各种权力与权利,以及权利主体间的合作,是一种与对抗制实施完全不同的崭新的实施模式,它强调公共机关(执法机关、法院、调解机构)、专家、利益相关者以及当事人等多方的协同合作关系。[①]

(二) 决定法律实施机制选择的法律因素

这两种制度机制没有绝对的优劣之分,一种法律具体选择哪一种实施的制度机制更为合适,显然在很大程度上是随着法律所规范的行为特性和价值目标(保护的利益)的不同而发生改变的。因而,从与利益关联性的视角分析行为的两个属性,是影响一种法律采用对抗制还是协商制的主要因素。

1. 单效性与双效性

法律规范行为的目的就是弃恶扬善、趋利去弊,以增进社会福利。因而,行为的善恶[②]属性是影响实施制选择的重要因素。以行为结果的利弊为标准,行为可分为善恶分明的单效行为和善恶皆具的双效行为。

当法律规范的行为是善恶分明的单一性行为时,对抗制就具有一定优势。这是因为,当行为的善恶分明时,及时制止恶行,可减少社会福利的损失,对社会最为有利。而理性人对自身利益追求的本性通常使受害人具有发现有害行为的信息优势,且有及时制止损害的激励。因此,赋予受害者提出诉愿,举证说明损害,利用具有权威性的第三方居中做出对错裁断,使有错(违法)者承担损害责任,给受害者救济,有利于及时制止有害行为,不仅可以防止个人受害,且可防止社会福利的减损。

当法律规范的是双效行为时,协商制就相对具有一定优势。这是因为,双效行为对他人或社会的影响是利大于弊,还是弊大于利处于不明确状态,而没有对该行为利弊的认知,以及对行为利弊的全面分析权衡难以得出行为是否对社会有害的结论,从而,难以就该行为是否予以禁止或附条件的实施作出正确裁断。由于不同主体的社会经济状况、社会观念和认知的差异,每个主体的偏好是不同的,因而,对一种行为利弊的判断就因主体的不同而不同。对此,只有赋予利益相关者、专家及各种利益代表者的广泛参与协商的权利,通过不同主体间的意见和观点交锋、协商沟通,才是有效地认知一种行为利弊的最佳途径,才有利于合理作出是否禁止或附条件实施该行为的决定。

2. 私人性与公共性

在前面对经济法规范的行为研究中,我们据行为影响的后果,把行为分为私人性影响行为和公共性影响行为,这里对两种行为的含义不再赘述。

当法律规范的是私人性影响行为时,这种行为影响的特性,以及理性人的本性决定了,一旦这种行为有害,受害人会积极地保护自己利益,以及受害人拥有发现损害行为的信息优势,以对抗制有利于及时制止有害行为,因而,对抗制较为相宜。当法律规范的是公共性影

[①] 参见唐力:《论协商性司法的理论基础》,《现代法学》,2008 年第 6 期。
[②] 这里的行为善恶不是纯道德意义上的、主观的,而是客观的。其中善行指的是对他人或社会产生利益的有益行为,而恶行,则是指损害他人或社会利益的有害行为。

响行为时,由于行为的影响具有不确定性,不仅使一些主体难以获得提起诉愿的资格,或难以举证损害的存在,加之"搭便车"的心理,以及诉讼成本的存在,使一些分散的小额大规模损害[①]难以通过对抗制得到遏制。因而,利用公共组织,以及给赋予广泛主体提起诉愿的资格,且给利益相关者提供协商平台,通过沟通形成共识,促成合作,则可有效遏制损害行为,避免零和与负和结果,形成正和关系。可见,这时协商制就较为相宜。

(三)协商制是经济法相对可欲的实施制

在经济法的实施制度中,选择对抗制还是协商制?或者说哪种实施制相对更为可欲?对此问题的回答,取决于对经济法所规范行为损害的特性的分析。就经济法的价值目标和规范形式来看,经济法所规制的经济公共性影响经济行为主要有三个方面的特性。

从此前的研究我们知道,经济法规范的行为是公共性经济行为,这种行为作用的客体是社会经济秩序,因此是一种影响社会经济秩序的行为。在现实社会中,经营者行为对经济秩序的影响何谓适当是不确定的,不仅与经营者自身的市场力量、所处市场的结构,[②]以及一国社会经济发展和所处国际政治经济环境等客观因素有关,[③]也与人们对竞争的认识,特别是主流经济学观念对竞争的认识有关。[④]而政府经济机关干预和规制经济的行为是否适度合理,也与社会经济问题和时代的主流政治经济观念有关。可见,经济法规范的行为不是一种利弊分明的、确定的单效行为,而是一种利弊并存的、不确定的双效行为。正因此,经济法对经济公共性影响行为是否违法的判断,多是把行为置于其行为作用的场域中,通过利弊分析比较确定其是否合理,即对其行为的分析采取的原则犹如反垄断法中的合理性原则,[⑤]其精

---

① 分散的小额大规模损害指受害主体分散,每个受害者所受的损害不大(小额),但受害主体众多,因而,对整个社会损害很大(大规模)。

② 与传统法律中判断一种行为是否有害,从而是否违法主要取决于行为本身,与行为主体的能力大小、行为作用的客体无关不同,在反垄断法领域,行为是否有害往往不取决于行为本身,如协议、价格歧视、搭售、低价销售、合并,而取决于行为者的力量和所处市场的结构状态。一般来讲,没有市场支配力的经营者(其重要标志之一是在相关市场上所占份额)实施这些行为往往并没有危害,因而不构成违法。相反,具有市场支配力的经营者实施该行为往往有害,因而构成违法。同时,经营者的同种行为,在集中度不同的市场实施其行为的有害性也不相同。以合并为例,一般来讲,在集中度高的市场上从事的合并行为,往往是有害的行为,因而违法,而在集中度低的市场上从事的合并行为往往无害,因而不违法。

③ 对此,可从反垄断法实践中对合并控制的历史演化中就可看出。以美国为例,第二次世界大战结束后,其经济、政治力量执世界之牛耳。因此,对合并控制较为严格,1950年颁布的《塞勒——凯弗维尔法》(Celler-Kefauver Act)强化了《克莱顿法》中关于合并的规则。1962年,最高法院在"布朗鞋业案"提出了"早期预防原则",力图在正在形成的早期阶段遏制"具有可能损害竞争趋势"的企业合并,因此,在有的案例中参与合并的各企业合计占有市场份额甚至不超过10%,也遭到禁止;1973年石油危机之后,美国经济面临德国、日本等强国的强烈冲击,对企业合并控制区域放松,以至于20世纪末出现了美国波音公司与麦道飞机制造公司(1996年底)、美国国民银行与美洲商业银行(1998年4月)、克莱斯勒与德国奔驰公司(1998年5月)等巨大公司的合并。

④ 以反垄断法为例,有关主流经济学观念对反垄断法的影响,可参见[美]欧内斯特·盖尔霍恩等:《反垄断法与经济学》,任勇等,译,法律出版社2009年版。[美]基斯·N. 希尔顿:《反垄断法:经济学原理和普通法演进》,赵玲,译,北京大学出版社2009年版。这些书针对反垄断法的主要内容"两禁一控",从经济学理论演变,与判例法的发展的关系角度说明了产业组织理论对反垄断法发展的影响。而[美]J. E. 克伍卡,L. J. 怀特编著:《反托拉斯革命》,(林平等,译,经济科学出版社2007年版。)一书,则从每个具体案例中,展现出争论双方的经济观念分歧,以及反垄断裁决中据以作出经济学理论。

⑤ 这是受反垄断法对行为是否违法判断的影响,我们知道在反垄断法实践中,判断行为是否合法有两个原则,即本身违法原则和理性原则,但这两个原则的适用范围并非不变的,而是存在着合理性原则适用的范围越来越大,本身违法原则适用范围越来越小的趋势。参见刘水林:《反垄断法的挑战——对反垄断法的整体主义解释》,载《法学家》2010年第1期。

髓就是通过对具体案件中行为的利弊的权衡,认为弊大于利的行为是违法的,相反,利大于弊的行为则是合理的,即不违法。

据上述分析说明,结合前面有关经济法中违法行为的损害特性的论述,我们不难看出经济法违法行为产生的社会经济后果与协商性实施制功能发挥所需的相对可欲的法律因素相契合,因而,以协商制为主的实施制度是经济法实施制度的机制设计的较优选择。

第二节 经济法协商制执法

经济法的价值目标和规制型法的属性,使经济法调整的社会经济关系中具有明显的国家(政府)干预经济的色彩。因而,在经济法实施中带有国家强制力的行政执法在经济法实施中具有重要的地位。这决定了,以协商制解释现代经济法执法中产生的新制度,以及以协商制完善经济法的执法制度是经济法实施制的重要内容。本节在对经济法执法的含义和制度构成予以说明的基础上,分别就不同执法制度中的协商制予以论述。

一、经济法执法的含义与内容构成

对部门法执法的含义的确定是确定其内容构成,从而使建构起制度模式和具体制度构造的关键。

(一) 经济法执法的含义和类型

从世界各国有关经济法的执法看,经济法的执法都是依相关经济法的部门法专门设立的执法机关,或法律授权的经济机关依职权和法定程序执行法律的行为。如反垄断执法机关,世界许多国家就是依反垄断法专门设立执法机关(美国的联保贸易委员会、日本的公平贸易委员会)执行反垄断法,而我国反垄断法则授权国家工商管理局为反垄断法的执法机关。再如世界各国的税收机关为税法的执法机关。而世界各国的税法执法机关都是依法设立的税务机关。经济法的执法有广义和狭义之分,广义的经济执法,是指经济执法机关为更好执法而制定相关的实施细则、指南等规范性文件,以及依照经济法律、法规、规章和规范性文件对具体经济违法行为予以处罚的活动。可见,广义的经济法的执法包括采取抽象行政行为所从事的执法活动和采取具体行政行为所从事的执法活动,即抽象执法和具体执法;狭义的经济法执法则指采取具体行政行为所从事的执法。

(二) 经济法执法的内容构成

抽象执法就是执法机关以抽象行政行为针对不特定相对人实施的行政行为,其形式就是制定行政规范性文件包括行政立法、决定、命令等。以反垄断法的执法为例,在反垄断执法中,如美国司法部和联邦贸易委员会联合制定的《合并指南》,我国由相关反垄断执法机关为实施反垄断法而制定的规章(名称一般称"规定""办法"或者"实施细则"),如我国商务部2014年6月制定的《关于经营者集中申报的指导意见》,我国发改委2011年制定的《反价格垄断规定》等规范性文件。这部分执法行为,在反垄断法中实则是反垄断执法机关准立法权的行使;具体执法,就是指执法机关针对特定的对象,就特定的事项所作出的处理,这意味着狭义的行政执法,就是指法律、法规所规定的行政执法主体,把法律、法规和规范性文件的规定适用于具体对象或案件的活动中。在反垄断法执法中,如发改委2011年11月9日对"电信联通两巨头涉嫌反垄断"的调查案、国家工商总局2013年2月对"茅台与五粮液因价格垄断"的处罚案,就属于狭义行政执法。而在税法中,虽然受税收法定原则的约束,税收机关制定相关税收的规范性文件受到限制,但在现实经济生活中,为更好地利用税收调控,税收机关不仅获得的授权立法的范围越来越广,且在税法的执法中,其对税法解释自由度不断扩大,上述国内外经济法执法的事实说明反经济法的执法是广义的行政执法。

同时,经济法的执法选择广义的执法也是由经济法的特点决定的。从立法角度看,经济法多是对经济政策的法律化,包含了大量原则性、抽象性规定。① 从其规范的内容看,其规范的是影响社会经济秩序的行为——多是抽象的行为,而一种抽象的干预或规制行为,以及抽象的经营行为是否对社会经济秩序产生不良影响,不仅与客观的经济结构和市场结构有关,且与主观的对良好经济结构和市场秩序的认识的有关。这决定了经济法执法具有很强的专业性、复杂性。经济法的立法和内容特性,使得经济法的法条在适用过程中就暴露出操作性相对困难的特点,与其他法律法规相比,经济法的不确定性与法律对稳定性的需求的矛盾和张力更加突出。为缓和这一矛盾,就需要授权执法机关准立法权,制定实施细则,这种制定规则的抽象行为,既是执法行为的表现,又是有效开展经济法具体执法的前提条件。②

从上述论证看,不论是各国经济法执法的现实,还是从经济法本身的特点的需要看,经济法的执法是广义的执法。这意味着,经济法执法的内容由两部分构成,即抽象执法与具体执法。

(三) 经济法执法的结构特性

一种法律执法的结构特性主要是由具体执法与抽象执法在其执法中的地位决定的,而这两种执法在整个执法中的地位并非先验地决定和不变的,而是受诸多因素影响变化的。除受其所执行的法本身的特性影响外,主要受社会发展引起的行政内容结构重心的变化,以及行政危害性变化的影响。

第一,行政内容结构的重心变化。行政内容的结构主要可从两方面来看:一方面,从行政目的实现的流程及功能看。行政内容主要由决策和执行构成,与此对应行政权主要分为决策权与执行权。另一方面,从行政的领域及职能看,现代政府具有三种职能,即政治职能、经济职能和社会职能。这两方面内容结构中的各构成部分的地位并非不变的,而是随社会发展而变化。从行政目的实现的流程及功能看,随着现代政治任务的复杂化,行政决策的重要影响凸显。为应对行政的变化,现代政府组织结构改革采取的一项重要措施就是在政府公共管理中实行决策与执行分离,设立决策机构与执行机构,且决策机构在行政级别上比执行机构高;从行政的领域及行政的职能看,19世纪末以来,各国的政府职能中,政治职能相

---

① 以反垄断法为例,反垄断法体现这一个国家的竞争政策。由于反垄断法规范的竞争行为是一个动态的复杂的对策性行为,这决定了在立法上对判断行为是否合法的反垄断法的规定比较抽象、模糊,具有一定程度的不确定性,因而,其规定就相对原则、抽象。

② 者从反垄断法的执法中不难看出,对此,国家工商总局竞争执法局负责人2011年11月在国家工商总局公布了《工商行政管理机关禁止垄断协议行为的规定》、《工商行政管理机关禁止滥用市场支配地位行为的规定》、《工商行政管理机关制止滥用行政权力排除、限制竞争行为的规定》三个配套规章时答记者问所说:"《反垄断法》具有很强的法律性、专业性和复杂性……依据《反垄断法》对相关内容作细化是工商行政管理机关有效开展反垄断执法的前提条件。"《国家工商总局竞争执法局负责人就〈反垄断法〉三个配套规章出台答记者问》,国家工商总局网站,http://www.law-lib.com/fzdt/newshtml/21/20110107092043.htm,2014-4-11访问。

对弱化,经济职能和社会职能则急剧扩张。由于社会经济目标的复杂性、专业性,加之影响目标实现的社会经济因素的变动不居性,使原本主要属于立法机关的决策权,不得不授权于具有专业性的行政机关,让他们相继制定补充性的规则,以实现立法目的。于是产生了"规制国家"[1],行政已从一般行政转向规制行政。从规制行政职能看,则表现为准立法、准司法、准执法职能,与此对应拥有准立法权、准司法权和执法权。由于"立法者制定法律和法官判案,都必须进行决策",[2]因而,规制行政可以说以决策为重心的行政,或者说是以抽象行政为重心的行政。

第二,行政的危害性变化。一般来说,具体行政行为(执行行政)造成损害的主要原因是越权或滥用行政权,其损害是对具体相对人的损害,其损害的利益是特定的、可计量的,因而,其损害的主要是私益;而抽象行政行为(决策行政)造成损害的主要原因是,没有遵循相关的程序规则,可能(仅仅是可能,不一定是事实上的)使得决策不合理。其损害是对受规则约束的不特定相对人的损害,可见,其损害的利益是不特定人的利益,其损害主要是公共利益。19世纪末以来,特别是20世纪中期第三次科技革命以后,随着规制国、福利国的建立,政府职能的转化,行政的内容趋于复杂、多样、专业化。这时行政决策与执行分离,而且行政决策在行政中的重要性远远超越行政执行。这意味着,这时的行政行为中抽象的行政行为的影响愈益重要。加之,行政所应对的事务复杂,行政机关及公务员对其行政行为的利弊,不经专业分析难以明了。而行政决策一旦错误,损失则非常严重。可见,这时行政行为的危害主要是行政行为的不科学合理。因而,规制行政主要是防止抽象行政决策不合理。

以上分析说明,现代行政主要是规制行政,而规制行政的内容主要是抽象行政,加之,抽象行政造成的危害是公害,公害的特性决定规制行政的执法重心是抽象执法。而经济法作为规制型法的一种,决定了其执法的重心是抽象执法。

二、经济法具体执法中的协商制

我国学者对经济执法的制度研究,主要是对具体部门和经济法执法制度的研究,主要体现于反垄断执法研究中。对此,目前有学者认为,现代反垄断法实施中出现了执行协商和解趋势。[3] 就其所研究的制度形式看,一般认为有美国的执行和解制度,[4]以及欧洲国家的接

---

[1] 这从西方学者的论著中就可说明,如 G. 马佐尼:"规制国家在欧洲的兴起",载《西欧政治》,1994年,第17卷;M. 洛克林、C. 斯科特:"规制国家"载 P. 邓拉维等编:《英国政治的发展》(伦敦:麦克米兰),1997年,第5卷,以及美国著名公法学者凯斯·R. 桑斯坦:《权利革命之后:重塑规制国》(该书中文版由钟瑞华译,中国人民大学出版社2008年出版)

[2] [美]约翰·罗尔斯:《万民法——公共理性观念新论》,李晓辉等,译,吉林人民出版社2011年版,第136页。

[3] 参见蒋岩波、张坚:《现代反垄断执法中的协商程序机制》,载《国际贸易》2011年第1期;游钰:《论反垄断执法协商的程序约束》,载《法学评论》2013年第4期。

[4] 美国的执法和解包括司法部反垄断执法中采用的同意判决(antitrust consent decrees)和联邦贸易委员会执法中采用的同意命令(consent order)。在同意判决执法中,如果被告提出以作为或不作为的方式消除非法垄断影响的,司法部可以接受,在此基础上,法院作出一个内容与和解协议相同的同意判决,使承诺生效。作出同意判决是根据双方的约定,其中不存在事实调查,也不存在被告承认违法或裁决被告违法的情况,也不以诉状、查明事实、法律推理对案件进行定性;同意命令制度的基本规定是,在反垄断调查阶段,如果被调查者承诺采取一定行为或不再进行一定行为已消除垄断行为后果的,委员会就不再启动正式控诉程序。不过,这一过程需要经过正式公告程序,由利害关系人和社会公众进行评论,委员会最后综合考虑可以发出同意命令,使承诺生效。对这两种制度的详细介绍可参见王炳:《反垄断法非强制性执法制度与实践研究》,法律出版社2010年版,第82页以下。

受承诺制度。[①] 我国《反垄断法》第 45 条中规定的经营者承诺就是借鉴欧洲国家而建立的,也就是说,反垄断执法中协商制有两类制度模式。虽然两种制度模式受不同法系的影响各有其特点,但就其具体规定的内容来讲,都包括三方面的程序性保障制度,即保障协商进程透明性的制度、保障充分参与协商的制度和保障协商协议纷争有效解决的制度。

(一) 保障协商进程透明性的制度

公开、透明是反垄断执法协商活动的前提和基础,因此,保持协商进程透明性的制度是反垄断执法协商制度的最基本内容。透明性应当贯穿于反垄断协商执法制的各个阶段。

1. 协商执法启动程序的透明性制度

这一制度要求,在具体垄断案件处理中,反垄断执法协商程序一旦启动,反垄断执法机构应当以适当方式公布,使举报人、利益相关者、社会公众及时了解相关信息。

2. 协商执法内容的透明性制度

垄断案件的处置事关各方利益,还关系到反垄断法基本目标——维护竞争本身的实现,因此,反垄断执法协商的内容特别是拟采取的和解措施应当公开,以利于利益相关者和社会公众了解、参与和监督。从国外反垄断执法的有关规定和实践看,美国、欧盟等国家和地区都确立了强制性的协商内容披露程序。

3. 协商执法的结果透明性制度

反垄断协商执法是否最终达成和解协议、具体和解方案是否得到履行、是否终结和解程序或重启执法程序等相关信息应当通过一定的方式予以公开。这样,利益相关者和社会公众可以了解相关案件的进展,可以减少或消除社会公众对于协商执法公正性的质疑,从而充分发挥反垄断协商执法的积极作用。

(二) 保障充分参与协商的制度

反垄断执法协商牵涉反垄断执法机构、相对人、利益相关者和社会公众等诸多利益主体,相关主体均应有权以适当方式在反垄断执法中参与协商,使执法能效兼顾各方利益。

由于反垄断执法机构、相对人、利益相关者和社会公众在地位、权力,以及从执法中获得的利益等方面存在巨大差别,因此,在对反垄断协商执法进行程序约束的过程中,不仅需要着重保障相对人充分参与协商,且需要激励利益相关者和社会公众积极参与协商。这对于反垄断协商执法兼顾各方利益及公共利益,防止执法协商背离反垄断法实施的目标具有重要意义。正因此,利益相关者,特别是社会公众的参与受到一些反垄断执法发达国家的重视。例如,在美国,不论是司法部反托拉斯局的同意判决,还是联邦贸易委员会的同意命令,都规定需经利益相关者及社会公众对此提出建议、意见或评论。

(三) 保障协商协议纷争有效解决的制度

反垄断协商制执法所形成的协议虽是各方主体参与协商的结果,但因社会经济条件变

[①] 接受承诺制度在欧盟主要体现在《第 1/2003 号条例》中,在该条例中把接受承诺发展成为一种正式程序,是经营者向欧盟委员会做成的承诺具有法律效力。该条例第二十七条第 4 款规定"委员会在作出承诺决定之前,应公告案件摘要、承诺或拟进行程序的主要内容,据有利害关系的第三人可以在委员会规定的不少于 1 个月内提交评论"。这样就保障了承诺程序的透明度性和公众参与。另外,该条例第二十三条和二十四条规定,如果涉案企业未能遵从他们的承诺,将会与不执行违法裁决一样被罚款和俺周期计算惩罚性罚款。与此相应,德国 2005 年修订《反限制竞争法》,在第 32 条 b 的规定;法国与 2004 年 11 月通过了关于接受承诺程序的法令,有关程序规则由 2005 年的 2005—1668 号令通过,此外,竞争委员会于 2008 年还发布了《竞争承诺公告》;英国在 1973 年的《公平交易法》第八十八条的规定,都是接受承诺制度。

化,有关主体对协议的继续履行提出异议,进而主张变更或者废除和解协议,从而形成纷争。对此,世界上有两种纷争解决模式,即司法模式与执法模式。美国属于司法解决模式,由于这种模式已不属于执法,在此不予详细述介。

欧盟属于执法解决模式,根据欧共体理事会 1/2003 号条例第 9 条的有关规定,委员会接受企业提出的承诺,应作出相关决定使该承诺对企业产生约束力。如果事实基础发生实质性改变或相关企业违反承诺或承诺决定建立在当事人提供的不完整、错误或误导性的信息基础之上,欧盟委员会可以重启程序。这意味着据新的事实基础或完整的、正确的信息重新通过和解程序,其结果是达成新的和解协议。同时,有关条例并未对有关承诺决定的程序事项包括诉讼程序作出详细规定。从实践情况看,虽然欧盟委员会的承诺决定接受欧洲普通法院(原欧洲初审法院)和欧洲法院司法审查,法院在诉讼程序中处理有关纠纷。但由于现代规制法的专业性、复杂性,产生的司法对执法机构解释的遵从,[1]常常使当事人通过诉讼寻求变更或终止和解协议或相关决定,难度较大。

三、经济法抽象执法中的协商制

经济法属于规制法,其执法不能不遵守规制法的一般规则。从 20 世纪 80 年代以来 OECD 国家的规制改革看,规制机关的抽象执法,即"规制"制定中引入专家、利益相关者和公众的参与制度,从而通过共同协商使规制合理。这被称为制定"规制"所遵循的唯一合理原则,也是经济合作与发展组织建议作为指导"规制"改革,建立"良好规制"的一条关键原则。[2] 反垄断抽象执法亦应遵循这些程序性制度性规定,其主要有以下制度。

(一) 作为协商基础的透明度制度

透明度作为一项原则在揭示规制决策及其实施的基础,以及可能涉及的全部成本和收益方面起着重要作用。程序的公开透明有助于规制机关不被规制者俘虏,有助于保障规制机关的独立性制定出好的"规制",[3]有助于被规制者更好地遵从"规制",最终获得更大的政治合法性。[4] 同时,它也是参与协商的前提条件。因此,在 OECD 国家的规制实践中,相关法律对此都作了规定。

对此美国规定通过规制活动的事前计划的透明性,即对作为规定政府规制和取消规制的政策说明。规制计划每年出版一次,包括计划需要的说明、已考虑的备选方法说明,以及关于风险大小和风险减少期望的说明,要求规制的制定须经"公告与评论"程序,同时要求规制机构对相关评论必须予以考虑,而且评论本身要予以公布。规制要想生效,必须在相关刊

---

[1] "遵从行政机构的解释"的规则,在规制法中得到相当的支持。一般认为这是由于规制机关具有较强的问责性和专业知识,在有疑问的时候就应该以他们的解释为准,这种观点在美国体现在谢弗林(Chevron)案中,最高法院说,法院应该遵从行政机构对法律的解释,除非国会"直接就系争的确切问题表明过立场"[Chevron USA, Inc. v. Natural Resources Council, Inc., 467 U. S. 837, 842(1984)]。对此的详细论述可参见[美]凯斯·R. 桑斯坦:《权利革命之后:重塑规制国》,钟瑞华译,中国人民大学出版社 2008 年版,第 161 页以下。

[2] "考虑到规制在社会上的影响,它产生的收益应大于其成本",这样的测试是一个值得推崇的方法,因为它旨在满足"社会最优化"标准的政策。(参见经济合作与发展组织:《规制影响分析:经济合作与发展组织成员国的最佳表现》,第 221 页,1997 年,巴黎。)

[3] 参见[英]迈克·费恩塔克(Mike Feintuck):《规制中的公共利益》,戴昕,译,中国人民大学出版社 2014 年版,第 101 页。

[4] 参见施本植等编译:《国外经济规制改革的实践及经验》,上海财经大学出版社 2006 年版,第 107 页。

物上发布,也提供网上在线发布;①韩国1996年颁布的《行政程序法》,要求提前公布有关措施,包括立法措施及其附属措施的颁布、修改或废除。②

(二)"规制"制定的协商制

按照所有人可以公开参与的原则,依法赋予公众参与政府规制活动的法定权利。③ 主要表现在以谈判磋商的方式制定规制,这样在制定规制时就把利益相关方的意见考虑在内。也有利于利用被规制方的专业知识提高规制的技术质量;培养被规制者对结果负责的精神,提高其对规制的认可度和自愿遵守程度。

对此美国1990年颁布的《协商制定规则法》,该法赋予了规制机关(一般为委员会制)与利害关系人在规则制定中的平等地位,其第566条a项规定"每一方的参与者都拥有与委员会其他成员相同的权利与责任"。在此规定下,甚至产生了公私合作制定规则的现象,如在美国的标准发展过程中大多是由产业部门领导完成的,以个人自愿原则为基础,通过众多企业参与制定标准。有关标准化的政府政策要求,除非与法律相悖或不切实际,否则联邦机构要参与自愿标准发展活动,并用自愿一致的标准代替纯粹的政府标准;④韩国1997年制定的《行政规制基本法》第九条规定,"要制定或强化规制时,应采取公听会、行政立法预告等方式,充分收敛行政机关、民间团体、利益关系人、研究机构和专家等的意见"。⑤

(三)"规制"影响分析中的协商制

规制影响分析制度是"法治比较发达国家政府决策和立法程序中的一个重要环节。其主要目的,就是对拟定的或者已经发布实施的法律、法规、规章、政策和措施等具有普遍约束力的决策或立法项目可能带来的效益、成本和效果进行分析、评估和衡量,已决定是否有必要制定或出台某项政策或立法,如何才能使制度设计更加科学合理"。⑥ 为此,在规制影响分析制度中体现着参与协商的规定。

如美国1993年克林顿总统颁布了《关于规制计划与审查的行政命令》,即第12866号行政命令,联邦管理和预算办公室分别于1996、2000年颁布了《第12866号行政命令下联邦规制的经济分析》和《规范成本和效益评估及会计报告格式指南》。根据这三个规范性文件的规定,联邦管理和预算办公室审查过的法规草案包括立法成本效益的评估报告要《联邦登记》上刊登,供公众评论。起草部门要根据公众意见对法规草案进行修改,修改较多的,要重新公布修改意见。公众评估意见是否采纳由起草部门决定。⑦

(四)应变性再协商保障制度

在当今科学技术和社会经济飞速发展的年代,为了使"规制"能有效地应对变化了的技术和社会经济条件,"规制"就必须反映新条件下各方利益主体的诉求,这就需要通过新条件

---

① 参见王林生等著:《发达国家规制改革与绩效》,上海财经大学出版社2006年版,第15—16页。
② 参见施本植等编译:《国外经济规制改革的实践及经验》,上海财经大学出版社2006年版,第170以下。
③ 这在发达国家主要体现在《行政程序法》中,如美国1946年《行政程序法》赋予公民参与联邦政府规制制定活动的法定权利。
④ 参见[美]朱迪·弗里曼《合作治理与新行政法》,毕洪海,译,商务印书馆2010年版,第51页以下。
⑤ 李秀峰洋:《韩国行政规制基本法》,载《行政法学研究》2002年第3期。
⑥ 曹康泰:"《国外规制影响分析制度》序",载吴浩、李向东编:《国外规制影响分析制度》,中国法制出版社2009年版,第1页。
⑦ 参见吴浩、李向东编:《国外规制影响分析制度》,中国法制出版社2009年版,第78页。

下各方利益主体参与协商制定新"规制",为此,20世纪末OECD国家相关法律规定,"规制"必须定有实施的期限,一般规定为3至5年。期限一到,如没有经法定程序宣布延展,则自动废止,这一制度被称为"落日条款"。这为新条件下变化了的利益相关者参与协商制定新"规制"提供了可能,实则是一种应对新条件重新协商制定新"规制"的保障制度。

第三节 协商制下的私人诉讼

谈到经济法的司法虽然也可能涉及刑事诉讼,但一般主要研究的还是私主体对加害的经济机关或经营者提起的诉讼,前者被归为行政诉讼,后者被归为民事诉讼。鉴于在经济法的诉讼中行政诉讼非常罕见,本节研究的主要是对违法经营者的诉讼,包括公益诉讼和私益诉讼。这种诉讼在我国由于没有专门的经济法庭,①一般由民事法庭受理,因此,通常被称为×××民事诉讼,如反垄断民事诉讼、消费者民事诉讼等,主要发生于市场规制法领域。

协商需要一种制度来规范讨论以保证谈论的有序和规范。"协商制度的目的在于规范协商能够成功进行的条件。这些规制要保证决策议程能够获得广泛的信息,决定谁在何种事务上有发言权,确定每个问题的可能性决策,说明怎么修改建议,以及保证协商过程足够透明以促进理性说服。"②这在经济法的诉讼中主要表现在诉讼的启动、庭审过程和裁决三个阶段,第一阶段是诉讼资格制度,主要解决谁在协商制诉讼中具有发言权问题。第二阶段,专家意见、执法机关意见的引入制度,主要提供对纷争问题的可能性决策,以及决策所需信息和知识。第三阶段,裁决对协商意见的尊重及有限修改,主要解决裁决结果符合公共理性问题。下面在对经济法的司法实施的制度体系较少的基础上,从协商视角,以诉讼的三阶段为线索分别就经济法诉讼制度予以说明。

一、经济法诉讼实施方式的制度体系

经济法实施的价值决定,诉讼是经济法实施制的重要内容。在经济法相关法律有关诉讼制度的发展过程中,基于诉讼追求的主要利益的差异,形成了有三种诉讼方式,即公益诉讼和私益诉讼,以及介于二者之间的准公益诉讼。因此,经济法的诉讼实施方式的制度体系包括三种诉讼制度体系。

(一)私益诉讼

这种诉讼制度设计与一般的民事诉讼制度没有区别,其起诉资格仅限于受害者,个人提起诉讼的目的是获得救济,以维护自己的利益。但这种诉讼具有正外部性,间接具有维护公共利益的效果,因此,相关经济法律规定,受害者可以提起民事诉讼,主要是损害赔偿之诉。由于这种诉讼的主要目的是受害者为维护自己的私人利益而提起的,虽具有维护公共利益之功能,因此,仍称为私益诉讼。不过,正是这种诉讼具有维护公共利益的功能,经济法为激

---

① 鉴于经济法的专业性、复杂性,在相关经济部门发的司法实践中,一些国家专门设置了特别法庭。如反垄断法,现在很多国家就反垄断案件设立了专门的法院或者法庭,如南非的竞争上诉法院和英国的竞争上诉法庭等。较详细的论述可参见范愉:《集团诉讼问题研究》,北京大学出版社2005年版,第231页。

② [美]约翰·费尔约翰:《建构协商民主制度》,李静,译,载陈家刚选编:《协商民主》,上海三联书店2004年版,第209页。

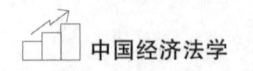

励受害人积极提起诉讼,赋予了受害人请求多倍赔偿的权利。

(二) 公益诉讼

在经济法的相关法律规定中,为了弥补执法机关因执法资源局限性可能造成的对纯损害公共利益行为难以惩罚的漏洞,积极发挥检察院和一些公益组织维护公共利益的功能和积极性,法律规定了两种纯粹的公益诉讼形式。即由检察院提起的公益诉讼和法定的公共组织提起的公益诉讼。这种诉讼形式在公益诉讼理论界称为团体诉讼。[①]

(三) 准公益诉讼

这种诉讼制度主要是对具有众多损害者,为节约诉讼成本而产生的。主要包括两类制度:一是代表人诉讼(在美国称为团体诉讼)。另一是示范诉讼。[②] 这些诉讼虽然也是为了维护私人利益,但又具有较强的维护公共利益的属性。因此,通常被称为准公益诉讼。

经济法实施的价值追求决定了,在经济法的司法实施制度体系中,随着社会经济的发展公益诉讼和准公益诉讼制度在经济法的诉讼制度体系中的地位愈益上升。

二、诉讼参与资格制度

起诉是司法的启动阶段,在此阶段能否使不同类型的利益相关者参与诉讼,是保障诉讼过程中协商是否能反映不同利益群体的观点,从而使协商公正的基础性或者前提性制度。从目前世界各国家的市场规制法的相关法律有关诉讼制度的规定看,存在着这样一种发展趋势,即几乎涉嫌违法行为影响的区域内所有的个人都具有提起私人诉讼的资格,以及为防止私人因举证难、诉讼成本高等难以提起诉讼,法律还赋予特定团体、相关政府机关、受害者集体的代表诉讼资格,使反垄断诉讼成为一种公共参与协商的诉讼制度,这些主要体现在以下制度设计中。

(一) 赋予广泛的私人主体诉讼资格

法学界通常所说的私人诉讼,实则是指除政府组织以外的人或团体提起的禁令或损害赔偿诉讼。有两种情形:一种是按一定标准授予私人原告资格。另一种是把起诉资格赋予所有社会成员。

1. 以一定标准赋予原告资格

目前,世界上对反垄断私人诉讼资格的赋予有两种标准,即"损害"标准与"受影响"标准,形成两种制度。从这两种制度的发展演化看,都存在扩大原告资格范围,使更多的利益相关者以原告资格参与反垄断诉讼的趋势。

第一,"损害"标准。即以利益是否受到限制竞争行为的损害为标准,诉讼资格制赋予利益受害者。这种制度以美国为代表,也是多数国家的做法。[③] 其最早体现在《谢尔曼法》第 7

[①] 团体诉讼,是赋予一些社会团体组织诉讼主体资格和诉权,使其可以代表团体成员提起,独立享有和承担诉讼上的权利义务,并可以独立作出实体处分的专门性制度。其最早产生于德国 1896 年《反不正当竞争法》,如今已扩张适用于《商标法》《降价法》《一般交易条件法》等诸多法律。我国的消法、反不正当竞争法、反垄断法引入该制度。

[②] 示范诉讼,即对于有共同法律和事实问题的群体性纠纷,法院可以从已经受理的大量诉讼案件中选择一宗或多宗案件进行试验性诉讼,法院对试验性诉讼所作出的判决,对于其他有共同法律和事实问题的群体纠纷具有拘束力。这种公益诉讼模式目前在英美和大陆法系国家都获得了立法或判例上的认可。

[③] 参见王健:《反垄断法的私人执行——基本原理与外国制度》,法律出版社 2008 年版,第 38 页。

条和《克莱顿法》第四条的规定中。① 在司法实践很长时间内对"损害"的理解仅限于直接受害,联邦最高法院1977年在Illinos Brick v. Illinos一案中的判决就是这种观念的体现。该判决认为只有直接购买者(一般为经销商)才有反托拉斯原告资格,间接购买者(一般为消费者)则不具有原告资格,这就是著名的"伊利诺斯砖块规则"("Illinos Brick"rule)。然而,此后美国的一些大洲则通过了"伊利诺斯砖块规则废除者"法令,这些法令规定,间接购买者可以根据州法提起3倍赔偿诉讼。现今已有20个州制定了此法令,这些法令意味着,利益受到影响的消费者也具有提起反托拉斯诉讼的资格。

第二,"影响"标准。即以"利益"是否受到影响为标准。这一标准以德国为代表,于2005年《限制竞争法》第7次修订时确立。此前,德国法律规定只有违法行为特别指向的对象才可以起诉。对于"特别指向的对象",德国司法实践中多数法院认为,以高价格购买了商品或接受服务的直接购买者没有权利要求参加市场分割或固定价格共谋的卡特尔成员赔偿其损失。②修订后的《反限制竞争法》第33(1)条规定,具有起诉资格的是一切受影响的人。所谓受影响的人,是指竞争者以及其他受违法行为影响的市场主体,与原来相比,无疑扩大了原告资格的范围。之所以出现这种转化,是因为,德国立法者认为"将原告资格限制于违法行为特别指向对象会导致卡特尔成员几乎不可能承担损害赔偿责任。"③

2. 赋予社会成员诉讼资格

赋予社会成员诉讼资格,即通过制定实体法,把起诉资格赋予所有社会成员。如日本反垄断法(环境法等规制法)中的居民诉讼制度,这里具有诉讼资格的居民,并非仅指自然人也包括法人和无法人资格的社团。④ 再如澳大利亚和新西兰的禁令申请资格制度,按澳大利亚《1974年贸易行为法》第八十条第一款规定,以及新西兰《1986年商业法》第八十一条和八十四条的规定,经竞争主管机关(委员会)或任何其他人的申请,法院可以授予禁令。也就是说澳大利亚和新西兰对限制竞争行为的禁令救济可以由任何当事人提出,并没有要求必须由受到损害或潜在损害的当事人才可以申请,申请人也不需要有任何特别的利害关系。与普通禁令诉讼不同,提起反垄断禁令诉讼实质上是一种公益诉讼。⑤

(二) 赋予集团诉讼资格

集团诉讼是在美国、加拿大等国反垄断诉讼中被应用的制度,与我国的代表人诉讼类似,实质属于代表人诉讼,是指一人或数人代表具有共同点的一定范围内的人们作为原告提起诉讼或作为被告应诉的一种诉讼制度。在反垄断法中多为有众多受害的购买者或消费者的案件所采用,诉讼成本由参与者一起分担。

在美国大多数反托拉斯集团诉讼中,律师和原告通常约定采用成功报酬(contingent

---

① 这两条规定大同小异,其基本内容为:任何因其他人或公司从事反托拉斯法所禁止的或宣布为违法事项而遭受营业或财产损害的人,可以提起三起3倍损害赔偿之诉或要求法院颁发禁令停止违法行为。

② See Wolfgang Wurmnest, *A New Era for Private Antitrust Litigation in Germany? A Critical Appraisal of the Modernized Law against Restraints of Competition*, German Law Journal No. 8, 2005.

③ 转引自王健:《反垄断法的私人执行——基本原理与外国制度》,法律出版社2008年版,第39页。

④ 这种制度是日本《禁止垄断法》的一种颇具特色的私人诉讼制度,近年来在日本较为盛行。主要适用于公共采购中的串通招投标的违法行为(属于日本《禁止垄断法》第3条禁止的价格卡特尔行为)。对这一制度较为详细的介绍可参见文学国等:《反垄断法执行制度研究》,中国社会科学出版社2011年版,第129—131页,第76页。

⑤ Philp Clarke & Stephen Corones, "Competition Law and Policy", Oxford University Press, 2005, P686.

fee)制度。① 按照该规定,一切诉讼费用先由律师来承担,如果胜诉,律师有权获得一定比例的赔偿金,如果败诉,原告不用承担任何诉讼费用。这一制度虽然对原告来说,是发动了一场没用代价且可能具有收益的诉讼,有利于原告提起诉讼。但变相地也是给具有专业知识的律师提起反垄断诉讼赋予了资格。

(三) 赋予特定团体诉讼资格

从目前世界各国反垄断诉讼制度看,赋予团体诉讼资格有两类,即特定社会团体和特定政府机关。

1. 赋予特定社会团体诉讼资格

赋予特定社会团体诉讼资格,即把起诉资格赋予特定的公益性非政府组织或团体。其典型如德国的团体诉讼制度,按德国法的规定,团体诉讼中的团体是为了维护团体成员利益,依法定的要件而成立,而不是为了诉讼而临时组成(美国诉讼中的集团,就是为共同受害者诉讼而临时成立的)。德国《反限制竞争法》把诉讼资格赋予了营业利益促进团体(行业协会)和消费者保护团体。② 英国的消费者代表诉讼虽然属于偏重于私益的诉讼,但原告起诉资格却是赋予了特定团体。③

2. 赋予特定政府机关诉讼资格

这是一种被一些规制法特别规定的制度,如在环境法、劳动法、证券法和消费者权益保护法。④ 在反垄断法中也有此规定,由于在规制法中的一些违法行为没有具体的、明显的受害人,因而按诉益理论,个人、集团难以获得诉讼资格,如特定团体受信息、认知,以及能力等限制未提起诉讼,则社会利益会受到很大损害。这种制度就是为弥补前述制度的不足而出现的,其在反垄断法的典型是美国的司法长官代表本州受害的州民提起反垄断诉讼。⑤

三、保障各种意见在协商中得以表达的制度

有关经济法的市场规制法的相关法律诉讼的过程,就是通过诉讼参与者的协商——对被告的行为是否损害市场秩序,以及被告经营者应如何行为才有利于良好秩序的形成达成共识的过程。为保障协商结果的合理性,相关经济和技术专家、代表公共利益的专门执法机关的参与并提出其对涉案行为的意见,以及对利益相关者的意见的理性甄别尤为必要。为此,国外在相关法律规定的诉讼过程中设计了以下制度。下面主要以反垄断法为例说明。

---

① 又称"胜诉酬金"制度,一般应用于人身事故等侵权行为案件上原告的经济条件并不宽裕的场合,或者在举证困难、胜诉把握不大的场合,以及反垄断法、劳动灾害补偿、环境损害等规制法领域尝试新的法律主张。
② 参见文学国等:《反垄断法执行制度研究》,中国社会科学出版社 2011 年版,第 118—119 页。
③ 英国政府 2001 年 7 月颁布的竞争《白皮书》声称:有效竞争的市场"意味着消费者可以更低的价格获得更好的产品和服务。在竞争被扭曲的市场,消费者的利益受到了损害。当损害发生时,消费者应该获得救济。……由指定团体代表消费者提起诉讼可以减少消费者的诉讼成本,并且可以创造更为简便的诉讼程序。"据此英国《2002 年企业法》第 47 条(B)款规定,只有国务秘书指定的团体才具有提起消费者表诉讼的资格,迄今为止,消费者协会是唯一被国会秘书指定的消费者团体。
④ 在美国证券法、劳动法、消费者保护法中均这方面的规定,有关此的系统介绍可参见[日]田中英夫、竹内昭夫:《私人在法实现中的作用》,李薇,译,法律出版社 2006 年版,第 105—113 页。
⑤ 《克莱顿法》第 4c 条规定:当本州公民遭受《谢尔曼法》违法行为侵害时,各州的司法长官可以州的名义代表州民提起损害赔偿诉讼。适于对消费者保护,但现实中利用消费者集团诉讼制度的较多,这种诉讼则较少使用。

(一) 专家意见引入制度

在反垄断诉讼中,对一种行为是否限制竞争的判断,除受该行为所处领域的技术知识制约外,主要就是依经济学分析做出的判断。这就使得反垄断诉讼呈现出技术性强、专业化高的特点。因此,在反垄断诉讼中控辩双方引入专家意见,"在一些案件中发挥着阐明义理、辨清事实的关键作用"。[①] 但在引入专家意见的具体制度设计上各国有所不同,我国目前采取的是专家辅助人制度,美国采取的是专家证人制度,[②] 而英国诉讼制度设计的技术陪审员(assessor)则是完全忠实于法院的专家。[③] 日本则在解决民事诉讼的专业难题中引入专业委员制度,法院在争议焦点、证据整理及证据调查、认定过程中,可由专业委员参加诉讼,以便听取其专业意见说明(参见日本民事诉讼法第92条之2有关专业委员参与的规定)。该制度较有特色的地方在于专业委员引入的权力属于法官和当事人共享。当法官面对专业技术难题时会考虑聘请专业委员,但需事先征得当事人同意。[④]

(二) 执法机关意见引入制度

反垄断私人诉讼不同程度上都涉及公共利益,为了防止私人诉讼片面追求私益而损害公益情况的发生,世界上许多国家反垄断法规定作为公益代表的反垄断执法机关介入诉讼的制度。有此制度的各国法律大同小异,一般都规定,当私人提起反垄断诉讼后,竞争主管机关如果认为该私人反垄断诉讼可能涉及公共利益或可能对其公共执行造成不利影响时,有权向法院提出申请要求参与该诉讼程序,并对一些重大问题发表自己独立的见解供法庭参考。[⑤]

(三) 当事人意见的理性甄别制度

在涉及具有众多受害者的集团诉讼案件中,一般都具有较强的公共利益。然而在集团诉讼中一般多委托律师代为诉讼,而律师也是经济人,当其与被告和解可以获得大笔律师费,且被告可以将其法律成本降低到最低程度时,可能会达成对原告,以及对竞争秩序不利的和解协议,因此,需要法律制度对和解协议是否符合公共理性做出甄别。为此,2004年1月1日,美国国会通过了联邦民事程序规则第23号规则的修正案,授权法院对集体诉讼进行控制。按照规定,所有的和解协议只有是"公平的、合理的和恰当的"才可以得到法院的批准,法院可以对集体诉讼原告的牵头律师的为人和授予律师费进行控制。

[①] 李生龙:《反垄断诉讼中专家意见的性质——以专家辅助人制度改革为主线》,载《人民司法》2015年第13期。

[②] 专家辅助人是指参与到诉讼中并就诉讼中的专业问题提供意见的具有专门知识的人。围绕专家的资格、专家意见的效力、专家参与诉讼的程序等形成的一系列规则,构成了专家辅助人制度。而美国把专家意见作为证人的证言,因而专家在诉讼中实则是专家证人。有关这两种制度的区别的详细论述可参见喻玲:《论反垄断诉讼中的专家证人——以美国法为视角》,载《江西财经大学学报》2010年第3期。

[③] 英国民事诉讼规则35章第15条第1款规定,法院可以委任一名或多名技术陪审员协助法院。

[④] 参见《反垄断诉讼中专家意见的性质——以专家辅助人制度改革为主线》,载《人民司法》2015年第13期。

[⑤] 美国司法部一般不介入初审,上诉审阶段介入则相对活跃。按照《美国联邦上诉程序规则》第29(a)条的规定如果司法部选择介入反托拉斯上诉程序,它要向法庭提交一份申请,简单地陈述它所关心的问题,并且在审理时出庭发表自己的口头意见和论据。从已发生的案例看,司法部的介入旨在防止有消极影响的反托拉斯私人诉讼。相对于美国而言,德国卡特尔局行使介入权则更为积极和普遍。按德国法规定,当案件涉及限制竞争问题时,德国法院应该通知联邦卡特尔局。联邦卡特尔局的局长认为此案涉及公共利益,他或他可能会任命一个代表人,授权其向法庭提交书面意见,并在法庭审理阶段提交相关论据,同时也可以询问当事人、证人和专家。对此的详细介绍可参见王健:《反垄断法的私人执行——基本原理与外国制度》,法律出版社2008年版,第83—84页。

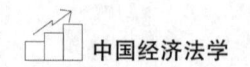

四、协商的结果：裁决的做成

在裁判做出的协商中主要体现于法官在对违法行为的纠正方案的做出过程中，法院的意见虽然对最终的纠正方案的做出起着举足轻重的作用，但在纠正方案的形成中，首先，是通过纷争各方与反垄断执法机关协商形成方案。其次，法院召开一个纠正方案听证会，对如何纠正进行协商讨论，最后，法院据自己的看法做成纠正方案。一般来讲，法院原则上同意当事人各方及反垄断执法机关形成的协商方案，即使修改一般也只是做小的改动。这在美国政府诉微软案件中得到了充分体现。[①]

思考题

1. 经济法实施的价值目标是什么？
2. 经济法制度中为什么以公共实施为主导以私人实施为辅助？
3. 经济法实施制度的运行机制为什么是以协商制为主导？
4. 经济法执法中的协商制体现在哪些制度中？
5. 经济法的司法中的协商制主要体现在哪些制度中？
6. 经济法公益诉讼的形式有哪些？

本章知识要点

[①] 参见丹尼尔·L.鲁宾费尔德：《垄断地位的维持：美国政府对微软》，载[美]J. E. 克伍卡、L. J. 怀特编著《反托拉斯革命——经济学、竞争与政策》，林平、臧旭恒等，译，经济科学出版社2007年版。

# 第二编
市场规制法

第九章　市场规制法的一般原理
第十章　一般市场之竞争秩序规制法
第十一章　一般市场之交易秩序规制法
第十二章　特殊市场规制法

第九章
市场规制法的一般原理

全章提要

- 第一节 市场规制法的理论基础：规制法的理论一般
- 第二节 市场规制法的含义和体系构成
- 第三节 市场规制法的宗旨和原则
- 第四节 市场规制法的两种制度范式
- 思考题

随着现代化发展,社会公共性问题的凸显,国家作为社会代表对具有潜在公共性损害行为的规制(干预)[①]范围和程度不断增强,导致"规制在我们的生活中无处不在",以至于国外有学者称现代国家为"规制国"。[②] 与此相应,在现代法治国家,规制领域相关的新型法律、法规持续不断地涌现,可以说,现代法律制度的新发展,主要就是规制领域新的法律制度的产生和发展,市场规制法就是规制法的一种。因此,要理解市场规制法就必须对规制法的一般原理有所了解。基于此,本章在对规制法一般理论介绍的基础上,对市场规制法基本含义和内容构成,以及市场规制法的法律体系予以述说。

第一节　市场规制法的理论基础：规制法的理论一般

市场规制法作为规制法的一种,必须遵循规制法的一般理论。规制法作为一种新兴的现代法律类型,了解它的含义和范围,它的法观念有什么变化,以及其制度要素,是理解市场规制法的基础。

一、规制法的含义和范围

定义是对被研究对象特质的高度浓缩,反过来它也成为此后确定某种现象是不是其研究对象的标准。而对研究对象的类型化分析,则是进一步认识该研究对象范围和本质的有效途径。因此,任何新兴的研究纲领的提出都是以对该研究对象的定义及范围的界定为前提。

(一) 规制法的含义

规制法既不是法学界有关法律部门划分意义上的独立法律部门,也不是法学关于公法、私法划分的法域之一,而是对兴起于规制领域这一新类型的法律规范的总称。从词语的构成看它是"规制"和"法"的复合词。由于这里的"法"指的就是法律规范,因而,对规制法界定的关键在于对"规制"含义的理解。

1. "规制"含义的两种视角

从国内外论著对"规制"一词的界定和使用来看,尽管其含义五花八门,但可归为名词和动词两种用法,也是两种不同的分析视角,即法律规范的视角和治理方式的视角。

从国内外相关研究看,作为名词的"规制"是对一类法律、法规和规范性文件的称谓。其内容包括相互联系的两个层次:第一层次是,依法设立的规制机构,依法律授权所制定具有

[①] 有学者认为:"管制是由行政机构制定并执行的直接干预市场配置机制或间接改变企业和消费者的供需决策的一般规则或特殊行为"(丹尼尔·史普博:《管制与市场》,余晖等译,上海三联书店、上海人民出版社1999年版,第45页)。可见,其把规制和国家干预是在同一意义上使用的,至少可以说规制是国家干预经济的一种形式。

[②] 这从许多西方学者的论著中就可说明,如G.马佐尼:"规制国家在欧洲的兴起",载《西欧政治》,1994年,第17卷;M.洛克林、C.斯科特:"规制国家"载P.邓拉维等编:《英国政治的发展》(第五卷)(伦敦:麦克米兰),1997年版,以及美国著名公法学者凯斯·R.桑斯坦:《权利革命之后:重塑规制国》(该书中文版由钟瑞华译,中国人民大学出版社2008年出版)。

法律效力的行政法规、规章、实施细则。第二层次是,规制机关制定的,不具有法律效力,但却对其自身和被规制者具有普遍指导意义的指导办法、标准、指南等规范性文件;作为动词的规制,是把规制看作一种治理方式。是从对特定行业或领域的治理方式,内容包括相互联系的两方面:即包括共同参与协商制定法规、规则、政策等规范文件的抽象行为,也包括依据规范进行合作治理的具体行为。

2. 法学视域的"规制"

法学界对规制的研究,在西方以英美法系学者为主,主要内容是用规制经济学的理论解释规制产生的必要性,以及对规制领域法律制度的描述,我国目前的研究主要是对此的继受。

在美英法学界系统研究规制领域的法律,并以"规制"作为其著作关键词的学者较多。其中以桑斯坦、布雷耶影响较大。其中桑斯坦认为:"规制法一直被当作一块特征不明的混沌之物,或被当作一个大杂烩——由对私人财产权和合同自由等基本原则的即兴否定所组成。"[1]布雷耶虽在其著作中直接声明并不"努力地界定'规制'的概念"。[2] 但从其研究的内容和使用"规制"的语境看和桑斯坦大致相同,都是指针对特定的具有潜在社会公共危害性的行业或领域建立特别法,并依法设立的特定机关,为实施该法律而制订法规、规章,并依据法律、法规、规章进行管理、控制的行为。

我国有学者在把行政分为给付行政与规制行政的基础上,提出"规制(regulation),即规范、制约的意思。为了维护和增进公共利益,根据法律、法规的规定,规范和制约人民的自由活动和权利,并对人民课以应服从之公共义务的一切行政作用,都属于规制行政。"[3]有的认为规制是"政府或其他社会机构,依据社会公共政策和一般或特殊的法律规范,通过法规、规章和命令的组合性实施对市场主体的利益决策和利益行为进行控制或激励的过程"。[4] 可见,我国法学界多是从政府(或行政机关)管理活动或行为的角度界定"规制"。因而,往往把"规制法"看作行政法,这决定了其研究的焦点是"行政程序及对规制机构行为的司法控制。行政程序受到立法、执法及司法三方面的控制。"[5]主要目的在于防止规制机关的规制行为对被规制者的损害,以及使规制机关制定的规则合法、合理。

(二) 规制的范围

规制包括的内容繁多,以描述的方式很难对其范围予以界定。对其范围较为有效的界定方式就是对其进行类型化的描述,一般来讲,以规制的内容、对象及功能为标准对规制予以类型化分析就可窥其全貌。

1. 规制的内容

从目前国内外有关规制的研究看,一般认为从规制的内容讲,规制分为两种:第一,社会规制,"是以保障劳动者和消费者安全、健康、卫生、环境保护、防止灾害为目的的,对物品和服务的质量及伴随着它们而产生的各种活动制定一定标准并禁止、限制特定行为的规

---

[1] 凯斯·R.桑斯坦:《权利革命之后:重塑规制国》,钟瑞华,译,北京:中国人民大学出版社2008年版,第256页。
[2] 史蒂芬·布雷耶:《规制及其改革》,李洪雷等,译,北京:北京大学出版社2008年版,第10页。
[3] 杨建顺:《规制行政与行政责任》,《中国法学》,1996年第2期。
[4] 周林军:《公用事业管制要论》,人民法院出版社,2004年版,第26页。
[5] 丹尼尔·史普博:《管制与市场》,余晖等,译,上海三联书店、上海人民出版社1999年版,第36页。

制"。① 第二,经济规制,是指对具有自然垄断和公用事业的规制。如电力、电信、燃气、自来水、铁路和航空等事业的规制。除此之外,一般又把反垄断作为一种规制专门介绍,这从前述有关规制的著作中就可体现。结合我国经济法有关市场规制的观点,依拙见规制包括三方面,即社会规制、特定经济行业规制(自然垄断和公用事业规制,简称经济规制)、市场规制(主要包括对垄断、不正当竞争、产品质量、广告等市场行为的规制,这些都有相应的法律、法规)。②

2. 规制的对象

以规制的对象(被规制主体)为标准,规制可分为两种:第一,对经营者的规制,旨在通过规制经营者的行为,防止其对不特定的众多用户造成的公共利益的损害(简称公害)。如果没有这种特殊公害行为,也不需要规制。因此,这部分是规制得以产生的缘由,是规制法的核心部分。第二,对规制者的规制,这一类规则产生于19世纪末,于1929至1933年大危机及二战之后有了大发展,其对所有规制领域均有影响的法律当推美国1946年颁布的《行政程序法》。该法特别对行政机关的抽象行政行为——规则制定行为程序予以规范,③该法规定"依据向社会开放的原则,公民具有参与政府规则制定活动的合法权利。"④以保证规则制定的合理,这一思路一直延续至今,其体现于1990年颁布的《协商制定规则法》中。其新制度的主旨在于保证规则制定的合理化,而非传统行政法主要防止具体行政行为对特定私人利益的侵害,⑤这种对行政行为类型规范重心的转向,被行政法学者称为行政规制法或行政法的新进展。

3. 规制的功能

以规制的功能为标准,规制可分为三种:第一,系统性公共物品保护规制,其功能或目的主要通过对直接规范作用于系统性公共物品(如市场、环境等这种人们从事社会经济活动所依赖的系统)的行为,防止对系统性公共物品的损害(系统性风险发生)而导致的公害,以及激励诱导有益于公共物品的生成和维护的行为,以创造和维护公益。第二,公用事业和自然垄断行业规制,其功能或目的是二元的,一方面在于保障公用事业和自然垄断行业获得合理利润,以维护其发展。另一方面,对经营者的经营行为,特别是对其定价、服务质量等抽象

---

① 植草益:《微观规制经济学》,朱绍文、胡欣欣等译校,中国发展出版社1992年版,第1页。

② 经济合作与发展组织(OECD)认为,规制分为三种类型,即经济性规制、社会性规制和行政性规制。经济性规制是指直接干预经济主体的市场准入和退出、价格、竞争等行为的规制;社会性规制是指保护公民健康和安全、保护环境、社会团结等社会基本价值的规制;行政规制是指,政府出于收集信息或干预个体的经济决策的目的,在文件起草或行政形式上对经济主体提出的规则要求。[参见 OECD(1997), The OECD Report on Regulatory Reform: Synthesis. Paris: OECD. 转引自王健等著:《中国政府规制理论与政策》,经济科学出版社,2008年版,第325页。]这种划分的中的行政规制,从最终解决的问题类型看,都可归入经济规制、市场规制和社会规制。这也是本文从内容把规制分为这三类的原因。

③ 19世纪末期开始,独立规制机构在美国大量出现,到1946年已发展到200多个。其中包括著名的州际商业委员会、联邦贸易委员会等。这些独立机构在职权构成和行使上虽有相似性,但由于有各自的活动规范不同,因而没有统一的活动程序,加之政府公务员数量激增,行政活动范围广泛,内容庞杂,难免出现侵害公众权利的情况。这就迫切要求对独立机构和政府的行政活动加以规范化、司法化。于是,美国国会于1946年讨论通过了《联邦行政程序法》。它是美国最重要的行政法规之一,是世界最完备最有影响的一部行政程序法典,为各国制定行政程序法提供了宝贵的经验,成为西方许多国家行政程序法的蓝本。

④ 经济合作与发展组织编:《OECD国家的监管政策——从干预主义到监管治理》,陈伟译,法律出版社2006年版,第250页。

⑤ 依拙见这是行政法范式的转化,对此的详细论述参见刘水林,吴锐:《论"规制行政法"的范式革命》,《法律科学》,2016年第3期。

经营行为予以规制,以保障当下能给公众提供普遍、公正服务,是当前的公共利益。第三,风险规制,[1]其目的主要通过对人身健康和安全存在风险的行业规制。目的在于防止风险发生或把风险降低到一定程度,以防止或减少由此造成的公害。

(三) "规制"及规制法的本书意蕴

通过上述有关规制的含义和范围的分析,本书的"规制"是在以下意义上使用的,即规制是指依特定法律设立或依法律授权的独立规制机关,针对特定行业或领域中对社会公共利益具有重要影响的行为,通过制定规范性文件,并据此予以规范、控制的活动。这一定义包含的法律意蕴或法律特征有以下三点。(1)规制都以某一特定的或专门的法律为根据。(2)规制包含了一个依特定法律专门设立或法律授权的独立的、具有专业性规制机关[2]依规则控制这一理念。(3)被规制的行业或行为都是关涉社会公共利益的行业或对社会公共利益有重大影响行为。这决定了,为了达到预期的结果,私人受制于规制机关,并被要求遵守规则,如果违反规则,则以惩罚为后盾。

据上述对规制含义和范围的界定结合现实中规制法的内容,可以说从描述的意义上,规制法的内容是由两个层次(由立法机关制定的有关规制领域的法律,以及规制机关制定的规章、办法、指南等规范性文件)、三大领域(包括社会规制法、经济规制法、市场规制法等)、三种类型(组织法、程序法、实体法)的法律规范构成的体系。而据规制的含义的本质,可对规制法从实质的角度作这样的定义,即规制法是国家针对风险行业的经营行为及具有巨大市场力量的经营者的社会公共性影响行为,为防止这些行为造成公害,以及激励人们从事促进公益行为而制定专门法律,依法成立专门规制机关,并授权规制机关制定规则对这种具有较强社会公共性行为予以规范的法律、法规的总称。

二、规制法观念转化

规制法作为现代法,其观念不可能不受既有法律观念的影响,但也必然萌生着新的观念。其观念随着规制法的发展而不断转化,这种转化意味着,在规制法发展中始终存在着新旧两种观念,但旧观念不断地弱化,新观念在不断地强化。这种观念转化主要体现在以下四个方面。

(一) 从以止分定争为主导转向以推动合作为主导

法律是社会关系的调整器,对社会关系特性的认知决定着法律制度的功能预设。而在对主体间关系的认知上,规制法经历着从对抗向合作的转化,与这种对主体间利益关系的认知相应,规制法的功能经历了从止分定争向推动合作的转化。这意味着,在规制法研究中,应弱化或避免传统法律研究的冲突对抗的思维路径,而应遵循协商合作的思维路径。

这是由于随着规制领域的复杂性和专业性的发展,以及经营者生产规模的巨大。使得

---

[1] 我国多数行政法学者关注的规制主要就是风险规制,并把风险规制界定为对来自人类自身行为或自制技术的风险内容的规制(参见沈岿:《风险规制丛书"总序"》,载刘刚编译:《风险规制:德国的理论与实践》,法律出版社2012年版,第1页)。并就风险规制对行政法的影响和发展做了系统研究,这从沈岿教授主编的风险规制丛书中由其主编的《风险规制与行政法新发展》,以及由金自宁编译的《风险规制与行政法》的书名就可说明。再如,宋华琳:《风险规制与行政法学原理的转型》,《国家行政学院学报》2007年第4期。

[2] 这些机关就是被称为国家"第四部门"的各种各样的独立委员会。以美国为代表,设立了联邦通讯委员会、消费者安全委员会、职业卫生与健康管理局、环境保护署、民用航空委员会、能源规制局、联邦贸易委员会、证券交易委员会等30个规制机构(参见史蒂芬·布雷耶:《规制及其改革》,李洪雷等,译,北京大学出版社2008年版,第521—523页,附录一)。

被规制者对自身行为的后果缺乏准确认知,且其行为潜在风险一旦发生,损害后果往往超过其承担责任的能力。加之,市场经济的发展,市场范围的扩大,使社会经济犹如有机体。这导致被规制者与受其行为影响者都共同依存于一定的社会经济体系,其行为具有"飞去来器效应",①这意味着损害对方就损害共同依存的体系,最终自己将受其害,正因此,现代规制法的规定,规则制定中的利益相关者、专家参与协商制定规则,以及在规制法的私人诉讼中,扩大诉讼资格、专家证人、要求执法机关介入,以及裁判遵从协商协议等制度设计,②其思维路径就是把被规制者与受其行为影响者之间的关系看作为主要是一种协商合作关系。

(二) 从消极惩罚为主转向积极激励为主

制度对人行为的控制实质就是对人行为"利得"的控制。在法律发展过程中发展出两种控制行为"利得"的制度,即消极的惩罚制度和积极的激励制度。消极的惩罚旨在使行为得不偿失,从而威慑遏制社会所不欲的有害行为的发生,而积极的激励旨在使行为得大于失,从而激励人们做社会所欲的有益行为。从法律发展史看,早期的法律主要依靠消极的惩罚遏制,而现代则出现了大量的激励促成。与此相应,规制法的发展过程中对行为的控制经历了从消极的惩罚遏制向积极的激励促成的转化。这种转化从法的实施机制看,就是从主要通过事后的执法和司法,对违法者处罚或使其承担责任,消极遏制违法行为,转向主要依靠采取事前的禁令、指导或激励等手段,积极促进被规制者合规,以实现规制。

这是因为随着科学技术的发展,被规制行业或行为日益复杂,其影响后果亦难以被清晰认知。相应地规制领域的法律亦愈益原则和模糊。这意味着,规制机关制定规则的权限,以及自由裁量的权限扩大。与之相应,若规制机关本身规则制定不合理导致的公共性危害(公的公害)就越大。因而,为了使规制机关本身制定的规则更合理,以及规则能得到有效的遵守,在制定规则时不仅需要被规制者、利益相关者和相关专家参与,而且在具体实施中需要被规制者、利益相关者,以及相关专家参与协商,引导被规制者行为合规是规则得以有效实施的前提。同时,随着生产社会化程度的提高,经济全球化的发展,被规制领域经营者的行为影响的地域也随之增广、人数也众多。这意味着,行为者的行为一旦造成损害,就非常巨大。一般行为者都不具备承担责任的能力,且其造成的损害也难以恢复或弥补。因而,对此主要是防患于未然之前,而非已然之后。其制度表现形式为准入、标准、定价等对行为限制的制度,以及规制者加强向被规制者提供咨询和技术支持,致力于"常识规制"③。

(三) 从以责任规则为主转向以规制规则为主

上述规制法的思维路径的转化说明,规制法的实现在于止恶扬善,虽然在现代规制法中开出了以激励而扬善的规则,且有愈益增长趋势,但以惩治而止恶的规则,即防止损害行为的规则在规制法的实现中仍不能忽视。这里提请注意的是:在规制法的发展中,防止损害性的规则也发生转化,即从主要以事后救济的间接防止为主导的规则转向事前直接预防为

---

① 德国社会学家贝克认为:"那些生产风险或从中得益的人迟早会受到风险的报应。风险在它的扩散中展示了一种社会性的'飞去来器效应'"(乌尔里希·贝克:《风险社会》,何博闻译,译林出版社2004年版,第39页)。

② 这些在国外反垄断私人诉讼制度发展中已经出现,对此的详细论述可参见刘水林:《反垄断私人诉讼的协商制模式选择》,载《法学》2016年第6期。这些制度设计在环境私人诉讼中也有一定体现,依拙见,类似制度未来将会向所有规制法领域扩散。

③ 常识规制即常识监管,其优先考虑的是健康和安全风险,而非琐碎的违反。它要求利益相关者的(包括被监管的经营者)能参与到风险识别之中,且规制部门允许在设计规制补救时具有更高的灵活性。

主导的规则。其制度或规则表现就是从以事后责任规则为主导转向以事前规制规则为主导。有关此转化的原因前述已有论证,这里不再赘述。

前述研究说明,规制规则的运行主要依规制机关依职权执法(包括抽象和具体执法),执法的目的在于预防损害行为的发生,这决定了其规则设计的原则在于预防。因而,预防原则[1]是规制法的重要原则之一。

(四) 从以伦理公平为主转向以经济公平为主

法律的基本价值是追求公正,规制法也不例外,但对何为公正?因不同时期法的观念的不同而不同。[2] 在早期,规制法的目标都是以一定领域的公正为其主要价值目标的,且这种公正多是从政治道德或伦理意义上来论证的。这在社会规制领域表现得尤为明显,以环境规制为例,早期主要关注环境对人体健康的危害,公正要求环境必须满足人们健康的最低要求,因而,环境必须达到一定标准。但规制是要花费代价的,在当今经济全球化条件下,规制可能影响国家的竞争力。因此,使得各国在现代规制中对规制效果的经济分析受到重视。以至于在规制中形成这样的共识:建立和提议规制必须要有通过经济分析决定的净社会收益,才能考虑规制存在的合理性。[3] 对规制的成本和收益分析,是决定是否需要规制,应选择何种规制规则的标准。如即使谈论公正,也有较强的功利主义色彩。

这一转化意味着,我们在研究规制法时,对于规制法的规则评判,以及在规制规则的立、改、废的选择中,固然应遵循以公正为准则,但对公正的理解不能只从主观的政治伦理意义上空洞谈论,而应着重于从经济伦理视角,即从较客观的效率的视角评判规则的公正性。

三、规制法的制度要素

就现代规制法的各种法律制度来看,任何类型的规制法律都必须回答四个问题,即谁规制?规制什么?使用何种工具规制?如何保障更好地规制?相应产生四方面的制度,这四方面就是规制型法律的制度要素。

---

[1] 此原则早在1990年联合国欧洲经济委员会通过的部长宣言就被提出,在1998年一次环保主义者会议上通过温斯普瑞德(Wingspread)宣言上,得到进一步主张,"当一种行为威胁到人类健康和环境时,就应当采取预防措施,尽管其中一些因果关系还不能在科学上得到验证。在这种情况下该行为的支持者,而不是公众,应当承担举证责任。"[Rethinking Risk and the Precautionary Principle 3, Julian Morris, ed. (Oxford: Butterworth-Heinemann, 2000),转引自凯斯·R.孙斯坦:《风险与理性——安全、法律及环境》,师帅,译,中国政法大学出版社2005年版,第126页]。依预防原则"在因果关系上或统计及经验上的关联性尚未认识或证明,或尚未受充分认知与证明的情形下,即可要求采取降低风险的措施"[Di Fabio, NuR 1991, S. 353(357).转引自施密特·阿斯曼:《秩序理念下的行政法体系建构》,林明锵等,译,北京大学出版社2012年版,第111页]。

[2] 公平是法律的核心价值,也可以说是判定一种法律制度是否"良法"的标准。但何为公平,目前有三种主要观念:第一种是边沁的功利主义。第二种自由主义。第三种是亚里士多德的以道德为考量标准。对这三种公平观的详细论述可参见迈克尔·桑德尔:《公正:该如何做是好?》,朱慧玲译,中信出版社2012年版,第19—21页,以及第117页。

[3] 在美国,1981年里根政府发布了第12291号行政令,该行政令声明,"除非监管对社会的潜在收益超过对社会的潜在成本,否则监管行为不应被采取"[参见马克·艾伦·艾斯纳:《规制政治的转轨(第二版)》,第205—208页]。受美国影响,"到2000年底,在28个OECD国家中,有14个国家采用了普遍的事前规制影响分析(IRA)计划,另有6个国家至少在一部分监管中运用了IRA。还有,IRA越来越多地被用于基本立法中。"(经济合作与发展组织编:《OECD国家的监管政策——从干预主义到监管治理》,陈伟,译,法律出版社2006年版,第42页)。可见,在发达国家,对于规制优劣的评判标准,"有一种处于不断强化的认识,即所有的政府政策行动(包括监管)都涉及资源在不同用途之间的权衡,同时政策行动的基本目标——最大化社会福利——得到了越来越明确的表述,被越来越多的人接受。"(经济合作与发展组织编:《OECD国家的监管政策——从干预主义到监管治理》,第40页)。

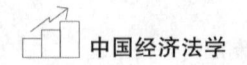

(一) 规制主体制度

规制的主体主要解决的是"谁规制?"这一问题。规制法所要解决问题的复杂性、专业性、快速变化性和公共性,使得规制领域的法律通常规定的都比较原则和抽象,或者说规制法具有模糊性。为了更好地实施法律,规制法都依法专门设立规制机关,或者依法指定专门的专业机关作为规制机关,并通过组织设置、授权等方式依法保障规制机关具有权威性、独立性和专业性。

1. 规制机关的组织形式。

现代规制法滥觞于美国,一般认为世界上第一个规制性法律是1887年美国制定的《洲际贸易法》,据此法设立的洲际贸易委员会是第一个现代意义上的规制机关。[①] 受此影响,此后世界多数国家制定的规制法都依法专门设立规制机关,且规制机关一般都依法采取委员会制。[②] 为了保障执法机关的权威性、专业性,在委员会主席的任免,委员会主席及副主席的专业知识和工作经验,以及人员构成的专业领域等方面都有相应的要求。在组织内部机构设置中,除了有专门的行业领域的相关专家组成的机构外,还有法律专家组成的机构。

2. 规制机关的职权

由于规制法通常针对的是某种行业、某种特殊领域的行为规范,而这些行业或特殊行为往往都是应用现代科技从事的行为。因此,对这些行业的行为或特殊的应用科技的行为是否有害的认知需要专业知识。加之,现代技术具有日新月异,发展变化快的特性。因此,不仅赋予执法机关在具体执法时较大的自由裁量权,且赋予执法机关抽象的执法权力,即制定实施法律的法规、规章或规范性文件的权利。另外,为了保障规则制定的合理性,以及执法的合理性,对规则制定的程序的规定类似于立法程序,而对执法的程序,特别是行政执法中的裁决程序规定类似于司法程序。正因此,现代规制机关通常被认为具有准立法权、准司法权[③]和行政权,即"诸权合一"。正因其与传统行政部门职能及相应的(职权)权力存在这样的差异,因此,被规制机关在西方学者的研究中称为"第四部门"。

(二) 规制的内容(对象)

规制的对象,亦即规制的内容,其解决的是"规制什么?"这一问题。虽然从终极意义上讲,所有规制都是对人的公共性行为的规制,以防止公害行为的发生,以及允许和激励公益

---

① 参见马克·艾伦·艾斯纳:《规制政治的转轨》(第二版),尹灿,译,中国人民大学出版社2015年版,第48页。

② 如美国为更好实施托拉斯法在1914年专门制定《联邦贸易委员会法》,该法规定联邦贸易委员会,由五名委员组成,委员由总统任命经参议院推荐和批准。并对内部组织的设置都做了规定。受美国影响,世界许多国家的反垄断法都以专章对反垄断诸法机关的组织及职权予以规定(如《日本禁止垄断法》设立的公正交易委员会;德国《反对限制竞争法》第八章专门规定"垄断委员会")。再如美国1913年通过《联邦储备法案》,设立,简称联邦储备委员会。委员会有成员7人,由总统任命(但需要经过参议院同意),任满14年的不得连任。这主要是为了防止总统通过任命委员的办法来操作委员会。委员会的主席及副主席由总统在委员中指定,任期4年,可以连任。如《中国人民银行法》第二章"组织机构"中第九条规定:"中国人民银行行长的人选,根据国务院总理的提名,由全国人民代表大会决定;全国人民代表大会闭会期间,由全国人民代表大会常务委员会决定,由中华人民共和国主席任免。中国人民银行副行长由国务院总理任免。"第十一条规定:"中国人民银行设立货币政策委员会。货币政策委员会的职责、组成和工作程序,由国务院规定,报全国人民代表大会常务委员会备案。"

③ 准立法权是指规制机关据法律授权制定实施法律的规范性文件的权利,具有了部分立法权。由于其不是真正意义上的立法机关,因此称"准立法权。准司法权,是指规制机构对违法行为进行裁决的权利,承担了部分司法权。由于其不是真正意义上的司法机关,故称为"准司法权"。

行为的发生。但就行为后果,特别是有害行为产生的原因看,一些有害行为是由行业的特性或行业所适用的技术特性决定的,而一些有害行为与行业和应用的技术无关。据此,规制可以分为对特定产业或行业的规制和对行为的规制。

1. 产业或行业规制

行业规制包括以下两个方面。(1)基于行业的经济特性,规制的目的主要是经济性的,即为了该行业的发展与整体经济的发展,以及该行业所处市场的公正交易。在市场经济条件下,主要是基于这一行业的市场特性。正因此,这种规制在规制经济学中被称为经济规制,其内容是对自然垄断和公用事业的规制。这种市场特性决定了其规制主要不对该行业的经营行为规制,这些行业不仅会利用自然垄断损害交易对方的利益,产生经济不公正交易。而且主要在于该行业因缺乏竞争,导致该行业技术创新、提高管理水平降低成本的动力不足。(2)风险规制。这在规制经济学被称为社会规制。[①] 主要是这一行业所用技术以及与人们的生产和生活的关联性,使得该行业的产品使用或该类技术产品使用对不特定的人身和财产存在损害的风险。如使用高速运输工具的领域,如航空、铁路,如原子能的使用(原子能发电)、食品、医药领域。在现实行业规制中,虽然主要使用准入、标准、定价等手段规制,但也对行为规制。

2. 行为规制

主要是对行为人滥用或不当使用自己的权利(权力)损害公共物品行为的规制。包括两方面,即对被规制者行为的规制和规制者行为的规制。其中,对被规制者的规制包括两种,一是对风险行为的规制,如对驾驶行为、医疗行为的规制。其二是对市场经营行为的规制,即市场规制。而对规制者行为的规制,包括对规制者制定规则行为的规制和对其具体执法行为的规制。

(三) 规制的方式

规制的方式,即以什么规制的问题,解决的是如何规制的问题。但对于规制方式的划分可以从不同视角来理解,主要可从两个角度来分,即从对行为影响的方式划分,以及从规制过程来划分。

1. 禁止性规制和激励性规制

根据规制行为的方式,规制可分为禁止性规制和激励性规制。禁止性规制,就是直接禁止某种具有公共危害行为,表现为禁止性、义务性规范,如禁止无证驾驶、禁止无证行医、禁止滥用市场支配力、禁止使用一些食品添加剂等。任意性规制,就是以利益诱导人们从事有益于公共利益的行为,表现为激励性规范,有的学者把此类规制方式称为激励性规制。主要表现为以税收优惠、财政补贴、金融优惠,以及奖励等手段,激励人从事有益于公共利益的行为。如对新能源汽车行业的财政补贴、对电动汽车的牌照发放的优惠。

2. 准入规制、行为规制和退出规制

从规制法的规制过程看,规制可分为准入规制、经营行为规制和退出规制三个阶段,这

[①] 规制经济学以规制的内容为标准把规制分为两类,即经济规制和社会规制。经济规制是指对自然垄断和公用事业领域的规制,其规制的功能是主要经济性的,旨在促进规制行业的发展,以及普遍和公正服务。社会规制的功能在于防止风险的发生,旨在保障人身健康和财产安全。参见杨建文:《政府规制:21世纪理论研究潮流》(第九版),学林出版社2007年版,第4—5页。

三个阶段所用的规制工具各不相同。

(1) 准入规制。即对特殊市场的进入要求进入市场的经营者必须符合一定的条件、资质或政府规定的标准,如建筑、金融、采矿、烟花爆竹、食品和药品等行业,只有符合相关法律、法规规定的标准才能获得特许或许可。获得许可证,才可从事经营活动。

(2) 行为规制。主要对经营者的定价、质量、技术和信息等影响不特定用户利益的经营行为的规制。由此形成:价格规制,即相关规制机关对经营者的价格自由作一定限制,主要用于对自然垄断和公用事业领域、资源稀少的商品以及重要的公益性服务领域和金融市场的利率管制等;标准规制,指以一系列专业的行业性标准,旨在实现保护安全、环境等目标。例如,金融规制对银行业经营者的资本充足率、资产负债率、流动性比率等指标要求,就是技术性监管;质量规制,即政府相关规制机关对市场上产品质量的直接规制与要求;信息规制,主要包括对特定行业的特殊信息披露制度,如证券法对上市公司信息披露的规定,以及要求一般经营者的信息披露,如要求经营者在产品说明中必须对产品的生产商、生产地、基本材料及功能等基本信息说明。

(3) 退出规制。即对经营者退出特殊市场的方式、条件予以规制。一般有三种形式,第一,强制退出。有两种情况,一是对违规者,只要符合法定要件,吊销营业执照。另一是取得特许或许可的条件丧失而退出。第二,淘汰出局。这种形式主要出现在放松规制过程中,在实行公私合作提供服务的领域(一些国家的自然垄断和公用事业领域),在采取招投标获得经营资格的经营期届满后,在下一轮招投标竞争中,被更具优势的竞争者淘汰出局。第三,自愿退出。因经营目的实现或其他原因,经营者依特殊行业退出的法律规定退出。

(四) 规制合理化的保障制度

为保障规制合理化,现代规制法建立了一套相应的法律制度,据经合组织"规制"改革的经验,实现规制合理性主要有以下制度保障。

1. 透明度制度

透明度作为一项原则在揭示规制决策及其实施的基础,以及可能涉及的全部成本和收益方面起着重要作用。程序的公开透明有助于制定出好的规制,有助于更好地遵从规制,最终获得更大的政治合法性。[①] 对此,在发达国家的规制实践中,相关法律作了规定。以美国为例,美国的规定主要有三点:(1)通过规制活动的事前计划的透明性,即对作为规定政府监管和取消监管的政策说明。规制计划每年出版一次,包括计划需要的说明、已考虑的备选方法说明,以及关于风险大小和风险减少期望的说明。(2)规制制定中的透明性。主要体现在规制制定的程序制度上,要求规制的制定须经"公告与评论"程序,同时要求规制机构对相关评论必须予以考虑,而且,评论本身要予以公布。(3)规制采纳后的发布。即规制要想生效,必须在相关刊物发布,也提供网上在线发布。[②]

2. 参与协商制

按照所有人可以公开参与的原则,依法赋予公众参与政府规制活动的法定权利。[③] 主要

---

① 参见施本植 张荐华、蔡春林等编译:《国外经济规制改革的实践及经验》,上海财经大学出版社 2006 年版,第 107 页。

② 参见王林生等著:《发达国家规制改革与绩效》,上海财经大学出版社 2006 年版,第 15—16 页。

③ 这在发达国家主要体现在《行政程序法》中,如美国 1946 年《行政程序法》赋予公民参与联邦政府规制制定活动的法定权利。

表现在以谈判磋商的方式制定规制,这样在制定规制时就把利益相关方的意见考虑在内。也有利于利用被规制方的专业知识提高规制的技术质量;培养被规制者对结果负责的精神,提高其对规制的认可度和自愿遵守程度。

3. 规制影响分析制度

这一制度是"法治比较发达国家政府决策和立法程序中的一个重要环节。其主要目的,就是对拟定的或者已经发布实施的法律、法规、规章、政策及措施等具有普遍约束力的决策或立法项目可能带来的效益、成本和效果进行分析、评估和衡量,已决定是否有必要制定或出台某项政策或立法,如何才能使制度设计更加科学合理"。① 目前,对规制影响分析除经济分析外,还有环境分析和竞争分析(如我国的公平竞争审查制度,可以说主要就是竞争分析)。

4. 合作治理制

主要体现在规制中有关标准制定上,发达国家逐渐采纳了市场主体组织制定的标准,实行政府与私人合作制定标准,突破了传统的标准只有纯粹的政府标准的现象。如在美国的标准发展过程中大多是由产业部门领导完成的,以个人自愿原则为基础,通过众多企业参与制定标准。有关标准化的政府政策要求,除非与法律相悖或不切实际,否则联邦机构要参与自愿标准发展活动,并用自愿一致的标准代替纯粹的政府标准。

5. 灵活的应变制度

主要体现在"落日条款",又称"日落条款",即一般规制都规定实施期限,且时间较短(约3至5年),以便据实施状况予以修改或废止。②

第二节 市场规制法的含义和体系构成

市场规制法作为规制性法的一种,除具备规制性法的一般属性外,作为经济法的重要部分,市场规制法还有自己特定的含义和内容构成。本节在对市场规制法的含义予以界定的基础上,对市场规制法的构成予以说明。

一、市场规制法的含义

对任何法律含义的理解都必须从三个方面着手,即该法律的概念或定义,该法律的特性,以及该法律与相关法律的关系,理解市场规制法的含义也不例外。

(一) 市场规制法的概念

在我国经济法界对规范市场行为,保护良好的市场秩序的法律的称谓虽然在早期存有分歧,有的称其为"市场管理法""市场规制主体规制法和市场秩序规制法""市场障碍排除

---

① 曹康泰:"《国外规制影响分析制度》序",载吴浩、李向东:《国外规制影响分析制度》,中国法制出版社2009年版,第1页。
② 上述五个保障规制合理化的法律制度的内容的详细论述可参见刘水林:《中国(上海)自由贸易试验区的监管法律制度研究》,载《法学》2013年第11期。

法""市场规制法",[①]但现已形成共识,统称其为"市场规制法"。[②] 就市场规制法的定义看,目前经济法学界主要使用的是抽象概括的定义方式。在对本质的抽象提炼中,以调整对象为定义的本质,定义遵循的是法学对部门法定义的一般模式,即"×××法是调整×××社会关系的法律规范的总称"。因此,对市场规制法的定义虽有区别,但大同小异。其中具有代表性的有两种定义:一是概括式定义。如有学者著书认为,市场规制法是调整国家对市场进行规制过程中发生的社会关系的法律规范的总称。[③] 有教材认为,市场规制法是调整在国家进行市场规制过程中所发生的社会关系的法律规范的总称。[④] 二是内容描述+特性概括。如有教材认为,市场规制法是反垄断法、反不正当竞争法、消费者权益保护法、产品质量法、价格法等旨在规范特定市场行为、保护特定市场主体的法律制度的总称。[⑤] 有学者认为,这些定义虽有分歧,但本质是相同的,即市场规制法,就是为了维护市场秩序,保护消费者利益,需要国家介入市场,对微观经济主体与市场运行予以规制。可见,市场规制法是一个概括名词,是指为解决市场失灵,依据市场经济规律而制定的有关市场规制法律规范的总称。它不是一部法典,也没有集中于一个法律文件,只是经济法学者对具有同类功能的法律、法规予以学理概括的结果。[⑥]

综上规制法的定义,结合前述有关规制法和本书有关经济法的观点。本书把市场规制法界定为,为保护公正的市场交易秩序,而对影响市场运行秩序的经营行为和市场规制机关的规制行为予以规制的法律规范的总称。

(二) 市场规制法的特性

市场规制法的特性主要体现在两方面:一方面其作为经济法的一部分,其与宏观调控法相比有何特性。另一方面,作为规制法的一种,其与其他规制法有何不同。

1. 与宏观调控法的不同

虽然在前述研究中,我认为经济法的体系有市场规制法、产业规制法和宏观调控法三部分构成。但当下在经济法学界有关经济法的体系构成几乎形成共识,加之,产业规制法与市场规制法都属于规制法,因而,从经济法体系内不同类型法律相比看经济法的特性,主要就是与宏观调控法相比的特性,这方面的特性又有以下两点。

[①] "市场管理法"称谓的代表教材和著作按出版先后有:王保树主编:《经济法原理》,社会科学文献出版社 1999 年版,第 187 页;"市场主体规制法和市场秩序规制法"称谓的是李昌麒教授主编的教材,《经济法学》,中国政法大学出版社 1999 年版,第 132 页和第 269 页。杨紫烜主编:《经济法》北京大学出版社、高等教育出版社 2000 年版,第 161 页。"市场障碍排除法"称谓的是漆多俊主编的教材,《经济法学》,武汉大学出版社 1998 年版,第 110 页。"市场规制法"称谓的代表教材和著作按出版先后有:张守文、于雷:《市场经济与新经济法》,北京大学出版社 1993 年版,第 88 页。王全兴:《经济法基础理论专题研究》,中国检察出版社 2002 年版,第 581 页;顾功耘主编:《经济法教程》,上海人民出版社 2002 年版,第 213 页。吕忠梅、陈虹:《经济法原论》,法律出版社 2007 年版,第 243 页。李昌麒、岳彩申主编:《经济法学》,法律出版社 2013 年版,第 408 页。

[②] 从上述文献看,2002 年后的著作基本上都把有关维护市场秩序而对市场行为予以规范的这一类法律、法规称为"市场规制法",目前,这一称谓已成为共识。这也体现在现今中国法学本科教育通用的教材,张守文教授为主编的,《经济法学》编写组编写的:《经济法学》,高等教育出版社 2016 年版,第 269 页。

[③] 参见漆多俊:《经济法基础理论》,武汉大学出版社 2000 年版,第 276 页。

[④] 参见张守文主编:《经济法概论》,北京大学出版社 2005 年版,第 340 页;参见《经济法学》编写组编写的:《经济法学》,高等教育出版社 2016 年版,第 274 页。

[⑤] 参见李昌麒、刘瑞复主编:《经济法》,法律出版社 2004 年版,第 263 页。

[⑥] 参见吕忠梅、陈虹:《经济法原论》,法律出版社 2007 年版,第 255 页。

第一,市场秩序规制法。市场规制法主要是通过对市场秩序具有较大影响的市场主体的交易行为,以及市场规制机关的规制行为的规制,建构在市场经济条件下整体经济发展所需要的良好市场运行秩序——公正交易秩序的法律。其主要是对行为直接规制的法律,是行为法。而宏观调控法,则是通过经济手段,影响经营者在不同产业或者不同区域投资的资本利得,诱导经营者的资本投向,建构意欲的产业结构和区域结构的法律。其主要是对资本收益的规制,并不针对经营者的具体行为。

第二,强制性。市场规制法对行为的规范主要体现为义务、禁止性规定等强制性的规范。因而,市场规制法具有较强的强制性色彩。

2. 与其他规制法的不同

这一部分包括与属于经济法的产业规制法(自然垄断和公用事业规制),以及与社会规制(风险规制)相比所呈现出的两个方面特性。

第一,经济性。与社会规制相比,市场规制法的直接目的是维护公正的市场交易秩序,终极目的在于促进整体经济持续稳定发展,因而,具有经济性。而社会规制,主要是风险防范,降低风险发生对人身和财产造成的公共性损害。

第二,行为规制法。市场规制法主要是对影响市场秩序的行为规制,因此,是行为规制法。而产业规制法和社会规制,主要是对准入、标准、服务质量等的规制。

二、市场规制法的体系构成

根据前述有关经济法体系的理论,市场规制法的体系是指由全部市场规制法律规范按照不同的市场规制分类组合而形成的一个呈体系化的有机联系的统一体,是经济法律体系的一个子体系。其具有体系的两个特点,一是市场规制法体系的构成要素是子部门市场规制法。二是市场规制法体系的理想化要求是其所包含的部门市场规制法门类齐全、结构严密、内在协调,且各经济部门法在功能上是互补的、无冲突的。

就现实的市场规制法看,由于市场具有不同类型的差异,它们规制的价值目标和规制方式也不同。且同种类型市场,也有不同的损害市场秩序的行为。因此,市场规制法的体系包括两个层次。第一个层次是,不同类型市场规制构成的体系。这一体系包括,一般市场规制法、特殊市场规制法(主要是金融市场规制法)和自然垄断与公用事业领域规制法。第二个层次,是同一类型市场内因规范的市场行为类型不同而形成的市场规制法体系。鉴于自然垄断和公用事业领域规制目标的多重性(行业发展、普遍服务和公正交易),此类规制法的目的不仅仅在于该类市场的交易秩序。因此,其虽属于经济法,但不属于市场规制法。经济法的市场规制法主要包括一般市场规制法和特殊市场规制法。[①]

(一) 一般市场规制法

这里的一般市场是指最常见的、最大量的,且具有竞争性的商品和服务市场。因此,一般市场规制法,就是指为保护公正的市场交易秩序,对竞争性的商品和服务市场的交易行为

---

① 以往的经济法专著和教材所述的市场规制法的内容通常都是只一般市场规制法,即对一般具有竞争性的商品和服务市场的交易行为的规制,目的在以保护公正的交易秩序(包括竞争秩序和狭义的交易秩序)。只有少数教材提及特别市场规制。如有张守文教授任主编,由《经济法学》编写组编写的:《经济法学》,高等教育出版社2016年版,第276页。需要说明的是本书的特殊市场规制,指的是要素市场的规制,且并不把广告市场作为要素市场,广告只是影响交易公证的因素,属于一般市场规制中的交易规制法。

规制而形成的法律规范的总称。这里的交易是指广义的交易,包括竞争和狭义的交易(交换或买卖,为研究方便本章行文中,其后的交易就是指狭义的交易)。因此,一般市场规制法的内容包括两大部分,即规制竞争行为的法律和规制交易行为的法律,简称竞争法和交易规制法。其中,竞争法包括反垄断法和反不正当竞争法。交易规制法包括消费者权益保护法、价格法、广告法和产品质量法。

(二) 要素市场规制法

特殊市场规制主要是对不同生产要素市场的规制,由于不同要素市场各具其特性,对其规制也具有特殊性,因而特殊市场法规制法主要就是要素市场规制法。在现代市场经济中,商品和服务市场是最常见和最大量的市场形式,但与商品和服务市场相对应还存在生产要素市场。就生产要素市场产生和发展的历史看,生产要素并非固定不变的,而是随着社会生产的发展而逐渐变化的。生产的要素在工业社会早期主要由资本、土地和劳动三要素构成,到现代社会,由于科学技术在生产中的作用增强,生产要素则由资本、土地、劳动和技术四要素构成,而随着现代数字经济的发展,数据在生产中的作用日益凸显,数据显然已成为重要的生产要素。因此,在数字经济下生产要素则由资本、土地、劳动、技术和数据五要素构成。相应地形成五种要素市场,即资本市场、土地市场、劳动力市场、技术市场和数据市场。在法制社会对五种生产要素市场依法规制而形成五种特殊市场规制法。但鉴于劳动和技术市场分别与劳动法、知识产权法关联更强。因此,经济法的特殊市场规制法主要研究的是,资本市场规制法、房地产法和数据市场规制法。由于现代资本的融通主要是通过金融系统进行的,因此,资本市场规制法实质上就是金融市场规制法,我国通常称为金融监管法,包括保险监管法、银行监管法和证券监管法。而数据市场规制法,是数字经济时代新产生的法律,其内容处于变化之中,因此还不确定。

第三节 市场规制法的宗旨和原则

市场规制法的宗旨和原则,是市场规制法基础理论中最为重要的理论之一,它们的作用体现在两大方面:一方面,体现在相关市场规制法的制定中,不仅决定着各种市场规制法的立法目的,而且对各种市场规制法律制度的制定、修改具有指导作用。另一方面,体现在市场规制法的实践中,它对解释各种市场规制,使市场规制法在司法、执法中能最合理适用具有指导作用。

一、市场规制法的宗旨

要深刻理解市场规制法宗旨,必须从两方面着手。一是市场规制法的宗旨界定需考虑的因素,或者界定市场规制法必须符合的要求。二是市场规制法宗旨的内容提炼和表达。

(一) 界定市场规制法宗旨的基本要求

市场规制法的宗旨即市场规制法的价值目标。对市场规制法宗旨的界定,必须符合三个方面的要求。一是市场规制法作为经济法的重要构成部分,其宗旨必然受经济法宗旨的约束,其本质就是经济法总是在市场规制法中的具体化,因此,其宗旨不能与经济法的宗旨相冲突,且经济法的宗旨可以涵摄市场规制法的宗旨。二是市场规制法毕竟只是经济法的一部分,经济法的各个部分又具有差异性,因此,市场规制法的宗旨又不同于经济法其他部分的宗旨,具有其自身的个性。三是市场规制法是由不同的法律制度构成的,因此,市场规制法的宗旨能涵摄所有市场规制法律制度的价值目标。

(二) 市场规制法宗旨的提炼和表达

据以上三个方面的要求,结合我国相关市场规制法有关其法律目的的规定,[①]我们不难看出。不论是一般市场规制法,还是特殊市场规制法,其宗旨或价值目标都包括两个层次,就从宗旨来说,分为初级宗旨和终极宗旨,从价值说就是工具性价值和目的性价值。

市场规制法的初级宗旨,也是直接宗旨,从价值目标看,就是直接目标,亦即工具性价值。这类宗旨或价值目标一般都是通过规范特定的行为,维护一定类型的市场秩序,如竞争秩序、交易秩序,或者维护特定领域的秩序,如银行业的金融秩序、保险业的金融秩序。对此。不难从相关市场规制的法律的目的性条款的规定中看出。

市场规制法的终极目的,也是间接目的,从价值目标看,就是间接目标,亦即目的性价值。这类宗旨或价值目标,一般从两个方面表述,一方面是从现象的表述,即促进市场经济的健康发展。需要说明的是,市场经济的健康发展,就是良好的市场秩序,是公共利益客体的一种。因此,这是对终极宗旨或目的性价值的客观描述。一方面是从本质的揭示,即维护公共利益或"经营者和消费者利益"。在我看来,在市场中"经营者利益和消费者利益"就是公共利益,因为,在市场中从终极意义上所有的市场主体不是经营者就是消费者,因此,无特指的、抽象意义上的经营者和消费者,实质上指的是所有的人。而一种能为不特定的所有人分享的利益就是公共利益。

二、市场规制法的基本原则

按照法律原则的一般定义,以及市场规制法作为经济法的一部分的特性。市场规制法的基本原则,就是市场规制法的一般准则,它贯穿于市场规制法的立法、司法和执法的全过

---

① 本注释的法条皆是我国的法律,下面按习惯称谓,皆省略"中华人民共和国"几个字。首先就一般市场规制法的几个主要的法律来看,《反垄断法》第一条规定:"为了预防和制止垄断行为,保护市场公平竞争,鼓励创新,提高经济运行效率,维护消费者利益和社会公共利益,促进社会主义市场经济健康发展,制定本法。"《反不正当竞争法》第一条规定:"为了促进社会主义市场经济健康发展,鼓励和保护公平竞争,制止不正当竞争行为,保护经营者和消费者的合法权益,制定本法。"《消费者权益保护法》第一条规定"为保护消费者的合法权益,维护社会经济秩序,促进社会主义市场经济健康发展,制定本法。"《广告法》第一条规定:"为了规范广告活动,保护消费者的合法权益,促进广告业的健康发展,维护社会经济秩序,制定本法。"《产品质量法》第一条规定:"为了加强对产品质量的监督管理,提高产品质量水平,明确产品质量责任,保护消费者的合法权益,维护社会经济秩序,制定本法。"《价格法》第一条规定:"为了规范价格行为,发挥价格合理配置资源的作用,稳定市场价格总水平,保护消费者和经营者的合法权益,促进社会主义市场经济健康发展,制定本法。"其次,以特别市场规制法看,《商业银行法》第一条规定:"为了保护商业银行、存款人和其他客户的合法权益,规范商业银行的行为,提高信贷资产质量,加强监督管理,保障商业银行的稳健运行,维护金融秩序,促进社会主义市场经济的发展,制定本法。"《证券法》第一条规定:"为了规范证券发行和交易行为,保护投资者的合法权益,维护社会经济秩序和社会公共利益,促进社会主义市场经济的发展,制定本法。"第一百六十八条规定:"国务院证券监督管理机构依法对证券市场实行监督管理,维护证券市场公开、公平、公正,防范系统性风险,维护投资者合法权益,促进证券市场健康发展。"《保险法》第一条规定:"为了规范保险活动,保护保险活动当事人的合法权益,加强对保险业的监督管理,维护社会经济秩序和社会公共利益,促进保险事业的健康发展,制定本法。"第一百三十三条规定:"保险监督管理机构依照本法和国务院规定的职责,遵循依法、公开、公正的原则,对保险业实施监督管理,维护保险市场秩序,保护投保人、被保险人和受益人的合法权益。"可见,商业银行法、证券法和保险法其实质都是金融市场不同分市场的规制法。

程。作为经济法的重要部分,市场规制法的基本原则就是经济法基本原则在市场规制法上的体现,因此,它既不能与经济法的基本原则相冲突,但又要与经济法其他部分,如宏观调控法等的基本原则相区别。据此,结合有关法律基本原则确立的标准,市场规制法具有两个基本原则,即规制合法合规原则与规制合理原则。

(一) 规制性行为合规原则

规制性行为合规原则是规制性行为合法合规原则的简称,是经济法的合规性原则在市场规制法领域的体现。这里的"规制性行为"指的是受到规制的行为,亦正因为这些行为受到规制,才具有了规制性。规制性行为在市场规制法中就是受到规制的影响市场秩序的市场行为,包括受规制的市场经营行为和规制机关规制市场活动的行为两方面。这一原则的基本含义是指市场活动参与者(包括经营者和市场规制机关)的市场经济权益的获得、行使,以及市场经济义务的设定、履行必须依据法律、法规和相关经济机关和公共性经济组织制定的规范性文件,行为不得与相关法律、法规和规范性文件,即广义的"规制"相抵触。规制性行为合规性原则的具体要求包括以下两个方面。

第一,任何市场活动参与者的权利作为一种社会经济权利,都是经济法律基于市场参与者在其所处的特定市场关系体系中经济功能发挥的需要而赋予的,其实质是促使其积极发挥其在市场经济中的功能的工具。这种权利的性质决定了其权利获得不仅依赖于该类主体在特定市场关系中所扮演的角色,且权利的范围、行使方式都有一定的条件,因此,只有获得法律或准法律(相关经济规制机关和组织制定的规范性文件)授予才能存在。任何市场活动参与者的权利都不能脱离一定的市场关系,以及其在关系中的经济角色,及其履行维护市场秩序需要而行使。同时,任何市场活动参与者的义务作为一种社会经济义务,都是法律基于市场参与者所处的市场领域、特定的市场关系等,以及由此决定的其从市场活动中获取的利益而相应设定的,其实质是强制其履行维护市场秩序责任的工具。这种义务的性质决定了其义务的设定不仅符合一定要件,且义务的内容、义务的履行方式或程序都有特别要求,因此,其义务只有依法律或规范性文件的设定才能存在。

第二,任何市场经济活动参与者的市场经济活动,亦即任何市场经济活动参与者行使权利和履行义务的影响市场秩序的行为都应依据法律和规范性文件的规定、遵守法律和规范性文件的规定,不得与法律和规范性文件的规定相抵触。不仅要遵守实体法律和规范性文件的规定,而且要遵守程序法律和规范性文件的规定。

(二) 规制性行为合理性原则

规制性行为合理性原则是规制性行为合理性原则的简称,是经济法的合理性原则在市场规制法领域的体现。其基本含义是指市场活动参与者的市场活动或行为应当具有社会经济合理性,或者市场经济活动参与者的市场经济活动或行为应当符合社会经济理性,[①]禁止市场经济活动主体仅据个人理性而专横和随意而为。最低限度的社会经济理性,是市场参与者的市场行为应当具有一个有正常理智的市场经济参与者所能达到的合理与适当,并且能够符合市场经济活动的经济公理、市场经济习惯和公德。这一原则主要用于法律对市

---

① 这里社会经济理性是社会理性在经济领域的体现,表现为人们在如何有利于社会经济发展的认识上形成的共识。在市场规制法中主要体现为主流经济学和经济法学形成的有关市场经济活动参与者如何行为有利于良好市场秩序的形成,从而有利于市场经济发展的主流观点。

经济发展中出现的新型市场经济行为是否违法、违规,在没有法律、法规明确规定的情况下。规范的市场行为合理性表现为以下两个方面。

1. 整体公平原则

在有机整体的市场经济关系中,参与市场经济活动的人的行为,总是因具有的知识、能力和资本等资源禀赋的差异,而在特定的市场经济中具有不同的社会经济力量。这决定了他们在市场关系中扮演着不同角色,具有不同的市场功能,对市场秩序具有不同的影响。这意味着,任何市场活动参与者的市场活动或市场行为对市场秩序的影响不同。因此,公平公正要求对同质性的关系对象(即同等情况),如对所有购买者(广义消费者)不偏私,不歧视(即同等对待)。但对市场经济关系中的不同角色的市场经济活动参与者,如对消费者与经营者可区别对待(不同情况不同对待)。而在市场关系中,市场主体角色的不同主要基于在市场交易中的"经济身份"和经济力量。就竞争关系看主要取决于资本力量强弱而产生的经济力量差异,就交易关系看,主要是处于卖方的经营者的信息优势产生的力量。因此,市场规制的公正要求把市场经济活动参与者置于市场关系体系中,即从市场关系的整体来理解,而非抽象地谈论市场主体的公平。

2. 整体效率原则

对市场整体效率的把握要从相对静态的市场配置效率和动态的市场影响创新带来的市场发展两方面进行。这两方面决定了市场规制法的总体效率观必须从经济法规范对资源配置的影响和对创新的影响两方面来理解:第一,资源配置维度的市场效率,要求把资源配置给最有能力使用的人,即把市场权利的获得与市场主体的经济能力相对应,把权利配置给最能有效利用该权利的人,以及愿意付出更高对价的人。把义务配置给履行该义务花费代价最低的人。第二,动态的效率——创新效率。即通过惩限制性(惩罚性)规制,禁止或惩罚不利于创新的行为,或者通过激励性规制,把权利赋予有益于创新的规制。总之,市场规制法的合理性原则下的效率原则除具有效率的一般意蕴外,其追求的效率不是个人的或某一方面的效率,而是市场整体运行的效率,即把市场活动参与者的市场行为者置于具体的市场运行中,据其本身的经济力量对市场运行秩序的影响,分析其经济活动,或分析其行为对整体经济带来的利弊,来决定其行为是否具有社会经济合理性,并据此判断该行为是否违法。

第四节　市场规制法的两种制度范式

从市场经济秩序形成的方式来看,现代市场经济的发展经历了两个时期,一是自有资本主义时期的自生自发的市场经济秩序时期,二是19世纪末垄断资本主义形成以来,这一时期的经济被称为由国家和市场共同作用形成经济秩序的"混合经济"时期。由于早期的市场秩序是以私法为基础的秩序,其制度范式实质就是以个人权利为中心,其制度运作是以赋予个人权利,以及依个人保护自己权利而进行。而在混合经济下,为了维护现代市场秩序私法的制度范式仍具有一定作用,但产生了另外一种制度范式,即经济法的社会经济秩序保护范式。体现在市场规制法中,现代市场规制法的法律制度中存在两种范式的法律制度,即保护个人权利的制度范式和保护市场秩序的制度范式。下面分别对这两种范式在市场秩序保护

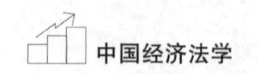

中的作用、适用范围和关系予以阐述。

一、市场规制法中的两种制度范式

从市场规制法演化的历史来看,由于市场规制法源于对经营者损害其他市场主体(竞争者和购买者)行为的规范。而在市场经济不发达的时期,由于市场范围狭小,不良经营行为损害的市场主体的人数有限,因此,其损害主要是一种私人性损害,往往与民法的违约和侵权有关。当市场经济发展到一定阶段,由于市场范围从区域性逐渐演变为全国性,甚至国际性,致使不良经营行为损害的人数急剧扩大,不良经营行为造成的损害就演化为公害。但当没有相应的新法律出现时往往用民法来解决。加之,在法律制度的发展中,法律制度的创新主要是一种边际上的创新,通常表现为对现有法律的修订,一般只是少量条文的修改。这是法律制度发展的"常规科学"时期,即使法律制度发展的"革命"时期,[①]亦即新型法律制度的出现,如现今的市场规制法的反垄断法、反不正当竞争法等法律的出现,但由于立法者受既有法律思维的影响,在新法律中都不可避免地存在着旧的法律制度形式。因此,市场规制法律制度存在着两种制度范式,即原先的保护受害者范式和新兴的保护市场秩序范式。

(一) 保护受害者范式

保护受害者范式又称个人权利保护范式,在市场规制法的竞争法中,该范式认为竞争法保护的是竞争者,而非保护竞争。在市场规制法的交易规制法中,认为交易规制法保护的是购买者,而非保护公正的交易秩序。这种法律制度的观念基础是自由主义的个人主义。这种法律制度的价值目标和宗旨是保护具体的个人利益,正是在此意义上称其为保护受害者范式。保护的主要工具是赋予个人权利,即赋予人对某种利益客体拥有权利。保护的方式是个人自我保护,即赋予权利受害者诉权,通过提起民事诉讼,寻求司法救济,使侵权者承担法律责任,以维护自己权利。正是在此意义上称其为个人权利保护范式。由于这种对个人利益的保护发生于损害行为发生之后,因此,这种保护是一种事后的、消极的保护。这种制度范式运行的结果有两方面:一方面,是制度设计有意识的结果,即救济受害者,使受害者恢复到受害前的状态。另一方面,是无意识的结果,即间接预防了违法行为,有利于社会经济秩序的形成,间接维护了社会公共利益。民法有学者称这种保护为反射性保护,被保护的利益称为反射利益。

(二) 保护市场秩序范式

保护市场秩序范式,在市场规制法的竞争法中,该范式的制度设计认为,竞争法保护的是竞争,而非竞争者(消费者)。因为只要保护了竞争,形成良好的竞争秩序,竞争者、消费者的利益自然而然地就得到了保护。在市场规制法的交易规制法中,法律制度的设计则是保护公正的交易秩序,而非是交易对方(购买者和消费者)的权益。这种法律制度设计的观念基础是共同体主义的整体主义。这种法律制度的价值目标和宗旨是保护社会整体利益,而整体利益在市场规制法中体现在市场秩序这种公共物品上,正是在此意义上称其为保护市场秩序范式。保护的主要工具是赋予市场主体"社会义务",也有少量的有益于保护市场秩

---

① 这里的"常规科学"和"革命"是在库恩的意义上使用的,较详细内容可参阅[美]托马斯·S.库恩:《必要的张力》,纪树立、范岱年、罗慧生等,译,福建人民出版社1981年版,第224页。

序的"社会权利"。① 保护的方式公共保护和社会保护,主要是通过设立专门的执法机关积极执法防止损害,通过查处违法间接防止损害,以及通过社会组织的社会规制,或对违法者提起公益诉讼来防止损害。由于这种保护主要着重于防止损害行为发生,因此,这种保护主要是一种事前的、积极的保护。这种制度范式运行的结果也有两方面:一是有意识的结果,即直接防止损害市场秩序行为发生,以维护良好的市场秩序。另一是无意识的结果,即间接预防对所有市场主体利益的损害。

二、两种制度范式并存的合理性

从上述两种制度范式运行的结果看,它们都具有保护市场秩序的功能。因此,从市场规制法作为保护市场秩序的法律,利用两种制度范式有其合理性。另外,从两种制度运行所要的条件看,以及现实中损害市场秩序的行为类型看,两种制度范式各有其适用规范的行为类型,两种制度各有利弊。因此,弄清其适用的条件和规范的行为类型,趋利避害,发挥两种制度范式的功能有利于保护市场秩序。

(一) 两种制度范式运行的条件

1. 保护受害者制度范式的运行条件

保护受害者范式的典型就是民事法律制度,这种市场规制法制度范式的运行需要下列条件。第一,有特定的受害者。这是受害者保护范式的应有之义,因为违反市场规制法的行为,虽然存在着对具体特定市场主体损害的情形,但也存在没有特定市场主体受损害的情形。第二,特定受害者的损害足够大。因为只有损害的利益足够大,受害者通过司法救济获得的赔偿能够弥补请求司法救济所花费的代价,受害者才有维权的激励。第三,受害者赢得救济的概率高。主要取决于是否易于举证,这与违法行为的隐秘性、违法行为与损害后果是否易于证明有关。

2. 保护市场秩序范式运行的条件

保护市场秩序范式的典型就是公共执法制度,行政法学者称其为行政规制法,是行政法的新进展,包括抽象执法和准司法执法。② 这种市场规制法制度范式的运行需要下列条件。第一,违法损害的公共性强。损害的公共性强主要体现在这种损害行为不是针对具体市场主体做出的,而是直接损害市场秩序本身。因此,往往没有具体的受害者,所有市场主体都直接或间接地是受害者,但所有受害者受害的量难以确定。因此,这种损害虽然总体上很大,但没有受害者有权提起诉讼,即使有一些有权提起诉讼,但因难以说明损害,或因个人损害小而放弃诉讼维权。这也是产生市场规制法专门设立执法机关,以执法遏制该类损害发生的原因。第二,违法损害的社会影响大。这是由两个方面的原因决定的,其一,由于执法活动主要是一种积极的活动,执法建立在执法机关要发现违法者违法的基础上,而只有一定社会影响的案件,执法机关才可以发现违法而采取执法。其二,执法机关的执法资源有限,

---

① 这里的"社会权利"和"社会义务",是与个人权利和个人义务相对应的,意指市场主体的权利、义务源于履行社会经济功能的需要。是基于社会经济发展需要赋予的,因此,是与市场主体在一定的市场关系中的角色相对应的。

② 规制法中的执法,是规制机关行使准立法权和准执法权。准立法权的行使就是为实施法律制定规范性文件,本书称其为抽象执法。准司法权的行使,虽是对具体违法行为做出裁决并予以处罚,属于具体执法。但行政公平要求,对同样情况同样对待,使得这种裁决,对其后的案件的裁决具有一定的拘束力,因而,犹如执法机关处罚同类违法行为的先例,具有准抽象性。

如果不论影响大小的违法行为,违法机关都要查处,则不堪重负。

(二)适用两种制度范式的行为类型

据两种制度范式运行的条件,结合市场主体影响市场的方式和程度,我们可以对两种制度范式适于规范的行为类型,从行为界分的视角以行为影响的方式和影响的程度两方面予以阐述。

1. 基于行为影响的方式或性质的视角

以市场主体行为对市场秩序影响的性质或方式为标准行为可分为两种,即直接影响和间接影响。直接影响市场的行为,是指行为者的行为直接指向市场秩序本身,而非指向特定的市场主体。市场规制法中有大量的规范就是防止直接损害市场秩序的行为的,如规范经营者行为的经营者集中的垄断行为、虚假宣传行为、虚假广告、质量不合格行为等,以及规范市场规制主体的不依法定程序制定规范性文件的抽象行为。这类行为一般没有直接的受害者。从而,这种行为发生后往往没有受害者提起诉讼,使得以保护受害者范式设计的法律制度难以遏制这种损害市场秩序的行为。对此,以保护市场秩序范式设计法律制度,对实现市场秩序的保护为优。

间接影响市场秩序的行为是指行为者的行为并不直接指向市场秩序本身,而是指向特定的市场主体,通过损害特定的市场主体,间接损害市场秩序的行为。市场规制法中存在大量的间接损害市场秩序,如滥用市场支配地位的价格歧视行为、侵犯商业秘密行为,规制机关在具体执法中违法对市场主体处罚的行为。由于这种行为损害特定市场主体的权利,具有特定受害者,受害者个人损害一般较大,易于证明自己的权利受到损害,且除受害者不能搭其他受害者诉讼的"便车"。因此,受害者能及时发现违法者的损害,且有极力维护自己的权利提及诉讼,从而可以及时遏制这种违法行为,间接保护市场秩序。对此,以个人权利保护范式设计法律制度,更有利于实现对市场秩序的保护。

2. 基于行为对其他市场主体损害程度的视角

虽然,一般来讲,对于直接损害其他市场主体权益而间接影响市场秩序的行为,宜于以保护受害者的制度范式来规范。但一些损害其他市场主体的经营行为因损害的范围和损害的严重性而具有很强的负外部性,不宜以保护受害者的法律制度范式来规范。据行为损害的范围和轻重,我们可以把损害其他市场主体的行为分为三种:一是大规模分散性损害行为。这种行为损害范围广,受害者众多,但对每个市场主体损害较小,如伪劣消费品对消费者的损害。这种损害被有的民法学者称为大规模分散性损害。二是重大的私人性损害行为。这种损害虽然是对具体人的损害,但一旦发生造成的损害非常大,会远远超出违法经营者承担责任的能力。三是对具体市场主体的一般损害行为。

一般来讲,对前两种损害行为宜于以保护市场秩序的制度范式来规范。其中,就分散性大规模损害来说,由于每个受害者受害较少,个人维权成本(包括花费的时间和纠纷解决的费用支出)通常高于维权所得,因此,受害者没有维权激励。但这种损害受害者多,社会总的损害大,且对市场秩序损害大。而就第二种情况而言,如缺陷产品损害,特别是汽车、电器等缺陷产品,或不符合标准的食品,一旦造成损害就关涉人的生命和健康,造成的损害巨大,以至于一些经营者的资产远远低于造成的损害。对此类损害,受害者维权往往落空。对此,消法规定了"缺陷产品召回",以及食品安全法对食品经营具有严格的标准限制。而保护受害者的制度范式宜于规范一般的对特定市场主体的损害行为。

（三）两种制度范式的优劣关系

从以上两点的论述看，这两种制度是保护市场秩序的两种不同制度途径，它们在保护市场秩序上各有其适用的范围和发挥作用的条件，因此，不能笼统地说哪一种制度范式更有利于市场秩序的保护。它们的优缺点简单地讲，两种制度范式各自发挥作用的条件，就是其制度功能发挥的约束因素，也就是其制度运行的缺陷和不足。而就各自的优点来说，受害者保护范式，因受害者对违法经营行为具有敏感性，也有维权的激励，因此，在一定条件下能及时发现违法行为，并及时防止损害市场秩序行为的持续发生。而保护市场秩序规则，则通过防患于未然有利于避免重大的、共性损害发生。它们在市场秩序保护中是功能互补的，并存的，而非冲突的，二选一的。

思考题

1. 谈谈规制法的含义和内容构成。
2. 市场规制法的含义和体系是什么？
3. 市场规制法的原则及其内容是什么？
4. 市场规制法的两种范式是什么？
5. 市场规制法的两种范式的优劣及适用范围是什么？

本章知识要点

第十章
一般市场之竞争秩序规制法

全章提要

- 第一节　竞争法的基本理论
- 第二节　反不正当竞争法
- 第三节　反垄断法
- 思考题

一般市场就是竞争性的商品和服务市场,这种市场机制的核心是竞争,从一定意义上讲,市场机制就是竞争机制。正是通过竞争不仅使资源得到最有效配置,而且可以激励创新、提高管理水平,从而促进整体经济有效运行。因此,现代国家为实现经济的发展,强国富民多选择市场经济体制,以市场作为资源配置的基础。这决定了在现代市场经济中,作为规范竞争秩序的竞争法是市场秩序的根本法律,其中的反垄断法甚至被称为"市场经济的宪章"。基于此,本章在对竞争法基本理论总结提炼的基础上,分别对反不正当竞争法和反垄断法的主要内容予以介绍。

第一节　竞争法的基本理论

任何部门法或子部门法的基本理论中至少包括其定义、宗旨、内容构成及相互关系,以及该法律的特性。下我们就从这四方面对竞争法的基本理论予以阐述。

一、竞争法的含义和构成

竞争法是解决竞争问题的产物,竞争问题的内容构成和特性决定了竞争法的外延和内涵,因此,对竞争法一般含义的界定需要明了以下内容。

(一) 竞争及其问题

竞争是经营者在市场中谋求利益最大化而进行的较量。竞争的基础应是经营者内在的产品优势、由技术优势和管理优势形成的价格优势,以及服务优势等,公平合理的竞争就是对前述优势的合理有效应用(对经济的积极意义)。但经营者要获得产品或服务的技术优势,或营销策略方面的突破往往是以高额投资为代价的,经营者追求利益最大化的本性,决定了经营者总是想以最小的代价获得竞争优势,而损害竞争是代价较小的方式之一,因此,公平合理的竞争往往会遭破坏。这就是市场竞争必然产生的问题。

市场竞争发展的规程中,先后产生了两种损害竞争的方式:一是不正当竞争(贬抑、损害其他竞争对手;虚假、欺骗、利诱牟取暴利)。二是垄断,即限制竞争(在竞争的优胜劣汰中取胜的大的企业,滥用市场支配力,或与其体经营者协议、合并等方式限制竞争)。因此,依法规范市场竞争行为,或者说依法调整市场竞争关系就尤为必要。因此,在竞争法的法律制度发展史中,在不同国家出现了《反不正当竞争法》《反垄断法》《公平交易法》等[①]立法文件。"竞争法"一词,主要是一学理上使用的概念,实践中不论是法规名称还是司法判例,都鲜见"竞争法"一词。

可见,竞争法主要就是规范市场竞争行为的法律规范的总称,或者说是调整市场竞争关系的法律规范的总称。

[①] 就世界各国竞争法的法律名称看,一般采取分立模式的称《反不正当竞争法》和《反垄断法》的国家较多,但也不尽如此,如韩国虽然采取分立模式,但把反垄断法称为《限制垄断及公平交易法》。而采取合并立法模式的国家则称其为《公平贸易法》或《公平交易法》,如我国台湾地区采合并立法模式,称竞争法为《公平交易法》。

(二) 内容构成

虽然市场竞争关系的广泛性与多样性,调整市场竞争关系的法律规范也体现在不同的法律部门中,在市场发育和竞争法的发展过程中。但随着市场经济的发展,人们对损害竞争方式认识的深入。逐渐以行为对竞争造成的损害后果的特性为标准,把损害竞争的行为归为两类,即不正当竞争和垄断(限制竞争),其中,不正当竞争的结果是导致竞争恶化,或者说使竞争的质量变差。而垄断的后果则是减少,甚至消灭竞争。相应地,规范竞争行为,调整市场竞争关系的法律规范逐渐集中到对不正当竞争行为的约束和对垄断(包括限制竞争行为,以及对垄断行为或垄断状态)的约束两个方面,即竞争法是由反不正当竞争法和反垄断法两方面构成。

二、竞争法的价值目标(宗旨)

竞争法的宗旨是竞争法基本价值的体现,通常体现在竞争法的立法目的中。根据国内外反垄断法和反不正当竞争法有关立法目的的规定及其历史发展变化,我们不难看出,竞争法的宗旨包括两个方面,且这两个方面在竞争法宗旨中的地位随着历史的发展而变化。下面就竞争法宗旨的内容构成及其关系,以及宗旨的意义对竞争法宗旨展开论述。

(一) 竞争法价值目标的两大方面

就现今中外各国反垄断法和反不正当竞争法的立法目的表述看,现代竞争法的宗旨是多元的,一般都包括保护竞争、保护竞争者、保护消费者和保护社会公共利益等。这些内容看起来似乎是多元的,其实可归为两大类:一是从保护的对象看,保护的是竞争受害者个人,包括竞争者和消费者。从保护的利益或权益看,竞争法保护的是竞争受害者的个人权益或利益。二是从保护的对象看,保护的是竞争,而竞争是使市场主体互动形成的,是市场经济中所有人利益的源泉,因而,保护的对象可以说是社会整体。从保护的利益看,保护的是社会公共利益。

这两个方面的价值从个体主义看,是两种存在冲突的不同的价值目标。但从共同体观念看它们反映的是竞争法宗旨或价值目标的两个层次,也可以说是保护竞争的两种途径或方式,因此,二者之间并不存在冲突。其中,保护竞争者、保护消费者,是工具性的价值。即通过利用受害的消费者或竞争者具有保护自身利益的激励,以及具有及时发现损害竞争行为的优势,以便及时提起诉讼,使损害竞争的违法者承担责任,从而遏制损害竞争行为,间接实现对竞争的保护。而保护竞争或者保护公共利益(社会公共利益)是目的性的价值。需要说明的是,竞争法保护的"竞争"其本身是公共物品,是社会公共利益的客体。因此,竞争法中保护竞争与保护公共利益是相同的,立法中同时把保护竞争、保护公共利益作为价值目标,在我看来是一种同义反复。而只要保护了竞争,没有对竞争的损害,就不存在对消费者和竞争者的竞争性损害,也就是说,就自然而然地保护了竞争者和消费者。这两个方面的价值虽然在竞争法的发展过程中都存在,但它们在竞争法的发展过程中的地位是随着市场经济发展和法学观念的变化而发展变化的。下面,通过经济法发展中价值演化的分析,说明二者的关系,以及在现代竞争法中的意义。

(二) 竞争法价值目标的历史演化

由于社会经济发展以及法律文化的差异,竞争法的发展在欧美具有不同的道路。其中,在欧洲反不正当竞争法产生较早,且有成文化的法典。欧洲主要国家的反垄断法不但产生的较晚,且主要受美国影响,这从在欧洲主要国家,特别是德国反垄断法产生的历史就可说明。而美国的反垄断法不仅是世界最早制定的,而且是世界反垄断法律体系最复杂,最发达的国家,①影响着世界各国反垄断法的发展。但美国并没有统一的联邦反不正当竞争法,不过其具有准法律性文件——《反不正当竞争法重述》。就《重述》看,其遵循的是普通法的一般原则和价值。② 因此,下面对美国竞争法的价值目标的演化分析,以其反垄断法为线索,而对欧洲竞争法的价值演化主要以反不正当竞争法为线索,而我国的竞争法价值目标的分歧则主要源于立法者、法律事务工作者和学者对欧美竞争法价值目标理解的分歧。

1. 美国竞争法的价值目标演化

美国竞争法价值目标的演化主要体现在其反垄断法中。而美国的反垄断法的理论和实践一直处在发展变化中,其法律的价值取向也随之经历了一个演变过程。但从大的方面看,可以说美国反垄断法的价值,发生过一次重要转折,即从产生到20世纪50—60年代,美国反垄断法的价值目标是保护受害的竞争者,或者说保护竞争受害者的个人利益。③ 20世纪60年代以来则转向保护竞争本身,或者说保护良好竞争秩序上的社会公共利益。这一转向的标志就是1962年布朗鞋业案确立的"反垄断法保护的是竞争而不是竞争者"这一原则。④

---

① 美国是现代反垄断法的发源地,在《谢尔曼法》出台后的100多年历程中形成了以《谢尔曼法》(The Sherman act 1890)、《克莱顿法》(The Clayton act 1914)及《联邦贸易委员会法》(The Federal Trade Commission Act 1914)为主干,以《韦伯—波默斯法》(1948)、《罗宾逊-帕特曼法案》(The Robinson-Patman act 1936)、《塞勒—凯弗韦尔法》(The Celler-Kefauver act 1950)《哈特—斯科特—罗迪诺反托拉斯法》(Hart-Scott-Rodino Antitrust Improvement Act 1976)、《对外贸易反托拉斯改进法》(International Antitrust Enforcement Assistance Act 1994)、《司法部和联邦贸易委员会横向合并指南》(Horizontal Merger Guidelines 1992)等法律、法规为辅助的成文化的法律、法规,以及大量判例为补充的反垄断法体系。

② 在美国,联邦没有制定反不正当竞争法,但各州有自己的《反不正当竞争法》。由于这种法律不统一,且不正当竞争行为复杂多样,各州在立法和司法实践中就不可避免会出现不同乃至相悖的情况,这对州际贸易十分不利。在此情况下,对不正当竞争进行一种学术上的、但具有一定权威性并对司法实践有切实影响的阐述,成为一个比较好的方法。基于此,美国法律协会于1994年公布了《反不正当竞争法重述》,目的是对普通法进行整理和阐述,使其更有条理,加强其清晰性和确定性,在某些情况下宣告法律应如何适应变化了的社会需求并促进司法的操作。

③ 这不仅从谢尔曼法出台的背景就可看出。正如有学者认为,研究《谢尔曼法》出台的社会经济背景和立法过程,有两点值得注意:首先是《谢尔曼法》对普通法的继承,说明国会并没有放弃古典主义的自由经济思想。《谢尔曼法》并没有很激烈地重新定义政府和企业之间的这种关系,它对托拉斯问题的解决只是对不合理的限制贸易行为加以法律禁止。这种做法无论是从自由市场理念和现实需要来看都是很有吸引力的。其次是国会在制定法律的时候并没有明确地以经济效率为目标。这是因为,《谢尔曼法》制定时正值美国的第二次工业革命,现实经济状况是生产率大幅度提高,工业品的价格普遍下降,产量迅速增加。这表明,国会立法注意到的并不是经济问题,而是公众的情绪所反映出的社会问题和政治问题(参见郭跃:"美国反垄断法价值取向的历史演变",《美国研究》,2005年第1期)。而且,从谢尔曼法出台到20世纪50—60年代的社会经济及其思想背景看,这一时期是政治上自由主义受到挑战的时期,经济上自由放任向国家干预主义的转化,以及凯恩斯主义兴起和成为主流的时期,而在法律上则是规制法兴起和发展时期(参见[英]安东尼·奥格斯:《规制:法律形式与经济学理论》,骆梅英,译。中国人民大学出版社2008年版)。

④ 作者认为布朗鞋业案[Brown Shoe Co. v. United States, 370 U.S. 294(1962)],是反垄断法价值目标或宗旨转向的标志,也是反垄断法的范式转化的标志。详细论证可参见刘水林:"反垄断法的挑战——对反垄断法的整体主义解释",《法学家》2010年第1期。在此之前,"反托拉斯的大多数学生都曾学习过20世纪60年代前的那些遵循保护小厂商的民粹主义目标的案例和那些禁止拥有较小市场份额的公司之间的兼并案例",见[美]J.E.克伍卡,L.J.怀特编著:《反托拉斯革命》,林平等译,经济科学出版社2007年版,第3页。但其后,甚至更早,在20世纪50年代反垄断法的观念已开始变化,正如布朗鞋业案的首席大法官沃伦在该案的判决意见所说:"总体来说,1950年《补充案》(即1950年订立的《塞勒——凯弗维尔法》)的立法历史表明,国会关心的是对竞争的保护,而不是对竞争者的保护。"还可参见[美]欧内斯特·盖尔霍恩、威廉姆·科瓦契奇、斯蒂芬·卡尔金斯:《反垄断法与经济学》,任勇等,译,法律出版社2009年版,第37页。

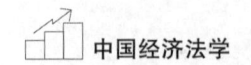

2. 欧洲国家竞争法的价值目标演化

欧洲国家的竞争法的产生和发展有两个方面,其中反不正当竞争法是其土生土长的产物,而反垄断法则深受美国影响。因此,对欧洲竞争法价值的演化我们分别从反垄断法和反不正当竞争法两方面探讨。

第一,欧洲反垄断法的价值演化。欧洲发达国家反垄断法的产生和发展与美国不同,直到二战结束,这些国家几乎还没有制定反垄断法。二战后,主要发达国家受美国影响才相继制定了反垄断法,其反垄断法的价值观念并非一成不变,这种变化与反垄断法在欧洲国家社会经济发展中的地位相关。欧洲国家反垄断法对欧洲国家经济发展影响大体上经历了两个阶段变化。即从二战结束至20世纪90年代前和20世纪90年代以来。

二战结束后,由于美国世界霸主地位的确立,美国出于从政治、经济统治世界的需要,西方国家基于对美国的依赖,反垄断法才在西方发达国家从形式上得以产生和发展,其表现在许多发达国家在战后都制定了反垄断法。[1] 虽如此,但在实践中,直到20世纪80年代末,反垄断法一直没有发挥多大作用。20世纪80年代末以来,随着冷战的结束,经济全球化的进展,各国对市场经济的优越性及弊端取得的共识越来越多,反垄断法才真正成为这些国家现代市场经济的根本之法。因此,欧洲主要国家的反垄断法的宗旨或价值目标,就是20世纪90年代以来的现代反垄断法的目标,即保护竞争而非竞争者,或者说主要保护的是竞争而非竞争者。

第二,欧洲反不正当竞争法的价值目标的演化。欧洲是反不正当竞争法的发源地,抛开早期法国运用民法1382条侵权责任的一般条款对仿冒侵权这种不正当竞争行为的规范不谈,德国于1896年和1909年制定了世界上第一部专门的反不正当竞争法,对其后世界各国及国际反不正当竞争法产生了很大影响。[2] 综观欧洲国家反不正当竞争法的发展,其价值目标在20世纪90年代以来正在发生变化,即从对竞争受害者(包括竞争者和消费者)的保护,转向对竞争的保护。其表现在两方面:一是判定不正当竞争行为的标准的转化,即从以传统民法的诚实信用原则演化而来的"诚实习惯做法"的标准,转向"竞争目的的不正当竞争行为标准"。二是除明确传统保护竞争者和消费者利益外,市场不受扭曲的公共利益被明确承认为受反不正当竞争法保护的目的。[3]

(三) 竞争法价值目标的演化趋势及意义

从竞争法的价值目标的历史演变看,早期竞争法虽然意识到竞争行为造成的损害具有特殊性,需要一种新型的独立的法律制度来规范。但由于早期损害竞争的形式,通常以损害竞争者而间接损害竞争的形式为主,加之,当时自由主义的个人主义观念在政治哲学,以及由此决定的以保护个人权利和个人利益为中心的观念在法律中处于绝对的统治地位,因此,竞争法的价值性目标是以保护竞争受害者,特别是保护竞争者为目标的,而保护竞争只是一

---

[1] 如英国《1948年独占及限制行为调查管制法》制定于1948年;德国《反对限制竞争法》制定于1957年;欧盟1957年罗马条约第85条及85条;而法国直到1986年制定出《关于价格和竞争自由的法律》之前,其反垄断法并没有架构统一、体系严密的法典。最早可追溯到1953年8月9日531704号条例。对法国反垄断法历史的详细描述可参见何之迈:《公平交易法专论》,中国政法大学出版社2004年版,第15—20页。

[2] 对国际反不正当竞争影响体现在《巴黎公约》1900年以后的修订中,该公约1883年签订,但当时并没有规定不正当竞争条款,1900年在公约中纳入不正当竞争的内容,其后在多次修订中不断丰富完善。

[3] 对该转化的较详细论证参见孔祥俊:《反不正当竞争法新原理(原论)》,法律出版社2019年版,第139页。

种无意识的结果。这时,法律人对于竞争法保护竞争的观念最多只有一些理论直觉,还没形成理论自觉。

随着市场经济发展,损害竞争行为形式的多样化和复杂化,特别是大量无直接受害竞争者的纯粹损害竞争现象的出现,如反不正当竞争法中的不正当有奖销售行为,反垄断法中的经营者集中或政府的规范性文件限制竞争等,以及 20 世纪中叶以来,在政治哲学的论战中反自由主义观念的合理思想被自由主义所吸收,竞争秩序及体现于其上的、超越于当下所有市场主体利益之和的利益——公共利益的重要性日益彰显,使得竞争法以保护竞争而非竞争者为目标成为法律人的理论自觉。且只要保护好竞争,所有市场主体的利益就自然而然地得到保护,因此,现代竞争法的主要目标,或者说目的性价值就是保护竞争,而非竞争受害者。但鉴于通过保护竞争受害者的方式,在有些损害竞争的情形中有利于实现保护竞争的目的,即具有工具性价值,加之,法律人存在有浓浓的保护个人权利的情结,因此,在竞争法的价值目标中仍保留对竞争受害者的保护也无可厚非。可见,这两种价值目标,是不同层次的、相辅相成的,而非同一层次的相互对立的。

竞争法的宗旨或价值目标对竞争法的实践具有非常重要的意义,因为任何法律都不可能对需要规范的行为做出全面的规定。当一个行为在法律上没有明确规定是合法还是违法的时候,立法宗旨就会对法律的模糊性条款,以及法律的一般条款的解释具有指导作用。

三、竞争法的形式、体系及其关系

竞争法在不同国家具有不同的表现形式,不同的表现形式体现着不同国家对竞争法内不同法律及其关系的理解的不同。下面就竞争法的不同表现形式,及其竞争法不同部分的关系予以简单介绍。

(一)竞争法的表现形式

受两大法系影响,世界各国竞争法的表现形式可分为两种,即法群式竞争法和法典式竞争法。

1. 法群式竞争法

在英美法系国家,没有划分法律部门的传统,同时,司法实践对立法影响很大。因此,法律上对市场竞争行为的全面规范,或者对市场竞争秩序的全面调整,并没有形成独立的竞争法或反不正当法、反垄断法的概念。有关竞争的法律规范体系是由众多的法律文件以及相应的司法判例构成的。我国学者一般称其为"法群式竞争法"。例如,美国竞争法体系的核心是由 1890 年的《谢尔曼法》、1914 年的《克莱顿法》和《联邦贸易委员会法》三个基本的法律。这个体系中还包括国会对上述三个法律进行修订而颁布的若干法律或修正案,如《罗宾逊——帕特曼法》《惠勒——李法》《哈特——斯各特——罗迪诺法》等,以及司法部反托拉斯局和联邦贸易委员会颁布的《合并指南》,还有美国最高法院和各级联邦法院对托拉斯案件和不正当竞争案件所作的判决。

如果说美国竞争法体系还有《谢尔曼法》等成文法作为整个法的群统帅,英国的竞争法体系则更为典型地反映了法群式的特点,直到 20 世纪 50 年代既没有统一的名称、规则和形式,而是由相关法律规范组成的集合。其竞争法是由大量的有关限制性贸易行为的司法判例发展起来的。只是到二战后受欧盟影响才陆续通过了《垄断和限制性贸易管理调查和管理法》(后被《公平交易法》替代)、《限制性贸易惯例法》《转售价格法》《公平贸易法》等一系列

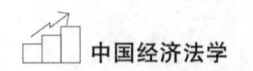

调整市场竞争关系的法律。

2. 法典式竞争法

在大陆法系国家,成文法与法典化是立法的主要形式,因此制订内容全面、结构严谨的竞争法是大陆法系国家的习惯做法。但由于各国竞争法发展的历史背景不同,其立法形式也存在着差异,大体上可分为两类:(1)二元立法模式(德国,1909 年制定《反不正当竞争法》,1957 年制定《反对限制竞争法》;日本,1933 年制定《反不正当竞争法》,1947 年制定《禁止私人垄断及确保公正交易法》)。(2)一元立法模式(匈牙利 1984 年制定的《禁止不正当经济活动法》,我国台湾地区 1991 年制定的《公平交易法》)。①

(二) 竞争法的体系及其关系

从世界竞争法发展史看,反不正当竞争法与反垄断法是两个密切联系,但又各自独立发展的法律。如果把对市场竞争行为的规范,或者把对市场竞争关系的调整的法律规范统一称为"竞争法",那么,二者就是竞争法的两个重要的组成部分,即竞争法的体系由二者构成。二者的关系可从区别与联系两方面说明。

1. 二者的区别

反不正当竞争法与反垄断法的区别主要有三个方面。(1)从历史看,反不正当竞争法源于侵权法,特别是"冒充"侵权(私法观念,权利本位)。由于其有悖于"诚实""善良""信用"等道德和风俗习惯,因此被社会一致地反对,从而为法律所禁止。而反垄断源于对限制性商业行为的管制(社会法观念、社会本位、秩序),19 世纪末才得以产生,因其行为是传统法中个人意思自由的必然,加之有一定的合理性,因而真正在世界范围被接受只是 20 世纪 80 年代后。(2)从调整竞争关系的角度看,反垄断法力图创造一个开放的(自由的)、公平的竞争环境(保护竞争);反不正当竞争法则引导市场主体的具体竞争行为;以防不公正竞争行为之害(保护竞争者)。(3)从在竞争法中的地位看,由于市场经济的本质或生命力就在于竞争,因而,反垄断法被称为"市场经济大宪章"。

2. 二者的联系

在现实经济生活中或市场经济运行中,不正当竞争与垄断联系密切,互为因果,垄断往往是竞争高度激烈的结果,同时也是不正当竞争追求的目标;而垄断一经形成,一方面限制、抑制了竞争,另一方面又刺激、加剧了不正当竞争行为的运用。二者往往交织在一起,这在限制性商业行为上表现得尤为突出。(如价格歧视,搭售往往是垄断者常用的手段,但本身也是不正当竞争行为)。

不正当竞争与垄断在经济生活中的密切关系必导致有关规制二者的法在立法上的关联,这种关系不仅体现在二法相互配合,共同规范市场竞争过程,还体现在以下几个方面:(1)立法形式上的交叉或合并(日本,匈牙利,韩国)。(2)从执行机构来看,许多国家以一个统一的机构来实施两法,如美国的联邦贸易委员会,日本的公平交易委员会,英国的公平贸易署。(3)从救济方面,既有私人的损害赔偿之诉,又有刑法上的监禁和罚金,同时还受行政机关的执行监督。

---

① 二元立法模式和一元立法模式,又称分别立法模式和合并立法模式。其较为详细的介绍可参见王晓晔:《竞争法学》,社会科学文献出版社 2007 年版,第 12—14 页。

可见,二者之间虽有差异,但存在着相互补充、相互交叉的关系。[①]

四、竞争法的特征

竞争关系的广泛性与多样化,使得竞争法的调整范围广泛,规范多样化,与其他法律比较,竞争法有许多鲜明特征,具体讲有以下特征。

(一) 规范性质的综合性

从竞争法规范的法律性质看,竞争法是一个集刑法、民法、行政法规范于一体,熔实体法与程序法于一炉的统一的法律体系。按税法学者对领域法的界定,竞争法也可以说是领域法。[②] 竞争法领域的规范包括所有传统部门法的规范形式。

就采取分立模式立法国家来说,反不正当竞争法因主要规范的是市场主体的经营行为,以防止对其他市场主体及对竞争造成损害,民事性法律规范较多,一般多作为民事法律看待,司法程序和法律责任与一般民商案件几乎相同;反垄断法则以专门设立的执法机关防止违法行为的发生为主导,与公法(行政法)的规范相近,是典型的经济法。

采取法群式立法和采取合并立法模式国家来说,竞争法则完全是"诸法合一"状态,以美为例,其竞争法的三大支柱《谢尔曼法》《克莱顿》与《联邦贸易委员会法》,《谢尔曼法》重在反垄断,兼具刑法、民法性质。《克莱顿》基本属于民事法律范畴,《联邦贸易委员会法》以反不正当竞争为主,则是民法、行政法的混合体。且每部法都有实体性与程序性规定。由于美竞争法对各国竞争法影响颇大,这种"诸法合一"的特征也就在多数国家的竞争法中凸显出来,成为竞争法区别于其他法律制度的主要特征。

这一特征与其形成的历史背景有关,政府既然要规范市场运行,在法治社会就必然要从法律上明确政府规范市场运行的方式和程序,以约束政府规制本身的行为,避免规制适当对市场竞争秩序造成损害。

(二) 规范内容的差异性

竞争法规范内容的差异性主要体现在两个方面,即竞争法规范的内容因国家的不同而不同,以及因时期的不同而不同,因此,竞争法内容具有国别差异性和时期差异性。

1. 国别性

竞争法是国家干预市场经济关系或者规范市场运行秩序的重要手段,因此,竞争法就与各国的经济发展阶段、发展状况及政府的经济政策休戚相关。由于各国市场经济发展的阶段和发展的水平不同,以及各国市场文化,特别是竞争文化不同,企业的竞争行为或竞争方式也就不同,加之,各国政府采取的经济政策各异,因此竞争法、特别是反垄断法呈现出强烈的国别性。

2. 时期性

即使同一国家,在经济发展不同时期,由于产业结构和市场竞争方式的变化,以及经济学主流观念对竞争认知的变化,竞争法约束竞争行为的宽严尺度也有很大差别。这不仅从反垄断法的立法从结构主义向行为主义转变得以说明,也可从美国执法实践对合并态度的

[①] 对二者关系的说明,还可参见王晓晔:《竞争法学》,社会科学文献出版社 2007 年版,第 17—21 页。
[②] 有关领域法的基本含义可参见刘剑文:"超越边缘与交叉——领域法学的概念提出及功能定位",载《中国社会科学报》2019 年 1 月 4 日,第 5 版。

变化就可以说明。[①] 1950 年的《塞勒——克弗维尔法》提出"早期预防"原则,力图在"集中可能损害竞争的趋势"时制止企业合并,在有些案例中,参与合并的各企业合计占有市场的份额不足 10% 也遭禁止。1973 年石油危机后,面临德、日经济冲击,对企业合并限制淡化,20 世纪 80 年代至今,合并令人瞠目。[②]

(三) 规范对象以经营者的经营行为为主

竞争法是规范竞争行为的法律规范,是典型的行为法,其主要规范的是经营者(主要是企业)的竞争行为。事业单位和社会组织一般不是竞争法规制的对象,但如它们进行企业化管理,以自身的收入维持自身,并获得发展,这些事业单位实际上参与市场竞争活动,其竞争行为也受竞争法的规范约束。另外,一些事业单位或组织如医院、学校等,在个别情况下也可能因其行为的不当性而进入竞争领域,如医院在选购、使用医药用品时向厂家索要高额回扣,中小学强制学生购买学校联系的高价文具等,也触犯了我国《反不正当竞争法》的规定。

国家经济机关的经济行为作为竞争法规范的对象,在我国与国外不同,国外市场经济产生和发展的历史及其市场经济运行的现状,决定了其竞争法主要体现为对相关的竞争法执法机关的行为进行的约束。而我国的市场经济是从计划经济向市场经济转轨过程中逐渐形成的,加之,我国社会主义市场经济体制本身的特性,因此,在我国的市场经济运行中,经济机关的经济行为对市场竞争影响较大,行政性垄断的存在,以及一些经济行政机关制定的有关促进经济发展的规范性文件存在的对竞争的限制和不正当干预不可避免地存在。因此,我国现行竞争法还对机构及行政机关损害竞争的行为予以规范。

(四) 多样化的救济手段和严厉的法律责任

竞争法多样化的救济手段从竞争法的实施方式即包括执法和司法,其中执法包括具体执法和抽象执法。司法的诉讼包括私人诉讼和公益诉讼,公益诉讼又包括各种类型等,这些多种多样的实施方式就可体现。这从竞争法的相关规定和竞争法的实践中不难发现,这里不再赘述。多样化和严厉的责任主要体现在以下几方面。

1. 责任形式多样

总的来说就是包括民事、刑事和行政三大责任。如民事责任形式的赔偿、修改行为等;刑事责任形式的监禁、罚金等;行政责任形式的禁止合并、解散垄断企业、分割大企业、信誉罚和[③]吊销营业执照等不同的行政责任。

2. 法人与行为人双罚原则

这在国外一些国家的反垄断法中予以规定,如美国、日本、韩国等对违反竞争法的法人和行为人实行双罚原则。我国反垄断法起初没有接受双罚制,但在 2022 年修正中增加

---

① 一般认为,这一转变源于产业经济学对垄断认知的主流理论的转变,以及由此引起反垄断法界所信奉的经济学理论的转化,即从信奉哈弗学派的理论转向接受芝加哥学派的理论。

② 20 世纪末典型的合并(经营者集中)案有,1996 年波音与麦道飞机制造公司合并,几乎消灭美国国内飞机制造市场的竞争局面;1998 年美国国民银行与美洲商业银行以总资产 5 700 亿美元合并成为最大的银行;美花旗银行以 800 亿美元鲸吞了旅行者集团,创造了当时有史以来最大的并购案。

③ 这是我国 2002 年反垄断法修正时新增设的责任形,我国《反垄断法》第六十四条规定:"经营者因违反本法规定受到行政处罚的,按照国家有关规定记入信用记录,并向社会公示。"我国《反不正当竞争法》第二十六条规定与之类似。

— 242 —

了双罚制。①

3. 多倍赔偿责任

这种责任形式源于美国《谢尔曼法》，该法规定如果垄断行为损害了公共利益，相关的受害人可以提起三倍赔偿之诉。这种责任形式被许多国家接受（我国台湾地区把此观念扩及反不正当竞争法，而我国反垄断法没有接受这一观念）。

4. 连续处罚制度

这种责任形式也是源于美国，美国对不执行法托拉斯主管机关或法院的"停止令"的行为，可以按日处以罚金。我国台湾地区的《公平交易法》也有类似的规定。②

第二节　反不正当竞争法

本节主要对反不正当竞争法的基本理论范畴和不正当竞争的具体行为予以介绍，在此基础上对不正当竞争行为做类型化研究。

一、基本理论范畴

为避免与第一节竞争法基本理论重复，这里对于反不正当竞争法的基本理论范畴仅介绍两个具有其特点的理论，即反不正当竞争法的立法形式和一般条款。

（一）反不正当竞争法的立法形式

不正当竞争行为虽在市场经济发展中普遍存在，但各国由于法律文化和市场惯例不同，以及随着市场经济发展，不正当竞争类型的差异，各国的反不正当竞争法的立法形式也各不相同。目前，为有效制止形形色色的不正当竞争行为，各国乃至国际社会都从立法上对不正当竞争行为做出相应的界定。就各国法律对此的规定看，对不正当竞争行为规范的法律可分为三种形式（模式）。

1. 三种立法模式

（1）概括式立法。这种立法模式的反不正当竞争法，在法律中只规定不正当竞争的一般性或定义性条款，而不列举具体的不正当竞争行为形式，如瑞士、土耳其、葡萄牙等。这种法律的优点在于，其适用性强，有利于法律的稳定。但对司法和执法来说，对每一种具体的不正当竞争行为都要分析，且可能产生相同性质的案件不同裁决的想象，对执法和司法人员的法律素养要求高，增加了执法和司法的难度和成本。

（2）列举式立法。这种立法模式的反不正当竞争法，在法律中不对不正当竞争行为归纳出一个定义性条款，而是直接列举各种不正当竞争行为的表现形式，如日本、匈牙利等。

---

① 我国《反垄断法》第五十六条第一款规定："经营者违反本法规定，达成并实施垄断协议的，由反垄断执法机构责令停止违法行为，没收违法所得，并处上一年度销售额百分之一以上百分之十以下的罚款，上一年度没有销售额的，处五百万元以下的罚款；尚未实施所达成的垄断协议的，可以处三百万元以下的罚款。经营者的法定代表人、主要负责人和直接责任人员对达成垄断协议负有个人责任的，可以处一百万元以下的罚款。"

② 该法第四十一条规定：公平交易委员会对违法者做出限期命其停止、改正其行为或采取必要更正措施，的处罚时，行为人"逾期仍不停止、改正其行为或未采取必要更正措施者，得继续限期命其停止、改正其行为或采取必要更正措施，并按次连续处新台币十万元以上五千万元以下罚锾，至停止、改正其行为或采取必要更正措施为止"。

这种法律的优点在于,简单明了有利于司法和执法中的操作,相同性质的案件产生同一裁决。但对于经济发展中出现的新的不正当竞争行为难以处罚,易于出现法律滞后。

(3) 概括兼列举式立法。这种立法模式的反不正当竞争法,在法律中一方面通过对不正当竞争行为的定义,揭示不正当竞争行为的一般特征和基本内涵,以此作为认定不正当竞争行为和适用法律的原则性依据,另一方面,又对不正当竞争行为进行具体罗列,对于何为不正当竞争行为,可以一目了然、清楚明白,不易发生认识的偏差。这种法律相对兼具上述两种方式的优点,在一定程度上又可避免上述两种法律形式的缺点。

2. 国外的普遍做法与我国的选择

(1) 多数国家的做法

正是由于第三种立法方式具有明显的优点,世界上许多国家的反不正当竞争法采取这种立法方式,其中,德国最具代表性。德国在1906年以《反不正当竞争法》替代了1896年的《抵制不正当竞争法》,并引入一般条款,该法在第一条规定:"在商业交易中以竞争为目的而违反善良风俗,可向其请求停止该侵害和损害赔偿。"[①]此外,该法又列举了虚假宣传、不当广告、不当价格说明和商业诽谤等具体不正当竞争行为类型。

(2) 我国的立法模式

我国也采用了概括加列举相结合的立法模式,《反不正当竞争法》第2条第1款和第2款规定:"经营者在生产经营活动中,应当遵循自愿、平等、公平、诚信的原则,遵守法律和商业道德;本法所称的不正当竞争行为,是指经营者在生产经营活动中,违反本法规定,扰乱市场竞争秩序,损害其他经营者或者消费者的合法权益的行为。"然后在第二章列举了七类不正当竞争行为,严格意义上是六类加网络专条。[②]但我国《反不正当竞争法》第2条是对不正当竞争行为的表述是不是一般条款,学术界虽有不同看法,但多数观点认为其具有一般条款的性质。而从司法和执法实践来看,有关国家机关实际上已将其当作一般条款看待。

(二) 反不正当竞争法的一般条款

上述研究说明,我国及世界多数国家的反不正当竞争法都规定有一般条款。所谓一般条款,是指规定执法机关在法律具体列举的不正当竞争行为以外,对认定其他不正当竞争行为要件的抽象或者概括的规定。而认定不正当竞争行为要件的关键,是对不正当竞争行为本质的揭示,与对不正当竞争行为予以界定相同。正因此,一般条款通常也被看作是定义性条款。可见,要真正理解一般条款,就必须了解不正当竞争的定义及其特性,在此基础上,还需了解其意义。

1. 不正当竞争行为的定义

许多国家或国际型组织在立法中规定不正当竞争行为的一般性或定义性条款的国家,但文字表述却不尽相同。德国《反不正当竞争法》规定为"在商业交易中以竞争为目的而违反善良风俗"的行为;《保护知识产权的巴黎公约》第10条第2款规定:"任何违背工商业中良好和诚实交易惯例的竞争行为,都是不正当竞争行为。"我国台湾地区《公平交易法》第24

---

① 该条内容的译文转引自孔祥俊:《反不正当竞争法新原理(总论)》,法律出版社2019年版,第224页。
② 主要是六种行为,2017年修订后,为应对数字经济时代,网络领域出现的不正当心情形,第十二条专门做了规定,但由于网络领域的竞争行为仍处不断的发展变化中,因此,该规定并非针对网络领域的某种具体类型的竞争行为的规范,可见,并非严格意义上的对不正当竞争行为的列举。因此,学者们称其为"网络专条"。

条规定,事业所为足以影响交易秩序之欺罔或显失公平的行为,构成不公平竞争行为。显然,各国对不正当竞争的定义性表述存在区别,但本质内容却极为接近,即一般都是从违反诚实信用、善良风俗或公平竞争的商业道德方面来揭示不正当竞争行为的内涵。所以,从本质来看,不正当竞争行为就是指经营者为了获得竞争优势,以违背诚实信用原则或公认的商业道德(惯例)的手段,从事的损害其他经营者或消费者合法权益,扰乱社会经济秩序的行为。

我国在《反不正当竞争法》的立法过程中,国务院提交全国人大常委会审议的《反不正当竞争法(草案)》第三条规定"本法所称不正当竞争,是指经营者在经营活动中,违背诚实信用的原则和公认的商业道德,损害或可能损害其他经营者合法权益的行为",而人大常委会修改了这一规定,于1993年《反不正当竞争法》出台时改为第二条的两款规定。但从实质看,其对不正当竞争行为的规定区别不大,且与国际社会通常的规定接轨,这一规定一直延续至今。

2. 一般条款的特征及其分析意义

从上述国内外相关法律对不正当竞争行为的一般定义的规定看,不正当竞争行为具有以下特性,这些特性也是判断行为是否属于不正当竞争的标准,或者说是分析一种行为是不是不正当竞争行为必须考虑的因素。

第一,不正当竞争行为的主体是经营者。根据国外反不正当竞争法,以及我国《反不正当竞争法》第2条第3款的规定,经营者是指从事商品经营或者营利性服务的法人、其他经济组织和个人。立法从行为性质和主体的类型这两个方面界定了经营者的范围。他们是不正当竞争行为的一般主体。

第二,不正当竞争行为的目的,是获得竞争优势,或者说获得更多的交易机会。这意味着,必定存在着对与其有竞争关系的竞争者交易机会的损失,以及由此导致竞争者的利益受损。这种损害是竞争性损害,因此,存在绝对损害与相对损害两种情形。绝对损害表现为销售额的下降,收益的减少。相对损害则表现为在销售额绝对量不下降,甚至增加的情况下,或者说在收益不减少,甚至增加的情况下,市场份额相对下降,收入与不正当行为实施者相比相对下降。

第三,不正当竞争行为是经营者违反公正、诚实信用原则,以及违背公认的商业道德或商业惯例的行为。违反公正、诚实信用原则,以及违背公认的商业道德或商业惯例是不正当竞争行为的基本属性。公正、诚实信用原则,以及商业道德和惯例有着广泛的内容,几乎涵盖民事或经济活动所应遵循的基本准则的各个方面。

第四,不正当竞争行为既具有损害竞争对手或消费者利益的民事侵权性,也具有对社会经济秩序,特别是竞争秩序的破坏性。不过,不正当竞争行为不以存在具体受害的竞争者和消费者为必要。

二、不正当竞争行为的具体形式

为了使反不正当竞争法得到遵守,以及便于实施,多数国家在立法中对不正当竞争行为的具体形式作了规定。我国在反垄断立法中吸收了其他国家的经验,以不正当竞争行为的内容或行为手段为标准,规定了六种不正当竞争行为。下面主要对几种行为的含义和表现形式,予以简单介绍。

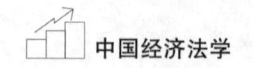

(一) 商业混淆行为[①]

1. 商业混淆行为的概念

商业混淆行为,是指经营者采用假冒的商业标志从事市场交易,使自己的商品或服务与竞争对手的商品或服务相混淆,造成或足以造成购买者误认误购的行为。对于不正当竞争行为,学术界和实务界从不同的角度使用着不同的称呼,有人称其为"欺骗性交易行为",有人称其为"采用欺骗性标志从事交易行为",执法部门习惯上称此类行为为"仿冒行为",《保护工业产权巴黎公约》和《反不正当竞争示范法》则称这类行为为"混淆行为"。我国法律使用"混淆行为",旨在强调违法行为人盗用特定竞争对手的商业标志,造成与竞争对手的商品或服务相混淆,而与此很类似的虚假宣传行为则没有假冒特定对手的商业标志,而是直接进行虚假标示和宣传,并以此误导他人。

2. 商业混淆行为的表现形式

这种行为据我国法律规定主要有三种形式。

(1) 擅自使用与他人有一定影响的商品名称、包装、装潢等相同或者近似的标识。这里的"有一定影响的",是指在市场上有一定知名度,为相关公众所知悉的商品,而相关公众是指与该商品发生或有可能发生交易关系的特定的购买层。有一定影响商品特有的名称、包装、装潢是相对于通用的商品名称、包装、装潢而言的。通用的商品名称、包装、装潢,是指在某一领域内已被该行业普遍使用的名称、包装、装潢,它们只表示某种商品的类别和归属,而不具有区别特定经营者的功能;特有的商品名称、包装和装潢非为相关商品所通用,并具有显著的区别性特征,能够区别同种商品的不同经营者。

(2) 擅自使用他人有一定影响的企业名称(包括简称、字号等)、社会组织名称(包括简称等)、姓名(包括笔名、艺名、译名等)。在市场活动中,企业、社会组织的名称和公民个人的姓名与商标、商品名称、商品的包装和装潢一样,都是经营者的营业标志,也是区别商品或服务来源的标志。企业名称或姓名体现了经营者通过付出努力和资本获得的无形财产,保护企业名称或姓名主要是保护附于企业名称或姓名之上的商业信誉。

(3) 擅自使用他人有一定影响的域名主体部分、网站名称、网页等。

(二) 商业贿赂行为[②]

1. 商业贿赂的概念和构成要件

(1) 商业贿赂的含义。指经营者为销售或购买商品而采用财务或其他手段贿赂对方单位或者个人,以获取优于竞争对手的竞争优势的一种不正当竞争行为。

(2) 商业贿赂的构成应具备以下要件:第一,商业贿赂的主体。商业贿赂分为商业行贿和商业受贿。根据现行法的规定,商业行贿的主体必须是经营者,即经营商品或提供服务的法人、其他经济组织和个人。商业受贿的主体是对方单位或者个人。其中,"对方单位"既

[①] 我国《反不正当竞争法》第六条规定:"经营者不得实施下列混淆行为,引人误认为是他人商品或者与他人存在特定联系:(一)擅自使用与他人有一定影响的商品名称、包装、装潢等相同或者近似的标识;(二)擅自使用他人有一定影响的企业名称(包括简称、字号等)、社会组织名称(包括简称等)、姓名(包括笔名、艺名、译名等);(三)擅自使用他人有一定影响的域名主体部分、网站名称、网页等;(四)其他足以引人误认为是他人商品或者与他人存在特定联系的混淆行为。"

[②] 我国《反不正当竞争法》第七条规定:"经营者不得采用财物或者其他手段贿赂下列单位或者个人,以谋取交易机会或者竞争优势:(一)交易相对方的工作人员;(二)受交易相对方委托办理相关事务的单位或者个人;(三)利用职权或者影响力影响交易的单位或者个人。"

可能是经营者,也可能是非经营者,"对方的个人"则为单位的代理人或其他负责人。第二,商业贿赂的主观方面。商业贿赂主体在主观方面必须具有故意。行贿的目的是推销或购买商品,以排斥其他经营者的正当竞争,使自己获取交易机会或有利的交易条件。受贿的目的是获取非法利益。第三,商业贿赂的客观方面。商业贿赂在客观方面表现为经营者销售或购买商品,采用财物或其他手段贿赂对方单位或个人的各种行为。所谓财物,是指现金和实物;所谓其他手段,是指现金和实物之外的其他利益,如提供各种名义的国内外旅游、考察等。第四,商业贿赂的损害客体。商业贿赂行为首先妨碍了其他经营者的正当竞争和正常的经营活动,损害了他们的公平竞争利益。此外,商业贿赂行为还扰乱了正常的经济秩序,干扰了市场竞争机制作用的发挥。

2. 商业贿赂与相关行为

(1) 商业贿赂与回扣

回扣是指经营者在销售商品时账外暗中向买方退还一定比例的钱财及其他报偿,以争取有利的交易条件和交易机会的行为。

回扣是商业贿赂的一种典型、常见的表现形式,商业贿赂除了表现为给予和收受回扣外,还有其他的形式。与一般商业贿赂相比,回扣具有一些独特之处:(1)一般商业贿赂不仅包括出卖人给予买受人财物或其他利益,也包括买受人给予出卖人财务或其他利益,而回扣只能由出卖人给予买受人,不能由买受人给予出卖人。(2)回扣是商品价款的一部分,而用于支付一般商业贿赂的款物则不一定是商品的价款。(3)回扣必须是账外暗中给付,一般商业贿赂则不以账外暗中为必要。

(2) 商业贿赂与折扣、佣金

折扣,是指商品销售者以公开明示的方式在原定价格基础上给买方一定比例的价格优惠。折扣与回扣是有区别的。首先,折扣是一种合法行为,为法律所保护,回扣是一种非法行为,为法律所禁止。其次,折扣是公开给付,且如实入账,回扣则账外暗中退还。再次,折扣只能给对方单位,不能给其职员或代理人,回扣既可以给对方单位作为交易相对人的财产,也可以给其职员或代理人成为个人的财产。

佣金,是指在市场交易中,中间人为委托人提供中介服务而获取的报酬。接受和支付佣金必须以公开明示的方式进行,且须如实入账,否则就可能变成商业贿赂行为或其他违反财经法纪的行为。

折扣和佣金都是市场交易中常见的合法现象,《反不正当竞争法》之所以对其做出规范,主要目的在于划清商业贿赂与折扣、佣金的界限,并防止以折扣或佣金之名行商业贿赂之实。

(三) 虚假宣传行为[①]

1. 虚假宣传行为的概念

(1) 概念。虚假宣传行为,也称为欺骗性商业宣传行为,是指经营者通过在商品上进行虚假标示,或者以广告及其他方法,对商品或服务的质量、制造成分、性能、价格、产地等情况作引人误解的虚假宣传的不正当竞争行为。

[①] 我国《反不正当竞争法》第八条规定:"经营者不得对其商品的性能、功能、质量、销售状况、用户评价、曾获荣誉等作虚假或者引人误解的商业宣传,欺骗、误导消费者。经营者不得通过组织虚假交易等方式,帮助其他经营者进行虚假或者引人误解的商业宣传。"

（2）虚假宣传行为与商业混淆行为的关系：第一，联系。都是采用虚构事实或者隐瞒真实情况的手段欺骗购买者，都具有欺骗性。第二，区别。虚假宣传不像商业混淆那样通过冒充特定竞争对手的商品和服务来误导消费者，不侵犯竞争对手的知识产权，而是直接进行虚假标示和宣传，以此误导他人。

2. 虚假宣传的表现形式

（1）在商品上进行虚假标示

在商品上进行虚假标示是指经营者在商品或其包装的标识上，对商品的质量标志、产地及其他情况作不真实的标注，欺骗购买者。具体情况有：伪造或冒用认证标志、名优标志等质量标志；伪造产地；在商品上对产品的性能、规格、等级等进行引人误解的虚假标示。

（2）其他虚假宣传

如在经营场所内对商品的演示、说明、解释以及其他文字标注，通过产品座谈会、鉴定会、庆典等公共场合所作的商品宣传和介绍等。

（3）组织虚假交易。

（四）侵犯商业秘密行为[①]

1. 商业秘密的概念、构成要件和种类

（1）概念。商业秘密是指不为公众所知悉、具有商业价值并经权利人采取相应保密措施的技术信息、经营信息等商业信息。这一定义不仅概括了商业秘密的诸项构成要件，而且还规定了商业秘密的外延。

（2）商业秘密的构成要件有三个方面：第一，秘密性，即商业秘密所包含的客体必须是不为公众所知悉的信息，也就是公众不能从公开渠道直接获取的信息。第二，经济性，具有商业价值性，即该信息具有确定的可应用性，能为权利人带来现实或潜在的经济利益或竞争优势。第三，保密性，权利人对该信息采取了适当的保密措施。

（3）类型。反不正当竞争法将商业秘密分为两类，一类是技术信息，另一类是经营信息。这是根据商业秘密所包含的信息的不同内容所作的分类。技术信息是有关生产制造方面的信息，包括有关生产工艺、配方、设计、方法、程序和技巧等知识信息。经营信息是有关经营、管理和决策方面的信息，涉及经营者的企业组织机构、财务、人事、经营等多个领域，包括资信状况、财务预测、资产购置计划、产销策略和计划、广告计划、管理诀窍、客户名册、原料来源以及投资计划等。

2. 侵犯商业秘密行为的种类

（1）以盗窃、利诱、欺诈、胁迫或其他不正当手段获取权利人的商业秘密。

（2）披露、使用或者允许他人使用以前项手段获取的权利人的商业秘密。

（3）违反约定或违反权利人有关保守商业秘密的要求，披露、使用或允许他人使用其所掌握的商业秘密。

（4）教唆、引诱、帮助他人违反保密义务或者违反权利人有关保守商业秘密的要求，获

[①] 我国《反不正当竞争法》第九条规定："经营者不得实施下列侵犯商业秘密的行为：（一）以盗窃、贿赂、欺诈、胁迫、电子侵入或者其他不正当手段获取权利人的商业秘密；（二）披露、使用或者允许他人使用以前项手段获取的权利人的商业秘密；（三）违反保密义务或者违反权利人有关保守商业秘密的要求，披露、使用或者允许他人使用其所掌握的商业秘密；（四）教唆、引诱、帮助他人违反保密义务或者违反权利人有关保守商业秘密的要求，获取、披露、使用或者允许他人使用权利人的商业秘密。"

取、披露、使用或者允许他人使用权利人的商业秘密。

3. 商业秘密的法律保护

（1）我国商业秘密保护的立法模式

现行立法主要是将侵犯商业秘密的行为归为不正当竞争行为，在竞争法中予以规范。此外，其他法律中也有一些零星规定。如合同法规定了当事人在合同缔结、履行过程中及终止后的保密义务，劳动法规定了当事人可以在劳动合同中约定保守用人单位商业秘密的有关事项，刑法规定了侵犯商业秘密罪。一些行政法规及部门规章中也有关于商业秘密的规定。这是一种比较分散的立法模式。由于此种立法模式缺乏系统性和协调性，学术界有人提出应借鉴域外经验，制定统一的《商业秘密保护法》。这是有先例可循的，例如美国有《统一商业秘密法》，英国有《保护商业秘密权利法》等。

（2）保护商业秘密的一种重要法律制度——竞业禁止制度

竞业禁止，就是禁止从事竞争性营业，它是指负有特定义务的工作人员在任职期间或离职后的一定期间内不得从事与权利人相同、相似或有密切联系的以获取经济利益为目的的竞争性营业行为。分为法定的竞业禁止和约定的竞业禁止。前者如公司法规定："董事、经理不得自营或者为他人经营与其所任职公司同类的营业"；后者如在劳动合同中除订立保密条款外，还订立竞业禁止条款。

（五）不正当有奖销售行为[①]

1. 有奖销售

要理解不正当有奖销售，首先需了解有奖销售。有奖销售是指经营者以提供金钱、物品或者其他利益作为奖励手段推销商品或者服务的销售行为。它包括附赠式有奖销售和抽奖式有奖销售两种基本形式。附赠式有奖销售是指经营者向购买某种商品的所有购买者附加赠与金钱、物品或其他经济利益，抽奖式有奖销售是指经营者以抽签、摇奖或其他带有偶然性的方法决定购买者是否中奖的有奖销售方式。在抽奖式有奖销售中，作为奖励的奖金、奖品或其他经济利益往往与销售的商品之间不存在某种内在的联系，因此具有更大的偶然性和投机性。

2. 我国法律规定的不正当有奖销售行为

（1）欺骗性有奖销售行为

这类行为常见的有以下表现形式：第一，谎称有奖而其实没奖或者对所设奖的种类、中奖概率、最高奖金额、总金额、数量及质量等作虚假不实的表述。第二，采用不正当手段故意让内定人员中奖。

（2）最高奖金额超过五万元的抽奖式有奖销售

最高奖金额超过五万元的抽奖式有奖销售，会不适当地影响消费者的购买决定，传递错误的市场信息，扭曲公平竞争关系，不当排挤其他经营者正当的经营活动，扰乱市场竞争秩序，因此被规定为不正当竞争行为。

（3）难以兑奖。所设奖的种类、兑奖条件、奖金金额或者奖品等有奖销售信息不明确，

[①] 我国《反不正当竞争法》第十条规定："经营者进行有奖销售不得存在下列情形：（一）所设奖的种类、兑奖条件、奖金金额或者奖品等有奖销售信息不明确，影响兑奖；（二）采用谎称有奖或者故意让内定人员中奖的欺骗方式进行有奖销售；（三）抽奖式的有奖销售，最高奖的金额超过五万元。"

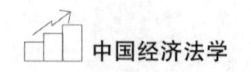

影响兑奖。

(六) 商业诋毁行为[①]

1. 商业诋毁行为的概念和构成要件

(1) 概念。商业诋毁行为,或称商业诽谤行为,是指经营者自己或者利用他人,通过捏造、散布虚假事实等不正当手段,损害竞争对手的商业信誉和商品声誉,削弱对手竞争能力的行为。

(2) 构成商业诋毁行为应具备以下要件:第一,行为主体是经营者,经营者之外的单位或消费者对经营者的产品质量或服务批评失当,甚至诋毁、诽谤的,应认定为侵害名誉权的行为;第二,经营者实施商业诋毁行为是出于削弱竞争对手竞争能力的目的,在主观上通常必须具有故意;第三,客观上采用了捏造、散布虚假事实或歪曲真实事实的做法;第四,经营者捏造、散布虚伪事实,实际损害了或可能损害竞争对手的商誉。商誉是商业信誉和商品声誉的概称,有时则仅是对商业信誉的简称。所谓商业信誉,是指经营者通过公平竞争和诚实经营所取得的良好的社会综合评价。而商品声誉实际上是经营者商业信誉的一个组成部分,它是对经营者制造或经销的某种特定商品或服务的良好的社会评价。[②]

2. 商业诋毁行为的主要表现

现实生活中,经营者诋毁竞争对手商誉的行为形形色色、多种多样,归纳起来,主要有以下几种。

(1) 经营者在公开场合,用散发公开信、召开新闻发布会、在媒体上刊登广告等形式,捏造、散布虚假事实,贬低竞争对手。

(2) 经营者利用虚假广告或比较广告,对自己的商品进行不符合事实的宣传,以贬低竞争对手,抬高自己的地位。

(3) 在对外经营过程中,向业务客户或消费者变造、散布虚假事实,损害竞争对手的商业信誉和商品声誉。

(4) 直接在商品的包装或其他说明书上,对竞争对手的同类商品进行贬低。

(5) 组织人员,以顾客或消费者的名义,向有关管理部门作关于竞争对手产品质量低劣、服务质量差、侵害消费者权益等情况的虚假投诉,从而达到贬损其商誉的目的。

(七) 网络专条

随着数字经济时代的到来,平台企业利用网络从事经营的过程中,常有不正当竞争行为发生,这些对反不正当竞争法的实施提出了挑战,于是我国反不正当竞争法在 2018 年修订中,于第二十条专门增加了对网络经营行为的规定。

该规定的基本内容为:经营者不得利用技术手段,通过影响用户选择或者其他方式,实施下列妨碍、破坏其他经营者合法提供的网络产品或者服务正常运行的行为:(1)未经其他经营者同意,在其合法提供的网络产品或者服务中,插入链接、强制进行目标跳转。(2)误导、欺骗、强迫用户修改、关闭、卸载其他经营者合法提供的网络产品或者服务。(3)恶意对其他经营者合法提供的网络产品或者服务实施不兼容。(4)其他妨碍、破坏其他经营者合法

[①] 我国《反不正当竞争法》第十一条规定:"经营者不得编造、传播虚假信息或者误导性信息,损害竞争对手的商业信誉、商品声誉。"

[②] 邵建东编著:《竞争法教程》,知识产权出版社 2004 年版,第 131 页。

提供的网络产品或者服务正常运行的行为。

三、不正当竞争行为的类型化

以行为造成的损害特性为标准对行为分类,是研究法律规范的目的、规范的方式,以及法律实施的途径的根本。这里我们以损害竞争的方式为标准,对不正当竞争行为予以类型化研究,在此基础上分析类型化研究的意义。

(一) 不正当竞争行为的分类

对不正当竞争行为的研究,据需要不同可按不同的标准进行分类。我国反不正当竞争法的立法基于法律实现的需要,即便于执法、司法和守法,据不正当竞争行为的手段或不正当竞争行为的内容把不正当竞争行为分为七种,而这七种不正当竞争行为按其损害竞争的性质或途径可分为两类,即纯损害竞争的不正当竞争行为和准损害竞争的不正当竞争行为。

1. 纯损害竞争的不正当竞争行为

纯损害竞争的不正当竞争行为,也是直接损害竞争的不正当竞争行为。这种不正当竞争行为直接指向或损害竞争本身没有具体的受害者。这意味着,其损害对象的性质是纯粹的竞争秩序本身,而损害竞争的途径是直接的。在我国反不正当竞争法所列举的不正当竞争类型中有三种属于这一类型的不正当竞争行为,即虚假宣传、商业贿赂和不正当有奖销售。

这种类型的不正当竞争行为是经营者的抽象经营行为的一种,它不是针对特定市场主体做出的。就对竞争的损害而言,它不是通过侵犯特定竞争者的权益,相对削弱特定竞争者的竞争力而相对增加自身竞争力的行为,而是通过不正当手段提高自身竞争力,以获得相对于所有竞争者的竞争优势的行为。就损害的利益而言,其损害的是良好竞争本身带来的利益,即有竞争力带来的技术创新、管理水平提高、服务质量提高等,以及由此产生的社会经济发展水平提高、价格公正低廉,产品服务多样等产生的公共利益,它能为所有消费者(购买者)所分享。

2. 准损害竞争的不正当竞争行为

准损害竞争的不正当竞争行为,也是间接损害竞争的不正当竞争行为。这种不正当竞争行为直接指向或损害特定经营者的私人权利。这意味着,其损害对象的性质是特定竞争者的与竞争力有关的私人权利,而损害竞争的途径是间接的。在我国反不正当竞争法所列举的不正当竞争类型中有四种属于这一类型的不正当竞争行为,即虚假宣传、商业贿赂、不正当有奖销售,以及新增加的"网络专条"。

这种类型的不正当竞争行为是经营者的具体经营行为的一种,它是针对特定的市场竞争者(同业竞争者),往往是针对同业竞争者中具有竞争优势的竞争者做出的。就对竞争的损害而言,它通过侵犯特定竞争者的权益,相对削弱特定竞争者的竞争力而相对增加自身竞争力的行为,除此之外其他竞争者并不受害。但这种行为如被广泛仿效,良好的市场竞争秩序就会遭到损害。因此,其对竞争的损害是间接的。就损害的利益而言,其损害的特定经营者的私人权利给其带来的私人利益,间接损害竞争,以及由良好竞争产生的公共利益。

(二) 类型化分析的意义

上述两类不正当竞争行为损害对象,以及损害竞争的方式不同,使得在反不正当竞争法发展过程中,虽然从保护竞争的目的出发,但从规范的行为类型看,出现了对反不正当竞争法的价值目标、规范的方式、保护的路径的不同,从而形成两种制度范式,相应的产生了两种理论范式,即保护受害者权益范式和保护竞争范式。[1]

1. 两种范式的制度形式

(1) 保护受害者范式又称为保护竞争者范式。由于在反不正当竞争法发展的早期,最先出现准损害竞争的不正当竞争行为,而这些行为又具有民法的侵权行为的属性,因此,这种范式实质上就是民法的侵权范式。而在现代市场经济中,由于通过损害竞争者的权利损害竞争的不正当竞争行为仍然存在,且利用这种制度范式有利于实现保护竞争的目的,因此,在竞争法的制度中仍保留了这种制度范式。这种制度范式在法律制度上有这样几点表现:第一,在立法目的或价值目标上,把保护竞争者利益和消费者利益作为立法目的之一。第二,在规范的方式上,体现为对与经营者的与竞争力有关的无形财产权(商业秘密、商标、商誉等权利)的保护。第三,在对不正当竞争行为的界定上,不注重行为目的是获得竞争优势,因此,对是否存在竞争关系不甚重视。从而使反不正当竞争法有遁入知识产权法之嫌。第四,在保护方式上,体现为注重受害者自己保护,主要以民事权利受害作为请求权的基础,提起损害赔偿之诉。

(2) 保护竞争范式。随着市场经济的发展,大量纯损害竞争的不正当竞争行为的出现,依保护受害者的制度范式难以遏制这类不正当竞争行为对竞争的损害,于是,产生了保护竞争的制度范式。这种范式属于经济法发展初来的新制度,因此,可以说是经济法范式,即保护秩序范式在反不正当竞争法上的体现。在法律制度上有这样几点表现:第一,在立法目的或价值目标上,把保护竞争和保护社会经济秩序作为立法目的之一。第二,在规范的方式上,体现为损害竞争行为的规制,表现为对不正当竞争行为的禁止,以及对损害竞争行为的惩罚。第三,在对不正当竞争行为的界定上,注重行为目的是获得竞争优势,因此,对是否存在竞争关系比较重视。第四,在保护方式上,体现为注重公共保护和社会保护,主要以执法机关执法,采取事前预防和事后惩罚,防止不正当竞争行为的发生,以及授予社会组织和公权力组织(如检察院)提起公益诉讼。

(3) 两种制度范式的关系。从反不正当竞争法的法律本身存在两种范式的制度来看,这两种制度范式是相辅相成的,而非冲突的,它们共同发挥作用才有利于竞争秩序的保护。但在我看来,它们并非都是用于反不正当竞争法所规范的全部行为,而是各有其适用的范围,或者所各有其规范的行为类型。

一般来讲,保护竞争范式的制度,主要在规范或者遏制没有具体受害的竞争者这类不正当竞争行为,亦即主要在于规范或者遏制纯粹的、直接损害竞争的不正当竞争行为。而保护受害竞争者范式的制度,则主要在规范或者遏制有具体受害的竞争者这类不正当竞争行为,亦即主要在于规范或者遏制间接的、准损害竞争的不正当竞争行为。

2. 两种理论范式对反不正当竞争法的解释

反不正当竞争法的两种理论范式源于竞争法学者基于不同的法律观念和思维对反不正当竞争法制度的解读,以及司法和执法实践中不同裁判或裁决的分析。但两种理论范式并

---

[1] 有关反不正当竞争法的范式的专门研究可参见孔祥俊:"论反不正当竞争的基本范式",载《法学家》2018年第1期。张占江:"不正当竞争行为认定范式的嬗变从'保护竞争者'到'保护竞争'",载《中外法学》2019年第2期。

不必然与两种制度范式对应。其实,现实中的学者或法律工作者之间可能主张不同的理论范式,但具体到个人往往只信奉一种理论范式,并以该范式指导其法律实践或研究。

受害者(竞争者)保护范式的社会观念基础是自由主义的个体主义,其法律观念是个人本位,在法律制度上体现为以个人权利为中心,其实质是民法的法律观念在反不正当竞争法中的体现。而保护竞争范式社会观念基础是共同体主义的整体主义,其法律观念是社会本位,在法律制度上体现为以"社会责任"为中心,其实质是现代社会新兴部门法的法律观念在反不正当竞争法中的体现。可见,保护竞争范式比保护竞争者(受害者)范式更符合反不正当竞争法作为现代法的特性。以这种理论范式解释反不正当竞争法,反不正当竞争法中的所有制度,即使是保护受害者范式的制度,其实质并不在于保护受害者,而在于利用保护受害者的制度能更好地实现保护竞争目的。

第三节　反垄断法

一、反垄断法的基本理论

(一) 反垄断法的核心范畴

从一般意义上讲,反垄断法是规范经营者利用其市场支配力限制竞争,或者通过建立垄断组织(经营者集中、协议)限制或意图限制竞争行为的法律规范的总称。实践中,由于各国的垄断组织形式不同,反垄断法的名称也不同,在反垄断法中,有两个最基本的范畴,即"垄断"与"限制竞争行为"弄清二者的含义及关系就可理解反垄断法。

第一,垄断的一般含义。垄断最早是一个经济学概念,是经济学对一种经济组织形式的界定。垄断作为一种经济组织或者带有普遍性的经济现象,出现于19世纪下半叶。其形式在不同国家因不同国家的社会经济发展情况,以及法律制度的不同而不同。在德国主要表现为卡特尔,在美国则表现为托拉斯。作为一种经济组织形式,垄断的产生导致了两方面的社会经济后果:一方面,垄断作为社会化大生产发展的必然产物,实现了局部(即垄断组织内部)的生产计划性和规模经济效益。相对资本主义早期自由竞争中整个社会生产的无政府状而言。有利于资源的优化配置和技术进步,因而是一种进步。但另一方面,垄断组织出现后,由于缺乏相应的法律约束,在竞争的外在压力和追求利益最大化的内在冲动作用下,其往往凭借强大的市场势力限制竞争,攫取高额垄断利润,从而抑制了竞争机制的活力,阻碍了技术进步和创新。正是垄断的这种双重性,各国法律对垄断组织并没有采取彻底消灭的态度,而是力图约束其不合理的一面而发挥其有利于社会的功能。

正是由于垄断同时具有"利与弊"的"双效性",各国反垄断法在规定作为本国反垄断法打击对象的"垄断"时都较谨慎,且文化传统,经济状况不同,各国打击的"垄断"或"垄断行为"也不完全一致,对"垄断"的界定的角度以及规制方式也有区别。因此大多数国家的立法中都没有使用"垄断"一词,而使用"滥用市场支配地位""独占""滥用市场支配力"等。可见,反垄断法上垄断虽与经济学的垄断有关,但又有区别,它是指组织与行为的结合,即从组织形态讲,经营者具有市场支配力,且滥用其市场支配力限制竞争。即反垄断法上的垄断是垄断组织滥用其垄断力量实施的限制竞争行为,其核心是限制竞争。

第二,限制竞争行为的含义。又称限制性商业惯例、限制性商业做法、限制性商业行为和限制性贸易行为等。是指各种限制竞争的协议、做法或行为等。随着经济学和法学对竞争研究的深入,对垄断危害的本质趋于一致,即垄断的本质就是限制竞争。于是反垄断法对竞争秩序的保护逐渐从对具有垄断力量的组织形态的关注转向对限制竞争行为的关注。于是,在法律中出现了限制性商业行为的概念。其基本的含义是指特定当事人之间签订协议,限制一方当事人或双方当事人从事特定活动或与第三人进行贸易的自由,如联合拒绝。以及垄断组织滥用市场地位限制竞争,即交易一方当事人利用市场优势地位将不公正的交易条件强加给对方,如搭售、纵向协议中的维持转售价格等。这样限制竞争行为就包括两种类型:一是单一主体滥用其市场优势地位而限制竞争的行为。二是两个以上的主体联合一致而限制竞争的行为。这种现象在国际贸易中也大量存在,正因此,为保护国际市场竞争秩序,联合国1980年制定的《控制限制性商业惯例的多边协议的公平原则和规则》对"限制性商业惯例"进行定了义,即"所谓限制性商业惯例",是指通过滥用或谋取滥用市场支配力量,限制进入市场或以其他方式不正当地限制竞争,对国际贸易特别是发展中国家的国际贸易及其经济发展造成或可能造成不利影响的做法或行为,或者通过企业之间的正式或非正式、书面或非书面的协议,或安排造成或可能造成同样做法或行为。

第三,"限制竞争行为"概念与"垄断"概念的关系。二者是不同的两个概念,但二者的后果是相同的,都限制、妨害了正当的市场竞争活动。实践中,有的国家在立法上把"限制性商业行为"分为广义和狭义,狭义的"限制性商业行为"仅指卡特尔协议这种由多个企业签订合同、合谋或采取一致行动来限制竞争的行为,而单个企业滥用其市场优势限制竞争的行为归入"垄断",这样这两个概念就有区分。而广义的"限制性商业惯例"与垄断基本相同,现代反垄断法通常把垄断与限制竞争行为等同。任何法律都有其特有的一般的理论,这些理论是理解该法律制度的基础,本节在对反垄断法基本理论介绍的基础上,主要就反垄断法的一般制度和特别制度作一介绍。

(二)反垄断法的两种规制方法

反垄断法按其规制的内容重心的不同,主要有两种规制方法或两种规制模式,即结构方法(或结构主义)和行为方法(或行为主义)。正是通过这两种方法,对竞争行为和市场结构的修正,反垄断法影响厂商的竞争行为,维护有效竞争。这两种规制方法在反垄断发展史上的地位和作用处于变化之中,在早期,反垄断法是以结构主义为主导的,而在现代反垄断法中,行为方法则占主导地位,结构方法只在个别情况下适用。此外,在实际运作中,反垄断法的实施主要取决于一国经济运行状况及当时的主流市场竞争观念。

1. 结构方法

对于结构主义或结构方法,我们主要应掌握其基本含义,以及影响市场结构的核心要素和一般要素。

(1)结构方法的含义。结构方法(或结构主义)就是以厂商在市场结构中的地位作为判定厂商行为是否为垄断(限制竞争)行为的准据。因此,市场结构及影响要素就成为理解结构主义的基点。

市场结构反映的是一国范围内市场上生产集中和分散的程度,以及产品的差异程度和市场进入的难度,是买卖双方经营的经济环境,反映了一种市场上的行业组织方式和状况。之所以会产生结构主义的规制方式,是由于在早期的产业经济学理论中,哈佛学派的观点处于主流地位,该理论的核心就是:市场结构决定行为方式,行为方式决定市场绩效,即结构——行为——绩效,因此,反垄断法起初对市场结构比较看重,现在市场结构仍是其关注的一方面。

(2) 判定市场结构的风向标——市场集中度。从上述市场结构的概念看,影响市场结构的核心要素是市场集中度,被称为判断市场结构的风向标。这是由于市场集中度与市场支配地位有着密切的联系,市场集中度越高,产生或者加强市场支配地位的可能性也就越大,具有排除或者限制竞争效果的可能性就越大。同时与市场份额相比,市场集中度比较全面、精确地分析了市场结构,可以更科学合理地反映经营者集中对市场竞争的影响。因此,不少国家和地区的反垄断执法机构将市场集中度作为审查经营者集中最为重要的标准之一。根据1997年美国联邦贸易委员会和司法部的合并指南,目前美国测算市场集中度的主要指标是赫芬达尔——赫希曼指数(HHI),即将每个市场参与者的市场份额的平方加总计算得出的结果判断合并后市场结构的集中度。[①]

(3) 影响市场结构的因素。一般认为市场结构受以下因素的影响,这些要素也是分析市场结构是否合理的主要指标,它们是:第一,买者的规模与数量。涉及个别购买者是否有力量影响价格。一般来说,购买者少,购买量大,则能影响市场价格,购买者多,购买量小则不能影响市场价格。完全竞争,就是市场上有众多的买者和卖者;买方垄断,就是市场被少数几个购买者所支配。第二,卖者的规模与数量。完全竞争,卖者众多,产品完全替代,每个卖者只能是价格接受者;寡头垄断,就是只有少数卖者;垄断,就是只有一个卖者。第三,不同卖方的产品可替代程度。这影响供应者在多大程度上是产品价格的决定者或接受者。判断标准是产品需求的价格弹性。第四,买者对价格和可供选择替代物的信息灵通程度。垄断状态,所有买者都知道垄断价格及新产品特色。第五,进入条件,即技术或法律对进入有无障碍。

2. 行为主义

行为主义或行为方法,是针对竞争者的行为而不是根据企业规模大小建立一些促进竞争的规则,只要厂商的市场行为不对其他厂商的自由产生有害影响,或不影响消费者的自由选择,反垄断法就不规制此种行为。即这种行为就不受到反垄断法的制裁。

3. 两种规制方式的利弊

上述两种规制方式各有利弊,正因此,在现代反垄断法中是两种规制形式并存的,其中,在对经营者集中规制中,结构主义占主导,而在对其他垄断形式的规制中,则行为主义占主导。下面对二者有确定地简单介绍。

结构主义的优点有两点:(1)结构修正为有效竞争创造了先决的市场条件,同时解放了对厂商行为的持续监视以保证其守法。(2)经理们能获得自由,用自己以为最好的方案为企业服务。其缺陷也有两点:①损害规模经济和规模效益。②使经济组织的合理发展受到限制。

而行为主义的优点在于,行为修正提供直接禁止该行为的方法,有利于合理的大的经济

[①] 根据这种测算方法,反垄断执法机构将相关市场的市场集中度分为三种状态:(1)HHI不足1000点为没有形成集中的市场,在该市场上的集中不具有排除、限制竞争的效果。(2)集中后的HHI在1000点和1800点之间,该市场为中度集中的市场;在该市场上,如果集中是市场的HHI较集中前提高了不足100点,集中不具有排除、限制竞争的效果;反之,集中可能会严重地影响有效竞争。(3)集中后的HHI达到1800点以上,该市场为高度集中的市场;在该市场上,如果集中是市场的HHI较前提高了不足50点,该集中不具有排除、限制竞争的效果;反之,集中可能会严重地影响有效竞争。

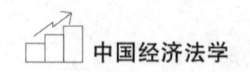

组织形式的发展。其弊端有两点：(1)必须对具有市场支配力经营者行为持续监视,以确定有无非法行为,因而增加了执法成本。(2)现实中许多行为难以判断是否是违法行为。

(三) 相关市场界定[①]

在对竞争问题的分析中,市场界定通常是首要的,也往往是最重要的,对任何特定行为的竞争意义的所有计算、测定和判断往往都取决于相关市场的大小和结构。也就是说界定相关市场对有关市场状态或者行为的认定具有重要的意义。可以说"任何类型的竞争分析的出发点都是基于对相关市场的界定。因此,相关市场理论是反垄断法的重要理论,其主要内容包括以下几点。

1. 相关市场的含义和类型

相关市场是行为人展开竞争的区域或者范围,包括这些相互之间具有竞争关系的所有的卖者和买者,对该范围或者区域的确定被称为市场界定。对市场的界定有两种不同的视角,即需求视角和供应视角。从在需求视角看,相关市场的产品必须在买者看来是可替代的。从供应视角看,相关市场内的经营者,即具有竞争关系的经营者必须包括生产或者能够轻易地转向生产相关商品或者密切替代品的人(经营者)。市场界定一般包括实际的和潜在的经营者,潜在的经营者是指如果价格合适就能够迅速地改变其生产工艺以供应替代品的经营者。其合理性在于,这些经营者将会挫败或者抑制该市场上的现在经营者将价格提高到竞争以上水平的能力。购买者和经营者所在的地区将决定地理市场是地方的、全国的或者国际的。不论产品市场还是地理市场,如果市场被界定得过于狭窄,有意义的竞争将会从分析中排除出去。另一方面,如果产品市场和地理市场界定得过宽,竞争的程度可能会被夸张。过宽或者过窄的市场界定都会导致低估或者高估市场份额和集中程度。界定相关市场的目的是确定有效竞争展开的产品(包括商品和服务)范围或区域边界,正因此,我国反垄断法第十五条第二款把相关市场定义为:"经营者在一定时期内就特定商品或者服务(以下统称商品)进行竞争的商品范围和地域范围。"

现实中的市场界定一般通过两个阶段来实现,首先要界定产品市场,在此基础上再界定地理市场。与此相应,相关市场主要包括产品市场和地理市场两项内容或者说包括两种基本类型。其中,产品市场指的是具有替代关系的用于买卖的商品或者服务,相互具有替代性的产品越多,该市场的范围就越大。而地理市场则指的是产品的生产者或者销售者从事交易的区域范围(或在一定区域内从事同类产品生产或销售者的数量)。界定市场的任务是确定与被调查企业所提供的产品或服务的所有密切的替代物,可见,在实践中最关键,也是最难的是产品市场的界定。

2. 产品市场界定的标准和需考虑的要素

(1)界定相关产品市场的两个视角和两个标准。产品市场的界定困难重重,且富有争议。如果所划定的产品市场范围过宽就会放纵那些实际上具有独占地位的行为人;如果划定的范围过于狭窄,就会使实际上没有独占地位的行为人被认定为具有独占地位。在界定产品市场中,所选择的产品(或服务)必须属于一类产品中的一种,而该类产品在经济上具有与其他产品区分开来的特征。该类产品中的所有产品不必是同质的,但必须在或大或小的

[①] 对相关市场界定的较详细论述可参见许光耀:《支配地位滥用行为的反垄断法调整》,人民出版社2018年版,第65—125页。

程度上是可替代的(或可转换的)。因此,"可替代性"或"可转换性"就成为产品市场界定的标准。

"可替代性"标准,实质上是从消费者(需求)视角分析的标准。需求分析,可以用于测定消费者以一种产品替代另一种产品的意愿。如果在两种产品之间具有较高程度的替代性,那么就可以认为它们是同一市场的一部分。产品之间的可替代性可以用"需求的交叉弹性"[①]来进行测定。该方法用于测量一种产品价格变化对另一种产品需求量变化的影响程度。如果交叉弹性大,两种产品就被认为属于同一市场,具有竞争关系是竞争性产品。需求分析存在很大困难,涉及用作参照物的选择,以及在哪能里划分"好的"或"不好的"替代物的界限。

"可转换性"标准,实质上是从经营者(供给)视角来分析的标准。供应分析,包括所试图认定的经营者,或者正在供应商品的经营者,或者是在价格上涨时将愿意或者能够供应商品的经营者。有些经营者可能通过简单调整而转向有关产品的生产。可见,从供给方面分析,为了充分认定相关市场,还必须对实际的和潜在的经营者均予以考虑。

(2) 界定相关产品市场要考虑的因素。在思考可替代标准时,除了要考虑需求弹性外,还应考虑以下因素:第一,物理属性,这在决定产品是否具有替代性时显得至关重要。如果产品具有类似的物理性能和功能,消费者就可能认为其具有相互替代性。但即使在产品具有广泛的共同特征的情况下,其所具有的不同性能也可能将其置于不同的市场(United brands 一案对香蕉市场的界定与新鲜水果市场区别)。第二,价格,产品价格可以影响相关市场的界定(如家庭交通工具中,普通汽车与豪华汽车不具有替代性)。第三,预定的用途,产品有多种用途(任何用途可能形成不同市场)。

3. 地理市场及其界定

(1) 地理市场的概念。也称为相关地理市场,简单讲就是指存在有效竞争的一个地理范围。地理市场的界定有时并不困难,在反垄断法中,相关的地理市场是指国内的一定地区,即在该地区内,经营者可以抬高其价格,而并不吸引新的经营者进入,或者并不因购买者转向该地区以外的供应商而丧失许多客户。也就是说,在一个经营者及其竞争对手仅仅在一个有限的地理区域内销售其产品,而顾客不易从其他外部渠道进行购买的情况下,一般应将该特定地区界定为相关地理市场。

(2) 地理市场的界定。地理市场的认定或市场的地理范围的测定可以从需求(消费者)与供给(供应商)这两个不同角度看,前者涉及消费者在竞争产品之间进行有效选择的地域,后者涉及面对供应商的定位策略(如食品,消费者——居住附近为有效区域,供应商——全国)。在有些情况下,准确的地理边界是不完全清楚的。

地理市场是根据购买者对在不同地方制造或销售的产品的替代性的认识进行界定的。如果在一个地方销售的产品的购买者,因为"不大、但很重要的非短暂价格增加"而转向购买其他地方的产品,那么这该两个地方属于同一地理市场。否则,两个地方则不是同一地理市场。从实际情况看,地理市场的界限通常与运输成本、运输时间、管制制度等因素有关。

[①] 需求的交叉弹性是需求的交叉价格弹性的简称,"它表示一种产品价格变动如何影响另一种商品需求量的变化"。([美]威廉·G.谢泼德,乔安娜·M.谢泼德:《产业组织经济学》(第五版),张志奇等,译,中国人民大学出版社 2007 年版,第 75 页。)它反映了相应于其他商品价格的变动,消费者对某种商品需求量变动的敏感程度,其弹性系数定义为需求量变动的百分比除以另外商品价格变动的百分比。

二、反垄断法的核心内容

尽管各国反垄断法及其具体执法体制不尽相同，但其实体内容框架具有高度的一致性，近年来，各国制定的反垄断法的内容基本趋于一致。一般来讲，包括三个方面，即通常所说的反垄断法的三根支柱或三块基石，简称"二禁一控"。即禁止限制性协议、禁止滥用市场支配力和合并控制（经营者集中）。

（一）禁止限制竞争协议

对限制竞争协议这一制度，主要了解其含义和特性、类型，以判定经营者之间的协议是否属于垄断协议的原则。

1. 限制竞争协议的涵义、特征

（1）限制竞争协议的涵义。限制竞争协议，又称协议性限制竞争，是一个学理上的概念，各国在立法上对此的称谓不尽相同。① 我国反垄断第十六条规定："本法所称垄断协议，是指排除、限制竞争的协议、决定或者其他协同行为。"

从上述定义的内容看，各国及国际组织对垄断协议的称谓并不完全相同，但对垄断协议的定义基本一致，都包括以下几点。第一，垄断协议的实施主体是两个以上独立经营者。第二，垄断协议的表现形式除书面或口头协议、决议外，还包括协同行为。因为垄断协议的本质在于共谋，所以，其表现形式不限于书面协议、决议，还包括口头协议、决议及其他协同行为。第三，垄断协议具有排除、限制竞争的效果。

其中，"协议"是指两个或两个以上的经营者通过书面协议或口头协议的形式，就排除、限制竞争的行为达成一致意见；"决议"是指企业集团或者其他形式的企业联合体以决议的形式，要求其成员企业共同实施的排除、限制竞争的行为；"其他协同行为"是指企业之间虽然没有达成书面或者口头协议、决议，但相互进行了沟通，心照不宣地实施了协调的、共同的排除、限制竞争行为。可见，其核心含义就是指两个以上行为人以协议、决议或者其他联合方式实施的限制竞争行为。

（2）限制竞争协议的特征。从上述定义可看出，限制竞争协议或协议性限制竞争有如下特征：第一，主体的复数性，实施协议行为的主体必是两个或两个以上，各个行为人都是独立的法律主体和独立的经济主体（特指独立的经济决策能力，仅有法律上的独立性还不够，如，母公司与子公司之间的协议是代理人与被代理人订定的限制价格协议）。第二，采取限制竞争的方式是合同、协议或其他方式（合同约定、协议，行业协会或企业协会的决议，行为人之间的协调行为）。第三，具有联合的共同目的或其他目的——妨害、限制或者扭曲竞争（水平联合一般相同，固定价格、限制产量、划分市场、垂直联合则目的不同）。

---

① 美国《谢法》第1条使用了"合同""联合"和"共谋"三个述语涵盖种种协议性限制竞争，德国《反限制竞争法》第1条标题用"卡特尔协议，卡特尔决议"及协同行为表述。意大利则在《公平交易法》中用"限制竞争自由的协议"包括"行为人之间的合意和协同行为，以及由联合体，企业协会和其他类似组织的决议，即使是根据其章程或者规则作出的"（第一项）。日本《禁止私人垄断及确保公正交易法》称之为"不正当交易限制"，其第2条6项界定其为"行为人以合同、协议或其他名义，与其他行为人共同决定，维持或者提高交易价格，对数量、技术、产品、设备或交易对象构成实质性限制"。我国台湾称"联合行为"（第2条）指"以契约，协议或其他方式之合意，与有竞争关系之他事业共同决定商品或服务之价格，或限制数量、技术、产品、设备、交易对象、交易地区等，相互约束事业活动之行为而言"。

2. 限制竞争协议的类型

在反垄断法上,由于不同的协议对竞争的影响不同,针对不同形式的协议,法律适用的态度和适用的规则也就不同,一般讲主要有两种限制竞争性协议:水平协议和垂直协议。

(1) 水平协议。又称为横向协议及其形式,是指在生产或者销售过程中处于同一阶段的行为人之间的协议,或者是指在生产或者销售链条中的同一环节的经营者之间的限制竞争协议。由于这种协议是具有竞争关系的行为人之间的限制竞争协议,其对竞争的危害既直接又严重,因而是传统反垄断法规制的重点。

限制竞争性协议的类型是多种多样的,但目的都是通过取消协议当事人之间的竞争以达到降低产量,提高价格。最主要的水平协议主要有:固定价格、划分市场、联合抵制及联营四种。我国反垄断法第十七条规定了五种形式,即固定或者变更商品价格;限制商品的生产数量或者销售数量;分割销售市场或者原材料采购市场;限制购买新技术、新设备或者限制开发新技术、新产品;联合抵制交易。

(2) 垂直限制协议。垂直限制协议又称垂直协议、垂直限制、纵向限制协议,是指上游企业与下游企业之间限制其经营活动的协议。这种协议有下面特征:第一,协议当事人处于不同的市场层次。是处于不同的相关市场上的经营者之间达成的协议。如制造商与销售商,批发商与零售商之间的协议。第二,这种协议可以是明示的,也可以是默示的。书面、口头协议或心照不宣。第三,目的是便利商品或服务的销售(主要是垂直销售限制)。最常见的就是限制转售价格。

各国对垂直协议的规定有较大不同,原则上讲,这种协议以发生于商品或服务的供应或者销售过程的任何环节,但事实上的重点却是零售环节。在理论上分为价格和非价格限制,后者又分为排他性交易,地区和客户限制,搭售,拒绝交易等。我国反垄断法规定了两种纵向协议,即固定转售价格协议和限定最低转售价格协议。[①]

3. 判定协议限制竞争行为违法的规则

经营者之间的协议、决议或者其他协同行为是否构成反垄断法所禁止的垄断协议,应当以该协议是否排除、限制竞争为标准。但是,如果实践中对经营者之间的协议都进行全面的调查和复杂的经济分析,以确定其对竞争秩序的影响,将增加执法成本。对于限制竞争性协议是否一定违法,美国在司法实践中发展出两个基本的分析规则(或判断规则),并被世界许多国家反垄断实践广泛接受,即自身违法规则与合理性规则,这两个规则也对其他国家反垄断分析产生了影响。

自身违法规则又称本身违法规则,指仅仅根据特定的行为(协议行为)是否发生,而不管行为对竞争的影响后果,只要发生特定行为,就构成违法。现在一般把本身违法的卡特尔称为"核心卡特尔"。归入这类规则范围的行为,一般是据经验可以高度确定地说是对竞争有赤裸裸的限制的行为。在美国的司法实践中,这一原则主要适用于以下四种限制竞争行为:第一,事实上的或潜在的固定价格协议。第二,维持最低转售价格协议,即纵向最低价格约束。第三,分割市场(地域、客户),限制生产量。第四,以竞争为目的的联合抵制行为。从各

---

① 我国《反垄断法》第十八条第一款规定:"禁止经营者与交易相对人达成下列垄断协议:(一)固定向第三人转售商品的价格;(二)限定向第三人转售商品的最低价格;(三)国务院反垄断执法机构认定的其他垄断协议。"其中,第三点为兜底性条款,因此,实质上只规定了两种形式。

国经验看,适用本身违法原则的协议并不是固定不变的,随着情况的变化,对有些协议也适用合理分析原则。适用这一原则在司法中对案件可以审理产生以下两方面的影响:一是对原告来说,他们只需证明有这样的协议(卡特尔)存在,而无需证明协议的反竞争性。另外,胜诉的可能性极大。二是对竞争执法机关和司法机关来说,无须调查这类协议的目的及后果,就可以认定违法,从而节约费用。

合理性规则(或合理性原则),是指根据几个不同方面的合理性标准,主要是行为目的及行为后果,判定行为是否构成违法。归入这一规则范围的行为,一般是据经验难以确定地说是限制竞争的行为,因而,按合理性规则,则首先要分析协议目的是否是良性的,其次分析协议对竞争造成的后果。

这一规则主要适用于纵向的非价格协议。由于纵向限制对社会经济发展和技术进步具有积极作用,主要表现在:(1)推动企业进入市场(特别是进入外国市场)。(2)减少搭便车(如独家销售,销售商就不怕其他销售商搭便车,不仅会努力推销这种商品,而且也会尽量减少运输和交易成本)。(3)遏制价格飞涨(转售价格的最高限价)。(4)改善售后服务(生产商为了自己利益在供货时对销售商提出售后服务要求)。因此,纵向非价格协议一般适用这一原则。

4. 豁免制度

豁免制度又称适用除外制度。这种制度的产生,是由于在现实经济中,一些特定情形下的限制竞争的协议具有合理性,为了节约执法成本,在实践中对一些特殊的限制竞争协议予以豁免。有关豁免的制度包括两方面规定,一是豁免的协议内容。二是豁免的条件。

就豁免的协议内容来说,一般包括对社会有益的四种情形,即(1)有利于推动经济和技术进步的协议。(2)有助于改善经营效率的协议。(3)有利于解决社会问题的协议,如环境问题,经济不景气问题。(4)受益人普及原则,①即协议限制竞争带来的利益大于限制竞争的弊端,且利益能为消费者所分享;就豁免的条件来说,一般包括两方面:①限制竞争为实现上述目的是绝对必要的。②限制竞争没有达到排除竞争的程度。②

(二) 禁止滥用市场支配力

对禁止滥用市场支配力这一垄断形式,我们在对几个关键概念简要阐述的基础上,对滥用市场支配力的类型予以介绍。

1. 禁止滥用市场支配力(地位)

对禁止滥用市场支配力(地位)这种垄断行为的理解,关键在于如何理解市场支配和滥用。

(1) 市场支配力的含义。对于市场支配力或市场支配地位,不同国家或地区的反垄断法的规定存在差异,下面在对几个具有代表性国家及我国反垄断法的概念介绍的基础上,对其予以界定。

在美国法的市场支配力是指一个经营者具有为营利而在相当长的期限内将价格保持在

---

① 受益人普及原则,是欧洲竞争法学者对罗马条约第五十八条第三项规定的学理总结。虽是对经营者集中(企业结合)而言,但我认为也适用于协议行为,意指协议或结合(集中)对经济进步所带来之效益,非可由参与协议的经营者独揽,更须及于整体社会始具实质意义。参见何之迈:《公平交易法专论》,中国政法大学出版社2004年版,第93页。

② 对此可从相关法律规定中看出,如欧共体条约第81条第3款规定了限制竞争协议可以得到豁免的条件有四:(1)有助于改善商品的生产或者销售,有利于推动经济和技术进步。(2)消费者可以获得适当好处。(3)限制竞争为实现上述目的是绝对必要的。(4)限制竞争没有达到排除竞争的程度。我国《反垄断法》第二十条的规定概括起来与此相近。

竞争水平以上或者将产量保持在竞争水平以下的能力。独占是拥有市场力量的最极端形式。与此对应独占地位或市场支配地位通常是指企业或者企业集团能够左右市场竞争或者不受市场竞争约束的市场地位。

欧盟法的说法体现于1972年"大陆罐"(原告为美国大陆制罐公司)一案的裁决,在该案中欧盟法院认为:"一个企业如果有能力独立地进行经济决策,即决策时不考虑竞争者、买者和供货方的情况,它就是一个处于市场支配地位的企业。如果一个企业通过与市场份额相关的因素,如技术秘密、取得技术材料和资金的渠道以及其他重大的优势如商标权,能够决定相关市场大部分的价格,或者能够控制生产和销售,这个企业就处于市场支配地位。市场支配地位不是说这个势力必然剥夺市场上的全体参与者的经营自由,而是强大到总体上可保证这个企业市场行为的独立性,即便这个势力对市场的不同部分有着不同的影响。"①

我国反垄断法综合了上述观点,在第十七条规定:"本法所称市场支配地位,是指经营者在相关市场内具有能够控制商品价格、数量或者其他交易条件,或者能够阻碍、影响其他经营者进入相关市场能力的市场地位。"

综上法律界定,可以说市场支配力是指企业或企业人集团能够左右市场竞争或者不受市场竞争机制的制约。即居于市场支配地位的企业不必考虑竞争者或交易对手的反应就可以自由定价或者自由地作出其他经济决策。简单来讲,就是经营者具有控制相关市场的能力,即控制相关市场交易条件的能力或者阻碍其他经营者进入该相关市场的能力。其中的经营者可以是一个,也可以是数个经营者作为整体共同控制市场。

(2)市场支配力或独占地位的认定。从反垄断法理论看,市场力量(支配力)的确定通常要考虑两个要素,即支配企业的市场份额(市场优势)和进入障碍。市场份额是特定企业的总产量、销售量或者生产能力在特定的相关市场中所占的比例或者百分比,又称为市场占有率。"进入障碍"在经济学和法律中存有争议,比较普遍接受的观点是,进入障碍是指新进入者比现有的市场主体付出的任何成本都要高。我国反垄断法第十八条把这两方面的因素细化为五个要素。

认定支配地位并不要求在同一市场上的产品中或者邻近市场的替代产品中完全没有竞争。即使在市场上存在生机勃勃的竞争,也不排除支配地位的可能性。决定支配地位的必要条件是该企业必须能够无需考虑竞争对手的活动而决定其市场策略。

(3)推定具有市场支配地位的条件。为了节约执法成本和对经营者实行有效监管,许多国家规定了市场支配力的推定制度,即反垄断法执法机构仅根据该规定的经营者的市场份额,就可推定该经营者具有市场支配地位,因为市场份额是判断经营者是否具有市场支配地位的重要因素。我国反垄断法在借鉴国外经验,并结合我国实际情况,对推定制度的做了具体规定。②

---

① 我国反垄断法第二十四条规定:"有下列情形之一的,可以推定经营者具有市场支配地位:(一)一个经营者在相关市场的市场份额达到二分之一的;(二)两个经营者在相关市场的市场份额合计达到三分之二的;(三)三个经营者在相关市场的市场份额合计达到四分之三的。有前款第二项、第三项规定的情形,其中有的经营者市场份额不足十分之一的,不应当推定该经营者具有市场支配地位。被推定具有市场支配地位的经营者,有证据证明不具有市场支配地位的,不应当认定其具有市场支配地位。"

② 我国反垄断法第十九条第一款规定:"有下列情形之一的,可以推定经营者具有市场支配地位:(一)一个经营者在相关市场的市场份额达到二分之一的;(二)两个经营者在相关市场的市场份额合计达到三分之二的;(三)三个经营者在相关市场的市场份额合计达到四分之三的。"

同时在第三款规定了经营者对反垄断执法机构的推定予以反证的制度。推定与认定的不同,主要在于由谁承担举证责任。推定的举证责任在于被推定者,而认定的举证责任在于做成认定的一方。如果被推定者不提出反证或者反证不被推定方认可,则该推定成立。为此,本条第3款规定被推定的经营者有权反证,即被推定具有市场支配地位的经营者,有证据证明不具有市场支配地位的,不应当认定其具有市场支配地位。

(4)滥用。即如一个具有市场支配地位的企业作为某种商品或服务的供应者或需求者以对市场上的竞争产生重大影响的方式,并无实质上合理的理由,损害其他企业的竞争可能性;提出与在有效竞争情况下理应存在的报酬和其他条件相悖的报酬或其他条件;在此,特别应当考虑企业在存在有效竞争的类似市场上的行为方式;提出的报酬或其他交易条件差于该支配市场的企业本身在类似市场上向同类购买人所要求的报酬或其他交易条件,但该差异在实质上是合理的除外。

拒绝另一个企业以适当报酬进入自己的网络或其他基础设施,但以该另一个企业出于法律上或事实上的事由、非使用他人网络或其他基础设施无法在前置或后置市场上作为支配市场企业的竞争者从事活动为限;如支配市场的企业证明这种使用因企业经营方面或其他方面的事由是不可能的或不能合理期待的,不在此限。

2. 滥用独占地位(市场支配力)限制竞争的形式

对滥用市场支配力的行为类型各国法律规定不尽相同,但一般都包括以下几种。

(1)不公平定价。该类行为分为两类,即超高定价与掠夺性定价。超高定价被视为"剥削性滥用",是指支配企业提出在有效竞争条件下不可能有的报酬或者其他交易条件。掠夺性定价被视为"妨碍性滥用",是指占支配地位的企业为了维护自己的市场地位,或者为了加强这个地位,或者为了把其支配地位扩大到相邻市场上,往往凭借已经取得的市场优势,妨碍公平竞争,排挤竞争对手,或者阻碍潜在竞争者进入市场。是支配企业为排挤竞争对手,谋求未来的利润而确定的低于成本的价格。反垄断诉讼中的经验方法一直是运用接近边际成本的平均可变成本作为是否为掠夺定价的重要准据,另还要据市场进入是否存在障碍。不存在则不构成掠夺性定价。

(2)拒绝交易行为。它指的是独占者或有市场支配地位的经营者,拒绝向购买者,尤其是零售商或者批发商销售商品的行为。

(3)不正当限制交易行为。它指的是独占者或有市场支配地位的经营者,没有合理理由限制相对人交易的行为。

(4)搭售及附加不合理条件行为。

(5)歧视性待遇行为。它又称为差别待遇行为,指行为人没有正当理性而对条件相同的客户提供不同的价格或其他交易条件,致使有些客户处于不利的竞争地位。

(6)其他滥用支配地位行为。①施加影响力,指在甲市场上具有支配地位的企业将其影响扩展到乙市场(如在原材料生产中具有支配地位的企业,进入使用该原料的商品制造市场)。②提高竞争对手成本的行为。③拒绝获得技术。④瓶颈垄断(关键设施)。

(三) 合并(经营者集中)控制

对于合并控制在对相关基板理论范畴介绍的基础上,主要了解合并控制的申报制度和审查制度。

1. 合并(经营者集中的)控制的基本理论

这里应主要了解两个问题,即经营者集中或合并的含义,以及经营者集中可能对社会经济及竞争产生的影响。

(1) 合并或经营者集中的含义。合并,又称为经营者集中,是指经营者通过合并,或者通过购买股权等方式进行的企业经营行为,其直接的后果可能导致同一竞争领域的经营者数量减少,集中后的企业更加庞大。

从现代反垄断法对有关合并方式或内容的规定看,反垄断法中的合并不同于民法中的合并,其范围要宽泛得多,既包括民法中的合并,即包括两个或多个企业并入一个现有的企业或者结合成一个新企业,又包括通过收购股份获得对其他企业的控制及两个或两个以上企业在保留各自独立法律人格的前提下,通过协议,联营形成控制与被控制关系。它们都引起经济力量的"集中",因此,许多竞争法开始用"集中"代替"合并"。我国用"经营者集中"这一概念。

(2) 经营者集中的后果(反垄断法控制经营者集中的原因)。合并或经营者集中是当今各国优化产业结构和企业组织结构的重要手段,也是企业迅速扩张、提高规模经济效益和国际竞争力的有效手段。经营者集中往往对竞争方面产生一定影响,由于经济力量的集中和市场结构的改变,容易导致市场中的竞争者数量减少,相关市场竞争程度降低,也使数量减少了的竞争者之间容易作出协调一致的行为,并且产生和加强市场支配力量,有可能排除和限制竞争,损害消费者利益,所以各国反垄断法都将经营者集中的官职作为其重要内容之一。

2. 合并申报制度

这一制度需主要了解:为什么需要申报及申报制度的形式,申报的标准及免于申报的特殊情形。

(1) 申报制度的类型。经营者集中大多数情况下是市场经济条件下市场主体的合同自由行为,但由于经营者集中有可能导致排除和限制竞争,各国都对经营者集中予以规制。主要是采取申报审查制度。从国外的执法实践看,有的采取事前申报,有的采取事后申报,有的采取全部自愿申报,事前事后均可。大多数国家的法律、法规规定申报标准,达到申报标准的必须申报,即强制申报。从我国反垄断法规定看,我国采取了事前申报的强制申报制度。

在研究过程中,考虑到申报标准定得过低,企业合并动辄就要申报、审批,不利于国内企业通过兼并做强做大;申报标准定得过高,又不利于防止因过度集中形成垄断。鉴于申报标准需要随着经济的发展、情况变化加以适时调整,法律以授权国务院作具体规定为妥。据此,法律未对具体标准作出规定,授权国务院作出规定并适时调整。

(2) 申报的标准。据我国《国务院关于经营者集中申报》的相关规定,经营者集中达到下列标准之一的,经营者应当事先向国务院商务主管部门申报,未申报的不得实施集中:①参与集中的所有经营者上一会计年度在全球范围内的营业额合计超过100亿元人民币,并且其中至少两个经营者上一会计年度在中国境内的营业额均超过4亿元人民币;②参与集中的所有经营者上一会计年度在中国境内的营业额合计超过20亿元人民币,并且其中至少两个经营者上一会计年度在中国境内的营业额均超过4亿元人民币。同时规定营业额的计算,应当考虑银行、保险、证券、期货等特殊行业、领域的实际情况,具体办法由国务院商务主管部门会同国务院有关部门制定。

另外,规定了不需申报的两种特殊情形:①参与集中的一个经营者拥有其他每个经营者百分之五十以上有表决权的股份或者资产的。②参与集中的每个经营者百分之五十以上有表决权的股份或者资产被同一个未参与集中的经营者拥有的。上述两类经营者集中是经济生活中经常发生的事情,其在微观方面可以提高集团公司或母公司的经济效率,扩大其生产经营规模,增加内部运营的合理化并加强自身的竞争能力,有时也可能减少名义上的市场竞争对手数量,但从宏观的方面考虑,市场结构未发生根本变化,竞争状况没有因集中而改变,所以,法律规定不对其施加申报审查的义务。这也是国际上通行的做法。

3. 合并审查制度

审查制度是经营者集中的核心制度,对这一制度主要需了解三方面内容:即审查标准、分析考虑的因素,以及豁免规定。

(1) 合并审查标准。反垄断执法机构审查经营者集中,关键是审查该集中是否具有排除、限制竞争的效果,从而对经营者集中作出禁止或者不予禁止的决定。从其他国家和地区反垄断立法和执法实践来看,经营者集中审查的实质标准有两种:一是实质性减少竞争标准,这一标准是美国标准。该标准是以经营者集中(合并)是否实质性减少市场竞争为判断的标准,如美国克莱顿法规定,禁止实质性减少竞争或旨在形成垄断的合并。另一是支配地位标准,这一标准是德国标准。即主要以经营者集中后的市场份额大小,或是以经营者集中是否形成市场支配地位为判断标准,如德国反对限制竞争法规定,如能够预见合并将产生或加强市场支配地位,联邦卡特尔局应禁止合并。需要注意的是,德国在主要以企业的市场份额为基础建立审查标准,同时兼顾企业财力、采购和销售的渠道等,并考虑特定市场上可以相互替代的商品、潜在的竞争者、特定市场的进入和退出等因素。欧盟对合并的监管则兼顾了上述标准,其合并条例规定,合并如果严重妨碍共同市场或其他大部分市场的有效竞争,特别是在产生或加强市场支配地位的情况下,该合并将因与共同市场不相容而被禁止。我国的标准与欧盟相近。

2. 合并控制的分析考虑的因素

一般合并控制法律只对合并控制的标准作出一般规定,即合并如"实质性损害竞争",该合并就是非法的,执法机关应予以制止。那么如何判断一种合并是否"实质性损害竞争",各国在实践中都有竞争机关发布的指南或规则,尽管细节不同,但大体一致。一般都如美国1997年司法部和联邦贸易委员会发布的合并指南那样考虑五个因素。

(1) 进行市场界定,并用赫芬达尔——赫希曼指数(HHI),根据每个市场参与者的市场份额的平方加总计算得出的结果判断合并后市场结构的集中度,决定是否需要对该合并作进一步的分析。

(2) 分析合并产生的潜在的反竞争后果,即分析该合并是否会使企业通过协同或者单独影响而减少竞争。

(3) 分析其他企业进入市场的难易程度。如其他企业能及时地、可能地和充分地进入该市场,从而阻止或抵消合并所产生的反竞争后果,则该合并就不会被认为有垄断问题。

(4) 分析合并给企业带来的效率。如果合并所产生的效率能够抵消合并产生的反竞争后果,则该项合并将被允许。

(5) 考察参与合并企业中是否有濒临破产的企业。如果合并破产在即的企业后的市场状况,优于不实施合并而是破产企业的资产退出相关市场的市场状况,则尽管对该合并已经进行了上述四项分析,该合并仍被认为不会产生反竞争的后果。

我国反垄断法规定的考虑因素与此基本相同。①

3. 豁免规定

反垄断法原则上将具有或者可能具有排除、限制竞争效果作为禁止经营者集中的判断标准，从而保护竞争的市场结构，确保相关市场的有效竞争。但是从其他国家和地区的反垄断立法和执法经验来看，即使对一些产生或者加强市场支配地位，具有排除、限制竞争效果的集中，只要符合一定条件，仍被允许，而非绝对地予以禁止。②

我国反垄断法第二十八条规定：经营者集中具有或者可能具有排除、限制竞争效果的，国务院反垄断执法机构应当作出禁止经营者集中的决定。但是，经营者能够证明该集中对竞争产生的有利影响明显大于不利影响，或者符合社会公共利益的，国务院反垄断执法机构可以作出对经营者集中不予禁止的决定。

三、行政垄断及其规制路径

反垄断法的主要内容就是反市场经济运行过程中经营者限制竞争产生的经济垄断，但由于现代市场经济秩序国家干预经济，国家行为或行政行为势必会限制竞争。而在计划经济向市场经济转轨的我国，行政机关滥用权力限制竞争的现象尤为严重，因此，反垄断法专门对此予以规制。下面对行政垄断的含义、类型和规制方式予以介绍。

（一）行政垄断及特征

行政垄断是一个学理概念，是学者对一切行政限制竞争行为的总称，包括广义和狭义两方面。狭义的行政垄断就是我国反垄断法第十条反对的：行政机关和法律、法规授权的具有管理公共事务职能的组织滥用行政权力，排斥、限制或妨碍市场竞争的行为。③ 而广义的则包括狭义的行政垄断与公平竞争审查制度所要审查的相关经济行政机关制定涉及市场主体经济活动的规定时出现的限制竞争的"规定"。可见，行政垄断有以下三个特征。

（1）行为的实施主体是行政机关和法律、法规授权的具有管理公共事务职能的组织。

（2）行为在客观上表现为行政不合理（制定的规范性文件限制竞争许多就是抽象行政行为不合理产生的，不一定就是滥用行政权造成的），或者滥用行政权力。

（3）行为具有明显的强制性，这是由行政行为的法律属性决定的。

（二）行政垄断的表现形式及规制路径

根据我国《反垄断法》第五条规定的"国家建立健全公平竞争审查制度"，以及第五章之规定，行政垄断包括两大类：行政不合理限制和滥用行政权限制。

1. 行政不合理限制

就是指国家经济机关为干预市场，在制定涉及市场主体经济活动的规定时，因规则制定

---

① 我国反垄断法第二十七条规定："审查经营者集中，应当考虑下列因素：（一）参与集中的相关经营者在相关市场的市场份额及其对市场的控制力；（二）相关市场的市场集中度；（三）经营者集中对市场进入、技术进步的影响；（四）经营者集中对消费者和其他有关经营者的影响；（五）经营者集中对国民经济发展的影响；（六）国务院反垄断执法机构认为应当考虑的影响市场竞争的其他因素。"

② 如德国反对限制竞争法规定，如果参与合并的企业能够证明其合并可以改善竞争条件，并且这种改善所带来的益处超过支配市场所造成的弊端，联邦卡特尔局不应禁止该合并。

③ 我国反垄断法第四条规定："行政机关和法律、法规授权的具有管理公共事务职能的组织不得滥用行政权力，排除、限制竞争。"

的不合理,而可能造成对竞争的限制。国家在干预市场经济中通常需要制定一些规范性文件对市场主体的活动予以规范,但由于经济机关的认知能力、决策的时间有限等,制定的规则如不合理则会限制竞争。为防止规则制定的不合理,反垄断法规定了公平竞争审查制度,以防止限制竞争的"规定"出台实施。

对这类行为,反垄断法主要采取事前规制路径,即通过制定审查制度,通过对"规定"审查,防止存在限制竞争的"规定"出台实施,防患于未然。

2. 行政权力滥用限制

我国反垄断法在第五章对滥用行政权力限制竞争行为按行为内容规定了七条,即有七种具体形式。可分为三种类型:经营限制、地区封锁和规则限制。

(1) 经营限制。即行政机关滥用行政权力,对经营者的经营行为予以限制。第一,行政强制交易,就是政府及其所属部门滥用行政权力,限定他人购买指定的经营者的商品,限制其他经营者正当的经营活动。[1] 第二,行政排除和歧视,就是行政机关滥用行政权力,通过与经营者签订合作协议、备忘录等方式,妨碍其他经营者进入相关市场或者对其他经营者实行不平等待遇;以设定歧视性资质要求、评审标准或者不依法发布信息等方式,排斥或限制经营者参加招标投标以及其他经营活动。[2] 第三,行政强制违法,即行政机关滥用行政权力强制经营者从事反垄断法规定的垄断行为。[3]

(2) 地区封锁。它又称地区垄断,是指某一地区的政府为了保护本地企业和经济利益而实施的排斥限制或妨碍外地企业参与本地市场竞争或本地企业参与外地市场竞争的行为。包括三种形式。第一,商品流通封锁,即行政机关和法律、法规授权的具有管理公共事务职能的组织不得滥用行政权力,实施下列行为,妨碍商品在地区之间的自由流通。[4] 第二,限制经营者准入,即行政机关和法律、法规授权的具有管理公共事务职能的组织不得滥用行政权力,采取与本地经营者不平等待遇等方式,排斥、限制、强制或者变相强制外地经营者在本地投资或者设立分支机构。[5]

(3) 规则限制,行政机关和法律、法规授权的具有管理公共事务职能的组织滥用行政权力,制定含有排除、限制竞争内容的规定。[6]

对这些已经发生的限制竞争行为,反垄断法的规制路径主要是采取事后追究责任,以行政执法方式予以查处,并对违法者予以惩罚,以儆效尤。

思考题

1. 反不正当竞争法的"一般条款"及功能是什么?
2. 以损害竞争的方式为标准不正当竞争行为可分为哪两种?
3. 反垄断法中"垄断"的含义是什么?

---

[1] 参见我国《反垄断法》第三十九条的规定。
[2] 参见我国《反垄断法》第四十条、第四十二条的规定。
[3] 参见我国《反垄断法》第四十四条的规定。
[4] 参见我国《反垄断法》第四十一条的规定。
[5] 参见我国《反垄断法》第四十三条的规定。
[6] 参见我国《反垄断法》第四十五条的规定。

4. 中国反垄断法的基本内容包括哪些？与国外有什么区别？
5. 判定协议是否构成违法的本身违法原则与合理性原则的含义是什么？
6. 什么是相关市场？界定相关市场主要考虑哪些因素？
7. 经营者集中的审查标准是什么？

本章知识要点

第十一章 一般市场之交易秩序规制法

全章提要

- 第一节 市场交易规制法的基本理论
- 第二节 消费者权益保护法
- 第三节 产品质量法
- 第四节 广告法
- 思考题

第十一章 一般市场之交易秩序规制法

市场是交易的场所,所有的市场关系都直接或间接地是以交易为纽带而建立起来的,因此,市场交易关系是一切市场关系的基础。基于此,本章在对市场交易法基本理论总结提炼的基础上,对规制市场交易秩序的主要法律制度予以介绍。

第一节 市场交易规制法的基本理论

任何部门法或子部门法的基本理论中至少包括着其定义、宗旨、内容构成及其相互关系,以及该法律的特性。下面我们对市场交易法的基本理论予以阐述。

一、市场交易规制法的含义

对市场交易法界定的关键在于对市场交易的界定,以及对交易特性的把握。下面就本章的市场交易的含义予以界定,在此基础上对市场交易法予以界定。

(一)市场交易的含义

交易又称贸易、交换,最一般的含义是指商品的买卖活动或行为,即买卖双方对有价物品及服务(简称商品)进行互通有无的行为。它可以是以货币为交易媒介的一种活动,也可以是以物易物的活动。交易有广义与狭义之分,广义的交易包括为争夺交易机会而展开的竞争活动。狭义的交易仅指买卖活动。本章的交易是在狭义上使用的,仅指买卖活动。

现代市场经济是建立在生产社会化高度发达的经济基础上。社会化大生产,意味着生产是为社会而生产,而非为生产者自己而生产。生产者生产的目的在于使其所生产的商品对社会有用,被公众认可,从而通过市场交易使商品的价值得以实现,获得价值增值——利润。而在现代经济交易中,货币是财富的一般代表,具有价值尺度、流通手段等职能,[①]因此,现代市场交易主要就是以货币为交易媒介的商品的买卖行为。

(二)市场交易规制法

生产社会化程度的发展又是与科学技术在生产中的广泛应用相伴生的。这意味着,现代市场经济中商品的生产过程及所用材料等日益复杂,导致所生产的产品愈益复杂性。这不仅使得生产者和消费者(生产消费和生活消费)身份相对固化,且使得市场上的商品逐渐从传统社会的以观察性商品为主,转化到以经验性商品、信赖性商品为主。[②] 从而使得买卖双方在交易关系中对产品的质量、性能等信息的了解更加不对称,生产经营者在交易中对商

[①] 参见马克思:《资本论》(第一卷),中共中央马克思、恩格斯、列宁、斯大林著作编译局,译,人民出版社1975年版,第112页。

[②] 信息经济学以消费者获知商品质量信息的方式为标准把商品分为三种,即搜寻性商品、经验性商品和信赖性商品。搜寻性商品是指消费者消费以前通过自己的检查(观看、触摸等)就可知晓其质量的商品,生产经营者不能隐藏商品质量的信息。因此,生产者和消费者之间不存在产品质量方面的信息差异,质量信息在生产者和消费者之间是完全对称的;经验性商品,是指消费者只有在使用商品以后才能知道其质量的商品;信赖性商品,是指消费者即使使用后也不知道其质量信息,消费者基于对某品牌的信赖,而产生的对其质量的信赖。对该品牌质量的"信任"是消费者购买此类商品的关键因素之一,也是商家需要着重考虑的因素。

品拥有的信息居于优势地位。因此,如无外在约束,生产经营者作为理性人必然会利用信息优势损害消费者利益,从而破坏公正的市场交易秩序。

为保证市场交易公正,在现代市场经济就需要对生产经营者的交易行为以法律对交易行为予以规范。因此,市场交易规制法主要就是规范生产经营者市场交易行为的法律规范的总称,用公式化的定义,市场交易规制法就是调整市场交易关系的法律规范的总称。

二、市场交易规制法的价值目标和原则

法的价值目标和原则是法的基本理论中的两个重要理论,这里运用经济法基础理论及市场规制法基本理论的研究成果,对市场交易规制法的价值目标和原则予以解释。

(一) 市场交易规制法的价值目标

市场交易规制法的价值目标可以从相关市场交易规制法的规定中提炼出来。就相关法律规定看,包括两个层次,即工具性价值目标和目的性价值目标。

1. 工具性价值目标

市场交易规制法的工具性价值,也是直接价值,下面我们从相关法律规定的目的性条款,提炼其工具性价值。

市场交易规制法的工具性价值,一般都是通过规范经营者的与市场交易相关的经营行为,维护市场交易中处于信息弱势的购买者的利益。如消法、广告法和产品质量法都提到的保护消费者的合法权益。需要指出的是,广告法和产品质量法保护的消费者是指广义的消费者,包括生产消费和生活消费,实则是指购买者,而消法的消费者是指狭义的消费者。对此,不难从相关市场交易规制的法律的目的性条款的规定中看出。[①]

2. 目的性价值目标

市场交易规制法的目的性价值目标,亦即终极性价值目标。这种价值目标,从相关法律规定看,一般从两个方面表述。

一方面是对现象描述式的表述,通常表述为促进市场经济的健康发展。需要说明的是,良好的市场交易秩序是市场经济健康发展的一个方面,且市场经济的健康发展是公共利益客体的一种。因此,这是对终极宗旨或目的性价值的客观描述。另一方面是对本质的揭示,即维护公共利益或"经营者和消费者利益"。在我看来,在市场中"经营者利益和消费者利益"就是公共利益,因为在市场经济中从终极意义上说所有的市场主体不是经营者就是消费者,因此,无特指的、抽象意义上的经营者和消费者,实质上指的是所有的人。而一种能为不特定的所有人分享的利益就是公共利益。

(二) 基本原则

按照法的基本原则必须具备的属性,结合市场交易的特点,以及规制法的价值目标,公

[①] 本注释的法条皆是我国的法律,下面对法的名称按习惯称谓,皆省略"中华人民共和国"几个字。基于本章对市场交易规制法内容研究的需要,这里仅就消法、广告法、产品质量法的目的条款为例。其中《消费者权益保护法》第一条规定"为保护消费者的合法权益,维护社会经济秩序,促进社会主义市场经济健康发展,制定本法"。《广告法》第一条规定:"为了规范广告活动,保护消费者的合法权益,促进广告业的健康发展,维护社会经济秩序,制定本法。"《产品质量法》第一条规定:"为了加强对产品质量的监督管理,提高产品质量水平,明确产品质量责任,保护消费者的合法权益,维护社会经济秩序,制定本法。"

正的交易秩序的建立,需要市场交易规制法应遵循自愿、诚信原则。

1. 交易自由原则

这一原则是公正交易的基本的要求。因为在竞争性的市场上,每种商品或服务都存在着众多的买者和卖者,不同的买者或卖者是在不同动机驱动下进行买卖的,因此,必须让买卖双方根据需要,对其与谁交易、交易什么做出选择。同时,每一个买者都具有自己的偏好(品味、爱好)和特殊的要求,如果不能自主地选择,那么,购买的商品或接受的服务就不能充分地满足消费者的需求。而就每一个卖者而言,都有其定价策略、市场目标、利润目标等,如果不能自主地选择,其经营目标就难以实现。同时,自由交易还意味着交易双方从交易中都获得了满足,都认为自己的付出与获得是值得的,是应当的。可见,没有交易自由,就无交易公正可言。

自由原则在市场交易中,意味着买卖双方具有选择自由,有以下两面的内容:(1)买卖双方有选择交易对象的自由,即可以自由选择与谁交易。(2)买卖双方有选择交易标的的自由,即选择交易什么的自由。

2. 交易优势滥用禁止原则

在现代市场交易中,虽然从抽象人格讲,买卖双方是平等的,但一般来讲,卖者(经营者)相对于买者(消费者)来说拥有交易优势,这种交易优势主要是由于经营者相对于消费者对交易的标的物(商品)具有信息优势造成的。且由于市场活动中经济人的本性,经营者往往会滥用这种优势损害消费者的利益,从而导致交易不公,损害公正的市场交易秩序。因此,市场优势滥用禁止是市场交易规制法的基本原则。

这一原则可以说是诚信原则在市场交易中的体现,有以下三方面内容:(1)禁止利用交易方的"无知"损害对方。任何人面对复杂多样、层出不穷的商品,其对商品的认知,以及对商品价格等与交易有关的信息的了解总是有限的,加之,人的精力、时间等有限,作为消费者(买者)必定会产生对购买商品的"无知",如"大数据杀熟"就是利用人们对交易价格的"无知"。因此,即使购买者基于自由、自愿而交易,交易也未必公正。(2)禁止信息披露不完全,以及虚假披露。披露不完全一般是由隐匿信息导致。而虚假披露,主要有假冒、仿冒、虚假宣传、虚假广告和产品说明不真实等产生。对交易物信息的了解是公证交易的前提,而现代社会交易的信息获得,主要是依生产者的宣传、广告和产品说明等获取。(3)禁止滥用对方的依赖。在交易中往往由于交易习惯或转换交易对象的转换成本等原因,形成在交易中一方对另一方的依赖性。被依赖者往往利用对方的依赖性损害对方利益。如"大数据杀熟"中购买者对交易价格的"无知",往往也是由于交易依赖而产生。

三、市场交易规制法的内容构成

市场交易规制法规范交易行为的目的是维护公正的市场交易秩序,如前所述在现代市场经济交易中,对交易公正主要影响的因素是交易双方对交易的商品的信息不对称。而交易公正是建立在对交易标的物(商品或服务)信息对称的基础上的,与交易相关的信息有价格,以及与质量有关的商品的原材料构成、功能、产地等。同时,现代市场交易中有关影响商品交易的信息的获取和了解,生产经营者比购买者具有优势,且一般多是经营者通过广告披露。因此,不论从降低促成交易的信息成本角度,还是防止经营者利用信息优势损害消费者来讲,都有必要对经营者的广告行为、产品质量、计量、标准等予以规范。可见,规范产品质量的《产品质量法》、规范广告行为的《广告法》、规范计量标准的《计量法》,以及规范产品标准的《标准化法》等是市场交易规制法的重要内容。①

另外,按商品的消费用途,商品的消费分为生产消费和生活消费。一般来讲生产消费重复率较高,因而,往往是重复购买和使用,从而使得生产消费品的交易中,除新产品外交易双方对商品信息的认知基本是对等的。加之,生产消费品交易的双方都是经营者,交易是大规模交易,易于形成相互依赖性关系。因而,交易关系相对公正。而生活消费品由于产品更新换代快、多样化,因此,许多消费品都是一次性消费,致使在生活消费品的交易相对于生产消费品的交易,信息不对称更为严重,生活消费品交易的公正秩序更易受到损害,因此,对此类交易需特别规制。可见,对生活消费品的购买者——消费者予以特别保护是市场交易规制法的重要内容。

上述分析说明,对市场交易规制的法律主要包括消费者权益保护法、广告法、产品质量法等。限于篇幅和教学需要,本章主要介绍这三个法律的内容。

第二节 消费者权益保护法

处于现实社会经济体系中的人是具有一定社会经济功能的、居于某种社会经济关系中作为关系一方群体中的"社会人",而非传统法律将其抽象为法律资格(人人生而平等),即同质化的、无差异的人。为了满足社会经济发展的需要,经济法采取整体主义思考,把人置于整体经济的一定经济关系中,以人在经济关系中的功能、角色等因素来认识经济法的主体,并相应确立其在法律关系中的权利和义务。对消费者的法律地位及权利的确定与保护就是这种新的主体认知的产物。

由于从终极意义上说,生产的目的就是消费。因此,在社会经济生活中消费环节居于重要地位,消费者在现实消费品的交易中,因其对交易标的信息的掌握无法与生产经营者相抗衡,往往易于遭到损害,由此损害公正的交易秩序。因此,这种情形必须得到矫正。矫正的最好方法是保护消费者,而保护的手段有三种,第一,规制经营者的行为,事前预防损害消费者行为的经营行为发生。第二,自我保护,即赋予受害消费者权利,利用个人维权保护自己。第三,国家和社会保护。下面在对消法中的一些关键词和一般理论介绍的基础上,主要就三种保护制度予以介绍。

一、关键词和一般理论

在高度社会化的现代社会,使得任何人的生存和发展所需的物品都不可能自给自足,而必须通过购买、使用经营者的商品或服务来满足。这意味着,人人都要消费,人人都不可避免地是消费者或成为消费者。因此,消费者保护法就成了与每个自然人、每个家庭关系极其密切的法律。对于消费者权益保护法,消费者理所当然成为关键词。下面在对消费者概念

---

① 一般在经济法中把《价格法》归入市场规制法中,但我认为,在一般的商品和服务交易的竞争性市场上,价格是有竞争形成的,国家不可能干预竞争性市场的价格,不公平的价格一般是由垄断行为、不正当竞争行为造成的。因此,在一般市场规制法中不存在对经营者价格行为的规制。也就是说,价格法不属于一般市场规制法的组织成分。

予以界定的基础上,对消法的核心理论予以介绍。

(一) 关键词：消费者

对于消费者不同国家的法律有不同的界定,理论上也有不同的理解。在我国由于受消法的规定的影响,通常意义上的消费者,是指为满足生活需要而购买、使用商品或接受服务的人。[1] 从实践的角度,理解这一概念需要从以下几点把握。

1. 消费类型

经济学中的"消费",有生产消费和生活消费之分。而消费者保护法中的消费一般只限于生活消费,即满足个人和家庭生活需要的消费。由于现代消费品的生产所用的材料和技术复杂,且品种多样、产品更新换代快,使得现代生活消费品中(搜寻品、经验品、信赖品)后两类占的比重逐渐增加,导致消费者对其所消费的消费品的信息了解有限。从而使得经营者相对于消费者在消费品交易中具有认知和信息优势,且"经济人"本性使得经营者常常利用这一优势损害消费者,损害消费品市场公正的交易秩序。农民购买生产资料及种子与之类似,因此,我国的《消费者权益保护法》第六十二条规定,农民购买、使用直接用于农业生产的生产资料,参照本法执行。这是将生产消费视为生活消费的一个特例。这一规定具有两层含义：首先,它肯定了购买使用农业生产资料的农民,不属于消费者；其次,农民在购买使用农业生产资料时,如消费者一样,享受《消费者权益保护法》规定的消费者所享有的各项权利。其立法理由在于：在我国农业经营者一般为以家庭为基础的广大农户,他们购买直接用于农业生产的种子、农药、化肥等虽属生产资料的范围,但广大农民对现代农具和种子信息的了解处于劣势,在交易中,有着与消费者相似的"信息偏在"。因此,法律作此特殊规定,有其现实意义。[2]

2. 消费主体

生活消费有个人(家庭)消费和单位消费(又称集团消费)之分。消费者保护法中的消费只限于个人(家庭)消费,理由有二。

第一,对个人(家庭)消费加以特殊保护是各国立法和国际条约的通行做法。就生活消费而言,单位本身不能直接使用某种商品或直接接受某种服务,也就是说不能从事某种生活消费,其在购买商品或接受某种服务以后,还需要将这些商品或服务转化为个人的消费,因此,消费权益的承受主体仍然是个人。国际标准化组织消费政策委员会于1978年5月10日在日内瓦召开的第一届年会上将消费者定义为"为个人目的购买或使用商品和服务的个体社会成员",也正体现了这一考虑。

第二,符合消费者保护法的宗旨和目标。现代消费者保护法是在对市场经济条件下消费者弱者地位的充分认识的基础上,而对消费者给予特殊保护的立法。单位为团体之法律人格,在以某种形式进行交易时,并不缺乏专门知识、交涉能力的问题。另外,本书作者认为更重要的是,单位购买的量通常较大,且单位购买多是为某种活动购买,一般多为重复性购买,因此,维持与单位长期的交易对经营者意义重大,交易通常比较公正。可见,将消费者的

---

[1] 我国消法第二条规定："消费者为生活消费需要购买、使用商品或者接受服务,其权益受本法保护；本法未作规定的,受其他有关法律、法规保护。"

[2] 但是有学者对此规定做出的是否定性的评价,认为将消费者保护法的范围扩大到农民的生产消费,只是我国立法的权宜之计,仅仅是为适应我国法制的不健全和立法的滞后性。参见刘益灯：《国际消费者保护法律制度研究》,中国方正出版社2005年版,第5页。

范围限定于个人和家庭,对其给予特殊保护有其理论上的合理性。

3. 消费客体

对于消费品的含义,各国法律见解不一,差异较大。何谓商品或服务?根据我国《消费者权益保护法》规定,是指经营者向消费者提供的商品或服务。此规定十分含糊,由于现代社会,服务业日趋发达,服务消费成为生活消费的重要内容,交通运输、旅游、电信、金融、医疗等均属服务的范畴。可见,商品和服务范围是动态变化的,因此,便在理论与实务上产生了诸多极具争议性的"边缘消费"问题。例如,商品房买卖领域,如存在欺诈是否适用消法中的惩罚赔偿条款?医疗服务领域是否适用《消费者权益保护法》?等等。[①] 这是完善我国消费者保护法所必须解决的一个问题。

4. 价值目标视角下的消费者

从消法的价值目标及其实现看,本书作者认为,对消法的消费者可从否定视角予以界定,即凡是不以经营为目的的购买,就可视作生活消费,因此,非经营性购买者就是消费者。这样就可以解决金融法中的"金融消费者"问题,以及把"知假买假"的打假者视为消费者,有利于保护消费品交易秩序的公正,有利于实现消法保护消费品公正交易秩序,从而通过反射保护消费者实现消法的目的。

(二) 消费者弱势地位及成因

消费者在消费品交易中的弱势地位,以及被损害的问题作为一种社会性问题的出现是现代市场交易关系发展的必然,法律上必须对这种身份地位的改变,以及由此产生的问题予以回应。为此需要了解消费者弱势地位的表现和产生的原因。

消费者在市场交易中的弱势地位,是指消费者为满足生活消费需要在购买、使用经营者所提供的商品或接受服务的过程中,因缺乏有关知识、信息以及资源禀赋差异、能力缺陷、受控制等因素,导致消费者的权利不能得到有效实现甚至遭受损害的情形。这种情况的产生主要有以下原因。

第一,消费者与经营者交易目的实现的方式不同,导致消费者的满足程度低于经营者,而其风险负担重于经营者。交易中经营者得到货币收入后,其商品价值实现的目的已经实现,消费品毁损和造成人身或财产损害的风险已经转移,除了货币贬值这种经济风险外,不存在其他风险;而消费者在支付货币后得到产品和服务,其目的在于商品的使用价值给自己带来的满足。其目的只有在使用产品和接受服务后才可实现,故存在着使用价值上的风险,特别是人身或财产损害方面的风险,不仅有经济风险,而且还有生存风险。[②]

第二,消费者与经营者对交易标的拥有的知识不同。消费者与经营者的交易是一种非专业对专业、非知情人对知情人的交易关系。经营者通晓商品的技术性能、了解市场行情、掌握顾客心理、具有一定的销售技巧,可以说是知己知彼;而消费者却缺乏购买商品或接受服务的相关知识,所接受的信息大多是经过加工的、促销或诱导性的,消费者十分容易被经营者操纵,与之建立非公平的交易契约。商品和服务的技术含量越高,这种信息不对称越强烈,致使强者更强,弱者更弱。

---

① 参见郑曙光、汪海军:《市场管理法新论》,中国检察出版社 2005 年版,第 330—341 页;柳经纬:《保护患者权益不宜搭消费者权益保护法的便车》,载《福州政法管理干部学院学报》,2005 年第 1 期。
② 参见王全兴:《经济法基础理论专题研究》,中国检察出版社 2002 年版,第 432 页。

第三,现代市场追求交换效率,简化交易程序的结果。现代市场经济简化商品交换程序,加速流通速度的客观要求,使消费合同具有了定式合同或者附从合同的特征。因此,消费者对合同条款的理解能力和选择余地,明显不如经营者。对于一般消费者而言,实际上剥夺了他们根据竞争市场选择交易相对人、自由确定交易内容的可能性。正如波斯纳所指出的:"当交易是一家大公司与一个普通人之间进行时,它会引起类似于胁迫的情况,并可能使这一个人相当于由于有刀在其喉咙而被签发本票的无助当事人——尤其是如果他与公司的契约是一种标准契约或消费者是一个穷人——而结果是交易的条件都是强迫的。"①

因此,消费者权益保护法立足在消费品交易关系中消费者弱势地位的现实,侧重于对消费者一方的特殊保护,同时给予经营者一方以限制,以恢复消费者与经营者交易关系的公正,实现社会公平和社会正义(公正交易,促进良好交易秩序的形成),其体现着鲜明的保护社会经济秩序的经济法特质。

(三) 消费者保护法的特性

消费者权益保护法通常有狭义和广义两种不同的理解。狭义的消费者权益保护法一般仅指各国有关消费者权益保护的专门立法,如日本的《保护消费者基本法》、我国的《消费者权益保护法》等;而广义的消费者保护法是由多部法律有关保护消费者的法律规范共同构成的制度体系,狭义的消费者权益保护法具有如下特点。

1. 对象的特定性

消费者权益保护法,以消费者这一特定社会群体作为保护对象。这意味着,消费者权益保护法所保护的消费者,是在生活消费品市场交易关系中,消费者具有特定的"身份"或扮演特定"角色"的人。自然人因其在现实社会中从事消费活动而具有了消费者的具体法律人格,从而成为消费者权益保护法特殊关注的对象。消费者权益保护法的这一特点,也使消费者权益保护法与民商法、刑法、行政法等以抽象的人或普遍化的人为保护对象的法律区别开来。②

2. 权利义务配置的不对称性

消费者权益保护法,是调整消费者与经营者之间交易关系的法律。在这种关系中经营者与消费者对交易影响的力量不对称,决定了消费者权益保护法对双方当事人之间利益关系的调整,采取了不对称的调整方法,表现在赋予消费者以更多的权利,经营者则承担更严格的义务,在权利和义务的配置上明显不对称,这被一些经济法学者称为倾斜性配置。

消费者权益保护法之所以具有这种权利和义务配置的不对称性(或倾斜性),主要是因为消费关系存在事实上的不平等和利益不均衡,需要特别的法律加以矫正。

3. 保护的多元性

消费者权益保护法在承认传统私法所确认的权利,且利用消费者以私力自我保护的同时,强调公权力的介入,以社会正义、实质正义为价值追求,体现国家对私法领域的干预和对私法调整结果的矫正。例如,现代各国的消费者保护法一般都规定,生产经营者必须确保消费者的人身安全、住宅、汽车的安全,以及在物价、计量、质量等方面不损害消费者的经济利益,同时还规定,生产经营者必须如实揭示商品和服务的情况,并确保公平自由的竞争,以使

---

① 参见[美]理查德·A.波斯纳:《法律的经济分析》(上),中国大百科全书出版社1997年版,第145页。
② 参见金福海:《消费者法论》,北京大学出版社2005年版,第9页。

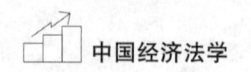

消费者能够正确做出选择；此外，各国的消费者保护法规定社会保护，以及对消费者援助制度，以保证消费者受到损害时能得到及时的援助与救济。

二、保护消费者的基本法律制度路径

消法对消费者权益的保护有两条基本的制度路径，一是事前的预防，主要表现为对经营者义务的设定，以防止损害行为的发生。另一是事后的救济，主要表现为赋予消费者权利，使消费者易于获得救济。

（一）消费者的基本权利

消费者权利作为一个集合的概念，包括消费者保护法所规定的各类消费者权利。从世界各国消费者权益保护法发展的历史看，尽管各国对于消费者权利的内容规定不尽相同，但是一些基本的权利是相同的。我国1993年颁布的《消费者权益保护法》（2013年修订没有变化）在广泛吸取各国及国际消费者保护立法经验的基础上，规定了消费者享有9项权利，归纳起来，包括如下几种。

1. 安全权

人身权及财产权是现代法治国家各国宪法都规定的人的基本权利，消法的安全权是这两项宪法权利在消法中的具体化。对此，我国《消费者权益保护法》第七条作了规定。[①]

从消法的规定看，消费者的安全权，是指消费者在购买使用商品或接受服务时所享有的人身和财产安全不受侵害的权利。作为消费者最重要的权利，安全权包括两个方面的内容，一是人身安全权，即消费者的生命与身体健康不受侵害的权利，具体又包括消费者的生命安全权和健康安全权。这是消费者所享有的最基本、最重要的权利，如果这一权利都得不到保障，则消费者的其他权利更无从谈起。二是财产安全权，即消费者的财产不受损失的权利，财产损失有时表现为财产在外观上发生损毁，有时则表现为价值的减少。

2. 知情权

消费者为满足生活需要而购买商品或接受服务，该商品或者服务是否能满足消费者的需要，是否能正确地消费等都有赖于对该商品或者服务的充分了解，因此，知情权成为消费者的一项基本权利。我国消法第八条对此项权利作了规定。[②]

从这一规定看，知情权是消费者所依法享有的了解与其购买、使用的商品和接受的服务有关的真实情况的权利。其具有两方面的基本内涵：(1)消费者有权了解商品和服务的真实情况。即经营者向消费者提供的各种情况应是客观的真实的而不是虚假的。虚伪的信息不仅不会给消费者带来利益，反而会影响消费者做出正确的判断，导致消费者上当受骗，蒙受损害。(2)消费者有权充分了解与其购买的商品或服务的相关信息。一般地说，对商品和服务中与消费者利益相关的一切信息消费者都有权了解，主要包括：商品的价格、产地、生产者、用途、性能、规格及费用等有关情况。但是，并不包括与消费者利益没有直接联系的信息，以及国家法律保护的技术、经营信息。由于商品服务的具体形态不同，有些商品可能不

---

① 我国《消费者权利保护法》第七条规定："消费者在购买、使用商品和接受服务时，享有人身、财产安全不受损害的权利，消费者有权要求经营者提供的商品和服务符合保障人身、财产安全的要求。"

② 我国《消费者权利保护法》第八条规定："消费者享有知悉其购买、使用的商品或者接受的服务的真实情况的权利。消费者有权根据商品或者服务的不同情况，要求经营者提供商品的价格、产地、生产者、用途、性能、规格、等级、主要成份、生产日期、有效期限、检验合格证明、使用方法说明书、售后服务，或者服务的内容、规格、费用等有关情况。"

需要了解所有信息,而另一些商品和服务其应披露的信息则可能会超出以上范围,其具体内容应当根据不同商品和服务的具体情况决定。总之,凡与消费者正确的判断、选择、使用等有直接联系的信息,消费者都有权了解。

3. 选择权

消费者购买商品和接受服务是在不同的动机驱动下进行的,或者是为了满足自己的生理需要,或为满足自己的发展需求,或为满足他人的需要。因此,必须让消费者根据其需要对其意欲购买的商品或接受的服务做出选择。同时,每一个消费者都具有自己的品位、爱好和特殊的要求,如果不能自主地选择,那么,购买的商品或接受的服务就不能充分地满足消费者的需求。可见,自由或自主选择是消费者的一项基本权利,简称选择权。为此,我国消法第九条对此项权利作了规定。①

该条规定说明,消费者的选择权是指消费者根据自己的意愿自主地选择其购买的商品及接受服务的权利。消费者的选择权具有以下几个方面的内容:(1)自主选择提供商品或者服务的经营者。(2)自主选择商品品种或者服务方式。(3)自主决定购买或不购买任何一种商品、接受或不接受任何一项服务。(4)在自主选择商品或服务时的比较、鉴别和挑选。

4. 公平交易权

消费者的公平交易权,是法律对公正的追求在消费品交易领域的体现,因此,它是消费者的基本权利之一。因此,我国消法第十条对此项权利予以规定。②

该规定说明,交易公平权,就是消费者具有以公平交易条件,不受强制地从事交易的权利。其核心是公正交易。而公正交易就一般意义而言,是指交易各方在交易过程中获得的利益相当,在消费性交易中,就是指消费者获得的商品及服务与其交付的货币价值相当。具体而言:(1)消费者有权要求商品应当具备公众普遍认为其应当具备的功能。即商品应具有使用价值,如食品应能够食用、药品应具有一定的治愈疾病的效用,日常用品、家庭电器应具有其一般应具备的功能等,不具使用价值的商品,不能销售。(2)公平交易权表现在消费者有权要求商品或服务的定价合理。商品可以根据其质量不同而制订不同的价格,商品的价格应当与质量保持一致,优质高价、劣质低价,不得销售劣质高价商品,不得漫天要价、牟取暴利。(3)公平交易权表现在消费者有权要求商品的计量正确。不得克扣、短斤少两。计量不足实质上是以隐蔽的手段抬高商品的价格。(4)交易必须在自愿的基础上发生,强制交易行为是违反消费者意愿的交易行为,在自愿交易的条件下,如果经营者提出的交易条件不公平,消费者还可以通过拒绝交易而使自己免遭损害,但是,在强制交易的情况下,消费者都要被迫接受不公平的交易条件,这无疑是要求消费者必须接受经营者的非法侵害。

5. 求偿权

我国消法第十一条规定:"消费者因购买、使用商品或者接受服务受到人身、财产损害的,享有依法获得赔偿的权利。"这一规定被称为消费者的求偿权。其实质是民法的请求权在消法中的转化,目的是通过这一权利的行使,通过保护具体受害消费者的私人利益,而间

---

① 我国《消费者权利保护法》第九条规定:"消费者享有自主选择商品或者服务的权利。消费者有权自主选择提供商品或者服务的经营者,自主选择商品品种或者服务方式,自主决定购买或者不购买任何一种商品、接受或者不接受任何一项服务。消费者在自主选择商品或者服务时,有权进行比较、鉴别和挑选。"

② 我国《消费者权利保护法》第十条规定:"消费者享有公平交易的权利。消费者在购买商品或者接受服务时,有权获得质量保障、价格合理、计量正确等公平交易条件,有权拒绝经营者的强制交易行为。"

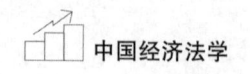

接实现保护消费品交易公正。

6. 结社权

消费者往往是孤立、分散的,且是"无知"的个体社会成员,其所面对的经营者却拥有各种专门知识与经验的专业人员,因此,实现与经营者之间的真正平等,消费者除了通过国家支持和社会帮助以外,还应团结起来,通过设立自己的组织壮大自己的力量,提高自身的认知能力,同不法经营行为作斗争。正因为如此,我国《消费者权益保护法》第十二条规定:"消费者享有依法成立维护自身合法权益的社会团体的权利。"即赋予消费者结社权。它是宪法自由结社权在消法中的具体化。

7. 受教育权

在消费品交易中,消费者的弱势最为根本的就是对其需购买的消费品的"无知"。无知的造成固然主要与其对消费品的信息的了解处于弱势有关,但也与消费者的知识所限造成的认知能力不足有关,因此,我国消法赋予消费者受教育权。按消法第十三条规定,所谓的受教育权是指,"消费者享有获得有关消费和消费者权益保护方面的知识的权利"。

消费者受教育权作为一种权利,它意味着:(1)消费者通过适当方式获得有关商业服务消费知识和消费者保护知识的要求是合理的,消费者可以表达并实现这一要求。(2)作为一种权利,它还意味着政府、社会应当提供相应条件,努力保证消费者能够接受这种教育。政府、消费者团体除督促经营者充分客观地披露有关商品、服务的信息外,还必须采取各种制度和措施促进有关知识及时传播、保障消费者受教育的权利能够实现。

8. 受尊重权和信息受保护权

我国消法规定:"消费者在购买、使用商品和接受服务时,享有人格尊严、民族风俗习惯得到尊重的权利,享有个人信息依法得到保护的权利。"①

消费者受尊重权,意味着:(1)消费者的人格权不受侵犯,人格权包括生命健康权、姓名权、肖像权、名誉权、荣誉权和婚姻自主权等。(2)消费者受尊重权还意味着消费者的民族风俗习惯受到尊重。经营者在商品包装、商标及广告中不得使用有损少数民族形象的文字、图画,不得强迫少数民族消费者接受本民族禁忌食品或其他商品。

9. 批评监督权

据我国消法的规定,②消费者的监督权,是指消费者对于商品和服务以及消费者保护工作进行批评和监督的权利。

消费者监督权的内容主要包括两个方面:(1)对商品和服务进行监督。任何消费者在日常消费生活中,发现经营者不法行为时,都有权向有关部门反映,并要求处理。(2)对消费者保护工作的监督,主要是指对国家机关及其工作人员在消费者保护工作中的违法失职行为进行监督。

(二) 经营者的义务

1. 经营者的义务的构成及相互关系

在经营者与消费者的关系中,经营者的义务主要有两类:一是基于法律直接规定而产生的法定义务;另一类是基于合同而产生的约定义务。消费者保护法所规定的义务属于前

---

① 参见我国《消费者权益保护法》第十四条的规定。
② 参见我国《消费者权益保护法》第十五条的规定。

一种义务,即法定义务。在经营者作为合同当事人时,当然亦要以合同约定各种义务。当事人依合同承担的义务经协商而确定。这两种义务虽然性质不同,但相互联系:(1)约定义务不得与强制性法定义务相抵触,当约定与该法定义务抵触时,该约定无效。(2)尽管有法定义务存在,但法定义务是法律对经营者的基本要求,故消费者与经营者可以通过合同而约定经营者承担比法律规定更严格的义务。(3)约定义务可以改变补充性法定义务。

2. 经营者法定义务的内容

在消费法律关系中,由于消费者的特定权利与经营者的义务不具有相互性、对等性,因此,为实现消费者的权利,法律为经营者设定了相对明确的法定义务。这些义务在消费者保护法以及相关法律中具有体现。具体而言,经营者应承担以下义务。

(1) 履行法定义务及约定义务。据我国消法第十六条规定的内容,履行法定义务及约定义务是指经营者向消费者提供商品和服务,应依照法律、法规的规定履行义务。双方有约定的,应按照约定履行义务,但双方的约定不得违反法律规定。

(2) 接受监督的义务。据我国消法第十七条规定的内容,接受监督的义务是指,经营者应当听取消费者对其提供的商品或服务的意见,接受消费者的监督。

(3) 保证商品和服务安全的义务、安全保障义务。据我国消法第十八条规定的内容,这一义务是指经营者应当保证其提供的商品或服务符合保障人身、财产安全的要求。经营者应当做到:第一,对可能危及人身、财产安全的商品和服务,应做出真实说明和明确的警示,标明正确使用及防止危害发生的方法;第二,安全保障义务。

(4) 缺陷产品召回义务。据我国消法第十九条规定的内容,这一义务是指经营者发现其提供的商品或者服务存在缺陷,有危及人身、财产安全危险的,具有防治危险发生的义务。产品召回义务。

(5) 提供真实信息的义务。据我国消法第二十条规定的内容,这一义务是指经营者对消费者就其提供的商品或者服务的质量和使用方法等问题提出的询问,应当作出真实、明确的答复。

(6) 表明真实名称和标记的义务。

据我国消法第二十条规定:"经营者应当标明其真实名称和标记。"这被称为标明真实名称和标记的义务。经营者应当标明其真实名称和标记。租赁他人柜台或者场地的经营者,应当标明其真实名称和标记。经营者的名称和标记,其主要功能是区别商品和服务的来源。如果名称和标记不实,会使消费者误认,无法正确选择喜欢或信任的经营者。在发生纠纷时,也无法准确地确定求偿主体。对租赁柜台或场地的行为,强调承租方有义务标明自己的真实名称和标记,目的在于区分承租方和出租方,一旦发生责任问题,便于确定责任承担者。

(7) 出具凭证或单据的义务。这一义务在我国消法上规定为:"经营者提供商品或者服务,应当按照国家有关规定或者商业惯例向消费者出具发票等购货凭证或者服务单据;消费者索要发票等购货凭证或者服务单据的,经营者必须出具。"①

(8) 保证质量的义务。据我国消法第二十三条规定,经营者有义务保证商品和服务的质量。② 该义务体现在两个方面:(1)经营者应当保证在正常使用商品或者接受服务的情况

---

① 参见我国《消费者权益保护法》第二十二条的规定。
② 参见我国《消费者权益保护法》第二十三条的规定。

下,其提供的商品或者服务应当具有相应的质量、性能、用途和有效期限;但消费者在购买该商品或者接受服务前已经知道其存在瑕疵的除外;(2)经营者以广告、产品说明、实物样品或者其他方式表明商品或者服务质量状况的,应当保证提供的商品或者服务的实际质量与表明的质量状况相符。

(9) 履行"三包"或其他责任的义务。据我国消法第二十三条规定,经营者提供商品或者服务,按照国家规定或者与消费者的约定,承担包修、包换、包退或者其他责任的,应当按照规定或者约定履行,不得故意拖延或者无理拒绝。① 这里的包修、包换、包退就是人们常说的"三包"。国家对少数商品(主要是涉及大多数消费者利益及关系人身、财产安全的商品)实行三包,目的在于促使企业重视提高产品质量,切实保护用户和消费者的人身、财产安全。

(10) 有限的无条件退货义务。无理由退货义务,也称为"冷却期"制度。我国法律只是规定在有限条件下无理由退货,因此,我称其为"有限的无条件退货义务"。即经营者只有采用网络、电视、电话和邮购等方式销售商品,消费者才有权自收到商品之日起七日内退货,且无需说明理由。②

(11) 不得单方做出对消费者不利规定的义务。据我国消法第二十六条规定:经营者不得以格式合同、通知、声明、店堂告示等方式做出对消费者不公平、不合理的规定或者减轻、免除其损害消费者合法权益应当承担的民事责任。格式合同是经营者单方拟定的,消费者或者只能接受,而无改变其内容的机会;或者只能拒绝,但却无法实现或难以实现消费需求,当该经营者处于独家垄断时更时如此。经营者做出的通知、声明、店堂告示等亦属于单方意思表示,侧重于保护经营者的利益。因此,在上述情况下,经营者的格式合同、通知、声明、店堂告示等含有对消费者不公平、不合理规定的,或者减轻、免除其损害消费者合法权益应当承担的民事责任的,其内容无效。③

(12) 不得侵犯消费者人格权的义务。据我国消法第二十六条规定:经营者不得对消费者进行侮辱、诽谤,不得搜查消费者的身体及其携带的物品,不得侵犯消费者的人身自由。

三、国家和社会组织的保障责任

消法虽以保护消费者的权益为圭臬,但是,从共同体主义观念来说,这里的消费者是作为群体的消费者,而非具体的消费者。一些对消费者损害的经营行为不是针对具体消费者,而是对不特定的处于生活消费品交易中所有的消费者,既有当下的、也有未来的,既有实际受害者,也有潜在受害者。因此,随着消法的发展,对消费者的公共保护和社会保护制度得以发展。下面对这两种保护消费者的制度予以介绍。

(一) 国家的保障职责

1. 参与协商制定良好规则的职责

在现代市场经济条件下,由于生产技术日新月异,新的消费品层出不穷。损害消费者的行为方式也在发生变化。加之,我国地域广阔,各地习俗差异较大。因此,消法制定难免具有一些原则性规定。需要各地结合本地特点制定相应的消法实施细则。规则制定的合理,

---

① 参见我国《消费者权益保护法》第二十四条的规定。
② 参见我国《消费者权益保护法》第二十五条的规定。
③ 参见我国《消费者权益保护法》第二十六条的规定。

是更好保护消费者的基础。而合理规则的制定,需要利益相关者和专家协商参与。于是,消费者权益保护法规定:"国家制定有关消费者权益的法律、法规、规章和强制性标准,应当听取消费者和消费者协会等组织的意见。"[1]

2. 领导、组织、协调保护和监督预防职责

现代市场经济中消费品的交易并非个别性交易,而是社会性交易。一些损害一旦发生就是公共性损害,不仅具有当下诸多不特定的受害者,而且损害交易秩序,存在一些经营者不具备承担责任的能力。因此,对这种行为预防其发生显然优于等其发生之后让违法者承担责任。而预防保护的是公共利益,因此,需要公共组织领导、组织、协调。于是消法规定:"各级人民政府应当加强领导,组织、协调、督促有关行政部门做好保护消费者合法权益的工作,落实保护消费者合法权益的职责。各级人民政府应当加强监督,预防危害消费者人身、财产安全行为的发生,及时制止危害消费者人身、财产安全的行为。"[2]

3. 履行执法职责

这是现代规制法的特点,即依法专门设立或授权专门执法机关执法,防止损害消费者及消费品交易秩序的公共性损害行为。执法有三个方面:(1)预防式执法。主要是在潜在违法行为的危害发生之前。为此,我国消法第三十三条规定:"有关行政部门在各自的职责范围内,应当定期或者不定期对经营者提供的商品和服务进行抽查检验,并及时向社会公布抽查检验结果。有关行政部门发现并认定经营者提供的商品或者服务存在缺陷,有危及人身、财产安全危险的,应当立即责令经营者采取停止销售、警示、召回、无害化处理、销毁、停止生产或者服务等措施。"(2)惩罚或救济式执法。如第三十四条规定:"有关国家机关应当依照法律、法规的规定,惩处经营者在提供商品和服务中侵害消费者合法权益的违法犯罪行为。"第三十二条规定:"各级人民政府工商行政管理部门和其他有关行政部门应当依照法律、法规的规定,在各自的职责范围内,采取措施,保护消费者的合法权益。有关行政部门应当听取消费者和消费者协会等组织对经营者交易行为、商品和服务质量问题的意见,及时调查处理。"

4. 方便诉讼

消法第三十五条规定:"人民法院应当采取措施,方便消费者提起诉讼。"

(二) 社会组织的保障职责

消法中的社会组织主要是消费者协会,社会组织保护消费者的职责有积极和消极两个方面,积极职责需社会组织作为,而消极职责则要求其不作为。

1. 社会组织积极性职责

消费者协会主要有以下八项积极性的公益性职责:(1)向消费者提供消费信息和咨询服务,提高消费者维护自身合法权益的能力,引导文明、健康、节约资源和保护环境的消费方式。(2)参与制定有关消费者权益的法律、法规、规章和强制性标准。(3)参与有关行政部门对商品和服务的监督、检查。(4)就有关消费者合法权益的问题,向有关部门反映、查询,提出建议。(5)受理消费者的投诉,并对投诉事项进行调查、调解。(6)投诉事项涉及商品和服务质量问题的,可以委托具备资格的鉴定人鉴定,鉴定人应当告知鉴定意见。(7)就损害消

---

[1] 参见我国《消费者权益保护法》第三十条的规定。

[2] 参见我国《消费者权益保护法》第三十一条的规定。

费者合法权益的行为,支持受损害的消费者提起诉讼或者依照本法提起诉讼。(8)对损害消费者合法权益的行为,通过大众传播媒介予以揭露、批评。①

2. 社会组织的消极职责

消费者保护组织消极职责,就是不从事损害消费者权益活动的职责。我国消法第三十八条规定:"消费者组织不得从事商品经营和营利性服务,不得以收取费用或者其他牟取利益的方式向消费者推荐商品和服务。"②

四、救济中的特别规则

为了更好地保护消费者权益,便于救济受害的消费者。消法专设"争议解决"一章,作了一些特别的制度规定,主要有以下几方面。

(一) 销售者的先行赔付义务

消费者在购买、使用商品时,其合法权益受到损害的,可以向销售者要求赔偿。销售者赔偿后,属于生产者的责任或者属于向销售者提供商品的其他销售者的责任的,销售者有权向生产者或者其他销售者追偿。③

(二) 生产者与销售者的连带责任

消费者或者其他受害人因商品缺陷造成人身、财产损害的,可以向销售者要求赔偿,也可以向生产者要求赔偿。属于生产者责任的,销售者赔偿后,有权向生产者追偿。属于销售者责任的,生产者赔偿后,有权向销售者追偿。此时,销售者与生产者被看作一个整体,对消费者承担连带责任。

(三) 变更后的企业仍应承担赔偿责任

企业的变更是市场经济活动中常见的现象。为防止经营者利用企业变更逃避对消费者应承担的损害赔偿责任,法律规定:消费者在购买、使用商品或者接受服务时,其合法权益受到损害,因原企业分立、合并的可以向变更后承受其权利义务的企业要求赔偿。④

(四) 营业执照持有人与租借人的赔偿责任

出租、出借营业执照或租用、借用他人营业执照是违反工商行政管理法规的行为。法律规定:使用他人营业执照的违法经营者提供商品或者服务,损害消费者合法权益的,消费者可向其要求赔偿,也可以向营业执照的持有人要求赔偿。⑤

(五) 展销会举办者、柜台出租者的特殊责任

通过展销会、出租柜台销售商品或者提供服务,不同于一般的店铺营销方式。为了在展销会结束后或出租柜台期满后,使消费者能够获得赔偿,法律规定,消费者在展销会、租赁柜台购买商品或者接受服务,其合法权益受到损害的,可以向销售者或服务者要求赔偿。展销会结束或者柜台租赁期满后,也可以向展销会的举办者、柜台的出租者要求赔偿。展销会的

---

① 参见我国《消费者权益保护法》第三十七条的规定。
② 参见我国《消费者权益保护法》第三十八条的规定。
③ (一)(二)规定可参见我国《消费者权益保护法》第四十条的规定。
④ 参见我国《消费者权益保护法》第四十一条的规定。
⑤ 参见我国《消费者权益保护法》第四十二条的规定。

举办者、柜台的出租者赔偿后,有权向销售者或者服务者追偿。①

(六) 网络平台的特殊责任

消费者通过网络交易平台购买商品或者接受服务,其合法权益受到损害的,可以向销售者或者服务者要求赔偿。网络交易平台提供者不能提供销售者或者服务者的真实名称、地址和有效联系方式的,网络交易平台提供者承担赔偿责任;网络交易平台提供者作出更有利于消费者的承诺的,应当履行承诺。网络交易平台提供者赔偿后,有权向销售者或者服务者追偿。

网络交易平台提供者明知或者应知销售者或者服务者利用其平台侵害消费者合法权益,未采取必要措施的,依法与该销售者或者服务者承担连带责任。②

(七) 虚假广告的广告主与广告经营者的责任

广告对消费行为的影响是尽人皆知的。为规范广告行为,广告法、消费者权益保护法均对虚假广告作了禁止性规定。消费者权益保护法规定,当消费者因虚假广告而购买、使用商品或者接受服务,若合法权益受到损害的,可以向利用虚假广告提供商品或服务的经营者要求赔偿。广告的经营者发布虚假广告的,消费者可以请求行政主管部门予以惩处。广告的经营者不能提供经营者的真实名称、地址的,应当承担赔偿责任。③

(八) 多倍赔偿责任。

对欺诈行为的多倍赔偿规定,我国《消费者权益保护法》第五十五条规定:"经营者提供商品或者服务有欺诈行为的,应当按照消费者的要求增加赔偿其受到的损失,增加赔偿的金额为消费者购买商品的价款或者接受服务的费用的三倍"。这种规定通常被称为惩罚性赔偿。一般认为设定这一规则的目的,一是惩罚性地制止损害消费者的欺诈行为人,特别是制造、销售假货的经营者,二是鼓励消费者同欺诈行为和假货作斗争。但我认为,这种责任未必就有惩罚性,这种责任与其说是惩罚还不如说是对消费者维护公共利益的报偿。④

第三节 产品质量法

产品质量是交易中最重要的信息,它不仅是决定产品使用价值的重要因素,也是决定其价值的重要因素。同时,产品质量有时与使用者的人身和财产权的安全有关。因此,对产品质量予以规范的法律——产品质量法,不仅对保护人身财产安全具有重要作用,且对建立公正的市场交易秩序具有重要价值,这一节对产品质量法的一般理论和主要内容予以介绍。

一、关键词和一般理论

理解一个部门法的基点在于了解其核心概念(关键词)和一般理论。产品质量法的关键

---

① 参见我国《消费者权益保护法》第四十三条的规定。
② 参见我国《消费者权益保护法》第四十四条的规定。
③ 参见我国《消费者权益保护法》第四十五条的规定。
④ 有关此的较详细论证请参见刘水林:"论民法的'惩罚性赔偿'与经济法的'激励性报偿'"载《上海财经大学学报》2009年第4期。

词就是产品质量和产品质量法,下面在对关键词界定的基础上,对产品质量法的一般理论予以介绍。

(一) 产品质量法的关键词

产品质量法是由产品、质量和法构成的一个复合词,因此,界定产品质量法的关键,在于界定产品、产品质量这两个词语。

1. 产品

产品有广义和狭义之分。广义的产品,是经济学意义上的,泛指自然物之外的一切劳动生产物。而法律上所规定的产品,其范围小于广义的产品,是在狭义上使用的。就世界不同国家或地区对产品的规定可知,各国对产品的范围的界定不尽相同。① 我国1993年制定的《中华人民共和国产品质量法》(以下简称《产品质量法》)第二条规定:"本法所称产品是指经过加工、制作,用于销售的产品。建设工程不适用本法规定。"因此,我国产品质量法律上所指的"产品",排除了初级农产品、未经加工的天然形成的物品和由建筑工程形成的房屋、桥梁、其他建筑物等不动产,以及军工产品。

从上述规定看对产品的界定须注意两点:第一,人的"加工、制作"。加工,只做包含采掘、提炼、组装。第二,用于交易,这意味着是通过市场交易供人们消费。因此,煤气、自来水、电、某些出租物和赠送物也就可以纳入产品的范畴,既符合我国社会经济需要,又顺应了国际上对"产品"范围扩大的趋势。

2. 产品质量

产品质量是指产品所应具有的、符合人们需要的各种物理特性,如适用性(舒适性)、安全性、耐用性、可维修性等。影响产品质量的,主要因素是生产产品使用的原材料的物质因素,以及技术的。在我国,产品质量是指国家有关法律法规、质量标准以及合同规定的对产品适用、安全和其他特性的要求。

3. 产品质量法

产品质量法是我国特有的法律,国外一般只有产品责任法。按我国学者的一般看法,产品质量法是调整产品质量关系的法律。从我国《产品质量法》的规定看,其内容包括两个方面,即产品责任和产品质量规制(通常称为产品质量管理监督)。因此,其调整的对象有两方面:一是调整产品质量责任关系,即发生在生产者、销售者与用户、消费者之间进行商品交易中所产生的经济关系。另一是产品质量规制关系。这是在相关规制机关执行产品质量管理职能中与相关生产经营者产生的经济关系。因此,我国学者通常把产品质量法定义为,调整在生产、流通以及监督管理过程中,因产品质量而发生的各种经济关系的法律规范的总称。

(二) 产品质量法的一般理论

这里主要对产品质量有关法律的各国立法状况、我国产品质量法的内容构成与特点这

---

① 例如,1985年的《欧共体关于对有缺陷的产品的责任指令》规定:"产品是指初级农产品和猎物以外的所有动产,即使已被组合在另一动产或不动产之内。初级农产品是指种植业、畜牧业、渔业产品,不包括经过加工的这类产品。产品也包括电。"再如,《美国第三次侵权法重述:产品责任》第十九条(a)规定:"产品是指通过商业销售供人们使用或消费的有形动产。其他类别,例如不动产和电当其使用和供应的方式与前述动产的使用和供应方式如此类似因而适用本规则时,也属于产品。"

几个理论问题做简单介绍。

1. 国内外有关产品质量立法概况

产品质量问题不仅关系到人身和财产安全，也关涉市场交易秩序公正，因此，在现代各国都重视有关产品质量的立法。就世界各国产品质量立法看大致有三种模式：一是民法（主要是侵权法、合同法）规则的扩展。二是专门的产品责任法，如德国的《产品责任法》、丹麦的《产品责任法》、挪威的《产品责任法》、日本的《制造物责任法》、英国的《消费者保护法》（第一章"产品责任"）以及美国的《统一产品责任法》（商务部公布的专家建议文本）等。三是与产品质量相关的立法和特殊产品责任的立法。

随着世界经济一体化的进程，产品责任立法愈益显示出国际化的趋势。目前已出现的国际性或区域性的公约主要有：1973年的《关于产品责任适用法的公约》（《海牙公约》），1977年的《关于人身伤害产品责任欧洲公约》（《斯特拉斯堡公约》），1985年的《欧共体关于对有缺陷产品的责任指令》（简称《欧共体产品责任指令》）。

随着1992年我国社会主义市场经济体制的确立，市场经济的发展，产品质量问题引发的社会经济问题，使我国对产品质量立法也给予了高度的注意。于是全国人大常委会于1993年2月22日通过了《产品质量法》。此外，还制定了一系列与产品质量相关的或特殊产品质量管理的法律，例如，《标准化法》《计量法》《食品卫生法》《药品管理法》等。

2. 我国产品质量法的构成及特征

从上述各国有关产品质量法律的规定来看。我国《产品质量法》与国外的最大不同，也是我国产品质量法的最大特点就是其内容构成的不同。[1] 在国外，由于经济体制更强调市场自由，法律传统更注重个人权利，以及产品质量产生的问题多为损害问题，因此，产品质量立法更注重对受害者救济，因而，产品质量立法主要就是产品责任方面的立法。而我国的社会主义市场经济中国家干预的色彩较浓，因此，在产品质量的法律中，同时做了两个方面的安排：一方面规范产品质量责任，即产品责任法。另一方面规范产品质量监督管理，即产品质量管理（规制）法。这样，既体现可利用当事人责任自负的原则，间接保证产品质量符合相关要求，又体现出国家作为社会代表协调经济运行的客观要求。

二、产品质量规制

规制法制度一般要解决几个问题，即谁规制？规制什么？如何规制？以及违规如何处罚？相应地必须具备四个方面的制度，由于违反市场规制的处罚基本相同，这里就不予以介绍。因此，下面主要介绍三种制度。

(一) 产品质量规制体制

规制体制就是由规制组织间及其规制组织内部各部门间的关系，以及各规制组织的其职权和职责划分构成的制度体系。

1. 组织体制

组织体制解决谁监管问题。我国《产品质量法》第八条规定："国务院产品质量监督管理部门负责全国产品质量监督管理工作。县级以下地方人民政府管理产品质量监督工作的部

---

[1] 有学者认为我国《产品质量法》把产品责任和产品质量管理放在一部法律中，这是世界上独一无二的产品质量立法模式，反映了经济法公私法交融的特性。参见吕忠梅、陈虹：《经济法原论》法律出版社2007年版，第405页。

门负责本行政区域内的产品质量监督管理工作。县级以上地方人民政府有关部门在各自的职权范围内负责产品质量监督管理工作。"根据此项规定,国务院和县级以上地方人民政府设立了技术监督局,后改称为质量技术监督局。经过1998年的国务院机构改革,国家质量技术监督局成为国务院管理标准化、计量、质量工作并行使执法监督职能的直属机构。

为促进执法监督的独立性和有效性,进一步加大质量技术监督力度,1999年3月党中央、国务院决定,质量技术监督管理体制进行重大改革,在全国省级以下质量技术监督系统实行垂直管理。

2. 权限与职责

为了规制合理,必须对规制机关的权责予以规定,据《产品质量法》规定看,国家质量技术监督局对全国产品质量工作的监督管理,是宏观上的、政策性的、指导性的和组织协调性的。地方质量技术监督局具体进行监督管理工作,其中包括依法查处生产、销售伪劣商品等质量违法行为。[1]

按产品质量法的规定,质量技术监督局负责组织查处生产和流通领域中的产品质量违法行为,需要工商行政管理局协助的,应予配合;工商行政管理局负责组织查处市场管理和商标管理中发现的经销掺假及冒牌产品等违法行为,需要质量技术监督局协助的,应予配合;在打击生产和经销伪劣商品违法活动中,按照上述分工,两部门应当密切配合。同一问题,不得重复检查、重复处理。

(二) 产品质量规制的制度体系构成

产品质量规制的制度体系按规制的流程,包括三个阶段,即事前规制、事中规制和事后规制。相应产生三方面的制度。

1. 事前规制

事前规制主要就是在产品生产前,为保障产品质量而对生产者资格的要求。其制度形式就是准入制度,在《产品质量法》中其制度表现主要就是许可制度。

实行市场经济,其基本规则是公平竞争、公平交易。如果笼统地规定实行生产许可证制度,势必限制市场的自由进入。然而,任何产品都自由进入市场也是不可能的,对少量的直接涉及人身安全、健康的产品发放生产许可证仍有必要。

2. 事中规制

事中规制(监管),即通过对产品生产过程中的规制,以保障产品质量。在产品质量法中主要表现在产品生产过程中对产品质量的规制。主要制度就是产品质量标准、认证制度和监督检查制度。

(1) 产品质量标准制度。产品质量标准可分为:统一标准与约定标准。质量是合同的条款之一,当事人对此应有明确的约定,无法达成明确约定的,按照国家标准、行业标准履行;没有国家标准、行业标准的,按照通常标准或者符合合同目的的特定标准履行;强制性标准与一般性标准。《产品质量法》强调指出:"可能危及人体健康和人身、财产安全的工业产品,必须符合保障人体健康、人身、财产安全的国家标准、行业标准;未制定国家标准、行业标准的,必须符合保障人体健康、人身、财产安全的要求。"[2] 保障安全、健康这是最基本的要求,

---

[1] 这从上述《产品质量法》第八条的规定就可看出。
[2] 参见《产品质量法》第十三条的规定。

所以要实行强制性标准。除此之外,可实行一般性的、非强制性标准。

(2) 产品质量认证制度。产品质量认证是指通过认证机构的独立评审,对于符合条件的,颁发认证书和认证标志,从而证明某一产品达到相应标准。国家根据国际先进的产品标准和技术要求,推行产品质量认证制度。[1] 为此,国务院于1991年颁布了《产品质量认证管理条例》。企业可以自愿提出申请认证。推行产品质量认证,引导企业向国际先进水平看齐,有利于促进企业提高产品质量,提高企业信誉,开拓国内外市场。

(3) 产品质量监督检查制度

在市场经济条件下,对各种各样的产品,多数产品放开,依靠市场竞争去调节,一般的结果必然是优胜劣汰。因而对产品的生产过程及质量不予干预。但对少数可能危及人体健康和人身、财产安全的工业产品国家必须管住、管好,或提出强制性的标准或要求。因此,对产品生产过程的质量规制成为必要。国家对生产过程规制的主要制度措施就是以抽查为主要方式的监督检查制度,并将抽查的结果登报公布。经检查不合格的,质量技术监督部门有权依法作出处理,如警告、罚款、责令停止生产或销售等。

3. 事后规制

事后规制(监管),在产品质量法中主要表现在产品生产出来后及上市之前对产品质量的规制。主要制度就是产品检验制度。

那我国《产品质量法》规定,产品应当检验合格,不得以不合格产品(包括处理口、劣质品)冒充合格产品。[2] 产品或者其包装上的标识,要有产品质量检验合格证明。另外,产品出厂要检验,商家进货也要检验,通过检验,把好产品质量关。

这些规定意味着,只有检验合格才能进入市场销售,从而防止不合格产品对消费者的人身和财产造成伤害。为保障检验机构必须具备检测条件和能力,经有权考核的部门考核合格后,方可承担产品质量检验工作。

(三) 产品质量规制的主要内容

产品质量规制的目的,就在于对生产者、销售者有产品质量相关的行为予以规范,以保障产品质量。而对生产者、销售者的产品质量行为的规制,就是约束其行为,往往表现为义务。下面就生产者和经营者的产品质量义务分别说明。

(一) 生产者的产品质量义务

1. 作为的义务

作为义务,要求生产者应当对其生产的产品质量负责。具体要求有以下三项。

(1) 产品合格。合格必须具备三个条件:第一,不存在危及人体健康及人身、财产安全的不合理的危险;有保障人体健康,人身、财产安全的国家标准、行业标准的,应当符合该标准。第二,具有产品应当具备的使用性能,但是,对产品存在使用性能的瑕疵做出说明的除外。第三,符合在产品或者其包装上注明采用的产品标准,符合以产品说明、实物样品等方式表明的质量状况。[3] 前两项为默示担保条件,后一项为明示担保条件。(2) 产品或者其包装上的标识真实。应当符合要求,包括合格证明、产品名称、厂家和厂址、产品规格、安全使

---

[1] 参见《产品质量法》第十四条的规定。

[2] 参见《产品质量法》第十二条的规定。

[3] 参见《产品质量法》第二十六条的规定。

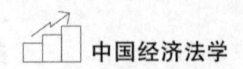

用日期和警示标志等。① (3)特殊产品的包装必须符合要求。这是指剧毒、危险、易碎、储运中不能倒置以及有其他特殊要求的产品,其包装应有特殊的要求。②

2. 不作为的义务

不作为是对生产者行为的禁止。按法律规定经营者的不作为义务包括四个方面:③(1)生产者不得生产国家明令淘汰的产品。(2)不得伪造产地,伪造或者冒用他人的厂名、厂址。(3)不得伪造或者冒用认证标志、名优标志等质量标志。(4)生产产品,不得掺杂、掺假,以假充真、以次充好,以不合格产品冒充合格产品。

对以上作为、不作为的要求,《产品质量法》统称为"生产者的产品质量责任和义务"。此处将"责任"与"义务"并列,实际上应理解为:生产者必须遵守法定的义务要求,否则可能构成相应的法律责任。

(二) 销售者的产品质量义务

1. 作为的义务

作为义务,要求销售者应当对其销售的产品质量负责。具体要求有三个方面:(1)销售者应当执行进货检查验收制度,验明产品合格证明和其他标识。(2)在进货之后,销售者应当采取措施,保持销售产品的质量(如防止受潮、腐烂等)。(3)销售的产品的标识应当符合有关规定。④

2. 不作为的义务

不作为是对其行为的禁止,具体讲有四个方面:(1)销售者不得销售失效、变质的产品。(2)不得伪造产地,伪造或者冒用他人的厂名、厂址。(3)不得伪造或者冒用认证标志、名优标志等质量标志。(4)销售产品,不得掺杂、掺假,以假充真、以次充好,以不合格产品冒充合格产品。⑤

对以上作为、不作为的要求,《产品质量法》统称之为"销售者的质量责任和义务"。规定并要求生产者、销售者履行产品质量义务,是为了实现用户、消费者的产品质量权利。一个生产环节,一个流通环节,把住这两个关口,将治标与治本结合起来,产品质量才能有基本的保障。

三、产品责任的规制

规制在法律意义上意味着是对私法自治的超越,体现在法律责任上就是对私法责任的修正,体现在归责原则,以及一些特别责任规定,下面从三点说明。

(一) 保证责任

生产者、销售者应当保证产品的质量。这种保证又称担保,可以分为明示担保和默示担保两类。明示担保是指,明确表示采用的产品质量标准以及通过产品说明、实物样品、广告等方式表明的质量状况,生产者、销售者作出的承诺属于此类。默示担保是指,产品质量符合国家法律、法规规定的要求,符合安全、卫生的标准,具备应有的使用性能。

---

① 参见《产品质量法》第二十七条的规定。
② 参见《产品质量法》第二十八条的规定。
③ 参见《产品质量法》第二十九条至三十二条的规定。
④ 参见《产品质量法》第三十三、三十四和三十六条的规定。
⑤ 参见《产品质量法》第三十五、三十七、三十八和三十九条的规定。

(二) 瑕疵担保和缺陷产品责任

凡是违反了产品质量法的要求,除法定免责的情况外,都应承担相应责任。其中,追究产品瑕疵担保责任,不以是否造成损害为前提,也不论是否存在过错。追究产品缺陷造成损害的法律后果,实行严格责任原则,适用于生产者,不论有无过错;与此同时,也实行过错责任原则,或过错推定原则,并适用于销售者。

(三) 归责原则的演化

从我国产品质量法,以及国外有关产品责任法的规定看,产品责任法的归责原则有两方面的变化。第一,从依照合同条款保证产品质量,转向不必以合同为前提追究产品质量责任。第二,从传统的过错责任,转向到严格责任。而且,当今产品质量责任在以严格责任为主的同时,仍然在某些场合下要运用到过错责任——以上为侵权责任。在有合同的条件下还可能产生违约责任,或者出现违约责任与侵权责任的竞合。

第四节 广 告 法

广告是现代市场交易中商品和交易信息最重要的传输方式,也是商品和交易信息的主要表现方式之一。当今社会经济生活也说明,广告已经渗透到社会生活的各个领域,起着传递信息、塑造形象、引导消费,从而促进经济发展的作用。可以说,不论是人们的生活和社会经济活动都受广告的影响。因此,广告是否准确、真实直接影响着交易是否公正,影响着消费者(购买者)的利益,且影响着竞争本身,间接影响竞争者的利益。正因此,为建立良好的市场交易秩序,现代市场经济国家都依法对广告活动予以规制。本节在对广告法的关键词和一般理论予以阐述的基础上,对广告法的基本内容和特殊规定予以简介。

一、关键词和一般理论

广告法的关键词就是广告和广告法,下面在对广告法关键词界定的基础上,对广告法的一般理论予以阐述。

(一) 广告法关键词

广告法作为市场规制法的一部分,其最根本内容就是对广告或广告活动予以规制。因此,广告法的关键在于了解广告或广告活动。可见,广告或广告活动以及广告法是其关键词。

1. 广告或广告活动

广告亦即广告活动,有广义和狭义之分。在广义上,泛指人们为达到一定的目的,利用各种媒介传播相关信息的活动,包括商业广告、政治广告、社会广告等。狭义上的广告,仅指商业广告,是指商品生产者或者服务提供者,通过一定媒介和形式直接或者间接地介绍自己所推销的商品或者所提供的服务的商业活动。我国的《广告法》中所讲的广告就是狭义上的广告,对此不难从《广告法》的规定中看出。[①]

[①] 我国 1994 年制定(其后多次修订)的《广告法》第二条第一款规定:"商品经营者或者服务提供者通过一定媒介和形式直接或者间接地介绍自己所推销的商品或者服务的商业广告活动,适用本法。"

从上述广告的定义看,商业广告或活动是指广告主、广告经营者、广告发布者和广告代言人设计、制作、发布和代言广告等行为的总称。[1] 其构成一般须具备四个方面的基本要素:(1)广告主,即自行或者委托他人设计、制作、发布广告的社会组织或公民;(2)广告信息,即广告的主要内容,包括商品和服务的名称、性能、用途、质量、优点、特点及价格等方面的信息;(3)广告媒介和形式,广告借助的媒介包括广播、电视、电影、期刊、报纸、网络和橱窗等,采用的形式有文字、图片、宣传画和霓虹灯等;(4)广告费用,即设计、制作、发布广告所需的费用。

2. 广告法

广告法从规范行为的视角看,就是规范商业广告行为或商业广告活动的法律规范。套用我国程式化的部门法定义,广告法就是调整在商业广告的经营以及监督管理过程中产生的社会关系的法律规范的总称。

(二) 商业广告行为的特性

商业广告不同于政治广告和社会广告,从上述商业广告的定义看,现代商业广告具有以下几个方面的特征。

1. 主体的复数性

现代商业广告作为促进经营活动的一种重要的行为或活动,是由广告主、广告经营者、广告发布者和广告代言人设计、制作、发布和代言广告等行为的总称。可见,广告活动是诸多主体协同行为的结果。其中广告主是为推销其商品或服务,自行或者委托他人设计、制作、发布和代言广告经营者,是广告主体的核心,是最为重要的广告主体;广告经营者是指接受委托提供广告设计、制作、代理服务的自然人、法人和其他组织(多为广告公司);广告发布者,是指为广告主或者广告主委托的广告经营者发布广告的自然人、法人或者其他组织(多为媒体公司);广告代言人,是指广告主以外的、在广告中以自己的名义或者形象对商品、服务作推荐、证明的自然人(多为明星)、法人或者其他组织。[2]

2. 内容的商业性

广告的内容主要是有关商品或服务的信息,目的是引起购买者对广告所宣传的产品或服务的注意,产生购买意愿。促成产品或服务销售,以实现对利润的追求。

3. 行为的公共性

广告不论是作为一种商业行为或传递商品信息的服务,都具有公共性。就其受众来说是不特定的人。就每个人对其使用来说,使用具有非排他性、非竞争性。

4. 功能的多样性

总的来讲广告行为或活动具有三个功能,影响消费者利益功能、影响竞争功能和影响广告业发展功能。因此,规制广告行为的法律制度具有保护消费者的功能、维护公平竞争的功能和促进广告业健康发展的功能。[3]

二、广告规制法的主要内容

广告规制法制度构成的几个部分,主要包括三个方面:规制机关、规制的内容和规制的方式。

---

[1] 参见《经济法学》编写组:《经济法学》,高等教育出版社 2016 年版,第 399 页。
[2] 对这几种广告主体的定义,可参见我国《广告法》第第二条第二至五款的相关规定。
[3] 参见《经济法学》编写组:《经济法学》,高等教育出版社 2016 年版,第 400 页。

(一) 广告的规制体制

广告的规制体制,即广告的规制机关设置及其职权划分的制度体系,他主要说明对于广告业及广告行为的规制者是谁。

按照我国《广告法》的规定,县级以上市场监督管理机关是广告的规制机关。在广告规制实践,除市场监督管理机关外,政府的一些其他部门在其职责范围内也享有对广告的规制权。[①]

市场监督管理部门作为广告业规制的主要主体,其与政府其他部门在广告规制中的职权划分可分两个层面说明。就中央层面说,国家市场监督管理部门会同国务院有关部门,制定大众传播媒介广告发布行为规范。同时国家市场监督管理部门主管全国的广告监督管理工作,国务院有关部门在各自的职责范围内负责广告的管理工作;就县级以上各级政府的层面来说,县级以上地方各级市场监督管理部门主管地方各级的广告监督管理工作,地方各级有关部门在各自的职责范围内负责广告的管理工作。

(二) 广告规制的主要内容和规制工具

广告规制的直接目的在于保障广告的真实和清晰,而为保障广告的真实需要从广告内容和广告主体的行为两个方面予以规制。

1. 广告的内容规制:广告准则

对广告内容的规制所使用的主要工具是广告准则和禁令,广告准则是法律法规对广告内容和形式的基本标准和要求,也是判断广告是否合法的重要依据。从我国《广告法》的规定看,我国对一般商品广告和特殊商品的广告分别规定了不同的准则。

(1) 一般商品的广告准则又称一般广告准则,是对广告的最基本的要求,所有广告必须具备。据我国《广告法》的规定主要有以下三点。

第一,广告必须真实。这要求广告中对商品的性能、功能、产地、用途、质量、成分、价格、生产者、有效期限、允诺等或者对服务的内容、提供者、形式、质量、价格及允诺等有表示的,应当准确、清楚、明白。涉及专利内容的广告应标明专利号和专利种类,并不得在广告中对未取得专利权的谎称取得专利权。[②]

第二,广告必须合法。具体要求有三方面:一是不得具有以下情形。变相使用中华人民共和国的国旗、国歌、国徽,军旗、军歌、军徽;使用或者变相使用国家机关、国家机关工作人员的名义或者形象;使用"国家级""最高级""最佳"等用语损害国家的尊严或者利益,泄露国家秘密;妨碍社会安定,损害社会公共利益;危害人身、财产安全,泄露个人隐私;妨碍社会公共秩序或者违背社会良好风尚;含有淫秽、色情、赌博、迷信、恐怖、暴力的内容;含有民族、种族、宗教、性别歧视的内容;妨碍环境、自然资源或者文化遗产保护;法律、行政法规规定禁止的其他情形。二是广告不得损害未成年人和残疾人的身心健康。三是广告不得贬低其他生产经营者的商品或者服务。[③]

---

① 我国《广告法》第六条规定:"国务院市场监督管理部门主管全国的广告监督管理工作,国务院有关部门在各自的职责范围内负责广告管理相关工作。县级以上地方市场监督管理部门主管本行政区域的广告监督管理工作,县级以上地方人民政府有关部门在各自的职责范围内负责广告管理相关工作。"

② 参见我国《广告法》第八条和第十二条的规定。

③ 参见我国《广告法》第九条、第十条和第十三条的规定。

第三，广告须具准确、清晰，具有可识别性。因此，有学者称此准则为准确、清晰。可识别性是指广告有明确的表现形式或标志，消费者能够容易辨明是广告，而不会与其他信息相混淆。《广告法》特别规定，大众传播媒介不得以新闻报道形式发布广告，通过大众传播媒介发布的广告应当有广告标记，与其他非广告信息相区别。①

(2) 特殊商品的广告准则。是对特殊商品的广告的要求，多采用禁令工具。特殊商品是指与消费者的身心健康、人身和财产安全密切相关的商品，这些商品的广告除必须符合广告的一般准则之外，还必须符合一些特殊规定。我国广告法主要对以下几种特殊商品作了规定。

第一，医疗、药品和医疗器械的广告。法律规定医疗、药品、医疗器械广告不得含有下列内容：表示功效、安全性的断言或者保证；说明治愈率或者有效率；与其他药品、医疗器械的功效和安全性或者其他医疗机构比较；利用广告代言人作推荐、证明；法律、行政法规规定禁止的其他内容。药品广告的内容不得与国务院药品监督管理部门批准的说明书不一致，并应当显著标明禁忌、不良反应。处方药广告应当显著标明"本广告仅供医学药学专业人士阅读"，非处方药广告应当显著标明"请按药品说明书或者在药师指导下购买和使用"。

推荐给个人自用的医疗器械的广告，应当显著标明"请仔细阅读产品说明书或者在医务人员的指导下购买和使用"。医疗器械产品注册证明文件中有禁忌内容、注意事项的，广告中应当显著标明"禁忌内容或者注意事项详见说明书"。除医疗、药品、医疗器械广告外，禁止其他任何广告涉及疾病治疗功能，并不得使用医疗用语或者易使推销的商品与药品、医疗器械相混淆的用语。②

第二，保健食品广告。法律规定保健食品广告不得含有下列内容：表示功效、安全性的断言或者保证；涉及疾病预防、治疗功能；声称或者暗示广告商品为保障健康所必需；与药品、其他保健食品进行比较；利用广告代言人作推荐、证明；法律、行政法规规定禁止的其他内容。保健食品广告应当显著标明"本品不能代替药物"③。

第三，农药、兽药、饲料和饲料添加剂广告。法律规定这些广告不得含有下列内容：表示功效、安全性的断言或者保证；利用科研单位、学术机构、技术推广机构、行业协会或者专业人士、用户的名义或者形象作推荐、证明；说明有效率；违反安全使用规程的文字、语言或者画面。④

第四，烟草广告。法律规定禁止在大众传播媒介或者公共场所、公共交通工具、户外发布烟草广告。禁止向未成年人发送任何形式的烟草广告。禁止利用其他商品或者服务的广告、公益广告，宣传烟草制品名称、商标、包装、装潢以及类似内容。烟草制品生产者或者销售者发布的迁址、更名、招聘等启事中，不得含有烟草制品名称、商标、包装、装潢以及类似内容。⑤

第五，酒类广告。法律规定酒类广告不得含有下列内容：诱导、怂恿饮酒或者宣传无节制饮酒；出现饮酒的动作；表现驾驶车、船、飞机等活动；明示或者暗示饮酒有消除紧张和焦

---

① 参见我国《广告法》第十四条的规定。
② 参见我国《广告法》第十六条和第十七条的规定。
③ 参见我国《广告法》第十八条的规定。
④ 参见我国《广告法》第二十一条的规定。
⑤ 参见我国《广告法》第二十二条的规定。

虑、增加体力等功效。①

第六,教育和培训广告。法律规定教育、培训广告不得含有下列内容:对升学、通过考试、获得学位学历或者合格证书,或者对教育、培训的效果作出明示或者暗示的保证性承诺;明示或者暗示有相关考试机构或者其工作人员、考试命题人员参与教育、培训;利用科研单位、学术机构、教育机构、行业协会、专业人士、受益者的名义或者形象作推荐、证明。②

第七,种子、种苗广告。法律规定农作物种子、林木种子、草种子、种畜禽、水产苗种和种养殖广告关于品种名称、生产性能、生长量或者产量、品质、抗性、特殊使用价值、经济价值、适宜种植或者养殖的范围和条件等方面的表述应当真实、清楚、明白,并不得含有下列内容:进行科学上无法验证的断言;表示功效的断言或者保证;对经济效益进行分析、预测或者作保证性承诺;利用科研单位、学术机构、技术推广机构、行业协会或者专业人士、用户的名义或者形象作推荐、证明。③

2. 广告活动的规制

广告活动,是广告主体行为的总称,亦即广告主、广告经营者、广告发布者设计、制作和发布广告等行为的总称。《广告法》对广告主、广告经营者、广告发布者的广告活动分别提出了一些具体要求。④

(1) 广告主的行为要求

《广告法》对广告主的行为要求具体包括:广告主自行或者委托他人设计、制作、发布广告,所推选的商品或服务应当符合广告主的经营范围;广告主自行或者委托他人设计、制作、发布广告,应当具有或者提供真实、合法、有效的证明文件,如营业执照、关于商品质量的证明、确认广告内容真实性的证明文件等;广告主或者广告经营者在广告中使用他人名义、形象的应当事先取得他人的书面同意。

(2) 广告经营者、广告发布者的行为要求

具体内容包括:从事广告经营的,应当具有必要的专业技术人员、制作设备,并依法办理公司或广告经营登记方可从事广告活动;广播电台、电视台、报刊出版单位的广告业务,应当由其专门从事广告业务的机构办理,并依法办理兼营广告的登记;广告经营者、发布者应依法查验有关证明文件,核实广告内容;广告发布者向广告主、广告经营者提供的媒介覆盖率、收视率、发行量等资料应当真实。

(三) 广告规制的方法:审查和管理

据我国《广告法》的规定,对广告行为的规制方法主要是通过规制机关对广告活动进行审查和管理的方法实现的。

1. 广告审查

审查是指对法律规定的特定商品发布广告时,须经有关行政主管部门依法对广告内容的真实性、合法性进行审查,方可发布广告。根据《广告法》第四十六条的规定,发布医疗、药品、医疗器械、农药、兽药和保健食品广告,以及法律、行政法规规定应当进行审查的其他广

---

① 参见我国《广告法》第二十三条的规定。
② 参见我国《广告法》第二十四条的规定。
③ 参见我国《广告法》第二十七条的规定。
④ 参见我国《广告法》第三章规定。

告,应当在发布前由有关部门(以下称广告审查机关)对广告内容进行审查;未经审查,不得发布。

2. 广告管理

广告管理是指广告主管部门依法对广告行为进行指导、监督和管理的活动。我国《广告法》第六条第二款规定,县级以上地方市场监督管理部门主管本行政区域的广告监督管理工作,县级以上地方人民政府有关部门在各自的职责范围内负责广告管理相关工作。

思考题

1. 市场交易规制法解决的交易问题是什么?
2. 市场交易规制法与市场竞争规制法的关系是什么?
3. 市场交易规制法的法律体系是什么?
4. 对消法上的"消费者"应如何理解?
5. 我国产品质量规制法的内容构成是什么?
6. 广告法规范的主要内容是什么?

本章知识要点

第十二章
特殊市场规制法

全章提要

- 第一节 特殊市场规制法的基本原理
- 第二节 金融市场规制法律制度
- 第三节 房地产市场规制
- 思考题

在市场经济的发展过程中,一些产品和服务因其生产、供给和消费(使用)的特殊性,往往致使市场机制在其价格、质量、数量的决定中发挥的作用受到限制,除了会出现在一般商品和服务市场中存在的市场失灵问题外,还产生其他特殊的社会经济问题。因此,为应对这些特殊市场产生的特殊影响市场公正交易问题,各国在对一般市场依法予以规制的同时,针对一些特殊市场出现的特殊影响市场公正交易问题,也对该类市场以专门的法律予以特别规制。本章在对特殊市场规制法的特有一般原理总结的基础上,对几种特殊市场规制法律制度予以介绍。

第一节 特殊市场规制法的基本原理

特殊市场规制法顾名思义就是对特殊市场的规制而产生的法律。因此要了解特殊市场规制法就必须首先了解特殊市场,在此基础上才能据相关法律规定总结出其一般理论。

一、特殊市场概述

市场是交易的场所或是交易关系的总和。对于市场的类型可以按照不同的标准来分类,具有法律意义的分类标准,一般主要有三种分类:市场的范围、市场的结构,以及根据交易的商品或服务的属性。以市场范围为标准市场可分为国际市场和国内市场。以市场结构为标准可分为垄断市场、竞争性市场;以交易的商品和服务的种类或属性,小的市场类型很多,可以说有多少种商品就有多少种市场。这里是以交易的商品和服务的属性为标准对特殊市场和一般市场予以划分的,下面对特殊市场的含义和类型做简单介绍。

(一)特殊市场的含义

特殊市场是与一般商品市场相对的一个概念。一般商品市场,是指在该市场上有众多的买者和卖者,这意味着该市场的进入没有限制,市场壁垒不高,市场是竞争性强或者竞争比较充分的市场。这类市场的商品类型和品质随着竞争的进行而不断变化,这类市场多种多样不胜枚举,如服装市场、电器市场等。而特殊市场是指因各种原因,如资源禀赋、法律壁垒等导致竞争不充分,或该市场的商品对人们日常生活不可或缺,且关系到人身安全、社会经济安全等而不予规制会产生特殊社会经济问题的市场。[①] 这类市场中的商品的品质和种类虽也发生变化,但一般变化较慢,如生产建筑市场、房地产市场、金融市场等。

(二)特殊市场的类型

特殊市场包含的内容繁多,分类标准不同类型的划分也不同。以市场交易的商品或服

[①] 在市场规制法的研究中,对特殊市场规制法予以研究的虽有大量专门著作,但在我国经济法学教材中把其作为市场规制法的一部分的研究并不多,只有三本教材,对此可参见杨紫烜主编:《经济法》,北京大学出版社,高等教育出版社 1999 年版,第十四章,第 225—260 页;李昌麒主编:《经济法学》,中国政法大学出版社 2002 年版,第 227—256 页。以及《经济法学》编写组,张守文主编:《经济法学》,高等教育出版社 2016 年版,第 414—441 页,即"第十七章特别市场规制法度"的内容。但本章对特殊市场的含义与范围与前两种教材相比有一定的差异。

务的内容为标准,可分为房地产市场、医疗服务市场、医药市场、食品市场、金融市场及劳动市场等;以该市场交易的商品或服务在生产中的属性或作用为标准分类,可分为生产要素市场和非生产要素市场。其中非生产要素市场,如能源市场、房地产市场等。生产要素市场(简称要素市场),即以某种生产要素(商品)为交易对象而形成的市场,由于要素在产品价值创造,以及在经济发展中居于重要地位,在特殊市场规制中,直接与整体经济发展有关,对其规制的法律的经济法色彩最为浓郁。因此,本章以生产要素市场为对象展开研究。要素市场是随社会经济发展而变化的,在现今数字经济下,一般认为生产要素有五个,即土地、资本、劳动、技术和数据,相应地,要素市场按现今生产要素的内容可分为土地市场、金融(资本)市场、劳动市场、技术(知识产权)市场和数据市场等。

(三) 特殊市场的特性

据上述特殊市场的定义,结合现时各种特殊市场的实际情况,我们不难发现特殊市场具有以下特性。

(1) 公共性风险高。该市场交易活动,因该市场交易的商品对人们日常生活具有不可或缺性和重要性,且其消费对人身、财产存在损害易于产生社会性、系统性风险,一旦风险发生会对众多人造成难以挽回的重大的损害,或系统性公共性损害。

(2) 进入的法律壁垒严。正因特殊市场存在着社会性、系统性风险,一旦风险发生造成的损害是重大的、社会性或系统性的,因而,损害是难以挽回的。因此,为了尽可能地降低风险发生,法律都对进入该市场具有准入规定,即进入该市场都有一定的法律壁垒。

(3) 市场偏在更强。[①] 特殊市场上总是存在着一方比另一方在交易上存在巨大优势,且这种优势相对于一般市场更为明显,这种优势使得处于弱势一方在交易中更加依赖于具有优势一方。正因此,此类市场相对于一般市场,对强势一方交易者的交易行为的规制更严,即产生特别规制。

二、特殊市场规制法的一般理论

特殊市场法作为市场规制法,除了要遵循市场规制法的一般理论外,也有其特别的共性的一般理论,与一般市场规制法相比,其理论的特性主要表现在其价值目标、制度构成两个方面。

(一) 特殊规制法的价值目标

与一般市场规制法相比较,特殊市场的规制法在追求的良好市场秩序的价值体系中,其在追求公正、效率的同时,更注重对商品存在的风险,以及对特定市场系统性风险的防范,亦即对人身财产安全和市场系统性安全价值的强调。

(二) 特殊市场规制法的制度的特性

与一般市场规制法相比,特殊市场规制法的法律制度具有两方面的特性,即制度构成和制度规范的性质。

[①] 这里的市场偏在是指因交易双方对交易的商品具有不对称的信息,或者因交易的市场结构是垄断性市场,从而,使得交易双方在市场交易中地位不平,一方比另一方有交易优势。

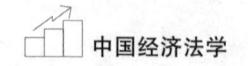

1. 制度的内容构成特性

在制度的内容构成上,特殊市场规制法一般都有以下制度:(1)每个特殊市场规制法都有其专门的规制机关的组织设置以及规制机关的职权职责制度。(2)每个特殊市场规制法都有其有关市场主体的准入制度。目的在于使该市场的经营者,具备一定的生产或提供合格产品或服务的能力,以降低风险的发生。(3)每个特殊市场规制法都具有与其市场经营特点相应的对经营行为的特别规范,以防止经营过程中产生潜在风险。

2. 制度的规范特性

特殊市场规制法制度的规范形式主要是对该市场的产品生产和经营者的生产或经营行为以行业特有标准、行业特殊禁止性规定予以规范,是该法特有的义务性规范。

(三)特殊市场规制法的体系

与特殊市场包含的内容繁多相对应,特殊市场规制法的内容也多种多样。同样,以特殊市场分为生产要素市场和非生产要素市场相对应,特殊市场规制法也可分为生产要素市场规制法和非生产要素市场规制法。[①]

就非生产要素市场规制法来说,规制的目的,虽然也具有保护该类市场公正交易秩序的目的,但由于这类市场规制一般多与人的日常生活息息相关,该市场交易的商品和服务多与人的生命和健康(如食药品市场、医疗市场等),或者与人们的生存和发展的财产(如房地产市场)有关,一旦发生损害会产生重大社会问题,因此,这种规制的重要目的之一,就是防止商品对人身、财产造成损害,影响人的生命和健康,以及对人们的家庭造成巨大的财产损害,引发社会问题。可见,这类市场规制具有较强的社会规制的属性。

而生产要素规制法的特性是由生产要素本身的特性所决定的。由于生产要素在整个社会生产中的重要性,因此,生产要素市场规制的目的一般有两方面,一是通过规制以保障该类生产要素能得到持续稳定的生产和供应。二是通过规制,使该要素市场具有公正良好的交易秩序,以促进该类市场(如技术市场)具有创新的激励,或防止该市场(如金融市场)系统风险的产生。可见,生产要素市场(简称要素市场)规制法,规制的目的主要是经济性的,直接与整体经济发展有关,对其规制的法律的经济法色彩最为浓郁。因此,本章以生产要素市场规制法为对象展开研究。

鉴于劳动市场和技术市场的规制主要存在于劳动法和知识产权法中,属于劳动法与知识产权法的重要内容,为避免与其他部门法冲突,以及做不必要的重复研究。因此,本章仅就金融市场规制法中法律制度、[②]土地市场规制法相关的房地产法中有关规制的法律制度,以及与数字市场规制相关的数据市场法中有关规制的法律制度予以介绍。

[①] 有学者认为特殊市场的规制制度的划分要考虑五个因素:第一,交易标的对人身健康的影响程度。第二,信息和风险不对称的程度。第三,不是以竞争而形成市场支配力。第四,对宏观经济的影响力。第五,涉及民生及政府舆论关注的程度。据此,把特别市场分为6种:(1)金融市场规制法。(2)自然垄断市场规制法。(3)食品、药品市场规制法。(4)建筑与房地产市场规制法。(5)危险品市场规制法。(6)其他市场(如美容、保健等)规制法。参见《经济法学》编写组,张守文主编:《经济法学》,高等教育出版社2016年版,第416—417页。

[②] 虽然金融市场规制有关证券市场和保险市场规制主要存在于证券法和保险法中,属于商法的重要内容。但这部分内容已超出了私法自治范畴,具有较强的经济法意味,加之,金融市场与整体市场经济发展紧密相关,因此,本章对此予以简单介绍。

第二节　金融市场规制法律制度

现代市场经济是以信用为基础的,正因此,一般认为金融是国民经济的命脉,与各行各业的发展都有着密切的联系,在现代市场经济中发挥着极为重要的作用。现代经济发展史说明,金融危机会波及国民经济的各个方面,对整个国民经济都会带来严重的影响。因此,加强金融市场规制,对于防止金融危机、保障市场经济的健康发展有着十分重要的意义。正因此,世界各国都以法对金融市场的各个领域予以规制。

金融有广义和狭义之分,相应的金融市场有广义和狭义之别。广义的金融市场是指与货币资金融通有关的各种市场,它包括以银行或其他金融机构为中介而发生的货币资金融通市场、证券市场、期货市场、保险市场、投资市场、基金市场等。狭义的金融市场仅指以银行为中介而发生的货币资金融通市场。本节所指的金融市场是广义的金融市场,但限于篇幅,仅就有关货币市场、证券市场、保险市场有关规制的法律制度作简要的介绍。

一、货币市场规制的法律制度

货币市场规制的法律制度主要包括货币市场规制的体制、准入制度、经营行为规制三个方面制度。

(一) 货币市场规制体制的制度

货币市场的规制体制主要说明谁规制?规制谁?以及它们之间的权责关系,这与一国的金融管理体制有关。由于货币资金的融通有直接和间接形式,因而,货币市场据融资方式不同有不同的市场。加之,各国的经济和金融体制不同,因此,各国对金融市场的监管的规制体制具有差异,相应的与规制体制相关的法律制度也不同。目前,我国在金融业实行分业监管,采取的是一行三会的监管模式。其中银监会负责对全国银行业金融机构及其业务活动的监督管理;证监会负责对全国的证券类金融机构及其业务活动的监督管理;保监会负责对全国的保险类金融机构及其业务活动的监督管理;中国人民银行负责对货币的流通、银行间外汇市场、银行间同业拆借市场、银行间债券市场及黄金市场等进行监管。虽然这种监管体制有其历史必然性,但与目前金融业混业经营的发展潮流相悖,因此,业内有观点认为,现行的监管理念和体制制约了宏观调控的有效性,也制约了金融配置资源的有效性,已不适应金融综合化经营要求,易于产生监管空白或形成监管冲突。

我国有关金融业规制的法律制度是与目前的监管体制对应的,由于证券市场和保险市场已发展成了相对独立的金融市场,所以,就货币信用市场来说,其规制主体主要是银监会和中国人民银行,其规制的从业者是除证券公司和保险公司以外的、银行类金融机构和银监会批准设立的信托投资公司、金融租赁公司、货币经纪公司等非银行类金融机构。其中银行业市场在我国货币市场上处于举足轻重的地位,因此,下面主要就银行业市场为例,对货币市场规制的法律制度予以介绍。

(二) 银行业市场的准入规制

银行是高负债经营,且其经营的资本主要来自社会公众。因此,出于对存款人资金安全和金融稳定的需要,各国对银行业市场的准入都做了限制,一般采取准入许可制,对银行业的经营主体资格和条件都有严格的限制。根据我国《商业银行法》《银行业监督管理办法》和《村镇银行管理暂行规定》等法律、法规的规定,从事银行业务的金融机构首先由银监会审批,颁发金融许可证,并经工商登记后方可营业。未经银监会批准,任何单位或个人不得设立银行金融机构或从事银行业金融机构的业务活动。并对商业银行业等银行类金融机构的设立规定了具体的条件和审批程序。银行类金融机构除满足《公司法》规定的一般条件外,还需要满足最低注册资本,以及对董事、高级管理人员的品行(这从法律对商业银行的董事、高级管理人的从业资格要求的规定就可说明)和专业能力,即任职资格或业务经验等具有特殊要求。①

(三) 银行业经营行为的规制

为了促进银行安全、稳健地运行,保障债权人利益,防范和化解金融风险,我国对银行实施审慎监管。为此,采取资产负债比率控制、利率控制、贷款行为规制等措施。

1. **资产负债比率控制**

资产负债比率的控制,是指对银行的资产和负债规定一系列的比例,以实现对银行资产控制的一种方式,是确保银行资产质量,防范银行风险的重要路径之一。资产负债比率管理的指标由金融监管机构根据金融市场及其风险变化加以确定。根据我国《商业银行法》的有关规定,其主要内容有:(1)资本充足率不得低于8%。(2)流动性资产余额与流动性负债余额的比例不得低于25%。(3)对同一借款人的贷款余额与商业银行资本余额的比例不得超过10%。(4)国务院银行业监督管理机构对资产负债比例管理的其他规定。②

2. **利率控制**

按我国《商业银行法》规定,商业银行应当按照中国人民银行规定的存款利率和贷款利率的上下限,确定存款利率和贷款利率。

3. **贷款规制**

贷款是银行的重要业务之一,是其获取利润的重要来源,也是产生风险的主要源头。为防范风险,商业银行法禁止商业银行从事以下贷款:(1)违反资产负债比率监管规定发放贷款。(2)向关系人发放信用贷款;向关系人发放担保贷款的条件不得优于其他借款人同类贷款的条件。(3)向不具备法定贷款资格和条件或生产、经营、投资国家明文禁止的产品,建设项目或生产经营、投资项目未取得批准文件或环境保护部门许可及有其他严重违法行为的借款人发放贷款。(4)未经中国人民银行批准,向自然人发放外币币种的贷款。(5)向无提供担保的借款人提供信用贷款。但要经商业银行严格审查,确认借款人资信良好,确能偿还贷款的,方可提供。

4. **资产业务规制**

资产业务是商业银行的另一重要业务,为保证商业银行的稳健运行,我国相关法律还对商业银行的一些具有高风险性的资产业务做了限制。主要包括以下几点:(1)不得在中华

---

① 以我国《商业银行法》的规定为例,其用了四条内容,即在第十二至十五条对商业银行设立的条件做了详细规定。

② 参见我国《商业银行法》第三十九条。此外《中国人民银行法》第二十三条第一款第一项规定:"要求银行业金融机构按照规定的比例交存存款准备金"。也属于资产负债比率控制之一种。

人民共和国境内从事信托投资和证券经营业务,不得向非自用不动产投资或者向非银行金融机构和企业投资,但国家另有规定的除外。(2)商业银行发行金融债券或者到境外借款,应当依照法律、行政法规的规定报经批准。(3)禁止利用拆入资金发放固定资产贷款或者用于投资。拆出资金限于交足存款准备金、留足备付金和归还中国人民银行到期贷款之后的闲置资金。拆入资金用于弥补票据结算、联行汇差头寸的不足和解决临时性周转资金的需要。①

5. 其他经营行为规制

商业银行是负债经营的企业,其放贷资金主要来源于客户存款。因此,存款人是银行风险的主要承担者,保障存款人的存款安全是规制商业经营行为的重要目的之一。为此,为防止银行因经营不善,资金短缺造成对存款人利益的损害,法律不仅要求商业银行等存款机构必须按照规定依法向中央银行缴存存款准备金(法定准备金),且要求其留足备付金。另外,还建立了存款保险制度。其中存款准备金由人民银行专营,任何机构不得占用。为防止他人损害存款人利益,商业银行法规定:除法律另有规定外,银行有权拒绝任何单位或者个人对个人出租存款的查询、冻结、扣划其对单位存款的冻结。②

商业银行业竞争行为规制。商业银行业在国外是竞争性行业,在我国具有寡头垄断的属性,但仍存在竞争。为防止商业银行在利润的强力驱动下产生不正当竞争行为和垄断行为,损害银行业市场的公正交易秩序,扰乱金融秩序,法律对影响银行业竞争的经营行为做了规制,规制的行为有这样几种:(1)银行高息揽储。(2)低成本收费。(3)放宽审贷授信标准以及超范围经营。(4)排斥同业竞争。

二、证券市场规制的法律制度

对证券市场规制法的研究,必须首先了解证券市场的含义和特征。因此,下面在对证券市场的含义予以界定,以及对证券市场的特征总结的基础上,结合我国有关证券法律、法规对证券市场规制的法律规定,对证券法规制的体制,以及证券发行市场和证券交易市场规制的主要制度内容予以介绍。

(一) 证券市场及其规制的制度构成

证券市场规制的法律制度与证券市场的构成与特性有关,下面对证券市场的含义与构成予以说明。

1. 证券的含义与类型

证券有广义和狭义之分,广义的证券包括各种设定或证明法律事实和权利的凭证,包括两类,即书证和证券。书证是指证明一定法律事实真实性的书面凭证,如出生证、结婚证、借据、合同等。证券则为设定并代表一定权利的凭证,包括金券、资格证券和有价证券三种形式。金券是代表一定金额的货币,且为了特定目的可以替代货币而使用的证券,如邮票、印花、纸币以及各种代金券等。资格证券则表明证券持有人具有行使一定权利之资格的证券,持券人可凭借资格证券,如各种入场券、车、船票等。有价证券是指表面具有一定价值的特定民事权利的证券,它包括以下几种:(1)信用证券,如汇票、本票、支票等。(2)投资证券,

---

① 参见我国《商业银行法》第四十三条、第四十五条和第四十六条的规定。
② 参见我国《商业银行法》第三十条的规定。

如股票、债券等。(3)商品证券,如提单、舱单等。

狭义的证券仅指有价证券,而《证券法》上的所谓的证券则通常仅指特定的有价证券,即股票、债券等投资证券。这里所指的证券也是从这一意义上来理解的。

2. 证券市场及其分类构成

证券市场是证券交易关系的总和,证券市场一般被分为两级,即一级市场和二级市场。一级市场即初级市场,是证券发行市场,是证券发行者将证券出售给证券投资者以筹集资金的市场,因此,一级市场又称为证券发行市场。二级市场即次级市场,是证券投资者相互间就发行的证券进行交易的市场,因此,二级市场称为证券交易市场。可见,证券市场由证券发行市场和证券交易市场构成。

证券市场本身本质上属于生产要素市场,是市场经营者筹集资金的重要渠道,也是投资者进行投资的重要途径。证券市场是商品经济高度发达的产物,证券市场不同于一般商品市场的特点,其特征是由于证券本身的特点和现代证券交易的技术特点所决定的。具体来说有以下特征:(1)证券作为一种投资证券,具有投资性、虚拟性、信息不对称性、风险性和可转让性等多重特性,因此,证券市场的交易具有投机性、虚拟性和高风险性。(2)证券市场交易的方式随着技术的发展而发展,在现今数字经济下,证券交易已经网络交易时代,证券已经数字化,证券的发行、交易和转让都在计算机系统中通过网络完成。这不仅使证券交易的虚拟性、信息不对称性和风险性进一步增强,而且具有了高流动性。加之,在证券市场存在一连串的委托——代理链条,因而更容易诱发逆向选择和道德风险,并引发系统风险,导致经济危机的产生。因此,现代市场经济国家都对证券市场予以规制,以防止投资者的过度投机,以及通过严格证券发行的条件和程序、强制信息披露、禁止内幕交易和市场操纵等措施,以保护投资者利益和维护证券市场的公正交易,防范系统性金融风险和金融危机发生。

(二)证券市场的规制体制

证券市场的规制体制是证券规制的机构设置,以及机构间的职权和职责划分,以及对证券机构行为的限制。从世界各国证券市场运行的实践和法律规定看,证券市场的规制体制是由公的规制和私的规制构成的二元规制体系。

1. 公的规制机构及其职责

公的规制,即由国家依法设立的专门规制机关进行的规制。据我国《证券法》规定,国务院证券监督管理机构依法对全国证券市场实行集中统一监督管理。该机构根据需要可以设立派出机构,按照授权履行监督管理职责。[①] 而我国证券市场(规制)监管机关是国务院设立的中国证券监督委员会(以下简称证监会)及其分支机构。

据证券法规定,证监会主要职责是:(1)制定有关证券市场监督管理的规章、规则,并依法进行审批、核准、注册,办理备案。(2)对证券的发行、上市、交易、登记、存管和结算等行为,进行监督管理。(3)对证券发行人、证券公司、证券服务机构、证券交易场所和证券登记结算机构的证券业务活动,进行监督管理。(4)依法制定从事证券业务人员的行为准则,并监督实施。(5)监督检查证券发行、上市、交易的信息披露。(6)对证券业协会的自律管理活动进行指导和监督。(7)监测并防范、处置证券市场风险。(8)教育投资者。(9)对证券违法

[①] 参见我国《证券法》第七条的规定。

行为进行查处。(10)法律、行政法规规定的其他职责。[①]

2. **私的规制机构及其职责**

据我国《证券法》规定我国的证券市场规制的私人机构有两个,即证券业协会和证券交易所。证券业协会和证券交易所作为自律性组织,它们与证监会比,不是公共机关,但在现代规制理论中也可以进行一定的规制。在西方规制理论中把这类规制称为"私人规制",我国学者称其为"社会规制"。

证券业协会是证券业的自律性组织,是社会团体法人,其规制的主要方式就是制定"证券业协会章程"。但须报国务院证券监督管理机构备案。其主要职责有:(1)教育和组织会员及其从业人员遵守证券法律、行政法规,组织开展证券行业诚信建设,督促证券行业履行社会责任。(2)依法维护会员的合法权益,向证券监督管理机构反映会员的建议和要求。(3)督促会员开展投资者教育和保护活动,维护投资者合法权益。(4)制定和实施证券行业自律规则,监督、检查会员及其从业人员行为,对违反法律、行政法规、自律规则或者协会章程的,按照规定给予纪律处分或者实施其他自律管理措施。(5)制定证券行业业务规范,组织从业人员的业务培训。(6)组织会员就证券行业的发展、运作及有关内容进行研究,收集整理、发布证券相关信息,提供会员服务,组织行业交流,引导行业创新发展。(7)对会员之间、会员与客户之间发生的证券业务纠纷进行调解。(8)证券业协会章程规定的其他职责。[②]

证券交易所,据我国证券法规定,是依法设立、为证券集中交易提供场所和设施,组织和监督证券交易,实行自律管理,依法登记,取得法人资格的事业法人。从该定义可看出,证券交易所是证券经营行业的自律管理机构。证券交易所主要依法制定上市规则、交易规则、会员管理规则和其他有关业务规则来对证券市场予以规制,其指定的规则需报国务院证券监督管理机构批准。其职责包括:提供证券交易场所和设施;制定证券交易所的业务规则;接受上市申请。安排证券上市;组织、监督证券交易;对会员进行监管;对上市公司进行监管;设立证券登记结算机构;管理和公布市场信息等。证券交易所不得进行以盈利为目的的活动。不得经营出版业,不得发布对证券价格进行预测的文字和资料,不得为他人提供担保或未经批准的其他业务。

(三)证券发行市场的规制

证券发行,是指发行人为了筹集资金等目的,依照法定条件和程序,向投资者销售证券的行为。证券发行市场的规制主要包括事前的与准入相关的规制,以及事中和事后规制,事中规制即对证券上市过程的规制,事后规制,即对不再具备上市条件的问题公共的处理。下面分别就这两方面的制度予以介绍。

1. **事前规制的制度**

事前规制即对证券发行前的规制,该规制主要包括三方面,即发行方式的规制、发行条件(主体资格)规制、证券发行审核规制。

(1) 发行方式规制。根据证券发行的对象的不同,证券发行分为公开发行和非公开发行。其中,公开发行是面向多数或不特定社会公众进行发售,在我国向累计超过 200 人的特定或不特定对象发行证券的都属于公开发售。而非公开发售则是仅对特定的少数投资者群体,这些

---

① 参见我国《证券法》第一百六十九条的规定。
② 参见我国《证券法》第一百六十六条的规定。

投资者通常是机构投资者、大股东或公司的员工等。由于公开发行面向的是不特定的公众投资者,因此各国对公开发行证券一般都有严格的规制,对发行的条件和程序有严格规定。

(2) 发行条件的规制。证券特别是公开发行证券,主体必须具备一定的资格,或者说主体必须具备一定的条件才能发行。因为,这种证券发行者募集到的资本具有社会公共性,因此,把有限的社会资本的使用权赋予最有能力使用的经营者,不仅可降低对广大投资者损害的可能性,保护投资者的利益,而且有利于社会资本的最有效使用。正因此,虽然各国对公开发行股票的发行主体的资格规定有所不同,但都对发行主体的资格,即发行条件做了较严格规定。分析这些条件不难发现,其实则是对发行者经营能力的要求,一般主要有三方面的要求。第一,发行者具备完善的组织机构。第二,发行者具有较强的经营能力,主要表现为具有持续盈利能力。第三,发行者具有良好的商业道德,其表现就是无违法行为。对此,可从我国《证券法》对关公司发行股票条件的规定就可说明。[①]

(3) 发行审核规制。对证券的发行予以审核是各国对证券发行规制的普遍做法,但因规制体制和规制理念不同,不同国家对证券发行审核规制的模式也不尽相同。目前,就世界许多国家的发行审核制度看,可分为两种规制模式,即注册制审核模式和核准制的审核模式。

注册制审核模式,是指发行人拟发行证券时,必须将依法公开的各种资料完整、真实、准确地向证券主管机关通报并申请注册。证券主管机关仅对其提供资料的完整性与真实性进行审查。而不对发行人的财力、经营能力、商业道德、其发展前景、发行数量与价格等实质条件进行审核,即对证券发行人的经营能力以及证券价值本身不做任何价值判断,由市场做出选择。注册制具有规则和信息公开、透明、效率高等优势,重在市场作用的发挥。因此,是世界上多数市场经济发达国家普遍采取的证券发行审核模式。

核准制的审核模式,即证券发行必须符合国家规定的证券发行的实质性要件,经证券管理机关审查批准后方可进行。在审核模式下,证券主管机关有权对发行人提出的申请进行实质性审查,特别是对发行人的财务指标和未来盈利状况作出估判,并决定是否允许发行。它可以更充分地保护投资者的权益,但由政府对证券价值做出判断,不利于理性投资市场的形成。更重要的是,在审核模式下,证券监管机构拥有较大的自由裁量权,易于诱发权力寻租,滋生腐败,也会人为地抑制正常的融资需要和市场资源配置功能的发挥。正因此,随着社会主义市场经济的发展,以市场作为资源配置基础的经济运行机制的确立,我国证券发行审核制度曾历了从审批制到核准制、再到注册制的转化。目前,我国证券发行审核制度已实行注册制。这从近年来相关法律、法规的修订中就可看出。[②]

2. 事中和事后规制的制度

发行证券的目的在于通过交易(出售)证券而募集资本,由于现代证券交易的技术性、专

[①] 我国《证券法》第十二条规定:公司首次公开发行新股,应当符合下列条件:(一)具备健全且运行良好的组织机构;(二)具有持续经营能力;(三)最近三年财务会计报告被出具无保留意见审计报告;(四)发行人及其控股股东、实际控制人最近三年不存在贪污、贿赂、侵占财产、挪用财产或者破坏社会主义市场经济秩序的刑事犯罪;(五)经国务院批准的国务院证券监督管理机构规定的其他条件。

[②] 2019年我国《证券法》修改,第九条规定:"公开发行证券,必须符合法律、行政法规规定的条件,并依法报经国务院证券监督管理机构或者国务院授权的部门注册。未经依法注册,任何单位和个人不得公开发行证券。证券发行注册制的具体范围、实施步骤,由国务院规定。"2020年证监会修订《上市公司证券发行管理办法》,第五条规定:"中国证监会对上市公司证券发行的核准,不表明其对该证券的投资价值或者投资者的收益作出实质性判断或者保证。因上市公司经营与收益的变化引致的投资风险,由认购证券的投资者自行负责。"

业性,公开发行的证券交易必须在依法设立的证券交易所挂牌交易进行,这通常被称为证券上市。可见,证券上市是以证券发行为前提,以证券交易为目的,是证券发行与证券交易的中间环。证券发行的事中规制的制度是指对从证券发行到证券上市交易前有关证券发行过程的规制,因此,证券发行市场的事中规制制度,就是对证券上市的规制包括上市准入及发行方式规制。

(1) 准入规制。对于证券上市的准入规制,我国《证券法》赋予证券交易所执行证券上市审核权,以及在授予其制定自己的上市规则的权利(准立法权)。因此,证券上市除了要满足法律、行政法规规定的条件外,还要符合其申请上市的证券交易所规定的上市规则中规定的条件。

(2) 承销制度。证券发行有两种形式。一为直接发行,即发行人直接向投资者发行。二为承销发行,又称间接发行,即由证券公司作为发行人与投资者的中介,对发行证券进行代销和包销。其中包销发行时,承销机构对没有卖出的证券有义务全部购买。代销发行时承销机构对于未出售的证券可以退还给发行人。根据我国现行有关法律的规定,对股份有限公司公开发行的股票实行承销制度,就目前而言,尚不允许公司直接公开发行股票。发行股票时,由证券公司与发行人签订承销协议,全部购进发行人发行的股票,再由证券公司对投资者销售。发行金额特别巨大的,可以由两个以上的承销机构承销。

(3) 事后规制。为保证上市证券的质量,我国证券法赋予证券监管机构和证券交易所对证券上市过程予以监管的职责,规定证券监督管理机构或者国务院授权的部门对已作出的证券发行注册的决定,发现不符合法定条件或者法定程序,尚未发行证券的,应当予以撤销,停止发行。已经发行尚未上市的,撤销发行注册决定,发行人应当按照发行价并加算银行同期存款利息返还证券持有人;发行人的控股股东、实际控制人以及保荐人,应当与发行人承担连带责任,但是能够证明自己没有过错的除外。股票的发行人在招股说明书等证券发行文件中隐瞒重要事实或者编造重大虚假内容,已经发行并上市的,国务院证券监督管理机构可以责令发行人回购证券,或者责令负有责任的控股股东、实际控制人买回证券。[1]

(四) 证券交易市场规制

证券交易简单讲就是证券的买卖活动,是指证券所有人将已经发行并交付的证券有偿转让给他人的法律行为。有广义和狭义之分,这里讲的是狭义的证券交易,即上市证券在证券交易所挂牌交易。与一般交易活动相比证券交易具有很强的专业性、技术性和信息不对称性,因此,为保障证券交易的公平和良好的交易秩序,对证券交易市场必须予以专门规制,主要规制的内容有对交易标的、交易场所、交易方式、交易资格和交易行为的规制。

1. 交易标的规制

证券交易市场上交易的证券必须是依法发行的证券,非依法发行的证券不得买卖。不仅如此,法律对依法发行的证券的转让期限也有限制性的规定,在限制期限内的买卖。[2]

---

[1] 参见我国《证券法》第二十四条的规定。
[2] 我国《证券法》第五十三条规定:"证券交易内幕信息的知情人和非法获取内幕信息的人,在内幕信息公开前,不得买卖该公司的证券。"第三十六条规定:"依法发行的证券,《中华人民共和国公司法》和其他法律对其转让期限有限制性规定的,在限定的期限内不得转让。"

2. 交易场所规制

依法律规定,公开发行的证券,应当在依法设立的证券交易所上市交易或者在国务院批准的其他全国性证券交易场所交易。非公开发行的证券,可以在证券交易所、国务院批准的其他全国性证券交易场所、按照国务院规定设立的区域性股权市场转让。

3. 交易方式规制

依法律规定,在证券交易所上市交易,应当采取公开的集中交易方式或者国务院证券监督管理机构批准的其他方式。

4. 交易资格规制

为防止证券从业人员、管理人员,以及一些具有一定身份的人利用其所掌握的内幕信息买卖证券,损害证券市场的公平交易秩序,证券法将一些人员排除在证券交易之外。[①]

5. 交易中介机构规制

证券交易的中介机构是为交易提供服务的各类机构,是连接投资人与筹资人的桥梁,在证券交易市场中起中介作用的机构主要是证券公司和其他证券服务机构。为了保障交易安全,防范金融风险,证券法对证券服务中介机构的设立、经营行为做了相应规制。如对证券经营服务机构从事证券服务业实行准入规制,规定只有经过证券监督管理机构核准,才能从事证券经营与服务业务;对证券经营服务机构的经营范围作出限制,禁止从事其他金融业务;对证券公司实施资产负债比例、交易风险准备金控制;要求证券公司内部建立健全内部控制制度等。

6. 交易行为规制

对证券交易行为规制主要体现在对四种行为的禁止,即对内幕交易行为、市场操纵行为、证券欺诈行为,以及损害客户利益行为的禁止。

(1) 禁止内幕交易。内幕交易是指内幕人员利用其掌握的内幕信息进行或指示、建议他人要进行的交易。内幕人员指任何由于持有发行人股票或者在发行人或与发行人密切联系的企业中担任董事、监事、高级管理人员,或者由于其管理地位、监督地位和职业地位。或作为其雇员、专业顾问履行职务,能够接触或获取内幕信息的人员。内幕信息是指有关发行人、证券经营机构,有收购意图的法人、证券监督管理机构、证券业自律性管理组织,以及与其有密切联系的人员所知悉的尚未公开而可能影响股票市场价格的重大信息。内幕交易既包括内部人员自行进行的交易,也包括内部人员指示或建议他人而进行的交易。内幕交易违反了公开、公平原则,是危害股市交易秩序、妨碍股市健康发展的严重违法行为。禁止内幕交易是各国《证券法》对证券交易的普遍做法。[②]

(2) 禁止操纵证券市场的行为。禁止以单独或者通过合谋,集中资金优势、持股优势或者利用信息优势联合或者连续买卖;与他人串通,以事先约定的时间、价格和方式相互进行证券交易;在自己实际控制的账户之间进行证券交易;不以成交为目的,频繁或者大量申报并撤销申报;利用虚假或者不确定的重大信息,诱导投资者进行证券交易;对证券、发行人公开作出评价、预测或者投资建议,并进行反向证券交易;利用在其他相关市场的活动操纵证

---

① 参见我国《证券法》第五十四条的规定。
② 我国证券法对内幕交易的禁止参见我国《证券法》第五十至五十四条的规定。

券市场等手段操纵证券市场。①

(3) 禁止证券欺诈行为。禁止任何单位和个人编造、传播谣言或虚假信息或误导性信息进行股市欺诈、人为造成股价暴涨暴跌,扰乱证券市场秩序的行为。

(4) 禁止证券公司及其从业人员从事损害客户利益的行为。据法律规定,这类行为主要有:违背客户的委托为其买卖证券;不在规定时间内向客户提供交易的确认文件;未经客户的委托,擅自为客户买卖证券,或者假借客户的名义买卖证券;为牟取佣金收入,诱使客户进行不必要的证券买卖;其他违背客户真实意思表示,损害客户利益的行为。

(五) 证券市场规制的基础制度

不论是证券发行市场中的审核以及对证券发行过程的监督和管理,还是证券交易市场中的证券交易,都是基于对证券发行人的相关信息了解的基础上的,因此,如何保障有关规制机关以及投资者能简便、充分、真实获得的发行人的相关信息的制度,是保障证券市场公正的基础制度。在证券发行中主要有两个最为重要的基础制度,即信息披露制度和信用评级制度。

(1) 信息披露制度。信息披露制度,亦即信息公开制度,是指证券发行人、上市公司,以及其他负有信息披露义务的主体,依法将与证券发行、证券交易有关的、可能影响投资判断的相关信息向社会予以公开的制度。包括三个方面,即发行前信息披露、上市后的持续信息披露和终止上市的信息披露。其主要内容由招股说明书制度、定期报告制度、临时报告制度、退市公告制度等组成。

证券及证券交易的特性,决定着信息公开对证券市场公正具有决定性意义。正因此,证券法学界公认信息公开是证券法的灵魂,信息披露制度是证券法的核心制度,也是最为重要的基础制度之一。同时,信息在证券市场的重要意义还决定了信息披露应当准确、及时和完整,这成为各国法律制度对证券信息披露的原则性要求,我国证券法在信息披露制度中也把它们作为信息披露原则。

从证券信息披露制度的含义来看,证券信息披露制度的主体有三种,即证券发行人、上市公司和其他负有信息披露义务的主体。但由于各主体在证券市场中的角色不同,所披露的信息对证券市场的影响也不同,因此,各类主体在信息披露制度中所起的作用和地位也不相同。其中,证券发行人,即拟发行证券的公司有依法承担披露信息的义务,其所披露的信息是与发行人及与发行证券有关,是最为重要的信息,因此,他们是信息披露的一般主体,是证券市场信息的主要披露人。上市公司,由于其发行的证券要在证券交易所挂牌交易,而交易是一个长期过程,在这个过程中不仅市场在变,上市公司本身的经营状况也在变,因此,他们在证券交易所挂牌交易要履行持续的信息披露义务,包括年度财务报告、半年度财务报告和季度财务报告的定期披露义务,以及重大事项披露的临时报告制度。其他负有信息披露义务的主体,在证券市场上主要是指特定的投资者。投资者作为证券的买者一般没有信息披露的义务,但在特定情况下,他们也可以成为信息披露的义务主体。②

信息披露制度的目的是保护投资者和债权人的利益,通过信息披露使投资者在充分了

---

① 参见我国《证券法》第五十五条规定。
② 比如,持有或控制一个上市公司的股份数额量发生或者可能发生达到规定的比例,负有信息披露义务的股份持有人、股份控制人和一致行动人就需要将其持有的股权变动情况予以披露。

解证券发行者(公司)的情况下做出理性的投资决策。

(2) 信誉评级制度。信誉评级制度主要用于公司债券的发行,它是指由专门的信誉登记评定机构根据发行人提供的信息材料在调查预测的基础上,通过科学的分析,对拟发行的债券的质量、信用和风险做出客观、公正评价,并确定其信誉等级的制度。评级机构根据公司的财务状况和经营状况等情况的分析,确定债券信誉的高低和风险大小,在此基础上评定债券的等级,为投资者做投资选择提供参考。

三、保险市场规制的法律制度

对保险市场规制法的研究,必须首先了解保险市场的含义和特征。因此,下面在对保险市场的含义予以界定,以及对保险市场的特征总结的基础上,结合我国有关保险的法律、法规对保险市场规制的法律规定,对保险的规制体制,以及保险市场规制的主要制度内容予以介绍。

(一)保险市场及其特征

保险市场是保险人与投保人之间进行保险交易,以及保险人相互之间进行再保险交易的过程中所发生的保险交易关系的总称,是金融市场的重要组成部分。保险市场除了有资本市场的一般特性外,还因其交易对象的特性具有其自身的特性。具体讲有以下几点。

1. 保险市场是一个与社会公共利益高度相关联的特殊市场

现代社会是风险社会,风险无处不在,风险的不确定性和损害的社会性、巨大性,使得单靠个人应对,需要分散风险由社会分担(社会公众分散分担)。而商业保险虽主要属于私人性经营活动,但其具有分散风险的特殊功能。正因此,保险业得以迅速发展,保险活动深入到社会的各个角落,涉及成千上万的家庭和行业,对社会和经济生活的稳定乃至人民生活的安定都有很大的影响。

2. 保险市场是一个具有高风险性的特殊市场

保险市场简单地说就是有关保险保障交易的市场。这意味着,该市场所交易的对象,即该市场交易的商品或服务就是保险保障,亦即投保人转嫁于保险人的各类风险提供保险保障。保险商品的交易过程本质上就是聚集社会公众分散风险的过程。风险客观存在且随着科技发展而不断发展是保险市场形成和发展的基础和前提。而保险公司利用公众资金负债经营的特点也决定了保险市场必然是一种具有高度风险性的特殊市场。

3. 保险市场是一个具有强信息不对称性的特殊市场

随着科技的迅速发展,科技在使生产力不断提高的同时,也产生了新的风险形式和提高了风险程度,这些使得保险业也发生变化。一方面,保险业在应对新风险中不断创新,使保险结构本身日趋复杂。另一方面,随着风险程度的提高,使得保险技术日益复杂,这主要体现在保险商品的价格,即费率的确定和保险合同的条款更为复杂。与普通商品不同,保险费率的确定以大数法则为基础,通过集合足够的保险标的,保险人才能计算出合理的保险费率。无论是保险费率的确定还是保险合同的复杂条款,都非普通人所能轻易理解,全有赖于保险人的解释。因此,保险市场是一个具有专业性的、高信息不对称的特殊市场。

4. 保险市场是一个交易双方实力和风险负担存在严重不对称的特殊市场

其原因有两点:(1)保险合同是一种典型的格式合同,投保人根本没有与保险人进行协商的可能。因此,双方之间存在着严重的实力不均衡。(2)保险公司的经营是负债经营,其保险资金是通过收取保费而建立的,是全体被保险人的利益保障。保险公司一旦经营不善出现亏损或发生倒闭,将会把正常的经营风险转嫁给广大投保人。所以,保险市场是一个双方实力或风险配置不均衡,且极易引发道德风险的特别市场。

保险市场的上述特性,决定了保险市场只有予以特别规制才能建立公正良好的市场秩序,保障保险产业的良性发展。正因此,各国保险法在发展的规程中对保险市场规制程度不断增强,在注重保护投保人利益的同时,愈益重视对保险市场公正秩序的保护。这些保护主要体现在对保险业的监督管理体制、保险的组织形式和运营规则等作了一系列强制规定。

(二) 保险市场的规制体制

保险市场的规制体制解决的是谁规制问题? 主要涉及规制者(规制机关)的设置及其相互关系,以及规制机关的职责。

遵循现代规制机关一般采用委员会的形式的惯例,据我国的保险法规定,我国的保险业规制机关是国务院保险监督管理机构,即中国保险业监督管理委员会(简称中国保监会)。保监会成立于1998年11月18日,内设16个职能机构和2个事业单位,并在全国各省、自治区、直辖市、计划单列市设有保监局,在苏州、烟台、汕头、温州、唐山市设有保监分局。

据保险法规定我国保监会的职能有以下七个方面。[1] (1)依照法律法规统一监督管理保险市场,维护保险市场的合法、稳健运行。(2)审批和监督保险公司及其分支机构、保险资产管理公司的设立、变更、终止以及业务范围。(3)审查和批准保险公司及其分支机构的设立、撤销以及董事和高级管理人员的任职资格。(4)负责全国性保险公司设立的审批。(5)对保险业从业人员进行资格管理。(6)保护投保人利益,对保险公司的经营管理、业务活动、资金运用等情况实施调查和监督。(7)依法对保险业实施处罚。

(三) 保险市场准入和退出规制

保险业和其他金融业一样,是高度负债经营的高风险行业。保险业及保险市场的特性,使得各国法律对保险业的准入和退出都有严格的限制。

1. 准入规制

据规制法的一般要求,主体资格的获得需要具备两个条件,一是专业能力或技能。从公司讲就体现在拥有的资本量(反映的是过去的能力)及盈利能力(反映的是现在的能力)。二是基本商业道德。从经营者讲,最低的道德要求就是法人和主要的管理人员在一定期限内没有违法犯罪。因此,我国保险法对保险市场的经营主体——保险公司的设立规定,除要符合《公司法》规定的条件外,还有具备保险法规定条件。只有符合法定条件才能依法获得从事保险业经营的资格,成为保险业经营主体。从法律规定看,实质性的条件有以下三点。[2]

(1) 主要股东具有持续盈利能力,信誉良好,最近三年内无重大违法违规记录,净资产不低于人民币二亿元。

(2) 设立保险公司,其注册资本的最低限额为人民币二亿元。国务院保险监督管理机构根据保险公司的业务范围、经营规模,可以调整其注册资本的最低限额,但不得低于本条第一款规定的限额。

(3) 有具备任职专业知识和业务工作经验的董事、监事和高级管理人员。且规定保险

---

[1] 参见我国《保险法》第六章保险业监督管理的相关规定。
[2] 参见我国《保险法》第六十八条、第六十九条和第八十一条的规定。

公司的董事、监事和高级管理人员,应当品行良好,熟悉与保险相关的法律、行政法规,具有履行职责所需的经营管理能力。

2. 退出规制

与准入对应,保险法对保险公司退出保险市场也做了特别规定,与普通的上市公司不同,保险法对保险公司退市的限制主要有两点。[①]

(1) 保险公司重大事项的变更和公司的解散、破产应征得保险监督管理机构的同意或批准。

(2) 经营人寿保险业务的保险公司,除因分立、合并或者依法撤销外不得解散。被依法撤销或者依法宣告破产的,其持有的人寿保险合同及责任准备金必须转让给其他经营有人寿保险业务的保险公司。不能同其他保险公司达成转让协议的,由国务院保险监督管理机构指定经营有人寿保险业务的保险公司接受转让。

(四) 保险经营规制

1. 保险经营业务的规制

保险法对保险经营业务的规制包括两个方面,一是对保险人在保险业内不同业务经营之间的原则性划分,二是对具体保险业的内容范围限制。

(1) 经营范围的原则性规定。我国保险对保险业的经营范围做了三个原则性规定。一是分业经营原则,即保险人不得兼营财产保险业务和人身保险业务。二是禁止兼营原则。即保险公司不得兼营非保险业务。但国务院保险监督管理机构会同国务院证券监督管理机构批准可以设立保险资产管理公司。三是保险专营原则。指保险业务只能由依照保险法设立的商业保险公司经营,非保险业者不能经营保险业务。

(2) 具体保险业的内容范围规制。我国保险法对具体保险业务的内容做了限制,主要有两方面。一方面是对人身保险业务内容范围的规制,规定人身保险业务,包括人寿保险、健康保险、意外伤害保险等保险业务。二是对财产保险业务内容范围的规制,规定财产保险业务,包括财产损失保险、责任保险、信用保险和保证保险等保险业务。

2. 保险人偿付能力的规制

保险公司的偿付能力是保险公司履行赔偿或者给付责任的能力。它直接关系到投保人购买的保险服务的质量,因此,保险公司的偿付能力是保险监管的核心。为保障保险公司有与其业务相应的足够的偿付能力,法律做了如下规制。

(1) 保险公司应当具有与其业务规模和风险程度相适应的最低偿付能力。保险公司的认可资产减去认可负债的差额不得低于国务院保险监督管理机构规定的数额;低于规定数额的,应当按照国务院保险监督管理机构的要求采取相应措施达到规定的数额。

(2) 保险公司应当根据保障被保险人利益、保证偿付能力的原则,提取保证金、公积金、保险准备金等各项责任准备金。[②]

(3) 保险监督管理机构应当建立、健全保险公司偿付能力的监督体系,对保险公司的偿付能力实行监控。保险公司违反有关规定的,由保险监督管理机构采取措施。责令限期改正或者对其实施整顿或实行接管。

---

① 参见我国《保险法》第八十九条和第九十二条的规定。
② 参见我国《保险法》第九十八至一百条的规定。

3. 保险公司的风险管理

为了强化保险公司的风险管理,法律对保险公司的自留保险费承保责任,在保险业务资金运用、关联交易、信息披露义务等做了相应的限制。[①]

(1) 保险公司当年自留保险费不得超过其实有资本金加公积金总和的四倍。

(2) 保险公司对每一危险单位及对一次保险事故可能造成的最大损失范围所承担的责任,不得超过其实有资本金加公积金总和的10%,超过的部分应当办理再保险。

(3) 保险公司应当按照规定办理再保险,必须审慎选择再保险接受人。

(4) 保险公司的资金运用必须稳健,遵循安全性原则。保险公司的资金运用限于银行存款、买卖债券、股票、证券投资基金份额等有价证券;投资不动产以及国务院规定其他资金运用形式。

(5) 保险公司应真实、准确、完整地披露财务会计报告、风险管理状况、保险产品经营情况等重大事项。

4. 保险公司的经营行为的规制

保险公司在经营中的有害行为主要有两大类,一种是损害保险市场竞争秩序的不正当竞争行为。另一是损害客户利益的行为。

(1) 损害保险市场竞争秩序的行为。保险法为防止保险公司损害保险市场的公平竞争,列举了以下几种保险业的不正当竞争行为予以禁止。第一,给予或者承诺给予投保人、被保险人、受益人保险合同约定意外的保险费回扣,或者其他利益。第二,营业中散布虚假事实等方式损害竞争对手的商业信誉。或者以其他不正当竞争行为扰乱保险市场秩序。第三,委托未取得合法资格的机构或者个人从事保险销售活动。

(2) 损害客户利益的行为。

保险法规定保险公司及其工作人员在保险业务活动中不得从事以下损害用户利益的行为。第一,欺骗投保人、被保险人或者受益人。第二,对投保人隐瞒与保险合同有关的重要情况。第三,阻碍投保人履行或者诱导其不履行如实告知义务。第四,拒不依法履行保险合同约定的赔偿或者给付保险金义务。第五,故意编造保险事故,虚构保险合同或者夸大保险事故损害程度进行虚假理赔,骗取保险金或者牟取其他不正当利益。第六,挪用、截留、侵占保险费。第七,利用开展保险业务为其他机构或者个人谋取不正当利益。第八,利用保险代理人、保险经纪人或者保险评估机构从事以虚构保险中介业务或者编造退保等方式套取费用等违法活动。第九,泄露投保人、被保险人的商业秘密。第十,违反法律、行政法规和国务院保险监督管理机构规定的其他行为。

(五) 保险代理人和保险经纪人规制

所谓保险代理人是根据保险人的委托,向保险人收取佣金,并在保险人授权的范围内代为办理保险业务的机构或者个人。而保险经纪人是基于投保人的利益,为投保人与保险人订立保险合同提供中介服务,并依法收取佣金的机构。二者作为保险交易的中介,对于保险市场的公正交易具有重要的影响。因此,法律对二者的准入资格、业务行为予以规制。

1. 准入资格规制

正如所有的准入资格都对主体的业务或专业能力和职业道德具有基本要求一样,保险

[①] 参见我国《保险法》第一百零二条、第一百零三条、第一百零五条、第一百零六条和第一百一十条的规定。

法对保险代理机构、保险经纪人的资格规定也包括两方面要求。[①]

(1) 能力要求。保险法规定保险代理机构、保险经纪人应当具备国务院保险监督管理机构规定的条件,取得保险监督管理机构颁发的经营保险代理业务许可证、保险经纪业务许可证。保险专业代理机构、保险经纪人的高级管理人员,应当品行良好,熟悉保险法律、行政法规,具有履行职责所需的经营管理能力,并在任职前取得保险监督管理机构核准的任职资格。

(2) 职业道德要求。保险法规定个人保险代理人、保险代理机构的代理从业人员、保险经纪人的经纪从业人员,应当品行良好,具有从事保险代理业务或者保险经纪业务所需的专业能力。

2. 从业行为规制

为了保护保险人与投保人的利益,保护保险市场的公正交易秩序,保险法禁止保险代理人、保险经纪人及其从业人员在办理保险业务活动中的下列行为。[②]

(1) 欺骗保险人、投保人、被保险人或者受益人。

(2) 隐瞒与保险合同有关的重要情况。

(3) 阻碍投保人履行本法规定的如实告知义务,或者诱导其不履行本法规定的如实告知义务。

(4) 给予或者承诺给予投保人、被保险人或者受益人保险合同约定以外的利益。

(5) 利用行政权力、职务或者职业便利以及其他不正当手段强迫、引诱或者限制投保人订立保险合同。

(6) 伪造、擅自变更保险合同,或者为保险合同当事人提供虚假证明材料。

(7) 挪用、截留、侵占保险费或者保险金。

(8) 利用业务便利为其他机构或者个人牟取不正当利益。

(9) 串通投保人、被保险人或者受益人,骗取保险金。

(10) 泄露在业务活动中知悉的保险人、投保人、被保险人的商业秘密。

四、数字金融的规制

随着数字经济的到来,不仅兴起了数字经济产业,且以互联网、数字处理、人工智能和算法技术为核心的"数字时代的技术"(简称数字技术)也广泛渗透到传统的生产经营领域。数字技术在金融领域的广泛深入应用,使金融领域也日渐数字化,网上支付、网上银行、P2P以及与借助互联网技术平台的众筹融资等互联网金融也迅速发展。以互联网、数字处理和人工智能技术为核心的数字金融服务,已成为数字经济时代金融服务的重要模式之一。

为了鼓励金融创新,促进金融健康发展,保障消费者的合法权益,维护公平竞争秩序。为此,需要在互联网行业管理客户资产安全、第三方存款制度、信息披露、风险提示和合格投资者制度、消费者权益保护、网络与信息安全、反洗钱和防范金融犯罪、加强互联网金融行业自律,以及监管协调与数据统计监测等方面,制定更为科学和完善的互联网金融法律制度,促进市场的健康发展。

---

① 参见我国《保险法》第一百一十九至一百二十二条的规定。
② 参见我国《保险法》第一百三十一条的规定。

第三节 房地产市场规制

房屋是人们生活的必需品,而房屋是建筑在土地上的。土地在我国又是最为基本的、稀缺的生产要素,其关涉国家农业发展和粮食安全。从而对国家宏观经济和粮食安全具有重要的影响。因此,房地产市场不仅与人们的基本生活、人们的身心健康有关,更与作为稀缺的基本生产要素土地的使用有关,是一个特殊的市场。需要规制才能保证稀缺土地资源的合理有效使用,以及保护公正的房地产交易秩序,从而保护人们的身心健康。本节在对房地产市场的特性及其规制法一般理论总结的基础上,对房地产市场规制的法律制度予以介绍。

一、房地产市场规制法的一般理论

对房地产市场规制法的研究,首先要了解房地产市场的含义和特性,在此基础上,对房地产市场规制的价值目标、房地产市场规制法的内容体系需要了解。

(一) 房地产市场的含义和特征

弄清房地产市场的含义和特征是研究房地产市场规制法的起点,下面对房地产市场含义界定的基础上,论述其特性。

1. 房地产市场的含义

房地产市场有广义和狭义之分。狭义的房地产市场是指进行房地产买卖、租赁、抵押等交易活动的场所。广义的房地产市场则是指在房地产流转过程中发生的一切经济关系的总和,包括房地产市场的主体、客体、运行机制、房地产市场模式等要素。广义的房地产市场包括房地产资金市场、房地产开发市场、房地产交易市场和房地产劳务市场在内的整个市场体系,是一国或地区市场体系中的一个相对独立并具有明显特征的专门化市场。

2. 房地产市场的特性

房地产市场作为市场的一种同样受市场供求规律等的影响,但房地产本身还有一些独特属性,这使得房地产市场产生了如下一些特征。

(1) 房地产市场是与人的安全和健康,以及家庭财产直接关联的特殊市场。作为房地产市场交易对象的房产,是人的基本生存用品,房产的质量直接关系到居民的身体健康,乃至生命安全。同时,房地产商品的高价值,使得其成为众多家庭的主要财产。因此,房地产市场是与民生息息相关的特殊市场。

(2) 房地产市场是与宏观经济高度关联的特殊市场。这是因为房地产业与建材、煤炭、钢铁、家具、装修等众多上下游产业密切相关,可以说是一个巨大的产业链中的核心环节。这意味着房地产市场的发展,影响着以房地产为核心的产业链,可见其发展对宏观经济结构和运行具有重要的影响。

(3) 房地产市场是一个风险性和投机性强的市场。由于土地是不可再生资源,加之我国土地使用受国家管制、[1]城市发展规划等的影响,因此,土地的供给数量有限。这决定可供销售的房地产数量总体上变动较小,所以房价主要受制于购房者的需求力度。就供给来说,

---

[1] 我国《土地管理法》第四条规定:"国家实行土地用途管制制度"。

土地的稀缺导致地价较高,加之,房地产开发周期长,投资大,这些使得房地产商自有资金占有率低,且易受宏观经济形势影响,因此,房地产市场是一个充满巨大的不确定性的高风险的市场。而从房地产的需求讲,由于房地产商品的价值量高,无论是房地产的直接使用者还是投资经营者都较难承担全部投资额,往往需要有银行参与资金融通才能顺利完成交易。由于房地产具有保值增值性,价格下降的风险相对较小,这使得银行也愿意办理房地产抵押贷款、按揭贷款和开发信贷业务。因此,在房产交易中都有金融机构介入,给购买者提供信贷,而信贷政策使得房地产投资具有杠杆效应。同时,房地产商品所具有的特殊的保值增值功能以及相对其他商品的稀缺和必须性,成为较为理想的投资产品。这就使得房地产市场具有较强的投机性。

(4) 房地产市场是一个信息严重不对称的市场。现代建筑设计和房产商品生产中所使用的新型材料的多样性,使得绝大多数消费者作为非专业人士,对房地产这种特殊的商品很难在较短的时间内充分了解它的品质。而房地产企业在利润最大化动机的驱动下,势必制造虚假信息或者刻意隐瞒商品的某些重要信息。因此,在房地产开发商、销售者和购房者之间存在着信息的严重不对称。

(5) 房地产市场是一个不充分竞争性市场。表现在以下方面:市场信息不充分,信息主要掌握在供应者手中;房地产的区域性特征以及规划、设计、施工质量、环境等方面的不同使其具有差异性,不完全同质、可替代性差。开发成本高昂等因素使得房地产市场存在进入壁垒;政府经常使用各种调控手段和干预政策来保证市场的平稳发展。

正是房地产市场上的上述特性,因此,要保证人民的生命财产安全。维护良好的房地产市场交易秩序,实现社会与经济的良性运行与协调发展就必须对房地产市场予以规制。

(二) 房地产市场规制法的价值目标和制度体系

房地产市场作为特殊市场其予以法律规制的价值目标除具有一般市场规制法的价值目标外,还有其特殊的价值目标,其制度体系与其市场构成体系相对应。

1. 规制的价值目标

(1) 一般价值目标。房地产市场作为市场的一种,其规制的一般价值目标,就是维护房地产市场公正的交易秩序。

(2) 特殊价值目标。房地产市场作为特殊的市场,其市场特性决定了其特有规制目标有二,一是维护消费者的人身和财产安全。二是有效利用土地这一稀缺的生产要素。

2. 规制的制度体系

房地产市场规制法的支付体系与房地产市场的构成有关,从我国现实中房地产从开发到房地产销售完毕的过程看,房地产市场包括三个相互联系的子市场,即土地开发市场、房地产交易市场和房地产中介市场。我国有关房地产法律、法规对这三个子市场都有相应规制性制度。下面对一些主要制度予以介绍。

二、房地产市场规制的一般制度

房地产市场规制的一般制度是指统一适用于土地开发市场和房地产交易市场的规制性制度规定,主要有两方面,即规制体制与准入制度。

(一) 规制体制

房地产市场的规制体制是指有不同的房地产市场规制机关及其职责,以及它们在规制中的相互关系。

1. 规制者的构成及其关系

据我国《城市房地产管理法》规定,我国的房地产市场规制体制是由多部分、多层次构成的权责分明、相互联系的体系。其中从横向看,包括政府建设主管部门、土地主管部门。从纵向看,包括县级以上地方人民政府房产管理、土地管理部门。[①] 他们之间依照国务院规定的职权划分,各司其职,密切配合,管理房地产工作。

2. 他们的主要职责

有以下三个方面:第一,制定有关房地产规则。法律规定土地使用权出让,由市、县人民政府有计划、有步骤地进行。出让的每幅地块、用途、年限和其他条件,由市、县人民政府土地管理部门会同城市规划、建设、房产管理部门共同拟订方案,按照国务院规定,报经有批准权的人民政府批准后,由市、县人民政府土地管理部门实施。第二,土地使用权划拨。土地使用权划拨,是指县级以上人民政府依法批准,在土地使用者缴纳补偿、安置等费用后将该幅土地交付其使用,或者将土地使用权无偿交付给土地使用者使用的行为。第三,房地产权属登记并发放权证。包括房地产转让或者变更的等级和权证发放,房地产抵押时的抵押登记。

(二) 市场准入制度

房地产市场作为特殊市场,必然需要对经营房地产的企业进入该市场予以规制,是保障房地产市场公正交易秩序的前提和基础。为此,我国法律规定设立房地产开发企业,应当向工商行政管理部门申请设立登记。工商行政管理部门对符合公司法的一般规定和城市房地产管理法特别规定条件的应当予以登记,发给营业执照。目前我国把房地产企业按资质分为四级,下面以第四级资质为例,除有自己的名称和组织机构,以及有固定的经营场所外,需特别具备的条件有二。

1. 有符合国务院规定的注册资本

规定注册资本为人民币 100 万元以上的。且房地产开发企业的注册资本与投资总额的比例应当符合国家有关规定。

2. 有足够的专业技术人员

规定有职称的建筑、结构、财务、房地产及有关经济类的专业管理人员不少于 5 人,持有资格证书的专职会计人员不少于 2 人。工程技术负责人具有相应专业中级以上职称,财务负责人具有相应专业初级以上职称,配有专业统计人员。

三、土地开发市场规制

我国是社会主义国家,实行土地公有制(包括国家所有和集体所有)。[②] 合理利用土地和切实保护耕地是我国的基本国策。因此,法律要求各级人民政府应当采取措施,全面规划,严格管理,保护、开发土地资源。为此,法律土地的提供、开发的规划和计划、土地用途等做

---

① 我国《城市房地产管理法》第七条规定:"国务院建设行政主管部门、土地管理部门依照国务院规定的职权划分,各司其职,密切配合,管理全国房地产工作。县级以上地方人民政府房产管理、土地管理部门的机构设置及其职权由省、自治区、直辖市人民政府确定。"

② 参见我国《土地管理法》第二条的规定。

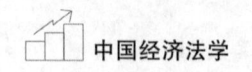

了规制,具体制度如下。

(一) 开发用地的统一提供

根据《土地管理法》第四十三的规定,除乡镇企业等乡(镇)、村建设使用集体土地外,任何单位或个人进行建设需要使用土地的,必须依法申请使用国有土地。我国《民法典》第二百四十四条规定,国家对耕地实行特殊保护,严格限制农用地转为建设用地,控制建设用地总量。这一规定形成了不得违反法律规定的权限和程序征收集体所有的土地,建设用地由国家统一提供的基本格局。同时,《民法典》第三百四十四条规定,建设用地使用权人依法对国家所有的土地享有占有、使用和收益的权利,有权利用该土地建造建筑物、构筑物及其附属设施。这些规定事实形成了开发土地由国家统一提供的基本格局。

目前,在我国城市的土地属于国家所有,国家根据经济发展和城市规划建设需要,通过土地使用权出让的方式,授予土地开发者土地使用权。对农村集体的土地一般不能直接从事开发活动,只有依法征收,转为国有土地后方能通过出让开发。现行立法充分考虑了城乡土地的不同所有制性质及其功能,一定程度上有利于耕地保护。但由于国家垄断建设用地的提供,扭曲了市场对土地资源配置基础性功能,引发了诸多社会问题。为此,十八届三中全会提出"建立城乡统一的建设用地市场",实行集体土地和国有土地"同等入市、同权同价",但法律、法规滞后,仍制约着国有与集体土地统一的土地供给市场的形成,因此,急需对现行法律进行修改,为建设用地市场的统一扫除障碍。

(二) 土地资源的统一规划、计划开发

由于土地稀缺,加之为保障粮食安全之需,我国对土地资源实行统一规划和计划开发。为此,《城市房地产管理法》规定,土地使用权出让,必须符合土地利用总体规划、城市规划和年度建设用地计划。县级以上地方人民政府出让土地使用权用于房地产开发的,须根据省级以上人民政府下达的控制指标拟订年度出让土地使用权总面积方案,按照国务院规定,报国务院或者省级人民政府批准。土地使用权出让,由市、县人民政府有计划、有步骤地进行。出让的每幅地块、用途、年限和其他条件,由市、县人民政府土地管理部门会同城市规划、建设、房产管理部门共同拟订方案,按照国务院规定,报经有批准权的人民政府批准后,由市、县人民政府土地管理部门实施。[①]

(三) 土地开发权获取的方式规制

由于土地稀缺,且可供开发的土地供给的国家垄断,为保障土地出让价格合理,以及开发者公正获得土地开发权,法律对土地开发权获取的方式予以了规制。土地管理法规定,开发土地使用权出让,可以采取拍卖、招标或者双方协议的方式。商业、旅游、娱乐和豪华住宅用地,有条件的,必须采取拍卖、招标方式;没有条件,不能采取拍卖、招标方式的,可以采取双方协议的方式。[②] 这意味着,开发商对土地开发权的获得,可以通过拍卖、投标和协议取得。

(四) 土地使用的规制

为保障土地资源统一规划、计划目的的实现,法律对土地的用途、开发期限等予以规制。

[①] 参见我国《土地管理法》第十至十二条的规定。
[②] 参见我国《土地管理法》第十三条的规定。

1. 土地用途的规制

土地管理法,以及相关法律规定,土地使用权受让人必须按照土地规定的用途使用土地,土地使用者需要改变土地使用权出让合同约定的土地用途的,必须取得出让方和市、县人民政府城市规划行政主管部门的同意,签订土地使用权出让合同变更协议或者重新签订土地使用权出让合同,相应调整土地使用权出让金。擅自改变土地使用用途的,出让人有权提前收回土地使用权,并对使用权人给予处罚。[①]

2. 开发期限的规制

土地管理法规定,以出让方式取得土地使用权进行房地产开发的,必须按照土地使用权出让合同约定的土地用途、动工开发期限开发土地。超过出让合同约定的动工开发日期满一年未动工开发的,可以征收相当于土地使用权出让金百分之二十以下的土地闲置费;满二年未动工开发的,可以无偿收回土地使用权;但是,因不可抗力或者政府、政府有关部门的行为或者动工开发必需的前期工作造成动工开发迟延的除外。

四、房地产交易市场规制

房地产市场是一个专业性很强的市场,在交易中存在着开发商与消费者信息严重的不对称,因此,为保障正常的交易秩序,法律对房地产交易市场予以规制,具体制度主要有以下几方面。

(一) 一般规定

房地产市场竞争不充分,影响房地产市场公正交易的主要是价格,因此,对价格的规制是最为一般的、最基本的规制。为此,建立了三种法律制度。[②]

1. 相关价格定期公布制度

法律规定,决定房地产价格的基准地价、标定地价和各类房屋的重置价格应当定期确定并公布。

2. 价格评估制度

法律规定国家实行房地产价格评估制度,房地产价格评估,应当遵循公正、公平、公开的原则,按照国家规定的技术标准和评估程序,以基准地价、标定地价和各类房屋的重置价格为基础,参照当地的市场价格进行评估。

3. 成交价格申报制度

法律规定国家实行房地产成交价格申报制度,成交价格申报制度要求,房地产权利人转让房地产,应当向县级以上地方人民政府规定的部门如实申报成交价,不得瞒报或者作不实的申报。

(二) 转让规制

房地产市场的交易是专业对非专业的交易,交易双方信息极度不对称。因此,法律对房地产转让的规制主要表现在对转让对象、转让条件和转让方式做了全面规制。

1. 交易对象范围的规制

房地产交易市场的交易对象是房地产,但并非所有的房地产均可交易。法律对房地产

[①] 参见我国《土地管理法》第二十六条的规定。
[②] 参见我国《土地管理法》第三十三至三十五条的规定。

交易的对象予以了限制,规定进入房地产交易市场进行交易的房地产必须是法律规定允许交易的房地产。并禁止以下几种房地产的交易。[1]

(1) 以出让方式取得土地使用权的房地产,在未获得土地使用权证书并完成法律规定的投资和开发之前不得进行转让。

(2) 司法机关和行政机关依法裁决,决定查封或者以其他形式限制房地产权利的房地产不得转让。

(3) 依法收回土地使用权的房地产不得转让。

(4) 共有房地产未经其他共有人书面同意的,不得转让。

(5) 权属有争议的或者未依法登记领取权属证书的房地产,以及法律、行政法规规定禁止转让的其他房地产不得转让。

2. 交易条件的规制

法律针对我国土地所有权取得的两种方式,即出让取得和划拨取得,分别就交易条件做了不同规定。[2]

(1) 规定以出让方式取得土地使用权的,转让房地产时,应当符合三个条件:一是按照出让合同约定已经支付全部土地使用权出让金,并取得土地使用权证书。二是按照出让合同约定进行投资开发,属于房屋建设工程的,完成开发投资总额的百分之二十五以上,属于成片开发土地的,形成工业用地或者其他建设用地条件。转让房地产时房屋已经建成的,还应当持有房屋所有权证书。三是房地产权属登记制度房地产交易引发全速变动,应当进行依法登记。

(2) 以划拨方式取得土地使用权的,转让房地产时,应当按照国务院规定,报有批准权的人民政府审批。有批准权的人民政府准予转让的,应当由受让方办理土地使用权出让手续,并依照国家有关规定缴纳土地使用权出让金。

3. 转让方式的规制

法律规定,房地产转让,应当签订书面转让合同,合同中应当载明土地使用权取得的方式。

(三) 商品房预售规制

房屋的预售使得购买者承担更大的风险,为了平衡交易双方的风险,法律对房屋预售做了规制,有以下三种制度。[3]

1. 商品房预售条件

法律规定商品房预售必须具备以下四个条件。

(1) 已交付全部土地使用权出让金,取得土地使用权证书。

(2) 持有建设工程规划许可证。

(3) 按提供预售的商品房计算,投入开发建设的资金达到工程建设总投资的百分之二十五以上,并已经确定施工进度和竣工交付日期。

(4) 向县级以上人民政府房产管理部门办理预售登记,取得商品房预售许可证明。

---

[1] 参见我国《土地管理法》第三十八条的规定。
[2] 参见我国《土地管理法》第三十九条和第四十条的规定。
[3] 参见我国《土地管理法》第四十五条的规定。

2. 登记备案制度

法律规定商品房预售人应当按照国家有关规定将预售合同报县级以上人民政府房产管理部门和土地管理部门登记备案。

3. 预售收入使用规制

法律规定,商品房预售所得款项,必须用于有关的工程建设。

(四) 房地产中介服务规制

房地产市场的特性,使得在房地产交易中产生了许多中介服务。房地产中介包括房地产评估、房地产经济、房地产咨询服务等活动。这些中介直接关系到房地产交易中相关信息的真实性,对交易公正产生重要影响。因此,法律对房地产中介服务也做了规制。主要体现在两个方面,即准入和从业者的能力(资格)。

1. 准入规制[①]

法律规定,房地产中介服务机构应当有自己的名称和组织机构;有固定的服务场所;有必要的财产和经费;有足够数量的专业人员,以及具备法律、行政法规规定的其他条件。并规定设立房地产中介服务机构,应当向工商行政管理部门申请设立登记,领取营业执照后,方可开业。

2. 从业资格规制

法律规定,国家实行房地产价格评估人员资格认证制度。

思考题

1. 特殊市场规制法的含义和特征是什么?
2. 特殊市场规制法的一般都包括哪些主要制度?
3. 特殊市场规制法与一般市场规制法的主要区别是什么?
4. 经济法的特别市场规制法的法律体系是什么?
5. 特殊市场为什么需要严格的准入规制?

本章知识要点

[①] 参见我国《土地管理法》第五十八条的规定。

第三编

自然垄断和公用事业规制法

第十三章　自然垄断和公用事业规制法

第十三章 自然垄断和公用事业规制法

全章提要

- 第一节 自然垄断和公用事业规制法的概念
- 第二节 自然垄断和公用事业规制法的宗旨和原则
- 第三节 自然垄断和公用事业规制法的体系
- 第四节 自然垄断和公用事业规制法的性质和地位
- 思考题

自然垄断和公用事业领域所在的市场是非竞争性的或竞争严重不足,同时其所提供的商品和服务又是各行各业的人们从事生产活动和日常生活的必需品。因此,其运营状况和发展水平不仅直接关涉当下所有人的福利,且影响着一个国家整体社会经济发展。正因此,在现代市场经济下,各国都对该领域分别设立了专门独立的规制机关,并授予准立法、准司法权和行政权,对该领域予以规制。由于对这一领域的规制的目的主要是基于整体经济发展需要而注重行业发展,以及对公众提供普遍服务,其规制具有很强的经济性,因此,该领域在现代经济学中被称为经济规制领域,①相应地建构这一领域公正运行秩序的特殊法律——自然垄断和公用事业规制法从社会经济秩序建构意义上应属于经济法的重要部分。本章就自然垄断和公用事业规制法的概念、主旨和原则、内容体系和地位四方面勾勒出研究的初步纲领,以期抛砖引玉,引起经济法界对此领域法律研究的重视。

第一节 自然垄断和公用事业规制法的概念

"自然垄断和公用事业规制法"这个词是自然垄断和公用事业规制与法的复合词,其中的法指的就是法律、法规,因而,自然垄断和公用事业规制法就是自然垄断和公用事业规制领域的法律规范的总称。可见,理解自然垄断和公用事业的规制法的关键是对"自然垄断和公用事业规制"的理解。而自然垄断和公用事业规制属于规制的一种,因而,对自然垄断和公用事业的规制法的研究必须了解自然垄断和公用事业的含义,在此基础上,结合该领域的法律、法规对自然垄断和公用事业规制法予以界定。

一、自然垄断和公用事业规制法的概念

概念是对事物本质属性的提炼,因此,对任何概念的理解不仅要了解其基本含义,还应了解该事物的特征。下面对自然垄断和公用事业概念和特性分别予以介绍,对自然垄断和公用事业规制法予以界定。

(一) 自然垄断的含义和特征

1. 自然垄断的含义

自然垄断是源于现代经济学的一个概念。现代经济学一般认为,自然垄断是指因生产和供给的自然特性,或者说因市场的自然特性,一个企业能够以低于两个或者更多企业的成本向整个市场供给一种商品或者服务,亦即"当一个企业能以低于两个或更多企业的成本为

---

① 经济规制是与社会规制是依规制的功能或目的为标准对规制所做的分类,社会规制是指与人身健康与安全方面的规制,如食品药品、原子能、环境、转基因、工作场所的卫生、交通等方面的规制。而对自然垄断和公用事业的规制,其功能么目的,主要是这些行业是社会经济发展的基础性行业,直接关涉社会经济整体的发展,因此,被称为经济规制,因此,对自然垄断和公用事业规制的法律我曾称其为经济规制法。对此,可参见刘水林:"经济规制法——经济法'飞地'的经济法",载《经济法论丛》2018 年 1 期。但鉴于整个经济法都属于规制型法,因此,在经济法教材中本章用"自然垄断和公用事业规制"。

整个市场供给一种物品或劳务时,这个行业是自然垄断"。① 自然垄断常见于电力、通信、自来水、燃气等公用企业、事业(Public Utilities),以及航空、铁路、公路等交通运输行业。这些不仅是维持公众日常生活必不可少的基本条件,也是现代工业生产发展不可或缺的重要条件。该行业的经营活动的启动资本投入量大,且回收周期长,在市场发育水平低和私人力量有限的情况下,一般私人投资的少,政府投资的多。

2. 自然垄断行业的特征

自然垄断行业本身的特性,以及它们的生产技术特性,使得自然垄断行业与非自然垄断行业相比具有两个基本特征,即竞争的无效性和竞争的有害性。

(1) 竞争无效性

自然垄断产业具有竞争的无效性,这是因为自然垄断行业的生产具有很强的规模经济效应。所谓的规模经济效应就是产品的生产成本随着企业生产或产量的规模增加而降低。但是,规模经济效应并不适合所有类型的企业,也不是无限制的,它取决于一定行业特定的技术条件和产品特性。自然垄断行业是规模经济效应十分显著的极端形态,其产品的平均成本总是随着生产规模的增加而下降,因此,自然垄断的特点是一个行业由一家独自生产,效率最高,即该行业的市场独家垄断最有效益。例如,城市中的供水和供电行业,一个城市中,如果有两家或者更多自来水和电力企业,互相竞争业务,重复建设供水和供电设施,每家企业都必须承担经营所需成本,其经济效益和社会效益都不会很好。而如果只有一家供水和供电企业为该城市的整个市场服务,则该供水和供电企业所需成本就是最低的了,相应地水和电的消费者所支付的价格才可能是最合理的。可见,在自然垄断行业竞争并不能提高效率,这被称为"竞争无效性"。

(2) 竞争的有害性。这是由于自然垄断行业的生产经营需要大量启动资本,且一旦资本投入,就很难转化到其他行业,亦即资本一旦投入就"沉淀"在该行业里而很难以退出。于是,行业外的经营者很少有兴致来替代自然垄断经营者的垄断地位,行业内也很难维持多家经营者竞争的局面。当多家规模相近的经营者在一个自然垄断的行业内自由竞争时,最可能的结局就是两败俱伤。可见,竞争对自然垄断行业的生产来说,不仅没有效率,且往往产生社会资源的浪费,以及对社会造成损害。正因此,在自然垄断行业,如存在经营者间的竞争对社会经济是有害的,这被称为"竞争的有害性"。

(二) 公用事业的含义和特征

对公用事业概念的深入理解同样需对其含义和特征予以了解,下面分别就这两方面作简单述说。

1. 公用事业的含义

公用事业是指具有各类企业、事业单位和居民的生产和生活都必须使用其生产的产品或提供的服务的行业,是服务于生产、流通和居民生活的各项事业的总称。在我国由于历史上经济体制的原因,我国的公用事业都是由国家或地方财政投资兴办,经营管理方式则根据公用事业的性质和地域的具体情况而不同。其中各城市自来水、电力、煤气、供热和公共交通事业等地方性公用事业,归市政府所属的公用事业部门领导,由独立的专业公司经营,实行经济核算制;城市环境卫生这种公用事业则由城市维护费开支;而邮政、通讯、铁路等全国

---

① [美]曼昆:《经济学原理》,梁小民,译,生活·读书·新知三联书店、北京大学出版社1999年版,第318页。

性公用事业,则采取营业性的经营方式,由独立核算企业负责经营。一般认为公用事业可分为四种类型:第一,包括垃圾清除、污水处理、防洪、消防等的环境卫生、安全事业。第二,城市交通运输事业。第三,城市自来水、电力、煤气、热力的生产、分配和供应的事业。第四,包括文化体育场所、娱乐场所、公园、房屋修缮、邮政通信、火葬场、墓地等的公共日常服务业。

2. 公用事业的特征

公用事业是一个国家或一个城市经济运行和社会发展的重要保障,具有鲜明的基础性、先导性和自然垄断性。其特征可从其经营者与一般生产经营者所提供的产品的差异和与一般经营者的经营活动的差异中体现出来。

(1) 提供的产品特性。公用事业提供的产品主要有四个特性:第一,其产品以提供服务为主,很少或几乎不生产有形产品。第二,其提供的服务具有普遍性,几乎对全国或一定区域内所有团体、组织和居民都提供服务。第三,其提供服务的实质公正性,对区域内所有相同性质的用户以同一价格提供服务,有的还向用户(或居民)提供无偿服务。第四,其提供的服务具有基础性和必需性,因此,其发展状况和服务质量能给整个城市及用户带来经济效益、社会效益和环境效益。

(2) 经营的特性。公用事业的经营具有两个特征:第一,经营的垄断性和地域性。受资源、规模经济效益以及政府对社会发展规划要求的制约,加之公用事业投资大、回收期长,有的还向用户(或居民)提供无偿服务,因此,公用事业在经营上一般多为自然垄断行业及一些竞争不充分的行业。这意味着市场对价格的影响非常有限,企业和居民只能被动地接受价格。另外,公用事业一般都是当地生产、当地销售、当地消费。由于不同地区影响公用事业价格的因素有很大差异,公用事业的成本和价格在不同地区之间有较大差别,因此,其经营具有较强的地域性。第二,经营受政府规制的强约束性。公用事业所提供的产品或服务一般是直接从生产到销售,中间没有流通环节,因此,公用事业价格只有单一的零售价格形式。加之,其自然垄断或竞争不充分的特性,若如外在约束,其经营不仅没有提高技术降低成本的动力,且必然会采取垄断高价谋求利益最大化。正因此,从维护企业和居民利益出发,政府不仅对其经营者提供服务的价格予以规制,而且对其生产的技术进步、提供服务的质量,以及其他经营行为予以规制。① 正因此,现代市场经济国家一般都对重要的公用事业提供的服务价格进行控制,制定一定的定价规则。

(三) 自然垄断与公用事业的关系

从上述有关自然垄断和公用事业的定义及各自包括的事业内容看,二者之间及存在区别也存在联系。

1. 二者的区别

二者对事物或现象定义的视角不同。我们知道,对事物或现象的定义都含有对事物或现象本质属性的揭示,而对事物或现象的本质属性可从不同的角度来揭示。自然垄断对行业本质的界定是基于行业的生产效率视角,或者说以效率作为行业本质属性而对一个行业

---

① 在我国改革开放建立社会主义市场经济的过程中,公用事业往往滥用起垄断力量损害客户利益。为此,我国早在1993年就发布了《关于禁止公用企业限制竞争行为的若干规定》,对公用事业企业限制竞争行为作出专门规范,整治公用事业领域滥用其市场力量损害客户利益的行为。2007年反垄断法出台后公用事业领域一直是反垄断执法机构关注的重点。2019年至2021年,市场监管总局围绕供水、供电、燃气、殡葬等公用事业领域组织开展反垄断专项执法工作,切实维护公平竞争市场秩序,保护广大人民群众切身利益。

所给出的定义。从自然垄断的经济学理论演化的历史来看，无论是规模经济还是范围经济或者是成本的次可加性，自然垄断主导取决于经济效率而不是其他因素。

公用事业则是以该行业提供的产品或服务在社会生产、人们日常生活中使用的范围，以及对使用者的意义的视角来对行业定义的，或者说以产品或服务的使用对象的范围，以及对使用者的重要性作为本质属性对行业定义的。公用事业主导取决于产品或服务使用属性的"公用"而不是其他因素。

2. 二者的联系

二者的联系主要体现在它们所包括的内容范围存在大量交叉。从公用事业所包含的内容，或者说从公用事业所在的行业来看，一般多是自然垄断行业，如电力、电信、铁路等行业，也有一些弱竞争性行业，如文化体育场所、娱乐场所、公园、房屋修缮、邮政通信、火葬场、墓地等的公共日常服务业。而从自然垄断行业包括的内容看，却不一定都是公用事业，如某地的特殊的旅游景点。也就是说，自然垄断比公用事业包括的范围更广，公用事业所在的行业只是自然垄断行业的一部分。

3. 本章自然垄断和公用事业的所指

本章的自然垄断和公用事业所指的内容限定基于两方面考虑，一是从二者本身的意义上考虑。本章所研究的自然垄断和公用事业是在二者交叉意义上使用的，也就是说，本章研究的是自然垄断和公用事业交叉的行业的规制法，即公用事业中的自然垄断行业的规制法。二是从对整体经济发展的意义上考虑。因为，自然垄断和公用事业领域的有些服务主要是社会性的，而非经济性的，如环境、卫生、公园、火葬等。而经济法研究主要关注那些对社会经济发展具有重要影响的自然垄断和公用事业。

（四）自然垄断和公用事业规制法

对自然垄断和公用事业规制法的界定，可以有不同的视角。下面主要从规范的行为和调整对象两个视角予以界定。

1. 规范的行为视角的界定

现代社会是法治社会、市场经济是法治经济，以及自然垄断和公用事业领域的特性使得现代市场经济国家对该领域都予以规制，相应地产生了对该领域规制的法律。这种法律从其核心内容，即其主要规范的行为看，包括两方面。第一，是对自然垄断和公用事业领域经营者经营行为的规制。第二，是对规制者（规制机关）的规制行为的规制。第一方面是最为根本的内容，如果没有这一领域经营者经营行为的公共性损害，就不需要规制。第二方面的内容是辅助。即规制者的规制不当，如制定的规则不合理，就难以防止经营者损害的发生。据此，可以说自然垄断和公用事业规制法就是规制自然垄断和公用事业经营者的经营行为的法律规范的总称。

2. 调整对象视角的界定

从调整对象看，可以说自然垄断和公用事业规制法就是调整在规制自然垄断和公用事业经营者经营过程中所产生的与用户及规制机关之间的法律关系的法律规范的总称。该类法律调整的社会经济关系包括两个方面：一是自然垄断和公用事业的经营者与用户的交易关系，即服务供给者与服务需求者之间的交易关系。二是专门的规制机关（规制者）与自然垄断和公用事业经营者之间的关系（被规制者），即规制者与被规制者之间的规制与被规制关系。据此，可以说自然垄断和公用事业规制法是调整自然垄断和公用事业经营者与用户

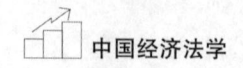

之间的规制下的交易关系,以及自然垄断和公用事业的各专门规制机关与该领域被规制者之间的规制与被规制关系的法律规范的总称。

第二节　自然垄断和公用事业规制法的宗旨和原则

自然垄断和公用事业领域的垄断和竞争不充分特性,使这一领域行业的发展以及这一行业所在的特殊市场(非竞争性市场)的公正交易秩序的形成显然不同于竞争的市场领域,即不能依靠竞争机制提供发展的动力(创新)和实现公正交易秩序。另外,公用事业领域对社会生产和人们生活的必需性、重要性,使其也不同于上一章的特殊市场。从法律上讲,这一领域的规制法有其特有的宗旨(价值目标)和基本原则,本节对其宗旨和基本原则展开讨论。

一、自然垄断和公用事业规制法的宗旨

自然垄断和公用事业领域包含多个方面,下面以电力、电信、铁路、城市供水、城镇燃气这几个最为典型的自然垄断和公用事业领域为例,结合目前相关立法对自然垄断和公用事业规制法的宗旨予以总结和提炼。

(一)相关法律、法规对立法宗旨(目的)的规定

1. 电力事业

我国《电力法》第一条规定,电力法的立法宗旨是"为了保障和促进电力事业的发展,维护电力投资者、经营者和使用者的合法权益,保障电力安全运行"。

2. 铁路业

我国《铁路法》第一条规定,铁路法的立法宗旨是:"为了保障铁路运输和铁路建设的顺利进行,适应社会主义现代化建设和人民生活的需要。"

3. 电信业

我国《电信条例》第一条规定电信条例的立法宗旨是:"为了规范电信市场秩序,维护电信用户和电信业务经营者的合法权益,保障电信网络和信息的安全,促进电信业的健康发展。"

4. 城市供水事业

我国《城市供水条例》第一条规定城市供水条例的立法宗旨是:"为了加强城市供水管理,发展城市供水事业,保障城市生活、生产用水和其他各项建设用水。"

5. 城镇燃气事业

我国国务院《城镇燃气管理条例》第一条规定其立法宗旨是:"为了加强城镇燃气管理,保障燃气供应,防止和减少燃气安全事故,保障公民生命、财产安全和公共安全,维护燃气经营者和燃气用户的合法权益,促进燃气事业健康发展。"

(二)立法宗旨的总结

从上述典型自然垄断和公用事业的法律规定看,其立法宗旨包括相互联系的两个方面,一是保障或促进该事业的发展。如"保障和促进电力事业的发展""保障铁路运输和铁路建

设的顺利进行""促进电信业的健康发展""发展城市供水事业""促进燃气事业健康发展"。二是保护用户利益。如电力法规定的"维护……使用者的合法权益"、铁路法规定的"适应社会主义现代化建设和人民生活的需要""维护电信用户……的合法权益""保障城市生活、生产用水和其他各项建设用水""维护……燃气用户的合法权益"。

就这两个宗旨或立法目的的关系看,公用事业的发展是用户利益得以保障的基础,但任何事业的发展,都需要一定的资本投入,事业的持续发展,不仅需要收回成本,而且需要适当的利润以维持事业的技术开发和生产耗费。因此,公用事业的收费(收取服务价格)并非越低对用户越好,合理的收费是必要的。这意味着,通过规制建立公正的公用事业服务市场交易秩序,不仅有利于保护公用事业经营者和用户的利益,还有利于该规制事业的发展。可见,这类规制法律还有一个暗含的宗旨,即维护该事业所在市场的公正交易。

二、自然垄断和公用事业规制法的基本原则

按法律基本原则的一般含义,以及界定法律基本原则需要考虑的因素,自然垄断和公用事业规制法的基本原则包括三个,一是规则制定的公众参与协商原则。二是普遍服务原则。三是事业发展与客户利益相平衡原则。下面分述之。

(一) 公众参与协商原则

自然垄断和公用事业规制领域对社会经济发展和人们日常生活的重要性,决定了该领域的规制立法比较原则和抽象,并授予规制机关制定规范性文件的权力,以便使规则方能随着社会经济发展和人民生活需要的变化而及时变化,保障规则的科学合理化。这些规则在我国通常表现为相关规制机关制定的实施法律的条例、细则,以及规范性文件等。可见,该领域规制法的立法目的或法律宗旨能否实现,以及实现的程度如何,取决于其规制机关制定的规范性文件是否科学合理。[①]

而在现代经济活动中,随着高科技在自然垄断和公用事业领域的广泛、深入应用,使得该领域的生产和经营具有了高度的专业性,加之,现代大众传媒高度发达,使用户和公众作为消费者对其他国家或地区自然垄断和公用事业的产品和服务的质量、价格等信息有所了解。因此,相关规制机关在制定相关规则时,掌握的制定规则的相关信息相对于该行业的经营者和用户并不具有全面的优势,而是各具其优势。正因此,只有执法机关、被规制行业的经营者和各类用户广泛参与协商,才能制定出合理的规则,以及保障规制法被公正、有效的实施。因此,参与协商原则,是自然垄断和公用事业规制法的原则之一。该原则最基本的含义就是,人们从事规制领域的活动需要专家、规制行业的经营者和用户参与,各抒己见,并经商谈形成共识,并遵循共识。该原则包括三个方面的内容。

1. 规则制定的公众参与协商

现代规制机关最为重要的职责之一就是为更好实施法律而制定规则。规则制定和完善过程一般分为三个阶段,即起草、出台和修订。这三个阶段都应遵循参与协商原则。

[①] 法律授权规制机关制定规范性文件的权力,在我国竞争法中被称为准立法权。由规制机关为实施其规制领域的法律而行使其准立法权而制定的规范性文件,在西方三权分立下,这些由独立的规制机关制定的规范性文件起初并不被视为法律,而被称为"规制"。正因此,在国内法中,起初的规制就是指规制机关为实施相关法律而制定的规范性文件。它不仅向被规制者指明其该如何行为,且明晰了判定被规制行为是否违法的标准,有利于约束规制机关的自由裁量权。而在国际法上,随着规制被广泛使用,规制与法律规范意义几乎没有区别,有学者认为国际规制就是国际法。

(1) 规则起草过程中的参与协商。一般草案的起草都是由相关法律专家组成的团队起草的。在起草过程中必须要求进行调研，调研的过程实质上主要就是听取相关规制机关、利益相关者的利益诉求的过程，亦即规制机关、专家和利益相关者参与协商制定规则草案的过程。

(2) 规则制定过程中的公众参与协商。规则起草的过程中，因起草人（专家组）受人力、物力、认知水平、时间等因素所限，以及起草人和规制机关都是具有自己意志的人，因此，草案的起草中虽经调研广泛征求利益相关者的意见，但草案内容并不必然能准确反应和平衡好各方意见，并具有前瞻性和符合国家政策等，亦即并不必然科学合理。正因此，为保障规则制定得尽可能科学合理，草案制定出来后需向社会公开发布，并需较充分的时间征求专家学者、利益相关者的意见，并对意见予以回应。这就是规则制定过程中的公众参与协商。

(3) 规则完善中的参与协商。任何规则都是制定者基于过去的经验，以及自己的知识和理性能力而制定的。因此，其意欲合理，但只能有限做到。这意味着，任何规则都不可能完美无缺。加之，现代技术日新月异，导致新的社会经济现象和问题不断涌现。正因此，为应对新问题，现代规制法一般都有"日落条款"，以便及时修正。而修正需要规则运行过程中存在什么不足的信息，而规则运行存在问题的信息，一方面需要对规则运行进行评估，另一方面需总结规制运行中纠纷解决的有益经验。而纠纷解决中有益经验的获取，亦即合理的解决方法往往是纠纷双方及相关专家参与协商的结果。因此，规则的运行和完善过程需要公众参与协商。

2. 经营者的经营行为和用户的交易应遵循协商形成的共识

这种共识表现在两个方面，即既存的共识和即时形成的共识。

(1) 遵循既存的共识。即遵循已经存在的该规制事业的法律、法规。因为，在现代法治下法律、规则的形成都是利益相关者参与协商制定的，反映着利益相关者的共识。

(2) 遵循协商共识。法律和规则总存在不完善，当存在法律、规制规则规定不明，而发生经营者和用户就各自的权利义务发生分歧时，双方应遵循参与协商原则，即时形成共识并遵循之。

3. 规制实施中参与协商

法律的实施包括执法、司法和守法，为了保障规制实施的合理必须遵循参与协商原则。具体讲两点。

(1) 规制运行中的公众参与协商

社会监督是促使事业经营者守法的重要因素，因此，公众应该通过各种渠道对公用事业的运营和产品（服务）质量实施有效监督。这是因为，在公用事业领域的博弈中，仅凭规制机关一己之力，是很难对公用事业特许经营进行有效规制的。因此，必使公众参与公用事业经营规制的全过程。

(2) 执法和司法中的公众参与协商

当规制机关对违法或涉嫌违法的经营者处罚，以及司法机关对事业经营者与用户的纠纷裁判时，由于处罚或裁决结果关涉经营者和用户利益，以及公共利益，因此，利益相关者和相关专家应参与协商，就如何处罚或裁决形成共识，并据此予以处罚或作出裁决。

(二) 普遍服务原则

公用事业中的自然垄断行业的特性，以及其提供的商品和服务的公用性，要求该行业经营者应承担普遍服务义务。但该行业的经营者因其垄断地位而往往为了自身利益,若无外在强制往往却不愿提供普遍服务。正因此,该领域规制法的目的之一就是通过规制,使公用事业领域的自然垄断经营者,为社会提供普遍服务。为此,普遍服务成为该领域规制法的原则之一。其基本含义就是,公用事业中的自然垄断行业的规制,要该行业经营者必须以适当的价格向全国或全地区民众提供基本服务。

这是由这些行业的服务提供都是以一定的管、道、网线为基础的特点所决定的,之所以需要普遍服务,是因为在一些地区铺设管道、架设网线或修筑铁路的成本比较高,且用户稀少,该领域经营者不愿意把管、道、网线扩建到这些地方去,这主要是指偏远农村和山区。普遍服务原则对规制机关和相关事业(经营者)运营商都有要求。

1. 对规制者规制行为要求

普遍服务原则对规制机关的规制行为有四点要求。

(1) 技术中立。普遍服务原则要求规制机关的规制应当遵循技术中立的原则。即对于采用什么样的技术提供业务,规制机构不能做出规定。只要是能够提供有质量保证的服务,且成本较低,就应当被允许用来作为提供普遍服务的技术。规制机关并不了解什么技术成本最低,也不能准确地预计会出现什么样的技术。

(2) 透明。普遍服务原则要求规制机关公开自然垄断的公用事业经营者与服务价格相关的信息。首先,作为价格最为重要因素的成本的估计要公开,包括估计要采用什么模型,依据的数据如何,应当公开。其次,规制机关应当成为信息公开的主要责任人,公开包括从经营者获得哪些数据,从社会上获得哪些数据,应当明示。最后,规制机关对规制行业的经营者的资金构成及来源、补贴标准等,都应当采取公开的方式进行。

(3) 规制公正。规制机关无论执行国家什么政策,都要对所有的运营商公平,不对特定类型的运营商产生不利或有利的影响,以及不能只从运营商的利益出发考虑问题。

(4) 补贴的目标人要明确。在普遍服务实施过程中,补贴实际涉及三方。第一方是补贴接受方,即谁应当得到补贴;第二方是出资方,即那些拿出钱来用于补贴的运营公司;第三方是管理方,即管理普遍服务基金的机构,其职能包括两方面。一是制定政策,二是管理资金。

2. 对事业经营者的经营行为要求

据普遍服务原则的一般含义,其对自然垄断的公共事业经营者的经营行为有三个方面的要求。

(1) 服务必须向所有用户(或者说向大多数用户)提供。这是公共事业服务特性所决定的对公共服务提供的必然要求,对此不难理解。

(2) 服务的价格必须是合理的和可接受的。公用事业经营者垄断经营的特性,以及该服务对用户的需要性,使得事业经营者在交易中处于优势地位。因此,普遍服务要求服务的价格必须合理和为用户所接受。价格合理意味着价格必须高于成本,且允许经营者获得合理的利润。即服务价格=服务的生产成本+合理的利润。这里的合理成本是指与相关发展程度相同的其他国家或地区该类事业对标的成本。而合理利润,如是新兴产业,如网络,利润应高于社会平均水平,这是因为新兴产业发展中存在风险,需要较多的资本用于研发。而如果是成熟产业,则该事业的利润以社会平均利润为宜。之所以要保障经营者应获得合理利润,是因为只有如此,该事业才能持续发展,该领域的公共服务才能持续以合理价和供给。

合理的价格,在透明原则下就是用户可接受的。

(3) 服务的质量达到可欲的或一定的水平。服务质量可欲的水平或一般水平,并没有一个具体的标准。在一般商品或服务领域是指一般商品或服务应具备的质量,一般以该类商品或服务的大多数,或者平均水平以上的水平为标准的商品和服务具有的质量水平。而在自然垄断和公用事业领域,则是采用对标其他国家或地区的服务质量。

(三) 事业发展与公众(用户)利益相平衡原则

公用事业的经营者必须平衡好其企业的盈利发展和公众(用户)利益关系。公用事业产品的基础性、公益性特点,以及兼具社会性和经济性的属性,决定了公用事业的企业经营不得只追求利润以及企业的发展而忽视公众(用户)利益。公用事业企业经营的基本原则是事业发展和公众(用户)利益平衡。

从现代市场经济国家对公用发展及对公用事业规制的历史看,依法规制的目的就是防止公用事业对公众利益的损害。但对公众利益的保护有积极和消极两个方面,其中,消极的保护就是通过法律对事业经营者经营行为的规制防止公用事业经营者损害用户利益。而积极的保护则是对公共事业经营者采取财政、税收、金融等一系列优惠的政策,并允许经营者获得合理利润,促进公用事业经营者发展。因为只有公用事业企业的良好发展,才可能降低其产品或服务的成本,从而才可能降低服务价格,提高服务的质量,这是对公众(用户)利益的最好保护。

因此,在公用事业规制法中,不论是规制者的规制,还是经营者的经营行为,以及公众对公共服务价格合理性的判断,都应遵循公用事业企业的利益与用户利益平衡原则。

第三节 自然垄断和公用事业规制法的体系

这里的自然垄断和公用事业规制法体系,不只是指其法律体系,而是包括纵向的不同层次性质的法律构成的层次体系、横向的不同行业的(事业)规制法构成的法律体系,以及各行业规制法内部的制度构成体系。

一、纵向的法律层次体系

自然垄断和公用事业领域的规制法与所有的规制法一样,其法律有两个层次构成,即各特定事业的基本规制法和各规制机关制定的规则(我国一般称为法规,有条例、实施细则、办法等)。

(一) 事业基本规制法

自然垄断和公用事业包括许多行业领域,不同的行业领域都对其行业的事业有基本的规制法。这种法律一般由立法机关制定,个别以国务院制定的条例。如我国铁路事业的《铁路法》、航空业的《航空法》、电力行业的《电力法》、邮政业的《邮政法》。电信业,我国只有国务院制定的《电信条例》,而美国 1996 年把 1934 的美国《通信法》修订为美国《电信法》(Telecommunications Act of 1996)。这些法律把特定行业规制法的立法目的、规制体制、规制机关的权责、该行业的经营准入、经营行为的规制,以及法律责任等基本内容做了规定。

其中在规制机关的职权中,最重要的就是为实施法律而制定规则。这就是自然垄断和公用事业规制法的第一层次。

(二)专门规制机关及相关规制机关制定的规则

为了更好地实施规制法,使法律规定更加明晰、合理,以及使对规制行业的事业经营行为的规制更符合实际,各行业的规制基本法一般都授权其专门的规制机关,即相关规制机关制定规范性文件,这些构成自然垄断和公用事业规制法的第二个层次。如我国为保障《铁路法》的更好实施,国务院 2013 年制定了《铁路安全管理条例》、交通运输部 2020 年制定了《高速铁路安全防护管理办法》和《铁路危险货物运输安全监督管理规定》,以及各省制定的《铁路安全管理条例》;再如为了《电力法》的更好实施,国务院能源局 2017 年制定了《电力供应与使用条例》《电力设施保护条例》《电力管理条例》,国家发改委于 2019 年制定了《〈电力供应与使用条例〉实施细则》和 2021 年制定了《电力可靠性管理办法(暂行)》,以及许多省制定的《电力管理条例》。另外,与《航空法》《邮政法》等法律的实施相应,这些行业的相关规制机关也制定了大量的规范性文件。这些构成自然垄断和公用事业规制法的第二个层次。

二、横向的不同行业规制法构成的法律体系

据法律体系以及经济法的一般含义,结合自然垄断和公用事业领域的内容构成,我们不难说明自然垄断和公用事业规制法的法律体系是由交通运输事业规制法、邮电通信业规制法、电力规制法和城市自来水、煤气的生产、分配和供应事业规制法四部分构成。

(一)交通运输业规制法

交通运输规制法简单来讲,就是为了使交通运输业的发展与整体经济发展相适应,以促进社会经济发展,而对交通运输业的经营活动予以规制的法律规范的总称,或者说是通过规范交通运输业的经营活动,而调整交通运输关系的法律规范的总称。

交通运输业是国民经济中基础性、先导性、战略性产业,是重要的服务性行业。不仅对人民的生活有重要意义,且对宏观经济及整个国民经济的发展具有重要的意义。因此,对交通运输业的依法规制,不仅关涉国民日常生活,且关系到宏观经济和整体经济的发展。因此,交通运输业规制法是经济法意义上的自然垄断和公用事业规制法的重要部分。

交通运输业包括铁路运输、公路运输、航空运输和航运业,相应地交通运输业的规制法包括铁路运输业法、公路运输业法、航空业法和航运业法。在我国基本的交通运输业规制的法律有立法机关制定的《铁路法》《公路法》《航空法》《海商法》,这些是交通运输业中各行业的基本法律。另外,为更好实施这些法律,交通运输部、国家铁路局、中国民航局以及相关规制机关制定了大量的法规。

(二)邮电业规制法

邮电业规制法简单来讲,就是为了使邮电业发展与整体经济发展相适应,以及在数字经济时代引领数字经济的发展,以促进社会经济发展,而对邮电业的经营活动予以规制的法律规范的总称,或者说是通过规范邮电业的经营活动,而调整邮电服务关系的法律规范的总称。

邮电业包括邮政和电讯两部分,它是人与人或人与自然之间通过某种行为或媒介进行的信息交流与传递的行业。该行业在新时代的功能被定位为"是构建国家新型数字基础设

施、提供网络和信息服务、全面支撑经济社会发展的战略性、基础性和先导性行业。"[①]可见在数字经济时代,该行业在整个经济的发展中处于基础的核心地位。因此,对该领域规制不仅关涉国民日常生活,且关系到宏观经济和整体经济的发展。因此,邮电业规制法是经济法意义上的自然垄断和公用事业规制法的重要部分。

与邮电业包括邮政和电讯两部分相对应,邮电业的规制法包括邮政业规制法和电信业规制法。在我国基本的邮电业的法律有立法机关制定的《邮政法》,以及2000年中华人民共和国国务院公布的《电信条例》,[②]这些是邮电业的基本法律、法规。另外,为更好实施这些法律、法规,工信部以及相关规制机关制定了大量的法规。据此,工信部2017年制定了《电信业务经营许可管理办法》。为《邮政法》的有效实施,国务院制定了《邮政法实施细则》。

随着数字经济的发展,一种新型的融合邮政与电信业的新型行业——快递业得以兴起和发展,为规范这类与邮政业务类似的活动,早在2008年国家邮政局发布《中华人民共和国邮政行业标准－快递服务》(简称《快递服务行业标准》),2018年国务院制定了《快递暂行条例》。

(三) 电力行业规制法

电力行业规制法简单来讲,就是为了使电力业发展与整体经济发展相适应,以促进社会经济发展,而对电力的生产、传输、分配和供应的经营活动予以规制的法律规范的总称,或者说是通过规范电力业的经营活动,而调整电的生产传输、分配和供应过程中所发生的经济关系的法律规范的总称。

电力行业是国民经济重要的基础行业,是关系到国计民生的重要基础产业和公用事业。电力业与社会发展、人民生活密切相关,安全、稳定和充足的电力供应不仅是国民经济健康稳定、持续快速发展的重要前提条件,电力业本身也是国民经济发展战略的重点和先行产业。同时,作为现代经济重要能源行业的电力行业的运行,特别是一定时期内的用电量是反映经济发展的晴雨表和温度计。正因此,对电力行业的依法规制,不仅关涉国民日常生活,且关系到宏观经济和整体经济的发展。可见,电力行业规制法是经济法意义上的自然垄断和公用事业规制法的重要部分。

电力行业规制的基本法律就是《电力法》,该法对电力行从建设、生产与电网管理、供应与使用、电价与电费、农村电力建设和农业用电、设施保护,以及监督检查这些基本内容做了系统规范。内容涉及电力的生产、使用、电力市场的交易各方面。目的在于电力的发展、安全、公正交易和普遍服务(对农村电力建设和农业用电的规定就反映这普遍服务的目的)。而最为代表性的相关规制机关制定的法规则是国务院制定的《电力供应与使用条例》和《电力监管条例》。监管条例在第二条把电力规制法的目的明确化,规定:"电力监管的任务是维护电力市场秩序,依法保护电力投资者、经营者、使用者的合法权益和社会公共利益,保障电力系统安全稳定运行,促进电力事业健康发展。"

---

① 2021年11月1日工业和信息化部发布的《"十四五"信息通信行业发展规划》。
② 世界许多国家的电信业规制的基本法都是立法机关制定的法律,目前我国没有电信法,只有国务院制定的《电信条例》,这个条例可以看做是电信业的基础性法律文件。另由于电信业在数字经济的重要性凸显,我国已把《电信法》列入2023年的立法规划。

(四) 城市供水和燃气行业的规制

城市自来水和燃气行业与前三类自然垄断和公用事业相比较,具有城市间的差异性。各个城市因所处的地理区域、城市规模、城市的发展水平等因素的不同,具有不同的生产成本,因此,可以说属于区域性很强的公用事业。自来水和燃气虽然属于不同的行业领域,但它们都是在不同城市各有其独立的事业经营者,且具有一些共性。因此,把二者放在自然垄断和公用事业规制法的第四部分。

1. 城市水务规制法

城市水务规制法是规范城市水务供水者(事业经营者)在水的生产、提供等经营行为的法律规范的总称。或者说是调整城市水务供水者与用户在水的生产、供给过程中与用户之间产生关系的法律规范的总称。

城市水务行业是城市基本服务行业之一,是支撑我国经济社会发展、保障居民生产生活的基础性产业,因此,对城市水务业予以规范具有一定的经济法色彩。我国对城市水务规制的法律主要有国务院制定的《城市供水条例》和国家发展改革委、住房城乡建设部制定的《城镇供水价格管理办法》。

2. 城镇燃气规制法

城镇燃气规制法是规范城镇燃气行业经营者经营行为的法律规范的总称,或者说是调整城镇燃气经营者在提供燃气过程中与用户之间产生的社会关系的法律规范的总称。

燃气作为重要的能源,不论是对人的生活和工业生产都具有重要意义,因此,城市燃气业是建设现代化城市必须具备的一整套现代化设施的组成部分。它的发展在城市现代化中起着极其重要的作用。因此,对城镇燃气业予以规范具有一定的经济法色彩。我国对城镇燃气业规制的法律主要有国务院制定的《城镇燃气管理条例》,以及住房和城乡建设部发布的行业标准《城镇燃气设计规范》。

三、不同性质的规制法制度的体系

对不同性质的规制法律制度可从两个视角说明,即从规制者性质不同产生的不同性质的规制法律制度,以及从被规制者的性质不同而产生的规制法律制度。

(一) 规制者视角下的规制法律制度体系

从规制者的属性看包括两方面:即公共规制和私的规制。公共规制,即依法授权或依法成立的专门规制机关所做的规制。私人规制,即由非公共规制机关的该行业的社会组织所做的规制。[1]

与上述两种规制形式相对应,自然垄断和公用事业的依法授权或设立的专门规制机关,为实施该行业基本的规制法而制定的法规、规章等规范性文件,就是公的规制法律制度。这种法律制度,一旦违法,规制机关具有执法权,就可强制违法者必须承当相应的法律责任,因而,对于被规制对象具有强约束力,通常被称为"硬法"。而在现代社会经济发展过程中,各

---

[1] 国外有学者认为,私人规制"从行政的角度来看,是由私人、利用私人进行规制的现象,即可以称之为'基于私人的规制'"或"基于私人、民间团体的规制"。在日本又称其为"民民规制",它是指事业者团体等对事业者的活动进行规制的现象。参见[日]米丸恒治:《私人行政——法的统治的比较研究》,洪英等,译,中国人民大学出版社 2010 年版,第 332、333 页。

行各业形成了相应的社会组织,这些社会组织,也相应地制定一些行业的规范性文件,作为行业从业者的行为参考,正如我国《城镇燃气管理条例》第二十六条所规定:"燃气行业协会应当加强行业自律管理,促进燃气经营者提高服务质量和技术水平。"但由于行业组织没有执法权,因此,这种规范的约束力不强,通常被称为"软法"。① 可见,自然垄断和公用事业领域的规制法,作为现代规制法也是由"硬法"和"软法"构成的二元法律性质的法律体系。

(二) 被规制者视角下的规制法律制度体系

从被规制者或者从规制的对象视角看,规制法律制度主要由两方面构成,②即对自然垄断和公用事业领域事业者(经营者)的规制的法律制度和对规制者(规制机关)的规制的法律制度。

1. 规制规制者的法律制度

对规制者的规制主要内容包括三方面,一是对规制机关及其内部组织机构设置的规制。二是对规制机关的职权和职责的规制。这在规制体制中已经介绍,这里不再赘述。三是对规制机关形式规制的职权的程序进行规制。

2. 规制事业者的法律制度

这是所有规制法的主要内容,自然垄断和公用事业领域的规制也不例外。我认为这也是规制法得以产生的主要原因,如果没有事业经营者利用其垄断地位,且用户不得不使用其服务,由此,事业经营者在理性支配下而必然利用其优势而损害用户利益的现象发生,就不需要规制,也就不需要专设规制机关,对其行为规制也就不存在。因此,在这两种制度中,规制事业经营者的经营活动是最重要的法律制度,也是规制法中最为复杂和条文最多的法律制度。

四、不同制度内容构成的制度体系

自然垄断和公用事业作为规制领域的重要方面,其规制的法律制度包括一般规制法律都包括的法律制度外,还有其特殊的制度。主要有三个方面的内容,即有关规制体制的法律制度、有关事业者准入的法律制度、对事业者生产和经营活动规制的法律制度。因而,在自然垄断和公用事业规制法中主要包括三大制度。可以说该类法律是由三类法律制度构成的制度体系。

(一) 规制体制的法律制度

为保障规制法的有效实施,不仅需要规制领域的执法机关的执法人员具有专业性、一定的权威性和独立性,而且现代经济中相关自然垄断和公用事业行业领域的复杂性、行业间的交叉性,使得在自然垄断和公用事业规制中涉及多个行业和领域,以及自然垄断和公用事业

---

① 参见沈岿《自治、国家强制与软法——软法的形式和边界再探》,载《法学家》2013年第4期;参见杨三正,荀学珍《论基于经济治理的经济法软法之治》载《重庆大学学报》(社会科学版),2019年第5期。

② 从总的来说自然垄断和公用事领域规制的对象有三个方面,相应产生三种类型的法律制度,即规制规制者的制度、规制被规制者的制度,以及规制用户的制度,如在电力业规制法中,《电力供应与使用条例》第五条规定:"国家对电力供应和使用实行安全用电、节约用电、计划用电的管理原则。供电企业和用户应当遵守国家有关规定,采取有效措施,做好安全用电、节约用电、计划用电工作。"同时,《电力供应与使用条例》还专设第五章,对用户使用电力的行为予以规制。但由于在规制领域,用户一般多为受害者,其在与事业者的交易中处于劣势,其行为很难给事业者造成损害,因此,该领域规制法主要的法律制度是规制规制者和规制事业者的法律制度。

领域具有一定的区域性。加之,受社会经济管理体制的影响。使得许多自然垄断和公用事业领域的问题往往涉及不同层次、不同区域、多个规制领域。因此,对其规制涉及不同层次、不同城市、不同行业等几个不同规制机关。这些使得在这一规制法领域中,法律对规制机关的设置,以及不同规制机关、不同层次规制机关之间的职权职责及其关系,即规制的体制予以规定。因此,自然垄断和公用事业的规制法都依法设立或授权专门机关作为其执法机关,并就一些交叉业务领域不同规制机关,以及不同规制机关间的关系做了规定,这些制度就是自然垄断和公用事业规制体制的法律制度。

从现代规制理论的发展看,由于规制领域的复杂性、地区性,以及规制领域随着技术发展的变化而变化,使得规制机关因地、适时制定合理规则对该领域的法律的实施具有重要价值。正因此,法律授予现代规制机关准立法权(规则制定权),且这种职权在规制机关的职权中愈益重要。现在规制规则的制定通行的原则是合作制定规则,并在此基础上协商合作推动规则的实施,可见,规制在一定意义上就是规制中的各方主体的合作,且以规则治理。为什么要以规则治理?这是因为规则不是按规制机关的意志随便制定的,而是规制机关、经营者、公众利益代表、相关专家协商制定的。依此原则制定的规则,就可克服规制机关及自然垄断和公用事业领域的事业者的恣意而为。否则,就可能出现事业者俘获规制者,损害公众利益现象。

(二) 事业者的行业准入法律制度

自然垄断和公用事业的准入与社会经济制度和经济体制有关,在发达的资本主义市场经济国家,自然垄断和公用事业领域的经营者多数属于私人资本,该领域一般采取招投标这种竞争性准入方式,以保障选择的经营者能力最佳,即要把优质的合格的经营者选进来从事经营,以保障该行业领域的发展和服务质量。我国与西方不同,我国实行社会主义制度,并在相当长时间采取计划经济体制,其经营者是国有事业单位。现今市场经济下,该领域的经营者都是国有企事业单位转制的结果,仍留有很强的国有企事业经营的色彩。许多领域仍采取的是许可准入制。如在电信行业,我国《电信条例》第七条规定:国家对电信业务经营按照电信业务分类,实行许可制度。经营电信业务,必须依法取得国务院信息产业主管部门或者省、自治区、直辖市电信管理机构颁发的电信业务经营许可证。未取得电信业务经营许可证,任何组织或者个人不得从事电信业务经营活动。[①] 同时,对经营基础电信业务的准入条件作了规定,要求经营者具备下列条件:第一,经营者为依法设立的专门从事基础电信业务的公司,且公司中国有股权或者股份不少于51%。第二,有可行性研究报告和组网技术方案。第三,有与从事经营活动相适应的资金和专业人员。第四,有从事经营活动的场地及相应的资源。第五,有为用户提供长期服务的信誉或者能力。第六,国家规定的其他条件。而对经营增值电信业务的经营者则规定应当具备下列条件:第一,经营者为依法设立的公司。第二,有与开展经营活动相适应的资金和专业人员。第三,有为用户提供长期服务的信誉或

[①] 参见我国《电信条例》第七条。另外,我国《电力法》第二十五条规定:"供电企业在批准的供电营业区内向用户供电。供电营业区的划分,应当考虑电网的结构和供电合理性等因素。一个供电营业区内只设立一个供电营业机构。供电营业区的设立、变更,由供电企业提出申请,电力管理部门依据职责和管理权限,会同同级有关部门审查批准后,发给《电力业务许可证》。供电营业区设立、变更的具体办法,由国务院电力管理部门制定。";我国的《民用航空法》第九十二条规定:"企业从事公共航空运输,应当向国务院民用航空主管部门申请领取经营许可证。"

者能力。第四,国家规定的其他条件。①

我国因政治制度和经济体制跟国外不同,在该领域的准入规制制度与国外也不尽相同,但是实质问题有相似性,即在准入制度上,如条件许可应引入竞争,通过招投标的方式选择经营者。②

(三) 事业者经营活动的法律制度

自然垄断和公用事业的规制不同于一般规制,其特性决定了对该行业经营者经营活动的规制主要制度有四个方面,即普遍服务、定价、服务质量和技术进步。

1. 普遍服务要求的制度

公用事业"公用"的特性,决定了这类规制法都对经营者负有普遍服务义务。所谓普遍服务,是指按照国家规定的业务范围、服务标准和资费标准,为境内所有用户持续提供的服务。这是公用事业领域最为基本的制度之一。如我国《邮政法》第二条规定:"国家保障中华人民共和国境内的邮政普遍服务。邮政企业按照国家规定承担提供邮政普遍服务的义务。国务院和地方各级人民政府及其有关部门应当采取措施,支持邮政企业提供邮政普遍服务。"再如我国《电信条例》第四十四条规定:"电信业务经营者必须按照国家有关规定履行相应的电信普遍服务义务。国务院信息产业主管部门可以采取指定的或者招标的方式确定电信业务经营者具体承担电信普遍服务的义务。电信普遍服务成本补偿管理办法,由国务院信息产业主管部门会同国务院财政部门、价格主管部门制定,报国务院批准后公布施行。"

2. 价格规制制度

自然垄断和公用事业领域的垄断性,使得该行业的合理的服务价格不仅不能由竞争形成,而且因它们的服务为人们生产和生活所必需,若不对其价格予以规制势必会造成对用户利益的掠夺。因此,该领域规制法都对服务价格作了规制。对该领域的定价规制制度是其规制法的重要制度之一,对此,不难从该领域的法律、法规的规定说明。如在电信行业的规制法中,《电信条例》第三节"电信资费"规定:国家依法加强对电信业务经营者资费行为的监管,建立健全监管规则,维护消费者合法权益。电信资费实行市场调节价。电信业务经营者应当统筹考虑生产经营成本、电信市场供求状况等因素,合理确定电信业务资费标准。电信业务经营者应当根据国务院信息产业主管部门和省、自治区、直辖市电信管理机构的要求,提供准确、完备的业务成本数据及其他有关资料;③在电力行业规制法中,《电力供应与使用条例》第二十五条规定,供电企业应当按照国家有关规定实行分类电价、分时电价;在城市供水规制法中,《城市供水条例》第二十六条规定:城市供水价格应当按照生活用水保本微利、生产和经营用水合理计价的原则制定。城市供水价格制定办法,由省、自治区、直辖市人民政府规定;在城镇燃气行业规制法中,《城镇燃气管理条例》第二十三条规定:"燃气销售价格,应当根据购气成本、经营成本和当地经济社会发展水平合理确定并适时调整。县级以上地方人民政府价格主管部门确定和调整管道燃气销售价格,应当征求管道燃气用户、管道燃

---

① 这两类电信业经营者的准入条件可分别参见我国《电信条例》第十条,第十三条;我国《民用航空法》第九十三条,对从事民航运输经营的准入条件做了规定;我国《城镇燃气管理条例》第十五条对城镇从事燃气经营的企业的规定了许可制的同时对准入条件作了规定。

② 如我国《城镇燃气管理条例》第十五条规定:"政府投资建设的燃气设施,应当通过招标投标方式选择燃气经营者。"

③ 参见我国《电信条例》第二十三至二十五条的规定。

气经营者和有关方面的意见。"

可见,这些行业因没有竞争压力,经营者也就没有降低成本的激励,技术进步就不可能,因此,采取成本加合理利润定价也不具有合理性。这些领域的定价,一般在采取考虑多种因素的基础上,采取对标定价,即与国外或其他地区某项公共服务提供的难易程度相当的价格对比,并以此作为定价参考,再考虑多种具体因素确定其服务价格。

3. 服务质量规制制度

自然垄断和公用事业服务的价格和质量是影响用户利益的两个重要因素,也是影响该领域交易是否公正的两个重要因素。同时,质量也是影响价格的重要因素。正因此,这类规制法对服务的质量都予以规制。也就是说,对服务质量规制的法律制度是这类规制的法律制度中的重要部分。对此不难从相关法律规定中就可看出,如我国电力行业的规制法《电力供应与使用条例》规定:用户受电端的供电质量应当符合国家标准或者电力行业标准。用户对供电质量有特殊要求的,供电企业应当根据其必要性和电网的可能,提供相应的电力。[①]如我国对铁路行业的运输服务质量制定了《铁路运输服务质量监督管理办法》,对铁路运输服务质量做了专门系统的规定。再如我国《电信条例》第三十八条规定:"电信业务经营者应当建立健全内部服务质量管理制度,并可以制定并公布施行高于国家规定的电信服务标准的企业标准。电信业务经营者应当采取各种形式广泛听取电信用户意见,接受社会监督,不断提高电信服务质量。"

4. 促进技术进步的制度

自然垄断和公用事业服务供给的垄断性,以及其服务的公用性使得该行业的经营者既没有竞争的外在压力,也没有利用提高技术和管理水平降低成本而获取利润的内在动力。正因此,为了促进这些行业的发展,使这些行业的技术水平与整个社会科学技术发展水平相对应,从而使这些行业的发展与整个社会经济发展相适应,这些行业的规制法一般都应规定一些促进利用新技术的规范,使该行业使用的技术处于较先进的水平。因此,促进技术进步的制度是该类规制法的主要制度之一。对此,可从相关规制法律的规定说明,如在交通运输行业规制法领域,我国《铁路法》第九条规定:"国家鼓励铁路科学技术研究,提高铁路科学技术水平。对在铁路科学技术研究中有显著成绩的单位和个人给予奖励。"另外一些质量标准的制度,既具有保障安全的功能,也具促使利用最低技术的限制,如我国铁路法第三十八条第二款规定:"新建和改建铁路的其他技术要求应当符合国家标准或者行业标准。"同时,在《铁路安全管理条例》第二十一条规定:"设计、制造、维修或者进口新型铁路机车车辆,应当符合国家标准、行业标准"。在电力行业规制法中,我国《电力法》第九条规定:"国家鼓励在电力建设、生产、供应和使用过程中,采用先进的科学技术和管理方法,对在研究、开发、采用先进的科学技术和管理方法等方面作出显著成绩的单位和个人给予奖励。"另在《电力供应与使用条例》第十五条规定:"供电设施、受电设施的设计、施工、试验和运行,应当符合国家标准或者电力行业标准。"再如在《城市供水条例》第六条规定:"国家实行有利于城市供水事业发展的政策,鼓励城市供水科学技术研究,推广先进技术,提高城市供水的现代化水平。"

---

① 参见我国《电力供应与使用条例》第十九条和第二十条的规定。

第四节　自然垄断和公用事业规制法的性质和地位

任何法律的性质和地位都与其解决问题的性质及其对社会经济发展和人们生活的重要意义,以及由此决定的被规范的对象和其行为的性质而定。下面我们从自然垄断和公用事业规制法所解决的社会经济问题,其规范的对象,及其对社会经济发展的意义对其性质予以界定,并说明它在经济法中的地位。

一、自然垄断和公用事业规制法的性质

这里对自然垄断和公用事业规制法的性质的确定是从经济法的法律体系意义上来说的,即自然垄断和公用事业规制法是属于经济法的法律体系中的那一部分。可见,在经济法体系中对其性质的确定,必然与对经济法体系及其内容构成的认识有关。

就经济法的体系来讲,目前经济法界的主流观点是经济法律体系是由市场规制法与宏观调控法两类法律或者说有市场规制法与宏观调控法两个子部门法功能互补、相互联系的体系。而从上述有关自然垄断和公用事业规制法的价值目标以及内容看,这种法律具有市场规制法和宏观调控法两方面的属性。一方面,这些领域一般都构成特殊的服务用品市场,规制的价值目标都包含着促进或形成良好的特定市场交易秩序,因而,具有特别市场规制法的意味,属于市场规制法的一部分。但另一方面,这些规制法还有一个重要的目标,就是通过规制促进该行业技术进步和发展,从而带动整个经济发展。由于自然垄断和公用事业领域的每一个行业又是国民经济中的一个非常重要的基础产业部门,因而,这种有关促进该领域产业发展的法律规范又具有产业促进法的意味,当属于宏观调控法。可见其同时兼具市场规制法与宏观调控法两重性质的法律,或者说是介于市场规制法和宏观调控法之间的法律。

正因此,本教材把其置于市场规制和宏观调控法的中间,意欲把其作为经济法体系中与市场规制法、宏观调控法相并列的部分。

二、自然垄断和公用事业规制法在经济法中的地位

任何部门法或子部门法在其法律体系中的地位一般可从两个方面得到体现,一是其解决的问题在社会经济发展中的重要性,亦即该法律对社会经济发展的意义。第二,它与其部门法或其他子部门法之间的关系。下面我们就从这两个维度对自然垄断和公用事业规制法在经济法中的地位展开讨论。

(一) 自然垄断和公用事业规制法在整体经济发展的地位

自然垄断和公用事业规制法作为规范该领域的各行业经营活动和规范专门规制机关的规制行为的法律规范,不仅在于促进自然垄断和公用事业各行业产业的发展与整个国民经济发展相适应,也在于维护该特定产业所在的特别市场具有公正的市场秩序。它兼具市场规制法和宏观调控法两重属性,这种法律特性,以及其规范的产业领域在整体经济中的地位,决定了自然垄断和公用事业规制法在经济社会发展中具有不可替代的重要作用。由此决定,其在经济法中具有重要的地位。

前述研究告诉我们,自然垄断和公用事业领域的产业多属于关涉社会生产和公众生活的基础性产业,其持续稳定发展是社会经济运行和社会发展的重要保障,其在社会经济发展中具有鲜明的基础性、先导性和垄断性。其中,这些行业在社会经济发展中的基础性和先导性决定了该领域各行业的发展水平直接制约着整个社会经济的发展和全民福利的提高。而这些行业经营的自然垄断性或弱竞争性,决定了这些行业所在的市场缺乏竞争。这意味着通常意义上的市场机制,特别是竞争机制难以在这一领域各行业的市场上发挥作用。由于这一领域的经营者缺乏竞争压力,因此,其没有降低成本的激励,从而没有进行技术创新或采取先进技术,以及提高管理水平、改进服务的激励。不仅如此,经营者的经济人本性使其如无外在约束必然会使利用其垄断地位,以及用户必须使用其服务而剥夺用户利益,从而损害该市场公正交易的秩序。长此以往,必然使该领域产业的发展滞后于整体经济的发展,从而制约整体经济的发展和全民福利的提高。正因此,自然垄断和公用事业规制法与一般市场规制法不同,其规制的核心不在于保护竞争,利用竞争机制促进技术进步和管理水平的提高,从而促进社会经济发展,[①]而在于以最低技术标准要求和激励手段促进该产业尽可能利用先进技术,以及利用价格规制在保障用户利益的同时,保障经营者可以获得合理的利润,从而使该领域的各行业的发展具有资本和技术保障。另外,通过对价格、服务质量等事业者的经营活动的规制有利于保护用户利益,维护该领域特殊市场公正的交易秩序。这些都有利于该领域的发展,从而促进整体经济的发展和全民福利的提高。

可见,自然垄断和公用事业规制法在促进自然垄断和公用事业领域的技术进步和持续发展,以及在维护该领域各行业的用户利益和市场公正交易秩序中具有举足轻重的地位,而这些行业在整体经济发展和国民福利提高中的作用,决定了这一领域的规制法在整体经济发展中占据重要的地位。

(二) 自然垄断和公用事业规制法与经济法其他子部门法的关系

自然垄断和公用事业规制法作为经济法体系中的重要组成部分,或者是作为经济法的一个子部门法,其与经济法的其他部门法(市场规制法和宏观调控法)的关系是如何,也是决定其地位的重要因素。

1. 自然垄断和公用事业规制法与市场规制法的关系

自然垄断和公用事业规制法与市场规制法都是经济法的子部门法,二者的关系可以从它们的区别和联系两方面来分析。

(1) 自然垄断和公用事业规制法与市场规制法的区别

第一,二者的目的或者说价值目标不同。市场规制法不论是一般市场规制法,还是特殊市场规制法,由于他们规制的市场基本都是具有竞争性的市场,因此,它们规制的价值目标

[①] 自然垄断和公用事领域的相关行业提供的服务是一个复杂的、多项业务综合的过程,并非所有业务都属于自然垄断,对于属于自然垄断的业务的部分,保障其发展和公正交易的法律只能是规制法,而对于非自然垄断的业务可以引入竞争,以市场规制法,主要以竞争法克服其不足。以电力为例,可分为发电业务、传输业务和供电业务。发电业务是竞争性业务,可多发电企业竞争,但传输业务和城市供电业务都是自然垄断。再如,在电信业,基础电信业务是自然垄断,而增值电信业务则是竞争性市场。因此,当今规制领域的改革主要在于对规制行业的业务进行分类,在分类的基础上,对于竞争性业务,引入竞争,让市场机制发挥作用,在这类业务市场上,发挥重要作用的法律是竞争法,在我国主要是行政垄断,特别是在准入上,对民营资本的歧视。在自然垄断业务上,在事业经营者的准入上可利用招投标引入竞争机制,选择优质事业者。但一但事业者获得经营权,就只能通规制解决价格不公,反垄断法就难以发挥作用。

主要都是为了克服市场失灵，给市场机制的发挥创造条件，由此而以建立良好的市场秩序。以市场机制的优胜劣汰，促进技术进步和产业的发展。而自然垄断和公用事业规制法规制的是特殊产业，这些产业的服务虽然也存在市场，但是自然垄断性市场、市场机制在这些产业领域难以发挥作用。因此，其规制法的价值目标主要在向用户提供公正、普遍服务，以及促进行业发展，并以此带动整体经济发展。

第二，二者规制的内容不同。市场规制法不论是一般市场规制法，还是特殊市场规制法，由于他们规制的市场基本都是具有竞争性的市场，在这种市场中交易不公正主要是信息不对称或经济力量不对称造成的。因此，它们主要规制经营者与市场公正交易有关的经营信息披露行为，以保障经营者披露的信息充分、真实，以及防止经济力量滥用，从而通过购买者的自由选择，充分发挥市场机制的作用，形成公正的交易秩序。而自然垄断和公用事业规制法规制的是特殊产业，各产业不仅由于自然垄断属性，因此，技术创新、新技术的使用、合理的价格、适当的服务质量，这些影响公正交易的因素，并非由于信息不对称而造成的市场机制难以发挥作用。因此，对这些影响公正交易的经营行为，只能通过国内外相关技术发展水平、相对应国家和地区的价格、质量，以及国家的社会经济发展的政策来确定。因此，这些成为其规制法的主要内容。

第三，二者的在经济法体系中的作用不同。在现代实行市场经济体制的国家中，整体经济的发展主要以市场作为资源配置的基础，但市场作为资源配置的基础是以市场机制的有效运行为前提的，而市场机制最为根本的是竞争机制。但是，在自然垄断和公用事业领域的多数行业，因其自然垄断的属性，市场机制并不能发挥作用，而它们多数又是整体经济发展的基础性、先导性行业。因此，市场规制法的主要作用在于维护竞争性市场秩序，并以市场机制促进竞争性产业的发展和行业间的比例关系。但对于自然垄断和公用事业领域的行业发展，以及这些行业与其他竞争性行业间的合理的结构关系的调整，则需要自然垄断和公用事业规制法发挥作用才能实现。可见，二者在整体经济发展中的作用是不同的。

（2）自然垄断和公用事业规制法与市场规制法的联系

第一，二者在整体经济发展中的功能和作用是互补的。市场规制法是对竞争性市场在信息不对称下自由交易产生的不公正行为的矫正。而竞争性市场所不包括的产业虽然是整体中的多数产业或行业，但并非产业的全部。整体经济中的产业还包括不具有竞争性的自然垄断和公用事业。自然垄断和公用事业规制法所规制产业或行业的数量相对整个产业来说虽较少，但它们在整个经济中的地位却非常重要。因此，二者在对构成整个经济的产业及其市场发展的规制中，都只是规制整体产业中的部分产业。因此，它们的功能或作用是互补的、密切相关的。

第二，二者存在一定的交叉和转化。虽然自然垄断和公用事业领域的服务市场是自然垄断市场，但其提供的服务有时只有与其他商品和服务搭配才能满足用户的需求，而这些商品和服务却可能是竞争性市场提供的。如城镇的燃气和电力供应是自然垄断，但与燃气、电力相关的取暖设备、灶具（电磁炉、燃气炉）却是竞争性市场提供的商品，如果自然垄断和供应事业领域的经营者在提供燃气、电力时，滥用其自然垄断力量，强制用户购买其指定的取暖设备或灶具，这会损害供暖设备和灶具市场的竞争。这时，自然垄断和公用事业的经营行为不仅受自然垄断和公用事业规制法的规制，也受市场规制法的规制。

另外，在自然垄断和公用事业领域，随着经营体制改革、技术进步，一些行业的服务可从自然垄断转化为竞争行业,可见,自然垄断和公用事业领域的行业与竞争性行业的边界并非一成不变的,而是变化的,二者存在着交叉。相应地对这些行业规制的法律,则应存在着自然垄断和公用事业规制法与市场规制法的交叉与转化。如市场经济发达国家的自然垄断和公用事业领域,在二战后受国家干预经济思潮的影响,及其相应经济体制变化的影响,[①]在西方自然垄断和公用事业领域不仅兴起了国有化浪潮,且对该领域的规制不断加强。但随着国有化经营,以及过度严格规制的弊端不断呈现,在20世纪70年代末至90年代,西方国家在该领域又兴起了实行私有化和放松规制运动。在这一过程中,为促进产业发展和公正服务,往往把这些行业提供的服务,及其生产、传输和供应等不同阶段的特性,分成不同的服务,并分别予以规制。如前述的把电力业分为发电、输电、供电,把电信的业务分为基础电信服务和增值电信服务等,对具有竞争性的业务,主要以市场机制,对其规制的法律主要是市场规制法,而对不具有竞争性的业务则以自然垄断和公用事业规制法予以规制。我国目前,主要的问题是在转轨过程中,缺乏对不同业务的分类,具有竞争性的业务部分民营资本进入受阻,同时,对自然垄断业务规制不合理,对经营者的权利约束乏力,义务赋予不明,使得自然垄断和公用事业领域损害用户的现象大量发生。

2. 自然垄断和公用事业规制法与宏观调控法的关系

自然垄断和公用事业规制法与宏观调控法都是经济法的子部门法,二者的关系也可从它们的区别和联系两方面来分析。

(1) 自然垄断和公用事业规制法与宏观调控法的区别

第一,二者的目的或价值目标不同。宏观调控法的价值目标或目的是依法利用财政、金融等手段,影响社会资源在不同产业、不同区域之间的流动,以形成良好的产业结构和区域间的协调发展,即形成良好的宏观经济结构秩序,促进整体经济发展。而自然垄断和公用事业规制法,则主要是通过对自然垄断和公用事业领域的各行业的经营者的经营行为规范,促进该领域的产业发展和为用户提供普遍服务。

第二,二者调整的社会经济关系的内容不同。宏观调控法调整的社会经济关系包括两个方面。一是不同产业之间的结构比例关系。二是不同区域之间的经济协调发展。而自然垄断和公用事规制法是通过规制该领域经营者的经营行为,在促进该领域各产业发展的同时,以保障各自然垄断行业的市场交易公正,并向用户普遍提供服务。因此,其主要调整的关系是该领域各行业经营者与用户之间的经济关系。

第三,二者调整社会经济关系的手段不同。宏观调控法的调控手段主要是利用财税(税收、转移支付)和金融(利率、法定准备金率)等经济手段,影响资本在不同时期、不同产业、不同区域的投资转移,间接改变不同产业之间的结构关系,以及间接改变不同区域之间的协调发展关系。因此,宏观调控法对行为的约束多是一种软约束。而自然垄断和公用事业规制法,则是通过直接规范该领域的行业经营者的经营行为,已实现其目的。可见,其调整社会经济关系的多是利用标准、限制、义务等工具直接改变经营者与用户关系,其对经营者的约束是"硬约束"。

---

① 在西方发达市场经济国家,第二次世界大战后由于凯恩斯的国家干预主义的思想被广为接受,成为经济学的主流思潮,加之,受苏联社会主义建设初期取得的巨大经济成就,以及"罗斯福新政"在应对美国1929年至1933年大危机中取得的成功的影响,西方国家的市场经济体制也发生了变化,即从自由的市场经济体制(亦即国家几乎不干预社会经济运行,经济的运行基本完全依靠市场机制的自发作用)转向由市场机制和国家干预共同影响社会经济运行"混合经济"体制。

(2) 自然垄断和公用事业规制法与宏观调控法的联系

第一,二者在宏观调控存在着交叉。宏观调控法的一个重要方面就是对产业结构的调控,而自然垄断和公共事业领域的一些行业也是重要的产业,如交通运输业、电信业、电力业,而且是对整体经济发展具有先导性作用的基础性产业。因此,在宏观调控法的有关产业政策法中,必然会涉及一些自然垄断和公用事业,如在当今数字经济时代,对数字经济产业发展具有重要意义的"新基建"中的新型基础设施建设,多数属于自然垄断和公用事业领域,经营者提供基础服务的设施,为促进这些新兴产业发展,我国有关部门制定规范文件予以支持。[①] 另外,自然垄断和公共事业领域规制法的目标之一就是行业发展,而发展这一领域的行业的目的就在于使这一领域的产业发展,与整体经济其他行业发展的需要相适应,并能引领其他产业的发展。

第二,二者的功能互补。由于宏观调控法主要的调控措施是影响经济活动者在不同产业投资的收益,来诱导资本在不同产业之间的转移,间接促进产业发展的。而自然垄断和公共事业领域规制法则主要通过义务、禁止等强行规定,直接影响其经营行为,来推动行业发展,因此二者存在功能互补。

就上述分析看,自然垄断和公用事业规制法兼具市场规制法和宏观调控法两方面的属性。它们只有共同作用、功能互补,才能实现对整体经济发展所需的良好经济秩序的保护。可见,自然垄断和公用事业规制法是经济法不可缺少的一部分,在经济法中具有重要地位。

思考题

1. 简述自然垄断和公用事业规制法的含义和特征。
2. 自然垄断和公用事业规制法在经济法中的地位如何?
3. 自然垄断和公用事业规制法规制的核心内容是什么?
4. 自然垄断和公用事业规制是否需要"落日条款"?
5. 自然垄断和公用事业规制法的法律体系是什么?
6. 自然垄断和公用事业规制法的价值目标是什么?

本章知识要点

[①] 对此,相关部门发布的规范性文件有 2020 年 8 月 6 日,交通运输部印发的《关于推动交通运输领域新型基础设施建设的指导意见》;2020 年 8 月 28 日上海市经济和信息化委员会发布《上海市产业绿贷支持绿色新基建(数据中心)发展指导意见》,明确为优质的数据中心项目提供精准的金融服务,对采用不同先进节能技术的数据中心项目给予一定的贷款利率下浮。

第四编
宏观调控法

第十四章　宏观调控法基本理论
第十五章　宏观调控结构与发展政策法
第十六章　宏观调控政策工具法

第十四章 宏观调控法基本理论

> **全章提要**

- 第一节　宏观调控法的理论基础和基本含义
- 第二节　宏观调控法的价值目标和原则
- 第三节　宏观调控法的调整方式和特征
- 第四节　宏观调控法的体系
- 思考题

宏观调控法作为经济法的组成部分之一,其基本理论除受经济法的基本理论统摄外,还有其自身特有的理论。这些理论是对各种宏观调控法律共性理论的提炼和升华,对整个宏观调控法的各种法律立法、司法、执法和守法都有指导价值。本章拟对宏观调控法的基本理论从宏观调控法的理论基础和基本含义、价值目标(宗旨)和原则、调控方式,以及体系和地位四个方面展开论述。

第一节 宏观调控法的理论基础和基本含义

本节在对宏观调控法的理论基础予以介绍的基础上,并据宏观调控的基本含义和宏观调控法产生的背景、目的和功能对宏观调控法的意蕴和特征予以说明。

一、宏观调控法的理论基础

从发生学意义上来说,[1]经济法就是立法机关把其接受的主流经济学有关社会或国家,以及人们应如何做才能实现整体经济持续发展的理论观念(想法或办法),以及由此而提出的政策,以当下的法律理论为指导,而对其以法律的形式予以规范化的结果。因此,宏观经济调控法作为法律,其理论基础除法律的相关理论外,最为主要的是经济学中的宏观经济理论。鉴于法学专业的学生都普遍学习了法学的一般理论,因此,这里宏观经济法的理论基础主要就是宏观经济学的有关宏观调控理论及其政策主张。

(一) 宏观调控

宏观调控不论是作为一个名词还是作为一种政府经济行为首先是宏观经济学的一个概念,宏观调控的含义、政策取向、调控的手段以及意义等是宏观经济学理论的重要内容。

1. 宏观调控的含义

宏观调控这一概念源于经济学,是宏观经济学的一个重要概念。因此,要理解宏观调控的含义,首先必须对宏观经济学有基本的了解。宏观经济学以宏观经济为研究对象,而宏观经济是与微观经济相对应的一个概念,是指整个国民经济或国民经济总体及其经济活动和运行状态,如总供给与总需求、国民经济的总值及其增长速度、国民经济中的主要比例关系、物价的总水平、劳动就业的总水平与失业率、货币发行的总规模与增长速度、进出口贸易的总规模及其变动等,宏观经济学是以这些经济现象为研究对象的经济学说。

在凯恩斯宏观经济理论产生之前,西方经济理论主要研究微观经济理论,亦即市场经济理论,宏观经济现象被看作是微观经济活动经市场机制自发作用而自发形成的结果,且信奉

---

[1] 发生学简单讲就是研究事物或现象为什么产生、如何发展、将会怎样发展。最早由心理学家皮亚杰引入研究认识发展的,后来广泛应用于自然科学和人文科学领域,现在已成为自然科学和人文社会科学的研究的新视角与新范式。作为人文科学研究的新视角与新范式,发生学强调的是对主客体共同作用的发生认识原理的运用,这样,发生学就与我们日常所说的事件的发生以及相关的起源概念明显地区分开来。正是由于观念发生与事件起源的不同,严格意义上的发生学就具有认识论与方法论的意义,作为认识论,它有别于强调认识结果的经验主义;作为方法论,它有别于研究事件起源的实证主义。

市场自发调节的结果就是最好的结果。但随着社会经济的发展,周期性经济危机的爆发,使人们日益认识到"市场失灵"的存在。正因此,凯恩斯提出,国家对宏观经济予以调控,以克服"市场失灵",维护良好的宏观经济秩序的理论主张,于是研究国家如何通过"宏观调控",维持经济持续稳定发展的宏观经济学理论在经济学中得以产生。可见,宏观调控的概念和理论是宏观经济学最为重要的概念和理论。

宏观调控是"宏观"和"调控"两个词的复合词,"宏观"指的是宏观经济,而"调控"即调节和控制。因此,宏观调控是指国家对宏观经济进行调节和控制的行为或活动。可见,宏观调控作为一种国家经济行为具体有以下特性:(1)行为的主体是国家,但各种具体的调控行为是由法定的各种国家宏观调控机关来做出。(2)行为的客体,即行为作用的对象或行为指向的客体是宏观经济或宏观经济运行秩序。(3)行为的本质是行使宏观调控的职权或履行职责。这意味着,其行为具有法定性,即行为的内容、范围,以及行为的方式都必须依据一定的实体法和程序法的规定而为之。(4)行为的目的是据整个国民经济发展的现状,以及国际经济发展现状和经济技术发展趋势,通过利用经济手段影响市场对资源配置,以防止市场失灵造成的产业结构不合理、区域发展不平衡,以及对国民经济发展有重要影响的新兴产业或基础性产业发展的激励不足等现象的发生,促进整体经济持续、稳定发展。(5)行为的方式,主要是运用财税、金融等经济政策工具影响人们的社会经济活动。

2. 宏观调控的目标与原则

宏观调控的目标一般认为包括四个方面,即经济增长、币值稳定、充分就业和国际收支平衡。[①] 宏观调控的目标及宏观调控特性决定了宏观调控应遵循以下原则。

(1)国家统一决策原则。凡是关于国家宏观经济调控的决策应当统一归属于国家的权力机关——全国人民代表大会。国务院在拟定关于国家宏观经济政策或者行政法规后应当报经全国人民代表大会(或其常务委员会)表决通过后实施。

(2)社会经济发展总体平衡原则。从宏观经济理论产生的背景,以及现代经济中各国宏观调控的目的看,由于在现代市场中,仅依市场的自发调节,社会经济的发展必然产生(产业发展、区域发展、总供给与总需求等)不平衡的问题,而之所以需要国家宏观调控,就是为了解决这种不平衡。

(3)协调原则。为实现宏观调控的目标,从使用的政策工具来说,主要有财政政策工具、货币政策工具。从调控的手段来说,有经济手段、法律手段和行政手段。而这些政策工具或调控手段各有所长、各具特色,它们相互联系、相互补充,共同构成了宏观经济调控的政策工具体系或调控手段的体系。这些政策工具和政策手段只有相互协调、相互配合才能发挥更大的作用。

(4)引导鼓励原则。即宏观调控应以引导鼓励为主导的原则。在现代市场经济条件下,虽然宏观调控的手段有经济、行政和法律三种,且行政手段有强制性,但是,市场经济主要调节经济运行的方式是市场。因此,利用经济手段,通过影响市场主体行为的利得,利用市场机制诱导、激励市场主体从事有利于社会经济发展的产业和行业的经济活动。因此,宏观调控应以引导和鼓励为主导原则。

---

① 宏观调控的这四个目标是宏观经济学的共识,对此,不难从一些经济学教材的相关内容就可获知。可参见[美]保罗·萨缪尔逊、威廉·诺德豪斯:《经济学》(第十九版)(下册),商务印书馆2011年版,第635页。

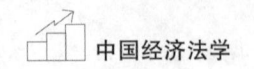

3. 宏观调控的手段

宏观调控的手段主要包括经济手段、法律手段和必要的行政手段。

（1）经济手段。它是指国家运用经济政策和计划，通过对不同产业、不同区域经营者经济利益的影响，来调整和调节社会经济活动的措施。经济政策包括：价格政策、财政政策、税收政策、信贷政策、利率政策、汇率政策、产品购销政策以及产业政策等。

（2）法律手段。它是指国家通过制定和运用经济法律、法规来调节经济活动的手段。运用法律手段通过对经济活动参加者的权利和义务配置的改变，调整社会经济关系。以及通过规范生产经营者的活动和市场秩序，保证经济的正常运行，以此实现调控目的。

（3）行政手段。它是指国家通过行政机构，采取行政命令、指示、指标、规定等行政措施来调节和管理经济的手段。这种手段具有直接、迅速的特点，在特定条件下是十分必要的，但这种手段也有弊端，因为人的认知有限，人对经济规律的把握较难，因此，这种手段往往不利于市场作用的发挥，产生消极的后果。

上述三种宏观调控的手段各有所长、各具特色，它们相互联系、相互补充，共同构成了宏观经济调控手段的体系。在市场经济条件下，应该以经济手段和法律手段为主，辅之以必要的行政手段，发挥宏观调控手段的总体功能。

4. 宏观调控的意义

这里的宏观调控的意义，是指宏观调控对整个社会经济发展的意义，或者说是对整个社会经济发展的作用，主要有三点。

（1）弥补市场不能。诚然市场经济是最有效的经济制度，但即使在市场经济运行中，整体经济的发展，仅靠市场也是不行的。因为，市场调节不是万能的，总有一些领域市场机制难以发挥作用，这意味着，有些领域不能依靠市场来调节，因此，需要国家调节，而宏观调控就是国家调节经济的重要方式之一。可见，宏观调控在一些方面可以弥补市场不能。

（2）克服市场失灵。经济学研究表明，即使在市场机制可以发挥作用的领域，由于市场调节具有自发性、盲目性、滞后性的弱点和缺陷，常常导致"市场失灵"，如垄断、公共物品难以有效供应、外部性、分配不公、周期性经济危机等现象的发生。而宏观调控可以在一定程度上克服"市场失灵"。

（3）促进社会经济持续稳定发展。随着人们对宏观经济运行了解和认识的深化，以及对宏观调控有利于帮助人们对市场的弱点和缺陷认识的提高，经验证明，法治化的宏观调控，有利于保障宏观调控的科学合理化，从而保证市场经济健康有序的发展。

（二）宏观经济政策

宏观调控法的内容中有许多实体法的规定是对宏观调控政策的法律化。[①] 因此，对宏观经济政策的含义和内容、工具、特性的了解，对理解宏观调控法尤为重要。

1. 宏观经济政策的含义

宏观经济政策是指国家或者说政府的宏观调控机关有意识、有计划地运用一定的政策

[①] 宏观调控政策的法律化只是宏观调控法内容的一部分，这部分主要是实体性规定，目的在于诱导资本等生产要素的流向，从而改变产业结构、区域发展结构等。另一部分则是对国家宏观调控行为的规范，这部分主要是程序性规范，目的在于保障宏观调控政策的制定和实施的科学化与合理化。有关宏观调控法律的内容构成其后将详细论述，这里不再赘述。

工具,调节控制宏观经济运行,以达到一定的政策目标而制定的指导原则和措施。

宏观经济政策一般认为包括财政政策和货币政策,以及收入分配政策和对外经济政策。其中财政政策和货币政策是两个主要的宏观经济政策,但是宏观经济政策不仅包括财政和货币政策,还有产业政策和区域政策。①

2. 宏观调控的结构与发展导向

宏观调控的政策导向主要取决于一国社会经济发展的情况,而任何一个国家的社会经济发展不外乎两种情况:一是经济发展下行或者经济不景气。另一是经济发展良好或者经济繁荣。相应地,宏观经济政策的取向也包括两方面,即积极地扩张性财政和货币政策及紧缩性财政和货币政策。一般来说。当经济发展面临不景气或下行压力时,宏观政策要立足于积极的、扩张性财政和货币政策,以推动经济高质量发展,聚焦于促改革、调结构、防风险、稳增长;当经济发展高涨或快速发展时,宏观政策要趋向于保守的、紧缩性财政和货币政策,以遏制经济急剧扩张,以及一些经济部门的盲目发展,聚焦于改革、优化结构、防风险。

总之,宏观调控政策要把握好宏观调控的度,主动预调、微调,强化各种政策的协同。充分发挥供给管理的支撑作用,加大定向调控的力度,推动制造业高质量发展,大力促进新兴产业发展,引导传统产业加快转型升级,为经济持续健康发展奠定坚实供给基础。在需求方面,刺激国内投资和消费,扩大内需对保持经济稳定运行具有特别重要的意义。

3. 宏观经济政策的工具

国家宏观调控的政策虽然较多,但主要是财政政策和货币政策。相应地,所使用的政策工具主要有财政政策工具和货币政策工具两个方面。

(1) 财政政策工具也称财政政策手段,是指国家为实现一定财政政策目标而采取的各种财政手段和措施,它主要包括财政收入(主要是税收)、财政支出、国债和政府投资。财政政策工具有收入政策工具和支出政策工具。收入政策工具主要是税收。支出政策工具分为购买性支出政策和转移性支出政策,其中,购买性支出政策又有公共工程支出政策和消费性支出政策之别。国家或政府通常就是使用这些政策工具来调节社会总需求,以及调节社会资源在不同产业、不同区域的配置。使社会总供给相均衡,产业结构合理、区域协调发展。从而使社会经济能持续稳定地增长。

(2) 货币政策工具又称货币政策手段,是指中央银行为调控中介指标进而实现货币政策目标所采用的政策手段,分为一般性工具、选择性工具和补充性工具。一般性货币政策工具,也叫常规货币政策工具,主要包括存款准备金率、公开市场操作、再贴现和再贷款、基准利率等;选择性货币政策工具包括贷款规模控制、特种存款、对金融企业窗口指导等;补充性工具,即除了一般性、选择性工具以外的其他政策工具,可对信用进行直接或间接的控制,如证券市场信用控制、消费者信用控制、不动产信用控制和优惠利率等。

就一般性政策工具而言,在西方国家中央银行通常主要使用三种工具,即法定准备金率、再贴现和公开市场操作。法定准备金率,即商业银行每吸收一笔存款上缴到央行的那部分,占该笔存款的比例。再贴现率,即持票人将一张未到期的票据向商业银行请求变现,称

---

① 宏观政策强调的是对整个宏观经济的调控政策,包括财政政策、货币政策,以及产业政策、区域政策等。而产业政策和区域政策就比较具体,其中,产业政策就是强调如何调整产业结构,该积极发展哪些产业,需要给予产业怎么样的优惠等等。而区域政策产业政策就是强调如何协调区域发展,以及促进落后地区的开发和发展,需要给予落后地区或开发地区怎么样的优惠,等等。

为贴现;支付给银行的利息称为贴现率;商业银行将未到期的票据,向其他商业银行或央行请求变现,称为再贴现,所支付给他们的利息称为再贴现率。公开市场操作,也叫公开市场业务,即中央银行在证券市场上公开买卖有价证券的行为,这是中央银行最常使用的货币政策工具。中央银行通常就是使用这些政策工具来调节流通中的货币量,从而影响总供给和总需求,影响宏观经济的稳定运行。

4. 宏观经济政策的特性

从前述对宏观经济政策的相关内容的论述看,宏观经济政策具有导向性、时期性、国别性等的特性。

(1) 导向性。宏观经济政策的导向性是由宏观调控的功能决定的,我们知道,宏观调控之所以产生就是为了克服市场失灵,这意味着,其功能就在于克服市场失灵。而宏观调控政策,就是国家调控机关为实现调控目标而有计划地制定的指导原则和措施。因此,宏观调控政策不可避免地以宏观调控目标的实现为导向,具有导向性。

(2) 时期性。这是由社会经济发展的特性决定的,我们知道,社会经济的运行虽然有一定秩序,但并非简单的重复,而是随着科学技术及社会生产力的发展而不断发展和变化的。由于科学技术和经济的发展不是线性的,而是周期性地处于因技术革命引起的产业革命带来一定时期的高速发展,然后趋于平稳发展,以及一定的衰退交替过程中。与社会经济发展具有高速发展、平稳发展,以及衰退的现象相应,宏观调控政策也相应地发生变化。因此,宏观经济政策具有时期性。

(3) 国别性。由于每个国家的大小、资源禀赋、产业体系、区域发展水平、社会经济体制等的不同,各个国家宏观调控所要解决的宏观经济问题存在巨大差异。因此,各国的宏观调控政策具有很强的国别性。

二、宏观调控法的基本含义

对于宏观调控法经济法界有不同的定义,有的从调整对象的视角对其予以定义,这也是经济法界主流的定义方法,简单地讲,宏观调控法就是调整宏观经济调控关系之法。[1] 或者说宏观调控法是调整"在国家对宏观经济运行进行调节和控制过程中发生的经济关系的法律规范的总称。"[2] 有的从法的目的与规范的内容予以定义,认为宏观调控法是为实现宏观调控的经济目标。而对政府运用宏观调控政策工具调控经济运行的行为予以规范的法律体系。[3] 其他教材对宏观调控法的定义与之大同小异。从上述定义看,我国经济法界对宏观调控法的界定缺乏发生学视角,以及规范的行为视角的定义。下面尝试从这两个视角对宏观调控法予以界定。

(一) 发生学视角的宏观调控法

从发生学视角讲,宏观调控法就是立法者把根据宏观经济理论和社会经济发展现状,经合理协商形成的关于一国宏观经济发展应采取何种政策取向、应使用何种政策工具,以及为

---

[1] 这是经济法最为常见的定义,在中国经济法教材中都有体现。对此,可参见李昌麒主编:《经济法学》(2002年修订版),中国政法大学出版社2002年版,第402页;杨紫烜主编:《经济法》,北京大学出版社、高等教育出版社1999年版,第261页;潘静成、刘文华主编:《经济法》,中国人民大学出版社,1999年版,第294页

[2] 《经济法学》编写组、张守文主编:《经济法学》,高等教育出版社2016年版,第142页。

[3] 参见吕忠梅、陈虹:《经济法原论》,法律出版社2007年版,第424页。

此宏观调控机关应如何行为、经营者的行为如果符合宏观经济发展需要,应获得何种利益优待等有关有利于实现宏观经济持续稳定发展的办法,以法律的形式予以确定。

从上述定义可看出,宏观调控法产生的基础有两方面,一是国家社会经济发展的状况,特别是宏观经济状况,这是调控政策取向和工具选择的客观基础。二是调控机关经一定的协商程序获得的关于应采取何种政策取向,利用什么政策工具,以及政策工具应如何搭配等有利于实现宏观调控目标的办法和措施。在现代市场经济条件下,因社会经济运行的复杂性,为保障这些办法或措施的科学合理性,一般都需要宏观经济专家、宏观调控部门的专家通过协商,并广泛征求相关部门意见的基础上形成的。这是宏观调控法发生的观念基础,由于这种观念与宏观调控专家的认知有关,因此,有一定的主观性。

(二) 规范的行为视角的宏观调控法

我们知道法是行为规范,任何法都有其规范的特有行为。宏观调控法顾名思义就是规范宏观调控行为的法律。

虽然宏观调控是指国家对宏观经济进行调节和控制的行为,但因调控机关的多元性以及调控机关内部不同职能部门的职责分工不同,宏观调控行为并非单一的行为,而是由不同种类和不同性质的调控机关的不同种类和不同性质的调控行为构成的行为体系。而法律对不同性质的行为规范的目的、规范的方式也不同。因此,按行为的性质分类对法律来说尤为重要,按行为性质来划分,宏观调控行为有两种,即宏观调控的决策行为和执行行为。

宏观调控的决策行为是由宏观调控的决策机关做出的对国民经济和社会的发展目标、战略重点、战略步骤、战略措施等重大经济问题所做的决定或选择的行为。我国的宏观经济决策的机关是中华人民共和国国家发展和改革委员会(简称国家发改委),作为国务院的职能机构,是综合研究拟订经济和社会发展政策,进行总量平衡。其主要职责就是拟订并组织实施国民经济和社会发展战略、中长期规划和年度计划,统筹协调经济社会发展,研究分析国内外经济形势,提出国民经济发展、价格总水平调控和优化重大经济结构的目标、政策,提出综合运用各种经济手段和政策的建议,受国务院委托向全国人大提交国民经济和社会发展计划的报告。负责汇总分析财政、金融等方面的情况,参与制定财政政策、货币政策和土地政策,拟订并组织实施价格政策。组织拟订综合型产业政策、区域协调发展和落后地区开发政策等。可见其履行制定宏观经济政策职责的行为,就是宏观调控的决策行为。为保障宏观经济决策的科学合理性,宏观调控法对此行为予以规范。同时,发改委也会从事一些宏观调控的执行行为。但各省市的发改委一般是执行国家宏观调控政策的机构,其行为主要是宏观调控的执行行为。宏观调控法对宏观决策行为的规范主要是程序性规范,这些程序性规范主要是相关专家和部门参与协商的制度安排。

宏观调控的执行行为,是指由宏观调控的执行机关执行或实施宏观调控政策的行为。宏观调控的执行机关主要有国家财政(包括财政和税收)机关和中央银行。我国的财政机关有财政部和国家税务总局,我国的央行是中国人民银行。因为宏观调控政策的落实主要依靠经济手段,即依宏观的财政政策和货币政策。但其执行行为中具有一定的决策意味。宏观调控法对宏观执行行为的规范包括实体性和程序性规范,实体性规范表现为有关职责的规定,程序性规范则是对其履行职责的程序性规范。

另外,宏观调控法还有激励性的规范,对有利于实现宏观调控目标的经营者的行为予以激励。主要表现为对这些行为赋予特别权利,即只要实施了国家激励的行为就可以获得一

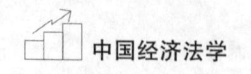

定利益的权利,如税收减免权。

第二节 宏观调控法的价值目标和原则

任何部门法或子部门法都有其价值目标或宗旨和基本原则,它们都是其基本理论中最为重要的理论,下面我们对宏观调控法的价值目标和基本原则,在吸收既有研究的有益成果及宏观经济学的一些观念基础上,结合相关法律规定予以阐述。

一、宏观调控法的价值目标

宏观调控法的价值目标,亦即宏观调控法的宗旨,是指宏观调控法所欲实现的目标,通常在法律中体现在立法目的之中,即以目的性条款的形式存在。因此,对宏观调控法的价值目标或宗旨的探索,应以宏观调控法的相关法律的立法目的为依据,提炼出其共同目的。这些共同目的就是宏观调控法的价值目标或宗旨。

(一) 宏观调控法价值目标的实证分析

这里的实证分析主要是对相关宏观调控的法律的立法目的的客观描述,主要以国内外的一些相关法律规定为例。这里的我国相关宏观调控法指的是具有宏观调控功能的一些法律,但这些法律并非全部都是宏观调控法,如中央银行法,其中既有规范货币市场秩序的特殊市场规制法制度,也有有关保护宏观货币政策实施的宏观调控的法律制度,再如预算法中,既有维护日常社会运行需要的公共财政支出的一般行政法律制度,也有调控经济的宏观调控法律制度,税法以及下面所列举的相关法律也是如此。

1. 我国相关宏观调控法的规定

(1)《中国人民银行法》第一条规定:为了确立中国人民银行的地位,明确其职责,保证国家货币政策的促进和执行,建立和完善中央银行宏观调控体系,维护金融稳定。

(2)《中华人民共和国预算法》第一条规定:为了规范政府的收支行为,强化预算约束,加强对预算的管理和监督,建立健全全面规范、公开透明的预算制度,保证经济社会的健康发展。

(3)《中华人民共和国外商投资法》第一条规定:为了进一步扩大对外开放,积极促进外商投资,保护外商投资合法权益,规范外商投资管理,推动形成全面开放新格局,促进社会对市场经济健康发展。

(4)《中华人民共和国科学技术进步法》第一条:为了促进科学技术进步,发挥科学技术第一生产力的作用,促进科学技术成果向现实生产力转化,推动科学技术成为经济建设和社会发展服务。

2. 国外相关宏观调控法的规定

国外与宏观调控法相关的法律具有明确法律目的规定的主要以日本和德国的中央银行法的规定为例。

(1)《日本银行法》第一条规定:日本银行为日本的中央银行。其目的是发行银行券,并对货币和金融实施监控。除前款规定外,日本银行的目的是确保同商业银行及其他金融机构之间进行正常的资金结算,并借此维持信用秩序。

(2)《德国联邦银行法》根据"经济稳定增长法",联邦政府的一切经济政策措施都必须在自由市场经济的框架内,同时有利于达到物价稳定、高度就业、外汇平衡和稳健而适度的经济增长。上述目的亦为联邦银行的根本目标之所在。但是,如若政府的政策偏离了上述方向,联邦银行可以不支持其政策而独立依法行使货币政策权,因为对其而言,保卫货币是其一贯的、不可抗拒的唯一目的。《联邦银行法》第三条规定:德意志联邦银行利用本法赋予的货币政策权限,调节货币流通和经济的资金融通,以达到保卫货币的目的,并从事国内外支付事务的银行清算。

(二) 宏观调控法价值目标的提炼

从上述国内外法律有关立法目看,宏观调控法价值目标或宗旨虽然与宏观调控的目标有关,但不同于宏观调控的目标。其价值目标或宗旨包括相互联系的两个方面:直接目标或宗旨和终究目标或宗旨。[①]

宏观调控立法的直接价值目标或宗旨,也可称为初级价值目标或宗旨或者工具性价值或宗旨。从国内外相关法律规定看,这种价值目标或宗旨就是保障宏观调控机关能科学合理地制定宏观经济政策,并合法合理地利用宏观竞争政策工具对宏观经济实施调控。简单地讲就是保障宏观调控机关依法调控。它们体现在立法目的中,主要就是对相关宏观调控机关赋予权限,以及对宏观调控行为约束的规定。因为只有宏观调控机关依法调控,其制定出的政策目标、使用的政策工具才更为科学和合理,意欲的宏观调控目标才能实现。

宏观调控法的终极目标或宗旨,也可称目的性价值目标和宗旨。从国内外相关法律规定看,这种价值目标和宗旨就是保护宏观经济秩序,促进国民经济健康发展。其在各类有关宏观调控法律的立法目的中,通常表现为"维护×××秩序","促进"或"保证"社会经济健康发展。

直接目标或宗旨和终究目标或宗旨之间的关系从其名称就不难看出,直接目标或宗旨是手段,是工具。终极目标或宗旨是导向和根本目的。

二、宏观调控法的原则

宏观调控法的原则,是宏观调控法所规范的与宏观经济运行相关的行为,包括调控行为和受调控行为应遵循的根本准则,其效力贯穿于宏观调控立法、执法、司法和守法的全过程。它是经济法基本原则在宏观调控法领域的体现,但又具有其特性,不同于经济法其他子部门法的原则。下面通过对经济法界有关宏观调控法基本原则论述的分析,在求同存异的基础上,谈谈经济法的原则。

(一) 经济法原则研究述评

关于宏观调控法原则,在国内经济法学者中虽然对其基本含义、确立经济法原则应考虑的因素等并不存在分歧,但对宏观调控法原则的内容及其构成却存在较大的分歧。总的来说有两种思维模式:一元模式和多元模式。

1. 一元思维模式

该思维模式认为宏观调控法只有一个原则,即维护社会总体效益兼顾各方利益原则,为

[①] 有学者把宏观调控法的宗旨分为初级宗旨和终极宗旨,并认为初级宗旨是直接目的,终极宗旨是根本目的。对此可参见《经济法学》编写组、张守文主编:《经济法学》,高等教育出版社2016年版,第146页。

宏观调控法之基本原则。

2. 多元思维模式

多元思维模式则有不同观点,具体来说有从三原则至六原则四种学说,且每种学说又有不同的观点。

(1) 三原则说。三原则说主要有三种观点,一种观点是从宏观调控权的行使方式的视角出发,认为宏观调控法基本原则应该包括比例适度原则、诚实信用原则、情势变更原则三个方面。[①] 另一种观点认为宏观调控法的原则包括合法性原则、尊重市场原则和适度调控原则。[②] 还有一种认为宏观调控法的原则包括宏观调控职权和程序法定原则、维护国家宏观经济利益原则、宏观调控主体分工和协调原则。[③]

(2) 四原则说。四原则说又分为三种不同观点,一种观点认为宏观调控法的基本原则包括平衡优化原则、有限干预原则、宏观效益原则和统分结合原则。[④] 另一观点认为宏观调控法的基本原则包括调控法定原则、调控绩效原则、调控公平原则和调控适度原则。[⑤] 还有学者则从调控权的行使的视角把宏观调控法的基本原则分为权力制衡原则、辅助性原则、公共利益原则和依法调控原则。[⑥]

(3) 五原则说。五原则说包括三种观点,一种观点认为宏观调控法的基本原则包括总量控制原则、间接调控为主原则、协调调控原则、集中统一原则和政府调控行为规范化原则五个方面。[⑦] 另一种观点认为宏观调控法的基本原则应包括资源优化配置原则、总量平衡原则、间接调控原则、统一协调原则和宏观效益原则五个方面。[⑧] 第三种观点认为宏观调控法的基本原则包括宏观调控决策集权原则、宏观调控权力制衡原则、维护受控者权利原则、保障宏观调控理性化运行原则和宏观调控手段法治化原则。[⑨]

(4) 六原则说。六原则说也有两种观点,其中一种观点认为宏观调控应遵循辅助性原则、社会利益原则、财产权原则、开放性原则、人民主权原则和合理性原则六个原则。[⑩] 另一种观点认为宏观调控法的基本原则应具备指导立法和法的实施的意义。具体包括间接调控原则、计划指导原则、公开原则、合法原则、适度性原则和稳定性与灵活性相结合原则六个方面。[⑪]

3. 对上述观点的评析

上述分歧产生的原因主要有三个方面。一是分析的视角不同。二是对宏观调控法本身

---

① 参见张守文:《宏观调控权的法律解释》,载《北京大学学报》,2001年第5期。
② 参见吕忠梅、陈虹:《经济法原论》,法律出版社2007年版,第426—427页。
③ 参见谢增毅:《宏观调控法基本原则新论》,载《厦门大学学报》(哲学社会科学版),2003年第5期。
④ 参见潘静成、刘文华:《经济法》,中国人民大学出版社,1999年版,第301页;徐孟洲:《对制定〈宏观调控法〉的构思》,载《法学杂志》,2001年第3期。
⑤ 参见《经济法学》编写组,张守文主编:《经济法学》,高等教育出版社2016年版,第146—148页。
⑥ 参见李力:《宏观调控法律制度研究》,南京师范大学出版社,1998年版,第152页。
⑦ 参见王守渝、弓孟谦:《宏观经济调控法律制度》,中国经济出版社1995年版,第17—19页。
⑧ 参见卢炯星:《宏观经济法》,厦门大学出版社,2001版,第53页;参见卢炯星:《论我国宏观经济法的理论及体系》,载杨紫烜:《经济法研究》,北京大学出版社2001年版,第121—124页。
⑨ 参见胡光志,田杨:《宏观调控法基本原则新探——从危机中"救市"需要法治化谈起》载《重庆大学学报》(社会科学版),2011年第1期。
⑩ 参见周永坤:《宏观调控法治化论纲》,载《法学》,1995年第10期。
⑪ 参见杨紫烜主编:《经济法》,北京大学出版社、高等教育出版社1999年版,第267—268页。

的理解不同。第三,一些分析没有遵循界定法的基本原则必须具备的标准,体现在宏观调控法中有三点:一是基本原则应当具有法律规范的特性。二是基本原则应当体现经济法的原则和宏观调控法的特点。三是基本原则应当贯穿整个宏观调控法的行为准则,对宏观调控法律规范体系具有指导作用。[①]

(二) 宏观调控法原则的内容及其构成

宏观调控法作为经济法的一部分,对其原则的概括和提炼,不仅要遵循部门法律原则的界定标准,还能被经济法基本原则所含摄,以及还应以各国宏观调控法规范及其制定和实施的实践为来源和依据。据此,结合经济法界有关宏观调控法基本原则研究的成果,可以将宏观调控法的原则提炼为调控合法原则、调控协调原则、调控适度原则和调控辅助原则。

1. 调控合法原则

调控合法原则是经济法合法性原则在宏观调控法领域的体现,也是上述各种观点中所包含的合法性原则、依法调控原则、法定原则的共识的吸收。其基本要求是,在现代市场经济体制下,由于市场经济就是法治经济,因此,国家对经济的宏观调控必须依据法律进行。这里的合法原则包括相互联系的三方面内容。

首先,不同性质的宏观调控的调控机关都是依法设立的,它们各自的职权职责都是依法授予,它们之间在调控中的权限和关系都由法律规定,这些主要是有关宏观调控的机制和体制的法律规定。可见,具体宏观调控机关的调控行为是调控体制内的总体宏观调控行为的一部分行为,因此,为了行为之间相互配合形成合力,各宏观调控机关的调控行为必须符合法律规定,即必须依法行使。

其次,宏观调控机关的宏观调控活动,是事关国民经济较长时期整体运行复杂的活动,影响的是整体经济利益。因此,其活动只有受严格的程序约束,才能保证其宏观调控政策科学合理性。这意味着,调控合法性必须符合调控的法定程序做出。

最后,宏观调控机关既包括综合性的决策机关,如我国的发改委,也包括专业性的宏观政策的执行机关,如财政部、央行、国家税务总局等。由于不同机关掌握的调控政策工具不同、在调控中的功能不通,相应地,它们具有不同的职权职责,其调控行为,即政策工具的使用行为必须受法律授权的约束。

上述三个方面,从调控行为合法的法律内容看,既包括实体法,也包括程序法。从法律对调控行为的规定看,包括调控主体法定、调控的程序法定和调控的职权职责法定(主要是调控工具使用法定)。

2. 调控协调原则

调控协调原则实则是经济法合理性原则在宏观调控法领域的体现之一。我们知道宏观经济是一个复杂的系统,从内容构成看包括产业和区域;从运行看,包括总供给与总需求是否平衡,币值是否稳定、就业是否充分、经济总体是否持续发展等。因此,调控目标的实现,需要使用不同的手段和政策工具,各种手段和工具在宏观调控中的功能和作用不同,它们之间存在着功能互补。这意味着,只有各种调控手段和政策工具使用协调,才有利于调控目标的实现,才有预期的宏观经济效率,才具有经济合理性。宏观调控的协调原则包括相互联系的两个方面,即政策目标的协调和政策工具的协调。

[①] 参见谢增益:《宏观调控法基本原则新论》,载《厦门大学学报》(哲学社会科学版),2003年第5期。

首先,政策目标的协调,包括产业政策协调和区域政策协调两点。其中,产业政策内部协调是指,在产业政策中要处理对新兴的、在国民经济发展中主导产业的促进政策,与为建立良好的产业结构而对一些产业实施保护的结构政策之间的协调。区域政策中包括落后地区开发政策(如西部开发)、经济特别实验区政策(如海南自由贸易港区)和区域间的协作政策(如长三角、大湾区、京津冀)之间的协调。

其次,政策工具使用的协调。主要指的是宏观的财政政策工具、宏观的货币政策工具使用中的协调。只有各种经济政策工具松紧搭配,协调使用,才能使各种政策工具发挥作用,实现宏观调控的目的。

3. 调控适度原则

这一原则也是经济法学者对有关宏观调控法原则取得的共识之一,也是经济法合法性原则和合理性原则的体现。但对于调控适度原则的内容,经济法学者的理解不尽相同。

有学者从法律的视角认为,调控适度原则的基本要求是公法上的比例原则在宏观调控法中的具体化,主要包括调控"必要性原则"与调控"成比例原则"。前者强调国家的调控行为,无论是积极的还是消极的,都必须控制在一定的限度之内,以免对市场机制作用的发挥造成损害;后者强调宏观调控的手段应当与调控的目标成比例。调控必须是适当的、正当的、理性的和均衡的。实践中政府在实施具体宏观调控行为时,如何把握适度是一个难点。调控的力度过大会对市场的健康发展造成损害。调控的力度过小,市场的参与者不会改变其各自的行为预期,则起不到宏观调控应有的作用。[1] 而有学者则从宏观经济视角认为,适度原则,是指在法律实体性和程序性规定的范围内,国家宏观调控行为应当以量化的、最佳的效率和公平状态为目标,统筹宏观经济运行各变量之间的关系,兼顾宏观调控的各项目标,准确、有效地用各种相关的宏观调控手段,努力实现宏观调控综合效果的最优化。即将宏观经济运行调控在最佳区间和幅度内,是宏观调控法律制度设计和实施应当遵循的基本准则之一。[2]

结合法律和宏观经济调控两方面,我认为适度调控原则的内容包括"必要性原则"和"效率原则"两个方面。其中"必要性原则"是指,只有"当市场失灵"达到一定程度,靠市场机制本身难以克服的程度时,即不采取宏观调控难以使整体经济持续有效发展时,才使用宏观调控,这是有市场经济本身的性质决定的。也就是说,依靠市场规制,使市场机制的功能得以发挥,仍不能解决整体经济发展中的宏观经济问题时,才能采用宏观调控。只有如此,才能发挥市场作为资源配置的基础作用。"效率原则",是指在宏观经济政策工具的使用上,选择能做有效实现政策目标的政策工具或政策工具组合。或者说,为实现宏观经济政策目标,选择花费代价最小的政策组合。

4. 辅助性原则

这一原则有学者提及,实质上也涵盖了上述的"尊重市场原则"。[3] 这一原则是市场经济本质对宏观调控法的基本要求,也是经济法合理性原则在宏观调控法中的体现之一。

---

[1] 参见吕忠梅、陈虹:《经济法原论》,法律出版社2007年版,第427页。
[2] 参见《经济法学》编写组,张守文主编:《经济法学》,高等教育出版社,2016年版,第148页。
[3] 有学者认为尊重市场原则是处理市场调节和宏观调控关系的原则。市场经济的本质决定了宏观调控,对经济引导应以市场调节为基础,作为市场条件的补充手段而存在,绝不能反客为主。这就决定了宏观调控必须尊重、符合并善于利用市场规律。参见吕忠梅、陈虹:《经济法原论》,法律出版社2007年版,第427页。

"辅助性原则"是20世纪50年代德国学者最早提出、后被西方公法学和社会治理与经济学界推崇的处理国家与个人,以及在社会经济运行中处理国家与市场关系的一项原则。该原则虽然秉承了欧洲自由主义思想传统,但却承认社会是一个有机体,以及个人对社会的依赖,因而是一种修正了的具有社群主义观念的自由主义。其最基本的含义就是主张在有关个人的生存和发展中,凡是个人能独立承担的事务,任由个人自负其责。只有当个人无能为力时,公权力才介入;而在现代市场经济发展中,则主张凡是市场可以发挥作用的情况下有市场发挥作用,只有在"市场失灵"或者"市场无能"时,政府才介入经济活动。这意味着,在现代市场经济运行中,市场在资源配置中起决定性作用虽并不是起全部作用,科学的宏观调控也是发挥社会主义市场经济体制优势的内在要求。但宏观调控作为国家干预经济的主要形式之一,其在社会经济运行中的作用是辅助性的。而宏观调控法,就是通过对宏观调控机关的调控行为予以规范,把调控限制在一定的条件或范围内,使宏观调控不能反客为主,取代市场机制作为资源配置的基础。因此,辅助性原则是宏观调控法的原则之一。

第三节 宏观调控法的调整方式和特征

法的调整方法是法的规范模式的反映,它在一定程度上反映着该法的特性和本质。了解法的本质是认知该法最为基本的要求和途径。基于此,本节对宏观调控法的调整方法和特征分别予以阐述。

一、宏观调控法的调整方法

法律对社会关系的调整是通过对行为的规范,通过人们改变其行为而实现对社会关系的调整。而法律规范行为的方式,与行为作用的对象,以及由此而引起的社会关系的性质决定的。因此,法律的调整方式通常与法律调整的社会关系的性质或法律规范的行为特性,以及法律规范人的行为模式,即法律的规范类型相关联。下面根据宏观调控法调整的社会经济关系的特性,对宏观调控法调整的内容结构予以说明,在此基础上据法律规范的三种类型及这三种规范类型在宏观调控法中的地位,对宏观调控法的调整方式予以讨论。

(一) 宏观调控法调整方式的内容结构

宏观调控法的前述理论告诉我们,宏观调控法调整的社会经济关系是在国家调控宏观经济运行过程中发生的社会关系,即宏观调控关系。其规范的行为主要是宏观调控机关行使其职权职责的行为,这种行为多为利用宏观经济政策工具调控社会经济活动的公共性经济行为,因此,宏观调控关系是宏观调控机关与不特定经济活动参与者之间的社会公共性经济关系。这是宏观调控法直接调节的社会经济关系。除此之外,由于宏观调控的政策工具对不同产业、不同区域的经营者的经营行为产生影响,因此,间接调整了不同产业、不同区域间的经济关系。

宏观调控法为调整宏观经济关系,虽主要规范宏观调控机关的调控行为,但也对经济活动参与者的活动有一定规范。由于这两类主体的行为对宏观经济关系的影响方式和程度不同,因而,规范的方式也不同,这决定了宏观调控法的规范方法,以及调整方式也不同。可分为两个方面:一方面,对调控机关的宏观调控行为的规范模式,即调整方式主要是一般禁止

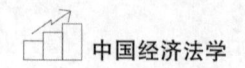

式、积极义务式的强制性规范,辅之以少量的选择性规范。另一方面,而对社会经济活动参与者行为的规范主要是附条件的权利性规范,即附条件的选择性规范,辅之少量的强制性规范。

(二) 宏观调控法的调整方式

对宏观调控法的调整方式经济法界有不同的看法:一种把宏观调控的调整方法等同于在法律框架内利用经济手段、行政手段和法律手段调整经济关系的方法。① 另一种,认为是通过法律规范行为者的行为,从而改变行为者与受行为影响者之间关系的方式。据此,宏观调控法的调整方法,就是通过宏观调控法对宏观调控主体,以及市场主体的行为的规范,而对宏观经济关系予以改变的方式。因此,宏观调控法的调节方式主要与宏观调控法对行为规范的方式有关。本文对宏观调控法的调整方式是从后一种意义上来使用的。下面对宏观调控法的调整方法从两个不同的视角来审视,即基于对宏观调控机关行为规范的视角和基于对市场活动参与者行为规范的视角。

1. 宏观调控机关行为规范模式的视角

宏观调控法对宏观调控机关的调控行为的规范主要有两种规范方式,相应形成两种调整方式,即以一般禁止和积极义务这种强制性规范对社会关系予以刚性调整的方式,以及以权利这种选择性规范对社会关系予以柔性调整的方式。

(1) 刚性的调整方式

刚性调整方式,即法律通过禁止性或义务性规范,直接要求行为人必须为一定行为或者不得为一定行为,从而改变行为者与行为对象之间关系的调整社会关系的方式。宏观调控是在市场自发调节出现"市场失灵",如产业结构不合理、区域发展不平衡、周期性的经济危机等矛头已经出现,或者存在着这些情况出现的矛头时,靠市场的力量无法解决,或者在一定时期不能尽快解决时才实施的。为了使宏观调控决策科学合理,使用的政策工具协调,宏观调控法对宏观调控机关的行为,以职权职责予以规范,并对职权和职责的履行的方式、程序性规范予以限制。职权和职责的必须履行性,以及程序的必须遵守,使得宏观调控法的规范具有必须积极履行的义务属性,这种调整方式是一种刚性的调整方式,如财政部依预算法,利用转移支付,直接改变不同区域间的发展情况,从而调整区域间协调发展关系。这种刚性调整在宏观法中表现得比较普遍。

(2) 柔性的调整方式

柔性调整方式,即法律通过授权性规范,让权利主体根据具体条件选择是否从事某种行为。对宏观调控主体而言,由于宏观经济运行的复杂性、变化性,以及各种宏观调控的政策工具的功能和发挥作用的条件不同,因此,为使实现宏观调控的目标,宏观调控法授予调控机关可据社会经济发展情况,选择不同的政策方向,同时根据政策方向选择不同的政策工具搭配,以便充分发挥政策工具及其组合的功能。据此,宏观调控法往往授权宏观调控机关,可根据社会经济发展的情况,相机选择使用宏观调控的政策,以及选择宏观调控的政策工具的权力。以货币政策为例,当经济下行压力加大宏观经济相关指标显现增长乏力、后劲不足时,中国人民银行、财政部和国家发改委等宏观调控部门往往选择扩张性的财政政策和货币额政策。相应地,利用各种货币政策工具放松银根,增加流通中的货币量,以及利用减税、扩

---

① 参见杨紫烜主编:《经济法》,北京大学出版社、高等教育出版社1999年版,第268—269页。

大财政支出等扩张性的财政政策工具。由于这种规范,关系到宏观调控政策的方向的选择,以及宏观调控政策工具的使用,对宏观调控目标的实现尤为重要,因此,这种规范在宏观调控法对宏观调控机关的行为规范中,占有很重要的地位。

2. 经济活动参与者的活动行为规范的视角

宏观调控法虽然主要是对宏观调控机关行为的规范,但宏观调控目标的实现,毕竟是以市场主体的行为改变而实现的,因此,为实现宏观调控的目的,宏观调控法对经济活动参与者——在市场经济中就是对市场经济活动参与者,主要是经营者的经营活动予以规范。宏观调控法对经济活动参与者行为的规范主要有两种规范方式,相应形成两种调整方式,即以一般禁止和积极义务这种强制性规范对宏观经济关系予以刚性调整的方式,以及以附条件的权利这种选择性规范对宏观经济关系予以柔性调整的方式。

(1) 刚性的调整方式

宏观调控法对宏观经济关系的刚性调整方式,有的就是通过对一些领域或行业市场参与者的经济行为的一般禁止、义务性规定而直接予以改变的方式。在宏观调控法治化的现代市场经济中,宏观调控法通过授权,允许宏观调控机关可以利用法律手段、经济手段和行政手段调控,从而调控机关在法律授权范围,可以利用行政手段禁止市场主体进入一些行业和领域,或者制定规范性文件,提高准入标准,从而禁止一些不符合条件的经营者进入某一行业或领域,实现对宏观经济关系的调整。这种对市场主体行为的禁止性规范,直接改变产业或行业经营者的投入量,影响产业的规模,改变产业结构,其实质就是直接的刚性对宏观经济关系的调整方式。

一些宏观调控法也直接利用经济杠杆,通过加大或减轻某行业的义务,从而改变市场主体的经营行为,直接调控宏观经济关系,如价格调控中一些限价规定,如近年来房地产市场中,对新房售价的限制。刚性调整方式,通常在危机和重大社会事件发生时被采用。

(2) 有条件的允许式的调整方式

宏观经济运行是一个复杂的、变化的、系统的过程,宏观经济调控既有急剧社会经济变化、危机时的紧急调控,也有基于社会经济正常发展时为顺应社会经济发展而做出的常态调控。一般来讲,常态时期的调控,主要是以经济政策工具的变化引导市场主体行为的改变,而逐渐改变宏观经济关系的。其表现在宏观调控法上,通常就是通过改变对某行业、某区域的税率、税收的优惠或减免、政策性贷款率、产业的补贴等,引导经济活动参与者的投资流向,间接改变宏观经济关系。这在宏观调控法中往往就是附条件的赋予经济活动参与者权利,即通过权利这种选择性、规范性、柔性等调整宏观经济关系。之所以说是附条件的权利,是由于市场经济活动者只有从事国家以宏观经济政策促进的产业、区域、行为时,只有具备这些条件,经济活动参与者才有权获得经济优惠。这是宏观调控法中最常见、最大量的法律规范形式。

通过上述分析,以及现代宏观调控法的发展,我们不难看出,在现代宏观调控法中,间接调整和柔性调整方式在宏观调控法的调控方式中处于主导地位。[①]

[①] 间接调整,法律对当事人并不直接赋予权利义务,而是利用中间工具引导事当事人依法设定或实现权利义务。参见王全兴:《经济法基础理论专题研究》,中国检察出版社,2002年版,第139页。

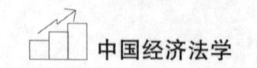

二、宏观调控法的特征

宏观调控法虽然与宏观调控紧密相关,但宏观调控法不同于宏观调控,因此,宏观调控法的特征也不同于宏观调控的特征,对其特征可以从其所要解决的问题,以及由此决定的调整的社会经济关系、规范的对象、调整或规范的方式、调整手段或使用的政策工具四个方面的特性来说明。

(一) 调整的社会经济关系为宏观性经济关系

宏观调控法作为经济法的一个组成部分之一,有其需要解决的有关整体经济发展的特别问题,即由"市场失灵"而产生的产业结构、区域间发展、总供给与总需求、国际收支不平衡问题,以及周期性的经济危机等宏观经济问题。①

这意味着,宏观调控法所调整的社会经济关系的特性就是具有宏观性,是一个国家的宏观经济关系。对宏观经济关系的内容可以从不同视角来理解,通常主要从两个视角来划分,即经济运行和经济构成两个视角。

1. 经济运行视角的宏观经济关系

市场就是交易的场所以及交易关系的总和,市场经济的本质就是通过交易实现经济活动的目的,以及主要通过市场机制功能的发挥实现社会经济的运行。而交易就是买卖,亦即供给和需求,因此,从宏观经济运行看,市场经济中的宏观经济运行的关系就是总供给与总需求之间的关系。衡量宏观经济运行是否良好的重要指标之一就是总供给与总需求是否平衡。

2. 经济构成视角的宏观经济关系

一个国家总体的经济构成包括产业和区域两个方面。因此,从总体经济的构成视角看,宏观经济关系包括两个方面,即产业结构关系和区域结构关系。由于随着社会经济发展,既有新产业的产生,也有一些产业衰退,因此,产业结构并非不变的,而是变化的。这意味着,宏观经济关系中的产业结构关系是动态变化;而在区域之间的关系中,由于各地之间的资源禀赋不同,经济发展水平不同,因此,如何发挥不同区域的资源禀赋优势,实现区域协调发展,对整体经济发展尤为重要。

3. 两种宏观经济关系的关系

在上述两种宏观经济关系中,第二种关系更为根本,这是因为,这两种关系虽有一定区别,但从一定程度上来讲第二个问题的产生和形成是第一个问题产生的重要因素之一。也就是说,只要产业结构合理,区域协调发展,一般来讲总供给和总需求基本的失衡就难以发生,经济危机也就不可能发生。因此,经济法调整的宏观经济关系主要是产业结构和区域结构的关系,由于经济法调整主要使用的是财政政策和货币政策工具,因此,宏观调控法调整的社会经济关系主要就是,可受财政政策和货币政策等政策工具指引或诱导而形成的产业结构关系和区域结构关系。

(二) 宏观调控法规范的对象

任何法律为了实现其目的,解决其问题都有其规范的对象。这里的规范对象包括两方

---

① 宏观调控法与宏观调控不同,因此,其所要解决的问题,并非宏观调控的所有问题。如宏观调控的充分就业、国际收支平衡。因为这些问题主要由其他法律规范来解决,如劳动法、国际经济法、涉外经济法等。

面,即规范谁和规范的行为是什么,即被规范的主体和被规范的行为是什么。

1. 宏观调控法规范的主体

宏观调控法规范的主体主要是宏观调控机关,之所以以宏观调控机关为主要规范的对象,是因为宏观调控机关做出的宏观调控决策是否合理,以及政策工具的使用是否适当,直接影响着宏观调控的效果。而在现代市场经济中,宏观调控机关是依法设立的、具有专业性的经济管理机关。这意味着,宏观调控法调整的社会经济关系的一方主体是宏观调控机关。宏观调控机关机构的设立,及其职能等的依法设立,决定了宏观调控机关不仅具有专业性、法定性,而且只能是最高行政机关的职能部门。

宏观调控法虽然以宏观调控机关为主要规范对象,但宏观调控机关的调控行为,以及宏观调控目标的实现,毕竟取决于经济活动参与者愿意以宏观调控手段为导向而改变其行为,因此,宏观调控法也对经济活动参与者的行为予以规范。只不过宏观调控对经济活动者的规范,是把经济活动参与者置于一定的产业、区域或特殊经济活动领域,即宏观经济整体中的某部分(某群体),采取对不同领域经营活动者不同对待,影响经济活动者从事有益于整体结构优化的产业或区域的经济活动,从而改变产业结构、区域结构,或者从事有利于带动整体经济发展的活动。因此,宏观调控法规范的经济活动参与者是宏观关系中某产业、区域或从事某种特殊经济活动群体中的人。

2. 宏观调控法规范的行为

宏观调控法主要是规范宏观调控行为的,宏观调控行为是一种公共经济管理行为,具有经济性和公共性的特点。其中,经济性意味着调控行为的目的主要在于影响经济或供参与者参与经济活动的方向,从而影响宏观经济发展;而公共性则是调控行为主要是对所有经济活动参与者的而非针对特定经济活动参与者的。

宏观调控法也对经济活动参与者的行为有少量规范。因为,宏观调控行为作用影响经济活动参与者的利益,从而,影响经济活动者的经济活动选择。为了使经济活动参与者以宏观调控的行为导向选择从事有益于宏观经济的活动,从而使宏观调控的合理预期得以实现,宏观调控法对其行为通常以积极方式予以规范。

(三) 宏观调控法规范或调整方式

宏观经济关系的整体性,以及常态下的宏观经济的渐变性,决定了宏观调控的目标的实现主要依赖于经济活动参与者据宏观经济指导和宏观经济政策工具的利益诱导改变其经济活动方向而逐渐实现的。因此,就宏观调控法对市场主体经济活动行为的规范来讲,主要是选择性的规范,调整行为的方式或对宏观经济关系的调整方法主要是弹性的调整方法,即利用指导性和调节性方式调整宏观经济关系。因此,国家作为调控主体,不是直接通过权利和义务法律规范规定市场主体可以从事哪些市场交易活动,不可以从事哪些市场交易活动,而是主要利用经济政策工具,通过影响经济活动的利益,利用市场以间接方式影响市场主体的经济行为选择。这些间接的方式表现为计划指导或产业指导,以及利用财税、利率等利益调节。[①]

(四) 宏观调控法调整的手段和使用的工具

从前述有关宏观调控,以及宏观调控法的理论,我们知道,宏观调控的手段有经济手段、

---

① 参见李昌麒主编:《经济法学》(修订版),中国政法大学出版社2002年版,第403页。

行政手段和法律手段。宏观调控主要使用的政策工具有财政政策和货币政策工具。且这些在宏观调控法中都有相应的规定。由此决定,宏观调控法的调整手段,以及使用的调整的政策工具具有综合性,且各种手段和工具的功能不同,各有优劣,因此,各种调整手段和工具之间是相互配合、相互协调的。

(五) 宏观调控法的时期性

这是由宏观经济运行本身的特点决定的,我们知道宏观经济是一个动态发展的过程,且有一定的周期性。因此,随着宏观经济的变化,不仅宏观经济政策的导向性发生变化,所使用的政策工具及其搭配也发生变化,与之相应,对这些法制化的宏观调控法也发生变化。因此,宏观调控法具有时期性,随着不同时期宏观经济发展的变化,以及由此引起的宏观经济政策目标的变化而变化,甚至伴随着一些法律的灭失和新法律的产生,这从我国农业税法的废除,以及拟出台房地产税法就可看出。

第四节 宏观调控法的体系

宏观调控法的体系研究关系到对宏观调控法外延,以及对宏观调控法内容构成的认识。因此,对其研究在宏观调控法理论中具有重要意义。20世纪90年代末,经济法界曾对此问题做了较多研究。本节在吸收此前研究成果的基础上,就宏观调控法律体系予以探讨。

一、宏观调控法体系的学说评析

迄今为止经济法界对宏观调控法律体系的认知有各种不同的观点,有学者认为,较有代表性的观点有列举说、实践需要说、成分说、任务说、范围说、多重标准说及分层说。[①] 这些学说归纳起来实质上不外乎两种研究思路,一是对实在的法律中都是具有一定宏观调控功能的事实描述,其中的列举说、实践需要说、成分说、任务说、范围说莫不如此。二是以学者自身对法律体系含义,以及由此决定的认知法律体系标准的认知为基础对具有宏观调控功能的法律予以分类而形成的体系。这种研究思路主要是多标准说和分层说。据法理有关法律体系,以及前述经济法基础理论关系经济法律体系的基本理论,第二种研究思路才是我们研究宏观调控法律体系应遵循的。下面我们主要对第二思路下的宏观调控法律体系的两个学说予以评析。

(一) 两种宏观调控法律体系的学说

1. 多种标准说

这种学说认为,由于对宏观调控法律采取的分类标准不同,宏观调控法律体系可有多种划分方法,例如按法律内容划分,可分为宏观调控主体法、宏观调控手段法、市场行为规范法和宏观调控监督法;按法律部门划分,可分为财政、税收法,金融、货币、保险法,计划、投资和经济稳定增长法,工业法,农业法,商业法,外贸法等;按法律形式划分,可分为宏观调控综合

---

① 这几种观点的较详细内容可参见王健:《宏观调控法律体系构造论》,载《法律科学》,1998年第2期。目前由于经济法界注重对具体法律制度的研究,基本理论研究相对欠缺,因此,对宏观调控法的法律体系等理论研究多发生在20世纪90年代,因此,这里有关宏观调控法律体系的的观点主要就是20世纪90年代的观点。

法或基本法（如宏观经济调控基本法）、宏观调控单行法（如价格法）。[①] 2000年后，有一种观点采取"行为——关系——法律规范"的分析范式，亦即以规范的行为，调整的关系，以及由此产生的法律规范为标准，认为宏观调控法的体系由财政调控法、税收调控法、金融调控法和计划调控法构成。[②] 还有，以宏观调控法因调控方式不同而产生的调控关系的性质不同为标准，认为宏观调控关系分为指导性和调节性两种，相应地宏观调控法应由两类规范性文件组成：其一，规范指导性宏观经济调控关系的法律和法规，如产业调节法、计划法等。其二，规范调节性宏观经济调控关系的法律法规。如金融法、财税法等。[③]

2. 分层说

这种学说认为，宏观调控法体系是由不同层次的法律、法规组成的有机联系的体系。由于论证的角度或者说法律层次划分的标准不同，"分层说"有两种不尽相同的观点。一种观点认为，由于国家对国民经济进行的宏观调控是一个系统工程，因此，作为国家宏观调控法律体系，也必须是一个由不同层级法律构成的系统工程。作为一个整体，它应由三个层次的法律组成。首先，是宏观调控基础法。其次，是宏观调控基本法。最后，是宏观调控单一部门法（如财政法中的税法、预算法、国债法等）。"分层说"的另一种观点则认为，由于现代国家对社会经济的宏观调控往往是以"经济计划——经济政策——调节手段"为轴线进行的。因此宏观调控法的体系一般也由计划法、经济政策法、关于调节手段的法律这三个层次的法律、法规组成。[④]

（二）对上述观点的评析

按法律关系的一般定义，宏观调控法体系，亦即宏观调控法的法律体系就是把全部的宏观调控的法律，按照一定标准分类组合为不同的子宏观调控法部门而形成的有机联系的统一整体。那么不论是按不同宏观调控法律在宏观调控法体系中的作用大小分成不同的层次，还是按其他不同的标准，如按调整的关系、规范的工具为分类标准都有一定的合理性。但鉴于在宏观调控中虽然主要的工具是财政政策工具、货币政策工具，相应的在法律中有财税法、金融法，但我们知道财税法、金融法并非都是宏观调控法。因此，对宏观调控法体系的划分标准，不宜用以调控工具或与之相应的经济关系，如财税关系、金融关系等为标准对宏观调控法的法律规范分类来建构其体系，而以不同的宏观调控法律在宏观调控法体系中的功能，结合不同宏观调控法律调整的宏观调控关系的性质为标准对全部宏观调控法律进行分类建构宏观调控的法律体系则更为合理。

二、宏观调控法律体系的内容

对于宏观调控法体系的建构，首先应说明对全部宏观调控法律进行分类的标准，以此标准划分的各类宏观调控法应具有不同的功能，且它们的功能是互补的，并形成对全部宏观经济调控关系调整。下面我们对宏观调控法体系建构所依据的对宏观调控法律的分类标准予以探讨，在此基础上建构宏观调控法的体系。

---

① 参见王守渝、弓孟谦：《宏观经济调控法律制度》，中国经济出版社1995年版，第12—13页。
② 这种观点可参见：经济法学编写组、张守文主编：《经济法学》，高等教育出版社，2016年版，第148—149页。
③ 参见李昌麒主编：《经济法学》（修订版），中国政法大学出版社2002年版，第404—405页。
④ 参见漆多俊：《经济法基础理论》（修订版），武汉大学出版社，1996年版，第69—75页。

(一) 体系建构中的宏观调控法律的分类标准

任何法律都有其解决的问题,问题的不同可以是性质的不同,可以是内容的不同。因此,分类标准可以以问题的性质为标准,也可以以内容为标准。建构法律体系的分类标准到底应选择那种标准,应据分类的法律特性而定。

宏观调控法发展的历史告诉我们,宏观调控法是对现代国家宏观经济调控职能的法制化,可以说是现代法治社会国家宏观调控职能的法律制度化的表现形式。而现代宏观经济调控的职能在发达市场经济国家产生于1929—1933年大危机后,特别是第二次世界大战后凯恩斯经济学被广泛接受。由于宏观调控使用的主要经济政策工具是财政政策、货币政策等,而这些政策工具在国家不具有宏观调控职能时,已被作为保障国家社会职能的正常履行,维护国家的正常运转和社会稳定的工具而使用,且已经建立了相应的掌控和使用国家机关,如财政机关和中央银行,且在法治国家下具有相应的法律,如财税法中的预算法、税法、中央银行法等。但这些法律规定虽然也影响宏观经济,但只不过是无意识的结果,正如所有的法律都可能影响一个国家的宏观经济运行结果一样。但随着国家调控宏观经济职能的产生,这些机关被依法赋予了宏观调控职能,相应地这些法律通过修订,增加了规范国家宏观调控机关调控经济职能的法律制度。可见,不能因为宏观调控法中具有财政调控法、金融调控法的一些制度规范,就认为财税法、中央银行法就是宏观调控法,也就是说,财税法、中央银行法并非就是宏观调控法,只有这些法中规范调控经济的法律制度才属于宏观调控法。另外,宏观调控的实现往往是通过产业政策、区域政策、技术政策和投资政策来实现的,而对这些政策实施的法律规范,也是宏观调控法的表现。从宏观调控法的产生和发展,及其表现形式等这些特性看,对宏观调控法的分类不宜用调控的关系内容有财税关系、金融关系,就据此,把财税法、金融法作为宏观调控法体系中的一种类,否则,宏观调控法体系就会成为众多不同具有宏观调控功能的诸多法律的描述。

由于宏观调控是由具有不同的调控功能的不同宏观调控职能部门构成的,宏观调控过程一般包括决策和实施两个阶段。因此,宏观调控行为分为决策行为和行为,行为的性质不同,规范的性质和功能也不同,因此,以宏观调控法的性质为标准,亦即以宏观调控法律在调整宏观调控关系中的功能或性质为标准划分来构建宏观调控法律体系较为合理。

(二) 宏观调控法体系

从宏观调控法的既有法律看,虽然宏观调控包括决策与实施两阶段,相应的宏观调控法也应包括两方面,但是,为了保证宏观调控政策指定的科学合理化,现代宏观调控法一般都对宏观调控的体制,即宏观调控机关的构成,内部机构及相互关系以及不同宏观调控机关的关系予以规定。同时,对宏观调控机关决策做出的程序,以及基本内容予以规制。这些构成宏观调控基本法。其次,宏观调控的实现,总是以一定的政策导向为基础的,相应地有一些政策性的法律规定。这部分可称为政策法。另外,政策的实现总是需要使用一定的政策工具,有关此的规定就是政策工具法。上述分析说明,宏观调控法律体系应当是由三个层次、三类宏观调控法律构成的有机联系的统一体,具体内容如下。

1. 宏观调控基本法

调控基本法是政府对市场经济的调控法律化、制度化,其基本的法律制度包括两个方面:一是宏观调控的体制及程序的法律。二是有关经济稳定与增长的法律。

（1）宏观调控的组织体制及程序的法律。宏观调控的组织体制的法律，通常与国家的经济体制有关，体现在国家组织法的相关规定，以及有些宏观调控法对其调控机关的组织设置、职能，以及与其他履行宏观调控智能的机关间相互关系的规定中。在我国如《中国人民银行法》对中央银行的组织设置、职能职责、与国务院及其他宏观调控机关的关系。而发改委、财政部、国家税务总局等具有宏观调控功能的机关组织设置、职责以及与其他调控机关的关系则规定于宪法和国务院组织法中。

宏观调控决策程序性法律。这类法律一般包括两方面的法律制度，一是行政程序法及协商制定规则法。由于宏观决策属于抽象行政，因此，在西方一般应遵守行政程序法的一般规定或协商制定规则法的规定。二是宏观决策的特别程序法，即在相关宏观调控法中对宏观政策制定的特别规定。

（2）实体性基本法律。这种法律是对一个国家一定时期内国民经济发展及内容的规定，包括产业、区域、发展目标、预期发展速度等方面的规定。体现在我国由于计划在宏观经济调控中的作用较为重要，[1]因此，有关此方面的法律主要就是《计划法》。在西方一些国家表现在一些有关经济稳定与增长的法律，如德国的《经济稳定与增长促进法》。

2. 宏观调控的结构与发展政策法

宏观调控在一定时期内总是具有一定的目标，为实现调控目标，不仅需要一定的发展速度，且总是有优先发展的产业、区域或经济成分等，并拟对之实行优惠政策，并把这些政策予以法律化。这些法律就是宏观调控政策法。这部分内容主要包括三类法律。[2]

（1）产业政策法。主要是对国民经济发展具有先导作用的产业予以经济优惠，以及对弱小但对国民经济发展有不可或缺的产业保护的法律规定。如高新技术产业促进法的相关法律，农业保护的相关法律。

（2）区域政策法。包括三个方面的法律，一是对一些落后区域促进的法律，如我国西部开发的相关法律、法规，美国早期的西进运动、以及后来的田纳西河流域开发等而制定的法律、法规。二是在一些地域做发展先导性实验的法律，如我国20世纪80年代为深圳经济特区制定的法律，当前的自贸区法律、海南自由贸易港区法律。三是区域间协作的法律、法规，如我国目前的大湾区、长三角区、京津冀等区域协作而制定的法律、法规。

（3）发展政策法。这类法律主要是基于不同时期宏观经济发展快慢情况，以及影响发展的主要要素——资本的结构和数量的状况，对不同性质的资本(包括外资和内资，国有资本和民营资本)在不同时期内对经济发展中作用的重要性的认知，而对不同资本采取不同政策，从而影响这些资本在整个国民经济中的地位，为此而制定的法律、法规。与此有关法律主要有20世纪80年代的"外资三法"，现今的《外商投资法》，以及鼓励民营企业发展的法律等。

这类法律的功能是引导不同类型的市场主体的经济活动的方向，主要是资本和资源流

---

[1] 我国从1953年开始制定第一个五年计划，从1981年的六五计划开始，五年计划开始改为国民经济和社会发展五年计划，首次将社会发展纳入其中。阐明国家战略意图，明确经济社会发展目标、主要任务和重大举措，从2006十一五起，五年计划改为五年规划，到2016年发布《中华人民共和国国民经济和社会发展第十三个五年规划纲要》，中国已连续编制实施了十三个五年计划规划。

[2] 虽然在宏观调控的经济理论中，常用到财政政策、货币政策。但这些政策只不过是由产业政策、区域政策和发展政策所决定，实现上述三种政策的工具。因此，在宏观调控法中把它们归为工具法更为合理。

向,从而实现国家预期的宏观的产业结构、区域结构和不同经济在国民经济中的地位,以及经济稳定发展。

3. 宏观调控政策工具法

这里的宏观调控政策工具主要是指实现宏观经济目标而用的财政政策工具和货币政策工具。这两种政策工具体现在法律中就是,财政法(预算法和政府采购法等)、税法,以及中央银行法有关调控的财政政策工具和货币政策工具的规范。就财税法而言,既有特别的专门的调控税法,如前两年被吵得沸沸扬扬的、在一些地方已开始试点的拟制定的《房地产税法》,但主要还是体现在一些政策法有关税收减免、优惠的一些条款的规定中,如早期的外资三法有关对外资的税收优惠,目前对新能源汽车产业的财政补贴等的法律规定。

基于对宏观调控法体系的上述认知,鉴于目前有关宏观基本法中有关调控体制和程序的法律主要体现在国务院组织法,以及行政程序法中,加之,目前没有单独有关计划的法律。因此,其后两章仅分别就宏观调控政策法和工具法做较为详细的介绍。

思考题

1. 简述宏观调控法的含义与特征。
2. 宏观调控法与宏观调控政策的关系是什么?
3. 宏观调控法的基本原则是什么?
4. 宏观调控法的价值目标是什么?
5. 简述宏观调控法的法律体系。

本章知识要点

第十五章
宏观调控结构与发展政策法

全章提要

- 第一节 宏观调控基本政策法
- 第二节 产业政策法
- 第三节 区域经济政策法
- 思考题

宏观调控总是在一定的总的政策指引下通过各种具体经济政策而实现的，为了保障政策制定的科学合理性、防止政策之间的冲突，以实现功能互补，以及政策手段的选用和搭配的科学合理性，必须以法律对宏观调控政策的制定者、政策的制定程序、以及政策的基本内容予以规范。这些法律就是宏观调控政策法，这些法律主要包括三个方面，即基本政策法、产业政策法和区域政策法。下面各节分别就这三个方面法律的基本理论和制度予以介绍。

第一节 宏观调控基本政策法

宏观调控基本政策有其特有的含义，本节在对宏观调控基本政策的含义和主要内容介绍的基础上，对宏观调控基本政策法予以界定，并就这类法律包含的主要法律制度的内容予以描述。

一、宏观调控基本政策的一般理论

宏观调控基本政策法简单讲是对宏观调控基本政策的制定过程的规范化，以及对其基本内容法律化。因此，理解宏观调控基本政策基本法的含义，首先，必须了解宏观调控基本政策的含义和内容，在此基础上才能据法学对部门法含义界定的范式对其予以界定。其次，对宏观调控基本政策法的法律表现形式予以描述，有利于理解宏观调控基本政策法。

（一）宏观调控基本政策法定义

1. 宏观调控的基本政策

要对宏观调控的基本政策具有深刻的理解，不仅要了解其基本含义，还需要了解其基本特性。

（1）宏观调控的基本政策的含义

对于基本政策可以从两种不同的视角来界定。一是从外延视角的界定，即从政策涵摄的部门或区域范围的广泛性和全面性来界定。据此，宏观调控基本政策，是指具有全面性和广泛性的针对全国所有产业和区域的根本指导原则。本节的宏观调控基本政策就是在第一种意义上使用的。另一是，从内涵视角的界定，亦即从政策的本质特性——根本性来界定。据此，宏观调控的基本政策，是指规范某一产业、区域或部门实际工作的根本指导原则。

（2）宏观调控的基本政策的特征

从上述定义看，宏观调控的基本政策主要有四个特点：第一，高层次性，即基本政策一般由中央政府或其授权机关制定和发布，因此，是层次比较高的政策。第二，广泛性，即基本政策在大多数情况下，在范围上要覆盖全国，适用于几乎所有的地域、行业、公民及公民团体。第三，相对稳定性，即除非出现非常重大的变化，基本政策在相当长一段时期内是不会发生根本性变化的。第四，权威性，只要是基本政策，都会被具体政策所援引，都会成为许多具体政策的政策依据，具有相当的权威性。

2. 宏观调控基本政策法

对宏观调控基本政策法可从不同视角界定,为深刻理解,下面分别从发生学视角、行为规范的视角和调整对象视角三个维度来界定。

(1) 发生学视角的定义

宏观调控基本法是对宏观调控基本政策的制定程序的法律化,以及对宏观调控基本政策内容的法律化。

(2) 行为规范视角的定义

宏观调控基本政策法规范两类行为,其一,主要是对宏观调控基本政策制定机关的政策制定和政策实施行为的规范。其二,是对一些回应国家宏观调控政策的市场主体的经营行为的规范。

(3) 调整对象视角的定义

宏观调控基本政策法调控的宏观经济关系包括类关系,即直接关系和间接关系。第一,调整的直接关系,亦即形式关系,这种关系就是宏观调控基本政策制定和实施机关,在政策制定和实施过程中,与其他机关和市场主体发生的经济关系。第二,间接关系,亦即实质关系,这是宏观调控法对调控的社会经济关系的实质追求,主要调整不同产业、不同区域的结构关系,以及不同时期经济发展快慢的持续稳定关系。宏观调控基本政策法,就是通过法律保障基本政策实施,从而实现对上述关系的调整。

(二) 宏观调控基本法的制度形式

在科学技术高度发达,国际化高度发展的现代市场经济下,任何国家的社会经济发展因受技术变革、国际经济环境影响,总是处于变革之中,既有相对平稳的正常发展时期,也有经济剧烈波动的危机发生。为应对这种社会经济变化,宏观调控的基本政策既有一般情况下的基本政策和特殊时期的对策性基本政策。相应地,宏观调控的基本政策法既有一般的基本政策法和特殊时期的基本政策法。

一般的宏观调控基本政策法,亦即经济发展稳定时期的宏观调控基本政策法,因国家的经济体制不同,所用名称不同。主要就是对国民经济一定时期内的发展进行计划或规划的法律,有的国家称为"计划法",[①]德国的《经济稳定与增长促进法》,这类法律对国家的经济发展政策做了基本的法律规定。[②]

特殊时期宏观调控政策基本法,主要表现为经济危机爆发时,为应对危机而制定的有关特别政策的法律。如日本有学者称其为"不景气对策法"。[③]

二、一般宏观调控基本政策法

上述研究说明一般宏观调控基本政策法,在我国及苏联社会主义国家,应实行计划经

[①] 实行计划经济体制的国家历史上曾经存在这种法律,如罗马尼亚 1979 年制定的《罗马尼亚经济和社会发展计划法》、南斯拉夫 1976 年制定了《南斯拉夫社会计划体制基础和社会计划法》。我国直到目前,虽然没有《计划法》,但于 1983 年曾制定过《计划法草案》。另外 1983 年国务院通过了具有计划法功能的法规——《国务院批转国家计划委员会等部门关于编制综合财政信贷计划的报告的通知》。

[②] 德国《经济稳定与增长促进法》被认为是世界上第一部较为系统的"宏观调控法"基本法,首次,确定了宏观调控的四大目标,即"价格水平的稳定、高就业状态、对经济平衡和稳定而合理的经济增长",对宏观调控中相关政策的制度化和制定的程序化具有重要的作用。该法制定于 1967 年,最近一次修订是 1994 年。

[③] 参见[日]金泽良雄:《经济法概论》,满达人,译,甘肃人民出版社 1985 年版,第 315—317 页。

济,有关宏观调控的基本政策都规定于计划法中,可以说"计划法"就是宏观调控基本政策法。而德国的相关规定则体现于"经济稳定与增长促进法"中,这一法律就是德国的宏观调控的基本政策法。下面,以计划法为例对这类法律的基本法律制度的内容予以简单介绍。这类法律通常主要包括以下内容。

(一) 总则

主要是对计划法的目的、任务和基本原则的规定。其目的是通过调节计划的制定和实施,保护弥补市场失灵,促进社会生产力的发展,维护社会经济稳定。在有关计划的法律、决议和指示中,还规定了制定和执行国民经济计划必须遵循的基本原则、方法和步骤。

(二) 计划体系和指标体系

规定本国实行的国民经济和社会事业发展计划的种类、计划内容、指标分类及其适用范围等,并要求各类计划具有科学性、连续性、稳定性。

1. 计划种类

可据不同的分类标准进行划分,其中主要是根据计划的期限和区域范围。其中,以计划的期限为标准,计划一般分为长期(10年或20年)、中期(5年)和短期计划。而根据计划范围或对象分,一般可分为全国(中央)计划、地区计划、部门计划、行业计划和专题计划等。

2. 计划内容

包括国民经济发展的各个主要方面,如工业生产计划、农业生产计划、基本建设计划、科学发展计划等。

3. 计划指标

按法律拘束力的不同,大体分为指令性指标和指导性(参考性)指标,两类指标的适用范围由法律规定。在市场经济下指导性计划是计划的主要形式。

(三) 综合平衡

主要是安排国民经济诸方面的主要比例关系,如生产资料与消费资料两大部类的比例关系,积累与消费的比例关系,农业、工业、建筑业、交通运输业、公共服务事业之间的比例关系,以及经济事业和科学、文教事业之间的比例关系等。综合平衡还包括人力、物力、财力的平衡,在有的国家还包括在全国统一计划指导下各地区的综合平衡。

(四) 计划的管理体制和编制程序[①]

包括中央、地方、企业等各级计划机关的职权范围和任务,计划的编制和审批程序。计划制定后,非经法定程序不得擅自变更;确需调整时,必须报请原批准机关或其常设机构批准,以维护计划的严肃性。计划正式下达后,必须认真执行,法律规定了对计划执行的检查与监督程序。在计划的编制和执行过程中,经济合同具有重要作用,因此,有关计划与经济合同相互关系的法律规范也是计划法的组成部分。

(五) 计划法中主体的权利义务、奖惩制度以及计划争议的仲裁或司法解决程序

计划法采取计划法主体的权利和义务一致的原则,任何计划单位在行使权利时必须同时承担相应的义务。有的国家在有关法律中还规定:对编制和完成计划做出显著成绩的单

---

① 有关计划计划编制的机构及其职责,以及计划程序的法律制度的叫详细介绍可参见李昌麒主编:《经济法学》(修订版),中国政法大学出版社,2002年版,第434—437页。

位和个人给予奖励；对于由于主观原因造成编制计划上的错误、破坏国民经济综合平衡的，或擅自变更计划、不执行计划的，根据情节轻重和造成损失的大小，追究责任单位负责人和直接责任者的行政、经济以至刑事责任。计划法一般还规定了审理计划争议的仲裁程序或司法程序，这部分规范的目的在于用司法或仲裁手段以保证计划的正确制定和顺利执行。

三、特殊时期宏观调控政策基本法

上述研究说明，特殊时期宏观调控政策基本法，主要表现为经济危机爆发时，为应对危机而制定的有关特别政策的法律。但由于该类法律为应对不景气，往往是针对特别不景气的行业采取的政策，因此，在形式上具有较强的产业政策意味，因此，日本学者金泽良雄把此类法律归为产业政策法。[①] 但这些政策只是回复不景气政策的工具性政策，且存在一些并非针对特定不景气行业的政策，如以中小企业为对象的政策法。因此，本节把其归为特殊时期宏观政策基本法，其主要法律包括以下几方面。

（一）不景气卡特尔法

这种法律的制度形式主要体现，就是据社会经济发展需要，制定《反垄断法》的适用除外制度，在日本和德国被称为"不景气卡特尔"。因此，这里法律实质是宏观调控基本政策在反垄断法领域的体现。

（二）不景气中小企业保护法

现代市场经济发展虽然是以大规模的现代化企业引领和主导的，但大量的中小企业仍然存在，且对现代市场经济的发展具有不可或缺的作用。然而，当经济发展出现危机，导致经济发展不景气出现时，最早最深地受不景气影响的，亦即最早、最重遭受打击的就是这些中小企业。如不采取一些政策扶持，势必纷纷造成破产，不仅造成社会资源的浪费，也不利于经济的恢复。因此，但经济发展出现不景气时，现代国家往往采取政策扶持中小企业，相应地制定扶持中小企业的法律。如日本由于受 20 世纪 50 年代世界经济危机的冲击，导致其经济直到 70 年代都处于不景气，为此，1976 年制定的《中小企业事业转业对策临时措施法》《中小企业信用保险法》、1977 年制定了《中小企业破产防止互助法》等。如我国 2022 年由于受国际经济环境，以及疫情影响，中小企业深受冲击，这对中小企业发达的浙江省冲击较大，为此，全国在浙江省台州市试点，通过政策扶持小微企业发展，相应地于 2023 年制定了《台州市小微企业普惠金融服务促进条例》。

（三）特定不特定业种和地区中小企业的扶助法

如日本为应对 70 年代石油危机，于 1978 年制定了《特定不景气产业稳定临时措施法》和《特定不景气地区中小企业对策临时措施法》。[②]

从这种法律可以看到，基本政策法律与产业结构政策法和区域政策法往往是交织在一起的，基本政策法的实现，往往需要产业政策法和区域政策法进一步明细化。

[①] 主要参见［日］金泽良雄：《经济法概论》，满达人，译，甘肃人民出版社 1985 年版，第 315—317 页。

[②] 这两个法的较详细内容可参见［日］金泽良雄：《经济法概论》，满达人，译，甘肃人民出版社 1985 年版，第 317—317 页。

第二节 产业政策法

产业政策法有其独有的基本理论和范畴,了解其基本理论范畴是理解其制度构架和具体法律规定的关键,本节在对产业政策法基本理论和范畴予以讨论的基础上,对其法律制度予以介绍。

一、产业政策法的一般理论

在产业政策法的一般理论中,我们主要对产业政策法的一般含义、宗旨和原则、主要内容,以及产业政策法宏观调控政策法的地位予以说明。

(一) 产业政策法的含义

要理解产业政策法的含义首先应理解产业、产业政策的含义,在此基础上结合相关产业政策法的规定,通过对其本质特性提炼给出产业政策法的概念。

1. 产业和产业政策

产业是指所有从事生产经营活动并提供同一产品和劳务的企业群体、行业、部门。产业的概念是随着人们的认识水平和社会生活的发展而不断发展的。政策是"国家或政党为实现一定历史时期的路线而制定的行为准则。"政策在经济学领域中,通常有两个方面的含义:一是指国家经济发展的基本方针和原则。二是指政府干预社会经济活动的政府行为。作为基本方针和原则政策对计划制定或市场活动、对政府行为和企业行为、对生产和消费等都具有指导作用。作为政府干预经济的行为,政策对资源和社会财富的分配和再分配产生影响。在西方经济学中,政策概念一般偏重于后一方面的含义。简言之,从宏观上,政策指国家经济发展的基本方针和原则。从微观上,它是政府干预社会经济活动的具体行为。

产业政策是政府宏观经济调控政策的重要方面,是现代市场经济发展的产物。这一概念滥觞于日本,20世纪70年代被世界各国广为接受。其基本含义是指政府为了实现一定的经济和社会目标,而对产业的形成和发展进行干预的基本方针和原则,以及采取的干预市场经济下宏观经济运行的行为。产业政策一般以某些产业为直接对象,通过保护和扶持,或者通过调整和整顿产业组织,其直接目的在于促进产业发展,实现各产业间发展平衡,最终目的在于改善资源配置,增强国际竞争力,实现经济稳定与增长。产业政策包括结构政策和产业组织政策。产业政策的实质是政府对宏观经济活动的一种自觉干预,以实现特定的政策目标。包括实现经济振兴与赶超,结构调整与转换,以及保持经济领先地位与维持经济增长的势头。

2. 产业政策法

对产业政策法可以从不同的角度来进行界定。[1] 从发生出来的角度来讲,产业政策法就

---

[1] 经济法界有学者把此类法律称为"产业调节法",并从规范的内容对对其予以界定,认为"产业调节法是关于促进产业结构合理化,规定各产业部门在社会经济发展中的地位和作用,规范产业调节关系,规定国家实施产业调节的基本措施和手段的法律规范的总称。"李昌麒主编:《经济法学》(2002年修订版),中国政法大学出版社,2002年版,第409页。国外有的称这类法律为"产业结构法",参见[日]金泽良雄:《经济法概论》,满达人,译,甘肃人民出版社1985年版,第285—326页。

是产业政策的法律化,在这一意义上产业政策是内容,法律是其形式,也就是说产业政策获得了法律的表现形式,进而使政策具有了法律的一般性质,如规范性和约束力。但这主要是从产业政策法的主要内容的意义上来讲的。

从产业政策法的现有法律规定看,产业政策法不仅仅是产业政策的法律化,为了使产业政策的制定更为科学合理,以及为了保障产业政策能得以有效实施,而对宏观调控机关制定产业政策的行为,以及实施产业政策的行为,以及经济活动者从事符合产业政策指导的行为应如何获得优惠等予以规范而产生的内容。可见,从产业政策法规范的行为角度看,产业政策法主要包括对相关机关制定和实施产业政策的行为予以规范的法,以及对受产业政策指引而从事相关产业经营活动者行为规范的法。

从产业政策法的目的及调整的社会经济关系(调整对象)看,产业政策法调整的是国家在制定与实施产业政策的过程中所产生的各种社会经济关系。这些关系包括产业结构关系,产业组织关系,产业技术关系和其他与产业政策的制定与实施有关的社会关系。

(二)产业政策法的宗旨和原则

法的宗旨与原则是任何法律的基本理论中相互联系的,也是最为基本的理论。作为宏观调控法的一部分,产业政策法的目标(宗旨)和原则既不能与宏观调控法的原则相冲突,也必须体现其特性。下面对这两个理论问题进行探讨。

1. 产业政策法的宗旨

一切法律法规的颁布都是基于他们能够完成某些有价值的社会目标,[①]经济法也不例外。产业政策法的宗旨,就是宏观政策法价值目标,亦即其所要达到的基本宏观经济目标。产业政策法的宗旨就是在对国家社会经济发展以及国际经济发展现状,以及对一个国家的资源禀赋、各产业发展状况及其在国民经济中的重要地位了解、并对其予以定位的基础上,通过运用各种手段对新兴的和主导的产业促进,对一些衰落的但又是宏观经济发展所必要的产业的保护,以实现对产业结构的调节,促进产业之间的协调发展,实现产业结构合理化,从而使资源在不同产业间有效配置,实现国民经济持续稳定增长。

产业政策法的宗旨和价值目标,是由产业政策法所要解决的社会经济问题所决定的。经济学告诉我们,从宏观角度讲,资源配置的有效是以产业结构合理为前提的。而在现代市场经济下,市场机制的自发调节虽然对合理的产业结构形成有着重要作用,但市场的自发调节是一种事后调节,往往是在产业结构不合理已经出现后,因一些产业生产能力过剩,从而供给过剩,导致供过于求,价格降低致使该产业利润下降后,才会引发资本向社会需要的产业缓慢转移。另外,一些能带动社会经济发展的高新技术产业,起初因风险大,难以吸引资本而不能得到较好发展,以及一些虽为社会所必须,但利润低的产业难以生存。这些都会造成产业结构不合理,从而影响整个社会资源的配置效率,影响整体经济的发展。因此,国家通过产业政策对矫正市场失灵,对形成合理的产业结构具有重要意义。

然而,政府产业政策能否实现其预期的价值目标,主要取决于产业政策制定得是否科学合理,以及产业政策是否能得到有效实施。而产业政策法通过法律对专业宏观调控机关基于合理的程序而得出的各产业部门在社会经济发展中的地位和作用的认知予以确定,可以

---

① 参见[美]莱斯特·C.瑟罗:《得失相等的社会——分配与经济变动的可能性》,李迈宇,译,商务印书馆1992年版,第118页。

保障产业政策的制定较为科学合理。同时,通过法律赋予专门的政府宏观调控机关相应的经济职权和职责利用经济的行政手段,能保障产业政策的有效实施,从而影响市场主体在不同产业领域从事经济活动的预期收益,以指导或诱导市场主体投身于有益于社会经济发展的产业,以防止市场主体在规划自己的经济行为时,因自身对信息的收集和分析能力有限而产生的决策失误,使其对社会经济发展的宏观趋势的信息具有较为充分的了解,减少人为的不确定性。[1] 可见,产业政策法是政府对市场机制调节社会资源在不同产业分配方式的主动矫正,反映了政府对克服市场机制缺陷的决心与意志。

2. 产业政策法的原则

产业政策法的原则是指产业政策法的根本规则,它反映着产业政策法的基本价值目标,它的效力贯穿于产业政策法的立法、执法、司法和守法的全过程。产业政策法的原则起着维系和保证产业政策法的统一、协调与稳定的作用。据法律原则的基本要求,以及产业政策法的价值目标及产业政策法的特性,产业政策法的基本原则有以下两个。[2]

(1) 产业结构合理化原则

这是经济合理性原则在产业政策法中的体现。产业结构是指各产业部门在一个国家国民经济整体中的地位、规模比例、发展水平、产业布局及其相互联系的方式,包括产业部门结构和产业空间结构。后者往往称为产业布局。它是社会经济发展到一定程度,行业分工越来越细,形成各部各产业部门,产业部门间交易越来越频繁、复杂,相互联系和相互依赖程度增强的产物。也就是说,它是生产力高度发达的结果,反过来,产业结构的状况又会影响一个国家社会经济的发展。研究表明,同样的一组生产投入要素投入不同产业或产业结构状态中,其产出的差别是非常大的,这就提出了产业结构合理化问题。

所谓合理化的产业结构,是指按社会再生产中要求的投入产出比例建立起来的各产业生产能力配置构成的方式,[3]亦即合乎经济理性的产业结构,这意味着依这种产业结构社会资源能得到最有效利用。而现实中的产业结构由于种种原因,总会与社会经济发展所需要的合理产业结构相背离的情形出现,当这种背离达到一定程度,且市场机制自发调节难以矫正时,就通过国家的干预,主要就是产业政策的实施才能予以恢复。产业政策法就是保证产业政策制定的科学合理,以及产业政策能得以有效实施的法律规范。其根本的价值就在于它能提供这样一种制度保障,是产业结构在产业政策的作用下向符合社会再生要求的合理化的方向转化。产业结构合理的基本内容包括两方面,一是不同产业构成的产业结构的比例合理。二是在产业结构的动态变化中,整个产业结构能在高新产业带动下向高级化演化。前者是通过对产业结构进行调节,使产业间的比例与由社会对各产业产品的需要所决定的比例相符,以实现社会资源配置的效率。即主要是提高产业之间有机联系的聚合质量,提高整体经济效率。主要表现为对不同产业规模及各产业间联系方式的调节。而后者则是通过对高新产业的促进和对弱小、衰退但又为社会所必要的产业的保护,实现对产业结构进行调

---

[1] 参见[英]因弗里希·冯·哈耶克:《自由秩序原理》,邓正来,译,生活·读书·新知三联书店1997年版,第282页。

[2] 这里的两个原则主要参考了李昌麒教授主编的教材中的相关观点,该书把产业政策法称为产业调节法,提出产业调节法有三个原则,即优化产业结构原则、依法合理调节原则和效率原则。对此可参见李昌麒主编:《经济法学》(2002年修订版),中国政法大学出版社,2002年版,第414—418页。

[3] 周振华:《产业政策的经济理论系统分析》,中国人民大学出版社1991年版,第10—28页。

整,使产业结构由低水平向高水准的方向发展。可见,只要产业政策合理化,整个经济运行就必然会有效率,从产业政策法讲,只要其保障了产业政策的制定科学、合理,并能得到有效实施,实现了产业结构合理,经济效率是自然而然的结果。因此,有了这一原则,再讲效率原则就没有必要。

产业结构合理化原则,反映了社会经济发展到一定程度时,社会经济关系对产业调节法的调整和规范的要求。建立在高度发达分工体系基础上的现代市场经济的发展,其本质而言它是一个结构合理问题,产业结构是重要的经济结构之一。之所以需要产业结构合理,首先是由社会分工日益细化,产业部门增多,产业间相互依存程度的增加,使社会经济呈现出专业化、一体化的倾向。在这种情况下合理的产业结构带来的经济效益,远远超过了个别的劳动生产率提高带来的经济效益。由此可见,产业结构合理化在现代经济发展中的地位日益增强。其次,现代社会经济的发展取决于一个国家社会经济能否持续增长,而持续的增长需要资源的合理配置,而产业结构合理化的状况直接决定着资源配置的效果。世界发展中国家的发展表明,结构扭曲是大多数发展中国家不能实现经济持续高增长的主要原因之一。再次,科学技术在现代社会已成为第一生产力,然而科学技术的创新与应用不可能在所有现存的产业部门中同时出现和推广应用,它总是在某个特定的部门首先出现,而后向其他部门扩散,这种扩散是通过产业关联应实现的。而产业关联的程度又取决于产业结构合理的程度。因此,产业结构调整已成为现代经济增长的主题。同样地,产业结构关系在国家宏观经济关系中,已上升到具有主导意义的地位。这一关系向产业政策法提出了最本质的要求,就是产业结构合理化。

(2) 依法制定和实施原则

该原则是经济法的公共经济行为合法性原则在产业政策法中的体现。这一原则是产业政策法对产业政策在制定和实施中提出的特有的要求,这一原则有两方面的含义:政策的依法制定和政策的依法执行。

第一,产业政策的依法制定,是指产业政策必须依据法律规定的由经济学专家、产业代表和相关宏观调控机关等参与的协商程序而制定。产业政策作为宏观经济政策的一种,其施行影响的产业结构是一种复杂的宏观经济关系,相关宏观调控机关以产业政策对其调控,需要根据社会经济发展所决定的产业结构的现状而定,产业政策的制定是一种抽象的公共经济行政行为。因此,科学合理的产业政策的制定需要赋予相关宏观调控机关一定自由。但产业政策具有专业性,且涉及公共利益,为了使产业政策制定的科学合理,必须充分利用专家、相关产业的经营者(利益相关者)的相关专业知识,因此,必须对相关政策机关制定政策的行为予以约束,以克服政策制定机关在政策制定中的"无知",[①]以及防止被利益集团"俘房"而滥用政策制定权。

第二,产业政策的依法实施,是指产业政策的实施要以法律授权的产业政策实施机关依据法律的授权行使其职权,履行对市场主体的义务。并赋予市场主体有权对自己符合产业政策的、依法规定可以获得优惠的行为,向相关产业政策执行机关提出优惠请求。产业政

---

① 尽管相关政策制定机关拥有专家,但处于不同部门的专家因自身所处的职位不同,其思维不可避免地带有部门色彩,加之,宏观经济本身的复杂性,任何专家的知识都是有限的,因此,不可避免地产生对分析对象认知存在的"盲点",以及由此导致的"无知"。

的实施,主要依赖相关机关执行产业政策,其本质是履行国家的经济职能,它具有国家决定力和国家执行力的特性。这是国家权利固有的特征。[①] 而这种极具强制性的权利,总是要交付于某个人来行使。正如德国历史学家弗里德里希·迈内克(Friedrich Meinecke)所言:"一个被授予权利的人,总是面临着滥用权利的诱惑,面临着逾越正义和道德界限的诱惑。'人们可以把它比作是附在权力上的一种咒语——她是不可抵抗的'。"[②]因此,必须强化对权力的法律约束,依法实施或执行产业政策。依法实施或执行有三层含义:首先,意味着产业政策实施中执法主体地位的确立和职权职责的范围和内容必须源于法律的规定。其次,法律必须赋予执行产业政策的主体以相当的权威,以确保政策能够得到有效实施。同时,赋予市场主体一定的权利,以防止执法者滥用权力偏离产业政策,从而促进产业政策机关依法执行产业政策。因为产业政策的实施需要市场主体以政策导向参与社会经济活动,而市场主体的参与,主要是依据政策优惠预期可以获得利润。因此,必须保证市场主体能够实现其预期。最后,需要明确的是,作为产业政策法的法律的规范层次是多样的。它包括一切有权机关依法制定的有关产业政策的法律、法规和规范性法律文件。一切对上述有关法律规定的违反都将承担相应的法律后果。

(三)产业政策法的体系

法律体系是任何部门法的基本理论中的重要问题之一。下面依据法律体系的一般理论,对产业政策法的法律体系做简单的探讨。对全部的相关产业政策法按其功能或作用分类,一般可分为两种,即产业结构政策法、产业组织政策法。因此,产业政策法的法律体系可以说就是由这两类产业政策法律构成的功能互补、相互联系的体系。

1. 产业结构政策法

产业结构政策法是促进产业协调,从而形成合理的产业结构,实现资源在不同产业之间、以及三种产业内部各行业间的结构合理的法律。

产业结构政策法的核心在于促进产业结构的合理化、高级化和资源的有效配置。从宏观经济理论看,产业组织政策、产业技术政策都要围绕着产业结构政策的目标而进行。因而产业结构政策法在产业政策法律制度体系中占有重要的地位。产业结构政策法律制度的主要内容包括以下几个方面:[③]第一,整体产业结构规划法。第二,战略性产业的保护和扶持法。第三,衰退产业的调整和援助法。

2. 产业组织政策法

产业组织有广义和狭义之分,狭义的产业组织是指企业或公司内部的组织结构。广义的产业组织则是指在相关市场内的不同企业的规模及其之间的相互关系。作为反垄断法的经济学理论基础的产业组织理论,就是在广义上使用产业组织的。产业组织政策法是关于政府对产业组织进行调节的各项法律制度的总称,是政府协调市场结构、市场行为和市场结果之间相互关系的法律规则。其主要目标是使企业的运行具有活力,包括有效的竞争机制,符合产业结构调整的方向,充分利用规模经济和范围经济,取得最大的经济效益。产业组织

---

① 参见刘瑞复:《经济法——国民经济运行法》,中国政法大学出版社1991年版,第254页。
② [美]博登·海默:《法理学:法哲学与法律方法》,邓正来,译,中国政法大学出版社1999年版,第362页。
③ 对产业结构政策的内容构成及各个部分内容的较详细内容可参阅李昌麒主编:《经济法学》(修订版),中国政法大学出版社,2002年版,第420—424页。作者认为该书中的"促进产业结构合理化的其他相关制度"。不应纳入产业结构政策法。

政策法的主要内容包括以下几方面:第一,为了促进市场充分竞争而采取的扶持性法律。包括对中小企业扶持的法律,对中小企业合并、改组鼓励的法律等。第二,诱导产业组织优化的法律,如以法律形式明确政府推广的产业规划、提供有利于优化产业组织的相关信息。

二、产业结构政策法的法律制度

前述产业政策法的法律体系的内容说明,产业结构政策由整体产业结构规划法、战略性产业的保护和扶持法,以及衰退产业的调整和援助法三个方面构成,相应地,产业结构政策的法律制度也由这三方面构成。

(一)整体产业结构规划法律制度

现代国家,特别是现代后发国家整体产业结构规划,是国家或政府根据发达国家产业发展的经验,以及一定时期国内整个社会经济发展的情况提出的产业结构的长期规划。世界发达国家产业发展的历史说明,在市场经济发达国家产业发展的早期,完全依靠市场机制的作用,产业结构也会自发地形成并发展到高级化阶段。但他们的产业结构的合理化和高级化过程漫长而曲折,并付出了极大的代价。而有些后发国家吸取了这一教训,在起步阶段,就借鉴发达国家已经形成的高级产业,结合本国的资源禀赋,有计划地规划自己的产业结构,从低级到高级发展的步骤和政策,从而用较小的代价和较短的时间走完发达国家走过的历程。二战后法国、德国或日本等都成功地运营经济计划,并付诸产业政策迅速医治了战争给国民经济带来的创伤。就连一直信奉自由市场而对经济干预最少的美国政府,受苏联社会主义计划经济取得的成就影响,为矫正"市场失灵"也开始了用经济计划调控宏观经济运行。我国曾经实行计划经济,且在经济计划中有相关产业结构的规划,因此,对如何运用计划以及在计划中如何规划产业发展有丰富经验。但当时的计划经济体制下制定的计划及相关产业规划主要依靠行政手段,且制定计划或产业发展规划面临社会经济发展及产业发展水平低。因此,以过去制定计划的方式对产业规划,已不适应现代市场经济是法治经济的社会情境,也与现代高度发达的市场经济下的如何科学合理地制定产业发展规划的要求格格不入。在当今法治社会及社会对市场经济体制下,如何依法制定产业政策法,以及在计划调控中依法整体规划产业结构是我国面临的新问题。

整体产业结构规划的法律制度是法律对有关产业结构整体规划制定和执行过程中有关整体产业规划的制定和执行机关的构成、整体产业规划制定的原则、程序,以及激励与法律责任等规定的总称。这决定了整体产业规划的法律制度包括以下三方面内容。第一,整体产业结构发展规划的制定和执行机关的组织和运行体制的法律制度。这是保障整体产业规划科学合理和有效执行的基础性法律制度。第二,整体产业结构规划的原则和制定及执行程序的法律制度。其中,整体产业结构规划法的原则,应遵循效益性、补充性、时期性及确定性原则。而制定和执行程序制度则应引入多元参与协商的程序,这是保障整体产业规划科学合理和有效执行的核心法律制度。第三,激励与法律责任制度。法律责任制度是任何法律能否被遵守的必需的制度,而激励性制度是宏观调控法,当然也是保障整体产业结构规划法实施必要的制度。

(二)战略性产业的保护和扶持的法律制度

战略性产业是一个国家为实现产业结构高级化目标所选定的对国民经济发展具有重要

意义的具体产业部门,它具有如下特点:第一,其产值在整个国民经济中占有较高份额。第二,其发展有着广阔的市场前景和巨大的社会经济需求。第三,产业关联度高,可以带动和影响其他一系列产业的发展。第四,对增强国家竞争力有巨大作用,是国家竞争力的主要支撑力量。① 各国的战略产业部门都是根据其不同的经济、技术发展水平和对未来经济技术发展的预见来确定的。如美国在 20 世纪 80 年的初制订了一系列高科技发展计划,将电子计算机、信息技术、生物技术和海洋工程技术确定为战略产业。这是根据美国多年来产业结构发展的阶段、技术创新的能力、经济效益和未来经济发展的预测等多种因素所做出的产业发展规划。② 保护扶持战略产业是各国实现产业结构合理化的一项重要措施,也是各国产业政策所要实现的直接目标。③

保护和扶持战略产业的法律制度是关于确定战略产业的标准、程序,以及保护和扶持战略产业的法律措施和手段的总和。确定战略产业,一般而言,国家选定的战略产业应是对国民经济的稳定和持续发展具有重要意义的产业,主要包括这样一些产业:(1)高新技术产业。即在高新技术基础上发展起来的、新兴朝阳性产业。(2)成长型产业。即那些由于技术革新而飞跃发展,并在国民经济中起着举足轻重的传统产业。(3)支柱性产业及那些在现阶段国民经济发展起支撑作用的产业。(4)已经具有较强国际竞争力,以及可能发展成为具有较强国际竞争力的产业。

战略产业确定以后,必须采取相应的保护和扶持措施,以促进战略产业的发展,实现产业结构的合理化和高级化,这就需要通过制定一系列的法律、法规,具体的规定保护和扶持战略产业的手段和措施。常用的保护和扶持手段可以归纳为四个方面:(1)保护手段。主要是贸易保护,即在国际贸易规则允许的范围内采取贸易保护措施,保护尚处于幼小阶段缺乏竞争力的战略产业。(2)扶持手段。主要有财政、税收优惠,以及其他优惠。其中财税优惠如通过财政优先为战略产业的公共设施、设备进行投资;采取税收优惠措施,给予战略产业种种优惠。其他优惠如采取特别折旧、准备金或基金压缩记账等,以振兴技术扩大出口。(3)战略性技术引进,主要对一些新兴的技术部门,引进国内外先进技术和设备。(4)以低息贷款等金融优惠,以加速本国产业技术进一步的进程,缩短与国际经济先进水平的差距。

(三) 调整、援助衰退产业的法律制度

衰退产业一般是指经过一段时间发展后,因新的具有一定替代性产业的出现,致使其衰退,且处于困境中的产业。但一些衰退产业对国民经济的发展和社会的需要也有不可忽略的作用和存在的必要,因此,必须采取调整、援助措施,以维持其发展。有关此法律在日本战后经济发展中表现得最为突出,战后随着日本经济的恢复和发展,最早出现的衰退产业是煤炭产业,其后相继是纺织业、造船业、有色金属和化工业等。对此,日本制定了各种调整和援助的法律,如针对纺织业的衰退,制定了《纤维工业设备临时措施法》《纤维工业结构改善临时措施法》《纤维特殊法》《新纤维法》等,④1978 年制定《稳定特别萧条事业的临时措施法》。

---

① 参见陆佰主编:《大调整——中国经济结构调整的六大问题》,中国发展出版社 1998 年版,第 87 页。
② 关于美国产业政策对美国经济发展的影响,可参见[美]赫伯特·斯坦:《总统经济学:从罗斯福到里根以及未来总统经济政策的制定》,刘景竹,译,中国计划出版社 1989 年版。
③ 参见[日]小林实:《90 年日本与世界经济》,毛鸿良,译,上海翻译出版公司 1991 年版,第 26—27 页。
④ 有关日本援助和保护衰退产业的法律制度,可参见[日]小宫隆太郎等编:《日本的产业政策》,国际文化出版公司 1988 年版。也可参见李昌麒主编:《经济法学》(修订版),中国政法大学出版社 2002 年版,第 423 页。

这些调整、援助衰退产业的法律制度对依法确定衰退产业,并规定发展调整和援助衰退产业各种手段和措施等内容做了规定。

尽可能早地发现将陷入衰退的产业,并及时采取措施进行援助、调整以减少经济损失或社会震荡是调整、援助衰退产业法律制度的基本目标。因此,有必要根据不同衰退产业的特点制定相应的法律,实行各种援助政策,调整内部结构,使其顺利地缩减过剩设备,缩小规模,转移资本与劳力,实行整体产业结构的不断优化。对衰退产业的调整、援助的法律措施主要包括如下几方面:(1)调整设备的法律制度。就是通过法律制度规定,加速折旧,以及报废过剩设备,以降低设备的生产能力。(2)调整衰退产业内部结构的法律制度。其目的主要是通过法律规定对衰退产业的内部结构进行调整,加速衰退产业的技术改造过程,促进设备现代化和知识密集化,增加衰退产业的生存能力。(3)调节剩余资本和劳动力的法律制度。即对衰退产业经过设备调整和结构调整后出现的剩余资本和剩余劳动力采取稳定措施以维持就业和居民生活稳定,其中包括预防失业措施。优先为衰退产业或萧条地区的离职者提供就业机会。实施专业培训,促进中小企业实现就地转业或从外地引进投资等。第四,补贴法律制度。依此法律制度采取补贴措施及专门为企业的技术改造发放低息贷款。第五,鼓励外资投向衰退产业的法律制度。即为外资投资者提供各种便利,吸引外国资金向衰退产业投资。

三、产业组织政策的法律制度

前述研究说明,产业组织有广义和狭义之分。这里的产业组织政策主要是广义的产业组织,即一个产业内由不同规模的企业之间的关系形成的产业组织形态。因此,这里的产业组织政策的基本法律制度主要是指同一产业中,调整不同企业规模及其之间组织关系的法律制度,产业组织政策法律制度主要包括以下两个方面的内容。

(一)放松反垄断法规制

产业组织是否合理,主要与一个国家的竞争法中的反垄断使用除外制度,以及合并控制(经营者集中)制度紧密相关。一般来讲,当国际竞争激烈,为了追求规模经济和产业组织合理化,反垄断适用除外的规定相对较多,同时执法中对合并控制较为宽松。

(二)促进卡特尔

为了使产业组织合理,日本、德国曾采取以法律促进卡特尔的方法。如日本在矿业方面制定了《煤炭矿业活力化临时措施法》,在农林水产方面制定了《蚕丝业法》《渔业生产调整组合法》等,[1]1983年制定《改善特别事业结构的临时措施法》。[2]

第三节 区域经济政策法

经济法界在对有关区域经济法律问题的研究中,一般很少有区域经济政策法一说。目

---

[1] 有关详细内容可参见[日]金泽良雄:《经济法概论》,满达人,译,甘肃人民出版社1985年版,第244—248页。
[2] 有关详细内容可参见[日]丹宗昭信、尹从宽:《经济法总论》,吉田庆子,译,中国法制出版社2010年版,第561页。

前的研究主要集中在两个方面：一是从国家整体（或总体）的视角，主要研究区域协调发展问题，核心是落后地区的开发。二是从区域的视角，主要研究特定区域内不同行政区间协同发展问题，如我国长三角、珠三角、京津冀等区域内不同省市的协同发展问题。但区域经济发展问题的解决都是在国家一定时期内有关区域经济发展政策的指导下，通过制定相关法律实现的。这意味着，由此产生的法实质上就是区域经济政策法。本节在对其基本理论和范畴予以讨论的基础上，对其法律制度构成提出设想。

一、区域经济政策法的一般理论

在区域经济政策法的一般理论中，我们主要对区域经济政策法的一般含义、理论基础、理念与特性，以及区域政策法的体系予以说明。

（一）区域政策法的含义

要理解区域经济政策法的含义，首先应理解区域经济政策的含义，在此基础上结合相关区域政策法的规定，通过对其本质特性提炼给出产业政策法的概念。

1. 区域经济政策

区域经济政策是区域政策的内容之一，区域政策是根据区域差异而制定的以协调区域间关系和区域宏观运行机制的一系列政策之和，在宏观层次上影响区域发展，其内容很多，主要是区域经济政策、结构政策、景观和自然保护政策等。由于现代社会是经济社会，一切社会问题都与经济发展有关，因此，通常说的区域发展主要就是指区域经济发展。由此决定，区域政策主要就是区域经济政策。区域经济政策可以说就是狭义的区域政策，它是以政府为主体，以协调区域经济发展为对象，为弥补市场在不同地理空间范围配置资源失灵而采取的经济对策的总称。

2. 区域经济政策法

区域经济发展的根本是区域协调发展，即不同区域间的经济发展协调，以及各个经济区域的高效发展。因此，区域经济政策法主要就是区域经济协调政策和发展政策的法律化法。因此，从规范的行为视角看，区域政策法是规范政府在区域经济发展政策的制定、实施行为，以及对在一定区域内从事经济活动者的影响区域经济发展的行为予以规范的法律的总称。

从调整对象视角讲，区域经济政策法是调整政府在区域经济发展政策的制定和实施过程中所产生的具有区域间经济关系因素的经济关系。区域经济关系既有纵向的层次性，又有横向互补性。纵向的层次关系，即中央政府从国民经济的整体利益出发，对区域经济活动进行宏观调控，通过区域间的产业布局、区域经济政策选择，引导区域经济发展的协调。对这种社会经济关系的调整，主要是通过促进落后地区的发展而实现的。横向的关系，主要是在地理上相连的区域通过各地方政府根据各地资源禀赋，以及各自的经济优势形成协作，以促进区域经济发展而形成的协作关系。对这种关系的调整，主要是在一定区域内几个同级政府，通过协作、协商制定区域发展规划和经济措施协调本地区经济发展，促进地区利益的最大化而实现的。

（二）区域经济政策法的理论基础

区域经济政策法的理论基础主要包括两大方面，即区域经济发展的经济学理论，以及区域经济发展的经济法律理论。

1. 经济学理论基础

在生产高度社会化的当今社会,一个国家的国民经济总是作为一个整体系统而存在,其根本的发展目标亦在于实现整体经济的可持续发展。从"空间"的角度,国民经济的整体系统是由不同的"区域经济"构成的。整个国民经济的发展总是在区域经济的分工、互补、互动的发展过程中实现的。因此,"区域经济"是否协调是整个国民经济能否可持续发展的关键。由此决定,所有区域经济的核心,就是缩小区域经济的差距使之达到"适度",以实现区域经济的协调发展。那么,如何缩小区域经济差距?对此问题,不同时代的不同经济学家给予了不同的回答。[1]其中区域非均衡增长理论是主流理论。这一理论包括:佩鲁(Perroux)的增长极理论;缪尔达尔(Myrdal)的循环累积因果理论;赫希曼(Herschman)的不平衡增长理论;弗里德曼的中心——外围理论;威廉姆森(Williamson)的倒 U 形假说及以工业生产生命周期理论为基础的区域经济发展梯度转移理论等。[2] 其共同之处在于,都认为在市场经济及"二元经济"条件下,区域经济(增长)发展必然伴随着发达地区与欠发达地区的非均衡(增长)发展,市场机制并不能使区域间的差距自动消失。因此,都直接或间接地表明了政府在促进区域经济均衡协调发展中的作用。

在区域非均衡发展理论中,冈纳·缪尔达尔的"地理二元经济结构论"影响最大。他认为发展中国家在发展过程中,因各地区的自然及外部影响要素不同,就会出现地区间的不平衡,这种不平衡在"循环累积因果关系"的作用下不断加强,使得较先进的地区进一步发展,而落后地区更加落后。这是由于发达地区要素生产率高,价格高,不发达地区高质量的生产要素就流向发达地区。这被其称为"回波效应"("倒流效应"),并认为不存在当时主流经济学认为的"扩散效应"——即发达地区的发展会扩散到落后地区从而带动落后地区发展。随着贫穷引起生产要素的"倒流",贫困地区就更贫困,而更贫困就更引起生产要素"倒流",如此反复"循环累积",使发达地区与不发达地区的发展差距越拉越大。据此分析,缪尔达尔提出对区域经济发展的优先次序的看法:主张当某些先起步的地区积累起发展的优势时,应采取非均衡发展战略,通过各种政策倾斜,优先发展这些地区,求得较高的投资效率和较快的发展,并通过这些地区的发展来带动其他地区的发展,但地区间差距不能太大,为避免"循环累积因果关系"的影响,防止两极分化,不能消极等待市场力量自发作用,必须由政府制订相应的政策和措施,刺激和帮助落后地区快速发展。[3]

缪尔达尔的理论,不仅得到许多学者的认同,而且经统计方法检验,大致符合不发达经济的实际情况,因而受到了许多发展中国家政府的重视,被许多国家在规划区域发展,以及指定区域经济政策时自觉或不自觉地所使用。印度的坎德拉、巴西的马瑙斯等不发达地区的开发计划,我国在改革开放一段时间后,在经济发展出现不平衡后,当时党和国家在区域

---

[1] 主要有三种理论,即区域均衡增长理论、区域非均衡增长理论和新经济地理理论中的区域发散理论。均衡增长理论继承了亚当·斯密以来的经济自由主义传统的,认为经济发展具有扩散效应,从而区域经济会自动实现均衡增长;现代主流经济学理论则认为区域经济在发展中是非均衡增长的,后两种理论都持有此观点。

[2] 对以上理论的概括介绍可参见,豆建民:《区域经济理论与我国的区域经济发展战略》,载《外国经济与管理》2003 年第 2 期。更详细的介绍可参见,郑长德:《世界不发达地区开发史鉴》,民族出版社 2001 版,第 70—76 页。

[3] 对缪尔达尔地理二元结构论的概述,可参见汪小勤:《二元经济结构理论发展述评》一文,载《经济学动态》1998 年第 1 期。

经济协调发展战略中提出的"两个大局",①以及我国经济学界认为大国经济协调发展必须科学确定经济开发区域制定区域长期发展规划、合理地进行政策引导促进区域要素和产业转移,以及制定有效的公共财政政策加大落后区域扶持力度。② 这些,都可说是其理论的政策反映。

2. 经济法学理论基础

区域协调发展的经济法学理论基础,主要集中在两个方面,一是从国家整体(或总体)的视角。二是从区域的视角。

(1) 整体的视角,纵向调控的法律问题。整体的视角,是基于国民经济整体的立场,从构成国家整体的不同区域之间发展的差距、现状思考国家如何通过法律促进区域间协调发展。这一视角的学者主要思考国家层面上的法律理论及制度问题,这些法律属于纵向调控的法律,主要涉及的是中央与各区域的关系,其内容主要涉及区域协调发展法律的属性及理念。区域协调发展法律是宏观调控领域的法律,属于经济法。因此,区域经济协调发展的法律思考理念应是经济法的理念,如国家调节克服市场失灵的理念。其公平理念不应是民商法的形式公平,而应是整体公平。并以此确定相关法律的价值目标,以及设计相关的法律制度。

(2) 区域的视角,横向协作的法律。区域的视角,是基于区域发展的不同现状和资源禀赋的差异,从地缘、经济发展、市场联系紧密的区域内省际的关系思考一定区域内各省合作与发展。这一视角的理论,属于区域联系和合作的内容,针对的市场割裂、要素自由流动受阻等,需要跨区域从机制体制上解决的问题。主要关注特定区域内的法律理论问题,这些法律属于省(区)际间横向协作的法律,主要指一定区域内省政府间的协调法律机制,如西部、长三角、珠三角中部等区域,这些区域都是由不同省份构成的,区域内各省份之间由于地缘相连、发展程度相近、市场相互依赖,合作对各省的发展有利。因而需要法律协调区域内省际在发展中的优势互补关系。

(三) 区域政策法的制度秉性

上述法理念决定了区域政策法的法律制度,作为经济法子部门的一部分,在制度设计上应具备以下秉性。

1. 权利义务具有角色性

从整体和谐观念看,每一部分及处于不同部分的每一个体在社会整体运动中各自扮演不同的角色,发挥着不同功能,部分与部分及人与人之间的关系,便变成功能上互相依靠,彼此之间,成了一个相互依存的、相辅相成的统一的有机体。③

有机体决定了处于其中的部分及个体只有相对独立性,是功能体,这就是说部分或个体作为社会法的主体是功能主体。正因此,基于有机整体角度对功能个体的关系调整的法律,就旨在对功能个体的角色予以界定,并保护其功能发挥所需条件的存在或生成。这在世界各国的区域开发法,如日本的《孤岛振兴法》《北海道开发法》中就得以充分体现和说明。因此,区域政策法中的权利义务是与各类主体所在区域在整体发展中及它们自身在社会整体

---

① 我国的区域发展战略有两个大局。鼓励沿海地区先发展起来并继续发挥优势,这是一个大局。在东部沿海发展到一定的时候,"就要求沿海拿出更多力量来帮助内地发展,这也是个大局"[《邓小平文选》(第三卷)人民出版社 1993 年版]。

② 参见李昌麒、岳彩申主编:《经济法学》,法律出版社 2013 年版,第 380—381 页。

③ 莫家豪:《社会学与社会分析》,中国社会科学出版社 2000 年版,第 34 页。

运动中扮演的角色相应。主体的权利是发挥其社会机能之担保,[①]主体的义务是其他主体发挥功能所需条件而加于主体的约束。因此,功能主体的权利义务具有与其角色或功能的对应性,亦就因各类角色的差异性而呈现差异性。

2. 规范性质的二元结构性

区域政策法作为经济法中宏观调控法的一部分,决定其保护的法益是社会整体利益,这种利益虽可被社会中的每个人享用,但并不等同于个人利益的加总,且其相对于个人利益具有重要性与优先性。需要说明的是,这种对社会利益优先性与重要性的强调,并非否定个体利益,而正是基于对个体利益结构变迁的考虑。

按整体和谐主义的观念,虽然社会有机体的存在与发展以个体的存在及每一个体功能的发挥为基础,离开个体社会就不存在,但社会的存在并非离不开某一具体的个体。且就每一具体的个体来讲,社会总是先于个体而存在。因此,个体都自觉或不自觉地从社会获得了某种程度的利益。且个体利益的结构中从社会利益所分享的利益所占的权重随社会的发展而增强。然而,社会作为个体互动的关系状态,其并不能自动表明与维护自己的利益,而是由专门的公共机关所代表,并依整体的意志或利益而行为,经济政策法不仅直接对这些组织的组织机构,人员的任职资格进行了详细规定,使其具有表达社会利益之能力,且对其权限及其行使程序作了严格规定,以防止理性的执事人超越权限或滥用职权,达到对社会利益的维护。这在各国协调区域发展的法律规定中都有体现。因此,在有关区域政策法中不仅有实体性规范,而且有组织性及程序性规范。

3. 规范功能的二元结构性

整体和谐主义把社会看作有机体,意味着社会是由无数部分或个体合成之全体,此全体为一生存体,但全体和各部分之合计,实为异物。[②] 这种"实在论"的有机观念是社会分工的产物,它以个人相互差别为基础,因而,承认每一个人有自己的人格和一定的自由,这就意味着在一定程度上对个体之间利益分歧及利益冲突存在的承认。但正是分工与个体间的差异,又使每一个体的人格和自由受到他们所处社会的限定,他们的行为自觉或不自觉地总是服从于分工后社会的功能耦合需要,也由此决定了他们之间关系在主流上的互补与和谐,但也具有一定冲突,因此具有冲突与和谐二重性。

这种对社会有机体内个体之间关系的看法,决定了区域政策法,不仅要具有化解冲突的消极功能(传统法的功能),更重要的是要具有促成和谐的积极功能。

4. 区域经济政策法中财税、金融、资源诸方面的法律

区域协调发展的要旨在于靠整体力量,通过政策性倾斜或经济扶持,促进落后地区的发展,使地区发展的差距缩小在适度范围内,以实现一国社会整体的可持续发展。可见,依法予以财税、金融、资源使用等方面的倾斜,即财税法、金融法、自然资源开发利用法等法律相互配合尤为必要。

[①] 持整体主义的学者一般都把个体看作功能体,把权利看作是功能发挥之担保。如"原来孔德(Auguste Comte)曾主张'人只有尽义务之权利',Duguit 则谓人在社会应尽一职,并无自由之权,惟有社会的行动之义务。即如所有权非为所有者之权利,不过为财货保持者之社会的权能而已。故法律不复保持所有者之权,惟担保财货保持人以行使社会机能之可能性而已。"见史尚宽:《民法总论》,中国政法大学出版社 2000 年版,第 20 页。因此,注重从总体上发展区域协调发展法,把每个经济个体看作功能体就理所当然。

[②] 参见[日]美浓部达吉:《宪法学原理》,欧宗祐、何作霖,译,中国政法大学出版社 2003 年版,第 91 页。

(四) 区域经济政策法的法律体系

关于市场经济,国家社会经济发展的历史经验证明,在区域经济发展上,市场往往"失灵",造成地区差距的扩大与区域之间的不公。对此的纠正,就目前各国探索所得的经验来讲,最好的还是:靠政府的力量,实施适当的区域政策并将其法律化予以保障。据国内外区域政策法的发展看,有关此的法律体系主要由区域协调发展法和区域内协同发展法两大方面构成。

1. 区域协调发展政策的法律制度

这类法律制度是法学界研究区域法律问题的重心,通常被称为区域协调发展法,主要解决区域发展不平衡问题,内容包括以下内容:[①]第一,综合性的区域开发基本法。第二,特定区域开发和依法设立专门管理机构的法律。第三,政策手段的法律化。

2. 区域内协同发展政策法

随着经济发展,我国经济发展的空间结构正在发生深刻变化,中心城市和城市群正在成为承载发展要素的主要空间形式。我国为了适应新形势,提出了区域协调发展新思路,即发挥各地区比较优势,促进各类要素合理流动和高效集聚,增强创新发展动力,加快构建高质量发展的动力系统,形成优势互补、高质量发展的区域经济布局。为此,对区域协调发展提出了新的要求。不能简单要求各地区在经济发展上达到同一水平,而是要根据各地区的条件,走合理分工、优化发展的路子。要形成几个能够带动全国高质量发展的新动力源,特别是京津冀、长三角、珠三角三大地区,以及一些重要城市群。为应对此需要,产生了区域协同发展政策法。

二、整体的区域协调发展的法律制度

据国外区域发展的立法经验及近年来法学、经济学等学科领域的学者的相关研究成果,我国区域协调发展的法律制度应包括以下几方面。

(一) 国土开发整治法——区域协调发展的基本法

区域协调发展产生的社会经济背景及观念基础,要求我们从整体和谐的角度看待一国不同地区发展的相互依赖关系,以及地区发展与整个国家可持续发展的关系问题。以此观之:只有尽快促进落后地区的发展,发达地区才能更进一步发展,整个社会经济才能可持续发展。否则,区域发展失衡,不仅整个国家的发展难以持续,发达地区也难以发展。因此,区域协调发展问题,其落脚点就是国家如何在其整体范围内综合开发利用及保护各种资源的问题,也就是国土开发整治问题。[②] 所以,区域协调发展的各项政策措施均源于国土开发整治政策,其法律化的表现——《国土开发整治法》就成为区域协调发展的基本法。可见,制定《国土开发整治法》是促进区域协调发展的根本。

基本法的重要性在于,它可以明确各级政府在促进地区发展方面的责任、权利和义务,并把目标和原则以法律的形式确定下来,使政府关于地区发展的综合规划和政策措施具有

---

① 对此的较详细论述可参见刘水林、雷兴虎:《区域协调发展立法的观念转换与制度创新》,载《法商研究》,2005年第4期。

② 国土开发整治,是国土开发、利用、治理、保护的总称。国土开发整治的基本任务是综合开发国土资源,合理布局生产力,创造良好的生产、生活环境,实现城乡经济、基础设施建设和环境建设的协调发展。

法律依据。有了基本法,既有利于中央政府据以对地区之间和部门之间的利益关系进行协调,也有利于各级政府明确在市场经济条件下政府在地区发展上应该做什么和不应该做什么,从而促使政府职能转变。

(二) 特别区域开发法——西部开发法

区域协调发展的关键在于采取不同的政策措施,促进特别区域(一般指落后地区)的发展,使区域之间的发展保持均衡。因此,以法律促进特别区域的开发,就成为区域协调发展法律体系的重要内容。特别区域开发法作为区域协调发展的重点法就理所当然。

我国区域发展中东西部差距过大的现实及实现国家发展战略的需要,决定了我国急需制定的特别区域开发法就是"西部开发法"。根据国务院《关于实施西部大开发若干政策措施的通知》及国外落后地区开发的立法经验,我国的西部开发法内容至少应包括以下几方面。

(1) 立法目的。就是对西部地区,通过采取各方面综合的特别措施,促使西部更快地发展及西部居民生活水平的提高,最终实现区域发展的协调、社会整体的可持续发展和国民福利的提高。

(2) 西部开发委员会。是为西部开发而特设的专门机构,西部开发法要对委员会主席及委员的任命、免职、任期以及委员会的机构组织设置进行了规定。

(3) 西部的范围。由国务院总理、国土开发整治委员会主席、西部开发委员会主席及农业、财政部长,在听取国土开发审议机关意见的基础上,对西部地区的范围所指给以具体规定,并予以公示。

(4) 西部开发方针的制定。由西部开发委员会主席在国土开发整治委员会主席及相关部委首脑参与,并听取国土开发整治的审议机关意见的基础上,制定西部开发基本方针。

(5) 制定西部开发计划。由西部开发委员会及西部各省市的相关机关,在西部开发基本方针的指导下,制定西部开发计划及西部各省市的开发计划。

(6) 特别规定。如国家为实施西部开发计划所需经费,每年度在国家财政许可范围内,必须在预算中予以规定;对不同的主要扶持行业领域(如交通、通讯、环保、教育、农业等)的国家负担及补助比例作出规定。

总之,西部地区的发展,是今后较长时期我国政府在地区发展上面临的重大而艰巨的任务。通过《制定西部开发法》,把国家实施西部大开发战略的总体方针、实施手段、各有关主体的责任和义务等重要问题予以明确的界定,就可以把我们这些年来制定的有关西部开发的计划和政策措施赋予法律上的地位,使这些计划和政策措施更加规范化并具有法律保障,有效地提高政策措施的实效性。

(三) 区域开发的特别法

欠发达地区要加快发展,需要大规模的投入。而欠发达地区资金存量极少,因此,欠发达地区发展中所有的问题都直接或间接地与资金短缺问题有关。而资金来源无非是金融与财政,所以,区域开发的特别法律规定主要体现在财政与金融方面。

(1) 区域开发银行法。根据国外经验,政策性融资[①]在落后地区开发过程中起重要作

[①] 政策性融资是以政府的公共政策为目标导向的融资,其融资主体是政府或由政府直接控制的金融机构,通常用于收入低、投资额大、风险高、具有某种公益性性质的项目,如交通、邮电等基础设施领域。

用。而目前,在我国除国家开发银行、国家进出口银行和农业发展银行三大政策性银行承担政策性融资外,虽有一些国有银行也在"行政主导机制"的作用下承担部分政策性融资功能,但我国还没有一个专门为落后地区经济发展进行政策性融资的机构,致使政策性融资缺乏规范性、稳定性和长期性。①

因此,制定《区域开发银行法》,依法建立一家专营政策开发业务的金融机构——区域开发银行已是当务之急。其主要内容就是对组织与中央银行的关系;雇员及职员的聘用;主要业务;会计制度;监督制度予以规定,对政策性融资的规范化。

(2) 转移支付法。财政的转移支付,在世界许多国家欠发达地区的开发中起着重要作用,也是我国西部开发中所使用的重要财政手段之一。为保证转移支付的规范化、公平化、透明化,必须强化转移支付的管理,逐步使其走向法治化。因此,制定《转移支付法》对确保转移支付的公正合理,以及确保转移支付在西部开发中的有效使用就尤为重要。

转移支付是一项涉及面广、政策性强、影响广泛的系统工程。根据外国经验,结合我国国情,《转移支付法》主要内容就是,要设立专门的机构负责转移支付工作,其拥有制定转移支付的规模、程序的权力,但应向国务院及财政部呈报并具体说明。这个机构还有监督转移支付的执行情况的权力,以及会同国务院及财政部提出改革措施及建议。

总之,以法律的形式对转移支付加以规范,可在一定程度上防止中央政府与地方政府的讨价还价和地方政府的"跑部现象",更好发挥转移支付的调控作用。②

三、区域协同发展的法律制度

我国是一个幅员辽阔的大国,由于地域间的资源禀赋和发展差异较大,因此,我国区域协同发展战略是由多层级、多格局的结构体系,既有以国家战略为指导的京津冀、长三角、粤港澳大湾区,也有省级层面主导的如珠三角,还有以城市为单位的各类城市群,如成渝城市群、中原城市群等。在每一个区域协同发展布局中,基于各区域的基础条件、功能定位等的层次性差异,不同区域的法律制度需求也存在共通性与个体性差异。近年来,我国在促进区域协同发展政策法中,国家通过立法已制定了一些零散法律规范,一些地方也通过立法制定了少量的单行法律,这些为区域协同政策法律制度建设积累了一些经验。据统计,在中央立法层面已经有 40 余部法律和行政法规中有区域合作条款,有 20 余份法律文件对区域合作有规定。在地方立法层面,《广东省珠江三角洲城镇群协调发展规划实施条例》《湖南省长株潭城市群区域规划条例》《武汉城市圈资源节约型和环境友好型社会建设综合配套改革试验促进条例》等地方性法规比较典型,还有多部地方行政程序立法也对区域合作的原则、形式、指导、协调及监督等作了规定。③

据上述近年来我国的区域协同法律,以及国外区域协同发展的法律,按其在整个区域政策法中的功能划分,区域协同发展法律制度主要有以下几方面。

(一) 区域协同发展的基本法律制度

这类法律制度主要是一定地理区域内不同行政辖区间协同规划区域发展的法律制度体

---

① 参见张凤超、袁清瑞:"论区域金融成长",《东北师大学报(哲学社会科学版)》,2001 年第 1 期。
② 参见李传峰:《我国转移支付制度存在的问题及完善对策》《辽宁财专学报》,2001 年第 4 期。
③ 有关区域协同发展政策法律的立法情况可参见杨治坤:《区域协同立法引领区域协调发展》载《中国社会科学报》2022 年 3 月 30 日。

系。包括两个方面,即中央层面的和区域层面的。

1. 中央层面的与区域协同发展相关法的基本制度

这类法律的目的在于规范整个国家区域内的宏观调控、确定区域协同发展战略、促进各区域合作,奠定区域协同发展法律体系基础。其整体架构应当包括区域协调发展的基本含义、法律地位、目标、原则,各上下级之间的协同立法权限、程序、效力位阶、双向互动机制等。在立法策略上,早期可以采用分散制定规范、单行立法,①如条件成熟时制定综合性的"区域协同发展基本法",以及针对不同的区域协同发展布局制定"特别区域协同发展法"。

2. 地方层面的与区域发展协同相关法的基本制度

地方层面也应当加强地方协同立法,已建立该区域内特有的协同发展的基本法律制度。传统条块分割的行政管理体制一次与此对应的立法体制对跨区域立法协同乏力,既有的立法体制缺乏对区域协同立法的规定,造成了特定区域内跨行政管辖区间的经济协同发展调整的法律规范难以形成,中央层面区域协同立法无法满足不同区域协调发展布局的个性化、无法反映区域特色的法律需求进行精准化供给,因此,地方立法机关协同立法对提高区域协同发展的法律的科学合理性尤为重要。各地方立法主体除应当实施执行性地方协同立法外,还可以针对各区域特殊的地理环境、资源禀赋、政治环境、区位特点等,在立法权限范围内进行创制性地方协同立法,凸显地方协同发展立法的针对性、可执行性和区域特色,实现区域良法善治。②

(二)区域协同发展的利益分享与补偿机制的法律制度

区域协同意味着一定的地理空间内不同行政辖区在经济发展中的分工与协作,其目的在于充分利用各自的优势,实现优势互补,促进该区域再发展实现共赢。这意味着,一方面,协同发展对整个区域带来的经济利益大于各自发展带来的利益之和。另一方面,在合作中合作的各行政区间都想分享更大的利益。因此,依法建立区域协同发展中的利益分享与补偿机制方面的法律制度,是区域协同发展法中重要的内容,这类法律制度主要有以下几方面。③

1. 利益分享与补偿的核心机制

这里法律制度主要规范的内容有:第一,利益帮扶机制、利益补偿机制和利益分成机制。第二,利益分享和补偿的纠错机制,包括利益仲裁机制和利益磋商机制。在满足长远利益和整体利益的基础上,各区域中合理分配各种利益关系的约定或者契约就是利益分成机制。利益分成机制除了包括各区域在中央政府指导下所建立的具备强约束力的契约,还包括在公平原则的基础上由中央政府制定的对区域中各个行政区经济利益关系进行处理的规

---

① 如2022年,修改后的地方各级人民代表大会和地方各级人民政府组织法以法律形式明确了区域协同立法的相关内容。2023年,修改后的立法明确规定省、自治区、直辖市和设区的市、自治州可以建立区域协同立法工作机制。至此,区域协同立法制度正式以法律形式确定下来。

② 如自2014年起,京津冀三地人大先后出台了《关于加强京津冀人大协同立法的若干意见》《京津冀人大立法项目协同办法》《京津冀人大法制工作机构联系办法》和《京津冀人大立法项目协同实施细则》等协同立法规范性文件,借助于这些规范性文件,京津冀三地形成了建立联席会议机制、协商沟通机制、立法规划协同机制、法规清理常态化机制、学习借鉴交流机制等内容的立法协同机制。

③ 对区域协同发展中的利益分享与补偿的较详细研究可参见李珂:《我国区域经济协同发展的利益分享与补偿机制研究》,载《改革与战略》,2017年第3期。另外,参见张守文:《区域协同发展的经济法解析与促进》,载《当代法学》,2021年第5期。

则。作为利益分成机制的补充,利益帮扶机制和利益补偿机制不可或缺。

2. 利益分享与补偿机制的具体实施制度

区域协同发展中往往是在地理上相连、经济发展水平相近的两个或两个以上行政区域间的经济发展协同。为了在不同行政区之间合理分享经济利益,需要以下法律制度。

(1) 依法建立区域经济协同发展的利益分享与补偿机制

这类法律旨在保障区域经济协同发展中的利益分成机制起到作用。在遵守利益分成机制约定的基础上,不同行政区合理分享合作带来的利益,在分享利益的过程中需要两方面法律制度情况。第一,利益分享中的磋商和仲裁机制。在遵守利益分成机制的前提下,当不同行政区无法达成一致的经济利益分配结果时,需要通过利益磋商和仲裁机制解决经济利益的分配问题。第二,利益补偿机制。在遵守利益分成机制的前提下,不同行政区达成一致的经济利益分配结果,不过其中不同行政区或者双方均发现还存在利益分成机制尚未协调好的经济利益,比如关于生态方面的补偿问题,在这种情况下利益补偿机制就会起到作用。

(2) 区域经济协同发展中的利益帮扶机制

区域中不同行政区共同发展的需要,有必要依法建立利益帮扶机制协调区域中不同行政区的利益。第一,在遵守利益帮扶机制的前提下,不同行政区对帮扶的利益无法达成一致时,就需要通过利益磋商机制解决经济帮扶问题。第二,建立保障区域经济协同发展中的利益帮扶机制事实的约束制度。

(三) 区域协同发展中的协同执法制度

为实现区域协同,须搭建跨越行政界限的合作平台,构建信息共享与数据交流的桥梁。在执法领域,建立跨地域的执法合作体制。

1. 建立协同执法制度

这包括两方面内容,第一,共同展开行动,统一执法。面对复杂状况,不同区域执法部门可携手展开联合调查。第二,确立一致的执法准则和程序,确保各地执法行为一脉相承。需要留意的是,区域协同立法执法保障制度的实施举措,会因地区和领域的不同呈现差异。

2 建构区域协同规则评估机制

区域协同发展的政策法,属于规制法。为保证执法机关更好执法而制定的规则合理化,就需要建立对规则的评估制度。一方面,要明确评估主体。协同立法机关通过对自行制定的规范性法律文件进行评估,成为立法后评估的主要模式。在这个过程中,协同立法机关是关键的评估主体,为协同立法效果的审视提供了重要支撑。同时,实施机关因具备对法律法规实际应用的深入了解,也承担着重要的评估使命。此外,为了防止协同立法过程中的片面性,以及地方保护主义的干扰,第三方评估机构的介入显得尤为重要,以确保评估的公正性和中立性。另一方面要明确评估标准。区域协同立法后评估涵盖广泛,不仅审视协同立法规则的静态构造,更囊括整个立法过程的动态变迁。评估标准不仅应以合法性、合理性、实效性和技术可行性为基石,还应强调立法结构的协调性、立法目标与原则的一致性、具体制度规则与区域政策的协调性,以及实施效果的协同性。

思考题

1. 简述宏观调控政策法的含义。
2. 宏观调控基本政策法的主要内容和法律表现形式是什么？
3. 宏观调控产业政策法的含义和法律体系是什么？
4. 宏观调控区域政策法的含义和法律体系是什么？
5. 区域协调发展法的观念基础是什么？

本章知识要点

第十六章 宏观调控政策工具法

全章提要

- 第一节　财政调控法
- 第二节　调控税法（税收调控法）
- 第三节　金融调控法
- 思考题

宏观调控总是在一定的总的政策指引下通过各种具体经济政策而实现的,为了保障宏观调控政策目标得以有效实现,必须以法律对宏观调控政策工具的选取,以及政策工具的使用的程序和内容等予以规范。这些法律就是宏观调控的政策工具法。虽然,宏观经济学的宏观调控手段有财政、货币和计划三方面,但从法律看,由于计划法更主要的是政策导向的依据,因而具有宏观调控的基本法及政策导向法的属性,因此,作为宏观调控工具的法律主要体现于财政法、税法、货币金融法中。但并不是说所有的财税法、金融法都是经济法的宏观调控法,只是财政法、税法和金融法中把财政、金融手段作为宏观调控工具的相关法律才属于宏观调控的工具法,本章分别就财政、税收和货币金融三方面相关宏观调控法律的基本理论和制度予以介绍。

第一节　财政调控法

财政是现在市场经济国家调控经济的重要手段,通常包括收和支两个方面。由于在现代社会,一个国家的财政收入最主要是通过税收和国债筹集,而税收及其调控的法律有其独特性和独立性,需专门论述,因此,这里的财政调控法主要是从财政支出的角度来讲的。就财政支出主要有预算、财政转移支付和政府采购等,但就其在宏观经济调控中的作用来讲,主要是预算和财政转移支付。因此,限于本章篇幅,本节在对财政调控法基本原理简单介绍的基础上,主要就预算调控法律制度做简单介绍。

一、财政调控法基本原理

财政调控法简单说,就是对国家财政调控的法律化。因此,要理解财政调控法,首先必须了解财政及其在现代国家经济运行中的职能,在此基础上才能从法律视角及宏观经济调控的需要,以及相关法律规定对财政调控法的基本原理予以初步总结。

(一) 财政的概念及现代财政的职能

1. 财政的概念和本质

财政可以从实际意义和经济学意义两个不同视角来界定。从实际意义的视角来讲,财政是指国家(或政府)的财政部门通过其收支活动筹集和供给经费或资金,保证实现国家(或政府)的职能;从经济学意义的视角看,财政作为一个经济范畴,是一种以国家为主体的经济行为,是政府集中一部分国民收入用于满足公共需要的收支活动,以达到优化资源配置、公平分配及经济稳定和发展的目标。

财政是一种国家或政府的经济行为,或称"公共经济行为"。正因此,一般认为,财政具有阶级性和公共性、强制性和非直接偿还性,以及收入与支出的对称性。其本质是国家为实现其经济和社会职能,凭借政治权力参与部分社会产品和国民收入的分配和再分配所形成的一种特殊分配关系。

2. 现代财政的职能

从世界各国财政发展的历史看,不同国家或同一个国家的不同历史阶段,财政所承载的职能和任务也会有所不同。根据社会发展的整体进程以及不同社会思潮下财政观念的演进对财政职能的认识经历了家计财政、中性财政、计划财政和公共财政四个阶段。[①] 这四个阶段的财政职能的演化是与国家的性质,以及国家的职能发展变化相对应的。其中"家计财政"是自然经济条件下,封建国家的财政。在封建社会,由于"家天下",亦即国家为王公贵族统治,财政的收支主要是国王维护了其家族统治需要的收支,因此,国家财政与王室的财务收支不分彼此。中性财政,是资本主义自由竞争时期的财政职能,由于这一时期,认为最好的国家就是最小的国家,国家是"夜警察国家"。国家的职能,仅限于提供治安、国防和提供最基本公共服务,对社会的贫富差距、经济的运行交由市场自发作用,国家不予干预。因此,财政对于社会事务和经济运行的影响是中性的。自由资本主义之后,一些国家仍实行资本主义,但资本主义进入垄断阶段。同时,一些国家实行社会主义计划经济,与此相应,社会主义的财政就是计划财政,即为实现国民经济和社会发展计划而聚集和支出资金。而垄断资本主义国家经济体制也转变为"混合经济",国家也从最小国家转变为"福利国家"。相应地,国家具有了通过收入分配,实行社会保障,解决社会问题的社会职能,且具有了调控市场经济运行,维护社会经济秩序稳定发展的经济职能。这些都是为了满足公共需要,与此相应,财政具有了满足社会公共需要的职能。

可见,在现代市场经济下,现代财政的职能除传统为国家机器的运作筹集和支出资金外,另外还有社会职能和经济职能。社会职能,主要是收入分配职能,即财政通过收入再分配机制,重新调整由市场决定的收入和财富分配格局,达到社会认可的"公平"和"正义"的分配状态的职能。同时,也有通过财税控制环境、公益活动,以促进人们的生活环境和社会目的的实现,如对有利于环境的清洁生产的补贴、对一些文化产业的补贴。经济职能,也叫调控经济的职能,包括资源配置和经济稳定发展职能。其中,资源配置职能是指在政府的介入和干预下,财政通过自身的收支活动为政府提供公共产品给予财力保障,引导资源有效和合理利用,弥补市场的失灵和缺陷,最终实现全社会的资源配置最有效率的职能。经济稳定发展职能,就是指政府运用财政政策和货币政策以及适当的政策组合,以实现国民经济中总供给与总需求之间的平衡,并求得稳定增长的职能。

(二) 财政调控法的基本理论范畴

财政调控法的理论范畴中,财政调控法的含义和法律体系是理解财政调控法最为基本的理论范畴,下面分别对之简单介绍。

1. 财政调控法概念

财政调控法是财政法的一种,是财政职能演化到现代,新的财政职能在财政法中的体现。因此,要界定财政调控法首先要了解财政法的定义。

(1) 财政法。按经济法界基于调整对象对法予以界定的一般观点,财政法是调整财政关系的法律规范的总称。[②] 作为财政法的调整对象,财政关系可以界定为以国家为主体的收入或支出活动。以及在过程中形成的各种关系。

而从规范的行为看,财政法是规范政府财政收支行为,以及与政府财政收支有关的相对

[①] 参见《经济法学》编写组,张守文主编:《经济法学》,高等教育出版社 2016 年版,第 159—162 页。

[②] 参见李昌麒主编:《经济法学》(修订版),中国政法大学出版社 2002 年版,第 549 页。另可参见《经济法学》编写组,张守文主编:《经济法学》,高等教育出版社 2016 年版,第 162 页。

人的社会经济行为的法律规范的总称。由于财政活动的目的并非全部都是为了经济的运行,因此,按其目的或社会经济功能划分,财政法包括一般财政法和财政调控法。

(2) 财政调控法。对财政调控法可从调整对象和规范的行为两方面予以界定。从调整对象视角看,财政调控法,就是调整国家利用财政手段调控宏观经济运行过程中所产生的财政关系的法律规范的总称。从规范的行为看,调控财政法是规范政府调控经济运行的财政行为,以及规范与政府调控经济的财政活动相关的相对人的社会经济行为的法律规范的总称。

2. 财政调控法律体系

财政包括收入和支出两个方面,相应地,按法律体系的概念,财政调控法律体系包括财政收入调控法和财政支出调控法两大方面。[①] 其中,财政收入调控法,主要有税收调控法、国债法;财政支出调控法主要有预算调控法、转移支付法、政府采购法。由于财政收入调控法主要是税收调控法,税收调控法在宏观调控法中具有重要地位,加之其具有很强的独立性和独特性,因此,其后专门介绍。

二、预算调控法律制度

预算调控法是预算法的重要组成部分,它是预算法中对国家财政部门利用预算调控宏观经济行为的法律规范,或者说它是调整国家利用预算调控宏观经济中产生的预算收支关系的法律规范的总称。从我国预算法的规定来看,我国的预算法律制度主要包括:预算的管理体制、预算的收支范围、预算的管理程序和决算四个方面。

(一) 预算的管理体制

我国预算法规定,国家实行一级政府一级预算,设立中央、省、自治区、直辖市,设区的市、自治州,县、自治县,不设区的市、市辖区,乡、民族乡、镇五级预算。五级预算不具备设立预算条件的乡、民族乡镇,经省、自治区、直辖市政府的确定,可以暂不设立预算。

按照预算法的规定,全国人民代表大会及其常务委员会,县以上地方各级人民代表大会及常务委员会是预算的审批机构。国务院以及县以上地方各级政府是预算的编制和管理机构。

1. 预算的审批机关

我国预算审批实行由各级人大分级审批制。预算法规定,全国人民代表大会审查中央和地方预算草案及中央和地方预算执行情况的报告;批准中央预算和中央预算执行情况的报告;改变或者撤销全国人民代表大会常务委员会关于预算、决算的不适当决议。

全国人民代表大会常务委员会监督中央和地方预算的执行;检查和批准中央预算的调整方案;审查或批准中央决算;撤销国务院制定的同宪法、法律相抵触的关于预算、决算的行政法规、决定或命令;撤销省、自治区、直辖市人民代表大会及常务委员会制定的同宪法、法律和行政法规相抵触的关于预算决算的地方性法规和决议。

县级以上地方各级人民代表大会审查本级预算草案及本级预算执行情况的报告;批准本级预算和本级预算执行情况的报告;改变或者撤销本级人民代表大会常务委员会关于预算、决算的不适当决议;撤销本级政府关于预算、决算的不适当的决定和命令。

县级以上地方各级人民代表大会常务委员会监督本级总预算的执行;审查批准本级预

---

① 有学者认为财政调控法包括财政管理体制法、财政收入法和财政支出法三个方面。对此可参见《经济法学》编写组,张守文主编:《经济法学》,高等教育出版社 2016 年版,第 162 页。

算的调整方案;审查或批准本级决算;撤销本级政府和下级人民代表大会及其常务委员会关于预算、决算的不适当的决定、命令或决议。

乡、民族乡、镇的人民代表大会审查和批准本级预算和本级预算执行情况的报告;监督本级预算的执行;审查和批准本级预算的调整方案;审查和批准本级决算;撤销本级政府关于预算、决算的不适当的决定和命令。①

2. 预算编制和管理机关

国务院编制中央预算、决算草案;向全国人民代表大会作关于中央和地方预算草案的报告;将省、自治区、直辖市政府报送备案的预算汇总后报全国人民代表大会常务委员会备案;组织中央和地方预算的执行;决定中央预算预备费的动用;编制中央预算调整方案;监督中央各部门和地方政府的预算执行;改变或者撤销中央各部门和地方政府关于预算决算的不适当的决定、命令;向全国人民代表大会、全国人民代表大会常务委员会报告中央和地方预算的执行情况。

县级以上地方各级政府编制的本级预算、决算草案;向本级人民代表大会做关于本级预算草案的报告;将下一级政府报送备案的预算汇总后报本级人民代表大会常务委员会备案;组织本级总预算的执行;决定本级预算预备费用的功用;编制本级预算的调整方案;监督本级各部门和下级政府的预算执行;改变或者撤销本级各部门和下级政府关于预算、决算的不适当的决定、命令;向本级人民代表大会及其常务委员会报告本级预算的执行情况。

乡、民族乡、镇政府编制本级预算、决算草案;向本级人民代表大会做关于本级预算草案的报告;组织本级预算的执行;决定本级预算预备费用的功用;编制本级预算的调整方案;向本级人民代表大会报告本级预算的执行情况。经省、自治区、直辖市政府批准,乡、民族乡、镇本级预算草案、预算调整方案、决算草案,可由上级政府代编,并依照本法第二十一条的规定,报乡、民族乡、镇的人民代表大会审查和批准。②

(二) 预算收支范围

预算的内容由预算收入和预算支出组成。预算收入划分为中央预算收入、地方预算收入、中央和地方预算共享收入。预算支出分为中央预算支出和地方预算支出。按《预算法》规定一般公共预算收入包括税收收入、行政事业性收费收入、国有资源(资产)有偿使用收入、转移性收入和其他收入。具有较强宏观经济调控的财政收入主要是调控税、转移性收入。

一般公共预算支出按其功能分类,包括一般公共服务支出,外交、公共安全、国防支出,农业、环境保护支出,教育、科技、文化、卫生、体育支出,社会保障及就业支出和其他支出。其中具有较强宏观经济调控的主要是农业、科技支出以及其他支出中的补贴支出。③

(三) 预算的编制到执行和调整的程序

为了保证预算编制和执行的科学合理性,必须依法对预算从编制到执行和调整的全过程予以程序性规范。

1. 预算编制

据我国预算法规定,各级政府、各部门、各单位应当按照国务院规定的时间编制预算草

---

① 上述内容可参见我国《预算法》第二十条和第二十一条的规定。
② 上述内容可参见我国《预算法》第二十三条和第二十四条的规定。
③ 有关预算收入和支出范围的规定可参见我国《预算法》第三章第二十七条的规定。

案。各级预算应当根据年度经济社会发展目标、国家宏观调控总体要求和跨年度预算平衡的需要,参考上一年预算执行情况、有关支出绩效评价结果和本年度收支预测,按照规定程序征求各方面意见后,进行编制。[①] 各级政府依据法定权限作出决定或者制定行政措施,凡涉及增加或者减少财政收入或者支出的,应当在预算批准前提出并在预算草案中作出相应安排。各部门、各单位应当按照国务院财政部门制定的政府收支分类科目、预算支出标准和要求,以及绩效目标管理等预算编制规定,根据其依法履行职能和事业发展的需要以及存量资产情况,编制本部门、本单位预算草案。

地方各级预算按照量入为出、收支平衡的原则编制。各级预算收入的编制,应当与经济社会发展水平相适应,与财政政策相衔接。各级政府、各部门、各单位应当依照本法规定,将所有政府收入全部列入预算,不得隐瞒、少列。各级预算支出,按其功能和经济性质分类编制。各级预算支出的编制,应当贯彻勤俭节约的原则,严格控制各部门、各单位的机关运行经费和楼堂馆所等基本建设支出。各级一般公共预算支出的编制,应当统筹兼顾,在保证基本公共服务合理需要的前提下,优先安排国家确定的重点支出。一般性转移支付应当按照国务院规定的基本标准和计算方法编制。专项转移支付应当分地区、分项目编制。县级以上各级政府应当将对下级政府的转移支付预计数提前下达下级政府。地方各级政府应当将上级政府提前下达的转移支付预计数编入本级预算。

中央预算和有关地方预算中应当安排必要的资金,用于扶助革命老区、民族地区、边疆地区和贫困地区发展经济社会建设事业。各级一般公共预算应当按照本级一般公共预算支出额的百分之一至百分之三设置预备费,用于当年预算执行中的自然灾害等突发事件处理增加的支出及其他难以预见的开支。

2. 预算的审查和批准

我国《预算法》明确规定,国务院在全国人民代表大会举行会议时向大会作关于中央和地方预算草案的报告。地方各级政府在本级人民代表大会举行会议时,向大会作关于本级总预算草案的报告,中央预算由全国人民代表大会审查和批准,地方各级人民政府预算由本级人民代表大会审查和批准。[②]

3. 预算的执行和调整

(1) 预算执行。对预算的执行我国《预算法》规定,各级预算由本级政府组织执行,具体工作由本级政府财政部门负责。各部门、各单位是本部门、本单位的预算执行主体,负责本部门、本单位的预算执行,并对执行结果负责。

对于预算收入,法律规定:预算收入征收部门和单位,必须依照法律、行政法规的规定,及时、足额征收应征的预算收入。不得违反法律、行政法规规定,多征、提前征收或者减征、免征、缓征应征的预算收入,不得截留、占用或者挪用预算收入。各级政府不得向预算收入征收部门和单位下达收入指标。政府的全部收入应当上缴国家金库(以下简称国库),任何部门、单位和个人不得截留、占用、挪用或者拖欠。[③]

对于预算支出,法律规定:各级政府财政部门必须依照法律、行政法规和国务院财政部

---

① 有关预算编制的程序规定可参见我国《预算法》第三十一条和第三十二条的规定。
② 有关预算的审查和批准相关规定可参见我国《预算法》第四十七条和第四十八条的规定。
③ 有关预算执行的详细内容,可参见我国《预算法》第六章"预算执行"的相关规定。

门的规定,及时、足额地拨付预算支出资金,加强对预算支出的管理和监督。

(2) 预算调整。预算调整,是指经全国人民代表大会批准的中央预算和地方各级人民代表大会批准的各级预算在执行中因特殊情况需要增加支出或者减少收入而做出的变更。变更主要原因有:第一,需要增加或者减少预算总支出的;第二,需要调入预算稳定调节资金的;第三,需要调减预算安排的重点支出数额的;第四,需要增加举借债务数额的。各级政府对于必须进行的预算调整,应当编制预算调整方案。预算调整方案应当说明预算调整的理由、项目和数额。中央预算的调整方案应当提请全国人民代表大会常务委员会审查和批准。县级以上地方各级预算的调整方案应当提请本级人民代表大会常务委员会审查和批准;乡、民族乡、镇的预算调整方案应当提请本级人民代表大会审查和批准,未经批准不得调整预算。[①]

(四) 决算

决算是对年度预算执行的总结。决算草案由各级政府、各部门、各单位,在每一预算年度终了后按照国务院规定的时间编制。编制决算草案的具体事项,由国务院财政部门部署。

编制决算草案,必须符合法律、行政法规,做到收支真实、数额准确、内容完整、报送及时。决算草案应当与预算相对应,按预算数、调整预算数、决算数分别列出。一般公共预算支出应当按其功能分类编列到项,按其经济性质分类编列到款。各部门对所属各单位的决算草案,应当审核并汇总编制本部门的决算草案,在规定的期限内报本级政府财政部门审核。各级政府财政部门对本级各部门决算草案审核后发现有不符合法律、行政法规规定的,有权予以纠正。国务院财政部门编制中央决算草案,经国务院审计部门审计后,报国务院审定,由国务院提请全国人民代表大会常务委员会审查和批准。县级以上地方各级政府财政部门编制本级决算草案,经本级政府审计部门审计后,报本级政府审定,由本级政府提请本级人民代表大会常务委员会审查和批准。乡、民族乡、镇政府编制本级决算草案,提请本级人民代表大会审查和批准。[②]

我国《预算法》规定的国家预算和决算的监督制度,虽然是预算法的基本制度,也影响到预算调控法的运行,但其并非预算调控功能发挥的关键,因此,限于篇幅,这里不予介绍。

第二节 调控税法(税收调控法)

在宏观的财政政策中,税收和国债是最为主要的财政收入来源,也是重要的宏观调控的手段或重要的财政政策工具。其中,税收的调控功能更为突出,且税法具有其独特性和独立性。因此,限于篇幅需要,本节仅就调控税法问题,在对税法的一般理论简单介绍的基础上,对调控税法的特有理论范式和制度表现形式做初步的研讨。

一、税法的一般理论

调控税法作为税法的一种,税法的一般理论对其仍具有解释和指引意义,但也有其特性。这部分在对调控税法的基本含义、构成要素、原则和体系构成做简单介绍。

---

① 有关预算调整的详细内容,可参见我国《预算法》第七章"预算调整"的相关规定。
② 有关决算的详细内容,可参见我国《预算法》第八章"决算"的相关规定。

(一) 三个关键词：税收、税法和调控税法

1. 税收

要了解调控税法，首先要了解什么是税收，对税收的理解不仅需要了解其含义，还必须了解其特征。

税收是国家为了实现其公共职能而凭借政治权力，依法强制、无偿地取得财政收入的一种活动或手段。税收不仅是国家取得财政收入的一种主要手段，而且是国家实行宏观调控的重要经济杠杆之一，税收在形式上具有以下特征。

第一，强制性。是指国家对征税以法律、法规的形式加以规定，并按照法律强制课征。法律的强制性构成了税收的强制性。税收的这种强制性，同自愿平等的其他分配方式有明显的区别。

第二，无偿性。是指国家征税后，税款即成为国家财政收入，不再归还给纳税人，也不支付任何报酬，税收是一种无偿征收。税收的这种无偿性，同必须按期归还的债务收入和其他等价有偿的分配方式有根本的区别。

第三，固定性。是指在征税之前，以法的形式预先规定了征税对象以及对征税对象的征收比例或征收数额，按照预定标准征收。

2. 税法

税法从规范的行为讲，就是规范征税和纳税行为的法律规范。从调整对象的视角讲，税法就是国家制定的调整税收关系的法律规范的总称。税法和税收之间的联系表现在，税收活动必须严格依税法的有关规定进行，税法是税收的法律依据和法律保障，有税收必有税法，有税法亦必有税收，所以税法与税收的关系密不可分，任何一种税收都是以一定的法律形式表现并借助于法的约束力来保证其实现。

3. 调控税法

现代税收以功能为标准可分为财政税与调控税。财政税是通过税收为国家维护政治统治和提供最基本的公共物品所花费的成本筹集资金而征的税，是税收最为原始、最为基本的功能。而调控税，则是现代国家为履行社会经济调控而征的税收。由于调控经济和解决社会重大问题是现代国家职能扩张的产物，因此，调控税是现代社会才产生的税收。

由于税收法定，有税必有法，因此，与两种不同功能的税收相对应，产生了两种税法，即财政税法与调控税法。可见，税法并不都属于经济法中的宏观调控法，只有以税法调控宏观经济，此类税法才属于经济法的宏观调控法。① 在现代市场经济下，政府与调控经济职能愈

---

① 我国台湾地区有学者把税法的规范类型分为财政目的规范，社会目的规范与简化规范。财政目的规范是以满足公共预算所必须的财政需要为目的（原始功能）；社会目的规范，并非单纯援助无所得或所得甚少的群体，而更多指增进公共的利益或社会的利益、公共的福利、人民的团体生活等。社会目的的规范，乃是管制的（规制的、指导的、干预的、工具的）规范，而实现社会政策的（修正福利的、重分配的）、经济政策的、文化政策的、健康政策的、职业政策的目的而非财政目的。这种规范并非做成任何课税价值的决定,它可经由各种税捐优惠减轻税负，也可以创设附加的税捐负担（例如损失与盈余互抵及损失扣除的限制）或特别税。在社会目的的规范中，最重要的包括两种：(1)管制的规范（规律的、指导的或干预的规范）：此类制度规范欲透过税捐负担的减轻或加重，而引导纳税义务人为特定的公益行为，因此，与公共利益有关。(2)重分配的规范：此类规范以财富调整为目的，以维护社会公平之利益。就实质而言，社会目的规范并不属于税法，而归属于经济法、社会法或其他领域。简化的规范，是基于稽征技术上、经济上的理由，为使税法的适用更为容易、简政便民，而不应以提高财政收入为目的而破坏税法的内在价值体系。参加陈清秀：《税法总论》，元照出版有限公司2014年版，第21—24页。

益重要,因此,现代税法发展最快的是调控税法。

(二) 税法构成要素

税法构成要素,是所有类型税法必不可少的内容,是分析税法的结构和具体制度要素构成的重要工具,它一般包括以下几项。

1. 税法主体

税法主体是在税收法律关系中享有权利和承担义务的当事人,包括征税主体和纳税主体两类。

从理论上讲,征税主体是国家,但在具体的征税活动中,国家授权有关的行政机关行使征税权。在我国,各级财政机关、税务机关和海关具体负责税收的征收管理工作,其中,税务机关是最重要的、专门的税收征收机关;纳税主体又称纳税义务人,是指依照税法规定直接负有纳税义务的自然人、法人和非法人组织。

2. 征税客体

征税客体又称征税对象或课税对象,是指征税的直接对象或标的,即对什么征税。

征税客体在税法构成要素中居于十分重要的地位,它是各个税种之间相互区别的主要标志,也是税收分类和税法分类的重要标准。

根据征税客体性质的不同,可以将其分为商品、所得和财产三大类。当然,在具体的税法中,往往还需要通过税目和计税依据将它具体化,以使其更加具体和确定。

3. 税目和计税依据

税目是指税法规定的征税的具体项目,它是征税对象在质方面的具体化,反映了征税的广度。

计税依据又称计税标准或税基,是指根据税法规定所确定的用以计算应纳税额的依据。它是征税对象在量方面的具体化,计税依据的确定非常关键,因为它直接影响到纳税人的税负。

4. 税率

税率是应纳税额与计税基数之间的数量关系或比率。它是衡量税负高低的重要指标,是税法的核心。税率可分为以下三种。

(1) 比例税率。它是指对同一征税对象,不论其数额大小,均按照同一比例计算应纳税额的税率。它的优点是便于税款的计算和征纳,有利于提高效率,但它不利于保障公平。商品税普遍采用比例税率。

(2) 累进税率。它又称等级税率,即按征税对象数额的大小规定不同等级的税率,征税对象数额越大,税率越高。它一般适用于对收益额之类的对象的征税。累进税率又分为全额累进税率与超额累进税率,超率累进税率与超倍累进税率。

(3) 固定税率(固定税额)。即按征税对象的单位直接规定固定的税额,而不采用百分比的形式。我国的城镇土地使用税、耕地占用税等采用这种税率。

5. 纳税时间

纳税时间是指在纳税义务发生后纳税人依法缴纳税款的期限,因而也称纳税期限。纳税期限可分为纳税计算期和税款缴库期两类。纳税计算期又可分为按次计算和按期计算,按次计算是以纳税人从事应税行为的次数作为应纳税额的计算期限,一般较少适用。按期计算是以纳税人发生纳税义务的一定期限作为纳税计算期,通常可以日、月、季、年为第一个期限。按期计算适用较广。税款缴库期说明应在多长期限内将税款缴入国库,是纳税人实际缴纳税款的期限。

6. 纳税地点

纳税地点是指纳税人依据税法规定向征税机关申报纳税的具体地点。它的种类主要有：机构所在地、经济活动发生地、财产所在地、报关地等。

7. 税收减免

减税是对应纳税额减征一部分。免税是对应纳税额全部免征。税的减免包括以下几点。

（1）起征点。即对征税对象开始征税所规定的数额,未达到这个数额的不征税;达到这个数额的,对征税对象全额征税(包括起征点以下的部分)。

（2）免征额。即在征税对象中免予征税的数额。它是按照一定标准从征税对象中预先减除的部分。对减除部分(即免征额)不征税,其余部分按规定的税率征税。

（3）减征额。即从征税对象中减少征收的数额。

8. 违法处理

违法处理是指对纳税人违反税法的行为采取的惩罚措施,也包括对征税人违反税法的行为采取的惩罚措施,是国家税收制度强制性的突出表现。对纳税人违法处理的主要措施,有限期纳税、加收滞纳金、处以罚款和送交司法机关依法惩处等。

（三）调控税法的基本原则

1. 税收法定性原则

税收法定性原则也称税收法律主义,或称税收法定主义,是指所有税收活动必须依照法律的规定进行。税收法律主义最典型的表述是"无代表则无税",这在许多国家的宪法中都有直接或间接的表述,成为一项宪法性基本原则。税收法律主义的内容包括：

（1）税制要素法定。税制要素应是广义的理解,不仅包括税种、纳税人、征税对象、税率等,而且还应包括征税程序和税务争议的解决办法。这里的"法",是指由国家立法机关制定的正式法律。以行政立法形式通过的税收法规、规章,如果没有正式的税收法律作为依据或者是违反正式税收法律的规定都是无效的。

（2）税制要素明确。在税法体系中,有关税制要素、税款征收等方面的规定,必须尽量地明确而不出现歧义。要求税制要素必须明确,实际上是对税务执法机关自由裁量权的限制。税制要素的规定必须明确,更多的是从立法技术上保证税制要素的法定性,从而体现税收法律主义精神。

（3）税制要素合法。是指税制要素的调整必须经过正式的法律程序,不能由税务执法机关自行决定。

（4）税法程序保障。税收的课征必须遵循适当的程序,对税务纠纷也必须依法定程序予以解决。这就要求税收课征各环节都应有严格、明确的程序保障。加强程序性税法,既是税收法律主义的要求,也是完善税法建设的需要。

2. 税法公平原则

税法公平原则也称税收公平主义,它是近代法的基本原理即平等性原则在课税思想上的具体体现。税法公平原则,是指纳税人的法律地位是平等的,其核心内容是税收负担的公平,即纳税人之间的税收负担必须根据纳税人的经济负担能力或纳税能力分配,负担能力相等,税负相同,即横向公平;负担能力不等,税负不同,即纵向公平。衡量负担能力大小有收入、财产、消费三个标准,但这三个衡量标准各有其局限性,因此,体现税收公平原则的纳税能力衡量尺度只能是相对的。

3. 税法效率原则

税法效率原则是指以最小的费用获取最大的税收收入,并利用税收的经济调控作用最大限度地促进经济的发展,或者最大限度地减轻税收对经济发展的妨碍。它包括税收行政效率和税收经济效率。税收的行政效率具体包括:

(1) 征税费用。是指税务部门在征税过程中所发生的各种费用。如税务机关的房屋、建筑、设备购置和日常办公所需要的费用,税务人员的工薪支出等。这些费用占所征税额的比重即为征税效率。

(2) 纳税费用。是指纳税人依法办理纳税事务所发生的费用。如纳税人完成纳税申报所花费的时间和交通费用,纳税人雇佣税务顾问、会计师所花费的费用等。提高税收的行政税率,就必须提高征管水平,节约费用,严厉打击偷税、骗税行为;另一方面,也应尽量简化税制,使纳税手续便利透明,降低纳税费用。

税收的经济效率的主旨在于通过优化税制,尽可能地减少税收对经济的不良影响,或者最大程度地促进经济良性发展。如果说市场经济下国家税收经济效率所要求的是应当尽可能减少税收的负面效应,使市场更大程度地发挥其对资源配置的作用,那么非市场经济国家的税收效率则被认为是如何利用税收固有的职能最大可能地使经济朝着预定的目标发展。

二、调控税法的理论范式

调控税法是一种新的税法范式,因此,其具有不同于财政税法的理论范式,其理论范式的不同主要体现在其理论的"硬核"与财政税法不同,且在税法的一些主要理论上赋予了新的内容。

(一) 调控税法的"硬核"

法的问题意识和观念基础,是一种法范式的"硬核"。① 而法律问题的提出,虽始于对社会问题的观察,但纯粹对社会问题的观察或客观描述并不能提出法律问题。法律问题的提出本身就渗透着研究者的观念,或者说,法律问题本身就是一定观念回应社会问题的产物。下面通过对两种税法范式即财政税法的个人财产权保护范式和调控税法的宏观经济秩序保护范式产生的社会经济问题和社会思想观念的比较分析,彰显和深化对调控税法"硬核"的理解。

1. 个人财产保护范式的"硬核"

个人财产保护范式的税法,是对财政税法制度范式的理论提炼。其问题意识和观念基础就是对财政税法问题意识和观念基础的理论化凝练。财政税法的问题意识及观念基础在财政税法的产生和发展过程中虽有变化,但并没有本质的变化。对此,通过对财政税法产生

---

① 这里的"硬核"一词是在拉卡托斯的意义上使用的,是指一个"研究刚领",亦即一个理论体系建立的理论基点。由于其"研究纲领"是对库恩"范式"概念以"客观知识"进行的"第三世界"重建(参见[英]伊·拉卡托斯:《科学研究纲领方法论》,兰征,译,上海译文出版社,1986年版,第66页)。这意味着,其"研究纲领"就是库恩"范式"的另一种表述。因此,一种"范式"得以建立的理论基点,犹如一研究刚领的硬核,亦即就是该"范式"的"硬核"。

初期所要解决的社会问题及社会观念的分析就可探知。

现代税收和税法的产生和发展与资本主义市场经济制度的确立和发展相伴随。虽然在19世纪末，因科技革命导致社会生产力发展，生产社会化大幅度提高，使市场失灵，环境恶化和各种风险频发的现象已经出现，但社会思想观念转变的时滞性，使得直到20世纪30年代，资本主义国家的主流财政税收观念仍然是古典自由主义的政治哲学和古典经济学观念。这种观念信奉自由市场制度。这种观念把国家定性为"夜警国家"（"最小国家"），国家的基本职能被限定在提供国防、治安和基本公共设施三个方面，亦即生产和提供国防、治安和基础公共设施三种公共物品。而国家履行职能，提供公共物品需要花费成本，因此，税收作为国家的财政收入手段，其功能就是为国家履行其职能，生产和提供前述三方面公共物品筹集资金。这意味着，税收的总量就由生产和提供这些公共物品所花费的成本量决定。每个纳税人缴纳的税是其消费这些公共物品支付的对价。

可见，财政税法的观念基础包括相互联系的四个层次：第一层次，最基础的政治哲学和经济学观念，是古典自由主义的政治哲学和经济学观念。第二层次，作为财政学基础的国家及其职能观念，是"夜警国家"或国家职能极其有限的"最小国家"观念。第三层次，税的本质和功能的观念，税收是国家为了满足其实现公共职能，提供公共物品所花费的成本，而凭借公权力，强制地把个人的部分财产无偿转移给国家，以取得财政收入的一种活动或手段。第四层次，防止公权力滥用损害个人财产权利观念。受此观念影响，税法所要解决的根本问题，就是依法控制国家征税权，并赋予纳税人权利，以防止税收过量、税负不公对个人财产产生损害。正因此，这种税法的制度以及相关的理论和研究都是围绕着如何控制税收权力，赋予纳税人权利，防止公权力对个人财产的侵害，可见，这种税法是以保护个人财产权为中心而建立起来的，因此，把此税法范式称为个人财产保护范式。

2. 宏观经济秩序保护范式的"硬核"

社会秩序保护范式的税法，是对调控税中新型税法制度范式的理论提炼。其问题意识和观念基础实质就是对调控税法问题意识和观念基础的理论化凝练。因此，通过对调控税法产生时期所要解决的社会问题及社会观念的分析就可探知社会秩序保护范式的"硬核"。

19世纪末，因科学技术的发展及其在生产中的应用，不仅使生产力有了长足的发展，生产的社会化大幅提高，同时也导致了市场失灵、环境恶化和各种风险频发的现象日趋严重。这些现象也必然引起思想家对自由主义的反思和批评，反自由主义（主要包括社群主义、社会主义和民族主义）的观念日渐兴起，两种思想在不断交锋中，相互吸收对方思想中的合理成分而逐渐变化，以及主流经济学对国家干预社会经济、矫正市场失灵的接受。这必然引起法律制度的回应，产生一些新的法律制度，在这些新的法律中已自觉不自觉地体现着新的观念。① 相应地，国家观念也发生了变化，即国家从"夜警国家"或"最小国家"转化为"福利国家"或"规制国家"。国家的职能也从生产国防、治安和基本基础设施，扩大到调控经济、保护环境、消灭贫困、规制风险等各个方面，这些新职能通常被称为经济调控和社会调控职能。与国家职能转变相应，产生了新型功能的税——调控税，其目的就是通过税收调控，建立良好的社会经济运行秩序。相应地，调控税法就是保障调控税的功能发挥以及建立良好社会

---

① 英国著名法学家 A. V. 戴雪将19世纪划分为数个时期，并把1870年作为他称"集体主义"对立法影响的开端。（参见[英]卡罗尔·哈洛、理查德·罗林斯：《法律与行政》（上卷），杨卫东等，译，商务印书馆，2004年版，第44页注18。

经济秩序目的的实现。

可见,调控税法的观念基础相应地也包括相互联系的四个层次:第一,最基础的政治哲学和经济学观念,是体现着"共同体主义"合理成分的自由主义政治哲学和"混合经济"的经济学观念。第二,作为财政学基础的国家观念,是"规制国家"或"福利国家"的观念。第三,税的本质和功能的观念,把税收看做是调控社会经济活动的工具,是建构良好社会经济秩序的手段。第四,促进公权力合理使用观念。主要体现为依法对行政决策的程序控制,在行政决策中吸收专家、利益相关者参与协商做出决策。正因此,这种税法的制度以及相关的理论和研究,都围绕着通过在有关税收法律、法规制定中引入专家、纳税人协商制度,在厘清国家良好的社会经济秩序的生成需要鼓励何种行为、遏制何种行为,以及税收对人行为的影响程度等问题的基础上设立合理的税制。这也是把此种税法范式称为社会秩序保护范式的缘由。

总结上述两方面,从两种税法范式产生的背景及它们所依据的税收法律的功能类型看,调控税法的范式是以秩序保护范式为主导,但是,个人财产保护范式的税法范式,通过防止征税机关滥用权力对个人财产权的损害,可间接达到保护经济秩序的目的,因此,在现代调控税法中,仍存在个人财产保护范式的制度设计。这意味着,现代调控税法是以秩序保护范式为主导,以个人权利保护范式为辅助的二元结构范式。但调控税法的"硬核"应以秩序保护范式为基础。

(二) 调控税法范式对税法主要理论赋予的新内容

法的问题意识和观念基础决定了法律制度的价值目标或目的,从而决定着法律原则的内容构成,以及对法律原则内容的理解。这意味着,法律范式的核心主要体现在法律的价值目标或目的,以及法律原则的内容构成和对法律原则内容的理解中。因此,通过对税法目的或价值目标历史演化,以及税法原则的构成和对其理解变化的分析,就可了解秩序保护范式税法的核心在税收法律中的体现。

1. 税法目的与原则构成

前述研究告诉我们,个人财产保护范式的税法所要解决的根本问题或法律目的,就是防止税制不合理及政府滥用公权力(征税权)损害个人财产。为此,确立了两个基本的法律原则,即税收法定原则和税负公平原则。另外,这种税法范式依据的古典自由主义的政治哲学和经济学观念,对国家公权力的不信任,以及对自由市场制度的崇拜,认为市场机制自发作用的结果是最为有效的,且每个人按自己投入生产中的要素价格从市场取得的财产和收益是公正的。因此,在税制或税法上,主张税收不能扭曲市场机制对资源的配置,以及税收不能对个人按要素投入从市场获得财产和收益产生不良影响。为此,确立了税收中性原则。[①]可见,个人财产保护范式的税法基本原则主要由税收法定、税负公平和税收中性三个原则构成的。

秩序保护范式的税法理论和研究范式还在形成之中,它是以调控税法中的新制度范式

[①] 税收中性原则以税收不干预市场机制的运作、平等对待一切纳税人为目标的税收制度准则。该原则萌芽于英国古典经济学家李嘉图,在他看来一切赋税都有害于社会再生产,因而,反对税收对市场机制的干预。该原则由英国新古典学派经济学家马歇尔提出,其基于"均衡价格理论",认为国家课税会在不同程度上影响资源有效配置,产生税收超额负担,提出凡是影响价格均衡的税收都是"非中性"的,只有符合中性原则的税收才能保持均衡价格。据此,一个好的税收制度,对居民的生产和消费不会产生大的影响。

为对象形成的法律和理论研究范式。我们知道19世纪末以来,由于市场失灵导致的经济危机的频繁发生,"罗斯福新政"取得的成就,使西方主流经济学于20世纪30年代末发生了一场革命——凯恩斯革命。加之,受两次世界大战后社会主义国家经济建设取得的成就的影响,从20世纪30年代开始,特别是二战后,凯恩斯主义的经济理论成为西方的主流,并成为西方国家制定经济政策的理论依据。加之,社群主义等反自由主义观念对自由主义的批评,以及主流自由主义政治哲学对古典自由主义观念的修正。社会经济问题及社会观念变化就使得税收被赋予了新功能——调控。税收就被作为财政调控的手段,用于纠正市场的缺陷,调节社会经济的运行。相应地,调控税法所要解决的根本问题或者法律目的,就是约束政府更好地运用征税权,以税收影响人们的社会经济行为,建立良好的社会经济秩序。为此,在对税收法定和税负公平的原则赋予新意义的基础上,摒弃或弱化了税收中性原则,[①]并采取社会需要原则或社会政策原则。因此,秩序保护范式的税法基本原则是由税收法定、税负公平和社会需要(社会政策、税收偏在)三个原则构成的。[②]

2. 税法原则的意蕴与意义

虽然两种税法范式都认为税收法定和税负公平是税法的原则,但它们各自对这两个原则的理解不同,这种理解不同主要体现在不同时期税法理论对这两个原则内容理解的变化上。下面通过对这两个原则内涵演变的历史分析,说明两种税法范式对这两个原则理解的差异。

第一,税收法定原则意蕴演变的历史分析。税收法定,虽然从一般意义上来说,其一般含义和基本内容并无差异,但就这一原则产生和发展的历史看,不同时代,不同范式的税法对其含义的理解却不尽相同。前述研究说明,现代税法从产生直到20世纪30年代凯恩斯主义产生前,从税法的功能来讲,是单一的财政税法,是个人财产保护的税法范式。其对税收法定原则从以下几方面来理解:(1)对税收法定中法律的理解。认为法律指的是立法机关制定的法律,不包括授权立法产生的法律。之所以不包括授权立法产生的法律,是因为这一时期委任立法在税收领域几乎还不存在。(2)对税收法定中要素确定和要素明确的理解。认为税收要素明确意味着对税收机关征税权内容的确定,这既是对征税内容和范围的直接限制,也是对征税权的间接控制。因为,要素明确有利于纳税人判定自己的财产是否被侵害,以便当财产被侵害后及时寻求救济,从而间接防止税收机关滥用权力。而税收要素明确,则主要是对税收机关在征税中自由裁量权的限制。(3)对税收法定内容中的课税程序法定的理解。认为通过程序规定,保障纳税人参与到税收征纳的全过程,使税收的征纳过程透明公正。可见,以个人财产保护税法范式来理解税收法定原则,就是为了防止国家滥用税收权力损害纳税人的财产。这一原则实质上是西方以个人权利为中心的现代法治理论在税法中的体现,其核心是控制公权力,以及对受害的个人权利予以救济来约束公权力,以防止公

[①] 20世纪30至70年代,西方国家的税收政策受凯恩斯宏观经济理论的影响,应用税收政策来矫正市场的缺陷,调节经济运行已成为常态。可以说实践中税收中性原则已被摒弃,但因思维惯性,理论界仍不愿放弃这一原则,而把税收中性原则弱化为:税收应对经济的不良影响降到尽可能小的程度。

[②] 一般认为现代西方税法的原则由四个方面构成,即税收法定、税负公平、实质征税和社会需要。参见,谢怀栻:《西方国家税法中的几个基本原则》,载刘隆亨主编:《以法治税简论》,北京大学出版社,1989年版。但从税制思想史看,社会需要或社会政策原则,并非从税法一产生就产生,只是现代国家观念变化,以及国家职能扩张而产生的新原则,实质是调控税法对税法原则要求的体现。

权力对私权利的侵害,从而实现对个人权利的保护。

而秩序保护范式的调控税法,在遵循税收法定原则一般意义的同时,对税收法定赋予了新的含义和价值,主要表现在两个方面:(1)对税收法定中法律的理解。认为法律不仅包括立法机关制定的法律,还包括在委任(授权)立法下由税收机关制定具有法律效力的规范性文件。这是因为,从一定意义上来说,多数委任立法产生的法律就是应对国家调控社会经济,建立良好的社会经济秩序而产生的法律。相应地,由委任立法产生的税收法律就是秩序保护范式的调控税法。对此,从委任立法与秩序保护范式的调控税法的产生和发展的历史基本同步就可说明。[①] 另外,委任立法的观念在一定意义上是对以个人权利为中心主流法律范式的个体主义观念的反动,或者说是对其共同体主义的修正,与社会秩序保护范式的共同体主义法观念相趋同。[②] (2)对税收法定内容中的程序性原则——课税程序法定的理解。扩大了课税程序法定的范围,认为课税程序法定,不仅仅指征税机关的税收征纳程序法定,还包括准立法(委任立法)程序法定。如此就可以保障利益相关的纳税人参与到税收机关受委任制定调控税收规范性文件的过程中,使税法规定更科学合理。[③] 如此,不仅从形式上,更重要的是从实质上保障调控目的的实现。

第二,税负公平原则意蕴演变的历史分析。对于税负公平原则,在有关税收的思想发展中,存在两种不同的衡量税负公平的标准,即"受益标准"和"能力标准",相应地,存在着两个税负公平原则,即"受益原则"和"量能原则"。[④] 但在现代税法理论中,量能原则是税负公平原则最基本的表述,对现代税法制度设计和税法解释有着重大影响。我们知道,现代税法的理论是以财政税法为研究对象而形成的,是个人财产保护的税法范式。因此,量能原则实质就是个人财产保护范式对税负公平原则的表述。这一税法范式对税负公平原则这种理解,是由其个体主义的观念决定的。按个人主义观念,人是原子式的、独立的理性存在,且人与人是平等的无差异。因此,每个人的纳税能力(财产和所得),主要取决于两个因素,即个人的努力和其所处社会提供的公共物品,而与其所处社会领域——产业或行业无关。这意味

---

① 现代委托立法产生于19世纪中期的英国,二次世界大战后委任立法制度得以全面发展。可见,委任立法的产生和发展与秩序保护范式税法的产生和发展几乎同步。这一时期,特别是二战后,随着科技革命,社会经济的高速发展,各种社会关系和社会问题日趋复杂,使得国家职能日益增强,夜警国家或消极的法治国家演变成福利国家或积极的社会国家、规制国家。在这种情况下,不仅大量社会问题涌现导致立法量的急剧增加,使议会不堪重负。而且问题的复杂性、专业性,也使议会议员因缺乏相关专业知识而难以胜任相关立法。同时,科技的飞速发展,引起的社会变化莫测,要求法律要有一定的弹性,以利于适应不断出现的新问题。正是在这种形势下,委任立法应运而生了。

② 委任立法的出现,冲破了启蒙时代古典自由主义思想家所提出的以个人主义为中心、以法治主义为基础的理想国家形态,因而,在其发展的初期,受思维惯性影响受到一些人的反对。认为委任立法扰乱权力分立、侵犯正当的法律程序,以及违反"受委任的权限不得再委任"的法律原则。因此,在具有保守主义传统的英国,首席大法官休厄特在1929年发表了《新专制》一书,对委任立法进行了激烈地抨击,一时间使得朝野舆论哗然,导致议会成立了"大臣权力调查委员会",就委任立法问题进行调查。美国最高法院在1932—1936年间的四个判决中也宣判委任立法违宪。(参见孙晓民:《论委任立法》,载《法学杂志》,1985年第6期。)而美国的四个被宣判违宪的委任立法,正是罗斯福新政时期的调控经济立法,新政时的立法中具有反自由主义观念。[See Donald R. Brand, *Corporatism and the Rule of Law: A Study of the National Recovery Administration* (Ithaca, N. Y. :Cornell University Press,1988). 转引自[美]马克·艾伦·艾斯纳:《规制政治的转轨(第二版)》,尹灿,译,中国人民大学出版社2015年版,第5页。]

③ 准立法行为是抽象行政行为的一种,为了使抽象行政行为科学合理,美国1946年制定了《联邦行政程序法》,1990年制定了《合作制定规则法》。法国1978年制定了《改善行政机关与公众关系的多项措施及行政、社会和税务方面的各项规定》。这些法律强调了公民参与制定规则的程序,有利于保障规则的合理性。

④ 参见[瑞典]奈特·维克赛尔:《正义税收的新原则》,载[美]理查德·A.马斯格雷夫,艾伦·T.皮考克:主编《财政理论史上的经典文献》,刘守刚、王晓丹,译,上海财经大学出版社2015年版,第114页。

着,个人的纳税能力与其从国家所提供的公共物品中所获得的利益成正相关。由于个人从公共物品获得的收益难以测度,而个人的纳税能力易于测度,于是,以纳税能力为标准,以个人纳税能力的一定比率作为个人从公共物品消费的对价确定个人的纳税量,就是公平的。[1]

而调控税法是社会秩序保护范式,其观念基础是共同体主义的,在此观念看来,人作为社会人,总是处于由分工决定的结构共同体的不同区域或领域。因此,个人的纳税能力,不仅取决于个人的努力和其所处社会提供的公共物品,而且与其所处区域或社会领域——产业或行业有关。这意味着,个人的纳税能力不仅与其从国家所提供的公共物品中所获得的利益成正相关,也与其所处区域或社会领域有关。而且,不同区域或领域的社会经济活动对整个社会公共物品的影响是不同的,亦即处于不同区域或领域的个人从公共物品中的受益或对公共物品形成的贡献——花费的代价是不同的。这意味着,不同区域或领域的纳税人从公共物品中获得的利益是不同的。这决定了公平原则是由受益原则与量能原则共同构成的,这两个原则的排序是以罗尔斯对公平两个原则排序的方法,即是按词典序号排列的税负公平要求,第一,领域或产业间差别对待原则,是"不同情况不同对待"的体现。即把纳税人置于社会经济共同体的结构中,按其所处区域或领域的社会经济活动对社会秩序的影响,或者说按不同区域或领域在公共物品形成中的贡献大小,确定不同区域或领域从公共物品中的受益差别,并据此,确定不同领域或区域税收的差别。这意味着,调控税法的税负公平原则,最基本的是以区域或产业从整体公共物品中的受益为标准纳税。第二,领域或产业内相同对待原则,是"相同情况相同对待"的体现。即在相同区域、相同产业按纳税人的纳税能力纳税,即按量能原则负担税负。

三、调控税法范式的制度形式

虽然从税收及相应的税法目的和功能的历史演化看,可把税法分为财政税法和调控税法,但就第二次世界大战后现代市场经济国家的税收来讲都具有财政功能和调控功能,这意味着,现代税法没有纯粹的财政税法与调控税法,都兼具财政税法与调控税法两种属性。虽如此,但从一些税收产生的背景和目的看,其功能主要是调控,由此产生的税法及其主要属性就是保障税收调控的实现,这种税法就是调控税法,对此,应以秩序保护范式理解该税法。由于国家的基本职能处于相对稳定的发展中,而国家的调控职能随国内外社会经济和政治变化而变化,相对易于发生变化。因此,个人财产保护范式的财政税法其表现具有一般性、普遍性、稳定性。与财政税法相比,秩序保护范式的调控税法则具有专门性、特别性、多变性。调控税法通常以两种形式体现出来,即专门的调控税法和特别调控税法。

(一) 专门调控税法

专门调控税法是为了实现特定的社会经济调控目标而对某种行为或事业专门课税而产生的税法,有正反两种方向的表现方式。正向的表现方式就是新的税法的产生,现实中通常就是在一定的社会经济背景下,为实现特定的经济或社会目的而对特定的行为或事业开征新税,以调控人们从事特定行为或事业,由此产生的新税法。如近年来我国为实现环境保护这一社会调控目的,而新开征的环境税,由此产生的环境保护税法。再如近十多年在我国城市化发展过程中,因房产价格不断上升,使得从事房地产的经营和投资的收益极高,进一步

---

[1] 详细论述可参见刘水林:《论税负公平原则的普适性表述》,载《法商研究》,2021年第2期。

引起大量资本涌入房地产市场从事炒作。这不仅影响了对国民经济至关重要的制造业投资不足,影响产业结构的合理性,而且高房价导致财富分配分化加剧,以及大城市生活成本上升,不利于吸引年轻的人才成长等许多社会问题的产生。为控制资本流向房地产,需要增加房产炒作的成本,降低从事房产炒作的收益。正是在此背景下,我国决定开征房产税。为了使房产税法制定得合理,我国在一些城市开始房产税试点,并在试点的同时加快房产税法律草案的完善,实现立法和试点相互促进。我国未来出台的房产税法就是较典型的专门调控税法。专门调控税法通常都在"总则"的第一条开宗明义地以目的性条款,说明该税法调控的社会经济目标,而财政税法通常并没有目的性条款。[①]

反向的表现方式就是对特定税法的废止。现实中通常表现为在一定的社会经济背景下,为实现特定的经济或社会目的而对现存的针对特定的行为或事业所征收的特种税的停止征税,以激励人们从事特定行为或事业,由此而废止特定的税法。如随着改革开放,到20世纪末我国"三农"问题已成为制约我国社会经济发展的重要问题。为解决这一问题,从2004年起,我国对农业按照"多予、少取、放活"方针,逐步取消农业税。并鼓励一些地方根据本地的财力状况,自主决定多降税率或进行免征农业税改革试点。2005年12月19日,十届全国人大常委会第十九次会议通过了关于废止《中华人民共和国农业税条例》的决定,这意味着农业税及农业税法在我国彻底取消。正是由于农业税法的废止,才激励人们从事"三农"活动,实现税收调控。

(二) 特别调控税法

特别调控税法是指在一些法律中,为实现该法律的目的而对该法律规范的行为或事业的税收所做的特别规定,也存在正反两种方向的表现方式。正向的表现方式通常就是对特定区域或特定行业、特定性质的社会经济活动给予的税收优惠。如我国改革开放初期,为了解决经济发展中因资本短缺投资不足的困难,以及学习国外先进技术和管理经验,我国在制定外资企业法("外资三法")时,都在有关税收的条款中规定:外资企业"依照国家有关税收的法律和行政法规的规定,可以享受减税、免税的优惠待遇"。[②] 以及外商"以税后利润在中国再投资的,可申请退还已缴纳的部分所得税"。[③] 再如,现代国际竞争主要是技术竞争,为促进高新技术发展,国家对高新技术实行优惠政策,为此,在有关促进高新技术发展的法律、法规中规定税收的优惠。[④] 另外,在大国的发展中,区域协调发展是社会经济持续发展基础,在我国东西部发展不平衡已成为制约我国社会经济发展的因素,针对此,21世纪初,我国实

---

① 财政税法一般不规定立法目的,这是因为,所有财政税法的目的是同一的,且是不言自明的,即都是为国家从事最基本的公共活动筹集资金。相反,每个专门调控税法各有其不同的社会经济目的,因此,每个专门调控税法据必须在第一条设立目的性条款,以指导其后法律条款的设计。如我国环境保护税法第一条规定,制定该法的目的就是"为了保护和改善环境,减少污染物排放,推进生态文明建设"。

② 参见1979年出台的《中华人民共和国中外合资经营企业法》第八条第二款;1986年出台的《中华人民共和国外资企业法》第十七条第一款;1988年出台的《中华人民共和国中外合作经营企业法》第二十条。

③ 参见1979年出台的《中华人民共和国中外合资经营企业法》第八条第三款;1986年出台的《中华人民共和国外资企业法》第十七条第二款。

④ 2008年4月,我国科技部、财政部和国家税务总局联合颁布的《高新技术企业认定管理办法》及《国家重点支持的高新技术领域》认定的高新技术企业,可以依照2008年1月1日起实施的新《企业所得税法》及其《实施条例》、《中华人民共和国税收征收管理法》(以下称《税收征管法》)及《中华人民共和国税收征收管理法实施细则》(以下称《实施细则》)等有关规定申请享受减至15%的税率征收企业所得税税收优惠政策。

施西部大开发战略。为此,2012年财政部、国家税务总局和海关总署联合下发《关于深入实施西部大开发战略有关税收政策问题的通知》(财税〔2011〕58号),对在西部从事经营活动的企业所得税予以优惠。

反向的表现方式就是对税收优惠的取消。现实中随着社会经济的发展,此前一些法律、法规规定的税收优惠所意欲实现的社会经济目标已经实现,因此,通过修改法律、法规,废除相关税收优惠的规定。如经过20多年的改革开放,我国的资本短缺得以缓解,国内企业的技术和管理水平亦得到长足发展,加之国际政治经济形式及国际经济竞争形势的变化,为建立公平竞争的市场秩序,我国取消对外资企业的税收优惠。于是2019年制定了《中华人民共和国外商投资法》,同时废止"外资三法"。而在外商投资法的第二章"投资促进"中,取消了"外资三法"中有关促进外商投资的税收优惠规定。再如,对高新技术领域的税收优惠,由于只有企业从事的经营属于"《国家重点支持的高新技术领域》规定的范围"才可申请税收优惠,而每年都发布"《国家重点支持的高新技术领域》目录"(简称"目录"),这意味着,国家可以通过国际技术发展趋势,通过变化"目录",把一些领域的一些内容踢出"目录"的内容范围,就可取消对一些领域的产业的税收优惠。

从上述对专门的调控税法和特别调控税法的表现看,我们发现对调控税法认知和理解必须从两方面切入。第一,必须从整体性上去认知和理解。把其置于社会经济整体发展的需要中,置于整体的税收体系和整个税法体系中来理解。第二,必须从动态的历史发展上去理解。从税法的产生和废止的历史演化中,特别是反向表现形式的调控税法,虽然这种税法在当下的税法中已经不存在,但正是它们的废除才是调控税法的体现,而被废除的税法,在税法研究中往往被置于税法研究之外。

第三节　金融调控法

金融是融通货币和货币资金的经济活动,它是资金运动中的信用中介,是现代经济运行的动脉,是现代宏观调控的重要手段之一。正因此,对金融调控行为规制的法律制度是经济法体系中重要的宏观调控法律制度,是现代金融法的重要部分之一。这意味着,金融法并非都属于宏观调控法,[①]只有对国家特定的金融机关在执行金融调控的职能中的行为规范的金融法是金融调控法。本节以下内容在对金融调控法的一般原理予以简单介绍的基础上,再对金融调控的法律制度予以描述。

一、金融调控法的一般理论

金融调控法的一般原理涉及的内容较多,下面我们仅对金融调控法的概念、金融调控法的内容构造、金融调控法的体系这三个基本原理作简单介绍。

---

① 在我国的许多经济法教科书中,通常把金融法看作是宏观调控法。在我看来这是一种错误的认知,其实金融法中既包含有大量的非经济法内容,如属于商法的证券法、保险法、票据法、商业银行法等,也包括经济法的市场规制法和宏观调控法的内容。对此,本教材前述有关特殊市场规制法已有论述,我国也有教材认为,金融法中既有市场规制法也有宏观调控法。对此,可参见经济法学》编写组,张守文主编:《经济法学》,高等教育出版社2016年版,第221页。

（一）金融调控法

金融调控法是金融、调控和法的复合词，或者说是金融调控与法的复合词。因此，要理解金融调控法就必须理解金融、金融调控的基本含义。

1. 金融的含义

金融是资金融通的简称，一般是指与货币流通和银行等金融机构为中心的各种形式的信用有关的一切经济活动。金融的基础是信用，货币资金融通的条件是市场。金融的目的是通过实现资金的融通服务于实体经济。

金融在现代经济运行中发挥着越来越重要的作用，金融市场的安全与稳定运行离不开法律的保障，同样要实现以金融对宏观经济调控的目标也离不开对金融调控的法律制度化。

2. 金融调控

金融调控是现代金融的主要作用之一，也是现代市场经济国家进行经济调控的主要手段之一。在现代市场经济国家，各国金融调控都是以中央银行制定和实施的货币政策为主导的。央行利用货币政策工具通过调节货币的供应量、利率和汇率水平实现对金融市场的调控。在现今法治经济条件下，中央银行利用金融对宏观经济的调控都是依照法律，通过制定和实施货币政策等手段实现宏观调控的。金融调控有四个特征：(1)金融调控的主体是中央银行。(2)金融调控的手段以货币政策为核心，主要运用货币政策工具。(3)金融调控都是依法进行。第四，金融调控的目的是稳定币值，以促进经济的发展。

3. 金融调控法

金融调控法，简单来讲就是对国家使用金融手段进行宏观经济调控活动的法律化。从其规范的行为来讲，主要是对国家的金融调控机关——中央银行利用货币政策工具调控宏观经济的调控行为或调控活动的规范。从调整的对象来说，主要调整的是金融调控机关（中央银行和政策性银行）在执行金融调控职能的过程中与其他经济活动参与者之间产生的金融经济关系的法律规范的总称。

（二）金融调控法的内容构造

调控法作为广义的规制型法，其主要法律制度由三部分构成：依法设置或授权的专门的调控机关、法定的调控决策与执行程序、实体制度。

1. 金融调控机关及调控机制的法律制度

从我国相关法律规定看，金融调控的机关有三类。(1)金融调控的综合机关，一般各国都依法规定中央银行为金融调控的宏观机关。(2)金融调控特别机关，为实现金融调控的特别任务而设立的金融调控机关，如政策性银行。(3)金融调控的辅助机关，一般授予一些金融监管机关，辅助央行执行一些金融调控职能。如我国的证监会、银、保监会和外汇管理局。法律对这些机关在金融调控中的关系也做了规定，从而形成金融调控的机制。

2. 金融调控程序的法律制度

为了保障金融调控机关制定的货币政策合理，以及保障金融调控政策得以有效执行，法律对金融调控程序一般都有规定。如《中国人民银行法》规定：中国人民银行年度货币供应量、利率、汇率和国务院规定的其他重要事项作出的决定，报国务院批准后执行。中国人民银行就前款规定以外的其他有关货币政策事项作出决定后，即予执行，并报国务院备案；中国人民银行应当向全国人民代表大会常务委员会提出有关货币政策情况和金融业运行情况的工作报告;中国人民银行在国务院领导下依法独立执行货币政策,履行职责,开展业务,不受地方政府、各级政府部门、社会团体和个人的干涉。[①]

受现代社会重大决策需民主参与协商制约束的影响,党在十八届四中全会的《决议》指出:"健全依法决策机制,把公众参与、专家论证、风险评估、合法性审查、集体讨论决定确定为重大行政决策法定程序,建立行政机关内部重大决策合法性的审查机制,建立重大决策终身责任追究制度及责任倒查机制。"这些同样亦是金融调控遵循的程序制度,或未来完善金融调控程序制度设计的参考。

3. 实体性法律制度

为了进行金融调控,一般都对相关金融调控机关的职权和职责,以及可使用的调控手段和工具作出规定,以便调控有法可依。这些在其后的具体法律制度中将会介绍,这里不再赘述。

(三) 金融调控法的体系

从现代市场经济国家金融调控法律的规定来看,金融调控法主要集中规定在一国的中央银行法中,在我国主要规定在《中国人民银行法》中,[②]同时,在政策银行法,以及一些有关金融监管法律规范中也有一些赋予金融监管部门执行金融调控政策的规定。可见,我国的金融调控法律体系是由基本金融调控法、专门金融调控法和辅助性金融调控法构成。

1. 基本金融调控法

中央银行法是最基本的金融调控法,它对一国的金融调控机关和调控体制,以及金融调控机关的职权和职责、金融调控的工具、金融调控的程序等基本问题都做了规定,是金融调控法的核心和基础。

2. 专门金融调控法

这主要是对执行特定时期、特定领域或行业的宏观经济目标的实现而专门成立的金融机构,此类法律对该金融机构的设置、职能、运作方式等予以法律规定。主要体现在各种政策性银行法,如我国的《国家开发银行章程》《中国农业发展银行章程》等,还有德国的《复兴开发银行法》。这些银行是为执行特定的宏观经济职能而成立的金融机构,以金融促进特定时期、特定领域宏观经济政策目标的实现。

3. 辅助性和配套金融调控法

包括银行、证券、保险和外汇管理等各金融行业的法律,对各相应的金融监管机构的一些具有一定调控功能的职权职责的规定。

限于篇幅,下面仅对中央银行法律制度和政策性银行法律制度予以介绍。

二、中央银行法律制度

据《中国人民银行法》的规定,对中国中央银行法律制度的了解,首先需要了解其地位和性质,在此基础上对中央银行法的四种主要制度予以介绍。

[①] 参见《中国人民银行法》第五至七条的规定。
[②] 参见《中国人民银行法》第一条的规定。

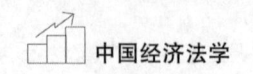

(一) 中央银行的性质及法律地位

1. 中央银行的概念

所谓中央银行,是指在一国金融体系中处于领导地位,负责制定和实施国家货币政策,调节和控制货币流通,提供公共金融服务,并对金融市场与金融活动实施监督和管理的金融中心机构。如我国的中国人民银行、美国的联邦储备银行、法国的法兰西银行、瑞典国家银行等,都担任中央银行的职责。虽然各国对中央银行的称谓不尽相同,但实行中央银行制度是当今各国的普遍做法。

据历史考察,早在17世纪中叶,中央银行制度就已经萌芽,最早具有中央银行名称的是成立于1656年的瑞典国家银行,但最早执行中央银行职能的是英国1694年成立的英格兰银行。19世纪以后,世界大多数国家都相继确立了中央银行制度。

我国最早具有中央银行性质的是1905年清政府设立的户部(大清)银行。新中国成立以后,中央银行的职能由1948年成立的中国人民银行执行。1995年通过了《中华人民共和国中国人民银行法》,对中国人民银行的法律地位、基本职责和业务规则等作出了详尽的规定,从而进一步强化了中国人民银行作为中央银行的地位和职权。

2. 中央银行的性质

中央银行的性质是指中央银行区别于其他金融机构的根本属性。一般来说,各国的中央银行既是特殊的金融机构,又是特殊的政府机关。我国的中国人民银行也具有政府机关和金融机构的双重属性。

一方面,中国人民银行担负着领导和管理全国金融事业、制定和执行货币政策、维护金融稳定等职责,具有国家机关的属性,但它又不同于一般的政府部门,因为一般的政府管理机构主要是采用命令、指令等行政强制手段来进行管理的,而中央银行对金融业的管理主要是借助于利率、汇率、存款准备金率、公开市场业务和再贴现等经济手段,而且中央银行具有相对独立的地位,实行垂直领导,直接对中央政府负责。

另一方面,中国人民银行又在一定范围内提供金融服务,具有银行金融机构的属性。但它又不同于普通的银行金融机构,具有自己的特殊性:(1)中央银行是国家的发行银行,独享国家法定货币的发行权。(2)中央银行是银行的银行,一般只面向广大金融机构和政府提供金融服务,且不以营利为目的,对商业银行的存款不付利息。(3)中央银行是政府的银行,代表国家实施金融政策,代理国家金库,管理财政收支,持有、管理、经营国家外汇储备、黄金储备,还代表国家参加国际金融活动。①

3. 中央银行的法律地位

中央银行的法律地位通常要通过中央银行与国家权力机关的关系、中央银行与政府及其部门的关系、中央银行与普通银行的关系三个方面加以体现。《中国人民银行法》对我国中央银行的性质及法律地位作了明确规定:②

(1) 中国人民银行是中华人民共和国的中央银行。中国人民银行在国务院的领导下,制定和实施货币政策,防范和化解金融风险,维护金融稳定。

(2) 中国人民银行应当向全国人民代表大会常务委员会提出有关货币政策情况和金融

---

① 中国人民银行的性质参见《中国人民银行法》第一章"总则"的相关规定。
② 参见《中国人民银行法》第二条、第五条、第六条、第七条、第十条和第十二条的规定。

监管情况的工作报告。

（3）中国人民银行就年度货币供应量、利率、汇率和国务院规定的其他重要事项作出的决定，报国务院批准后执行。中国人民银行就其他有关货币政策事项作出决定后，即予执行，并报国务院备案。

（4）中国人民银行在国务院的领导下依法独立执行货币政策，履行职责，开展业务，不受地方政府、各级政府部门、社会团体和个人的干涉，具有相对的独立性。

（5）中国人民银行实行行长负责制。行长的人选，根据国务院总理的提名，由全国人民代表大会决定；全国人民代表大会闭会期间，由全国人民代表大会常务委员会决定，由中华人民共和国主席任免；副行长由国务院总理任免。

（6）中国人民银行实行独立的财务预算管理制度。但应当执行法律、行政法规和国家统一的财务会计制度，并接受国务院审计机关和财政部门依法分别进行的审计和监督。

（二）中央银行的职能与职责

1. 中央银行的职能

根据1995年3月颁布的《中国人民银行法》第二条的规定，我国的中央银行有三大职能，即制定和执行货币政策、实施金融监管和提供金融服务。2003年12月修订后的《中国人民银行法》将中国人民银行的职能界定为制定和执行货币政策、维护金融稳定和提供金融服务。

2. 中央银行的职责

中央银行的职责是其职能的具体化。根据《中国人民银行法》第四条的规定，我国中央银行的职责具体是：(1)发布与履行其职能有关的命令和规章。(2)依法制定和执行货币政策。(3)发行人民币、管理人民币流通。(4)监督管理银行间同业拆借市场和银行间债券市场。(5)实施外汇管理，监督管理银行间外汇市场。(6)监督管理黄金市场。(7)持有、管理、经营国家外汇储备、黄金储备。(8)经理国库。(9)维护支付结算、清算系统的正常运行。(10)指导、部署金融业反洗钱工作，负责反洗钱的资金监测。(11)负责金融业的统计、调查、分析和预测。(12)作为国家的中央银行，从事有关的国际金融活动。(13)国务院规定的其他职责。

（三）中央银行的组织机构

一般来说，中央银行的组织机构可以分为决策机构、执行机构、监督机构、内部职能机构及分支机构。但由于历史传统与社会制度不同，各国中央银行组织机构的设置不尽相同。根据《中国人民银行法》的规定，我国中央银行的组织机构是由最高权力机构、咨询议事机构、总行内部的职能机构和分支机构组成。

1. 最高权力机构

《中国人民银行法》规定，"中国人民银行设行长一人，副行长若干人。中国人民银行行长的人选，根据国务院总理的提名，由全国人民代表大会决定；全国人民代表大会闭会期间，由全国人民代表大会常务委员会决定，由中华人民共和国主席任免。中国人民银行副行长由国务院总理任免。""中国人民银行实行行长负责制。行长领导中国人民银行的工作，副行长协助行长工作。"虽然《中国人民银行法》未明确规定中国人民银行的最高权力机构，但上述规定实际上等于确立了中国人民银行的领导机构和领导体制。行长不仅是中国人民银行

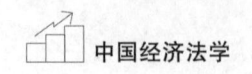

的最高行政领导人,也是中国人民银行的法定代表人。

2. 咨询议事机构

《中国人民银行法》第十一条规定:"中国人民银行设立货币政策委员会。货币政策委员会的职责、组成和工作程序,由国务院规定,报全国人民代表大会常务委员会备案。中国人民银行货币政策委员会应当在国家宏观调控货币政策制定和调整中发挥主要作用。"1997年国务院根据1995年《中国人民银行法》的规定制定了《中国人民银行货币政策委员会条例》,对货币政策委员会的构成、性质、地位、职责、工作程序、委员的权利与义务等作出了明确规定。该条例第2条明确规定,货币政策委员会是中国人民银行制定货币政策的咨询议事机构。

根据《条例》的规定,货币政策委员会的基本职责是,在综合分析宏观经济形势的基础上,依据国家的宏观调控目标,讨论下列货币政策事项,并提出建议:(1)货币政策的制定、调整。(2)一定时期内的货币政策控制目标。(3)货币政策工具的运用。(4)有关货币政策的重要措施。(5)货币政策与其他宏观经济政策的协调。

货币政策委员会由中国人民银行行长、副行长2人、国务院副秘书长、国家发展和改革委员会副主任1人、财政部副部长1人、国家统计局局长、国家外汇管理局局长、中国证券监督管理委员会主席、中国保险业监督管理委员会主席、中国银行业监督管理委员会主席、国有独资商业银行行长2人、中国银行业协会会长、金融专家1人组成。

3. 内设职能机构

《中国人民银行法》未规定中国人民银行内部机构的设置。但基于履行自身职能与职责的需要,中国人民银行设立了若干职能机构。截至2004年2月4日,中国人民银行总行共设了18个司局。它们分别是:办公厅、条法司、货币政策司、金融市场司、金融稳定局、调查统计司、会计财务司、支付结算司、科技司、货币金融局(国务院反假货币联席工作会议办公室)、国库局、国际司、内审司、人事司、研究局、征信管理局、反洗钱局(保卫局)以及党委宣传部。

4. 分支机构

中央银行的分支机构是中央银行履行职能的重要保证。因此,各国的中央银行都设立了一定数量的分支机构。《中国人民银行法》第13条也明确规定,"中国人民银行根据履行职责的需要设立分支机构,作为中国人民银行的派出机构。中国人民银行对分支机构实行统一领导和管理。中国人民银行的分支机构根据中国人民银行的授权,维护本辖区的金融稳定,承办有关业务。"

各国中央银行分支机构的设置,大体可以按经济区划设置和按行政区划设置分为两种模式。长期以来,我国的中央银行一直实行总分行制,并按行政区划设置分支机构。1998年底,为强化中央银行的独立性,中国人民银行撤销了省级分行,改为在全国九个大城市(即天津、沈阳、上海、南京、济南、武汉、广州、成都、西安)设立跨省、自治区、直辖市的分行。同时,在北京和重庆设立了中国人民银行总行营业管理部。

(四)中央银行的货币政策目标及政策工具

1. 货币政策目标

中央银行的宏观调控功能主要是通过制定和实施货币政策来实现的。所谓货币政策,就是中央银行为实现特定的宏观经济调控目标而采取的调节、控制货币供应量与信贷活动的方针、策略及各种具体的金融措施的总称。由于货币政策是各国宏观经济政策的重要组成部分,制定和实施货币政策,既是各国中央银行最主要的法定职责,也是中央银行的一项基本权力,其职责和权力的履行事关整个社会公共利益,所以,各国的法律不仅明确规定了中央银行制定和执行货币政策的程序,而且还明确规定了货币政策的目标及实现目标的工具。

中央银行的货币政策目标即中央银行实施货币政策所要达到的目的。一般来说,中央银行的货币政策目标可以分为终极目标、中介目标和操作目标3个层次。

(1) 终极目标

所谓终极目标,是指中央银行制定和实施货币政策预期要达到的最终目标。它通常与一国的宏观经济目标相一致,具有全局性、长期性、战略性等特点。

现今西方经济学家普遍认为,货币政策的终极目标是稳定物价、充分就业、经济增长和国际收支平衡。但现实中各国立法所确立的货币政策终极目标大致有三种模式:(1)单一目标模式。即法律规定的中央银行货币政策只有一个终极目标。如《德意志联邦银行法》规定,德意志联邦银行货币政策的目标是稳定货币。(2)双重目标模式。即法律规定的中央银行货币政策有两个终极目标。如日本1998年的《日本银行法》规定货币政策的目标有二:其一是通过保持物价稳定,促进国民经济健康发展;其二是保证结算系统顺利、平稳运行,从而确保金融体系的稳定。[①] (3)多重目标模式。即法律规定的中央银行货币政策有三个以上的终极目标。如英国中央银行货币政策的目标是稳定物价、充分就业、实际收入的合理增长和国际收支平衡;而美国的法律则规定中央银行货币政策的目标是价格稳定、迅速的实际增长和低失业。

《中国人民银行法》第三条规定:"货币政策的目标是保持货币币值稳定,并以此促进经济增长。"从这一规定来看,我国的货币政策采取了双重目标模式,货币政策的最终目标是"保持币值稳定"与"促进经济增长"并举。

(2) 中介目标和操作目标

由于货币政策的最终目标是一个长期的、原则的、非数量化的目标,因此,必须有一些短期的、能够运用于日常操作并且能够直接控制的、数量化的指标,作为实现货币政策最终目标的中介。中介目标和操作目标就是中央银行的货币政策对宏观经济运行产生预期影响的连接点和转送点,在货币政策的传导中起着承上启下的传导作用,使中央银行的宏观调控更具弹性。其中,中介目标是指距离政策工具较远而接近于最终目标的金融变量,它不容易为中央银行所控制,但与最终目标的因果关系比较稳定;操作目标是指接近中央银行政策工具的金融变量,它直接受货币政策工具的影响,也容易为中央银行所控制,但它与最终目标的因果关系不大稳定。

一般来说,能够充当中介目标和操作目标的金融变量,必须具有可测性、可控性和相关性。根据这一标准,可以作为中介目标的金融变量主要有货币供应量、信用总量、长期利率和汇率;能够充当操作目标的金融变量主要有基础货币[②]、银行准备金和短期利率。但20世

[①] 参见[日]鹿野嘉昭:《日本的金融制度》,余燧宁,译,中国金融出版社2003年版,第238页。

[②] 基础货币指具有使货币总量成倍扩张或成倍收缩能力的货币,它由流通中的现金和金融体系的存款准备金构成。目前,我国央行基础货币的存在形式主要包括:金融机构准备金存款、金融机构备付金存款、货币流通量和非金融机构存款(即财政资金存款和邮政储蓄转存款)。

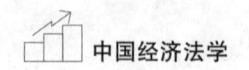

纪90年代以来,大多数西方国家都以长期利率和汇率为中介目标,以短期利率(主要又是以同业拆借利率为主)为操作目标。

2. 货币政策工具

货币政策工具是指中央银行为实现货币政策目标而采取的、调节和控制货币供应量的各种手段。《中国人民银行法》第二十三条规定,中国人民银行为执行货币政策,可以运用下列政策工具:(1)要求银行业金融机构按照规定的比例缴存存款准备金。(2)确定中央银行基准利率。(3)为在中国人民银行开立账户的银行业金融机构办理再贴现。(4)向商业银行提供贷款;(4)在公开市场上买卖国债、其他政府债券及外汇。(5)国务院确定的其他货币政策工具。

(1) 存款准备金

存款准备金是金融机构为保证客户提取存款和资金清算需要而准备的资金,也是中央银行限制金融机构信贷扩张的主要手段。它包括三个部分:(1)库存现金。(2)按存款总额的一定比例向中央银行交存的存款,即法定存款准备金。所谓法定准备金率,就是金融机构按规定应该向中央银行缴纳的存款准备金占其存款总额的比率。(3)在中央银行存款中超过法定存款准备金的部分,即超额准备金。作为货币政策工具的是法定存款准备金,中央银行主要是通过规定缴存准备金的范围、存款准备金的比率以及惩罚办法来影响金融机构投放市场的货币供应量。

(2) 中央银行基准利率

中央银行的基准利率是指利率体系[①]中起主导作用的基础利率。一般来说,中央银行调整基准利率,会影响各层次的利率,进而影响短期及长期借贷市场的货币供需,并通过一系列的传导机制影响社会经济总量。在发达国家,基准利率的变动基本上是中央银行的事情,央行可以根据相应的经济形势与经济参数自主地决定是否需要调整利率及具体的调整方案。但是,我国长期实行利率管制制度,中央银行基准利率的确定与调整须经国务院批准,人民银行无法自主地、果断地调整基准利率,央行的行长就更不可能像美联储的主席那样能够"一锤定音"。因此,我国中央银行的基准利率作为一种货币政策工具所发挥的功能作用还非常有限,利率的市场化程度还比较低,不能准确地反映资金市场的供求状况,同时,我国的汇率制度也在很大程度上制约了利率调节作用的发挥。

(3) 再贴现

贴现是票据的持有人以未到期票据向银行融通资金,银行扣除从贴现日到票据到期日的利息后,以票面余额付给持票人资金的行为。所谓再贴现,是指在中央银行开立账户的银行业金融机构将已经贴现归己所有的未到期商业票据,向中央银行融通资金,中央银行扣除从贴现日到票据到期日的利息后,以票面余额付给申请贴现的金融机构资金的行为。再贴现是商业银行获取资金的一种融资方式,也是中央银行进行宏观调控的一种重要手段。对中央银行而言,再贴现是买进商业银行持有的票据,投放现实的货币,扩大货币供应量;而对商业银行而言,再贴现是出让已贴现的票据,获得资金,解决了资金困难,提高了放款能力。

---

① 我国的利率体系由三个层次构成:第一层次是中央银行对各商业银行的存款、贷款(再贴现)利率,即基础利率;第二层次是各商业银行对客户的存款、贷款利率,具体表现为法定利率、差别利率、优惠利率、浮动利率等;第三层次是金融市场的利率,具体表现为同业拆借的利率。

所以，中央银行通过调节再贴现的利率、选择贴现票据的种类、规定再贴现的资格条件等，不仅可以影响商业银行或金融机构向中央银行借款的成本和社会大众的心理预期，从而有效地干预和影响市场利率及货币市场的供求，达到调节市场的货币供应量的目的，而且还可以影响信贷资金的投向，贯彻国家的产业政策。

(4) 再贷款

再贷款是指中央银行对商业银行进行的贷款。中央银行通过再贷款，可以控制和调节商业银行的信贷活动，进而控制货币供应量与信贷规模。但是，由于中央银行对商业银行的再贷款是以存款准备金、财政性存款和发行货币为资金来源的，加上再贷款利率的市场化程度不是太高，因而中央银行的再贷款能力及再贷款的调节作用都是非常有限的。

(5) 公开市场业务

公开市场业务也称公开市场操作，是指中央银行在公开的市场上(证券市场)买进或者卖出有价证券(主要是政府证券)，直接向金融系统投入或撤走基础货币，从而达到调节货币供应量和控制信用规模的一种宏观调控行为。公开市场业务的主要作用机理是：中央银行通过在公开市场上买卖有价证券，吞吐基础货币，增减商业银行的准备金，调控其信用扩张能力，从而达到调节货币供应量和市场利率、控制信贷规模的宏观调控目标。

(6) 国务院确定的其他货币政策工具

目前，中国人民银行除了运用上述货币政策工具以外，有时还有选择地运用了贷款限额(也称信贷计划)、特种存款、中央银行融资券、证券市场信用控制、消费信用控制、不动产信用控制和窗口指导等其他货币政策工具，来调节货币供应量和控制信贷总量。其中，消费信用控制是指中央银行对不动产以外的各种耐用消费品的销售融资采取的控制措施。具体包括规定分期付款的第一次最低付款金额或比重，规定分期付款的最长期限，规定适用分期付款方式的消费品种类。中央银行控制消费信用的主要目的在于影响消费者的需求，调节消费总量和消费结构的平衡，进而达到调节货币需求和信贷规模的宏观调控目标；证券市场信用控制是指中央银行对以信用方式进行证券交易活动所实施的控制措施。证券市场信用控制的目的在于抑制证券市场的过度投资，保证信贷资金的安全使用，促进信贷资金使用的合理化；不动产信用控制是指中央银行对金融机构办理不动产抵押贷款所规定的各种限制措施。包括规定不动产贷款的最长期限、最高限额、首期付款的最低金额、分期付款时每期的最低付款额等。

(五) 中央银行的业务范围及业务规则[①]

1. 中央银行的业务范围

中央银行履行职责主要是通过开展金融业务活动来完成的。根据《中国人民银行法》的规定，我国中央银行的主要业务有负债业务、资产业务和中间业务。其中，负债业务是形成中央银行资产业务的基础。中央银行的负债业务主要包括发行人民币、吸收财政性存款和吸收商业银行的存款准备金；资产业务也即中央银行的资金运用业务，具体包括再贴现、再贷款和再公开市场业务；中间业务即中央银行不动用自己的资产只提供金融服务的业务。主要包括经理国库，代理发行、兑付政府债券、组织协调清算系统和提供清算服务。

[①] 有关业务范围和业务规则的规定，可参见《中国人民银行法》第四章"业务"的相关规定。

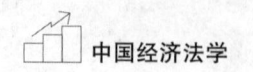

2. 中央银行的业务规则

根据《中国人民银行法》的规定,中国人民银行在行使中央银行的职能,办理具体业务时,应当遵循以下基本规则。

(1) 中国人民银行为执行货币政策,可以运用存款准备金、基准利率、再贴现、再贷款和公开市场业务等货币政策工具;可以决定对商业银行贷款的数额、期限、利率和方式,但贷款的期限不得超过1年。

(2) 中国人民银行依法经理国库,并可以代理国务院财政部门向金融机构组织发行、兑付国债和其他政府债券,但不得对政府财政透支,不得直接认购、包销国债和其他政府债券。

(3) 中国人民银行可以根据需要,为金融机构开立账户,但不得对金融机构的账户透支。

(4) 中国人民银行不得向地方政府、各级政府部门提供贷款,不得向非银行金融机构及其他单位和个人提供贷款,但国务院决定中国人民银行可以向特定的非银行金融机构提供贷款的除外。

(5) 中国人民银行不得向任何单位和个人提供担保。

三、政策性银行法律制度

对于政策性银行法,本部分在对其基本含义界定的基础上主要对我国三个政策性银行的相关法律规定予以介绍。

(一) 政策性银行法的概念

要理解政策性银行法,首先要了解什么是政策性银行,在此基础上才能界定政策性银行法,并从其与商业银行法相比较的特征中把握政策性银行法。

1. 政策性银行

政策性银行是政府创办的,不以营利为目的的专门经营政策性贷款业务的金融机构。它是现代市场经济国家干预经济的职能在金融领域的体现,是贯彻国家产业政策、调控宏观经济需要的产物。最早产生于20世纪初期,发达资本主义国家为应对1929年至1933大危机。第二次世界大战后,随着国家干预经济成为发达市场经济国家普遍现象,各国普遍建立了各自的政策性银行体系。我国的政策性银行在20世纪90年代后才开始建立,1993年国务院发布了《关于金融体制改革的决定》,提出了深化金融改革,组建政策性银行。从此我国先后组建了三个政策性银行,即中国国家开发银行、中国进出口银行和中国农业发展银行。政策性银行是专门配合政府的社会经济政策,贯彻政府的经济意图而设立的,其作用在于弥补商业银行在资金配置上的缺陷,促进整体经济协调、健康和快速发展。

2. 政策性银行法及其特征

政策性银行法是对政策性银行的组织和业务行为的法律规范的总称。从国内外相关政策性银行法的规定看,政策性银行法具有以下特征。[①]

(1) 政策性银行由政府出资创办,属于政府的金融机构。如德国《复兴开发银行法》规定,复兴开发银行为政府所有,其中联邦政府占有80%的股份,各州政府占20%的股份。再如我国的《国家开发银行章程》第七条规定,国家开发银行注册资本为500亿元人民币,由财

---

① 有关政策性银行法的特征主要参考了李昌麒主编:《经济法学》(修订版),中国政法大学出版社2002年版,第470—471页。

政部核拨。

(2) 政策性银行不以营利为目的。政策性银行以贯彻执行政府的社会经济政策为主要职能,为国家重点建设和按照国家产业政策扶持的行业及企业提供政策性贷款,自主保本经营。

(3) 政策性银行主要从事贷款业务,不吸收存款。其资金来源是政府提供的资本金、各种接入资金和发行金融债券筹措到的资金,其资金运作作为长期贷款或资本贷款。

另外,从国内外政策性银行法的规定看,政策性银行法的内容包括政策性银行的性质、地位、资金来源和运作、业务范围、组织形式和组织机构的设立、变更和终止等。

(二) 国家开发银行法及其主要制度

本部分主要据《国家开发银行章程》的相关规定,在对国家开发银行的性质和任务介绍的基础上,对其主要制度予以介绍。

1. 国家开发银行的性质和任务

(1) 国家开发银行的性质

开发银行是专门从事国家政策性的国家重点建设贷款及贴息业务的银行,是直属国务院领导的政策性金融机构,对由其安排投资的国家重点建设项目,在资金总量和资金结构配置上负有宏观调控的职责。

开发银行在金融业务上接受中国人民银行的指导和监督。开发银行对国家政策性贷款的拨付业务,优先委托中国人民建设银行办理,并对其委托的有关业务进行监管。

(2) 开发银行的任务

开发银行的主要任务是按照国家的法律、法规和方针、政策,筹集和引导社会资金,支持国家基础设施、基础产业和支柱产业大中型基本建设和技术改造等政策性项目及其配套工程的建设,从资金来源上对固定资产投资总量进行控制和调节,优化投资结构,提高投资效益,促进国民经济持续、快速、健康地发展。[①]

2. 国家开发银行资金来源注册资本和经营业务

《国家开发银行章程》第七条规定,国家开发银行的资金来源于财政部核拨,其注册资本为 500 亿元人民币。

开发银行主要经营和办理的业务有:第一,管理和运用国家核拨的预算内经营性建设资金和贴息资金。第二,向国内金融机构发行金融债券和向社会发行财政担保建设债券。第三,办理有关的外国政府和国际金融组织贷款的转贷,经国家批准在国外发行债券,根据国家利用外资计划筹措国际商业贷款等。第四,向国家基础设施、基础产业和支柱产业的大中型基本建设和技术改造等政策性项目及其配套工程发放政策性贷款。第五,办理建设项目贷款条件评审、咨询和担保等业务,为重点建设项目物色国内外合资伙伴,提供投资机会和投资信息。第六,经批准的其他业务。[②]

3. 国家开发银行内部的组织形式

(1) 国家开发银行的决策和执行机关

国家开发银行实行行长负责制,设行长 1 人,副行长若干人,均由国务院任命。其他人

---

① 有关国家开发银行的任务,可参见《国家开发银行章程》第二条的规定。
② 有关国家开发银行经营和办理的业务,可参见《国家开发银行章程》第八条的规定。

事任免,按有关规定和程序办理。行长负责全行的工作,副行长协助行长工作。开发银行行长主持行长会议,研究决定以下重大事项:第一,审查行长的工作报告;第二,审定筹资方案,确定政策性贷款计划;第三,审定筹资方案,确定政策性贷款;第四,审查通过本行年度财务决算报告;第五,审定其他重大事项。①

(2) 国家开发银行的监督机关

国家开发银行的监督机关是监事会,监事会由中国人民银行,以及国务院指定的国务院一些主管经济工作的其他人员组成。监事会主席由监事会成员单位定期轮换担任,任期为3年。监事会的主要职责是:监督国家开发银行执行国家方针政策的情况;监督国家开发银行资金使用方向和资产经营状况;提出国家开发银行行长的任免建议。监事会不干预国家开发银行的具体业务。②

(三) 中国农业发展银行法及其主要制度

本部分主要据《中国农业发展银行章程》的相关规定,在对中国农业发展银行的性质和任务介绍的基础上,对其主要制度予以介绍。

1. 中国农业发展银行的性质和任务

(1) 中国农业发展银行的性质

据《中国农业发展银行章程》前两条的规定,中国农业发展银行是负责筹集农业政策性的信贷资金,办理国家规定的农业政策性金融业务的银行。是直属国务院领导的政策性金融机构。具有独立的法人资格,实行独立核算,自主保本经营企业化的管理。

(2) 中国农业发展银行的任务

据《中国农业发展银行章程》第三条的规定,中国农业发展银行的主要任务是:按照国家的法律、法规和方针、政策,以国家信用为基础,筹集农业政策性信贷资金,承担国家规定的农业政策性金融业务,代理财政性支农资金的拨付,为农业和农村经济发展服务。

2. 中国农业发展银行的组织机构

(1) 组织机构设置

中国农业发展银行是直属国务院领导的政策性金融机构,在业务上接受中国人民银行的指导和监督。据《中国农业发展银行章程》第八条规定,中国农业发展银行在机构设置上实行总行、分行、支行制,其中总行设在北京,分支机构的设置则须经中国人民银行批准后在若干农业比重大的省、自治区设派出机构(分行办事处)和县级营业机构。

(2) 运行机制

第一,权力机关和执行机关。中国农业发展银行实行行长负责制,对其分支机构实行垂直领导的管理体制。总行设行长一人,副行长若干人,由国务院任命。行长为法定代表人负责全行工作,副行长协助行长工作。分行的正副行长由总行任命;支行的正副行长由所在地省、自治区、直辖市分行任命。职员则实行行员制,其中行长负责全行工作,主持行长会议,研究并决定以下重大事项:①本行的业务方针、计划和重要规章制度。②行长的工作报告。③国家重点农业政策性贷款项目。④本行年度决算报告。⑤有关本行的其他重大事项。③

---

① 有关国家开发银行的决策和执行机关的规定,可参见《国家开发银行章程》第九至十一条。
② 有关国家开发银行的监督机关的规定,可参见《国家开发银行章程》第十三至十五条。
③ 参见《中国农业发展银行章程》第九至十一条规定。

第二,监督机构。据《中国农业发展银行章程》第五章"监事会"部分的相关规定,中国农业发展银行设立监事会,监事会由中国人民银行,以及国务院一些主管经济工作的部选派人员组成,并报批国外批准,由国务院任命监事会主席一人,监事会的主要职责是:①监督中国农业发展银行执行国家方针政策的情况;②检查中国农业发展银行的业务经营和财务状况;③查阅、审核中国农业发展银行的财务会计报告和其他财务会计资料;④监督、评价中国农业发展银行行长的工作,提出任免、奖惩建议。

3. 中国农业发展银行经营业务活动的规定

《中国农业发展银行章程》第七条规定,中国农业发展银行主要经营或办理下列业务活动:(1)办理由国务院确定、中国人民银行安排资金并由财政部予以贴息的粮食、棉花、油料、猪肉、食糖等主要农副产品的国家专项储备贷款。(2)办理粮、棉、油、肉等农副产品的收购贷款及粮油调销、批发贷款;办理承担国家粮、油等产品政策性加工任务企业的贷款和棉麻系统棉花初加工企业的贷款。(3)办理国务院确定的扶贫贴息贷款、老少边穷地区发展经济贷款、贫困县县办工业贷款、农业综合开发贷款以及其他财政贴息的农业方面的贷款。(4)办理国家确定的小型农、林、牧、水利基本建设和技术改造贷款。(5)办理中央和省级政府的财政支农资金的代理拨付,为各级政府设立的粮食风险基金开立专户并代理拨付。(6)发行金融债券。(7)办理业务范围内开户企事业单位的存款。(8)办理开户企事业单位的结算。(9)境外筹资。(10)办理经国务院和中国人民银行批准的其他业务。

(四) 中国进出口银行法及其制度

本部分主要据《中国进出口银行章程》的相关规定,在对中国进出口银行的性质和任务介绍的基础上,对其主要制度予以介绍。[①]

1. 中国进出口银行的性质和任务

中国进出口银行是对我国进出口实行政策性贷款业务的专业银行,是经营国家进出口方面业务的政策性金融机构。其主要任务是执行国家产业政策和外贸政策,也就是说,进出口银行要以金融手段支持我国的出口贸易的发展,尤其是支持机电产品和成套设备的出口,以促进出口商品结构的升级换代。

2. 中国进出口银行的资本来源和注册资本

中国进出口银行的资本由财政部核拨。该行资金来源主要是财政专项资金或对金融机构发行的金融债券。

3. 中国进出口银行的业务和经营活动

(1) 进出口银行的业务范围

进出口银行的业务范围主要是为大型机电成套设备进出口提供买方信贷和卖方信贷。为成套机电产品的出口信贷办理贴息,其出口信贷担保不办理商业银行的业务。

(2) 进出口银行经营范围

进出口银行经营范围包括:第一,提供出口信贷。第二,提供信贷担保等业务。第三,监办出口信贷保险业务。第四,其他业务。

---

① 本部分内容主要参阅了李昌麒主编:《经济法学》(修订版),中国政法大学出版社2002年版,第474—475页。

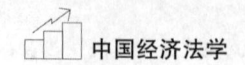

(3) 经营原则

中国进出口银行必须坚持自主保本经营,实行企业化管理的原则。进出口银行作为政策性银行,一方面要通过经营活动为支持我国成套设备与机电产品出口做出贡献。另一方面在经营活动中取得效益,把政策性与效益性统一起来。

(4) 经营措施。从总体上说要增强风险意识,建立安全防范机制。

4. 中国进出口银行的组织机构

中国进出口银行设董事会。董事会设董事长一人,视需要设副董事长。董事长可兼银行行长。董事长、银行行长都由政府或政府部门授权任免。

中国进出口银行要设监事会,监事会由中国人民银行、财政部、对外经济贸易部有关部门的代表或其他成员组成监事会,受国务院委托对其经营方针及国有资产的保值、增值的情况,对银行行长的经营业绩进行监督检查,对银行行长的工作作出评价和建议。

中国进出口银行只设总行,不设营业性分支机构,诚信的业务由中国银行和其他商业银行代理,在个别大城市可设派出机构(办事处或代表处),负责调查统计或监督代理等事宜。

思考题

1. 简述宏观调控工具法的体系。
2. 税法的构成基本要素有哪些?
3. 税法的基本原则有哪些?它们在调控税法中有何新内容或新表现?
4. 调控税法的表现形式是什么?
5. 中央银行的性质是什么?
6. 中央银行调控经济的主要货币政策工具有哪些?
7. 政策性银行在金融调控中的功能和地位是什么?

本章知识要点